“后发赶超”论坛（第十辑）
编辑委员会

贵州省社会科学院智库系列

后发赶超论坛

【第十辑】

『后发赶超』论坛编委会 编

Houfaganchao Luntan X

中央民族大学出版社
China Minzu University Press

图书在版编目（CIP）数据

“后发赶超”论坛．第十辑／“后发赶超”论坛编委会编．—北京：中央民族大学出版社，2023.6

ISBN 978-7-5660-2230-1

Ⅰ．①后…　Ⅱ．①后…　Ⅲ．①不发达地区—区域经济发展—中国—文集　Ⅳ．①F127-53

中国国家版本馆 CIP 数据核字（2023）第 105908 号

“后发赶超”论坛．第十辑

编　　者	“后发赶超”论坛编委会
策划编辑	舒　松
责任编辑	舒　松
封面设计	布拉格
出版发行	中央民族大学出版社
	北京市海淀区中关村南大街 27 号　邮编：100081
	电话：（010）68472815（发行部）传真：（010）68932751（发行部）
	（010）68932218（总编室）　　（010）68932447（办公室）
经 销 者	全国各地新华书店
印 刷 厂	北京鑫宇图源印刷科技有限公司
开　　本	787×1092　1/16　印张：35.5
字　　数	580 千字
版　　次	2023 年 6 月第 1 版　2023 年 6 月第 1 次印刷
书　　号	ISBN 978-7-5660-2230-1
定　　价	128.00 元

本书获中国社会科学院–贵州省人民政府战略合作专项经费资助出版

贵州省社会科学院“甲秀文库”出版说明

近年来，贵州省社会科学院坚持“出学术精品、创知名智库”的高质量发展理念，资助出版了一批高质量的学术著作，在院内外产生了良好反响，提高了贵州省社会科学院的知名度和美誉度。经过几年的探索，现着力打造“甲秀文库”和“博士/博士后文库”两大品牌。

“甲秀文库”，得名于贵州省社会科学院坐落于甲秀楼旁。该文库主要收录院内科研工作者和战略合作单位的高质量成果，以及院举办的高端会议论文集等。每年根据成果质量数量和经费情况，全额资助若干种著作出版。

在中国共产党成立100周年之际，我们定下这样的目标：再用10年左右的时间，将“甲秀文库”打造成为在省内外、在全国社会科学院系统具有较大知名度的学术品牌。

贵州省社会科学院

2021年1月

目　　录

Contents

在第十届中国·贵州“后发赶超”论坛上的讲话

桑维亮

尊敬的子豪副局长，尊敬的各位专家、同志们：

今天，我们相聚在美丽的“梵天净土·桃源铜仁”，举办以“新时代西部大开发闯新路　东中西部携手谱新篇”为主题的第十届中国·贵州“后发赶超”论坛，深入学习贯彻新国发2号文件精神，深入探讨新时代西部大开发闯新路中深化区域合作，推进东中西部产业互补、人员互动、观念互通的新机遇、新机制和新路径。借此机会，我谨向出席论坛的各位专家、学者表示诚挚的欢迎和衷心的感谢！

习近平总书记指出，东西部扶贫协作是加快西部贫困地区脱贫进程、缩小东西部发展差距的重大举措，必须长期坚持。党的十八大以来，在以习近平同志为核心的党中央坚强领导下，中央加大东西部协作和定点帮扶力度，使东西部协作在西部大开发上和脱贫攻坚中发挥了巨大作用。习近平总书记对贵州工作非常关心，多次亲临贵州视察指导，多次对贵州工作作出重要指示，给予贵州人民极大鼓舞，为贵州发展注入了强大动力。在总书记和党中央的关心关怀下，在东部协作省市的倾情帮助下，贵州人民牢记嘱托、感恩奋进，务实推进产业协作、劳务协作、消费协作、科技协作，经济社会发展创造了“黄金十年”的优异成绩，地区生产总值接近2万亿元，经济增速持续保持在全国第一方阵，923万贫困人口全部脱贫，66个贫困县全部摘帽，9000个贫困村全部出列，彻底撕掉“绝对贫困”标签，逐步走出了一条有别于东部、不同于西部其他省份的发展新路。

新的历史阶段，习近平总书记对东西部协作和定点帮扶作出新部署，提出新要求，指出开展东西部协作和定点帮扶是党中央着眼推进区域协调发展、促进共同富裕作出的重大决策，要适应形势任务变化，聚焦巩固拓展脱贫攻坚成果，全面推进乡村振兴，深化东西部协作和定点帮扶工作。2022 年 1 月，国务院出台了《关于支持贵州在新时代西部大开发上闯新路的意见》，擘画了贵州"四区一高地"新的战略蓝图，以一揽子、全面性的政策支持贵州在新时代西部大开发上闯新路。这是新时代西部大开发的一件大事，也是深化新时代东西部协作和定点帮扶的一件大事。我们要坚持稳中求进工作总基调，完整、准确、全面贯彻新发展理念，加快融入新发展格局，坚决扛起建设"四区一高地"的重大使命，不断创新东西部协作和定点帮扶机制体制，努力开创高质量发展新的"黄金十年"。

深化新一轮东西部协作，要深入学习贯彻习近平总书记关于东西部协作和定点帮扶工作的重要指示精神。深刻认识新发展阶段坚持和完善东西部协作和定点帮扶工作重大意义，切实增强政治判断力、政治领悟力、政治执行力，衷心拥护"两个确立"，忠诚践行"两个维护"，自觉担当主体责任，坚决推动东西部协作向更高水平、更深层次、更宽领域发展。

深化新一轮东西部协作，要以互利共赢为目标，积极探索东西部协作新模式。要进一步深化拓展"东部企业+贵州资源""东部市场+贵州产品""东部总部+贵州基地""东部研发+贵州制造"等模式，推动组团发展、协同发展、共同发展。

深化新一轮东西部协作，要发挥企业主体作用，加快推动优质项目落地见效。聚焦巩固拓展脱贫攻坚成果同乡村振兴有效衔接，尊重市场规律，发挥各自产业优势，强化产业对接，强化市场合作，构建长效合作机制，携手推动产业集群发展。

千川江海阔，风好正扬帆。贯彻落实习近平总书记关于深化东西部协作的新部署、新要求，离不开各方共同努力，离不开专家学者的智力支持。我们真诚希望通过本次论坛，凝聚社会力量、荟萃各方智慧，为创新东西部协作和定点帮扶发展献计出力，为贵州闯新路开新局抢新机出新绩、奋力谱写多彩贵州现代化建设新篇章贡献力量，以优异成绩迎接党的二十大胜利召开。

各位专家学者：贵州气候凉爽、山清水秀，诚邀大家多到贵州走走看看。最后，祝愿论坛取得圆满成功！祝大家工作顺利、身体健康！

谢谢大家！

作者简介： 桑维亮，贵州省人大常委会副主任、省总工会主席。

在第十届中国·贵州“后发赶超”论坛上的讲话

王子豪

尊敬的桑主任、作勋书记、王芳部长，各位领导、各位专家、各位来宾，大家上午好！

今天，我们相聚于美丽的铜仁，召开“新时代西部大开发闯新路”研讨会暨第十届中国·贵州“后发赶超”论坛。我谨代表中国社会科学院科研局向前来参加论坛的各位来宾表示热烈欢迎；向为本次论坛召开付出辛勤努力的贵州省社会科学院、铜仁市委、市政府以及铜仁市委党校等单位的领导和工作人员表示诚挚谢意！

坚持和发展中国特色社会主义是理论和实践的双重探索。中国·贵州“后发赶超”论坛到今年已是第十届。经过十年的时间，论坛的机制、内容、形式基本成型，论坛征文的学术质量、学术规范不断提高，理论工作者围绕中心、服务大局，为人民做学问的意识进一步增强，论坛的辐射力、公信力、引领力迅速提升，充分发挥了学术理论研究服务中央决策、服务地方实践的平台作用，同时理论工作者也从贵州“黄金十年”的发展中汲取了丰富的实践源泉。

纵观十年坚持不懈的发展道路，我们可以得出以下一些值得分享的初步经验。

历届论坛的成功举办，得益于精准定位，每年结合理论和实践热点确定“后发赶超”研讨主题。从经济发展新常态到跨越式发展，从脱贫攻坚到乡村振兴，论坛主题既着眼国家大战略、大规划、大格局，又紧贴贵州“后发赶超”的发展实际，使研讨的理论性与实践性深度融合。每届论坛的研讨成果都能在学界引发热议，引领“后发赶超”理论与实践向纵深发展。

历届论坛的成功举办，得益于贵州经济社会十年跨越式发展的宝贵实践。

贵州的"黄金十年"取得了脱贫攻坚、乡村振兴、产业变革、新基建拉动、新技术驱动、新动能发力等一系列令人瞩目的成就，在全面建成小康社会征程上，不仅自身实现了"后发赶超"，也为其他西部欠发达地区实现跨越式发展提供了实践经验和路径选择。从而使论坛得以构筑于丰富的实践基石之上，论坛成果得以产生有影响力的辐射带动作用。

历届论坛的成功举办，得益于广大理论工作者的使命担当和鼎力支持。包括中国社会科学院学部委员、高校知名教授、各省理论工作者在内的众多专家学者，坚守学术初心，坚持问题导向，为论坛带来一场场精彩的演讲报告，一篇篇真知灼见的论文，积极为中国特色社会主义现代化国家建设以及贵州发展出谋划策，咨政建言，充分展现了当代理论工作者的使命担当和学术担当。

历届论坛的成功举办，得益于主办单位、承办单位的敬业坚守。"团结奋进、开拓创新、苦干实干、后发赶超"的新时代贵州精神，在贵州省社会科学院和各承办单位领导、工作人员身上得到充分体现。正是他们默默无闻、十年如一日的坚守与努力，为全国理论工作者搭建了"后发赶超"专题学术交流平台，为贵州实现跨越式发展贡献了自己的力量。

我国已进入"十四五"建设时期。2022 年 1 月，国务院印发《关于支持贵州在新时代西部大开发上闯新路的意见》（新国发 2 号文件），明确了新时代贵州省的战略定位，为贵州省踏上全面建设社会主义现代化新征程指明了前进方向和目标路径。面对新形势新机遇新任务，广大哲学社会科学工作者必须紧跟时代步伐，乘势而上、积极作为，在更深的思想维度、更广的历史坐标、更大的发展格局中深入思考、深化研究，积极为党和人民述学立论、建言献策，不断增强对理论创新的担当、对民族命运的担当、对人民幸福的担当、对文明传承的担当、对美好世界的担当，努力担负起历史赋予的光荣使命，努力开创哲学社会科学发展新局面。

结合新国发 2 号文件赋能贵州高质量发展的指示精神，就抢抓机遇，主动作为，推动高质量发展取得更大成效谈三点粗浅认识：一是明确新时代的发展定位，加强东、中、西部区域协调发展战略的有效对接。二是把握"闯新路"的内在要求，充分发挥贵州的特色和优势，处理好西部地区间的同质竞争。三是保持科技创新的战略定力，坚持以科技创新为引领，不断推动经济增长点的迭代升级。

各位领导、各位专家：

本届论坛是承上启下的一届论坛，贵州“黄金十年”的发展经验是我们宝贵的理论财富，值得我们认真研究、提炼和运用；本届论坛也将是一届固本开新的论坛，乘着国家“十四五”发展规划、新国发 2 号文件的东风，希望广大理论工作者结合自身科研、教学和实践工作，为贵州再创下一个“黄金十年”、为新时代的西部大开发继续贡献智慧、建言献策。

最后，预祝本次论坛取得圆满成功！

谢谢大家！

作者简介：王子豪，中国社会科学院科研局副局长，编审。

在第十届中国·贵州“后发赶超”论坛上的致辞

李作勋

尊敬的桑维亮副主任、王子豪副局长、吴大华书记、张学立院长，各位领导、各位专家，大家上午好！

在全省上下深入贯彻落实习近平总书记视察贵州重要讲话精神的重要时刻，在贵州成功创造后发赶超“黄金十年”、开启高质量发展新“黄金十年”的重要时刻，在“贯彻党代会、喜迎二十大”的重要时刻，“新时代西部大开发闯新路”全国学术研讨会暨第十届中国·贵州“后发赶超”论坛在铜仁市召开，来自中国社会科学院、各省区市和省内社会科学院的专家领导云集铜仁，围绕新时代西部大开发闯新路开展交流研讨、贡献宝贵智慧。在此，我谨代表铜仁市委、市政府向各位领导、各位专家表示热烈欢迎和衷心的感谢！

铜仁市地处黔湘渝接合部，全市1.8万平方千米的土地上生活着近450万各族人民。大自然的慷慨馈赠和长期的历史文化浸润，赋予铜仁独特的山水人文魅力。这里是“梵天净土·桃源铜仁”的绿色生态公园。全市森林覆盖率达66.2%，孕育了地球同纬度唯一的“绿宝石”——梵净山。“世界独生子”黔金丝猴和“植物界大熊猫”珙桐等7300多种动植物在此栖息，被誉为“动植物基因库”和“天然氧吧”。沅江、乌江两大水系润泽大地，峡谷、溶洞风光秀丽，恰如陶渊明笔下“落英缤纷，芳草鲜美”，令人“豁然开朗、怡然自乐”的桃花源。这里是“厚德铸铜·仁义致远”的人文精神故园。铜仁以仁为名，“崇仁尚义”文化内化于心、外化于行，彰显出铜仁人“容人之量”“助人之德”“成人之美”的独特气质。湘楚文化、巴蜀文化在铜仁市交相浸润，历史、民族、红色、生态文化交相辉映。古有贵州开科取士第一人田秋、“中朝理学名臣”李渭（王阳明的后学），近代有赤胆忠诚的周逸群、旷继勋等仁人志士为人民幸福抛洒热血，红二、红六军团多次转战铜仁（红军三次到铜仁），黔东革命根据地、甘溪遭遇战、困牛山红军集体跳崖千古壮举、木黄会师等彪炳史册。这里是“梵净山珍·健康养生”的幸福生活家园。好生态孕育好产品，好产品滋养好生活。有被誉为“世界茶中珍品”的梵净山茶、石阡苔茶，有被誉为“西南药材库”的梵净山道地药材。31 件国家地理标志产品享誉全国，“中国抹茶之都”“中国油茶之乡”“中国温泉之乡”声名鹊起。这里是“贵人服务·一视铜仁”的创业兴业乐园。铜仁被评为 2019 年“中国（区域）最具投资营商价值城市”“中国经济营商环境十大标杆城市”。我们像尊重科学家一样尊重企业家、像尊重教育家一样尊重实业家，持续优化营商环境，持续筑巢引凤广纳英才，以“贵人”服务、让“贵客”安心。

后发赶超看贵州。在习近平总书记的亲切关怀下、在两个国发 2 号文件的加持下，经过全省上下的共同奋斗，贵州创造了后发赶超的“黄金十年”。贵州发展的“黄金十年”，也是铜仁发展的“黄金十年”。我们实现了经济发展的洼地崛起。过去 10 年，GDP 增长了 3.34 倍，在武陵山片区六个主要市州（区）中从第 4 位上升到第 2 位（比怀化低一点，但超过了其他城市），在全省 9 个市州中排位上升 1 位，减贫近 100 万人，跨区域易地扶贫搬迁人数成为全省之最。我们实现了生态建设的绿色崛起。森林覆盖率居全省第二，十年上升 10 多个百分点，梵净山成功列入世界自然遗产名录、获批创建国家公园，万山资源枯竭型城市绿色转型等改革经验在全国推广。我们实现了天堑变通途的交通崛起。高速公路总里程从十年前不足 30 千米到现在即将突破 1000 千米，高速路网密度全省第二，沪昆、铜玉两条高铁过境铜仁，乌江航运通江达海，“一市两机场”格局加快形成（除了凤凰机场，另一个机场正在建设中）。我们实现了风生水起的产业崛起。新型功能材料产业入选首批国家战略性新兴产业集群名单（国家发改委公布的 66 个国家战略性新兴产业集群，贵州 2 个，铜仁就占 1 个），中伟新材料市值突破千亿元；平台经济从无到有，晋升百亿级产业。铜仁在海拔上是贵州的洼地，但近年来一些领域在全省成为“平地”“高地”，在一定程度上重塑了区域经济发展格局，铜仁的地位和形象有很大提升，铜仁的人民自豪感和自信心极大提振！

凡是过往，皆为序章。进入全面建设社会主义现代化的新阶段，贵州省第十三次党代会确立了以高质量发展统揽全局的主题，确立了围绕"四新"主攻"四化"的主战略，确立了"四区一高地"的主定位。我们将紧扣主题、主线、主战略、主定位和省委对铜仁的发展定位，因地制宜、扬长避短，发挥资源优势强工业、发挥区位优势强城市、发挥特色优势强农业、发挥生态优势强旅游，高质量谱写绿色发展先行示范区新篇章。我们将着力念好山字经。依托得天独厚的山地资源，做活山地旅游，做美山水城镇，做优山地特色农业，全力打造国际国内一流山地旅游目的地、一流度假康养目的地，推动"梵净山珍·健康养生"风行天下。我们将着力做好水文章。依托储量丰富、浅层优质的水资源禀赋，大力发展天然饮用水产业，大力发展温泉养生产业，大力发展水产养殖业，做大做强水经济。我们将着力打好生态牌。全面推进生态产业化、产业生态化，依托梵净山世界品牌，大力培育梵净山茶等百亿级产业；依托大数据平台企业，大力培育数字经济等五百亿级产业；依托新型功能材料产业基地，抢抓"风口"机遇，大力培育千亿级新能源电池材料产业集群。在新征程上，我们有新国发 2 号文件等重大政策机遇，我们有省里对铜仁的特殊产业支持政策，我们有信心、有志气在铜仁创造高质量发展新的"黄金十年"。

在新时代西部大开发上闯新路，是习近平总书记从全局中谋划贵州一域作出的战略指引，是新时代赋予我们贵州人的重大使命。本次研讨会聚焦"新时代西部大开发闯新路"主题，意义非常重大。通过各位专家的理论研讨、政策解读、思想启迪，必将为我们闯新路提供重要的路径指引、方法指导。大家到铜仁来，与铜仁结缘，我们就成了志同道合的同人，我们一定虚心向各位同人请教，把大家的新理念学习好，把大家的新观点消化好，把会议成果运用好，真正闯出一条符合铜仁实际、彰显铜仁特色的绿色发展新路。

最后，祝研讨会及论坛取得圆满成功！祝各位领导专家身体健康，工作顺利！谢谢！

作者简介：李作勋，中共铜仁市委书记。

在第十届中国·贵州“后发赶超”论坛上的讲话

王　芳

尊敬的维亮副主任、子豪副局长、作勋书记，各位领导、同志们，大家上午好！

在全党全国各族人民喜迎党的二十大胜利召开之际，在贵州全省上下深入学习贯彻省第十三次党代会精神之际，我们在“梵天净土·桃源铜仁”汇聚一堂，围绕“新时代西部大开发闯新路　东中西部携手谱新篇”主题进行学术研讨。在此，我谨代表中共贵州省委宣传部，向研讨活动的举办表示热烈的祝贺！对与会的各位领导专家表示诚挚的欢迎！对中国社会科学院各位领导及全国的专家学者长期以来给予贵州的智力支持表示衷心的感谢！

在新时代西部大开发上闯新路，是习近平总书记对贵州提出的殷切希望和重托。2021 年 2 月，习近平总书记到贵州考察调研，要求贵州坚持以高质量发展统揽全局，在新时代西部大开发上闯新路。这体现了习近平总书记对贵州发展的高度重视，对贵州人民的关怀厚爱。举办这次“新时代西部大开发闯新路”全国学术研讨会暨第十届中国·贵州“后发赶超”论坛，意义重大。

党的十八大以来，在以习近平同志为核心的党中央坚强领导下，在习近平新时代中国特色社会主义思想的科学指引下，贵州干部群众依托《关于进一步促进贵州经济社会又快又好发展的若干意见》（国发〔2012〕2 号）的巨大支持，团结奋进、拼搏创新，苦干实干、后发赶超，创造了经济增速在全国连续领先的“黄金十年”，被习近平总书记赞誉为“党的十八大以来党和国家事业大踏步前进的一个缩影”。我们今天所在的铜仁市，在过去的十年里，奋力拼搏，大放异彩，全市生产总值和人均 GDP 翻了两番，为贵州“黄金十年”快速发展作出了重要贡献。

站在现代化建设新的历史起点，国务院出台《关于支持贵州在新时代西部大开发上闯新路的意见》（新国发 2 号文件），为我们推动高质量发展提供了极其难得的"大礼包"，接续为贵州发展提供强大助力和巨大支持，这是新时代以习近平同志为核心的党中央支持贵州高质量发展的又一具有标志性的大事，是贵州发展史上又一具有里程碑意义的大事。

"在新时代西部大开发上闯新路"，是习近平总书记赋予贵州的光荣使命，也是当前和今后一段时期社科理论界，尤其是我们贵州社科理论界需要重点研究的课题。这个"闯"和"新"，体现了党中央对推进西部大开发形成新格局、推动西部地区高质量发展的战略部署，体现了党中央对贵州发展的支持和鼓励，更蕴含了党中央对贵州在高质量发展道路上探索创新，形成可复制、可推广经验做法的期许和厚望。同时，站在新的历史起点上，面对新征程、新目标、新使命，我们更加迫切需要强大的理论支持、厚实的智力支撑，迫切呼唤高质量的社科理论研究成果涌现，迫切期待社科理论界积极担负起创新理论、指导实践、咨政建言的职责，为西部大开发形成新格局、为贵州"在新时代西部大开发上闯新路"作出新的更大的智力贡献。我们期待，也相信，通过这次学术研讨，与会的专家学者能够通过观点碰撞，增进思想交流，提出好的建议，在实践中将西部大开发闯新路具体化为可操作、可执行的政策措施和办法。

希望各位专家学者围绕这次研讨主题，直抒已见、积极建言献策，也希望贵州省社会科学院赓续前行，奋楫争先，在述学立论、咨政建言上取得更大成绩！

最后，预祝会议取得圆满成功！谢谢大家！

作者简介：王芳，中共贵州省委宣传部副部长、省电影局局长。

再闯新路看贵州·携手奋斗开新局

——在第十届中国·贵州“后发赶超”论坛上的致辞

吴大华

尊敬的桑维亮副主任、王子豪副局长、李作勋书记、王芳副部长，各位领导、各位专家、记者朋友们，大家上午好！

欢迎大家来到素有“黔东明珠”“中国传统龙舟之乡”之称的铜仁碧江。今年是党的二十大召开之年，是实施“十四五”规划、全面建设社会主义现代化国家的重要一年；也是贵州全省上下持续深入贯彻习近平总书记视察贵州重要讲话精神，全面落实新国发2号文件精神的开局之年。值此重要的时间节点，我们举办第十届中国·贵州“后发赶超”论坛，百名专家济济一堂，共同研讨“新时代西部大开发闯新路”的若干重大理论与实践问题，这既是贯彻习近平总书记关于“把论文写在祖国的大地上”重要指示的举措，也是落实省委、省政府重大决策部署的体现，具有十分重要的理论和实践意义。论坛的召开得到了中国社会科学院的指导帮助，也得到了兄弟社会科学院的关心支持。在此，请允许我代表会议主办方之一的贵州省社会科学院，对各位领导和专家的莅临表示衷心的感谢。同时，也要特别感谢铜仁市委市政府为此次会议提供了精心、精细、精致的服务，让嘉宾们有宾至如归的感觉。

西部大开发以来的二十多年，是贵州经济社会发展最快、城乡面貌变化最大、人民群众得到实惠最多的时期。贵州也是中国西部大开发当中收益最大、发展最快的省份之一。党的十八大以来，习近平总书记高度重视西部地区经济社会持续健康发展，赴西部省份考察20多次，深入基层边疆一线，发表系列重要讲话，为新时代西部大开发把脉定向。贵州积极抢抓对口帮扶契机，坚持主动作为，从过去的被动式接受帮扶到现在的主动对接产业、主动开拓市场、主动建立一对一行业指导关系，推动产业融合向深度推进、市场开拓向规模化推进、人才和智力支援向组团式推进、劳动力输出向市场化推进，多层次、宽领域、全方位开展互利协作，逐步构建起持续不脱钩的帮扶关系。但必须看到，贵州在经济总量和发展质量上与发达地区还有相当的差距，在“全体人民共同富裕取得更为明显的实质性进展”的道路上依然任重道远，还需要深入实施东西部协作和定点帮扶，广泛汇聚发展资源和要素。

今年年初，新国发 2 号文件赋予贵州“四区一高地”战略定位，是推动贵州以高质量发展统揽全局、围绕“四新”主攻“四化”的“施工图”“任务书”。全省干部群众正牢牢抓住这一重大机遇，以敢闯敢干的姿态在新时代西部大开发上闯新路，努力开创贵州高质量发展新的“黄金十年”。贵州省社会科学院立足全省“思想库”“智囊团”的职能定位，“十四五”时期以来，我们在新时代西部大开发闯新路和促进东西部对口帮扶等领域探索性地做了一些工作。下一步，我们将围绕国家和省的重大战略，发挥思想库智囊团的作用，在新时代西部大开发创新路上贡献智库力量。

一是以高端智库建设为平台，汇聚服务“闯新路”的智力资源。以中国社会科学院习近平生态文明思想研究中心贵州基地等院内重点研究平台为依托，整合各方研究力量，构建高质量智库矩阵，建立以西部大开发为主题的相关研究平台。以课题合作、基地共建等形式，搭建与政府、学术机构、企业等沟通桥梁，创新柔性引进人才机制，打通学术研究与政策研究之间的壁垒，畅通理论研究与实践探索相结合的渠道，为“创新路”提供智力资源。

二是坚持链式思维，构建服务“闯新路”的全链条成果体系。建立从议题设置、课题立项、研究推进、成果报送到成果转化等涵盖课题、研究报告、论文、专著、要报内参等全链条式的成果生产机制。围绕新国发 2 号文件精神，改革完善科研管理体制机制，以“供给侧结构性改革”为抓手，针对“急难险重”课题，探索“课题预立项”“成果后资助”等多方面改革，建立课题滚动立项的项目管理机制，围绕“在新时代西部大开发上闯新路”、新国发 2 号文件谋划立项一批专项研究课题。

三是全方位多层次宣传的渠道和途径，构建服务“在新时代西部大开发上闯新路”的全媒体的传播体系。通过学术研讨会、理论宣讲、政策宣传、专题报告、媒体采访等方式，拓展报纸杂志、电视台、网络等多种传播平台，立体宣传“四新”“四化”的决策部署、生动实践和重要成效。要深入企业、农村、机关、校园、社区开展对象化分众化互动化高密度地开展新国发2号文件和省第十三次党代会精神等理论宣讲，为全省服务“四新”“四化”、巩固拓展脱贫攻坚、全面乡村振兴等工作注入智库力量。

四是提升智能化信息化水平，构建服务“在新时代西部大开发上闯新路”信息服务体系。着力完善全省首个智库信息系统贵州“社科云”平台建设，完善拓展贵州“社科云”服务平台各版块功能，提升汇聚重要政策信息、跟踪社会科学领域动态等方面能力，努力将“社科云”打造成为汇聚省内外学术成果，为“在新时代西部大开发上闯新路”提供决策咨询的高端服务平台。

借力东风，抢抓机遇。新的黄金十年奋斗号角已经吹响，站在新起点上，我们要深刻领会新国发2号文件赋予贵州“四区一高地”的战略定位，拿出“闯”的勇气、“创”的智慧、“试”的良方，当好西部欠发达省份的探路者、试验田、先行区，努力在新时代西部大开发上干出一番新事业、闯出一片新天地。实现重大使命任务，离不开总书记、党中央的关心和支持，也需要中国社会科学院以及各位领导和专家的智力支持。希望各位领导和专家倾囊相授、不吝赐教，让会议成果转换成为“奋进新征程、献礼二十大”的一股智慧力量！

谢谢大家！

作者简介：吴大华，贵州省社会科学院党委书记，二级研究员，博士生导师。

粤桂东西部协作升级跨越的创新举措及推进路径

谢林城　王造兰

摘　要：随着粤桂东西部协作工作重心转向巩固拓展脱贫攻坚成果和全面推进乡村振兴，立足新发展阶段，粤桂两省区以更高的站位、更大的格局、更远的谋略，坚持依靠科技创新、产业升级、扩大内需等措施打通粤桂区域合作堵点，全力参与国内大循环、国内国际双循环，形成粤桂东西部协作发展新优势，携手谱写新时代壮美广西与南粤大地合作共赢新篇章。

关键词：粤桂东西部协作；升级跨越；区域战略

2020年3月6日，习近平总书记在决战决胜脱贫攻坚座谈会上强调："长远看，东西部扶贫协作要立足国家区域发展总体战略，深化区域合作，推进东部产业向西部梯度转移，实现产业互补、人员互动、技术互学、观念互通、作风互鉴，共同发展。"① 回顾20年来东西部协作历程，东西部省（区、市）地方党委、政府坚持从共同富裕和两个大局战略高度认识和推动这项工作，走出了一条以政府援助、企业合作、社会帮扶、人才支持为主要内容的协作道路，探索出了闽宁协作、滇沪合作、粤桂扶贫协作等各具特色的地方模式②，为中国的扶贫开发事业做出贡献。作为东西部协作的地方探索，粤桂两省区开展协作，既是完成中央赋予两省区艰巨任务的使命担当，也是彰显两广同气连枝，情同手足的创新实践。作为加强区域合作、优化产业布局、拓展对内外开放新空间的大布局，粤桂东西部协作不仅围绕广西33个贫困县到2020年实现全部

① 习近平：《在决战决胜脱贫攻坚座谈会上的讲话》，北京：人民出版社，2020年，第3页。

② 黄承伟：《东西部扶贫协作的实践与成效》，载《改革》2017年第8期，第54-57页。

摘帽目标，更重要的是立足区域协调发展长远目标，把决战收官与长效帮扶紧密衔接起来，加强战略对接、深化区域合作，在更高的水平上推进粤桂东西部合作的高质量发展。

一、粤桂东西部协作的主要历程及时代价值

粤桂两省区山水相连、人文相近、语言相通、习俗相同、经贸频繁，人们历来习惯称“粤桂”为“两广”，可见其关系密切。正所谓同饮一江水，两广一家亲，在国家西部大开发战略背景下，粤桂两省区依托泛珠三角区域发展合作、珠江—西江经济带、粤桂黔高铁经济合作试验区、粤桂特别合作试验区等相关泛珠三角区域平台，开展多领域合作交流，推动区域协调一体化发展。如今两地长期历史形成的情谊，在历史性消除绝对贫困的脱贫攻坚号角下，粤桂东西部协作敲响了时代的最强音。

（一）粤桂东西部协作的历史使命

消除贫困、改善民生，逐步实现共同富裕，是共产党人践行初心和使命的伟大实践。新中国成立以来，广大农村地区得到了很大发展，但西部地区特别是民族地区、边疆地区、革命老区、连片特困地区由于贫困程度深、扶贫成本高、脱贫难度大，是脱贫攻坚的短板。① 1996 年 9 月，根据邓小平同志提出的以东部支持西部、先富帮后富、最终实现共同富裕的“两个大局”战略构想，党中央、国务院作出东西协作扶贫的重大战略部署，确定由东南沿海 13 个较发达的省市，协作帮扶西部 10 个较为贫困的省区，旨在通过东部沿海经济较发达地区帮扶西部内陆经济欠发达地区，推动贫困地区贫困群众脱贫摘帽，加快实现全面建成小康社会步伐。广西作为集“老少边穷”为一体的连片特困地区，贫困面广度深、历史欠账多，单靠自身力量难以如期完成脱贫攻坚目标任务。站在“两个大局”战略高度，广东省以高度的政治责任感，带着广东人民的深情厚谊，与广西一道携手开启东西部协作之旅。从 1996 年至 2012 年，粤桂两省区在产业协作、整村推进示范村建设、劳务输出等领域开展一系列工

① 《南方日报》评论员：《切实做好新形势下东西部扶贫协作》，载《南方日报》2016 年 7 月 22 日。

作，其中广州市对口帮扶百色市，东莞市对口帮扶河池市，通过大力实施一批村屯道路、民房改造、人畜饮水工程等项目，惠及50多万名贫困群众，有效地改善了农村基础条件。与此同时，647.9名万广西籍劳动力在粤务工，实现了“输出一人，脱贫一户”的目标。这个时期，粤桂东西部协作以经济援助为主要手段，以实现西部贫困地区经济社会全面发展和贫困人口脱贫致富为目标的对口支援模式，使得桂西北几十万贫困群众彻底拔掉穷根，创造了扶贫开发史上的奇迹。

（二）粤桂东西部协作的全新要求

党的十八大以来，以习近平同志为核心的党中央提出了精准扶贫精准脱贫的战略思想和工作思路，吹响了脱贫攻坚冲锋号，对新时期的区域东西部协作提出了更新、更高的要求。2016年7月20日，习近平总书记在宁夏银川专门召开东西部扶贫协作座谈会，深刻论述了东西部扶贫协作和对口支援工作的重要意义，全面安排部署“十三五”时期东西部扶贫协作和对口支援工作，对扎实推进脱贫攻坚决策部署提出明确要求，开启了东西部东西部协作的新阶段。[①]同年12月份，中央办公厅、国务院办公厅印发《关于进一步加强东西部扶贫协作工作的指导意见》，对东西部协作工作作出新的部署，提出包括调整完善结对关系、有效落实“携手奔小康行动”、明确帮扶重点任务、强化保障措施等重要内容，首次将东西部协作纳入国家脱贫攻坚考核范围。为贯彻落实习近平总书记在东西部扶贫协作座谈会上的讲话精神及指导意见文件要求，粤桂两省区迅速采取行动，通过开展高层对接、签署协议、编制规划等工作，再次开启东西部协作新征程。根据中央和粤桂两省区党委、政府的部署安排，广东省派出由深圳牵头，江门、肇庆、湛江、茂名四市参与的广东省第二扶贫协作工作组，对口帮扶广西8市33个国定贫困县区。[②]其中深圳市由原来帮扶贵州毕节市、黔南州调整为牵头帮扶广西，重点为百色、河池两市及17个贫困县，结对关系的优化明确了帮扶责任，提高帮扶精准性有效性。

---

① 黄承伟：《东西部扶贫协作的实践与成效》，载《改革》2017年第8期，第54-57页。

② 黄萍萍：《山海作证 真情帮扶——粤桂扶贫协作为广西脱贫攻坚贡献广东力量》，载《广西日报》，2021年3月2日。

（三）粤桂东西部协作的升级跨越

随着脱贫攻坚任务全面胜利完成，粤桂东西部协作不再单纯的满足于输入广东地区的产业、资金、项目等，更重要的是立足长远，坚持产业互补、人员互动、技术互学、观念互通、作风互鉴的“五互”理念，在促进区域合作，实现共同发展，接续推进脱贫攻坚与乡村振兴有效衔接上持续用力。按照中央部署要求，粤桂两省区坚持完善粤桂东西部协作工作机制，拓展帮扶领域、健全帮扶机制、优化帮扶方式，继续安排广东5市结对帮扶广西8市33县，保持帮扶关系总体稳定并进一步优化。粤桂两省区高位统筹推进协作工作，广西推动出台《“十四五”时期粤桂协作和区域合作工作清单》《粤桂东西部协作规划（2021—2025年）》，广东与广西签署《东西部协作协议》《“十四五”时期粤桂协作框架协议》，达成系列共识，明确五年协作时间表及路线图，部署“十四五”时期重点推进的“九大协作”工作，实现新阶段粤桂东西部协作有序衔接、平稳过渡。据统计2021年，两省区先后召开4次高层联席会议，双方协作各级各部门互访调研对接2391人次，广西全区195所学校、79家医院、167个乡镇、1401个村分别得到广东205所学校、93家医院、157个乡镇、455个强村（社区）、567家企业、117个社会组织的结对帮扶，为有力地推动粤桂东西部协作向纵深发展、升级跨越奠定了重要保障基础。

二、新发展阶段粤桂东西部协作的创新举措及成效

进入“十四五”时期，粤桂两省区因地制宜、因势利导，继续将广西的优质自然资源、丰富劳动力同广东的资金、技术、市场优势结合起来，协同推进“九大协作”，进一步发挥先富带动后富的“粤桂效应”。

（一）拓展产业合作，以共建产业园区打造全产业链融合发展新模式

习近平同志指出：“要把东西部产业合作、优势互补作为深化供给侧结构性改革的新课题，大胆探索新路。”[①] 正所谓“栽好梧桐树，引得凤凰来”，产

① 习近平：《认清形势聚焦精准深化帮扶确保实效，切实做好新形势下东西部扶贫协作工作》，载《老区建设》2016年第13期。

业协作是粤桂东西部协作的关键环节，通过有序承接东部产业转移，打造全产业链模式，形成推动区域经济发展新动力。

共建产业园区促进产业发展，继续巩固拓展粤桂产业合作特别是产业园区建设成果。粤桂两省区抓好广东先进园区产业优势与广西丰富资源优势的精准对接，通过共建产业园，共同引导投融资平台、企业到产业园区投资发展，推动产业合作提质升级，增强广西产业"造血"功能和内生发展动力。粤桂两省区依托粤桂现代农业产业园联盟及各县原有的产业园，创新推进"飞地经济"园区建设，通过发展地方特色产业及冷链物流等基础设施，33 个协作县都在加快"一县一园"建设。同时，支持协作市之间开展跨区域产业合作，重点支持粤桂合作特别试验区、深百产业园、深巴大健康特别实验区建设，引导深圳华为、华侨城集团等 196 个粤港澳大湾区龙头企业和产业集群入驻。2021 年共建产业园区 104 个，引导入驻园区企业 140 个，吸纳农村劳动力就业 18413 人。

（二）深化劳务协作，以"清单制"服务精准对接人力资源市场需求

劳务就业是实现致富发展"短、平、快"的重要渠道。为发挥广西地区丰富的劳动力优势，有效解决广东劳动力紧缺的实际情况，粤桂两省区坚持市场导向，不断深化劳务协作，提高劳务输出组织化、创新劳务输出模式，技能培训精准化，以就业形式带动共同致富。

粤桂两省区延续就业帮扶车间各项优惠政策，大力支持各协作市县共建帮扶车间，引导粤桂企业、广东务工返乡致富能人等开办帮扶车间，通过共建产业园区、招商引资、维持帮扶车间良性运作等举措，拓宽区内就业渠道。仅 2021 年，广东支持协作地区援建帮扶车间 310 个，累计帮助农村劳动力区内就近就业 18.54 万人，其中脱贫人口 44704 人。粤桂两省区还升级劳务输出模式，以"粤菜师傅""南粤家政""广东技工""乡村工匠"四项工程为重点，创新"政府搭台，企业出资，学校培养"模式，开展政校企合作，加强职业技能培训，有效地提高了就业成功率。据统计，2021 年累计举办劳务协作培训班 231 期，培训广西农村劳动力 11371 人次，实现贫困劳动力就业信息和就业岗位精准对接。"点对点"免费输送外出务工人员 11.21 万人，其中脱贫人口 32875 人。

（三）强化消费协作，以"圳品"认证为纽带打造消费帮扶新引擎

"圳品"是深圳对标国际先进标准构建的从农田到餐桌全链条供深食品标

准体系。粤桂东西部协作在广西协作市县共建供粤港澳大湾区“菜篮子”基地、供深农产品示范基地，加大“广西好嘢”等品牌建设力度，将广西更多优质特色农产品纳入“圳品”管理，帮助打造知名品牌，提升产品价值链。

粤桂两省区农业部门签订战略合作协议，安排专项资金近4000万元支持供深基地和“圳品”建设，引入华润五丰、金晋集团等一批世界500强、上市公司、供应链企业、国家级农业龙头企业在广西建基地、拓市场、树品牌，广泛动员深圳机关事业单位、大型商超、龙头企业等与广西建立长期稳定购销关系，有效地促进了广西农业标准化、规模化、品牌化、可持续发展。截至目前，我区已有4批38家企业80个优质农产品通过“圳品”认证，121个农产品基地被认定为供粤港澳大湾区“菜篮子”基地和供深农产品示范基地。此外，支持建设广东东西部协作产品交易市场“广西馆”和一批专馆、专区，推动广东结对帮扶市建设广西消费帮扶产品展馆、农产品配送前置仓，引导广东商家进驻展销广西名特优产品；引导广东电商企业在广西拓展业务。

（四）促进人才协作，以“组团式”创新打造“五互”人才支援格局

人才是推动经济社会发展的第一资源，是广大欠发达地区高质量发展的重要支撑。广西依托广东在教育、卫生、农业、科技等领域人才和技术优势，加强人才交流和专业技能培训，补齐地区人才短板，促进人才规模、质量、结构与地区经济社会发展相适应，增强可持续发展内生动力。

粤桂两省区十分重视“人”的因素，通过完善党政干部挂职交流，推动粤桂两地干部人才形成观念思路互通、资源信息互享、技术技能互学、能力作风互促的良好交流格局。2021年，双方互派挂职干部312人，其中在全区33个协作县中有广东161位党政干部、1075位专业技术人才下沉一线。粤桂两省区以“组团式”创新帮扶，积极引导广东先进公立医院、学校发挥各自优势对我区公立医院、学校进行“多对一”的组团式帮扶；两批广东、深圳共74名医疗、教育、农技退休老专家赴我区开展“银龄行动”，互派教师、医生等专技人才2127人次。此外，在33个县全面实施“耕耘者”项目，分级分类加强对党政干部、医教农等专业人才、村两委干部、驻村第一书记的培训，逐步实现培训全覆盖。据统计，2021年共举办乡村振兴干部和专技人才培训班459期，培训干部和专技人才27773人次。

三、推进粤桂东西部协作升级跨越的发展路径

回望粤桂东西部协作20多年的发展历程，粤桂两省区共同书写脱贫新篇章，东西部协作的印迹遍布了广西的山山水水和村村寨寨，帮扶项目的成效惠及了广西贫困地区和贫困群众，有力助推了广西脱贫攻坚，造就了中国东西部协作的“粤桂样本”。立足新发展阶段，粤桂两省区应以更高的站位、更大的格局、更远的谋略，全面推进粤桂东西部协作升级跨越，打造新时代东西部协作、区域协调平衡发展践行区、先行区，以区域市场的协调发展为全国统一大市场的构建贡献力量。①

（一）坚持共同富裕、推进共享发展是粤桂东西部协作实现升级跨越的本质要求

为中国人民谋幸福，为中华民族谋复兴，是中国共产党人的初心和使命。改革开放以来，广东作为改革开放实验区，率先突破体制障碍，极大地解放和发展了生产力，经济总量连续29年稳居全国第一，走在发展中国特色社会主义事业和改革开放的前沿。相比而言，广西由于长期受经济基础薄弱、自然条件较为恶劣、集中连片特困区域广、资源要素严重匮乏等因素的影响，在资金、金属、人才资源等方面严重落后，贫困县尤为突出。如期完成脱贫攻坚任务，除了依靠广西自身的加倍努力之外，需要中央有关部门全力支持，需要各个省市尤其是广东的大力支持。20多年的粤桂东西部协作，广东省委、省政府以高度的责任感，倾情帮扶，倾力相助，不仅极大地改善百色、河池等33个国家级贫困县的发展面貌和贫困群众的生产生活条件，更为当地带来了发展先进的新理念、新思路、新举措，极大地增强了贫困地区的内生动力。值得关注的是，百色、河池作为全国著名的革命老区，是邓小平同志革命生涯的辉煌起点；而率先实现现代化的深圳，正是邓小平同志力主开放的重要成果。深圳帮扶百色、河池，蕴含着邓小平同志亲自开辟的改革开放试验地、帮扶邓小平同志革命生涯的起始地这一层含义，这两个地方都是邓小平同志奋斗过的地方，

① 徐林、岳宗：《广西党政代表团来粤考察交流共商深化粤桂东西部协作事宜》，载《广州日报》2022年6月17日。

其初心使命就是让人民群众共享改革发展的成果，过上幸福美好的生活。因此，粤桂东西部协作实践，既有粤桂人民在长期劳动和交往中结下的情谊，也有邓小平同志在革命建设不同时期中推动两地繁荣发展的政治文化自觉，这一文化共融层面上的深刻意义，是其他东西部协作不可复制的特殊内涵。新发展阶段，粤桂东西部协作工作重心转向巩固拓展脱贫攻坚成果和全面推进乡村振兴，保持帮扶政策总体稳定，重点支持广西 33 个结对协作县（含国家、自治区层面乡村振兴重点帮扶县）持续快速发展，全面增强协作地区发展动能和内生动力。

（二）坚持市场主导、强化优势互补是粤桂东西部协作实现升级跨越的关键举措

发展是解决一切问题的关键，也是从根本上解决贫困问题的关键。习近平总书记强调，“新形势下，东西部扶贫协作和对口支援要注意由‘输血式’向‘造血式’转变，实现互利双赢、共同发展”①。达到这一目标，关键是要坚持以市场为导向，遵循区域发展规律，建立健全优势互补、互惠互利的有效机制。“西部地区资源富集西部地区资源富集、投资需求旺盛、消费增长潜力巨大、市场广阔，这对东部地区发展来说是重要机遇。”②“东部地区不仅要帮物、更要推动产业层面合作。东部地区不仅要帮钱帮物，更要推动产业层面合作，推动东部地区人才、资金、技术向贫困地区流动，实现双方共赢。”③ 在中国经济社会发展的新时代背景下，粤桂东西部协作应将广东产业优势与广西资源优势精准对接，推动产业合作提质升级，增强当地产业“造血”功能和内生发展动力；将广东广阔市场与广西优质产品精准对接，以建设粤港澳大湾区“菜篮子”工程为契机，把广西特色优质农产品源源不断地销往大湾区大市场。实践证明，深化粤桂东西部协作，需要在优势互补的基础上把握好让“供给”与“需求”良好对接，深度挖掘、精准匹配供需，从经济援助到多领域深度合作。

---

① 中共中央党史和文献研究院：《习近平扶贫论述摘编》，北京：中央文献出版社，2018 年，第 103 页。

② 中共中央党史和文献研究院：《习近平扶贫论述摘编》，北京：中央文献出版社，2018 年，第 103 页。

③ 中共中央党史和文献研究院：《习近平扶贫论述摘编》，北京：中央文献出版社，2018 年，第 100 页。

粤桂东西部协作前景广阔、未来可期，粤桂地区仍应进一步深化与协作地区的全方位务实合作，遵循市场规律，以现代农业产业体系发展、旅游产业开发、劳动力就业转移、重大基础设施建设、开放开发领域合作等为主要方向，在科技创新、产学研合作和人才培养、金融平台建设、高水平开放平台互动、人文交流和文化旅游及教育教学、医疗卫生等领域加强交流，为区域发展打造可推广、可复制的样板。

（三）坚持区域合作、加强战略对接是粤桂东西部协作实现升级跨越的重要任务

2016 年 7 月 20 日，习近平总书记在东西部扶贫协作座谈会上强调：“东西部扶贫协作和对口支援，是推动区域协调发展、协同发展、共同发展的大战略，是加强区域合作、优化产业布局、拓展对内对外开放新空间的大布局，是实现先富帮后富、最终实现共同富裕目标的大举措，必须长期坚持下去。”① 随着脱贫攻坚任务的全面完成，粤桂两省区在资源条件上优势互补，在利益诉求上互惠共生，在功能定位上协作发展，在任务目标上互利互赢，为深化推进粤桂区域合作发展和经济一体化奠定了重要的基础。“十四五”期间，粤桂两省区将坚持和完善东西部协作机制，共同签署《“十四五”时期粤桂协作框架协议》等合作协议②，推动新发展阶段粤桂东西部协作工作体制机制更加健全、协作领域持续扩大、协作层次不断提高、协作方式更加多样。当前，立足新发展格局和国家区域发展总体战略，粤桂两省区都处在开放发展的前沿，在推动区域战略协作中，要抓住区域全面经济伙伴关系协定（RCEP）实施机遇，推动粤港澳大湾区与北部湾经济区“两湾”联动发展，把粤港澳大湾区的发展效应辐射到广西。要加快珠江—西江经济带、粤桂黔滇川高铁经济带等建设，积极支持沿海地区产业有序转移，促进产业组团式承接和集群式发展。要拓展推进粤桂合作特别试验区、“两湾”产业融合发展先行试验区（广西・玉林）、防城港国际医学开放试验区等重点跨省园区建设，促进两地联动发展、互利共

① 中共中央党史和文献研究院：《习近平扶贫论述摘编》，北京：中央文献出版社，2018 年，第 53 页。

② 陈贻泽：《慎终如始携手打好粤桂扶贫协作收官战确保如期实现与全国同步 全面建成小康社会》，载《广西日报》，2020 年 9 月 25 日。

赢。要坚持依靠科技创新、产业升级、扩大内需等措施打通粤桂区域合作堵点，全力参与国内大循环、国内国际双循环，形成粤桂东西部协作发展新优势，携手谱写新时代壮美广西与南粤大地合作共赢新篇章。

参考文献

［1］习近平：《在决战决胜脱贫攻坚座谈会上的讲话》，北京：人民出版社，2020 年。

［2］习近平：《认清形势聚焦精准深化帮扶确保实效，切实做好新形势下东西部扶贫协作工作》，载《老区建设》2016 年第 13 期。

［3］中共中央党史和文献研究院：《习近平扶贫论述摘编》，北京：中央文献出版社，2018 年。

［4］黄承伟：《东西部扶贫协作的实践与成效》，载《改革》2017 年第 8 期。

［5］《南方日报》评论员：《切实做好新形势下东西部扶贫协作》，载《南方日报》，2016 年 7 月 22 日。

［6］黄萍萍：《山海作证 真情帮扶——粤桂扶贫协作为广西脱贫攻坚贡献广东力量》，载《广西日报》，2021 年 3 月 2 日。

［7］徐林、岳宗：《广西党政代表团来粤考察交流共商深化粤桂东西部协作事宜》，载《广州日报》，2022 年 6 月 17 日。

［8］陈贻泽：《慎终如始携手打好粤桂扶贫协作收官战确保如期实现与全国同步全面建成小康社会》，载《广西日报》，2020 年 9 月 25 日。

作者简介：谢林城，广西社会科学院党组副书记、副院长；王造兰，广西社会科学院农业农村研究所副研究员。

我国构建区域协调发展与共同富裕的机制探索

全　毅　曾志兰

摘　要：推动区域协调发展实现共同富裕是我国重大发展战略。以“一带一路”倡议为转折点，我国区域发展战略经历了从效率优先、倾斜发展到兼顾公平、均衡发展的转变过程。借助“一带一路”倡议的实施，推动形成陆海联动、东西互济全面开放新格局以及区际开放与区域协调发展，实现共同富裕，可避免西部地区成为经济发展的断裂带。中央政府需要加强顶层设计，统筹协调“一带一路”建设与国内区域协调发展，从立法规范、组织协调、载体平台、区域开放、对口援助、资源地与消费区投资开发、利益补偿、社会市场、收入分配与转移支付等方面，构建区域之间协调发展与共同富裕的体制机制。

关键词：区域协调发展；区际开放；共同富裕；协调机制与政策

我国区域协调发展战略经历了从对外开放发展外向型经济，到对内对外开放构建国内国际双循环发展新格局两个历史阶段。无论是沿海开放，还是沿边开放的思路都是眼睛向外的外向型经济发展战略。2013 年我国提出共建“一带一路”也是将对外开放与合作重点方向转向“一带一路”，仍然是对外开放。2018 年中美博弈加剧，国际国内形势发生重大变化，2020 年我国将构建以国内大循环为主体，国际国内循环相互促进的新发展格局作为总体发展战略，将国内区域开放与协调发展作为我国最基本国策，是我国区域发展战略从效率优先向协调均衡的重大调整。国内区际开放构建高质量市场经济体制是实现区域协调发展与共同富裕目标的重要保证，也是构建高水平开放型经济新体制重要路径。

一、我国区域发展战略从效率优先到均衡发展

（一）我国区域协调发展的三个阶段

改革开放以来，我国区域发展战略从效率优先向协调均衡的转变，经历了三个阶段，探索建立区域协调发展的新机制。2020年进入区域均衡协调发展的新时期。

1. 东部地区的率先发展。中国对外开放是从东部沿海地区开始的，重点面向亚太地区的发达国家和地区，让东部沿海地区率先发展。待东部发展起来后国家投入更多力量加强西部基础设施建设和经济发展，让先发展起来的东部地区拿出更多的力量帮助内地和西部地区发展。这是中国改革开放总设计师邓小平提出的“两个大局”战略，即让一部分人和地区先富起来，然后先富帮后富，实现共同富裕的设想。然而实现从非均衡发展向均衡发展并非是一个自然演进过程。1992年我国开放重庆、宜昌、九江、安庆、芜湖等沿江5个中心城市，武汉、郑州、西安、成都、昆明、乌鲁木齐、西宁、银川、沈阳、长春、哈尔滨、呼和浩特、石家庄、合肥、南昌、长沙、贵阳、太原等内陆18个省会中心城市，以及开放丹东、珲春、绥芬河、黑河、满洲里、二连浩特、霍尔果斯、伊宁、喀什、瑞丽、河口、凭祥、东兴等沿边13个沿边口岸城镇；还先后在内陆一些大中城市设立15个保税区、49个国家级经济技术开发区和53个高新技术产业开发区。[①] 1997年，国务院决定将重庆设立为中央直辖市打造西部地区发展龙头。我国逐步形成东部沿海地区—内地中心城市—沿边重点口岸城镇对外开放梯度开放开发格局。我国区域发展差距逐步扩大，1978年，东部地区GDP最高的上海人均GDP为2498元，西部地区GDP最高省份的青海省为428元，相当于上海的17.1%；最低省份贵州为175元，相当于上海的7%。但我国西部地区的西藏、青海、宁夏，以及东北地区的黑、吉、辽都处于人均收入前10位的高水平，比东部沿海省份福建、浙江、山东更高。到2000年，东部地区GDP最高省份上海GDP达到3.45万元，西部地区最高省

① 熊娜：《资源匹配、现实操作与后续境况：由我国区域发展战略观察》，载《改革》2011年第4期。

份新疆为0.75万元，仅相当于上海的21.7%；最低省份贵州为0.266万元，相当于上海的7.7%。东部地区沿海省份的福建、浙江、山东都进入全国前10位。东西部发展差距不断扩大。

2. 促进区域经济合理布局与协调发展。根据改革开放总设计师邓小平中国发展的"两个大局"战略部署，在20世纪末西部开发要提上议事日程。1999年11月，中央经济工作会议正式提出实施西部大开发战略。2000年10月26日，国务院正式发布《关于实施西部大开发若干政策措施的通知》，决定从2001年起开始实施西部大开发政策。此后相继提出实施中部崛起战略和振兴东北老工业基地战略，以控制我国区域发展差距的持续扩大。为落实西部大开发、东北振兴计划、中部崛起等区域开发政策——这三个都由中共中央和国务院同时发布文件，规格是最高的，中央设立了国家级协调机构，然后是"东部率先跨越"，这个发展规划没有国家级协调机构。这种部署体现了国家对振兴落后地区的重视。国家在基础设施，学校教育加大对西部地区的投资力度，以改善西部地区的发展环境。同时实施东部发达地区与中西部落后地区对口帮扶政策，开放开发西部地区的资源与市场，引导外资及东部企业向中西部投资。我国西部地区基础设施（青藏铁路、西气东输、西电东送工程完成）与人力资源开发得到一定程度的改善，经济增速开始加快，特别是资源富集省区，如内蒙古经济增速超过东部地区。我们以人均GDP衡量区域发展差距。到2010年西部大开发战略实施十年后，东部地区GDP最高的上海人均GDP为7.32万元，西部地区最高省份内蒙古人均GDP为4.70万元，相当于上海的64.2%。最低的贵州1.64万元，相当于上海的22.4%。东西部地区人均收入稍微有所收敛。

3. 实施区域协调发展战略。2010年党中央、国务院出台《深入实施西部大开发战略的若干意见》，明确到2020年西部地区要建立现代产业经济体系、实现全面脱贫奔小康的目标。2010年，我国在中西部地区设立八大国家级承接产业转移示范区，促进沿海地区产业向中西部地区转移，重构国家产业链和供应链。2012年，我国劳动力市场出现"刘易斯拐点"以来，沿海地区纺织产业出现劳工荒。一些企业开始向海外或中西部地区转移，寻找原料与劳动力便宜的地区投资兴业。2013年，中央政府决定将纺织服装产业作为新疆维吾尔自治区的战略产业和就业平台，提出到2023年的10年内解决100万劳动力转移问题。2014 年 5 月国务院发布《关于支持新疆纺织服装产业发展促进就业的指导意见》，引导东部地区纺织服装产业向新疆转移。党的十八大以来，我国开始突出重大区域发展战略的引领作用。2013 年 9 月和 10 月间，习近平主席在访问中亚四国和东盟国家时，提出共建“丝绸之路经济带”和“21 世纪海上丝绸之路”两个倡议，“一带一路”西进战略逐渐成形，是我国经济再平衡战略。这既是国内经济转型升级的需要，也是中国对外开放战略的一次重大调整。随后，中央出台京津冀协同发展战略、“长江经济带发展规划”、自由贸易试验区、粤港澳大湾区发展规划、长江三角洲一体化总体规划。“一带一路”倡议以“六大经济走廊”建设为骨架，连接京津冀协同发展区、长江经济带、粤港澳大湾区以及沿海各港口的自由贸易试验区，形成沿海、沿江和沿线经济带为主的纵向和横向经济轴带，塑造主体功能有效约束、生产要素有序流动、社会基本公共服务均等化、资源环境可持续的区域协调发展新格局。以“六大经济走廊”建设为抓手，我国加快了内地与沿边地区通道等基础设施建设步伐。2018 年 11 月，中共中央国务院出台《关于建立更加有效的区域协调发展新机制的意见》，鼓励探索国内区域援助帮扶与资源产地和消费地区建立各种协作机制，促进国内区域之间的协同发展。到 2020 年，我国东部地区人均 GDP 最高的北京为 16.76 万元，西部地区最高的重庆 8.00 万元，相当于北京的 47.7%，西部地区人均 GDP 最低的甘肃为 3.41 万元，相当于北京的 20.35%，我国东西部区域发展差距又有所扩大。这种反复说明缩小区域收入差距任重道远。

（二）我国区域协调发展政策检讨

我国西部大开发与区域协调发展战略取得巨大成效，使我国整体上实现脱贫奔小康的社会目标。但是，我国区域发展差距收敛效果还很不明显。如果我们将台港澳除外的 31 个省市区以 10 个为单元划分为高、中、低三个方阵。1978 年我国区域发展差距并不明显，东北三省和西藏、青海的人均 GDP 都处于第一方阵。从 2000 年以来的 20 年间，我国各省区人均国民生产总值的变化看，位于第一方阵前 10 位的除了重庆和湖北以外，几乎都是东部沿海省市；位于中间方阵第 11 至第 20 位的内蒙古、陕西、安徽、湖南、四川、辽宁、河南、宁夏和江西主要位于中部地区；位于第三方阵的第 21 至第 31 位的新疆、西藏、云南、青海、贵州、广西都属于西部地区省份，而河北、山西、吉林和黑龙江分别从第一方阵和第二方阵掉入第三方阵。也就是说，西部大开发战略实施以来，西部地区只有重庆从第二方阵上升到第一方阵；内蒙古、陕西、四川排名从第三方阵的第 24、第 28、第 25 位上升到第 20 位以前的第 11、第 12、第 16 位；而其他如新疆、西藏、云南、青海、贵州、广西等均在第三方阵第 20 位以后。值得注意的是，广西兼有沿海与西部的区位优势，改革开放 40 年在国内经济发展始终不温不火处于第 24 至第 30 位；而河北、山西、吉林和黑龙江从第一方阵和第二方阵落入第三方阵，使得在东西部差距之后出现南北差距问题。虽然我国绝大多数地方消灭绝对贫困的社会目标，但收入差距的绝对数据还在扩大。

表 1　1978—2020 年全国各省市人均 GDP 排名（单位：人均万元）

年份 地区	2020		2015		2010		2005		2000		1978	
北京	1	16. 76	2	10. 87	3	7. 02	2	4. 59	2	2. 41	2	0. 1290
上海	2	15. 94	3	10. 35	1	7. 32	1	5. 15	1	3. 45	1	0. 2498
江苏	3	12. 73	4	8. 89	4	5. 20	5	2. 45	6	1. 35	6	0. 0430
福建	4	11. 05	7	6. 86	10	3. 74	9	1. 86	7	1. 16	23	0. 0273
浙江	5	11. 04	5	7. 81	5	4. 98	4	2. 77	4	1. 35	15	0. 0331
广东	6	9. 61	8	6. 84	7	4. 36	6	2. 44	5	1. 28	11	0. 0368
天津	7	9. 01	1	16. 39	2	7. 04	3	3. 57	3	1. 79	3	0. 1160
重庆	8	8. 00	12	5. 29	14	2. 74	18	1. 098	19	0. 52	25	0. 0263
湖北	9	7. 33	13	5. 10	13	2. 76	16	1. 14	13	0. 72	16	0. 0332
山东	10	7. 26	10	6. 58	8	4. 11	7	2. 009	9	0. 95	18	0. 0316
内蒙古	11	6. 84	6	7. 21	6	4. 70	10	1. 63	16	0. 58	17	0. 0317
陕西	12	6. 35	15	4. 84	15	2. 68	23	0. 99	28	0. 45	21	0. 0291
安徽	13	6. 07	28	3. 18	26	2. 06	28	0. 867	22	0. 48	27	0. 0244
湖南	14	6. 04	18	4. 33	19	2. 42	20	1. 04	17	0. 56	22	0. 0286
海南	15	5. 86	17	4. 61	21	2. 36	19	1. 087	14	0. 68	19	0. 0314

续表

地区＼年份	2020		2015		2010		2005		2000		1978	
四川	16	5.80	23	3.71	24	2.10	26	0.906	25	0.48	26	0.0262
辽宁	17	5.77	9	6.72	10	4.00	8	1.898	8	1.12	4	0.0680
河南	18	5.70	22	3.93	22	2.34	17	1.135	18	0.54	28	0.0232
宁夏	19	5.64	14	5.07	17	2.61	21	1.024	24	0.48	10	0.0370
江西	20	5.50	24	3.69	23	2.12	24	0.944	23	0.48	23	0.0276
新疆	21	5.47	19	4.21	18	2.48	14	1.31	12	0.75	19	0.0313
西藏	22	5.43	26	3.33	28	1.69	25	0.911	27	0.46	9	0.0375
云南	23	5.04	29	2.92	30	1.57	29	0.783	26	0.46	28	0.0226
青海	24	4.95	16	4.73	20	2.40	22	1.00	21	0.51	7	0.0428
贵州	25	4.92	31	1.98	31	1.32	31	0.505	31	0.26	31	0.0175
河北	26	4.77	20	4.09	12	2.81	11	1.478	11	0.76	13	0.0364
山西	27	4.73	25	3.53	26	2.03	15	1.25	20	0.51	12	0.0365
吉林	28	5.57	11	5.45	11	3.12	13	1.335	15	0.68	8	0.0381
广西	29	4.46	27	3.18	24	2.06	27	0.879	29	0.43	30	0.0225
黑龙江	30	3.65	21	3.94	15	2.61	12	1.443	10	0.86	5	0.0564
甘肃	31	3.41	30	2.63	29	1.60	30	0.748	30	0.38	14	0.0348

资料来源：本表根据公开资料整理。

众所周知，我国区域发展差距出现固化的原因，首先是区域要素禀赋差异造成的。我国西部地区自然环境差，地广人稀、基础设施建设效用低，人力资源开发成本高，远离消费市场导致运输成本高和市场信息缺乏。自东北端的漠河到西南端腾冲一线被称为胡焕庸线，是我国自然地理分界线。东南一侧是江河平原地形，雨量充沛、小桥流水、人口密布；西北一侧是高山荒漠与草原地形，干旱少雨、大漠孤烟、人烟稀疏。历史上农耕文明很难突破胡焕庸线的限制向西部发展，在工业文明时代人类进入海洋时代，因海洋运输成本远低于陆路运输成本，导致人类经济活动更加向沿海地区集中。铁路、公路与航空运输的发展也没有突破胡焕庸线的限制，促进我国区域之间的均衡发展。

2000年时，胡焕庸线东南侧国土面积为全国的43%，人口却占全国总人口的94.2%，贡献全国经济总量的95.7%；而西北侧占全国国土面积的57%，而人口只占中国的5.8%，贡献全国经济总量的4.3%。[①] 西部大开发地区覆盖的广西、云南、西藏、贵州、四川、重庆、陕西、宁夏、甘肃、青海、新疆、内蒙古12个省市区，多数位于胡焕庸线的西北一侧，但总面积达到685万平方千米，约占全国土地面积的71.4%，2020年人口总和约占全国的25%，GDP总和约占全国的20%。[②] 说明发展差距仍然巨大，实现共同富裕的道阻且长。

其次，我国区域开放与开发政策的过于泛化、缺乏效率，也导致我国区域协调开发政策效果欠佳。我们对2000年以来出台的十大区域发展战略或规划进行过梳理。我们假设进入国家级区域政策的次数越多，得到的好处越多。我们发现一个奇怪现象。得到好处最多的省份居然不是西部落后地区，而是上海、浙江、广东和重庆——除重庆处于中西部外，都是中国最富的东部地区。如果加上各种地方发展战略上升为国家支持的区域发展战略，东部地区得到的优惠政策就更多。比如沿海海洋经济示范区，海峡西岸经济区，深圳中国特色社会主义先行示范区等。由此可见，中国越是富裕的地方，得到的优惠政策越多。这个结果让人很吃惊：过去倾斜性的优惠政策变成了新的平均主义。其根源在于我国区域开放开发政策的马太效应。越是经济发展得好，地方政府的寻租能力就越强，就越是容易得到国家优惠政策青睐和扶持。笔者认为，区域发展战略应实现由效率导向向公平导向的真正转变，区域政策的目标就是减少地区发展差距，实现共同富裕。因此，中国区域发展政策应该有战略规划，不是由地方政府寻租和竞争，谁想要就给政策。

2020年以来，我国区域协调均衡发展战略进入新时期。为应对2018年以来中美战略竞争加剧，美国围堵与国内经济转型升级的需要，中国发展外部环境的恶化迫切需要改变以往的出口导向发展模式。2020年我国政府正式将构建以国内经济大循环为主体，形成国际国内相互促进的双循环发展新格局作为一项长期发展战略。而国内大循环应以发挥国内区域比较优势、区际开放、产业转移和产业链供应链重构为主要抓手。2020年5月17日颁布的《中共中央、

---

① 胡焕庸线：《大自然然是这样划分中国的》。www.360doc.com. 2018年2月8日。

② 冯建勇：《历史与现实之间的胡焕庸线——中国内陆边疆与沿海地区协调发展论说》，载《西北民族研究》2021年5月第2期。

国务院关于新时代推进西部大开发形成新格局的指导意见》，明确提出："到2035年，西部地区基本实现社会主义现代化，基本公共服务、基础设施通达程度、人民生活水平与东部地区大体相当，努力实现不同类型地区互补发展、东西双向开放协同并进、民族边疆地区繁荣安全稳固、人与自然和谐共生。"① 国家第三轮西部大开发明确到2035年，我国各区域基本公共服务、基础设施通达程度、人均国民收入实现均等化的共同富裕目标。这是促进内部大循环的重要举措。

二、我国区域协调发展与共同富裕的新思路

共同富裕的基本含义是实现国民收入与社会公共服务的均等化。如何实现共同富裕？这不仅要解决国民财富的公平分配与社会公正问题，更是处理好区域合理分工与均衡发展问题。中国要实现均衡发展和共同富裕，在国土开发的顶层设计方面，对发展落后的中西部地区在基础设施建设、文化教育、公共卫生等公共服务均等化，产业发展规划、人力资源开发、对内对外开放以及发展国际国内贸易方面给予更多政策倾斜支持，构建起区域之间生产要素有序自由流动与转移的机制，同时调节收入分配制度，实现效率与公平的均衡目标。中央政府的区域开发规划与政策必须体现地区差异，符合民族地区的协调发展和扩大内需的战略需求，有效缩小区域发展差距，实现区域之间协调发展与共同富裕。②

（一）实现西部大开发与"一带一路"的协调发展

在国家战略层面，西部大开发与区域协调是内循环，"一带一路"是外循环。构建以内循环为主体，外循环相协调的国内国际双循环发展新格局，需要处理好国内区际开放与对外开放、国内产业转移与国际产能合作，国际国内产业链、供应链和价值链重构与分工布局的问题。因此，我国区域协调发展战略与"一带一路"建设协调推进是缩小东西部发展差距和实现共同富裕的重要

---

① 《中共中央、国务院关于新时代推进西部大开发形成新格局的指导意见》，载《中华人民共和国国务院公报》，2020年5月30日。

② 全毅：《丝绸之路经济带建设与西部大开发：协同发展》，载《青海社会科学》2016年第5期。

途径。

一是加快西部地区开放发展，既是我国实现均衡发展、缩小区域差距的需要，也是扩大内需市场、实现以内循环为主体外循环相协调新发展格局的必然要求。目前，我国经济发展基本形成了东部地区进入创新驱动阶段，一些低端与过剩产能需要转移；中部地区进入要素驱动发展阶段，产业发展需要提质增效；西部地区还处于资源驱动阶段，需要加速进入工业化发展阶段。① 实现我国东部地区产业和国内资源有序地向中西部地区的转移和投入是中国扩大内需，以及把根留住、避免产业空心化的重要途径。在当前构建以国内经济大循环为主导、国际国内双循环相互促进新发展格局的背景下，各地应发挥比较优势，重构东中西部产业链、供应链和价值链，形成国内梯度分工、产业有序转移和全国统一市场，在中美经济摩擦持久化的情况下，可以增强我国经济增长的韧性与回旋余地。

二是全国统一市场与区域分工体系的形成是区域协调发展的重要前提。我国西部地区主要是少数民族集聚地区，东中西部国内经济一体化发展，对于消除地域发展差距和民族差异，维护国家安全和长治久安具有特别重要的意义。② 我国东部地区劳动密集型产业因土地、劳工成本上升进入难以维持阶段后，曾经提出"腾笼换鸟"的产业转型升级战略，因此，东部地区边际产业早已开始向外转移。2010 年，我国在中西部地区设立八个国家级承接产业转移工业园，将我国东部地区部分产业转移到原材料资源比较丰富的中西部地区，将东部地区产业链向内地延伸，提升我国参与国际分工的产业层次，实现更好的经济效益。比如，从新疆输出棉花每吨需要补贴 400～500 元运费，增加了运输成本。国家从 2014 年将新疆承接纺织服装产业转移与发展作为国家战略，推动东部地区的纺纱、织造产业转移至新疆地区，形成与东部地区新分工体系，以实现更好的经济效益。

三是"一带一路"建设使西部地区从对外开放的末梢变为前沿地带。在西部地区如云南、新疆、黑龙江生产，直接出口丝绸之路市场能更加节省运输成

---

① 张培刚发展经济学系列讲座（26）：张燕生解读十九大后中国经济发展前景，WWW. PKCJJH. ORG. 2017-12-27.

② 全毅：《西部大开发与丝绸之路经济带：协同发展》，载《青海社会科学》2016 年第 5 期，第 19-26 页。

本。我国中东部企业在西部地区投资企业，既能促进西部地区开发，又能为拓展外部市场建立生产基地，构建面向欧亚大陆的区域生产网络和分工体系。目前我国东部地区一些纺织服装企业到新疆伊犁地区的伊东工业园区投资建厂，生产用于销往中亚和欧洲的服饰产品。比如江浙和华北的服饰企业在霍尔果斯口岸生产中亚的民族服饰和东欧俄罗斯的手套与皮草。我国西部地区是中国与中亚过渡地带，语言文化呈现多元化：我国哈萨克族、维吾尔族、塔吉克族等都是跨境而居的民族，他们与中亚文化有着千丝万缕的联系。笔者认为："西部地区可以为中东部地区企业开拓中亚市场和进入中亚投资提供服务，比如中东部地区企业可以积极参加新疆举办的'亚欧博览会'、亚欧商品博览会和宁夏举办的'中阿经贸合作论坛''世界回商大会'、伊斯兰商品博览会这些平台，开拓俄罗斯、东欧、中亚、西亚及阿拉伯世界市场。"①

四是"一带一路"建设不能越过西部地区，必须优先考虑西部地区发展。"一带一路"倡议以"五个联通"和"六条经济走廊"构建全方位、网络状、系统性对外开放格局。我国西部地区从中国的边沿地带变成对外开放的前沿平台，如新疆发展定位为丝绸之路经济带核心区，云南发展定位为面向南亚、东南亚开放的辐射中心，广西发展定位是西部陆海新通道等。引导我国企业通过西部地区走向丝绸之路经济带将为西部大开发提供前所未有的历史机遇。但是，目前东部地区许多失去比较优势的传统产业并没有搬迁到中西部地区，而是直接搬迁到海上丝绸之路沿线国家。究其原因，营商环境除了税收优惠和劳动力廉价外，还需要综合考虑接近市场、产业配套等多种因素。

1. 西部地区远离消费市场导致运输成本高且信息不灵。西北地广人稀，交通建设成本高，铁路、公路密度比较低，运距远，物流成本高，相关快递行业亏损严重。远离消费市场产生的运输成本和信息不灵，对市场反应不灵敏。企业必须将设计以及高端产品放在内地沿海地区，以便根据市场动态调整生产和销售策略。劳动力便宜、土地租金低廉难以抵消高昂的运输费用。如果是出口加工型企业，则原材料和产品的运输费用会成倍增加，企业效益可能更差。再说企业搬迁还需要付出巨大的沉入成本。因此，出口导向型企业宁愿选择外迁，而不是内迁。

① 全毅：《西部大开发与丝绸之路经济带：协同发展》，载《青海社会科学》2016年第5期，第19-26页。

2. 西部地区产业聚集效应不明显，产业链条短、产业生态不完整，造成企业经营成本难以下降。我国内地，尤其是西部地区因远离消费中心难以形成产业集聚效应，不仅过去三线建设时期的老工业在改革开放之后，在沿海地区工业产品冲击下逐渐消失，而且在承接沿海地区产业转移方面也因缺乏科学发展规划和经济效益过低，难以吸引相关配套产业的整体迁移。以新疆纺织业为例，新疆石化产业缺乏化纤产业制约混纺产品发展，服装产业缺乏辅料、纽扣、拉链等配套产业，影响服装生产成本和时效。

3. 劳动力素质低。许多沿海企业认为从内地招聘员工要比内迁建厂更有效率。西部地区少数民族居住区因语言不通、生活习俗不同与生产技能不足，技术劳动力无论是低中高都非常稀缺。部分企业存在招聘的员工组织纪律性较差、培训时间长、成本高、难度大以及员工生产效率低、熟练程度低、流动频繁、稳定就业率差等问题，企业内迁后无法保证产品质量和生产工期，短时期内劳动力潜力难以转化为实际生产力。

如何引导东部企业向西部地区转移？需要加强顶层设计，制定切实可行的政策与措施。

（二）优化区域协调发展与实现共同富裕的政策设计

优化我国区域开发开放布局，实现东中西部协调发展与共同富裕是值得认真研究的重大课题。

一是将中西部开发开放与“一带一路”建设统筹协调。丝绸之路建设是以“五个联通”和“六大经济走廊”为主要抓手，其中基础设施互联互通是基础，产能合作和人文交流是支撑。西部地区交通能源等基础设施建设与教育医疗等社会发展的规划要与丝绸之路建设及发展规划相对接。推进西部大开发与“一带一路”建设的融合，提升西部地区整体开放水平。

推进西南地区与东盟互联互通，产能合作与产业发展对接。目前，西南地区中缅油气管道已经修通，中老铁路也已通车，西部陆海新通道正在建设。我国最早提出复兴南方丝绸之路——孟中印缅经济走廊，其中，中缅经济走廊是关键。滇缅通道是我国西南内陆地区走向印度洋和西亚非洲的最便捷通道。现在中缅经济走廊中的咽喉工程滇缅铁路建设困难重重，但打通滇缅通道及建设中缅经济走廊对我国西南开放开发具有重要战略价值。

推进西北地区开发与“丝绸之路经济带”融合。其中，中巴经济走廊建设作为旗舰工程，中国已经取得瓜达尔港经营权，中巴经济走廊中的铁路、高速公路、电力、通信等设施建设也都会大规模展开。中巴铁路和油气管道可能因复杂的地质环境与高寒气候条件难以实现，但高速公路与空中航线要加强互联互通。中巴经济走廊必须与喀什等南疆的开发建设紧密协调，这是事关西域安全的重大战略问题。南疆环形铁路及公路交通建设及其与青海甘肃的连接是应该优先规划与建设的事项。

中国与中亚的互联互通，中亚通往新疆的四条油气管道已经修建，但铁路和公路还需要提升等级。目前，俄罗斯总统普京提出大欧亚经济伙伴关系，既是将俄罗斯主导的欧亚联盟与上海合作组织对接，实际上是与中国的丝绸之路对接，中国应将建立中国—欧亚联盟经济伙伴关系谈判提上日程，以确保中国北线能源供应以及市场环境的稳定。所以，丝绸之路经济带建设要与我国西部大开发战略相衔接，让西部地区成为贯通欧亚大陆的桥梁。

推进东北老工业基地振兴与“一带一路”建设的融合。东北地区振兴要以草原丝绸之路和中蒙俄经济走廊为抓手，加快推进基础设施的投资合作与互联互通，选择交通枢纽城市共同建设产业合作园，加快构建东北对外开放的通道、平台和布局，实现中蒙俄三国共同的农业和牧业政策，以发展生产性服务业市场开放为重点，形成振兴东北的新动力。①

推进中部地区崛起与“一带一路”的融合。依托新欧亚大陆桥和南北大通道，发展欧亚班列运输，以及武汉（鄂州货运空港）、郑州、成都、重庆、乌鲁木齐等中心城市的铁路港和国际航空港，打通“一带一路”沿线主要城市的陆上和空中通道；加强中部地区在钢铁、工程机械、装备制造、化工、光电一体化等领域与“一带一路”沿线国家和地区的合作。

二是丝绸之路产能合作规划，要与西部地区产业发展规划相衔接。“一带一路”倡议为中西部地区内引外联、辐射周边地区创造了软硬环境，使得中西部地区成为推进“一带一路”和向西开放的核心区。由于我国区域之间无论自然环境、经济社会资源、人文社会环境，还是经济发展程度及其与周边国家和地区的关系都存在巨大差异。统一政策会因地区差异难以执行或导致政策效果

---

① 张涵报道：《中国区域经济 50 人论坛 2018 年会在京召开》，载《中国国情国力》，2018 年 5 月 7 日。

天壤之别。因此，国家顶层设计、规划发展、战略部署、政策设计必须从当地条件出发，因地制宜。

我国东西部农业生产条件差异巨大，胡焕庸线是我国农耕文明与草原文明的天然分界线，南北气候温差大，物产不同，可以根据气温带和雨量带形成东西南北区域农牧业分工体系，形成水稻、棉花、小麦、玉米、畜牧的天然地带。比如东南部地区适宜发展水产养殖和蔬菜种植业，而西部和东北地区则适宜发展畜牧加工业与果品加工业。我国西部和东北地区畜牧业和特色水果等农牧业资源丰富，食品加工、纺织服装、皮革加工、果品加工、肉类加工及乳品加工都需要大力发展，以充分开发当地的农牧业资源。① 比如新疆棉花产量占我国棉花产量的87%，世界棉花产量的20%。但新疆纺织服装产业不是支柱产业，仅占国内纺织业总产值的2%左右，新疆发展纺织服装产业潜力巨大。除内蒙古鄂尔多斯羊绒业比较知名外，其他地区毛纺业仍然是需要大力发展的产业。但广大西部地区缺乏资金和技术，以及管理和营销经验。所以，应将新疆承接和发展纺织服装产业作为国家战略进行顶层设计。

东北地区与西部地区矿产资源丰富，许多城市也因矿产开发而兴。比如大庆、玉门、克拉玛依等城市就因石油而兴，攀枝花因铁矿与钢铁工业而兴，宁夏的金昌、白银等市因金属矿而兴，内蒙古的鄂尔多斯也因煤矿和其他稀有金属矿而兴，青海柴达木盆地盐矿、锂矿资源丰富。但这些城市亟须发展金属深加工制造业，实现经济结构多元化。像西安、成都、重庆、兰州、绵阳、乌鲁木齐、昆明、南宁、柳州等制造业基础较好的城市，应大力发展装备制造业，为西北地区的加工工业提供更好的技术装备。新疆、青海的盐矿和稀有金属资源丰富，可以发展成为我国盐化工和锂电池等新能源产业的重要基地。西部地区油气资源丰富以及进口的油气资源亟须延长产业链，建设成为我国能源工业与石化工业的战略基地。

西部地区生态脆弱，需要搞好生态建设和水土保持，绿化生态环保产业也是亟须发展的产业，我国在西部大开发过程中实行退耕还林、退耕还草政策，生态环境、生活环境已经得到极大改善。青藏高原是我国许多江河发源地，高寒的气候使得土地的生产力极低，生态环境保护是重中之重。需要构建东西部

① 全毅：《西部大开发与丝绸之路经济带：协同发展》，载《青海社会科学》2016年第5期，第19-26页。

资源与生态补偿机制，强化西部地区生态保护，以及生态旅游和绿色农牧业发展。

东北地区工业基础较好，主要是按照苏联标准建设的，改革开放以来我国转向西方技术标准。东北工业振兴不仅需要解决体制机制问题，还需要转换技术标准问题，利用信息化、智能化和物联网技术改造东北的制造业基础。由于东北工业生态不适应新生企业的成长，所谓投资不过山海关，东北工业要打破传统体制机制的顽疾，首先要进行混合所有制和股份制改造，引入外资与民营等新兴力量增强生产活力，对难以改造的企业实施破产法，然后将传统企业资产通过市场化途径，完成民营化过程。

三是将发展特色农牧业与乡村振兴结合起来。“西部许多地区是生存环境恶劣的地区，对于这些地区的农牧民需要采取整体搬迁。要让这些农牧民搬得出、稳得住、能致富，产业发展是关键。西北地区广大农牧区具有丰富的特色农产品和畜牧业，西北地区是我国长绒棉、哈密瓜、葡萄、西瓜、西红柿、核桃、香梨、杏仁、枸杞等特色瓜果生产宝地。但种养、加工、储存、运输等生产技术和加工行销技术需要开发，提高经济效益。”① 习近平总书记2022年博鳌论坛前在海南考察时指出，乡村振兴必须发展特色产业。推动这些地区的特色产业的发展是乡村振兴的关键举措。

我们调查发现，从2013年实施的新疆纺织服装产业振兴计划，极大地促进国内纺织服装产业向新疆转移。据统计，“2014—2020年全疆纺织服装企业数量从560家增加到3328家，新增2768家”②。其中沿海和内地到新疆投资企业为1034家，占比37.4%。基本形成较完整的产业链，涵盖纺纱、化纤、织布、印染、服装服饰、家纺、针织品、产业用纺织品等生产领域，建成阿克苏、库尔勒、阿拉尔、石河子、伊犁（江苏）五个纺织产业基地，与国内东部地区形成分工协作，产生显著的比较经济利益；对促进农牧区劳动力转移，增加农牧民收入产生积极作用，就业减贫贡献巨大。2014—2020年全疆纺织服装产业累计新增就业人数70.65万人，每个就业者每月能增加收入2000—5000

① 全毅：《西部大开发与丝绸之路经济带：协同发展》，载《青海社会科学》2016年第5期，第19-26页。

② 牛方，梁莉萍：《中泰纺织集团做最长“链条”，引领新疆纺织迈向新高度》，载《中国纺织》，2021年12月5日。

元。我国东部农产品加工企业投资新疆的水果保鲜技术和食品加工，促进新疆果酱、果汁、果醋、果酒、果脯等特色食品的发展。东部地区也为西部地区特色农产品投资电子商务与订单农业，促进了新疆、宁夏、青海等地的哈密瓜、葡萄酒、枸杞在国内外的市场营销，产能和产值成倍增长。①

四是将区域协同开放作为共同富裕的关键举措。我国边疆地区因边界的屏蔽效应，长期处于落后状态，从 1992 年实施沿边对外开放，创新对外合作模式，打造对外开放新高地以来，沿边地区先后开设边境互市贸易区，鼓励发展边民免税贸易。2000 年，西部大开发战略正式实施，主要是促进西部地区生态环境修复和基础设施建设，推进边境经济合作区（包括出口加工区、进口加工区、保税物流园区）建设，发展边境旅游购物，活跃边境经济。2010 年，中央政府实施第二轮西部大开发战略，提出构建现代产业体系，在中西部地区建设国家级产业转移示范园区，采取对口援助，促进东部地区产业向内地转移等举措。2013 年提出“一带一路”倡议以来，建设六大跨境经济走廊，促进陆海联动、东西互济全面开放新格局的形成，在我国沿边重要口岸建设跨境经济合作区，跨境基础设施互联互通，边境金融货币互换。重点建设丹东、和龙、珲春、绥芬河、同江、黑河、满洲里、二连浩特、阿拉山口、霍尔果斯、塔城、喀什、吉隆、瑞丽、磨憨、河口、凭祥、东兴 18 个边境经济合作区（含跨境经济合作区）。这些开放政策在实现富民兴边过程中发挥了重要作用。

三、完善区域协调发展与共同富裕机制及政策体系

区域协调发展是实现共同富裕的重要途径。习近平在十九大报告中强调：要“强化举措推进西部大开发形成新格局，深化改革加快东北等老工业基地振兴，发挥优势推动中部地区崛起，创新引领率先实现东部地区优化发展，建立更加有效的区域协调发展新机制”。② 中国政府在 2018 年 11 月 18 日发布了《中共中央、国务院关于建立更加有效的区域协调发展新机制的意见》，为新时

---

① 全毅等：《关于新疆承接纺织服装产业转移与发展的调研报告》，载《改革内参》，2021 年 10 月 22 日。

② 《中国科技产业》2017 年 10 月 15 日综合报道中国共产党第十九次全国代表大会《全面决胜小康社会，夺取新时代中国特色社会主义伟大胜利》。

代区域协调发展的机制建设提供指南。

（一）构建我国发达地区与欠发达地区的协调机制

第一，针对我国欠发达地区区域特征制定欠发达地区开发特别法。法律制度层面的协调机制是根本，借鉴发达国家经验，通过立法程序保障对欠发达地区的开发援助。我国分别于2016年3月25日制定了《长江经济带发展规划纲要》，2021年10月8日颁布了《黄河流域生态保护与高质量发展规划纲要》，成为我国两个最大江河流域性的区域发展指南。还应该根据我国区域特征和功能定位，制定区域发展指南和协调机制。如制定《东北老工业基地振兴法》《西北沙漠地区开发法》《青藏高寒地区开发法》《云贵高原开发法》和《黄土高原开发法》，以及《内陆山地与革命老区开发法》，并制定专门的《西部地区教育与人力资源开发法》和《西部植树法》，对这些地区的功能区划分、开发目标、公共设施建设、教育培训发展、生态环境保护、特色产业振兴、水土矿产资源利用与保护、移民安置及城镇建设、政府财政转移支付办法、税收政策以及组织实施保障措施等做出法律规范。

第二，重视区域协调发展领导组织协调机构。从顶层设计看，中央政府应设立振兴东北地区老工业基地、西北地区开发与社会稳定、西南地区开放开发、中部地区崛起四个副总理级的专项工作领导小组及各地区开发厅，负责协调该区域的社会经济发展目标、开发规划、政策措施的制定与落实，中央与地方对口援助开发事宜。中西部地区发展目标应该以缩小全国人均收入差距，达到东部人均收入平均水平；实现教育、医疗、社会保障、基础设施等公共服务均等化为目标，达到东部地区人均水平。以全国区域合理分工与全国统一市场为目标利用信息化、智能化和网络化等现代数字技术发展西南、西北、东北、中部等区域特色产业数字化改造。构建中央政府财政转移支付与地方投入合作机制，增强地方政府的积极主动性。

第三，构建区域产业转移与分工体系的载体平台。从2010年开始，中央政府正式实施我国产业结构调整与产业转移政策，国家先后在华北设立晋陕豫黄河金三角承接产业转移示范区；在华中设立安徽皖江城市带承接产业转移示范区、湖南湘南承接产业转移示范区、湖北荆州承接产业转移示范区、江西赣南承接产业转移示范区；西南地区设立四川广安承接产业转移示范区、重庆两江承接产业转移示范区、广西桂东承接产业转移示范区等八个承接产业转移示范区，基本都在中部地区。2013 年以来，在新疆建设石河子、阿克苏、阿拉尔、库尔勒四个承接纺织产业转移的综合纺织服装产业园。伊东工业园江苏纺织服装产业园产业集聚效果显著。建议在西部地区的新疆、青海、云南、贵州、甘肃、内蒙古等省区中心城市或重要口岸增设国家级承接产业转移示范区，将阿克苏、库尔勒、阿拉尔、石河子、伊东纺织工业园升级为国家级纺织服装产业转移示范区，强化国内纺织服装产业转移与区域分工协作的指导。抓住“一带一路”互联互通建设机遇，将边境经济合作区与西部交通枢纽口岸和城市，打造成为出口加工与进口资源加工基地和双循环重要节点，健全国际国内双循环产业链。这些产业园区将国内产业梯度转移与区域协调发展和转变发展方式统筹结合，以便增强中国经济发展的韧性。

第四，构建我国西部资源地区与消费地区间的合作机制。区域对口援助是我国社会主义制度的独特优势，是实现协调发展与共同富裕的制度设计。中央政府要求东部九省市对口帮扶西部地区，以及东部 22 个国家级经济技术开发区对口帮扶 17 个边境经济合作区。这是根据邓小平提出的，国家发展东西部地区分两步走，先富帮后富的战略规划，安排的东西部区域对口帮扶机制，取得了一定成效。但区域不平衡与不充分问题依然比较突出。目前在完善发达地区与欠发达地区协调发展机制方面：一是要完善各地方展开对口援助帮扶的政府间合作与协调机制。常态化推介招商项目与产品消费需求信息，促进消费地区向原料产地的投资开发与提供市场信息和订单支持，建立地区间企业联谊会与产业协作机制，实现信息共享与市场开放。二是要健全对口援助干部与人才交流机制。现在交流干部三年任期太短，建议延长至一个五年发展规划任期。三是加快构建资源富集区与其他使用区的产业开发援助机制，比如西气东输，西电东输等要完善市场价格和贸易补偿机制；粮食主产区与主销区产销加工运输投资开发机制；畜牧肉禽主产区与发达城市消费区之间的产销开发机制；流域上游与下游生态保护地区与受益地区的生态补偿机制。四是要争取国内外龙头企业集团到中西部地区合作共建工业园，构建区域之间产业链、供应链和价值链分工体系，提升国内经济运行效率。构建产业分工体系，促进国内区域产业链建构与统一市场的形成。

第五，完善区域协调发展的社会市场机制。从理论上讲，在市场机制作用下，劳动力和资本的自由流动会实现要素收入的均等化。因为低收入劳动者会自动流向高收入地区，低收入行业劳动者会向高收入行业转移，富裕地区的资本会自动流向资本短缺地区。但是，由于我国户籍制度的阻隔，以及全国资本市场利率的控制，地区之间、城乡之间与部门之间生产要素流动存在梗阻现象。因此，推动国内区际开放，对我国经济持续发展意义尤其重大。一是培育和发展人力资源市场与资本市场。要改革户籍管理制度，实现居民证制度，彻底打破城乡户籍隔离，也要实现社会保障的全国均等化，打破区域之间和体制内外的人口流动藩篱。金融市场要放松管制，逐步实现利率市场化，让资本在区域间合理流动。二是建设区域特色商品交易中心。要打破地方保护主义，大力发展区域性的大宗农产品市场和流通体系，比如西南地区的热带水果、咖啡、烟草与橡胶市场（商贸与期货中心），新疆的瓜果、棉花与纺织品市场（商贸中心），华北的小麦、玉米与棉花市场（商贸中心），东北的大豆、玉米与稻米市场（商贸中心）等，打通农产品主产区与主销区的信息和流通渠道，让广大中西部地区资源与东部消费市场密切联系起来。

第六，完善财政转移支付与收入分配制度。2018 年以来，中央财经委员会十次会议上，专门研究区域协调发展与共同富裕的重大问题。如“打好三大攻坚战的思路和举措”“全面建成小康社会补短板问题”“研究黄河流域生态保护和高质量发展问题”“推动成渝地区双城经济圈建设问题”“畅通国民经济循环和现代流通体系建设问题”“扎实推进共同富裕问题”等关乎国计民生的重大问题。① 中央政府将区域协调发展与改善收入分配问题作为实现共同富裕的关键举措。在高质量发展过程中正确处理效率与公平的关系，构建初次分配、再次分配和三次分配的基础性制度安排，逐渐实现共同富裕。在调节收入分配方面，采取提高低收入群体、节制高收入群体、扩大中等收入群体，培育橄榄型社会结构。调节区域收入分配差距主要是完善财政转移支付制度，提升落后地区政府行政司法、教育培训、公共交通、社会治安等公共服务能力，完善先富帮后富的对口援助制度，鼓励高收入阶层和企业履行社会慈善与社会责任等基础性制度安排。

---

① 蔡迩一：《中央财经委第十次会议研究“扎实促进共同富裕”主题释放丰富重要信息》，载《北京青年报》，2021 年 8 月 17 日。

（二）区域协调发展背景下实现共同富裕的政策建议

当前我国东西部协调发展措施，主要通过对口支援开发进行。即让东部发达地区定点支持西部落后地区。实施财政转移支付政策，提高西部地区政府改善基础设施和提供公共服务的能力。但如何发挥政策导向，引导国内外市场力量参与西部开发更为关键。因此，西部大开发战略需要新政策。

第一，打破区域壁垒实现区际开放提升区域分工与经济效益。2020 年以来，为应对中美关系剧变及国际新冠疫情蔓延，我国推出以扩大内需为主导，构建国际国内双循环发展新格局的发展战略。从“国际大循环”为主体的外向型经济发展战略到“国内大循环”为主体的国际国内双循环发展战略，是我国经济发展战略与发展模式的重大调整。这意味着我国从对出口排除一切障碍的对外开放政策，向扫除地区保护、行政壁垒、培育国内消费市场的国内区际开放政策转变。[①] 对中国这样幅员辽阔的国度来说，拓展区际互动开放具有重大意义。根据国际经济学原理，一国参与国际经济交易的目的在于从国际分工中获取比较经济利益，而大国内部区域之间，也存在巨大的比较经济利益，区域分工可代替部分国际分工。[②] 因此，对内开放是提升国家整体经济效益和对外开放的基础。如前所述，中国不同地方都有自己的要素禀赋与比较优势，从地理区位、要素禀赋、劳动力素质到产业布局和成本优势。在相互开放与竞争过程中发现自身比较优势，找到发挥比较优势的商业模式和具备融入市场体系能力，就能进入经济增长快车道，保持中国经济持续发展的活力。[③]

第二，顶层战略在统筹考虑“一带一路”建设与西部大开发时，优先考虑西部地区的发展问题。具体来说，就是互联互通规划应优先建设国内通向比邻国家的基础设施建设。2020 年 5 月颁布的《新时代西部大开发指导意见》要求全面贯彻新发展理念，提出以共建“一带一路”为引领，加大西部开放力度，包括积极参与“一带一路”建设；强化国内开放大通道建设；构建内陆多层次开放平台；加快沿边地区开放发展；发展高水平开放型经济；拓展区际互动开放与对口援助。国家应针对我国东北、西北和西南、中部地区各自资源禀赋与

---

① 全毅：《中国对外开放进程与实践创新》，载《南海学刊》2021 年第 1 期，第 2-12 页。
② 全毅：《中国对外开放进程与实践创新》，载《南海学刊》2021 年第 1 期，第 2-12 页。
③ 全毅：《中国对外开放进程与实践创新》，载《南海学刊》2021 年第 1 期，第 2-12 页。

比较优势制定产业发展规划，以及推进政策与措施，构建具有区域特色的现代经济产业体系。产能合作优先考虑我国西部地区产业发展需要，科学谋划国内区域分工与引导产业转移。比如，我国东部地区轻纺工业非常发达，鼓励企业西进，特别是新疆是我国棉花与畜牧业主产区，具有承接纺织服装产业的巨大潜力，充分发挥区域间比较优势，构建与东部地区的产业分工体系。

第三，中央与地方财税政策设计应满足促进区域产业转移的需求。“促进东部地区产业向内陆西部转移，需要转变思路，东部沿海地区加工贸易产业可能因沿海与内地的物流成本过高无法转移到中西部地区，但可以将东部地区的资金、技术和营销经验与西部地区的优势资源相结合，培育面向当地市场和返销东部地区及销往丝路沿线国家市场的特色产业。”① 这需要设计区域差异化的财税政策，对于投资于西部地区的国内外企业，继续提供土地使用优惠与厂房租赁费用减免（提供产业园与标准化厂房）；继续向转移企业提供税收减免政策（减免 5 年，所得税按 15%征收），提供资本补贴（按资本投入的 25%补贴）或搬迁成本补贴；政府要提供重要原材料输入与输出运输补贴，以减轻企业交通运输成本；加强对西部地区特色优质农牧产品选育，资源产业深度开发科技攻关的投入；政府采购应向西部地区企业倾斜，比如军工产品、各种制服等；实行特殊的人力资源开发政策，开展对口教育培训援助，充分利用和整合现有各类职业教育培训资源，加强国家通用语言教育和产业工人素质教育，强化职业技术培训。实施以企业为主体的岗前、在岗培训，提高职业培训的针对性、实用性、有效性，打造稳定的高素质产业工人队伍。对企业从事雇佣西部地区员工异地培训、增加就业给予奖励，实现税收减免和直接进行财税补贴。这些政策应给予西部地区中心城市、沿边开放开发试验区和枢纽口岸，要避免优惠政策撒胡椒面现象。

第四，中央政府要推出更多的兴边富民政策，创新对外经济合作模式。一是扩大口岸开放步伐，创新跨境经济合作模式。可在沿边地区的重点口岸如珲春、绥芬河、满洲里、二连浩特、霍尔果斯、喀什、瑞丽、河口、东兴等国家一类口岸城市设立跨境经济合作区，实行边境互市贸易政策的转型升级，要充分发挥“沿边重点口岸的聚集效应。允许沿边重点口岸、边境城市、经济合作

① 全毅：《西部大开发与丝绸之路经济带：协同发展》，载《青海社会科学》2016 年第 5 期，第 19-26 页。

区，在人员往来、加工物流、旅游等方面实行特殊方式和通关、签证政策"①。二是支持内陆城市开辟空港自由贸易区或陆港自由贸易区。我国内陆中心城市如武汉、长沙、郑州、重庆、成都、昆明、西安、乌鲁木齐等陆路交通与航空枢纽城市，"设立铁路港自贸区和空港自贸区，增开国际客货运航线，发展多式联运，形成横贯东中西、联结南北方对外经济走廊。推动内陆同沿海沿边通关协作，推广属地单证、口岸放行的通关模式，实现口岸管理相关部门信息互换、监管互认、执法互助"②。三是完善金融支持政策。建立开发性金融机构，大力发展金融中介组织，为民间资本与开放型经济实体的对接搭建平台。提高西部地区直接融资比例，支持符合条件的西部贫困地区企业优先公开发行上市、新三板挂牌、发行债券、并购重组等再融资渠道。

第五，振兴东北老工业基地与"三线建设"时期形成西部战略生产项目。东北曾经是新中国工业发展的摇篮，东北振兴的核心是推进国有企业改革以及建设市场经济体制。东北适合发展大工业与专业化的大农业，重要的是东北人计划经济思维浓厚，市场经济意识薄弱，只有树立新的开放发展理念，引入竞争机制，才能加快振兴步伐。新中国成立后，为了战略纵深和建立战略后方，在"三线建设"中就将东北地区，甘肃兰州，四川重庆、攀枝花和绵阳，湖北武汉和十堰，贵州安顺与六盘水，青海格尔木，新疆克拉玛依等列入工业建设布局重镇，新中国成立之初奠定国家新工业基础的156个重点项目，其中有20个落户兰州。今天在注重打造西部"生态环境友好型城市"的同时，切莫忽视这些"三线建设"基地在整个大后方安全稳定中所担负的战略保障功能；西部开发在注重引进新兴产业、高新技术产业和绿色经济的同时，不仅不能削弱反而要强化在"三线建设"期间已形成的装备生产能力。

第六，发挥市场机制决定性作用，市场主体要做好战略布局。对口援助可能存在对口地区优势资源难以匹配的问题，难以形成优势互补。需要充分发挥市场机制的作用，主要是实现信息公开与市场开放。地方政府要在构建开放型经济体制，打造内地开放与沿边开放新高地方面积极作为，营造良好的营商环

---

① 《中共中央关于全面深化改革的若干重大问题的决定》（2013年11月12日），载《求是》，2013年11月18日。

② 《中共中央关于全面深化改革的若干重大问题的决定》（2013年11月12日），载《求是》，2013年11月18日。

境。要改革政府行为方式与管理理念，切实减少政府审批事项，全面落实准入前国民待遇与负面清单管理制度。地方政府要筑巢引凤、放水养鱼，把增加就业与发展经济放在首位。要让投资企业有钱可赚，有事业做，做好招商引资和事中事后服务工作，为企业纾困解难，以事业留住企业，留住人才。

企业在配置投资布局与成本控制方面具有比政府调控更好的优势。溢达纺织 1995 年就根据企业战略在新疆布局棉花品种研发与种植，以及纱线纺织等上游产业，而将织布、印染、服装制造等环节放在广东和东南亚国家，利用新疆优质长绒棉资源提升企业竞争力。而在织布、印染及其服装加工放在沿海的广东甚至海外，以供应全球市场。中国沿海企业可以从企业发展战略考虑在内地和沿边地区进行供应链重构。沿海地区的边际产业应把根留住，将研发、设计、营销等核心业务留在沿海及内地中心城市，以国内市场为目标的生产环节可以转向中西部地区，延续产业发展第二春，如果以海外市场为主的可以转向东南亚、甚至非洲地区，继续向欧美等国家市场，构建内地原材料、沿海地区设计与海外制造销售的产业链、供应链和价值链分工体系，做好国际国内市场布局。以纺织服装产业为例，东部企业一般将产业上游的原材料生产向新疆转移。比如，江苏红豆集团将棉花、纺纱、织布等环节转移至新疆，将坯布运到江苏进行印染并进行成品生产。越来越多的企业将纱线与织布、甚至印染和服装等生产环节转移至新疆。产品在国际国内市场销售，参与国际国内市场双循环。

参考文献

［1］《国务院关于实施西部大开发若干政策措施的通知》（国发〔2000〕33 号），2000 年 10 月 26 日。

［2］《中共中央、国务院关于深入实施西部大开发战略的若干意见》（中发〔2010〕11 号），2010 年 6 月 22 日。

［3］习近平：《全面决胜小康社会，夺取新时代中国特色社会主义伟大胜利》，2017 年 10 月 18 日。

［4］吴爱军、彭艳、陈勇：《湖北荆州承接产业转移调研报告》，吴传清主编《长江经济带产业蓝皮书：长江经济带产业发展报告》（2018），北京：社会科学文献出版社，2018 年 12 月版。

[5] 全毅：《西部大开发与丝绸之路经济带：协同发展》，载《青海社会科学》2016 年第 5 期，第 19-26 页。

[6]《中共中央、国务院关于建立更加有效的区域协调发展新机制的意见》，2018 年 11 月 8 日新华网。

[7] 全毅：《我国沿边开放型经济新体制的基本内容与构建路径》，载《云南大学学报》2021 年第 4 期，第 100-110 页。

[8] 中共中央国务院《黄河流域生态保护与高质量发展规划纲要》，2021 年 10 月 8 日新华网。

[9]《中共中央、国务院关于新时代推进西部大开发形成新格局的指导意见》，载《中华人民共和国国务院公报》，2020 年 5 月 30 日。

[10]《中共中央关于全面深化改革的若干重大问题的决定（2013 年 11 月 12 日）》，载《求是》，2013 年 11 月 18 日。

作者简介：全毅，福建社会科学院亚太研究所所长，二级研究员；曾志兰，福建社会科学院习近平经济思想研究所副所长，副研究员。

在新时代西部大开发中闯新路谱新篇
——以甘肃省为例

刘伯霞　程　婷　刘　杰　王　田

摘　要：2020 年 5 月，中共中央、国务院印发《关于新时代推进西部大开发形成新格局的指导意见》，为新时代推进西部大开发指明了方向，提供了基本遵循。本文以甘肃省作为研究对象，分析了其在新时代推进西部大开发的背景下面临的机遇与挑战，指出甘肃省应处理好四个关系及四个战略选择，最后从经济建设、产业发展、生态环境等方面提出对策建议，期望对甘肃省在新时代西部大开发展中实现经济社会高质量发展提供参考。

关键词：西部大开发；高质量发展；甘肃省

改革开放以来，东部地区凭借有利的地理环境、良好的经济基础和国家政策扶持等有利条件得到了快速发展，使东西部地区经济发展差距进一步拉大。世纪之交，党中央站在历史和政治的高度，从协调地区差距实现地区间经济可持续发展的需要出发，做出了实施西部大开发的重大决策，给经济落后的西部地区带来了千载难逢的发展机遇。经过多年的努力，区域协调发展进入了新阶段，新的区域格局正在形成。

一、新时代西部大开发的背景与战略意义

（一）新时代西部大开发的背景

2013 年，国务院原总理李克强在参加贵州代表团审议、召开促进西部发展和扶贫工作座谈会时反复强调，西部地区是全面建成小康社会的攻坚之地，西

部地区发展起来了，全国的发展格局、经济增长的驱动格局就会大不一样。西部大开发以来，尤其是党的十八大以来，在以习近平同志为核心的党中央坚强领导下，西部地区经济社会发展取得了重大历史性成就。2020 年西部十二省（区、市）和全国一样全面建成了小康社会，其国内生产总值已占到全国的 21%以上，社会发展和人民生活大幅改善，为未来发展蓄积了力量，奠定了基础，目前正在向共同富裕的目标扎实迈进。然而，西部地区发展不平衡不充分，东西部发展差距大，仍然是我国实现社会主义现代化的短板，维护民族团结、社会稳定、国家安全的任务依然繁重。① 同时，中国特色社会主义进入新时代也是实施西部大开发的基本依据。在以上现实背景下，西部大开发进入新时代。

（二）新时代西部大开发的战略意义

进入新时代，新一轮西部大开发顶层设计随之出台，2020 年 5 月，中共中央、国务院印发《关于新时代推进西部大开发形成新格局的指导意见》，明确以六大方面 36 项举措加快推进西部大开发，形成新格局，充分诠释了西部大开发的新时代特征。② 同时将新时代西部大开发的目标明确为"大保护、大开放、高质量发展"。这不仅进一步明确了新时代西部大开发的方向指引，而且赋予了这一战略更加科学深刻的时代内涵。③

《关于新时代推进西部大开发形成新格局的指导意见》的出台，对在新时代继续做好西部大开发工作，对于增强防范化解各类风险能力，促进区域协调发展，开启全面建设社会主义现代化国家新征程，具有重要现实意义和深远历史意义。

同时，推动新时代西部大开发对于加快落实区域发展战略有着重要的现实意义和长远的战略意义。新时代推进西部大开发，有助于释放西部地区比较优

---

① 高汝仕：《如何在新时代推进西部大开发加快形成新格局》，载《农村. 农业. 农民》（B 版）2021 年第 2 期，第 4-5、28 页。

② 参见中华人民共和国中央人民政府网于 2020 年 5 月 17 发布的《中共中央 国务院关于新时代推进西部大开发形成新格局的指导意见》，http：//www.gov.cn/zhengce/2020 - 05/17/content_5512456.htm.

③ 王世友：《以新发展理念引领西部大开发》，载《人民论坛》2021 年第 4 期，第 53-55 页。

势，加快西部地区发展步伐，推动区域发展不平衡不充分问题的尽快解决。[①]。另外，也有利于使西部地区融入共建“一带一路”和国家重大区域战略，促进陆海内外联动和东西双向互济，增强东中部地区对外开放的互动性以及相互之间的协同性，进一步提升发展的整体性。

二、甘肃省在新时代西部大开发中面临的机遇与挑战

新时代西部大开发以推进供给侧结构性改革为主线，以高质量发展为主题，正面临转型升级的机遇与挑战。甘肃省在新时代西部大开发中面临同样的机遇与挑战。

（一）中国特色社会主义进入新时代，我国经济发展进入了追求高质量发展的阶段

以供给侧结构性改革为主线，加快建立现代化经济体系，西部大开发要服务于这一目标。甘肃省作为西部地区主要省份，不仅要彻底摆脱落后的面貌，而且要通过开发追求经济社会高质量发展。

（二）区域协调发展进入了新的阶段

东部沿海地区转型升级和“一带一路”对西部发展是新的战略机遇，西部各地纷纷出台政策，迎接新的挑战，促进东西协作关系迈上新台阶和更加追求自主发展。甘肃省要抓住用好新时代新阶段的新机遇，打造区域产业集群，加强区域之间联通性，畅通区域间循环，同时，打造新的产业基地，促进区域间的经济内循环，尤其是要加强自主创新，补足产业链短板，确保产业链、供应链安全。[②]

（三）积极参与和融入“一带一路”建设

充分利用“丝绸之路经济带”的机遇，加快经济发展；以地理位置为依

---

① 金鑫：《坚持以新发展理念引领西部大开发努力在构建新发展格局中展现新作为》，载《甘肃日报》，2022 年 4 月 15 日。

② 吴文仙：《西部大开发 2.0 版的战略与机遇》，载《实践》（党的教育版），2020 年第 7 期，第 29-30 页。

托，进一步打造内陆开放高地和开发开放枢纽；同时充分发掘历史文化优势，发挥"丝绸之路经济带"重要通道、节点作用。

（四）加快区域间的互动与合作

甘肃省应当以兰州新区、兰州—西宁城市群为基础，依托陆桥综合运输通道，加强与东中部省份的互惠合作，同时可以促进西部城市群之间的协同发展，加快区域间的一体化进程。进一步开展区域间的生态协同治理工作，比如，祁连山生态保护、黄河中上游的环境治理等。

（五）甘肃省的安全稳定等基础性问题仍然没有解决

甘肃省由于地理区位狭长，地区民族成分复杂，经济落后，矛盾较多，外部安全环境存在一定的隐患，新时代西部大开发的深入实施有利于解决这一问题。

三、甘肃省在新时代西部大开发中需要处理好的重要关系及其战略选择

（一）甘肃省在新时代西部大开发中需要处理好几个重要关系

甘肃省作为西部地区自然条件比较恶劣的省份，要抓住新时代西部大开发带来的发展机遇，实现经济健康、持续、快速发展，必须正确认识和处理以下几个重要关系。①

1. 政府、市场与甘肃省发展的关系

甘肃省受地理位置、生态环境、交通运输、劳动力素质、科技水平、经济基础等条件制约，如果没有中央政府的政策扶持，按照市场机制的作用，各种资源必将流向东部地区，而不会流向甘肃省。因此，要想有效地缩小地区差距，保持经济持续快速发展，必须处理好"市场—政府"与甘肃省的发展关系。政府要在公共产品供给（教育、医疗等）、基础设施建设、生态环境建设、

① 赵雅静：《浅论甘肃在西部大开发中的重要关系》，载《甘肃科技》2001年第6期，第3页。

扶贫减贫等政府擅长的领域及政府角色更加重要的领域发挥应有的作用，承担应有的责任，为企业等市场主体发挥作用创造良好条件，但即使是在上述政府比较擅长及应该发挥更多作用的领域，也应该以提高效率为前提，适当地、有效地引入市场竞争机制，达到四两拨千斤的作用。从而弥补甘肃省在营商环境建设、市场体系建设、法治环境建设等方面的短板弱项，以更富吸引力的政策环境和营商环境，带动甘肃省经济的发展。① 然而，市场经济不是计划经济，在具备了国家政策扶持的前提下，甘肃省能否真正实现大发展，关键还要靠甘肃省自身的努力。就国内而言，西部大开发国家的扶持是面向西部十二省（区、市）的，甘肃省如何能获得比较优势和竞争优势？在新的信息科技条件下，资源禀赋的约束已经越来越小，甘肃省能否像贵州省一样依靠信息和互联网技术实现西部超常规发展是我们值得考虑的问题。再就是甘肃省的劳动力素质亟待提高，创新人才较为匮乏，这都严重阻碍着甘肃省经济的高质量发展。

2. 生态环境保护和改善与发展经济的关系

甘肃省是我国土地荒漠化和沙化程度较深的区域，生态环境本底脆弱，承载力有限，自然生态环境恶劣是导致各种资源外流、经济发展落后的主要原因。而经济发展落后是生态环境得不到有效改善的决定性因素。近几年沙尘暴规模和范围不断加大，防止西部生态环境进一步恶化已成为当务之急。因此，要正确处理生态环境保护和改善与发展经济的关系，致力于再造秀美山川，实现经济可持续发展。一是分区推进保护和修复，提高生态系统稳定性。一方面要从生态屏障的自然生态特征出发，突出问题导向，科学配置生物、工程和农艺措施，采取不同的治理方式；另一方面也要将重点生态工程区和重点生态功能区放在突出位置，整合分散项目和资金，推进一体化生态保护和修复，发挥综合治理效益，提升国家生态安全屏障质量。② 二是要以保护生态环境为基础，进行生态环境保护立法，明确一切经济活动必须服从保护生态环境这个大前提。所有经济项目的确立首先要经过较高一级环保部门的可行性论证，并出具许可证。而经过环保部门许可的项目投产后，若对生态环境保护产生不可挽回

---

① 王丹莉：《新中国西部开发战略的历史演进与未来趋势分析——基于“市场-政府”协作视角》，载《农村金融研究》2020 年第 7 期，第 3-9 页。

② 李同昇、陈谢扬、芮旸、杨坤：《西北地区生态保护与高质量发展协同推进的策略和路径》，载《经济地理》2021 年第 10 期（总第 41 期），第 154-164 页。

的影响，则环保部门的有关人员要承担相应的法律责任。三是要实现经济发展和环境改善的相互促进。经济发展为生态环境改善提供经济支撑，生态环境改善为经济发展提供可持续性。经济发展要兼顾生态环境改善，即要二者并举，不是先发展经济后治理环境。四是生态环境改善要讲求实效。比如每年春季的植树、种草活动，不要大肆宣传植了多少树，搞了多少亩绿地。而是要搞清种活了多少棵树，实现了多少亩绿地，种了不活等于劳民伤财。可以落实责任制，包树包绿地到单位、个人，有效提高成活率、保存率。

3. 国有经济与其他经济比重的关系

新中国成立以来，由于国家的重点投资和建设，甘肃省的工业得到了长足发展，建立了一定的工业基础。但在社会主义市场经济条件下，这些国有企业普遍存在效率低下的问题，并且一部分国有企业扭亏为盈及安置下岗失业人员任务繁重。因此，只靠国有经济实现甘肃省在西部大开发中的大发展是不客观的，必须调整国有经济占绝对优势的所有制结构，大力发展非国有经济，充分发挥非国有经济经营机制灵活适应市场能力强的特点和解决失业人员就业维护社会稳定的重要作用，实现国有经济与非国有经济的优势互补互进。发展非国有经济，一方面，要解放思想，提高非国有企业自身素质。一是个体私营经济要积极参与国企改革，盘活国有资产，通过租赁、兼并、参股、购买等多种形式，壮大自身实力；二是产权明晰，不给企业留下“后遗症”；三是规范企业章程，完善现代企业制度，规范所有者之间的关系，具备一定规模的个体工商户、合伙企业、个人独资企业、股份合作制企业向有限责任公司和股份有限公司发展；四是完善经营管理体制自主创新，不仅要制度创新，还要技术创新，管理创新；五是突出主业，加快“打绿色牌，走特色路”，加快发展质量效益型自营经济，把企业培育成为技术先进、主业突出、优势明显、拥有自主知识产权和知名品牌的“小巨人”企业；六是科学管理，逐步由家长式管理转向科学管理；七是注重诚信，追求可持续发展，增强发展后劲和竞争力。大力营造发展氛围。大力宣传各级党委、政府关于鼓励支持和引导非国有制经济发展的方针政策，让广大职工充分了解有关非国有制经济发展的各项政策和措施，教育职工丢掉“等、靠、要”的消极被动思想，树立市场意识、风险意识、开拓意识，走自主创业、自我积累、自求发展的创业之路，激发职工积极参与到非国有制经济发展的进程中来。帮助他们解决生产经营中遇到的困难和问题，引导他们加快发展，营造“亲商、扶商、安商、富商”的社会氛围。① 另一方面，要提高政府办事效率，简化办事程序。能办的事马上办，否则要有准确的答复时间，杜绝无期限的研究。

4. 人才流入与流出的关系

任何经济发展战略都要靠人来实施，市场经济的竞争归根到底是人才的竞争。比如目前甘肃省的企业急需开拓型管理人才和创新型科技人才。一个地区人才流入与流出状况可以反映出这个地区经济发展现状。若人才流出大于流入并严重失衡，那么这个地区经济很难得到快速发展。因此，留住现有人才、吸引外部人才、培养未来人才对甘肃省实施西部大开发战略至关重要。一是要留住现有人才。将人力资源作为第一资源，确定人力资源管理目标，加强人力资本投入，为人才提供施展才华的空间，使之人尽其才。同时要提供较高的工资待遇和住房条件，安居才能乐业。甘肃省是个欠发达省份，生存条件差、工资待遇低，在人才战略中应该首先是留住现有人才，对他们工作上重视、生活上关心、待遇上优厚。二是要吸引外来人才。要以求贤若渴的精神，重点引进科学研究方面的人才。引进后，要充分信任，更要注重实际业绩的考核，要能经得住实际工作的检验。不能盲目引进学习能力很强，考试成绩很优秀，文凭很高，但创新能力和科研能力不强的人。为此，需引进人才的单位要进一步完善引进人才业绩考核制度，要把引进人才的业绩与待遇有效挂钩。② 三是要培养未来人才。要增加教育投入，构建高水平的教育团队。高校应当定期组织相关教师参与到教学培训中来，通过提升教师的个人素质，带动整体教学团队能力水平的提升。还可以启用订单式的培养方法，高校要精准把握市场发展动向，以市场为导向，依据企业的实际发展需求，不断调整现有的人才培养计划，与企业之间形成长远的合作关系，依照企业发展的人才需求，构建起完备的人才培养计划。③

（二）甘肃省在新时代西部大开发中的战略选择

借鉴国外对不发达地区的开发经验，结合本省发展的历史与现状，甘肃省

---

① 黄毓娟：《对三明垦区发展非国有经济的思考》，载《福建农业》2009 年第 5 期，第 5-7 页。

② 宋圭武：《进一步激活甘肃人才动力》，载《甘肃农业》2021 年第 7 期，第 94-95、第 104 页。

③ 王庆洲：《高校“订单+联合”培养人才策略与实践——基于立德树人视角》，载《中外企业家》2019 年第 3 期，第 172 页。

跨世纪发展的中长期战略目标应该是：从现在起，用30~50年左右的时间，逐步实现甘肃省经济和社会面貌的根本性变化。为了实现甘肃省这一战略目标，必须进一步深化改革，扩大开放，创造一个良好的经济社会文化环境，让全国乃至世界上更多的资金、技术、人才等要素，在陇原汇集，发挥丝绸之路黄金段的优势，加快建设步伐，形成多层次、多渠道、全方位开放的格局。①

在新时代西部大开发中，要在“大保护、大开放、高质量”总体框架下，以生态保护、对外开放、高质量发展等方面所面临的关键问题为切入点，在尊重地区自然资源禀赋差异和区域经济发展分化态势的基础上，按照“各取所长、各司其职”的原则对地区内部进行精细划分、精准施策；落实新发展理念，以水系为引领促进生态保护与经济增长协同共进，形成一体化的生态“大保护”格局，为到2035年基本实现社会主义现代化，到21世纪中叶建成社会主义现代化强国打好基础。②

1. 兰州市发展战略

这一战略的基本内容是：在国家产业布局、甘肃省经济发展战略和兰州建设内陆开放城市总体规划的指导下，争取用10年左右的时间，把兰州建成市场体系完整、机制灵活、功能完备、网络畅通、内外贸结合并与国际市场对接，生产和流通相互促进，辐射西北，沟通全国，走向世界，具有丝绸之路和民族特色的开放型、市场化、社会化、现代化商贸中心。

以建立社会主义市场经济体制为目标，以改革为动力，以商贸为龙头，以交通为先导，以生产为基础，以金融为支撑，打破地区、部门、条块、行业之间的封锁、分割和垄断，树立兰州经济区的观念，构建大商贸、大流通、大市场格局，形成吸引辐射力较强的商流、人流、物流、资金流、信息流汇集中心，充分发挥中心城市的整体功能和统一市场的纽带作用，推动区域联合和对外开放，促进产业联动和资源开发，实现经济振兴和社会进步。这是建设兰州商贸中心总的指导思想。

2. 区域经济一体化战略

区域经济一体化包括多方面的含义。生产要素流、物流、信息流等自由流

---

① 李希富：《实施“大区域、大资源、大农业”发展战略——甘肃在西部大开发中的战略选择》，载《兰州商学院学报》2001年第6期，第28-31页。

② 李海龙、高德步、谢毓兰：《以“大保护、大开放、高质量”构建西部大开发新格局的思路研究》，载《宏观经济研究》2021年第6期，第80-92页。

动是其基本前提。因此，以市场机制打破行政区划的限制是主要手段之一，而政府在区域经济一体化中不仅不应成为障碍，更应成为推动者。一方面，政府要放手允许资金、劳动力、人才、技术等的自由流动，让企业成为微观决策主体；另一方面，各地政府应优化企业经营环境，特别是在推动跨地区联合和河西的基础设施一体化上发挥作用。

要以市场为媒介，以企业为主体，实现生产要素流、物流、信息流等自由流动，以推进西北地区经济一体化，进而强化与中、东部地区的联系。

3. 再造河西走廊战略

区域经济的梯度理论是我国改革开放20年实践比较充分的一个经济理论。甘肃省“再造河西走廊”战略，内涵为“河西走廊经济一体化”，也是同一个范畴，根本目的也是形成一个强劲的经济增长点，然后用这个杠杆来撬动全盘发展。

甘肃省武威、金昌、张掖、酒泉、嘉峪关五地市被世人称为西北的“金腰带”，甘肃经济的“黄金谷”，素有金张掖、银武威、玉酒泉、镍都金昌、钢城嘉峪关之美誉。其彼此间相距数百千米，同饮祁连雪水，民风民俗相近。同时，五地、市又是甘肃省经济最发达的城市，国民生产总值占了全省的五分之三以上。把“金腰带”变成一条轴线，既而成网，是甘肃省迈入新世纪发展经济的一项重大决策与战略举措，民盟中央名誉主席、著名社会学家费孝通将其称之为“跨世纪之梦”。

(1)“再造河西走廊”的大农业模式

著名经济学家、国务院发展研究中心原主任马洪曾撰文指出，河西农业的发展之路一是市场化、商品化、专业化农业；二是产业化、工业化、工厂化农业；三是节水农业；四是高科技农业；五是生态农业；六是开发性农业。

甘肃省农业布局，一是要从全盘考虑，二是要从当地自然资源实际出发。甘肃省尽管有广袤的土地，但森林资源的锐减，沙漠化的扩大，水土流失带来的耕地面积的下降，资源开发带来的环境污染等都已使甘肃的生态环境处于十分脆弱的状态，这不仅威胁河西，而且也在向东部蔓延。生态环境问题已成为21世纪甘肃（乃至全国）面临的重大威胁和挑战。因此，要树立西部开发大农业观念，把实施退耕还林（草）、根治沙漠同培育区域主导产业结合起来，从发展交通和基础产业入手，把农业的结构调整与生态环境问题结合起来。坚持因地制宜，分类指导，实事求是，稳步推进。

（2）“再造河西走廊”的大资源模式

河西是我国有色金属基地、航天基地和最早的天然气、石油基地。河西走廊还是我国矿产资源极丰富的密集区：电力资源可开发装机容量360万千瓦；现已探明并开采的矿产资源80多种，其中镍、铂、锡、铑、水晶、钙等20多种矿种在全国居前4位；镍矿居我国第一位、世界第二位；化工、原材料、食品加工等工业在我国占有重要地位。这些都是河西的资源优势，再加上在计划经济时期留下的大量的产业基础和技术人员，甘肃省应树立大资源观，在21世纪建设河西工业走廊，把河西建成以电力、有色金属、化工、原材料、冶金、食品加工、机械、石油为主导产业的八大工业基地。

大资源，包括人力资源、物质资源、金融资源；智力资源、人才资源；精英人才（企业家等）、技术人员、普通大众三个层次。只有树立了大资源观，才可避免完全走以物质资源为中心的发展模式，从而切实建立起持续发展的工业机制，达到劳动力、资源和生产方式的密切结合。

4. 市场化战略

理顺产权关系；政府从微观决策中果断退出，完善宏观调控与服务；构建以企业家为主体的现代企业制度；创造具有法制保证的公平竞争的经济环境；降低市场交易成本，使甘肃省成为最具吸引力的市场。

尽快完成从计划体制向市场体制的过渡，先行一步建立市场体系。建立多种经济成分平等竞争的所有制体系，以资本为纽带的国有资产监管营运体系，以市场为基础的价格体系、以商品市场为基础、要素市场为支柱的市场体系，社会共济与个人保障相结合的社会保障体系，以中介组织为主体的社会服务监督体系，适应市场经济的以按劳（资）分配为主、效率优先兼顾公平的分配体系，以间接手段为主、面向全社会的经济管理调控体系和适应社会主义市场经济的法规体系。

西部开发是一项事关全局的、长期的系统工程，涉及经济、政治、文化、教育、生态、交通等方面的协调发展，非朝夕之功。其开发模式应吸取国内外的经验和教训以区别于传统的地区开发，不能只看重西部丰富资源的开发，而是要通过一系列资金、技术、人力的投资，促进该地区经济社会的全面协调发展。

四、甘肃省在新时代西部大开发中创新发展的对策建议

（一）把握甘肃省独特优势和功能定位，抓住用好新时代西部大开发的重大历史性机遇

党的十八大以来，甘肃省经济社会发展取得重大历史性成就，但“三个不平衡”的阶段性特征还非常明显，与全国发展差距大，因此。要补齐发展短板、缩小发展差距，努力跟上全国现代化建设步伐，必须把握甘肃省独特优势和功能定位，找准发力重点和发展路径，抓住用好新时代推进西部大开发的重大历史性机遇。

（二）推进新型基础设施建设，强化新发展格局的重要支撑

要统筹发展和安全，优化基础设施布局、结构、功能和发展模式，构建现代化基础设施体系，为全面建设社会主义现代化国家打下坚实基础，强化新发展格局的重要支撑。近年来，甘肃省围绕特高压、新能源汽车充电桩、5G 基站建设等七大领域稳步推进新型基础设施建设，加快推进 5G“样板车间”和工业互联网建设，打造智能机器人产业集群，取得显著成效。但受地理区位影响，省内 5G 基站建设、大数据中心、人工智能、工业互联网等新基建发展比较滞后，应用率和覆盖率较低，对产业革新、行业发展的整体服务带动能力较弱。① 因此，要充分发挥甘肃在新型基础设施建设方面的后发优势，把握新时代西部大开发的历史机遇，找准新一代信息技术与甘肃制造业的结合点，推动工业互联网、物联网等建设融合发展，提高制造业信息化、智能化发展水平，以生产方式、管理模式的深刻变革推动制造业转型升级。同时也要积极引导各类高科技创新投资主体，投资发展信息化新型基础设施建设，进一步加快市级大数据中心建设应用和区块链、5G、人工智能的示范应用，努力构建安全、先进、可靠的新型信息通信网络。

① 王大睿：《推进甘肃基础设施建设高质量发展》，载《甘肃政协》2021 年第 1 期，第 50-51 页。

（三）促进产业转型升级，增强产业集聚效应

"一带一路"倡议的提出，使甘肃省成为开放前沿。我们必须抢抓历史发展机遇，高效利用"两种资源两个市场"，进一步推动产业的开放程度，实现经济的高质量发展。要在注重发挥资源优势、形成规模效应的基础上，在着重特色发展上做文章，走特色之路，选择产业链、价值链的关键环节与本地优势资源或产业基础的契合点，大力发展具有区域特色、资源特色和民族特色的产业，将资源优势转化为产业和经济优势，并加快形成较强的市场竞争优势。① 积极抢抓"一带一路"倡议战略机遇，一方面，要加快构建具有开放性特征的现代产业体系，加快发展现代农业及其加工产业、着力推进工业转型升级，大力发展高技术产业和现代服务业；另一方面，要接续推进制造业向生产性服务业的延伸，以园区建设为载体、以技术创新为手段，推进制造业与服务业的互动，优化提升甘肃开放型经济的产业结构，同时，深入落实将机遇转换为动力，融入国家战略，加强与沿线国家和地区的沟通交流，着力将丝绸之路经济带甘肃段建设成产业支撑的黄金段②，推动产业结构、贸易商品结构从资源密集型、劳动密集型等初级产品为主，向技术密集型、资本密集型等深加工产品为主的方向转变，增强产业集聚效应，不断提升产业竞争力。

（四）实施强省会战略，强力推进数字化经济和数字化平台建设

一是要提高数字化经济发展和打造数字化平台建设。以场景应用为抓手，推进资源数字化、数字产业化和产业数字化，推动兰州市传统产业改造升级，培育和壮大战略性新兴产业，实施一批延链补链强链重点项目，打造新能源及配套产业，不断增强工业、科技对兰州市强省会战略发展的支撑作用，把数字经济打造成为引领兰州市经济高质量发展的强大引擎。③ 二是要加强数字经济基础设施体系建设。提速 5G 基站建设，加速推动 5G 网络部署和商用推广。推

---

① 张博文：《"一带一路"背景下甘肃省产业转型的思路与方向》，载《北方经济》2019 年第 9 期，第 61-64 页。

② 王华存：《"一带一路"建设重大机遇下甘肃产业发展的思考》，载《甘肃日报》，2017 年 6 月 9 日，第 10 版。

③ 尚思汝：《数字经济赋能甘肃工业经济高质量发展现状分析和对策建议》，载《发展》2021 年第 9 期，第 44-48 页。

动新型数字基建共建共享。抢抓“一带一路”数字合作机遇，立足甘肃省的区位优势，深化兰州新区国际互联网数据专用通道建设，积极开展新型基础设施共建共享，在促进各国信息互联互通，缩小全球数字鸿沟上有所作为。三是积极培育新产业新业态新模式。培育新兴产业，重点在工业企业设备上云、共享工厂、“云+人工智能+5G+物联网”产业园、“无人经济”场景应用等方面，结合全省实际布局谋划：打造大数据产业集聚区，打造智能制造产业园区，加快兰州新区国际互联网数据专用通道建设，推进无水港建设和国际物流供应链建设，完善兰州、天水跨境电商综合试验区“一区一核多园”体系建设，推动新产业新业态的聚集和壮大。四是要加快产业融合发展体系建设。持续推进传统产业“三化改造”，争取在甘肃传统优势产业布局建设国家级创新平台，培育更具竞争力的产业格局。大力推动“链式”发展，夯实产业发展基础。实施产业链提升工程，做大做强千亿级产业链。加快工业互联网平台建设应用，实现与省级工业互联网标识解析二级节点的对接，深入推进工业数字化转型。五是培育和发展数据资产运营体系。打造健全完善的数据资产链和数据价值链，建设具有甘肃省特色的数字金库，形成可用、可管、可溯的数据资产运营体系。推动数据开放共享，实现数据资源价值，充分挖掘数据资源价值，健全数据运营规范，进一步完善甘肃数据标准体系建设，规范省内数据资源交易行为。

（五）科技赋能文创新思路，引导甘肃省红色旅游高质量发展

借助移动互联网、短视频，以旅游推广输出甘肃省地域文化特色，通过网络空间的文化活动和文化产品带动文化消费、文化娱乐，宣传、开发、利用甘肃省红色文化资源，挖掘红色宝藏，传承红色基因，坚持红色人文景观、自然风景、历史人文与区域特色风情相结合，培育壮大甘肃省红色旅游与相关文化产业①，推动文旅深度融合，助力甘肃省红色旅游高质量发展。一是创新传播渠道，鼓励利用网络平台，建立红色旅游宣传推广体系。转变传统旅游发展思路，以“文化+数据科技”双剑合璧，为甘肃省红色旅游新文创提供消费新动能。二是建设甘肃省旅游公共服务平台、App 导游系统、电子门票等智慧旅游

---

① 肖红旗：《甘肃红色旅游高质量发展方向思考》，载《漯河职业技术学院学报》2021 年第 5 期（总第 20 期），第 19–24 页。

工程，让其集视听宣传、咨询、交通换乘、票务、购物和住宿等服务功能于一体，方便旅客信息采集。通过能跨越时空的智慧旅游平台搞活红色旅游宣传、提升游客满意度。三是加强红色旅游人才队伍建设。培育造就符合新时代旅游发展规律的、陇文化功底厚和现代旅游技能强的红色旅游管理服务人才，不断提高其服务意识和服务能力，通过他们生动、鲜活且准确地述说历史人文典故、红色人物的革命活动和作品著述等服务游客，向游客展示特定历史时期的人、事、物，让游客完整地认识到甘肃省红色之旅的意义，从而感动游客、赢得人心和美誉。

（六）依托甘肃省生态环境优势，开创绿色治理新局面

依据国家战略和甘肃省自身发展实际，确立“生态立省”战略，以生态建设统领甘肃省发展，促进经济社会发展全面绿色转型，建设人与自然和谐共生的现代化。[①] 有效推进黄河流域生态保护和高质量发展，实施“生态西进”工程，同时加快向西开放，把兰州建成西北地区中心城市，辐射带动乡村融合发展。

作者简介：刘伯霞，甘肃省人民政府参事室特约研究员，甘肃省社会科学院区域经济研究所研究员，甘肃农业大学财经学院硕士生导师；程婷，甘肃农业大学财经学院硕士研究生；刘杰，甘肃农业大学财经学院硕士研究生；王田，甘肃农业大学财经学财经学院硕士研究生。

① 刘举科、刘涛、李琛、莫兴邦、李开南：《谋划甘肃“十四五”发展规划开启全面建设社会主义现代化新征程建议报告》，载《社科纵横》2020 年第 12 期（总第 35 期），第 1-4 页。

在东西部协作中发挥国有企业排头兵作用

魏　霞

摘　要：国有企业是中国特色社会主义的重要物质基础和政治基础，是我们党执政兴国的重要支柱和依靠力量。在开启新一轮东西部协作中，国有企业要进一步提高政治站位、强化使命担当、发挥国企优势，在东西部基础设施建设协作、产业发展协作、技术协作、人才协作中当好排头兵，谱写新时代西部大开发东西部协作新篇章。

关键词：国有企业；东西部协作；互利共赢

开展东西部协作和定点帮扶，是党中央着眼推动区域协调发展、促进共同富裕作出的重大决策，是实现先富帮后富、最终实现共同富裕目标的重大举措。东西部协作始于1996年的对口帮扶，至今经历了从倡导性到规范性的转变，在脱贫攻坚中发挥了重要作用，充分体现了中国特色社会主义制度的优势。2021年4月8日，在深化东西部协作和定点帮扶工作会议上，习近平总书记对深化东西部协作和定点帮扶工作作出重要指示，指出："开展东西部协作和定点帮扶，是党中央着眼推动区域协调发展、促进共同富裕作出的重大决策。要适应形势任务变化，聚焦巩固拓展脱贫攻坚成果、全面推进乡村振兴，深化东西部协作和定点帮扶工作。"① 国有企业是中国特色社会主义的重要物质基础和政治基础，是我们党执政兴国的重要支柱和依靠力量。国有企业在新一轮东西部协作中，进一步提高政治站位、强化使命担当、当好排头兵，既是国企的重要政治任务，也是新形势下推进国企改革发展、做强做优做大的重大战

① 习近平对深化东西部协作和定点帮扶工作作出重要指示，强调：适应形势任务变化，弘扬脱贫攻坚精神，加快推进农业农村现代化，全面推进乡村振兴，载《人民日报》，2021年4月9日，第1版。

略机遇。要以更高站位更大格局，进一步发挥优势，更好地担负起国有企业应负的经济责任、政治责任和社会责任，在东西部基础设施建设协作、产业发展协作、技术协作、人才协作中当好排头兵，谱写新时代西部大开发东西部协作新篇章。

一、发挥国企优势，在东西部基础设施建设协作中当好排头兵

在新时代西部大开发东西部协作中，东西部国有企业要坚持政策共享、基础共建、产业共进、文旅共融、区域共治，重点实施基础设施联通工程、文旅发展联合工程、产业升级联手工程、生态环境联治工程、社会治理联动工程，聚焦基础设施建设，推进交通、通信等重大项目建设。发挥国企在畅通生产要素中的作用，加速畅通生产要素在东西部地区之间的流动，促进要素集聚，是强化东西部协作筑牢发展的“硬支撑”。

一是进一步做好市场基础设施建设。积极发挥东西部国资国企力量，以“五网”建设为重点，加速构建现代化基础设施体系。采取超常规举措，开展交通网、能源网、信息网、物流网、地下管网“五网”建设。

二是充分利用东部技术优势，推进西部地区农村仓储及冷链物流节点建设，优化东西部农产品运输体系，降低农产品物流成本。助力西部农村通信和网络建设，推动快递物流服务进农村，拓展农村电商发展空间，构建农产品上行的顺畅通道，提升电商对农产品的吸纳水平。

三是组织国有企业助力西部农特产品出山，助推乡村振兴。立足于东部特别是粤港澳大湾区消费市场，积极支持构建全国知名的西部供应链集成平台，整合东西部政策、市场、产业等有关资源，构建集“品牌打造”“数字科技”“供应链金融”“市场销售”为一体的新型互联网科技创业公司，发挥国企引领带动农特产品标杆龙头企业的作用，推动西部地区特色产品产业规模化、品牌化、市场化发展。

二、发挥国企优势，在东西部产业发展协作中当好排头兵

在新时代西部大开发东西部协作中，东西部国企要进一步深化产业合作，紧扣双方所需所能，聚焦产业发展短板，发挥国企特色和优势，切实找准东西部协作中企业发展定位，充分运用“走出去+请进来”的方式，积极引进东部产业，探索推广共建产业园区，共建开发开放平台，促进要素互通、资源共享、发展共赢，产业链协作互补，强化产业培育，着力打造产业优势，努力把东西部协作产业园打造成经济发展新的增长极。

一是引进融合发展。在国际产业链加快重构的大背景下，积极推动东部产业向西部梯度转移，推动东部地区产业转移融入西部发展战略。同时，西部企业要根据发展需求和资源优势，积极引入适宜企业发展实际的产业项目，主动参与产业链上下游的分工协作，推动从单一生产类型、单一产业环节，向综合工厂转型，促进聚集发展，提高产业升级，推动帮扶车间发展成为稳定吸纳就业的产业聚集点。

二是创新合作模式。创新产业合作形式，抓好产业协作，探索推广东西部共建产业园区、共建开发开放平台、企业招商引资等多种形式。深化东西部涉及农业、工业、文旅等产业的全方位合作，扎实推进“东部企业+西部资源、东部市场+西部产品、东部总部+西部基地、东部研发+西部制造”模式，引导推动东部企业进入西部地区，促进东西部要素互通、资源共享、发展共赢，产业链协作互补。

三是强化政策扶持。加强政策宣讲，市场对接，跟踪服务，着力优化营商环境，加强公共基础设施配套，为东西部企业、特别是西部企业发展壮大提供优质服务。通过做优服务链、做强品牌链、做大产业链、做长情谊链，深化东部与西部地区的产业合作，厚植双方本土产业发展优势。

三、发挥国企优势，在东西部技术协作中当好排头兵

在新时代西部大开发东西部协作中，东西部国企要牢牢把握构建新发展格

局的战略构想和重要着力点，要坚持创新驱动发展，提升企业技术创新能力，共同把解决“卡脖子”技术、关键核心技术攻关工作放在东西部协作的重要位置，发挥东部企业科技创新人才优势，在技术协作中当好排头兵，推进东西部产学研深度融合，促进各类创新要素向企业集聚。东部企业要帮助西部国企解决发展的痛点难点问题和企业技术协作攻关的瓶颈，推动西部企业高质量发展，着力创造企业竞争优势。

一是完善技术攻关协调机制。定期召开东西部企业对口帮扶领域科技联席会议，研究科技帮扶领域重大事项，部署重点项目技术攻关工作。

二是着力提升协作层次和水平。探索建立东西部科技联合研发计划，面向大数据、智能制造、现代农业等领域，开展企业与企业、企业与高校和科研院所联合攻关。围绕产业领域发展和关键技术需求，共同策划科技合作论坛、研讨会、专题技术对接洽谈会等各类国内国际科技合作交流活动，提升东西部企业合作交流层次和水平。

三是创新协作手段和内容。探索建立东西部企业科技协作帮扶平台，通过“微课堂”“线上技术指导”等形式，针对西部企业实际技术需求，邀请东部科技特派员通过网络远程授课等方式及时答疑解惑，把技术帮扶精准送到生产现场、田间地头。

四、发挥国企优势，在东西部人才协作中当好排头兵

在新时代西部大开发东西部协作中，东西部国企要提高政治站位，深入学习习近平总书记关于人才工作的重要论述，切实增强思想自觉和行动自觉，充分激发人才创新活力，积极创新人才帮扶协作方式，全方位加强人才培养、引进，选好、派强专业技术人才，推动集团化组队式的协同帮扶，充分发挥援派人才传帮带作用、桥梁纽带作用。

一是落实人才选派。切实加大人才选派的力度，东部企业应针对西部产业转型升级的发展要求，积极选派东部教学名师、医疗带头人、科技特派员等各类优秀专业人员到西部援建，向西部企业传授新观念新方法，补齐企业发展短板，提升西部企业发展水平。

二是创新人才帮扶。积极创新人才帮扶形式，推动东部企业集团化组队式

帮扶。要充分发挥东部企业人才优势，提高协助帮扶需要，积极争取经济金融、医疗教育、科技发展、乡村振兴特派员组团帮扶西部，充分发挥援派人才传帮带的作用。同时，西部企业要积极用好东部资源，加强本土人才培养，有针对性地选派专业人员到东部企业学习交流、进修培训，学习东部企业先进技术、管理经验，推广应用东部先进技术和经验模式。

三是加大政策支持。积极落实和完善东部企业选派人才支持的政策，在待遇、职称等方面向选派人才予以倾斜支持，解决人才工作及生活的后顾之忧。切实为帮扶干部开展工作创造良好条件，支持他们大胆探索实践，勇于开拓创新，充分发挥自身优势。

作者简介：魏霞，贵州省社会科学院研究员。

西部大开发视域下黄河上游城市群产业协同发展研究

李文庆

摘　要：城市群是地理空间上临近、联系密切的多个城市中心及周边地区的集合体，是不同于城市、省份、国家的独特地理单元。城市群和产业发展是新一轮西部大开发的重要载体，黄河上游城市群是我国重要的生态屏障和经济地带，也是推动黄河流域生态保护和高质量发展的增长极。本文论述了黄河上游城市群建设概况和理论依据；分析了黄河上游城市群产业协同发展的条件和布局以及存在的主要问题；提出了加强党政领导责任，推进黄河上游城市群产业转型升级，加强生态环境综合整治，促进各级领导干部履职尽责等对策建议。

关键词：黄河上游；城市群；产业协同发展

国家新一轮西部大开发战略要求“努力实现不同类型地区互补发展”，强调“推动发展现代制造业和战略性新兴产业”，城市群和产业发展是新一轮西部大开发的重要载体。黄河上游城市群是我国重要的生态屏障和经济地带，也是推动黄河流域生态保护和高质量发展的增长极，要把生态环境保护作为一项重大政治任务，守好改善生态环境的生命线，推进黄河上游城市群生态环境质量逐步好转，推动黄河上游城市群发展取得明显成效。

一、黄河上游城市群建设情况

城市群是地理空间上临近、联系密切的多个城市中心及周边地区的集合体，是不同于城市、省份、国家的独特地理单元。要坚定不移走以生态优先、绿色发展为导向的高质量发展新路，大力发展生态经济，推动黄河上游城市群绿色发展。

（一）研究区概况

黄河上游起自青海省玛多县，迄于内蒙古自治区的托克托河口镇，流经青海、甘肃、宁夏、内蒙古四省区（黄河流域四川段由于基本属于无人区而在研究中未予以纳入），全长 3139.3 千米，流域面积 34.7 万平方千米，建制城市 21 个。黄河上游城市群以黄河河谷为依托，考虑到区域整体发展格局以及城市群对区域发展的带动作用，本文认为黄河上游城市群包括三大城市群：以兰州、西宁为核心的兰西城市群，以银川为核心的宁夏沿黄城市群，以呼和浩特为核心的呼包鄂城市群。具体包括青海省西宁市、海东、黄南地区，甘肃省的甘南州黄河流域区、临夏州、兰州市、天水市、白银市、武威市、金昌市、定西、平凉、庆阳地区，宁夏全境，内蒙古的乌海市、巴彦淖尔市、阿拉善盟的阿拉善左旗、伊克昭盟（鄂尔多斯市）、包头市和呼和浩特市。黄河上游城市群依托丰富的煤炭、电力、石油、天然气等能源、有色金属等矿产资源，布局了我国重要的能源、化工、金属原材料产业基地，初步形成了门类较为齐全的工业体系，由于重化工业比重较大，经济发展与生态环境保护之间的矛盾较为突出，必须加强生态文明建设，大力推进黄河上游水生态修复，统筹做好山水林田湖草综合治理，筑牢国家西部生态安全屏障。推动黄河上游城市群高质量发展，发挥基础条件较好的优势，创新经济发展路径，大力发展生态产业，使生态优势转化为经济发展优势和富民优势。

（二）黄河上游城市群产业协同发展的理论依据

黄河上游经济带青、甘、宁三省区地理区位相邻、资源禀赋相近、产业结构趋同，加强区域分工与合作，共同发展。黄河上游经济带发展理论主要有区域分工理论、区域合作理论和区域经济一体化理论等。

1. 区域分工理论

分工是社会生产力发展的结果，产业部门分工必然落实到具体空间，从而构成区域分工。区域分工是各区域为了获取资源配置的最高效益，在充分利用区域优势资源的基础上所进行的区域专业化生产。区域分工产生于区域差异的存在，由于各个区域之间存在着经济发展条件和基础设施的差异，为了满足各自生产和区域发展的多种需求，各个区域在经济合作中就必然按照比较利益的原则，选择和发展具有优势的产业，于是在区域间产生了产业分工。

2. 区域合作理论

区域合作一般指区域经济合作，是区域主体之间为了各自经济利益的增加，减少相互之间的经济利益损失，在经济发展中以一定方式联合起来，互利互惠的一种互动状态。区域合作可以分为同质性和异质性合作。同质性合作是指地理环境、资源禀赋和经济发展水平大致相同的区域主体之间的合作；反之则为异质性合作。区域合作是在区域分工基础上产生的，是区域分工发展的必然结果。毗邻区域通过合作，相互配合与支持，借助区域整体的力量，实现优势互补优势叠加，增强区域竞争力。区域合作的优势表现在，一是通过区域合作，能够充分发挥各区域的经济优势，把分散于各区域的经济活动有机地组织起来，形成区域发展的合力，产生优势互补叠加的效果；二是通过区域合作，能够推动生产要素在区域间自由流动，促使各区域经济利益都得到提高。

3. 区域经济一体化理论

区域经济一体化源于区域分工的深化和市场主体对经济利益最大化的追求。区域经济一体化是区域经济合作的高级形式，发展的理想是从产品市场，到生产要素市场，再到统一的区域经济政策。区域经济一体化按一体化范围分为三种类型：行政省区之间的经济一体化、省区内部各地区之间的经济一体化、不同省区地区间的经济一体化。

4. 生态文明建设理论

生态文明是指人类充分发挥主观能动性，认识并遵循自然—人—社会复合生态系统运行的客观规律建立起来的人与自然、人与社会、人与自身协调的良性运行态势，持续全面发展的社会文明形态。生态文明是人类为保护和建设美好生态环境而取得的物质成果、精神成果和制度成果的总和，是一种人与自然、环境与经济、人与社会和谐相处的社会形态，是贯穿于经济建设、政治建设、文化建设、社会建设全过程和各个方面的系统工程，是相对于原始文明、农业文明、工业文明的新的社会文明形态，是更高层次的社会文明的理论与实践。它包括四个方面的文明形态：一是物质文明层面，是一种新的财富生产方式和生活方式，主要是发展生态生产力及其生态文明经济，确立生态文明消费观及其消费模式，这是生态文明建设的根本；二是精神文明层面，是一种新的世界观和方法论，新的文化发展体系，为生态文明建设提供指导；三是政治文明层面，是一种新的制度和机制，新的社会发展体系，这是生态文明建设的保障；四是生态文明建设的主要内容，主要包括生态恢复与建设，环境治理与保护，生态恢复要通过生态屏障建设增加生态本底，环境治理与保护是要减少污染排放减轻环境压力，这是生态文明建设的当务之急。生态文明是一种积极的、可持续发展的文明，它要求人类摒弃狭隘的人类中心主义，在开发和利用自然的同时尊重自然、关心自然，选择一条既能获得经济的可持续增长，又能保持生态平衡、资源持续利用的新型发展之路，从而使人类文明进入一个与自然和谐共生的新高度。

（三）黄河上游城市群产业协同发展的战略意义

1. 构筑国家安全战略腹地的需要

黄河上游城市群不仅是我国黄河上游地区多民族经济发展的核心地带，也是我国内陆腹地的战略要地与开发重点，更是国家能源重化工基地和重要进口通道。黄河上游城市群处于黄土高原与青藏高原交汇的黄河谷地，东接中原腹地、西北出亚欧大陆、西南可连青藏高原，既对促进民族地区的发展起着非常重要的联结作用，又是沟通我国与中亚、南亚以及欧洲国家的桥梁和纽带，在促进区域经济发展方面具有特殊的战略意义。

2. 维护国家生态安全的需要

黄河上游城市群是我国生态环境最薄弱的地区，也是我国限制开发和禁止开发区域比重较高的区域。黄河上游地区的西宁、兰州、银川、呼和浩特作为中心城市，在生态保护和补偿方面有共同的任务和利益诉求，建立黄河上游经济带，优先选择该区域并采取非均衡发展战略，加快人口向城市转移，减轻黄河上游的生态压力，将极大促进该地区生态安全屏障建设和环境的保护与改善，为国家实施可持续发展战略提供重要保障。

3. 优化区域布局促进黄河上游地区跨越发展的需要

随着新一轮西部大开发战略的实施，规划建设黄河上游城市群，将其打造成为西部地区经济发展的“中心区和核心区”，是解决西北地区经济凹陷、缩小与全国发展差距逐年扩大问题的战略举措。从区域经济布局上说，黄河上游城市群将与成渝经济区、关中天水经济区相呼应，联合打造中国“西三角”经济圈，将成为国家第二轮西部大开发的“新引擎”，对于加快西北地区经济社会全面发展具有战略性意义。

二、黄河上游城市群产业协同发展路径

黄河上游城市群在全区经济发展和生态安全格局中占有重要地位，要按照习近平总书记重要讲话精神为指引，以新时代西部大开发战略为动力，维护好区域生态安全，促进经济社会与生态环境可持续发展。

（一）黄河上游城市群产业协同发展条件分析

1. 能源、矿产与水、土资源富集，开发潜力大

本区具有多种能源和矿产资源最佳组合与沿黄水、土资源良好结合的优势。这里多种能源富集、水火电资源兼备，开发程度较低。黄河干流青铜峡至龙羊峡河段，长 1023 千米，可利用的落差 1077. 7 米，有 15 个淹没损失小、技术经济指标优越的水电站坝址，规划装机总容量 1300 多万千瓦，可与长江三峡媲美，对我国能源工业布局将产生深远影响。煤炭保有储量 2104 亿吨，占全国的 27. 3%。本区是有色金属、铁、化工原料和其他非金属矿的富集区。甘肃的铅、锌、铜、银，青海的钾盐、硼、镁盐等，宁夏的石膏，都是具有全国意义的优势品种。建设特色突出的经济综合体，缓解东部能源、原材料压力，促进黄河上游城市群发展提供了物质基础。

区内丰富的自然资源开发程度低，潜力很大。稀土、铅、锌、钾盐、硼、镁盐、石膏等具有全国意义的优势矿种的开采量也很小；耕地面积尚可扩大 70%以上，虽有黄河之利，灌溉历史悠久，但现有灌溉面积只占耕地总面积的 45. 5%，如能节约用水与合理开垦，灌溉面积尚有扩大两倍左右的潜力。因此，区内进一步发展工农业生产有着充足的资源保证。

2. 承东启西的优越区位与较好的经济基础

黄河上游城市群是我国中部与西北地区的接合部，区内交通运输条件好。有京包、包兰、兰青铁路与黄河贯通全境，西部有欧亚大陆桥的陇海铁路通

过，还有太中银、准（格尔）大（同）、西（安）包（头）等铁路。公路交通也较发达，承东启西的区位优势十分明显。国家很重视西部地区的经济建设，尤其“大三线”建设建成的能源、有色金属、石油精炼与石油化工、机械、纺织与建材等工业部门在全国占有重要地位。兰州、呼和浩特、西宁、银川等城市已成为本区乃至西北地区具有一定辐射能力的重要经济中心，为区内经济进一步发展，奠定了良好的社会、经济与技术基础。

3. 进一步开发投资少、见效快、效益高的产业

20世纪以来，特别是新一轮西部大开发战略实施以来，国家的资金与政策向我国西部地区双倾斜，就进一步开发的前景来看，建成以能源、有色金属、化工为主导的全国性工业基地的条件相当优越，加速开发步伐可以取得投资少、见效快与经济效益高的效果。主要表现在以下三个方面：一是已形成的巨大工业与雄厚的科技力量未能充分利用，着重进行技术改造与延长产业链，调整产业与产品结构，很快就能以相对少的资金增量，产出更多的资金存量，其潜力与效益是很可观的；二是能源和矿产优势资源的进一步开发，能源、有色金属与化工三大工业基地的建设，既有较好的交通基础，又有众多的骨干企业与大中城市的经济、技术实力做后盾，会取得速度快、效益高的经济效果；三是粮食等农产品能够充分自给，并能支援相邻牧区；广大天然草场资源的合理开发利用与农区畜牧业的有效发展，肉类等畜产品更能自给有余，具有坚实的农牧业基础。

（二）黄河上游城市群产业协同发展布局

产业是区域经济发展的重要依托，积极发展绿色产业，推动黄河上游经济又好又快的发展。

1. 绿色制造业

一是推动绿色能源及化工产业发展。黄河上游城市群及周边地区能源资源丰富，煤炭、石油、天然气资源蕴藏量大，水能资源富集。如青海盐湖矿产、甘肃有色金属与稀土金属矿产及内蒙古、宁夏煤炭资源优势明显。黄河上游青海到宁夏段水量稳定，水能资源丰富，可开发建设十几座梯级电站。这些资源构成较好的地域组合，有利于发展具有区际专业化意义的有色冶金、化工、能源工业，打造全国的有色金属冶炼和重化工基地。在世界能源供需缺口逐年增大的形势下，黄河上游城市群的能源工业具有较大发展空间，为其优势资源的开发创造了良好的条件，并通过“西电东送”“西气东输”，为全国经济发展提供能源保障。二是推动建设“中国有色金属长廊”。黄河上游城市群的有色金属工业，经过20世纪50年代至今的开发建设，已初具规模，布局上也有特色。从青海龙羊峡经甘肃到宁夏青铜峡的黄河上游近1000千米河段，已建设成为电解铝、铜、铅锌、金属硅、稀土金属的生产和出口基地，被称为“中国有色金属长廊”。此长廊地带山峦叠嶂，金属矿藏和煤炭资源、水能资源形成有利结合，有色金属采选冶炼加工业取得了长足的发展。甘肃省是我国著名的有色金属基地，地处河西走廊东翼的金川镍矿是世界第二大金属共生的硫化镍铜矿床，有镍、铜、钴、金、银、钯、锇、铑、钌、硫等18种矿物。金川公司所在地金昌市已发展成为新型矿业城市，并有“中国镍城”和“东方镍都”之称。白银市是甘肃省第二大城市，号称“铜城”。位于青海省柴达木盆地中的锡铁山，是铅锌矿的主要产地。这一地区的铅锌矿还伴生有金、银、锡、锑、钼等13种元素，部分矿石品位较高可直接冶炼，锡铁山铅锌矿是我国第二大铅锌矿，由于它的建成，使全国的铅锌工业布局发生了重要变化。宁夏东方钽业的钽、铌、铍生产量位居世界三强，是全国重要的金属镁、金属硅、铁合金等生产基地，青铜峡铝厂是大型铝冶炼企业。

2. 绿色农牧业

黄河上游城市群及周边地区绝大部分良田均集中在黄河干流及支流沿岸，这些农业区灌溉条件优越，具有高原特色农产品优势，其独特种质和优良品质的农产品拥有巨大市场。一是推动绿色种植业发展。内蒙古、宁夏河套平原及甘肃绿洲灌溉旱稻农业，宁夏、甘肃临夏和甘南自治州、青海从海拔2500米以上河谷坡地到4500米左右的湖滨平原等地小麦种植。青海省的青稞种植，青稞是大麦的一种，称稞料大麦，青稞具有独特的耐高寒特点，在青海、西藏一带通称青稞，它是藏族人民的主要粮食，用来制作糌粑，也可酿造青稞酒。油料作物分布于内蒙古、宁夏和甘肃的河西走廊、甘南夏河、临潭、卓尼等县，青海海北、海南及东部湟水谷地、柴达木盆地。二是推动绿色畜牧业发展。畜牧业在内蒙古、青海的经济结构中占有举足轻重的地位，牧区人民的生产与生活资料几乎全部取自畜牧业，只有粮食主要由国家供应和市场供给。在农区，不仅耕畜、役畜、农家施肥、副业收入等要靠畜牧业，而且部分饮食

（肉食、酥油、奶茶、干酪等）和衣着也离不开畜牧业，主要畜种有藏系绵羊、牦牛、河曲马、浩门马、玉树马、黄牛、骆驼等，在国际市场上享有盛名。宁夏具有发展牛羊产业独特的自然资源优势，宁夏滩羊和中卫山羊是宁夏特有的种质资源，因其肉嫩味鲜、膻味轻而驰名全国。广阔的草原和引黄河灌溉区丰富的草料资源为宁夏发展畜牧业创造了优越的条件，牛羊肉产业发展的首要基础是畜牧养殖，宁夏牛羊养殖的规模布局为：以盐池、同心、灵武等丘陵地带为主的滩羊生产区，以银川、吴忠、青铜峡等引黄河灌溉区为主的肉牛品种改良区，以固原地区为主的六盘山阴湿草地肉牛区，是宁夏最具特色的产业之一。

3. 黄河上游文化旅游产业带

黄河上游城市群是集一个汉、蒙古、回、藏等多民族聚居的地区，也是我国西部多元文化最集中的交融区之一，集自然风光、民族文化、丝绸之路、红色旅游等多元文化旅游资源融为一体，文化旅游资源发达，通过共同开发，做强做大文化旅游产业。甘肃省历史悠久，文化旅游资源丰富，因取古时境内甘州、肃州两地的首字而得名。有汉、回、藏、东乡、裕固、保安、蒙古、哈萨克、土、撒拉等多民族文化，十余个民族各具特色的文化与自然风光有机结合，构成了甘肃省丰富多彩的旅游环境。青海省具有悠久的历史，以其境内有青海湖而得名。省内有汉、藏、回、撒拉、蒙古、哈萨克等民族，青海省自然风光雄奇壮美，具有青藏高原特色。青海旅游资源丰富，类型繁多，自然景观有与动人传说相联系的日月山和倒淌河，也有建筑宏伟壮丽的塔尔寺、清真大寺等。以古墓群、古寺庙、古岩画、古城堡为特征的名胜古迹众多。宁夏位于"丝绸之路"，历史上曾是东西部交通贸易的重要通道，作为黄河流经的地区，这里同样有古老悠久的黄河文明，绵延不绝的贺兰山、六盘山，浊流滚滚的九曲黄河，浩瀚无垠的沙漠和草原，有东方金字塔之称的西夏王陵、中国四大石窟之一的须弥山石窟，以及独具特色的沙坡头、沙湖、高庙、火石寨等旅游景区。内蒙古西部地区集河套文化、草原文化、荒漠文化于一体，风光绚丽，旅游景点众多，发展绿色旅游具有得天独厚的优势。

（三）黄河上游城市群产业协同发展中存在的主要问题

过去一个时期，黄河上游城市群主要依靠高强度的投资、资源和能源开发的发展模式实现了经济的快速增长，但也耗费了大量的资源消耗和环境污染的代价，积累了许多生态风险和矛盾。

1. 生态环境压力较大

黄河上游城市群是我国重要的工业区，以能源为依托的发展模式具有结构单一化、重型化、资源型的特征，倚重倚能的发展模式还没有得到根本性转变。近年来，以重化工业为主的产业结构对区域环境质量提出了严峻的挑战，以及城市机动车数量的增加，城市空气质量和水环境受到一定程度的影响。工业园区已成为沿黄河上游城市群的主要产业集聚区，发展了现代能源、化工、现代纺织、设备制造、冶金、建材等行业，但一些工业园区环境治理滞后，环境污染问题突出，环境治理难度较大。

2. 农业发展方式粗放

一是农业标准化水平不高，创新水平不够，农产品质量不高，产业链不长，农产品附加值低。二是农药、化肥依赖度较高，大量施用化肥依然是沿黄地区种植业发展的主要手段，粮食生产对化肥的大量施用已形成严重依赖。三是畜禽养殖区生产经营总体水平较低，水产养殖业产生了大量未得到有效处理的污染物，农村环境面源污染较为严重。

3. 资源利用效率低下

随着工业化和城镇化的加快推进，黄河上游城市群城市单位工业用地产出明显低于全国平均水平，但单位 GDP 能耗明显高于全国平均水平。与资源利用效率较低相对应，黄河上游城市群单位工业产值废水排放量和单位工业产值 SO_2 排放量都高于全国平均水平，沿黄河上游城市群环境质量面临严峻挑战。

4. 生态保护资金缺口大

黄河上游城市群生态环境较为脆弱，污染治理成本相对较高。由于多年来资金投入不足，生态环境建设资金缺口较大，欠账较多，一些群众反映突出的问题，特别是个别中央环保督察反馈问题整改资金落实缓慢，如一些药企异味扰民、饮用水水源地保护区内污染企业搬迁等。

三、黄河上游城市群产业协同发展的建议

坚持人与自然和谐共生，加快生态文明体制改革，建设好黄河上游城市

群，为新一轮西部大开发战略实施作出应有贡献。

（一）加强党政领导责任，推进黄河上游城市群建设

各地党委、政府要站在大局角度，时刻牢记守土有责、守土负责、守土尽责，担当起为子孙后代留下美好生态的历史责任，摈弃错误的政绩观，为共建黄河上游城市群凝聚全社会力量。针对黄河上游生态环境治理碎片化的空出问题，将黄河上游城市群作为一个有机整体，建立区域协同合作机制，就防洪调度、水资源分配、生态补偿、重大工程建设等事宜加强合作，协调解决大气、水、土壤污染等生态保护突出问题，强化责任追究，严格落实各项规划和制度，推进黄河上游城市群建设。

（二）大力发展“生态+”产业，推进黄河上游城市群产业转型升级

积极发展“生态+”旅游，加强生态保护和修复，在山水林草湖上做文章，建设绿色空间相隔、湖泊水系相通、绿地环绕相拥的沿黄河上游旅游带，加快构建全域旅游发展格局。大力发展“生态+农业”，结合乡村振兴战略，积极发展观光型农业、休闲型农业、创意型农业，打造绿色农业产业链，大力发展有机农业，扩大绿色、有机、无公害农产品供给，促进沿黄河上游城市群第一、第二、第三产业的融合发展。着力发展“生态+制造业”，倡导绿色生产方式，优化工业布局，引导具有一定关联度的企业向工业园区集聚，促进现有产业转型升级。

（三）以防治大气污染为重点，加强生态环境综合整治

黄河上游城市群产业结构以煤基工业为基础、重化工业为特征，改善空气环境压力较大。加快解决大气、水、土壤污染等突出问题，实行最严格的生态环境保护制度，深入实施蓝天、碧水、净土“三大行动”，实施生态环境综合整治工程，打好污染防治攻坚战，强化大气污染协同控制，全面改善黄河上游城市群环境质量，把天蓝、地绿、水净、空气清新、宜居宜业这张名片打造得更加亮丽，为“美丽中国”建设做出新贡献。

（四）以离任审计为抓手，促进各级领导干部履职尽责

领导干部如何践行新发展理念，在经济发展的同时确保自然资源适度开

发、生态环境不断改善，已成为评价其任职期间成绩的一个重要方面。要强化地方党委、政府及其相关部门的生态保护责任，在政绩考核中应增加和细化生态质量改善和污染减排在各地各级政府效能考核中的分值，严格落实生态保护内容考核指标。将经济责任审计和自然资源资产离任审计有机结合，合理分析并界定审计发现的问题及对应责任，强化结果运用、责任追究和工作问责，落实“一票否决”制度，促进各级领导干部履职尽责。

参考文献

［1］阿玛蒂亚·森、让·德雷兹：《印度：经济发展与社会机会》，北京：社会科学文献出版社，2006 年。

［2］郑长德：《中国少数民族地区包容性发展研究》，北京：中国经济出版社，2016 年。

［3］冯留建、韩丽雯：《坚持人与自然和谐共生建设美丽中国》，载《人民论坛》2017 年第 34 期。

［4］黄娟：《建设生态文明打造美丽中国》，载《人民论坛》2018 年第 6 期。

［5］李周：《建设美丽中国实现永续发展》，载《经济研究》2013 年第 2 期（总第 48 期）。

［6］俞可平：《科学发展观与生态文明》，载《马克思主义与现实》2005 年第 4 期，第 4–5 页。

作者简介：李文庆，宁夏社会科学院生态文明研究所研究员。

黔东南州在“后发赶超”上闯新路开新局抢新机　出新绩的成绩与经验

何选高　罗龙菊

摘　要：2021年2月3日至5日，习近平总书记到贵州省视察，提出了“在新时代西部大开发上闯新路，在乡村振兴上开新局，在实施数字经济战略上抢新机，在生态文明建设上出新绩”的要求。2022年1月26日，国务院又出台新国发2号文件，支持贵州在新时代西部大开发上闯新路，习近平总书记提出的“四个新”和新国发2号文件是党中央国务院对贵州下一步发展赋予的新的重大使命，是新发展阶段、新发展理念、新发展格局在贵州的具体化，为我省打赢脱贫攻坚战之后，开启全面建设社会主义现代化新征程提供了行动纲领、指明了前进方向、明晰了目标路径、注入了强大动力。对黔东南州谋划“十四五”规划和2035年远景目标的实现及黔东南州未来更长时期的发展，都具有极为重大的现实意义和深远的历史意义。

关键词：黔东南州；“后发赶超”；“四新四化”；成绩与经验

在2021年春节前夕，习近平总书记赴贵州看望慰问各族干部群众，视察毕节、贵阳两地，在2月3日至5日3天时间里，习近平总书记察乌江、进农村、看超市、访社区，牵挂深深，情意浓浓。在习近平总书记视察贵州一周年之际，在国发〔2012〕2号文件出台十周年之际，2022年1月26日国务院又出台新国发2号文件，支持贵州在新时代西部大开发上闯新路，充分体现了党中央国务院对贵州人民的关怀厚爱，是对习近平总书记视察贵州重要讲话精神的项目化、政策化、具体化落实，是以高质量发展统揽全局、围绕“四新”主攻“四化”的“施工图”“任务书”，这对黔东南州做好当前和今后工作，谋划“十四五”规划和2035年远景目标的实现，都具有极为重大的现实意义和深远的历史意义。

一、“四个新”的新要求是黔东南州实现“后发赶超”的精神动力

（一）在新时代西部大开发上闯新路的精神动力

习近平总书记明确提出“我国所有的区域发展战略都是成功的，西部大开发尤其明显”。20多年来，贵州是西部大开发中受益最大、发展最快的省份之一，在实施西部大开发战略中表现抢眼。进入新时代后，中央强调西部大开发要形成新格局。这次习近平总书记要求我们在新时代西部大开发上闯新路，这是从全局谋划贵州一域作出的战略指引和赋予的重大使命，与2015年视察贵州时希望我们“走出一条有别于东部、不同于西部其他省份的发展新路”的指示是一脉相承的。黔东南州要进一步创新发展思路、完善发展路径，充分发挥西部在国家生态文明试验区的优势，为西部地区在绿色发展上闯新路；黔东南州要充分发挥在西南内陆开放型经济试验区上优势，积极打造对接融入粤港澳大湾区“桥头堡”先锋，为西部地区在扩大开放上闯新路；黔东南州要充分发挥处于全国首个大数据综合试验区前沿地带的优势，为西部地区在推动高质量发展上闯新路，努力在新时代西部大开发中走在前列，为西部大开发战略取得新的成功作出黔东南贡献。闯新路，关键是要“闯”，要以“敢为天下先”的巨大勇气，敢闯敢试、敢为人先，大胆探索、大胆实践，勇于担当、积极作为，勇当新时代西部大开发的“拓荒牛”，在“后发赶超”上闯新路。

（二）在乡村振兴上开新局的精神动力

党的十八大以来，黔东南州坚持以脱贫攻坚统揽经济社会发展为全局，全州最大的变化在农村。目前，黔东南州城镇与先进地区还有明显差距，但在农村有自己的特色优势，完全可以在全省形成亮点，比如西江苗寨、肇兴侗寨等都非常有特点，去的人都说好。习近平总书记要求我们在乡村振兴上开新局，黔东南州主动顺应“三农”工作重心的历史性转移，拿出脱贫攻坚战那样的精

神状态推进乡村振兴，充分发挥自身的独特优势，继续在攻坚克难中开拓出新局面，推动乡村产业振兴、人才振兴、文化振兴、生态振兴、组织振兴，促进农业高质高效、乡村宜居宜业、农民富足富裕，让农业成为有奔头的产业、农民成为有吸引力的职业、农村成为令人向往的美丽家园，在"后发赶超"上开新局。

（三）在实施数字经济战略上抢新机的精神动力

"十三五"时期以来，黔东南州率先在行动抢占先机，大数据发展异军突起，积极参与数博会这样的国际性平台，为我省成为首个国家大数据综合试验区作出了重要贡献，数字经济增速不断大幅跨越。当前人类社会正进入以数字化生产力为主要标志的全新历史阶段，世界主要国家都把数字化作为经济发展和技术创新的重点，数字经济符合高质量发展的动力转换需求。黔东南州要以时不我待、只争朝夕的紧迫感，全力抢抓新一轮科技革命和产业变革的时代机遇、国家强力推动数字经济发展的战略机遇、高质量发展孕育的市场机遇、"后疫情"时代催生的产业机遇、数字技术演进带来的发展机遇，围绕"抢新机"的主攻方向重点发力，加快推进数字产业化、产业数字化，以数字化转型整体驱动生产方式、生活方式和治理方式变革，加快发展壮大全州数字经济，更好推动全州经济社会高质量发展，在"后发赶超"上抢新机。

（四）在生态文明建设上出新绩的精神动力

"十三五"时期以来，黔东南州抓生态环境保护的力度前所未有，生态文明建设走在了全省全国前列。但仍然不能有丝毫的自满和松懈，要始终对"国之大者"心中有数，坚决扛起"长江、珠江上游重要生态安全屏障"的重大责任，按照出新绩的要求，持之以恒推进生态文明建设，充分利用好民族文化和生态环境"两个宝贝"，充分发挥这个黔东南最大的发展优势和竞争优势，牢固树立生态优先、绿色发展的导向，深入打好污染防治攻坚战，统筹山水林田湖草系统治理，促进经济社会发展全面绿色转型，高质量建设生态文明示范州，在"后发赶超"上出新绩。

二、黔东南州在“后发赶超”上落实“闯新路、开新局、抢新机、出新绩”取得的成绩

（一）经济社会发展取得长足进步

实施西部大开发以来，特别是党的十八大以来，黔东南州为实现“后发赶超”的目标，认真贯彻落实习近平总书记对贵州工作重要指示精神，坚持稳中求进工作总基调，坚持以脱贫攻坚统揽经济社会发展全局，坚决打好三大攻坚战，扎实做好“六稳”工作，全面落实“六保”任务，高质量完成脱贫攻坚和经济发展必答题，高水平答好疫情防控加试题，在历史性大战大考中“后发赶超”，交出了一份优异答卷。

1. 彻底撕掉千百年来绝对贫困标签

到“十三五”时期末全州减少贫困人口 96.67 万人，15 个贫困县全部摘帽，1853 个贫困村全部出列，30.81 万人搬迁进城，“两不愁三保障”短板全面补齐，定点帮扶、东西部扶贫协作、社会帮扶取得重大成果，脱贫攻坚战全面胜利。

2. 综合经济实力显著增强

“十三五”规划确定的目标任务基本完成，地区生产总值突破千亿元大关，达到 1191.52 亿元，年均增长 7.8%。固定资产投资累计完成 3521 亿元，年均增长 6.1%。市场主体总量实现翻番，达到 32.76 万户。

3. 发展条件得到历史性改善

2021 年全州高速公路通车里程突破 1000 千米，公路密度达 98.56 千米/百平方千米，实现“村村通油路、通客运”“组组通硬化路”，水利工程设计供水能力从“十二五”规划末期的 14.1 亿立方米增加到 15.8 亿立方米。凯里都市圈、黔东一体化发展积极推进，常住人口城镇化率从 40.5%提高到 51%，超过全省平均水平，“十百千”乡村振兴示范工程成效明显。

4. 深化改革扩大开放取得新的成绩

“十三五”期间黔东南州坚持供给侧结构性改革，纵深推进“放管服”改革，营商环境持续优化，企业开办时间减少到 2.6 个工作日，工程建设项目审

批时间压缩到 80 个工作日以内，州县两级政务服务网上可办率达到 100%。黔东南陆港建成运营，凯里海关封关运行，开放力度不断加大，杭黔、粤黔等产业合作持续深化。

5. 人民群众生活水平实现大幅度提升

到 2021 年，城镇、农村居民人均可支配收入增加到 3.45 万元和 1.11 万元，城镇累计新增就业 35.37 万人，教育、卫生等社会各项事业全面发展。成功创建全国民族团结进步示范州，凯里市入选全国文明城市。

（二）农业农村发展成效显著

1. 农业农村经济快速发展

2021 年，全州完成农林牧渔业和第一产业总产值 455.59 亿元，同比增长 6.4%，增速全省排位第六；完成农村居民人均可支配收入 12289 元、同比增长 8.3%，增速全省排位第五；全州农产品加工转化率为 51.87%，比 2020 年提高了 24 个百分点。

2. 农村产业革命实现重大突破

到 2021 年全州坝区结构调整深入推进，全州 200 亩以上坝区平均亩产值为 7675 元，较 2020 年的 6483 元增加 1192 元，同比增长 18.38%。12 个农业特色优势产业势头良好，食用菌产业，整体规模实现井喷式增长，近三年年递增率均超过 60%，蔬菜产业形成了西兰花、红菜薹等相对连片万亩单品基地；生猪、牛羊、生态禽（禽蛋）、生态渔业等规模化一体化养殖基地建设不断推进。

3. 农村生产生活条件得到历史性改善

到 2021 年全州 30 户以上自然寨全部通硬化路，累计完成县乡公路路面改善提升工程 1372.4 千米，农村危房、透风漏雨住房、人畜混居住房问题全面整治，农村人居环境持续改善，完成农村户用卫生厕所 31347 户，村级公共卫生厕所 604 个（座），全州行政村农村生活垃圾收运处置体系覆盖率为 94.3%，完成 38 个村的农村环境综合整治任务，综合进度 100%。全州农村自来水普及率 98.12%、供水保障率达 90%以上，饮水安全有效解决。

4. 农村民生保障水平显著提高

县域义务教育基本均衡发展，乡镇卫生院和村卫生室标准化建设实现全覆盖，农村低保标准提高到每年 4311 元。农村公共文化服务不断完善。全州新建、改扩建县（市）图书馆和文化馆舍 34 个、博物馆或纪念馆舍 27 个、乡（镇）综合文化站 196 个、建设完成村级综合文化服务中心 1657 个。

5. 农村治理体系不断完善

基层组织在脱贫攻坚中得到加强，乡村便民服务体系不断完善，全州建有综合服务站的村占比为 100%。乡村平安建设深入推进，网格化服务管理、“雪亮工程”实现全覆盖。自 2019 年以来，州委政法委共命名表彰平安建设先进乡镇（街道）25 个，16 个县（市）共命名表彰平安建设村（社区）2366 个。

（三）数字经济取得积极进展

1. 数字设施不断完善，网络基础得到改善

乡镇以上城市建成区、两高沿线、重点景区等 4G 网络连续覆盖，全州实现了县县通 5G，凯里市城区及镇远古城、丹寨万达小镇等重点景区 5G 信号连续覆盖，进入 5G 时代。

2. 产业发展突飞猛进，集聚发展效应初显

软件与信息技术服务业异军突起，系统集成、软件开发、信息服务的支撑能力不断增强。黔通智联科、云翰智慧等一批骨干企业已纳入省十大千亿级产业企业培育，形成以凯里为核心，岑巩、榕江、镇远等其他县错位协同发展的良好格局。

3. 融合发展不断深入，大数据运用力度不断加大

实施政府数据聚通用攻坚，建设一云一网一平台，初步打破部门数据壁垒，基本实现州级部门数据的集聚、融通和应用。

（四）坚持生态优势、绿色发展，生态文明建设取得重大突破

1. 污染防治攻坚战取得积极成效

“十三五”时期以来，黔东南州强力推进污染防治“五场战役”“双十工程”“两江一河”出境断面水质优良率稳定在 100%，县城以上环境空气质量优良天数比例达 96%以上，完成营造林 206 万亩，治理石漠化 262 平方千米、水土流失 832 平方千米，森林覆盖率提高到 68%，生态环境质量指数稳居全省第一。环保能力建设显著提升，建制镇生活污水处理、垃圾转运设施实现全覆盖，县城污水处理率达到 86%。

2. 林业产业革命向纵深推进

“十三五”期间黔东南州积极推进林种结构调整，深入实施低产林改造，以“林菌、林药、林鸡、林蜂”为主，全州林下经济种养殖利用森林面积突破100万亩，总产值15.11亿元。目前，全州已建成675个村级百亩基地，60个乡镇千亩基地，并启动了16个县（市）万亩基地的建设。各县（市）在积极推进“百千万工程”中，绝大部分县（市）都形成了具有代表性的林下经济点，涌现出丹寨兴仁林下中药材基地、锦屏铜鼓铁皮石斛基地、镇远舞阳林下天麻基地、榕江八开林下草珊瑚基地、剑河关口和三穗瓦寨林下食用菌基地以及天柱江东、黄平黔穗林下养鸡基地等一批示范基地；形成了丹寨、锦屏、榕江以打造林下天冬、铁皮石斛、草珊瑚为主导产业，镇远、黎平、雷山以打造林下天麻为主导产业，天柱、黄平林下养鸡，施秉林下魔芋等以县为单位的林下经济主导产业，为纵深推进农村产业革命，促进农业产业高质量发展，助力乡村振兴提供了更多思路和路径。

3. 生态文明体制改革不断深化

随着《黔东南州大生态战略行动意见》的实施，提出了推进六个绿色行动、构建六大体系；并出台了《黔东南州关于推动绿色发展建设生态文明的实施意见》，建立和完善生态文明政策体系。建立健全自然资源资产产权制度、国土空间开发保护制度、空间规划体系、资源总量管理和全面节约制度，建立健全系统完善的生态文明制度体系。

4. 生态环境质量不断提升

黔东南州持续实施大气、水、土壤污染防治，加强流域环境综合治理，有效应对突出的生态环境问题，构建形成以政府为主导、企业为主体、社会组织和公众共同参与的环境治理体系。2021年，全州城市（县城）环境空气质量优良天数比例达到99.7%，41个地表水监测断面水质优良比例100%，8个国家地表水考核断面水环境质量在全国地级及以上城市排名第8位，位列全省首位，集中式饮用水水源地水质达标率100%。

三、黔东南州围绕"后发赶超"抓"新型工业化、新型城镇化、农业现代化、旅游产业化"的经验

（一）坚持以高质量发展统揽全局，在新时代西部大开发上闯新路

1. 在改革创新上闯新路

改革创新是高质量发展的动力源泉。一是依托深化改革破解高质量发展新瓶颈，坚持向改革要动力，全面深化重点领域和关键环节改革，努力破解制约发展的体制障碍和瓶颈制约，持续深化"放管服"改革，加快政府职能转变，大力推进市场化改革，推进"证照分离"全覆盖，实现"双随机、一公开"监管全覆盖常态化。二是推行行政审批服务"马上办、网上办、一次办、就近办"，实施赋码同步备案、承诺同步办理、交地同步开工，全面推行双向承诺机制、容缺审批机制、容错免责机制，大幅提升"一窗办理"水平、"一网通办"水平、"一次办好"水平。三是依托创新驱动培育高质量发展新动能，协调推进科技创新和产业创新，聚焦重点产业、重点区域、关键环节，实施重大科技产业工程，加大先进适用技术研发攻关，构建现代产业技术体系。四是优化整合科技资源，紧盯特色优势产业发展，实行关键核心技术重点项目攻关"揭榜挂帅"。

2. 在扩大开放上闯新路

对黔东南州这样的内陆地区来说，一定程度上，开放的意义比改革还要大。国家构建新发展格局、畅通国民经济循环为我们扩大对内对外开放提供了千载难逢的历史性机遇。一是依托扩大开放增强高质量发展新活力，全面加大对外开放力度，持续筑牢开放平台，主动融入"一带一路"、长江经济带、粤桂黔滇高铁经济带、粤港澳大湾区、西部陆海新通道，加快构建连接北部湾的出海大通道，深化"东部企业+黔东南资源、东部总部+黔东南基地、东部研发+黔东南制造"等合作模式，发展更高层次的开放型经济。二是加强开放口岸基础设施建设，加快设立黔东南保税物流中心，完善黔东南陆港建设。

3. 在汇聚人才上闯新路

一是深入实施人才强州战略，立足特色百亿级支柱型工业产业、民族民俗

文化旅游业和苗族、侗族医药等重点产业、重点领域和优势学科，打造一批引才聚才平台，着力引进和培育一批引领新型工业化、新型城镇化、农业现代化、旅游产业化和数字经济发展的领军人才和创新团队。二是突出“高精尖缺”导向，聚焦工业特别是制造业人才需求，项目化、工程化集聚一批高层次人才、急需紧缺人才和创新人才。深化人才发展体制机制改革，完善柔性人才引进政策，完善人才创新服务保障机制，创新人才服务机制，健全人才服务体系。三是创新人才激励评价机制，实施重点人才培养工程，扎实推进落实省产业重点和团队引进“123”计划，激发人才创新创造，促进人才创新成果有效转化，着力构建铺天盖地的高素质“黔匠”人才大格局。

4. 在推动“四个轮子”一起转上闯新路

一是全力推动工业大突破，把加速推动新型工业化作为经济高质量发展的首要任务，围绕资源优势和产业基础，集中力量做大做强主导产业、首位产业，着力打造一批十亿、五十亿、百亿级特优产业，推动比较优势加快转变为产业优势、发展优势、竞争优势。二是以工业集群化发展为主抓手，聚焦主导产业、首位产业整合优化产业链、资金链、供应链，着力打造一批有区域市场竞争力的产业集群。要按照“一园一主导”“一园一特色”要求，加快理顺园区政企关系和管理体制，提升工业园区综合竞争力、辐射带动力、区域协调力。三是全力推动农业大发展，要大力优化生产结构和区域布局，保障粮食安全，培育壮大主导产业，加快农村产业体系、生产体系、经营体系现代化。四是把培育壮大农业市场主体作为重中之重，加快提高农产品加工转化率，因地制宜发展设施农业，推动三次产业融合发展。五是大力实施品牌强农行动，集中打造“苗侗山珍”区域公用品牌，加强农产品流通体系建设，促进“黔货出山”。六是全力推动旅游大提质，用好用活用足“两个宝贝”，大力唱响“民族原生态·锦绣黔东南”品牌，做实旅游业，加快打造国内外知名民族文化旅游目的地。

（二）主动顺应“三农”工作重心的历史性转移，在乡村振兴上开新局

1. 在巩固脱贫成果上开新局

黔东南州充分用好过渡期各项政策，严格落实“四个不摘”要求，真正对脱贫县、脱贫村、脱贫人口扶上马、送一程。一是强化防止返贫动态监测和帮

扶机制执行，开展定期检查、动态监测，及时落实帮扶措施和兜底保障政策。二是巩固提升"两不愁三保障"成果，确保脱贫家庭义务教育阶段适龄儿童少年不失学、不辍学，做好脱贫人口参保工作，保障低收入人口基本住房和饮水安全。三是加强易地扶贫搬迁后续扶持，深化易地扶贫搬迁后续扶持"五个体系"建设，确保搬迁群众稳得住、有就业、逐步能致富、快速融入。

2. 在乡村产业振兴上开新局

产业振兴是乡村振兴的首要任务，产业兴旺是解决农村一切问题的前提。在脱贫攻坚中，黔东南州许多贫困地区因地制宜发展特色优势产业实现了脱贫摘帽，成为当地带动农民致富的支柱产业。一是坚持把农业产业发展作为巩固拓展脱贫攻坚成果的根本之策和推进乡村振兴的关键之举，大力实施现代农业产业发展三年倍增计划，着力提高农业标准化、规模化、品牌化水平。二是通过大力发展特色优势产业，州级集中做大"两茶"、中药材、精品水果、食用菌这 5 个跨区域的特优产业，县市错位抓好单品不超过 3 个，既要着力扩大规模，也要努力提高单产水平，着力推动扶贫产业向特色产业转变、向优势产业转变、向致富产业转变。

3. 在乡村建设行动上开新局

黔东南州坚持"为农民而建"原则，加快补齐农村路、水、电、物流等短板，持续推进农村教育、医疗、文体、社会保障等公共服务体系建设。一是把村庄规划建设摆在更加突出的位置，坚持规划先行、分类指导，注重传统村落活态保护和分级分类管理，有针对性地加强村庄规划、风貌管控、创新发展。二是加强农村人居环境整治，因地制宜推进农村改厕、生活垃圾处理和污水处理，改善村容村貌。三是持续推进"两违"攻坚战，以"消存量、零增长、零容忍"为目标，坚持"疏堵"结合，强化用地和建房管理，重点打击城乡规划区、工业园区、坝区、旅游景区、自然保护区、基本农田、河道、道路交通沿线等范围的"两违"行为，坚决清除"两违"问题，严格依法规范城乡用地建设秩序。

4. 在乡村精神文明上开新局

乡村文化振兴是实施乡村振兴战略的重要组成部分。乡村要振兴，文化须先行，既要发展产业、壮大经济，更要激活文化、提振精神，繁荣兴盛乡村文化。一是以社会主义核心价值观为引领，坚持教育引导、实践养成、制度保障三管齐下，孕育乡村社会好风尚，建设生机勃勃的乡村。二是注重挖掘和弘扬优秀民族民间文化，不断赋予新的时代内涵。要教育引导群众改革高价彩礼、人情攀比、厚葬薄养、婚丧大操大办、早婚早育等陈规陋习，让清风正气充盈每一个乡村，让家教家风滋润每一个家庭，让乡风文脉传承到下一代。

5. 在乡村治理体系上开新局

实现乡村振兴，基层党组织是核心，人才是关键，没有强有力的乡村基层党组织统领乡村各类组织全面发展，把广大党员干部群众和各方面人才的智慧和力量凝聚到乡村振兴生动实践中来，乡村振兴的推进速度和效果就会大打折扣。一是大力加强乡村基层党组织建设，选优配强党组织书记，接续选派好第一书记和乡村工作队，持续整顿软弱涣散村党组织。二是持续推进平安乡村建设，创新基层社会治理，做到小事不出网格、大事不出乡、难事不出县。三是严肃查处农民身边的“微腐败”，严厉打击操纵破坏基层换届选举、侵吞集体资产等违法犯罪活动，依法制止利用宗教、邪教干预乡村公共事务。四是大力培育新型职业农民和乡土人才，发掘乡村工匠、文化能人、“非遗”传承人等乡村各类实用人才，发挥好“土专家”“田秀才”和种植养殖业能手在乡村产业发展中的作用。

（三）巩固拓展大数据先行先试优势，在实施数字经济战略上抢新机

1. 在数字产业化上抢新机

数字产业化是数字经济的先导。作为数字经济内生驱动要素，数据资源已成为影响全球竞争的关键性战略资源。黔东南州着力推动数字产业化，培育壮大战略性新兴产业，延伸软件开发、服务器和智能制造等中高端产业链，打造云服务“首位产业”，吸引超大型数据中心集聚，推动服务器、软件开发等产业本地化，不断释放数字对经济发展的放大、叠加、倍增作用。

2. 在产业数字化上抢新机

产业数字化是数字经济发展的主阵地。要实现高质量发展离不开各行业、各领域的数字化转型，只有牢牢把握数字赋能产业发展这把“金钥匙”，才能以数字经济为引擎驱动高质量发展。黔东南州着力推动产业数字化，推动数字技术向各领域全面拓展、深度融合，大力实施“百企引领”“千企改造”“万企融合”行动，重点培育数据中心上下游产业集群、智能终端产业集群、数字

融合产业集群，发展平台经济，支持大数据企业做大做强做实、获得更多应用场景和推广商用。

3. 在数字化运用上抢新机

黔东南州着力推动数字化治理，深入实施"数字政府"建设行动，完善做优"一云一网一平台"，整合各级各类数据资源，加快跨部门数据融合创新应用，加快市政基础设施数字化改造，推进政府治理能力现代化。探索优化数字民生服务，推进"互联网+""大数据+""区块链+"等在教育、就业、社保、医疗、交通、食品安全等领域普及应用，提升运用大数据优化民生服务能力。着力打造智慧城市、智慧社区、智慧街区、智慧法院等，全面推广智慧办税，让群众生活更便捷。

4. 在数字新基建上抢新机

数字新基建是数字经济发展的重要支撑。一是着力推动数字新基建加快发展，重点围绕5G网络、数字中心等加快融合和创新型基础设施建设，构建现代化信息基础设施体系。二是推动数据价值化，加快推进数据采集标注、存储传输、管理应用。三是抢抓中国国际大数据产业博览会机遇，推动黔东南州数字经济高质量发展。

（四）巩固拓展生态优势，在生态文明建设上出新绩

1. 在巩固提升优良生态环境上出新绩

优良生态环境是黔东南州最大的发展优势和竞争优势。一是持续推进污染综合治理，深入打好污染防治攻坚战，纵深推进"双十工程"，实施重点行业领域减污降碳行动，坚持不懈抓好中央和省委生态环保督察及"回头看"、长江经济带警示片等反馈问题整改，下大力气实施好大气污染防治、水污染防治、土壤污染防治、固废治理、农村环境整治等重点攻坚行动，特别针对州内农村生活污水治理率低的问题，加大治理力度，加快补齐短板。二是全面加强生态环境建设，全面推行林长制，强化河（湖）长制，持续开展国土绿化行动，科学推进石漠化、水土流失综合治理和新一轮退耕还林，狠抓重要流域、重点河湖、重要生态功能区以及矿产资源集中开发区生态保护修复，落实好长江流域重点水域十年禁渔，推行草原森林河流湖泊休养生息，筑牢两江上游重要生态安全屏障。三是实施城市生态修复、功能完善工程，推进城镇绿色转

型。四是倡导绿色低碳生活方式，鼓励绿色消费，营造绿色低碳生活新时尚，大力构建生态文化体系。

2. 在发展壮大绿色经济规模上出新绩

绿色是黔东南州最为靓丽的发展底色，生态是最具潜力的公共产品，绿色发展是高质量发展的基本要求。一是牢固树立绿水青山就是金山银山的理念，不断提升绿水青山颜值，做大金山银山价值。二是持之以恒壮大林业经济，用好林的优势、做足山的文章，纵深推进林业产业革命，全力抓好国储林项目建设，大力推进林种结构调整，发展壮大林业经济，推动林业产业融合，做大特优单品，做精林业经济“一县一业”，争创国家级现代林业产业示范区。三是坚持生态产业化、产业生态化，深入实施绿色经济倍增计划和绿色制造专项行动，因地制宜发展生态利用型、循环高效型、低碳清洁型、环境治理型绿色产业，打造一批绿色园区、绿色企业、绿色产品，不断提高经济增长“含绿量”。四是大力发展矿泉水、纯净水等水产业，加快发展水上运动、温泉养生等产业，构建多业态多功能的生态产品体系。五是推进传统产业绿色转型，加大节能环保产业技术创新力度，深入推进节能降耗、清洁生产、资源综合利用，积极发展污染治理、生态修复、节能和环境监测等第三方服务。

3. 在推进生态文明制度建设上出新绩

只有实行最严格的制度、最严密的法治，才能为生态文明建设提供可靠保障。一是强化生态文明制度体系建设，深化生态文明体制机制改革，健全自然资源资产产权制度、资源有偿使用制度、生态补偿机制，完善资源总量管理和全面节约制度，推行环境污染强制责任保险制度，切实建立和完善产权清晰、多元参与、激励约束并重、系统完整的生态文明制度体系，健全绿色评价考核制度，完善生态文明建设责任追究制度，充分发挥“指挥棒”的作用。二是加强生态环境监管和应急保障体系建设，建立源头预防、过程控制、损害赔偿、责任追究等生态环境保护体系，构建纵向到底、横向到边、齐抓共管的大环保格局。三是精心制定“十四五”时期生态建设专项规划，确保有措施抓手、有项目支撑、有制度机制保障。

参考文献

[1] 罗强：《牢记嘱托感恩奋进　苦干实干赶超突围　奋力开启全面建设

社会主义现代化黔东南新征程》，2021 年 12 月 21 日在中国共产党黔东南州第十一次代表大会上的报告。

［2］安九熊：《政府工作报告》，2022 年 1 月 5 日在黔东南州第十五届人民代表大会第一次会议上。

［3］黔东南州统计局：《2021 年黔东南州经济社会发展情况》，2022 年 1 月。

［4］杨琼：《黔东南州 2021 年国民经济和社会发展计划执行情况与 2022 年国民经济和社会发展计划草案的报告》，2022 年 1 月 5 日在黔东南州第十五届人民代表大会第一次会议上。

［5］刘隆俊：《黔东南州 2021 年全州和州本级预算执行情况与 2022 年全州和州本级预算草案的报告》，2022 年 1 月 5 日在黔东南州第十五届人民代表大会第一次会议上。

作者简介：何选高，黔东南州社科联副主席、教授；罗龙菊，黔东南州委党校政法教研部主任、副教授。

深刻把握贵州在新时代西部大开发上闯新路的时代背景、基本内涵与实践要求

李　超

摘　要：“在新时代西部大开发上闯新路”是习近平总书记赋予贵州的目标要求，既是新时代构建西部大开发新格局的战略需要，也是经济新常态下应对“三重压力”的策略需要，更是贵州打造新的“黄金十年”的路径需要。生态优先、绿色发展、后发赶超是贵州新路的基本内涵。未来，贵州重点是要围绕“大保护”，在生态文明上闯新路；要围绕“大开放”，在改革开放上闯新路；围绕“高质量发展”，在经济社会高质量发展上闯新路。

关键词：西部大开发；新常态；绿色发展；贵州新路

2021年2月3日至5日，习近平总书记到贵州视察，希望贵州“坚持稳中求进工作总基调，立足新发展阶段、贯彻新发展理念、构建新发展格局，坚持以高质量发展统揽全局，守好发展和生态两条底线，统筹发展和安全工作，在新时代西部大开发上闯新路，在乡村振兴上开新局，在实施数字经济战略上抢新机，在生态文明建设上出新绩，努力开创百姓富、生态美的多彩贵州新未来”。“四个新”是习近平总书记对贵州下一步发展赋予的新的重大使命。“四新”是相互贯通、互相促进的有机整体。其中，闯新路是引领、是方向，开新局、抢新机、出新绩是闯新路的支撑与路径，“四新”共同构成了贵州开启现代化建设新征程的行动纲领。2022年1月26日，《国务院关于支持贵州在新时代西部大开发上闯新路的意见》发布，明确“32条”举措支持贵州在新时代西部大开发上闯新路。可见，贵州在新时代西部大开发上闯新路是以习近平同志为核心的党中央基于新发展阶段全国经济社会大局做出的科学抉择，具有广

阔的时代背景、深邃的科学内涵和明确的实践要求。

一、贵州在新时代西部大开发上闯新路的时代背景

（一）西部大开发：从1.0到2.0急需闯新路

1988年，邓小平同志正式提出“两个大局”战略构想，① 成为西部大开发的理论根基。1998年，江泽民同志提出要“逐步加快开发西部地区”。1999年3月22日，国务院提出了进一步推进西部大开发的十条意见。同年9月，中共十五届四中全会通过《中共中央关于国有企业改革和发展若干重大问题的决定》，明确提出“国家要实施西部大开发战略”。2000年10月，中共十五届五中全会通过的《中共中央关于制定国民经济和社会发展第十个五年计划的建议》，把实施西部大开发、促进地区协调发展作为一项战略任务。②

从党中央、国务院高瞻远瞩、审时度势，果断作出实施西部大开发、加快中西部地区发展的重要战略决策，到党的十六大报告提出“积极推进西部大开发”，党的十七大报告提出“深入推进西部大开发”，党的十八大报告则更加明确地提出“优先推进西部大开发”，再到党的十九大报告提出的“强化举措推进西部大开发形成新格局”，从“积极”到“深入”到“优先”，再到“新格局”，既彰显了中央实施西部大开发战略的坚定性，也意味着西部大开发战略具有阶段性特征，各阶段均有各自的历史使命。③

西部大开发战略实施20年以来，中国西部地区经济社会发展成就凸显。西部大开发主要以推进西部地区的经济社会发展为目标，推动西部地区社会经济实现了跨越式发展，既提升了人民的经济收入，又奠定了区域可持续发展的基础，有力助推了我国全面建成小康社会。④ 以贵州省为例，党的十八大以来，

---

① 中共中央文献编辑委员会：《邓小平文选》第3卷，北京：人民出版社，1993年，第277-278页。

② 任保平：《时隔20年，中央为何再次布局西部大开发》，载《人民论坛》2020年第17期，第40-43页。

③ 张永军：《西部大开发新时代新格局》，载《西部大开发》2017年第10期，第72-73页。

④ 范欣、崔慧芳、秉浩：《新时代推进西部大开发开创新格局》，载《黑龙江民族丛刊》2021年第4期，第13-18页。

全省 923 万贫困人口全部脱贫、66 个贫困县全部摘帽、9000 个贫困村全部出列。贵州还成为中国首个国家级大数据综合试验区、首批国家生态文明试验区、内陆开放型经济试验区。

但是，整个西部地区发展不平衡不充分问题十分突出，巩固脱贫攻坚任务非常艰巨，与东部地区发展差距较大。2019 年 3 月，中央全面深化改革委员会第七次会议审议通过了《关于新时代推进西部大开发形成新格局的指导意见》，2020 年 5 月中共中央、国务院正式印发。该《意见》指出："强化举措抓重点、补短板、强弱项，形成大保护、大开放、高质量发展的新格局，推动经济发展质量变革、效率变革、动力变革，促进西部地区经济发展与人口、资源、环境相协调，实现更高质量、更有效率、更加公平、更可持续发展。"新时代推进西部大开发形成新格局，关键要有新的高质量发展、新的大开放、新的大保护。核心要义就是，新时代西部大开发从 1.0 到 2.0 的迭代升级，不能走东部城市以往采取的粗放型发展道路，必须立足自身的资源禀赋，利用好自身的发展优势，因地制宜，走出一条生态美、百姓富的发展路径。

贵州独特的地理位置优势和经济发展基础，决定其在新时代西部大开发中具有重要战略地位。① 贵州作为西部后发地区的代表，且是发展速度最快的西部身份，其经济社会发展的质量和效益，对于新时代西部大开发的成效具有重要的引领作用。2021 年 2 月 3 日至 5 日，习近平总书记再次来到贵州，提出在"新时代西部大开发上闯新路"的要求。这次视察距离习近平总书记指示贵州"走发展新路"5 周年。从"走新路"到"闯新路"，核心思想一以贯之，精神内核一脉相承。重点就是要贵州把自己探索的发展新路从贵州路径转化为西部大开发的中国路径。除了实践层面的部署，还需要从理论上对这条路径做出质的归纳和总结，形成可复制可迁移的西部大开发理论，并持续在实践中丰富其发展内涵。

（二）经济新常态：从"三期叠加"到"三重压力"急需闯新路

据统计，1978 年到 2011 年，中国的经济增速年均 9.78%，国内生产总值保持高速增长。但到 2012—2015 年，国内生产总值分别增长 7.7%、7.7%、

---

① 宋洋：《在新时代西部大开发中推动贵州高质量发展》，载《贵州社会科学》2022 年第 4 期，第 136-140 页。

7.4%、6.9%，中国经济保持在6%—8%的中高位运行。[①] 可见，中国经济进入由高速增长向中高速增长转换是一个客观事实。中国在完成基本工业化后开始从高速增长阶段进入中低速增长阶段，中国宏观经济增速下行已成为必然趋势，将迎来增速换挡期。[②] 2013年上半年，党中央首次提出中国经济正处在我国经济正处于增长速度换挡期、结构调整阵痛期和前期刺激政策消化期"三期"叠加的阶段性特征。[③] 2014年5月，习近平总书记在河南考察时首次提出"新常态"重要论断。进入新常态，意味着我国经济将迎来增速换挡期。这一时期中国的经济增长速度正从高速转向中高速，发展方式正从规模速度型转向质量效率型，经济结构调整正从增量扩能为主转向调整存量、做优增量并举，发展动力正从主要依靠资源和低成本劳动力等要素投入转向创新驱动。这是中国经济社会发展的必经阶段，在这一阶段我国劳动力供给下降、环境治理成本上升、消费向服务性商品倾斜。同时，高投入、高消耗、高污染的增长方式，使得资源环境的承载力下降。这些客观原因将倒逼我国的经济发展向质量、绿色发展等方式转型升级。

2015年6月，习近平总书记视察贵州时正是基于经济发展进入新常态的背景对贵州提出了"走发展新路"的要求。视察期间，习近平总书记指出，当前我国经济发展呈现速度变化、结构优化、动力转换三大特点。适应新常态、把握新常态、引领新常态，是当前和今后一个时期我国经济发展的大逻辑。要深刻认识我国经济发展新特点新要求，着力解决制约经济持续健康发展的重大问题；要大力推进经济结构性战略调整，把创新放在更加突出的位置，继续深化改革开放，为经济持续健康发展提供强大动力；要加快发展特色高效农业，加快培育新型农业经营主体，加快推进美丽乡村建设，促进城乡基本公共服务均等化、基础设施联通化、居民收入均衡化、要素配置合理化、产业发展融合化；要正确处理发展和生态环境保护的关系，在生态文明建设体制机制改革方面先行先试，把提出的行动计划扎扎实实落实到行动

---

① 数据来源：国家统计局。

② 韦森：《世界经济的新格局与中国经济的长期增长前景》，载《南方经济》2014年第2期，第1-23页。

③ 陈学慧、林火灿：《"三期"叠加是当前中国经济的阶段性特征》，载《经济日报》，2013年8月8日，第001版。

上，实现发展和生态环境保护协同推进。关于经济新常态怎么干，习近平总书记也作出了系列的谋划和部署。其中，在推动经济发展上，就是要更加注重提高发展质量和效益；调整产业结构上要更加注重“加减乘除”并用，既要培育新的增长动力，也要化解产能过剩，最重要的就是要发挥创新引领发展第一动力的作用；在保护生态环境上要更加注重促进形成绿色生产方式和消费方式。①

2020 年，突如其来的新冠肺炎疫情对世界经济造成巨大冲击，各主要经济体均出现经济增速陡降、失业率上升、贸易与跨境投资减少以及大宗商品价格异动等负面反应。② 2021 年 12 月 8 日至 10 日召开的中央经济工作会议，习近平总书记将中国当前经济运行的基本特征概括为“三重压力”——需求收缩、供给冲击和预期转弱。③“需求收缩”的核心表现是消费和投资两大内需恢复偏慢；“供给冲击”主要源于国际大宗商品价格大幅上涨与能源供应紧张等多重因素影响下企业的生产约束加大、生产成本上升，突出表现为工业生产者出厂价格指数 PPI 的大幅上涨；“预期转弱”主要源于在全球经济复苏动力减弱的大环境下居民与企业等微观个体对未来经济增长预期的减弱。④

（三）新黄金十年：贵州从全面小康到全面现代化急需闯新路

聚焦贵州自身来看，2012 年以前，贫困问题是贵州最突出的问题。彼时，贫困和落后是贵州的主要矛盾，加快发展是贵州的主要任务。贵州尽快实现富裕，是西部和欠发达地区与全国缩小差距的一个重要象征，是国家兴旺发达的一个重要标志。2012 年，《国务院关于进一步促进贵州经济社会又好又快发展的若干意见》（国发〔2012〕2 号文件）出台⑤，要求贵州“努力走出一条符合自身实际和时代要求的后发赶超之路，确保与全国同步实现全面建设小康社会的宏伟目标”。随后，贵州在抢抓中央政策倾斜的同时，抢抓各种发展机遇，

---

① 习近平：《习近平谈治国理政》（第二卷），北京：北京外文出版社，2017 年，第 242-244 页。

② 张宇燕：《新冠肺炎疫情与世界经济形势》，载《当代世界》2021 年第 1 期，第 13-20 页。

③ 《中央经济工作会议在北京举行》，载《中国注册会计师》2022 年第 1 期，第 5 页。

④ 陈彦斌、刘哲希：《宏观政策“三策合一”应对“三重压力”》，载《财经问题研究》2022 年第 3 期，第 7 页。

⑤ 《国务院关于进一步促进贵州经济社会又好又快发展的若干意见》，载《贵州日报》，2012 年 1 月 16 日，第 001 版。

持续凝聚起后发赶超的强大意志。

贵州生态资源存量丰富、生态环境优良是我国西南地区的生态屏障区域，也是长三角、珠三角两大经济引擎的重要生态安全屏障。同时贵州61.9%的土地为喀斯特地貌，它的生态环境较为脆弱。2015年以前，贵州工业产业产值主要依靠煤、电、烟、酒四大传统行业，2015年全年煤、电、烟、酒四大传统行业实现增加值2069.07亿元，占规模以上工业增加值的比重为58.3%。其中，酒、饮料和精制茶制造业增加值716.05亿元；煤炭开采和洗选业增加值684.68亿元；电力、热力生产和供应业增加值364.53亿元。相反，以医药制造业，计算机、通信和其他电子设备制造业等新型产业的增加值刚突破100亿元和50亿元；装备制造业和高技术产业工业增加值更低。① 在此背景下，贵州急需找到一条转换经济动能的新路径。

2015年6月，习近平总书记明确对贵州提出要协调推进"四个全面"战略布局，守住发展和生态两条底线，培植后发优势，奋力后发赶超。这正式开启了贵州走后发赶超的实践探索之路。"十三五"期间，贵州省委省政府牢记嘱托、感恩奋进，坚持以脱贫攻坚统揽经济社会发展全局，牢牢守好发展和生态两条底线，强力实施大扶贫、大数据、大生态三大战略行动，实现了基础设施、经济产业、大数据、生态文明建设、民生福祉和社会治理水平的高速度大踏步前进，GDP增速连续10年位居全国前列。2020年全省地区生产总值17826.56亿元，在全国的位次由2015年的第24位跃升至第20位。可以说，国发〔2012〕2号文件出台10年来，尤其是"十三五"规划以来，贵州确确实实地初步走出了一条有别于东部、不同于西部其他省份的发展新路，不仅实现了经济社会发展的赶超进位，更是彻底撕掉了绝对贫困标签，与全国同步全面建成小康社会，高质量发展迈出了新的步伐。② 近年全省经济社会取得了显著的成绩，创造了赶超进位的"黄金十年"，被习近平总书记评价为"党的十八大以来党和国家事业大踏步前进的一个缩影"。那么，新的"黄金十年"，贵州如何持续推动经济社会高质量发展，与全国其他地区实现全面现代化，急需继续勇闯发展新路。

---

① 数据来源：2015年贵州省国民经济和社会发展统计公报。

② 黄娴、苏滨、陈隽逸：《贵州高质量发展迈出坚实步伐》，载《人民日报》，2022年3月27日，第001版.

二、贵州在新时代西部大开发上闯新路的基本内涵

贵州在新时代西部大开发上闯新路，不只是推动西部大开发战略实施的需要，更是贵州自身转型发展和新的经济形势下国家经济社会高质量发展路径创新的客观需要。这条新路不仅要有深厚的实践深度，其在理论层面，必须要有重大启示价值和普遍的示范意义。因此，我们必须要对“贵州新路”进行理论层面的概括与总结。需要强调的是，现阶段“贵州新路”不应该被认为是一个从零开始探索的路径目标，更应该视其是一个经过10余年创新探索而持续发展的理论成果。作为一个持续发展的理论，“贵州新路”将随着实践的发展而不断深化，但其核心要义已经逐步明确，且在局部领域已经彰显出了强大的实践生命力。总体来看，贵州新路已是一个思想清晰、内涵丰富、结构完整的综合理论体系。仔细回顾习近平总书记2015年和2021年对贵州“走新路”和“闯新路”的目标要求，其中至少有三个关键要素是一以贯之的，即生态优先、绿色发展、后发赶超。其中，生态优先是前提，绿色发展是路径，后发赶超是目的。

（二）生态优先，核心是“坚持人与自然和谐共生，坚持节约优先、保护优先”

习近平总书记强调，要“像保护眼睛一样保护生态环境，像对待生命一样对待生态环境，让自然生态美景永驻人间，还自然以宁静、和谐、美丽”。牢牢守住“两条底线”是总书记对贵州提出的明确指示要求。2014年习近平总书记参加贵州代表团审议时强调，正确处理好生态环境保护和发展的关系，因地制宜选择好发展产业，让绿水青山充分发挥经济社会效益，切实做到经济效益、社会效益、生态效益同步提升，实现百姓富、生态美有机统一。习近平总书记多次指出，绿水青山和金山银山决不是对立的，关键在人，关键在思路。保护生态环境就是保护生产力，改善生态环境就是发展生产力。

2021年，习近平总书记再次到贵州视察，首站就是毕节市黔西县，实地察看乌江六冲河段生态环境。首站选择乌江，不仅体现了习近平对于江河生态的

高度重视，也凸显了生态优先、绿色发展道路的重要性。① 在视察时，习近平总书记语重心长地告诫贵州的领导干部，人不负青山，青山定不负人，优良生态环境是贵州最大的发展优势和竞争优势，"这么好的生态要是破坏了，就如同败家子一般，对不起子孙后代啊！"党中央强调推动西部大开发形成新格局，也明确要求，要围绕抓重点、补短板、强弱项，更加注重抓好大保护，从中华民族长远利益考虑，把生态环境保护放到重要位置，坚持走生态优先、绿色发展的新路子。因此，生态优先是贵州新路的前提。

（二）绿色发展，就是要坚持发展必须要彰显'绿水青山就是金山银山'发展理念，必须是科学发展、可持续发展

习近平总书记强调，"发展是解决我国一切问题的基础和关键，发展必须是科学发展，必须坚定不移贯彻创新、协调、绿色、开放、共享新发展理念"，是坚持"绿水青山就是金山银山"绿色发展观的必然要求。2021 年，习近平总书记赋予贵州的"在实施数字经济战略上抢新机""在生态文明建设出新绩"的要求。嘱托贵州，建设社会主义现代化国家，要坚持科技为先，发挥科技创新的关键和中坚作用，希望大家以南仁东先生为榜样，弘扬科学家精神，勇攀世界科技高峰，加快从跟跑向并跑领跑转变，在一些领域要保持领跑优势，为建设科技强国、实现科技自立自强作出更大贡献。

新国发 2 号文件，明确了贵州西部大开发综合改革示范区、巩固拓展脱贫攻坚成果样板区、内陆开放型经济新高地、数字经济发展创新区、生态文明建设先行区等"四区一高地"的战略定位，核心要义就是要贵州推动高质量绿色发展。尤其是习近平总书记关于数字经济战略抢新机的目标要求，既是对贵州以大数据战略推动绿色发展路径选择的充分肯定，也是对贵州加快构建以数字经济为引领的现代产业体系推动更高质量的绿色发展的目标要求。

（三）后发赶超，就是要创新发展思路，培植并发挥好后发优势，实现后来居上

2012 年 4 月，贵州省第十一次党代会明确要求，"坚持科学发展不动摇，

---

① 新华网记者：《习近平贵州考察，这些细节耐人寻味》，新华网，2021 年 2 月 6 日。

坚定信心、乘势而上、顺势而为，用好条件、抓住机遇、发挥优势，善走别人走过的成功之路，不走别人走过的弯路，敢走别人没有走过的新路，就一定能够走出一条符合我省实际和时代要求的后发赶超之路”①。实现追赶跨越、后来居上，从此成为贵州各族人民的梦想和追求。2012 年国发〔2012〕2 号文件要求贵州“坚持科学发展，转变经济发展方式。牢固树立全面协调可持续的发展理念，把后发赶超与加快转型有机结合起来”。2014 年，习近平总书记参加贵州代表团审议时强调，要创新发展思路，发挥后发优势。2015 年，习近平总书记在贵州调研强调，要培植后发优势，奋力后发赶超。后发赶超的目标追求成为贵州探索实践的动力源泉，也是检验贵州新路成功与否的客观依据。

综合来看，贵州新路是习近平新时代中国特色社会主义思想在贵州的运用与实践，是经济新常态背景下习近平经济思想、习近平生态文明思想在贵州的深化应用而形成的新理论。习近平生态文明思想开辟了马克思主义人与自然关系思想的新境界，丰富和发展了马克思主义人与自然关系思想的新内涵。② 贵州之路是这种新境界新内涵的具体表现。这条“贵州新路”是习近平总书记基于贵州经济社会发展实践，对经济新常态下我国各省市推动经济高质量发展路径的系统谋划，是习近平新时代中国特色社会主义思想在贵州经济社会发展各领域深化应用的成果。“贵州新路”不只是贵州发展路径的总结，本质上是经济新常态背景下推动中国特色社会主义经济社会高质量发展的系统理论，其诞生地是贵州，但是其运用不局限于贵州，是新时代后发地区如何坚持和发展中国特色社会主义的系统提炼，具有广泛的理论价值和旺盛的生命力。“十三五”时期以来，贵州跑出赶超的速度，冲出经济“洼地”，创造了经济增速连续九年位居全国前三、近三年连续位居第一，实现经济总量从长期靠后、奋起直追到赶超进位的历史性跨越。③

三、贵州在新时代西部大开发上闯新路的实践要求

方向决定道路，道路决定命运，命运源自实践。2021 年 4 月 19 日，中共

---

① 栗战书：《在中国共产党贵州省第十一次代表大会上的报告》，2012 年 4 月 15 日。

② 陶良虎：《深刻把握习近平生态文明思想的内涵》，载《湖北日报》，2019 年 10 月 13 日。

③ 李坤、覃淋：《天眼述评 | 风风火火 风生水起——贵州历史性跨越的“黄金十年”》，天眼新闻，2021 年 1 月 1 日。

贵州省委书记、省人大常委会主任谌贻琴主持召开专题座谈会，深入学习贯彻习近平总书记视察贵州重要讲话精神，就在新时代西部大开发上闯新路听取意见建议，提出了具体的实践要求。[①] 首先，围绕“大保护”，深学笃用习近平生态文明思想，着力巩固提升优良生态环境质量，加快形成绿色发展新格局，深化生态文明制度创新，构建严密的生态责任体系，在生态文明建设上闯新路。其次，围绕“大开放”，以内陆开放型经济试验区为抓手，深度融入国家发展战略，用好开放创新平台，办好重大开放活动，积极参与西部陆海新通道建设，加快沿着“一带一路”走出去，在改革开放上闯新路。最后，围绕“高质量发展”，全面、准确、完整贯彻新发展理念，科学布局产业，完善发展路径，形成现代化产业体系，在高质量发展上闯新路。2021 年 4 月 29 日，中国共产党贵州省第十二届委员会第九次全体会议提出，要全力以赴在新时代西部大开发上闯新路，在“大保护、大开放、高质量发展”上积极探索经验。

（一）要围绕“大保护”，在生态文明上闯新路

2016 年 8 月，中央将贵州列为首批国家生态文明试验区。5 年来，贵州深入贯彻习近平同志生态文明思想，牢牢守好发展和生态两条底线，生态文明制度改革深入推进，绿色经济发展态势良好，生态环境质量持续改善，人民群众在优美生态中拥有更多获得感。新国发 2 号文件把贵州定位为“生态文明建设先行区”。这意味着贵州要着力从国家级生态文明建设“试验区”打造升级为“先行区”。“试验区”更多是基于某种既定方案的试验，其定位就好比是党和政府重大决策部署的试验场。而“先行区”就意味着贵州要主动承担先行示范的责任，要聚焦文件明确的重点任务，主动寻找核心关键领域推动制度改革与机制创新，并为其他地区探索可复制可迁移的经验。文件还进一步要求“坚持生态优先、绿色发展，筑牢长江、珠江上游生态安全屏障，科学推进石漠化综合治理，构建完善生态文明制度体系，不断做好‘绿水青山就是金山银山’这篇大文章”，强调坚持“生态优先、绿色发展”，再次规定了贵州生态文明建设“先行”的方向和原则，其后才是具体的工作抓手。

---

① 本报记者：《谌贻琴主持召开专题座谈会强调牢记习近平总书记殷切嘱托奋力在新时代西部大开发上闯新路》，载《贵州日报》，2021 年 4 月 20 日，第 001 版。

（二）要围绕“大开放”，在改革开放上闯新路

习近平总书记在庆祝改革开放 40 周年大会的讲话中指出：“改革开放 40 年的实践启示我们：开放带来进步，封闭必然落后。中国的发展离不开世界，世界的繁荣也需要中国。”① 2016 年 8 月，国务院批准设立贵州内陆开放型经济试验区。新国发 2 号文件赋予贵州“内陆开放型经济新高地”的战略定位，从“试验区”到“新高地”，定位更高、标准更高、要求也更高。贵州要坚定不移扩大对外开放，积极构建全方位、多领域、深层次的开放新格局。文件明确要求，“要统筹国内国际两个市场两种资源，统筹对外开放通道和平台载体建设，深入推动制度型开放，打造内陆开放型经济试验区升级版”。在当前“三期叠加”遇见“三重压力”的客观形势下，国内重点是要构建全国统一大市场，要求贵州加快破除一切区域壁垒，积极主动融入新发展格局，打造最开放、最公平、最便利的营商环境，国外更多是要用好西部陆海通道建设机遇，加强对外开放通道建设的同时，要立足身处内陆的客观实际，变劣势为优势，利用保税区、保税仓等机制推动制度创新，创新平台载体，实现制度型开放，推动贵州内陆开放型经济试验区从 1.0 到 2.0 再到 N.0 持续升级。

（三）围绕“高质量发展”，在经济社会高质量发展上闯新路

习近平总书记强调，高质量发展不只是一个经济要求，而是经济社会发展方方面面的总要求。② 2022 年 4 月，贵州省第十三次党代会强调，在现代化建设新征程上，高质量发展是贵州省全部工作的主题。首先，要牢牢把握以高质量发展统揽全局的深刻内涵、根本要求，坚持质量第一、效益优先，加快实现从总量扩张为主向总量与质量协同提升的转变、从投资拉动为主向投资与消费出口协同拉动的转变、从政府主导为主向有效市场与有为政府协同作用的转变，推动质量变革、效率变革、动力变革。这说明，贵州要在经济社会高质量发展的质量观上“有创新”，要在经济增长动力上“能推新”，要在政府服务上“敢立新”。其次，会议还强调，“要全方位推动高质量，经济、政治、文化、社会、生态文明和党的建设各领域都要高质量，改革、发展、稳定各方面

---

① 习近平：《在庆祝改革开放 40 周年大会上的讲话》，2018 年 12 月 18 日。
② 习近平：《2021 年在参加青海代表团审议时的讲话》，2021 年 3 月 7 日。

都要高质量；要全过程聚焦高质量，事前、事中、事后各环节都要高质量，目标导向追求高质量、问题导向围绕高质量、结果导向体现高质量”，这是对高质量发展深度的要求，推动高质量发展要不留死角、不留空当。最后，会议强调，要全要素服务高质量，思维方式、行为习惯、政策举措、考核检查等都要适应高质量，劳动力、资本、土地、人才、知识、技术、管理、数据等要素配置都要服务高质量。这是对高质量发展的广度提出的要求，要求用好一切可以利用的有利因素，凝聚最大限量的高质量发展能量。

参考文献

［1］习近平：《2021 年在参加青海代表团审议时的讲话》，2021 年 3 月 7 日。

作者简介：李超，中共铜仁市委党校党史党建教研部讲师。

论东西部协同发展中“闽宁模式”

郭 莉 刘海栋

摘 要：“闽宁模式”是东西部协同发展的典型之一。闽宁合作在特定的时代背景下产生，经历了三个阶段的发展历程，进而形成了“闽宁模式”，为福建和宁夏获得双赢，取得了良好的成效。闽宁模式总结的经验可以为东西部协同发展提供借鉴。

关键词：闽宁模式；东西部；合作；经验

一、闽宁合作的时代背景

“闽宁合作”是在特定的国家经济社会发展背景下形成的。

（一）党中央、国务院作出“东西部扶贫协作”的决策部署

1988 年，邓小平同志在统观全局的基础上提出了“两个大局”的战略构想，指出在基础薄弱的情况下，要创造条件让沿海地区加快对外开放，较快地先发展起来，内地地区要顾全大局；当发展到一定程度的时候，沿海地区要拿出更多力量帮助内地发展，沿海地区要服从大局。“两个大局”思想充分体现了邓小平同志的破局智慧，为我国的贫困治理作出了战略指引。20 世纪 90 年代中期，沿海地区拥有数亿人口的广大地带已较快地发展起来，帮助内地的条件已经具备，时机已经成熟。1994 年，国务院出台《国家八七扶贫攻坚计划（1994—2000 年）》，明确要求北京、上海等城市和广东、江苏、浙江等沿海较发达省份，都要和西部省份结成对子，对口帮扶西部贫困省、区发展经济。1996 年 7 月，国务院办公厅转发国务院扶贫开发领导小组《关于组织经济较发

达地区与经济欠发达地区开展扶贫协作的报告》，其中对结对帮扶扶贫协作正式做了部署，提出要引导区域经济协调发展，加强东西部地区互助合作，帮助贫困地区尽快解决群众温饱问题，逐步缩小地区之间的差距。1996 年 10 月，党中央、国务院在《中共中央、国务院关于尽快解决农村贫困人口温饱问题的决定》中，对实现扶贫攻坚计划的基本方针、任务和要求做出了更为具体的安排。得益于"东西部扶贫协作"这个大战略、大布局、大举措，"闽宁合作"的产生就具有了历史必然性。1996 年，党中央、国务院作出了由东南沿海 10 个较发达的省市，帮扶西部 10 个较为贫困的省区的战略性决策，其中福建省被指定帮扶宁夏回族自治区。在接到任务后，福建省委、省政府高度重视，深刻领会党中央、国务院的战略部署，增强对宁扶贫协作和对口支援的责任感、使命感。1996 年 11 月，时任福建省委副书记的习近平同志在闽宁对口扶贫协作第一次联席会议上强调，闽宁对口扶贫协作是一项政治任务，一定要坚决完成。自此，闽宁两省区以"同一个事业、同一份愿望、同一种责任"为使命担当，遵循"优势互补、互惠互利、长期协作、共同发展"的指导原则，以"宁夏所需，福建所能"为具体指向开展扶贫协作工作。

（二）福建省具有治理贫困的丰富经验

作为中国首批实施扶贫开发的省份，改革开放以来，福建省大力发展经济，把扶贫开发作为一项严肃而艰巨的任务，使"中国扶贫第一村——赤溪村"焕然一新，探索出了一系列行之有效的方法，在贫困治理方面积累了丰富的经验。福建是全国较早启动省内产业扶贫、对口扶贫的省份。一方面，福建省始终坚持产业扶贫，以发展产业激发贫困地区"造血"功能。1989 年 8 月，福建省委、省政府做出了全省进行"开发性生产"的决定，大力实施产业扶贫，把增产增收作为脱贫的首要办法，充分发挥贫困地区区域和资源优势，大力发展农、林、牧、副、渔业，建设各具特色的产业基地，做大做强优势特色产业。20 世纪 90 年代初，福建的永春芦柑、平和蜜柚、安溪茶叶、福清烤鳗、宁德大黄鱼等产业已逐步形成品牌效应，建立起了支撑经济快速发展的产业体系，有效地实现了初步摆脱贫困，开始走向富裕。另一方面，由于省内山海差距明显，福建省在全国率先实行"分层扶贫、山海协作联动"的区域脱贫战略。20 世纪 80 年代中期，福建省提出"念好山海经"的区域发展战略和纵横结合层层负责的扶贫要求，横向是省、市、县三级所属的各企事业单位都有扶贫责任与义务，纵向是由沿海商品经济发达的市、县对口支援比较贫困落后的山区，在项目招商、技术帮扶、产业延伸、资金投入等方面实现共建，其中特别提出由福州市帮扶宁德地区，而后习近平同志在担任宁德地委书记期间也多次强调要念好“山海经”。在这一过程中，宁德市区域性开发式扶贫脱贫的战略创新了福建脱贫工作的理念和思路，习近平同志所倡导的“滴水穿石”“弱鸟先飞”的精神和意识，也始终如一条红线贯穿于福建省扶贫开发中。1994 年福建省出台《关于实施“国家八七扶贫攻坚计划”的意见》提出，到 1997 年基本实现解决 80 万贫困人群的温饱问题和基本生活需要的目标，同时提出要“沿海、山区一盘棋”。为此，福建省委将脱贫工作列为各项工作的重中之重，将经济工作与扶贫工作紧密相连，健全完善了山海协作工作机构，集中力量加强经济发达地区和经济落后地区的交流，促进优势互补、互相学习、共同进步。

这一阶段，福建省扶贫工作取得了突出的成绩。2001 年年初，福建省委颁布《关于进一步加快山区发展推进山海协作的若干意见》，提出要全面实施加快山区发展、山海协作战略的目标和 40 条政策举措，其中包括推进山海协作共建产业园区、建立山海产业转移项目的利益共享机制、完善山海对口帮扶制度等。同时，福建省以山区和沿海合作为纽带，通过具体实施千万农民饮水工程、“年万里”乡镇路网建设、“村村通”工程等加强基础设施建设，从贫困户、扶贫开展重点村、经济欠发达县三个层面着手，加快推进山区发展，构建城乡统筹的大扶贫格局，使山海协作向纵深发展。在福建省的脱贫经验中，“宁德模式”是精准扶贫、精准脱贫的成功实践，也是中国特色扶贫开发道路的典范。宁德是最早开始实行易地扶贫搬迁方式的地区之一。1985 年，针对偏远地方的受灾户，宁德启动了“救灾搬迁”工程，随后又对一些发展基础薄弱和条件较差的村户组织了搬迁。1994 年，福建省委、省政府在全省推广宁德的做法，由时任福建省委副书记的习近平同志亲自组织实施“茅草房户下山，连家船民上岸”工程，对居住在“老、少、边”等自然灾害频发、生存发展环境恶劣的贫困地区群众实施有组织、大规模搬迁，使更多的贫困地区群众彻底告别了穷山恶水，做到了“搬得出、稳得住、能致富”，这项工作也被称为“造福工程”。此外，宁德也是革命老区、少数民族地区，在改革开放初期曾是全国 18 个集中连片贫困区之一。1985 年，宁德地区农民人均收入 329.65 元，仅为全国平均水平的83%，全市9县、120个乡镇中，有6县、52个乡镇分别是国定或省定贫困县乡。1988年至1990年，习近平同志在担任宁德地委书记时，面对当地“老、少、边、岛、贫”的贫困落后面貌，把摆脱贫困列为一项重要的、特殊的历史使命，提出要从思想认识上脱贫，从观念上进行转变，“弱鸟”可以“先飞”。之后的30年，宁德把“加快发展、摆脱贫困”作为工作主线，树立“弱鸟先飞”意识，坚持“滴水穿石”精神和“四下基层”工作作风，因地制宜，精准扶贫，实施畲民下山、连家船民上岸移民搬迁等扶贫工程，使贫困地区面貌发生根本变化，探索出了精准扶贫、摆脱贫困的“宁德模式”。由此可见，福建省取得的脱贫成果，在于有科学的方针、正确的方向，有福建人民笃定目标、持久发力的干劲，更重要的是有党的思想、理论和精神指引，这些在贫困治理方面积累的领先全国的丰富经验和行之有效的实践举措也为帮扶宁夏奠定了坚实的基础。

二、“闽宁模式”的形成与发展过程

在我国贫困治理的实践过程中，总结出了许多具有中国特色的典型案例和有效方式，“闽宁模式”就是其中之一。“闽宁模式”的构建不是一蹴而就，学术界最初也并未使用“闽宁模式”这一总结式表达。20世纪90年代末，学界、媒体等对福建帮扶宁夏的脱贫工作多使用“闽宁扶贫协作”“闽宁对口扶贫协作”“闽宁对口帮扶”“闽宁合作”等表述，其中使用最多的是“闽宁扶贫协作”，直至2009年前后才有学者开始使用“闽宁模式”一词。对于何为“闽宁模式”，有的学者认为，“闽宁模式”是指福建省与宁夏回族自治区进行扶贫协作共建，在闽宁镇移民示范区建设中探索出的以生态移民搬迁和产业扶贫为核心，物质扶贫与精神扶贫并重，脱贫富民与生态保护相融合的实现民族贫困地区由国家帮扶到自我造血的扶贫模式；有的学者则认为“闽宁模式”是闽宁两省区在多年扶贫协作过程中形成的一套实践机制。“闽宁模式”是对闽宁扶贫协作成果进行肯定性表述的一个概念。基于广义的理解，“闽宁模式”有其长时段的构建进程，它肇始于20世纪90年代，并进一步发展至今。

“闽宁模式”发轫于1996年党中央、国务院作出让东南沿海10个较发达省市，帮扶西部10个较为贫困省区的战略性决策。“闽宁模式”是贯彻习近平新时代扶贫思想的实践典范。习近平总书记有关东西部对口扶贫协作的重要论述是习近平新时代扶贫思想的有机组成。福建省与宁夏回族自治区扶贫协作对口支援，在长期实践中形成了“闽宁模式”，为习近平新时代扶贫思想特别是对口扶贫协作思想的形成提供了实践基础。闽宁对口扶贫协作是1997年时任福建省委副书记习近平到宁夏调研东西协作对口帮扶工作时亲自部署并推动的重要决策。他曾先后五次出席福建与宁夏两省区的扶贫协作党政联席会议，并在会上提出了“市县结对帮扶”“互派挂职干部”“部门对口协作”等具体帮扶措施，这些措施在闽宁扶贫协作对口帮扶中被贯彻落实并逐步完善为一套长效扶贫机制，既确保了两地扶贫事业的长期顺利推进，也为其他地区的扶贫结对帮扶提供了有益借鉴。2016年，习近平总书记在宁夏考察时充分调研闽宁扶贫协作，召开了东西部扶贫协作座谈会，提出“要加大产业带动扶贫工作力度”“要坚持精准扶贫、精准脱贫”“探索乡镇、行政村之间结对帮扶”“推进东部产业向西部梯度转移”等思想，为闽宁协作实践提供了基本遵循，推动“闽宁模式”不断发展，更加完善成熟。经过25年的实践，逐步形成了较为完善的机制，扶贫协作的格局愈加成熟，脱贫成果有目共睹。“闽宁模式”开创了一条具有示范意义的东西部扶贫协作新路子，对党领导的贫困治理现代化作出了积极探索，对党的反贫困事业具有独特而重要的意义。

“闽宁模式”分为以下几个发展阶段：

（一）创立奠基阶段（1996—2000年）

由于经济发展水平、社会文化环境和自然生态条件等方面的差异，我国西部地区的发展远远落后于东部。1996年，党中央、国务院根据“两个大局”战略构想和战略指引，部署实施东西部对口扶贫协作，由9个东部省市和4个计划单列市与西部10个省区开展扶贫协作，福建省和宁夏回族自治区建立起对口扶贫协作关系。同年10月，由时任福建省委副书记的习近平同志担任组长的“福建省对口帮扶宁夏领导小组”成立，在福州举行了第一次对口协作会议，闽宁协作由此拉开帷幕。1997年4月，习近平同志带队赴宁夏西海固地区考察，他和全体赴宁考察干部看到当地的贫困状况后，深感责任重大，指出闽宁对口扶贫协作是一个战略决定，先富帮后富，有利于国家社会的稳定和民族的团结，要动员更多的企业走入宁夏市场，促进共同发展。并在银川召开的闽宁扶贫协作第二次联席会议上确定在吊庄移民点（从宁夏南部西海固地区迁出的移民，在银川市永宁县玉泉营和玉海经济开发区定居）共同投资建立闽宁村。新成立的闽宁村成为两省区长期交流合作的窗口。1998 年，在第三次联席会议上确定了以产业协作为基础，促进闽宁产业协作的长效机制，鼓励闽商走进宁夏，投资置业，发展经济。福建宁夏两省区对口扶贫协作关系自确立之初，就致力于探索有益经验和长效机制，以推动闽宁协作走深走实。

（二）重点推进阶段（2001—2012 年）

进入 21 世纪，宁夏以整村推进、“项目+农户”等为切入点，集中人力、物力、财力，制定《宁夏农村扶贫开发规划（2001—2010 年）》《千村扶贫开发工程实施意见》等，全面实施“千村扶贫开发”等扶贫工程，加快了贫困地区、贫困人口的脱贫进程。福建省秉持“宁夏所需，福建所能”的原则，不断创新对口扶贫协作机制，开展靶向帮扶。2001 年，经宁夏回族自治区人民政府批准，在闽宁村的基础上成立闽宁镇，福建输送教育、医疗、农业等方面的专业技术人才建设闽宁镇，服务于东西部对口扶贫协作的大战略。闽宁镇作为习近平总书记亲自命名、亲自设计、亲自推动的东西部对口扶贫协作示范点，其高水准起步、市场化运作、全方位推进的“造血”建设模式，直接反映了闽宁对口扶贫协作的成效。2008 年，福建籍侨商陈德启在贺兰山东麓的荒地上建立葡萄产业园，吸收闽宁镇 3000 多人就业，推动了闽宁镇的生产发展和生态改善。此后，一批批闽商在宁夏投资设厂，发挥资源、技术、产业优势，依托马铃薯、中草药、菌草、枸杞等特色产业，共建扶贫产业园，带动宁夏贫困人口就业，促进宁夏经济发展。同年，在全国东西扶贫协作经验交流会上，“闽宁模式”受到与会专家的一致肯定，被誉为东西扶贫协作的典范。

（三）巩固完善阶段（2013 年至今）

党的十八大以来，在“闽宁模式”的带动下，闽宁协作硕果累累。两省区通过部门协作、经济合作、产业对接、商贸往来等，发挥两地优势，连通两地市场，开展文化教育、医疗卫生、科学技术等领域的交流互鉴，实现优势互补。2016 年，习近平总书记在宁夏视察期间召开东西部扶贫协作座谈会，强调闽宁扶贫协作是东西部扶贫协作和对口支援的一个生动例子，提出在全国推广

"闽宁模式"。时隔四年再次视察宁夏时，习近平总书记对打赢脱贫攻坚战、深化闽宁协作提出更高要求。闽宁协作20多年来，5700多家闽商在宁落户，福建省30多个县（区）、85个乡镇、134个村（社区），先后与宁夏9个贫困县（区）、105个乡镇、129个行政村点对点、一对一开展帮扶，投入资金达19.56亿元，西海固地区经济总量增长了20多倍、财政收入增长了近70倍、农村居民收入增长了12.4倍，贫困地区的面貌发生了翻天覆地的变化。如今，宁夏圆满完成脱贫攻坚目标任务，80.3万贫困人口全部脱贫，1100个贫困村全部脱贫出列，9个贫困县全部脱贫摘帽，实现了从深度贫困到消除绝对贫困的根本性转变。2021年，福建省援宁资金比2020年增长15%，向乡村振兴重点帮扶县倾斜，大力发展有利于持续增收的重点产业，"闽宁模式"在推进乡村振兴的新征程上持续深化。①

三、"闽宁模式"的成效及其经验

"闽宁模式"是"造血式"而不是"输血式"扶贫，为宁夏和福建都带来了合作发展红利。作为西部落后地区，宁夏2021年的GDP增长率明显高于东部多省份的平均增长率，福建的对口帮扶为给宁夏GDP增长率注入加速度的重要来源。2016年宁夏GDP增速达8.1%，比全国平均增速高出1.4个百分点，在西北五省之中更是排名第1位，2017年增速仍达到7.8%（高于全国0.9个百分点）。反过来看，帮扶宁夏并没有给福建带来发展负担，2016年福建GDP增速为8.4%（全国排名第8位），显著高于全国GDP平均增速（6.7%），2017年的增速为8.1%，也显著高于全国平均增速值。闽宁两省区在20多年的对口扶贫协作实践中，逐渐积累了一套可资借鉴和推广的扶贫经验。②

（一）构建以顶层设计为主导的长效扶贫机制

闽宁两省区党委在对口扶贫协作中始终重视顶层设计，逐渐形成"联席推进、结对帮扶、产业带动、互学互助、社会参与"的长效扶贫机制。其中，"联席推进"是两省区每年轮流举办一次扶贫协作联席会议，由双方党委和政府主要

---

① 丁惠：《"闽宁模式"：迈向共同富裕的实践》，载《福州党校学报》2022年第1期。

② 黄皖毅：《"闽宁模式"及其对党的反贫困事业的意义》，载《宁夏党校学报》2022年第1期。

领导出席，共同商定当年的帮扶方向、帮扶项目和落实情况，以确保闽宁协作平稳推进。“结对帮扶”包括县、镇、村三级定点结对帮扶、部门之间结对帮扶以及社会力量参与的结对帮扶。闽宁两省区在协作之初，确立了县与县结对帮扶关系之后，又开创性地建立镇与镇、村与村结对帮扶关系，并在教育、卫生、科技、文化等多个领域建立起政府部门之间和与社会组织之间结对帮扶关系。“产业带动”是以产业协作为基础，吸引福建当地的产业、项目、企业落户宁夏，通过产业扶贫、项目带动、企业合作等方式实现“造血式”扶贫。“互学互助”，即通过互派挂职干部、医生、教师及各类技术人员交流学习的方式，在扶贫实践中实现人员互动、技术互学、作风互鉴，在互学互助中增强扶贫人员才干与能力。“社会参与”是指充分动员社会力量，让社会组织或个人通过公益活动、投资置业、消费扶贫等方式参与闽宁扶贫协作实践，形成以政府为主导，以市场为主体的多元扶贫格局。正是有了这一长效扶贫机制，才确保闽宁扶贫协作行稳致远。

（二）形成以产业扶贫为核心的综合扶贫方式

产业扶贫是当前提升贫困地区可持续脱贫能力的有效方式，闽宁两省区在脱贫实践中始终把产业扶贫作为扶贫的主要方式，根据宁夏当地资源禀赋和贫困人口构成等实际情况，培育并形成了以“特色种植、特色养殖、光伏产业、旅游产业、劳务产业”为支柱产业的产业发展新格局。在福建的倾力帮扶下，宁夏全域建成多个闽宁产业城、闽宁产业园以及闽宁扶贫车间，当地贫困群众依托“政府（党支部）+企业（合作社）+贫困户”的合作扶贫模式，在政府的积极引导下融入产业发展与脱贫致富的良性循环，通过辛勤劳动真正享有产业发展带来的红利。闽宁协作将产业扶贫作为主要扶贫方式，但在具体实践中又不完全局限于产业扶贫，它不仅将光伏扶贫、旅游扶贫、就业扶贫等扶贫方式融入产业扶贫，还在实践中灵活运用金融扶贫、消费扶贫、电商扶贫等多种扶贫方式，解决了贫困群众脱贫前期的资金短缺问题、后期的销售渠道问题以及部分特殊困难群众的兜底保障问题。多种扶贫方式的综合运用，极大地提升了当地群众的脱贫致富能力，真正实现由最初单一性的“输血式扶贫”向当前多元化的“造血式扶贫”的转变。

（三）确立物质扶贫与精神扶贫并重促进人才交流

物质扶贫与精神扶贫在脱贫攻坚中相辅相成、缺一不可，两者齐抓共举才能形成强大的脱贫合力。闽宁对口扶贫协作始终坚持物质扶贫与精神扶贫并重的扶贫理念，在持续推进物质帮扶的基础上将“扶智”“扶志”“扶风”相结合，以激发贫困群众脱贫内生动力。扶贫先要扶智，闽宁两省区在扶贫协作中，一方面不断加大贫困地区基础教育投入力度，确保适龄儿童全部接受义务教育，切断贫困代际传递的根源；另一方面加强贫困地区劳动人口的劳动技能和职业技能培训力度，通过举办短期技能培训班等方式，培养新型职业农民和技术型工人，解决贫困群众脱贫能力不足的问题。扶贫还要扶志，闽宁扶贫协作改变过去给钱给物的救济式扶贫方式，依托闽宁扶贫车间、农村合作社等载体让贫困群众融入产业发展，使其在劳动中体会到脱贫致富的成就感和幸福感；当地政府还通过树立典型、评优比先等方式广泛宣传并引导贫困群众确立劳动致富观念，激发他们的脱贫志气和致富决心。扶贫更要扶风，闽宁扶贫协作在广大农村地区积极建设文化活动中心、农家书屋等基础设施，通过举办各类文化活动和评优活动，努力扭转贫困地区的不良社会风气，营造诚实守信、感恩奉献、勤劳致富的优良民风，以优良民风重塑贫困群众脱贫的精神风貌。

（四）开创脱贫富民与生态保护互融的扶贫道路

宁夏贫困地区多是生态环境脆弱的干旱地区，早期生态移民迁入地也大多是城乡周边待开发的戈壁荒滩，为了避免贫困地区因生态承载力突破极限而影响脱贫效果或出现脱贫后再度返贫的情况，闽宁扶贫协作在扶贫开发的同时始终不忘生态环境修复和保护，逐步走出一条脱贫富民与生态保护互促互融的可持续扶贫道路。在具体实践上，闽宁扶贫协作一方面在生态保护中，千方百计增加贫困群众收入，通过设置生态护林员公益岗位等方式让部分贫困群众实现稳定就业，鼓励生态移民，鼓励移民参与退耕还林项目并获取一定的政策补助金，同时还帮助部分群众加入劳务输出大军以提高个人收入；另一方面在产业扶贫中，开发生态产业以促进生态保护，比如闽宁镇实施“以果治荒”工程，利用荒山荒坡大规模种植红树莓、葡萄、枸杞等经济作物，不仅形成了集休闲采摘、观光旅游、乡村体验于一体的生态农业和旅游产业，还增加了当地的绿植覆盖，遏制了水土流失，使产业脱贫与生态保护深度融合并实现良性互动，真正践行了“绿水青山就是金山银山”的可持续发展理念。

（五）社会参与协同各方力量

在闽宁对口扶贫协作中，两省区十分重视发挥社会力量的作用，鼓励社会组织或个人通过公益慈善活动、科技助农工程、投资置业项目等参与其中，为闽宁对口扶贫协作提供多元化的发展机遇。近年来，闽宁两省区形成以政府为主导、社会力量协同的社会参与机制，企业协会、高等院所、民间团体等通过广泛的交流合作，打造了具有广阔前景和战略机遇的社会协作大格局。一方面，动员社会扶贫济困力量。福建方面积极动员社会力量参与闽宁对口扶贫协作，在资金、技术、人才等方面提供无私援助，仅在教育领域就有 200 多所希望小学在宁夏建立，为当地教育发展作出了巨大贡献；另一方面，传播先进思想理念。福建的支教、支医、支农团体及个人在宁夏的苦干实干，鼓舞了贫困群众脱贫致富、创造美好生活的勇气。社会力量的参与，为闽宁对口扶贫协作注入了活水源泉，为开展更持久、更广泛的闽宁协作提供了重要保障。

（六）完善协作机制促进共同富裕

闽宁对口扶贫协作 20 多年的光辉实践，为实现共同富裕奠定了坚实基础。进一步完善闽宁协作机制，探索更有效的协作路径，是新时代扎实推进共同富裕的重要举措。“闽宁模式”的成功实践为新时代推进乡村振兴提供经验启示的同时，也提出新的任务和要求。闽宁协作在新阶段要坚持以实现农业农村现代化为目标，进一步深化“三农”工作领域的合作，以实现“产业兴旺、生态宜居、乡风文明、治理有效、生活富裕”为总要求。继续深化绿色发展、生态保护、环境治理等领域的协作机制，打造具有典型示范作用的乡村生态观光园、乡村种植养殖示范区，促进“农业+文化旅游”深度融合发展。围绕农业转型升级和高质量发展目标，注重农业科技人才的培育与支持，深入推进乡村人才技能培训，充分发扬“菌草技术之父”的科技扶贫精神，以科技力量助力乡村振兴。此外，在基层治理、公共服务、产业发展等领域做好完整的发展规划和技术方案，促进其与脱贫攻坚成果的有效对接，是新时代"闽宁模式"在乡村振兴背景下继续深化的有益补充。

（七）由单向援助向双向互动转变

"闽宁模式"是在闽宁对口扶贫协作的实践过程中形成和发展的，是东西部对口帮扶的生动实践。福建省在资金、技术、人才等方面的无偿援助为闽宁对口扶贫协作注入源源不断的动力，形成的"政府+企业+社会"三位一体的帮扶机制，取得了显著的经济效益和社会效益。单向援助的协作机制促进了宁夏城乡面貌的显著变化，人民生活的持续改善。消除绝对贫困后，如何更好地发挥"闽宁模式"的优势成为全面建成小康社会后闽宁协作的重点。在推动共同富裕的新征程上，推进闽宁协作继续走在前列，要注重由单向援助向双向互动转变，建立解决相对贫困的长效机制。构建双向互动的协作机制，是闽宁协作逐步向共同富裕迈进的重要举措。一方面，要不断完善双向互动的顶层设计。通过建立完善的体制机制引导社会各方力量加深交流合作，出台有利于两省区互动互通的政策文件，明确双向互动的具体内容、激励措施、整体方向，调动各方面的积极性和主动性；另一方面，要聚焦双方优势互补。推进科技创新、生态保护、乡村振兴等领域的深入合作，打造特色鲜明的闽宁协作品牌，充分依托中阿博览会和厦门国际投资贸易洽谈会，促进闽宁两省区互补性、联动性、双向性发展。实现全体人民共同富裕的新征程已经开启，闽宁两省区面临的问题、针对的人群、实施的策略各不相同，必须在互学互鉴中加深合作，强化认知，促进闽宁协作在实现全体人民共同富裕的新征程上继续取得突出成效。

参考文献

[1] 盛晓薇、马文保：《"闽宁模式"：东西部扶贫协作对口支援的实践样本》，载《学术前沿》2021 年第 2 期。

[2] 丁惠：《"闽宁模式"：迈向共同富裕的实践》，载《福州党校学报》2022 年第 1 期。

[3] 黄皖毅：《"闽宁模式"及其对党的反贫困事业的意义》，载《宁夏党

校学报》2022 年第 1 期。

［4］姜志刚：《开创东西部扶贫协作的"闽宁模式"》，载《中国党政干部论坛》2020 年第 9 期。

作者简介：郭莉，福建社会科学院，习近平生态文明思想研究所副研究员；刘海栋，福建社会科学院，亚太经济杂志社编辑。

推进黔桂边区跨区域协作发展的若干思路

周明钧　蒙筱逸

摘　要： 黔桂边区二州（市）地理环境相似，基础条件相近，经济社会发展状况相仿，基本处在同一个发展层面上，互助性、互补性与共享性较强，谋求跨区域协作发展的基础扎实，条件成熟，愿望强烈。在新的形势下，通过引导优势特色资源协作开发，推动生态环境协作整治建设，协同保护传承传统优秀民族文化，协同推动跨区域基础设施互联互通建设，协同搭建促进双方开放合作发展新平台，进一步推进黔桂边区跨区域协作发展。

关键词： 推进；跨区域；协作发展；思路

2019年12月，习近平总书记在《推动形成优势互补高质量发展的区域经济布局》中指出："新形势下促进区域协调发展，总的思路是：按照客观经济规律调整完善区域政策体系，发挥各地区比较优势，促进各类要素合理流动和高效集聚，增强创新发展动力，加快构建高质量发展的动力系统，增强中心城市和城市群等经济发展优势区域的经济和人口承载能力，增强其他地区在保障粮食安全、生态安全、边疆安全等方面的功能，形成优势互补、高质量发展的区域经济布局。"

自古以来，地处祖国西南边陲的黔桂两省区边区山连山，水连水，同耕一座山，同饮一江水，隔江相望，依山相邻，地理环境相似，基础条件相近，民族习俗相仿，历史渊源深厚，经贸往来密切，同属于云贵高原余脉向南岭丘陵地区过渡的资源富集区，同处于珠江流域上游的生态防护屏障区，同处于喀斯特石漠化滇黔桂集中连片区的核心区，同属于西部陆海新通道西通路的主要区域和重要节点，是全国典型特殊的欠发达后发展连片地区。在新的发展形势阶段，黔桂边区将迎来新的一轮开放开发机遇，进一步推进跨区域协作发展显得更为重要和迫切，具有十分重要和现实的指导意义。

一、黔桂边区经济社会资源环境基本情况

桂黔边区是指贵州省西南部的黔西南布依族苗族自治州和广西壮族自治区西北部的百色市，即黔桂边区二州（市）。近年来，黔桂边区二州（市）立足本地资源，借助历史地理环境特点和优势，依托国家政策支持，着力发展地方特色产业，保护生态环境，民族团结进步，经济社会事业取得长足发展。

黔桂边区二州（市）2021年经济社会主要指标表

经济社会	贵州省黔西南布依族苗族自治州	广西壮族自治区百色市
土地面积（平方千米）	16804	36252
行政辖区（县、市、区）	兴义市、兴仁市、普安、晴隆、贞丰、安龙、册亨、望谟县	右江区、田阳区、靖西市、田东、平果、德保、那坡、凌云、乐业、田林、西林、隆林各族自治县
常住人口（万人）	300.05	357.2
少数民族人口比重（%）	42.47	83.53
地区生产总值（GDP）（亿元）	1506.37	1568.71
三次产业比重（：）	17.6：34.7：47.7	18.8：42.8：38.4
人均地区生产总值（元）	50070	43892
公路通车里程（万千米）	2.30	2.90
其中：高速公路通车里程（千米）	604.42	840
财政总收入（亿元）	180.78	166.93
一般公共预算收入（亿元）	113.56	102.98
城乡居民人均可支配收入（元）	22033	22817
城镇居民人均可支配收入（元）	38251	36375
农村居民人均可支配收入（元）	12623	14755
森林覆盖率（%）	61.17	73.0

黔桂边区二州（市）基础条件和发展方向相近，经济社会发展状况相仿，各自

资源潜力和发展特点突出，发展潜力和优势非常明显，主要指标数据差异不大，基本处在同一个发展层面上，比较优势明显，发展方向趋同，互补性与共享性较强。在当前新的发展阶段，加强跨区域协作发展的基础更加扎实，条件更加成熟，愿望更加强烈，要求更加迫切，更趋于现实可行，亟待挖掘潜力和释放优势，谋求进一步推进跨区域协作发展，拓展跨区域双循环互助协作，纳入国内国际双循环发展大盘子，上升为国家战略，携手发力提升本区域的综合经济实力和地位作用。

二、黔桂边区跨区域协作发展的特点及基础条件

黔桂边区二州（市）山水相连，地形地貌相近，自然地理环境相连相接，同属典型的低纬度高海拔山区，同属于云贵高原余脉向南岭丘陵地区过渡山区。北回归线穿越该区域大部分地区，雨热同季，干湿分明，亚热带季风气候特征明显。黔西南州属典型的低纬度高海拔山区，境内地形起伏大，地貌复杂；百色市属于典型的山区，山区约占总面积的95.4%（石山占30%，土山占65.4%）。2010年，黔桂边区二州（市）20个县区全部纳入《滇桂黔石漠化片区区域发展与扶贫攻坚规划》，占《规划》对象的21.97%。

黔桂边区二州（市）同处于珠江流域上游区域，黔西南州属珠江水系南北盘江流域，境内的南盘江、北盘江、红水河三大河流均属珠江流域上游；百色属珠江大流域西江水系、右灌河系，境内的南盘江、红水河、右江属西江干流上游。黔桂边区二州（市）所处海拔较高，自然生态环境良好，年降雨量较大，山高谷深，断裂、河曲发育典型，森林茂密，江河纵横，流域面积广阔；森林覆盖率高，自然生态环境优越，野生动植物资源丰富，生物多样性完好，是珠江流域上游重要的生态防护屏障区。

黔桂边区二州（市）在春秋、战国、西汉时期曾经是夜郎国、牂牁郡、句町古国、百越之地的岭南边疆地区，各自传统民族历史渊源深厚，民族历史基因相近相似，同属于少数民族聚居区、散居区，区域内少数民族人口比重较大，是中华民族多民族大家庭的重要组成部分。黔桂边区二州（市）民族文化传承交流和团结协作基础良好，多民族聚居传统悠久，民族文化相近、语言相通、习俗相似，交往密切，历史上有通婚、通商、通学的传统习俗，每逢重大节庆活动及农忙季节，当地群众自发组织，串村走寨，同吃同住，互帮互助，和睦相处，亲如一家。

早在20世纪八九十年代，黔桂边区二州（市）与云南省的文山州、红河州、曲靖市成立有“滇桂黔边区边境贸易协调促进会”，出台“关于联合起来发展边境贸易的若干意见”，巡回开展经贸技术交流协作活动；进入21世纪，滇桂黔边区五市（州）建立有“跨省区区域性经贸协作协调机制”，商定每两年召开一次经济贸易协作联席会，分别由各市州轮流主办，奠定了滇桂黔边区经济贸易技术合作交流和协作发展的基础。

三、推进黔桂边区跨区域协作发展的思路

（一）引导优势特色资源协作开发

借助于国家推动新时期西部大开发战略形成新格局、国家“一带一路”倡议、国内国际“双循环”、西部陆海新通道建设、中国-东盟自由贸易区升级版、RECP实施规则等平台，深入挖掘黔桂边区二州（市）的优势特色资源，跨区域、借资源，互设“飞地园区”，共编规划、共布项目、共同招商、共拓市场、共构产业链、共护环境、共享利益，协作开发特色优势资源，共同打造黔桂边区特色资源开发圈。重点围绕黔桂边区二州（市）的特色资源、骨干产业、龙头企业、拳头产品作为磁场，充分发挥黔西南州的煤电、水电能源优势，与百色市的铝产业相融合，协作建设煤电铝、水电铝产业链，扬长避短，互通有无，多层次、多领域、全方位协作开发，分别建设成为对应的上下游产业链或中间产品供应基地或后续供给车间，引导发展国内国际双循环跨区域市场。

发挥黔桂边区二州（市）自然景观奇特，生态环境良好，民族风情浓郁等特点，重点围绕百色大石围天坑、黔西南州万峰湖等自然人文景点景区，借助黔桂边区二州（市）少数民族风情习俗展示活动，联合设计策划跨区域的野外垂钓、攀岩探险、农耕体验、科普考古、民族风情探究等特色旅游主题和项目，探索建立推进黔桂边区二州（市）跨区域协作发展特色旅游、商贸交流、物流配送、教育卫生等互联互通机制和渠道平台，引导推动协作各方的运行规则、流程环节的顺畅对接，人员、商品、资本的流通互换，技术、标准、规则的互通互认，共同串联旅游线路、共享优惠政策、共创旅游产品、共用旅游品牌，旅游团队异地落地通行，联合打造成为跨区域互联互通的双循环基地。

（二）推动生态环境协作整治建设

打破现有行政区域界限，以珠江流域上游重要生态防护屏障区为核心，将黔桂边区二州（市）的珠江上游生态环境资源以及保护建设内容整合并连为一个整体，整体规划，协作整治，同步建设，实行山、水、林、田、路、湖、网跨区域统一协作行动，编制沿江各小流域、小村寨、小园区同步治理方案，联合上报国家，上升为国家战略，设立珠江上游生态环境整治指挥部，比照国家重视开发保护长江上游、黄河上游生态屏障区建设模式，由国家作为指挥调控主体，统一规划，统一投入，统一建设，消除沿江各市州各自为政，重复建设，互相掣肘，缺乏整体协作效能的弊端。

强化实施“谁受益、谁治理；谁享受、谁补偿”的生态补偿治理政策，强制推行跨区域流域上下游生态保护建设逆向补偿机制，在珠江中下游特别是下游发达地区开征“生态保护建设维护税”，配套出台相应具体量化政策措施，由珠江中下游受益方定期定点对口补偿黔桂边区上游受损方，或由中下游方出资在上游方联合建设生态环境保护项目，以逆向补偿机制强化珠江上游流域生态保护建设，切实提高珠江流域上游生态环境保护建设的质量和效益。

（三）协同保护传承传统优秀民族文化

建立黔桂边区二州（市）跨区域民族团结联谊机制，定期召集跨省区联席会议、民族文化联谊活动，定期召开跨区域民族团结表彰会等，轮流举办民族团结健身运动会、民族特色产品贸易交流会、传统优秀民族文化节目展演会、传统优秀民族技艺现场观摩会、民族美食产品展销会等活动，共同打造黔桂边区民族团结和睦示范区和优秀民族文化传承基地。

支持黔桂边区二州（市）共同策划创建跨区域的优秀民族文化传承展示基地（长廊），挖掘各民族本区域红色文化基因，追忆采集挖掘各少数民族优秀文化的发展历史、传统民居、民俗、语言、技艺等内涵和价值，收集流传于民间的革命故事、民谣、文物、遗迹等，集中汇集创作成为宣传传播展示载体，联合开展群众喜闻乐见、易于接受的各种文体娱乐活动，融入跨省区各种民族节庆活动和文化传播载体之中。

（四）协同推动跨区域基础设施互联互通建设

紧紧围绕西部陆海新通道之西通路，贯穿本区域的黄桶至百色铁路、威舍至百色增建二线的项目，积极配合，争取布局本区域相关货运路桥、物流场站、配送专线、土地整治等配套项目规划落地；以此为契机，联合争取规划布局兴义—西林—广南—富宁高速公路项目，打通黔西南片区南下新通道；限期消除跨区域省际、县际的“断头路（桥）”和渡口，实现黔桂边区二州（市）交通运输、物流配送互联互通。

抓住国家“积极扩大有效投资，适度超前储备重大项目”的机遇，做好前期调研论证，谋划布局从黔桂边界南盘江的隆林各族自治县金钟山乡开挖一条直通西林县八达镇的运河，金钟山至八达镇运河全程70多千米，将南盘江上游引入右江上游的驮娘江，增大西江上游右江的水流量，改善提升西林至百色、百色至南宁的内河航道航运等级，配套正在建设的右江百色水利枢纽通航设施改造提升工程，进一步疏浚，提升百色至南宁段、南宁至西津段的水运航道等级，新辟一条由黔西南地区经金八运河沿驮娘江—右江—西江—平陆运河—钦州港口出海的水运南下便捷通道，既可缓解正在建设的广西平陆运河因遇枯水期水流量不足、航道受阻的难题，又可避开沿南盘江下游因天生桥水电站、龙滩水电站通航设施阻隔、通航不畅的瓶颈。

（五）协同搭建促进双方开放合作发展新平台

借助国家“一带一路”倡议、西部陆海新通道和中国（广西）自由贸易试验区的配套政策指导，突出各自区位、资源、环境、政策、市场、品牌等特点和优势，搭建双方多领域开放合作发展平台，鼓励引导双方互派、互设驻外办事机构、民间联谊会、经贸交流会、招商信息中心、中介服务团队等，拓展双方双循环供销配送渠道和平台，提高和保障供给水平和能力，提升跨区域双循环协作发展效能。

建立双方互联互通、共用共享的信息联通网络平台，建立更加广泛实用的对外联络对接机制和信息传递渠道，共享政策信息、渠道资源、经贸商机，丰富充实项目资料库，引导推动多领域多渠道协作发展，建立双方定期洽谈、磋商、沟通和交流合作机制，互相对口建立“场站联盟”“经贸走廊”“上下游产业链”等，携手参与国内国际双循环新发展。

四、推进黔桂边区跨区域协作发展的对策措施

（一）加强宣传舆论引导，营造黔桂边区跨区域协作发展的社会氛围

通过多种途径多种渠道，借助各种新闻舆论渠道和新型媒体社交平台，巡回举办黔桂边区的区位、资源、政策优势和特点的主题项目介绍会和特色资源、物产展示会，开设促进黔桂边区开放合作、协作发展的专题研讨会、论坛等，广泛宣传传播黔桂边区开放合作、协作发展的可能性、可行性、现实性，大张旗鼓地宣传传播黔桂边区开放合作、协作发展的基础、优势、意义等，争取上升为国家战略，纳入国家及州（市）的“十四五”“十五五”发展总体规划，引导推动国家及周边省、区、市共同参与建设、共享协作利益，形成全社会“上下联动、内外互动”的氛围。

（二）加强顶层规划设计，谋划黔桂边区跨区域协作发展线路图和时间表

站在新时期国家推进西部大开发形成新格局的高度，全面贯彻新形势下促进区域协调发展的总体思路，对照周边区域发展现状和前景，紧跟国家全局发展战略部署，紧扣国家“一带一路”倡议和西部陆海新通道战略定位，组织编制《黔桂边区跨区域协作发展实施规划》及其实施方案，置于西南、中南、西部地区乃至全国的大局中谋划，配套出台对应的鼓励支持政策、配套项目，抛出跨区域协作发展的线路图和时间表，争取纳入国家“十四五”“十五五”发展总体规划，挤入新一轮全国扩大对外开放和高质量发展的总体盘子。

（三）创新体制机制，推动构建黔桂边区跨区域协作发展的制度环境

参照国家重视支持京津冀协同发展、粤港澳大湾区、成渝“双城经济圈”的建设模式，高度重视支持黔桂边区跨区域协作发展，在扶持政策、试行机制、项目布局、实施流程等方面给予鼓励支持倾斜，先行先试，特事特办，大胆探索，突破传统框框束缚，支持建立黔桂边区跨区域协作发展的政府间联动

合作协调机构和运行机制，定期召开协调沟通联席会议，协调关系，统一步调，共拓市场，探索一条民族贫困山区资源富集型地区跨区域协作发展的新路子。

（四）创新合作协作模式，拓展黔桂边区跨区域协作发展的投融资渠道

借助国家"丝路基金"、国家开发银行、亚洲基础设施投资银行、亚洲开发银行等投融资平台，以黔桂边区跨区域协作发展主题为磁场，创新投融资方式，鼓励采取 BOT、BT、PPP 以及独资、合资、合作等投资建设模式，探索合作出资、土地租赁、资产置换、期权入股、分期分享等投融资方式，吸引国内外多元投资主体、国际资本、民间资本、社会游资等跨境、跨区域参与开发建设，尝试异地投入、飞地建厂、产销分离、利益分成、期权分享等投资开发模式，切实解决黔桂边区跨区域协作发展的项目立项、投资预期、投资效益的资金链问题。

（五）加强对外沟通联系，构建黔桂边区跨区域协作发展的联通网络平台

以新时期促进区域协调发展总体思路为指引，以黔桂边区跨区域协作发展为框架蓝图，结合当前国家数字经济发展规划和要求，构建并拓展与之相对应的跨区域接触沟通渠道和数字网络平台，广泛征集、跟踪、捕捉不同区域不同对象协作发展的项目信息、数字资源和实施案例，纳入数字化网络平台做分析、筛选、提炼处理，建立数字化协作发展网络共享交流平台，以现代信息网络作为重要载体，联通对接区域内外各个节点、站点、卡点的互联互通，推动双方双向定点协作信息互动交流。

参考文献

［1］习近平：《推动形成优势互补高质量发展的区域经济布局》，载《求是》，2019 年 12 月 15 日。

［2］《黔西南布依族苗族自治州》百度百科。

［3］《百色市》百度百科。

［4］黔西南州统计局：《黔西南州 2021 年国民经济和社会发展统计公报》，

2022 年 6 月 14 日。

［5］百色市统计局：《2021 年百色市国民经济和社会发展统计公报》，2022 年 5 月 26 日。

作者简介：周明钧，广西社会科学院副研究员；蒙筱逸，广西社会科学院副研究员。

成渝地区双城经济圈“三生”功能时空分异研究

高　洁　张莹琳

摘　要：本文以成渝地区双城经济圈为研究区域，从生产功能、生活功能和生态功能三个方面筛选27项指标构建“三生”功能评价指标体系，以2011—2020年为研究区间对其进行“三生”功能耦合协调度分析。研究表明：(1) 虽然成渝地区双城经济圈“三生”功能的耦合协调整体水平较高，并呈现一定程度的空间发展协同趋势，但地区间发展差异过大问题仍然存在。(2) 成渝地区双城经济圈“三生”功能耦合协调度呈“总体迅速增长、双核引领发展、中部带式塌陷”特征。(3) 成渝地区双城经济圈“三生”功能得分差距较大。成都市和重庆市“双核极化发展”特征明显，对周边区域的辐射和带动作用不强。

关键词：“三生”功能；“国土空间；耦合协调度；城市群；成渝地区双城经济圈

一、引言

生产功能、生活功能和生态功能（以下简称“三生”功能）是国土空间利用的三种主要功能，国土空间“三生”功能的应用源于对土地利用功能的分类，以及国土空间规划合理分区的需要。①。空间资源利用存在着以经济社会环

① 杨发鹏、张雪唱、李宗阳：《城市旅游“三生”竞争力空间分异——以西北五省为例》，载《干旱区地理》2019年第3期（总第42期），第664-672页。

境发展为目的的多功能性，而空间资源具有稀缺性、用途多宜性等自然属性，不同功能空间在利用过程中往往会产生冲突。[①] 因此国土空间资源利用多功能性的实现需要通过合理配置土地资源，动态权衡内在功能形态、功能组合模式和功能之间的关系。[②]

国内学界对“三生”功能的研究集中于“三生”功能的理论内涵与框架研究[③④]、定量识别与测度、交互机理讨论[⑤]、评价指标体系建立[⑥]、评价方法选择和优化路径提出等方面[⑦]。对“三生”功能分类的研究主要基于定性分类法和定量分类法两种视角[⑧]。“三生”功能的评价指标体系建立多围绕指标识别及量化分析[⑨]展开，在研究方法上多采用综合评价法[⑩]、空间分析法[⑪]、比较优势指数（NRCA）[⑫] 等方法测算“三生”功能价值，结合研究区域自然资源禀赋及经济社会发展实际提出国土空间“三生”功能优化方案。在研究尺度上由全国、省域、城市群等宏观尺度逐步向市域、县域、街道和村域等中微观尺度过渡，研究视野也逐步由单一行政区研究向城市群、经济带、都市圈等跨行政

---

① 张玉臻、陈阳、王洁、叶剑平、张蚌蚌：《黄河流域“三生”功能协调性测度及其差异性优化调控》，载《农业工程学报》2021 年第 12 期（总第 37 期），第 251-261、第 321 页。

② 李广东、方创琳：《城市生态—生产—生活空间功能定量识别与分析》，载《地理学报》2016 年第 1 期（总第 71 期），第 49-65 页。

③ 马世发、黄宏源、蔡玉梅、念沛豪：《基于三生功能优化的国土空间综合分区理论框架》，载《中国国土资源经济》2014 年第 11 期（总第 27 期），第 31-34 页。

④ 邹利林、李裕瑞、刘彦随、王建英：《基于要素视角的耕地“三生”功能理论建构与实证研究》，载《地理研究》2021 年第 3 期（总第 40 期），第 839-855 页。

⑤ 林佳、宋戈、张莹：《国土空间系统“三生”功能协同演化机制研究——以阜新市为例》，载《中国土地科学》2019 年第 4 期（总第 33 期），第 9-17 页。

⑥ 吴宇斌、徐进才、郝润梅、王考、庞颖：《呼和浩特市国土空间功能评价及优化分区研究》，载《干旱区资源与环境》2022 年第 4 期（总第 36 期），第 56-63 页。

⑦ 谢晓彤、李效顺：《河南省“三生”功能时空演变特征及影响因素》，载《农业工程学报》2021 年第 22 期（总第 37 期），第 243-252 页。

⑧ 朱润苗、陈松林：《基于“三生”功能的福建省国土空间特征及优化研究》，载《水土保持通报》2021 年第 4 期（总第 41 期），第 323-330、第 2 页。

⑨ 李秋颖、方创琳、王少剑：《中国省级国土空间利用质量评价：基于“三生”空间视角》，载《地域研究与开发》2016 年第 5 期（总第 35 期），第 163-169 页。

⑩ 张路路、郑新奇、孟超、张蓬涛：《湖南省土地多功能耦合协调度时空分异》，载《中国土地科学》2019 年第 3 期（总第 33 期），第 85-94 页。

⑪ 冀正欣、刘超、许月卿、黄安、卢龙辉、段亚明：《基于土地利用功能测度的“三生”空间识别与优化调控》，载《农业工程学报》2020 年第 18 期（总第 36 期），第 222-231、第 315 页。

⑫ 徐磊、董捷、李璐、张俊峰：《基于功能分区视角的长江中游城市群国土空间特征及优化》，载《经济地理》2017 年第 6 期（总第 37 期），第 76-83 页。

区域转变。

总体而言，国内学界对“三生”功能的研究日趋成熟。但现有研究多偏重于对国土空间“三生”功能的静态分析，往往以单一年份或截面数据作为研究内容，对动态演化规律及影响因素分析不够完善，对国土空间利用呈现区域性差异的关键因素的研究相对薄弱。

成渝地区双城经济圈位于我国西南部和长江上游地区，是西部大开发的重要平台①，也是顺应空间结构演进规律和体现国家区域战略整体部署的城市群落。② 2021 年发布的《成渝地区双城经济圈建设规划纲要》表明，通过成都和重庆两大中心城市的协同引领，使成渝地区逐步成长为带动全国经济高质量发展的新增长极。③ 故对成渝地区双城经济圈 2011—2020 年“三生”功能耦合协调度的研究，能够为我国国土空间区域利用差异做出有力补充。

二、研究区概况与数据来源

（一）研究区概况

成渝地区双城经济圈，是由成都市和重庆市作为双核引领，自贡市、泸州市、德阳市、绵阳市、遂宁市、内江市、乐山市、南充市、眉山市、宜宾市、广安市、达州市、雅安市、资阳市等区域的大部分地区组成的，规划面积为 18.5 万平方千米巨型城市群落。成渝地区双城经济圈 2020 年地区生产总值为 63218.43 亿元，占我国当年国民生产总值的 6.2%；常住人口数为 9344.32 万人，占全国总人口的 14.49%。2020 年 1 月 3 日，中央财经委员会第六次会议明确提出，要推动成渝地区双城经济圈建设，在西部形成高质量发展的重要增长极。④

---

① 涂建军、况人瑞、毛凯、李南羲：《成渝城市群高质量发展水平评价》，载《经济地理》2021 年第 7 期（总第 41 期），第 50-60 页。

② 范恒山：《成渝地区双城经济圈建设的价值与使命》，载《宏观经济管理》2021 年第 1 期，第 12-14 页。

③ 张鹏飞、刘新智：《“产业—交通—人口”协调发展的时空格局与演进研究——以成渝地区双城经济圈为例》，载《城市问题》2021 年第 9 期，第 60-74 页。

④ 彭劲松：《成渝地区双城经济圈建设：阶段判识、战略意义及推进策略》，载《中国西部》2020 年第 2 期，第 13-23 页。

（二）数据来源

根据《成渝地区双城经济圈建设规划纲要》，本文以成渝地区双城经济圈涉及的16个城市为研究单元，考虑研究的连续性、科学性，选取2011—2020年共10年数据。本文所采用的数据主要来自《中国城市统计年鉴》《中国城市建设统计年鉴》《四川省统计年鉴》《重庆市统计年鉴》及成渝地区双城经济圈所涉及的其他城市相应年份的统计年鉴、国民经济社会发展公报和人口普查公报，其余数据缺失项通过线性插值法等科学手段进行补充。

三、研究方法

（一）构建指标体系进行综合评分

采用客观赋权方法评价因子权重能减轻系统目标决策的差异化影响。[①] 熵值法是常见的客观赋权方法之一，它能根据指标所提供的有效信息量来确定指标权重，以客观反映该指标在系统中的重要程度。[②] 指标的信息熵越大，则其权重越大；反之，则越小。故综合评分步骤如下：

1. 数据标准化

为避免由于指标量纲、量级及属性等不同造成的研究误差，需要对指标进行标准化处理，采取的公式如下：

对于正向指标：

$$x'_{ij}=\frac{x_{ij}-\min x_{ij}}{\max x_{ij}-\min x_{ij}} \tag{2.1}$$

对于负向指标：

$$x'_{ij}=\frac{\max x_{ij}-x_{ij}}{\max x_{ij}-\min x_{ij}} \tag{2.2}$$

式（2.1）、式（2.2）中 x_{ij} 为样本 i 评价指标 j 的取值，$\min x_{ij}$ 、$\max x_{ij}$ 分

① 魏璐瑶、陆玉麒：《江苏省县域乡村集聚与脆弱性评价》，载《地球信息科学学报》2020年第2期（总第22期），第218-230页。

② 李廉水、杨浩昌、刘军：《我国区域制造业综合发展能力评价研究——基于东、中、西部制造业的实证分析》，载《中国软科学》2014年第2期，第121-129页。

别为指标原始数据的最小值和最大值，x'_{ij} 为消除量纲后的指标值。

2. 计算 x'_{ij} 在第 j 项指标中所占比重大小

$$p_{ij} = \frac{x'_{ij}}{\sum_{i=1}^{n} x'_{ij}} \tag{2.3}$$

式（2.3）中 p_{ij} 为 x'_{ij} 在第 j 项指标中所占比重；n 为样本个数。

3. 计算信息熵值

$$\mathrm{e}_j = -k \times \sum_{i=1}^{n} p_{ij} \times \ln p_{ij} \tag{2.4}$$

式（2.4）中 k 为常数，$k = 1/\ln n$；e_j 为信息熵值。

4. 计算指标权重

$$w_j = \frac{1 - e_j}{\sum_{i=1}^{m} 1 - e_j} \tag{2.5}$$

式（2.5）中 w_j 为指标 j 的权重，m 为指标个数。

5. 计算综合评价指数

$$U_i = \sum_j x'_{ij} \times w_j \tag{2.6}$$

U_i 为综合评价指数。

（二）测算耦合协调度进行功能间协调性评价

"三生"功能耦合协调度是用于生产功能、生活功能和生态功能间相互合作、彼此和谐一致的程度。[①] 本研究结合陕永杰[②]、李慧燕[③]等人的研究成果，使用耦合协调度模型研究成渝地区双城经济圈"三生"功能协调发展情况。具体公式如下：

$$C = \left[\frac{U_1 \times U_2 \times U_3}{\left(\frac{1}{3}(U_1 + U_2 + U_3) \right)^3} \right]^{\frac{1}{3}} \tag{2.7}$$

---

① 康庆、郭青霞、秦明星、许彩彩、张曼玉、赵辰、张扬：《山西省"三生"功能耦合协调度时空分异》，载《江苏农业科学》2021 年第 49 期，第 209-216 页。

② 陕永杰、魏绍康、原卫利、苗圆：《长江三角洲城市群"三生"功能耦合协调时空分异及其影响因素分析》，载《生态学报》2022 年第 16 期，1-12 页。

③ 李慧燕：《"三生"空间理念下京津冀城市群新型城镇化协调发展研究》，载《生态经济》2021 年第 5 期（总第 37 期）：第 92-98 页。

式（2.7）中 U_1、U_2、U_3 分别表示生产功能系统得分、生活功能系统得分和生态功能系统得分。C 为“三生”功能耦合度，$C \in [0, 1]$ 。C 越趋近于0，则耦合度越低，反映三个系统间作用较为离散；反之则说明系统间相互作用越大。耦合度虽能在一定程度上说明系统间的相互作用，但不能全面反映系统间的协调发展情况和趋势，故需要进一步计算耦合协调度来研究系统之间的协调发展情况。

$$D = \sqrt{C \times T} \tag{2.8}$$

$$T = \alpha U_1 + \beta U_2 + \gamma U_3 \tag{2.9}$$

式（2.8）中 D 为“三生”功能的耦合协调度。T 为生产、生活、生态功能系统得分的加权平均值。α 、β 、γ 分别为生产、生活和生态功能系统的权重，$\alpha + \beta + \gamma = 1$。本文基于“三生”功能协调发展的理念，认为生产功能、生活功能和生态功能对城市发展同等重要①，将三者权重确定为 $\alpha = \beta = \gamma = 1/3$。根据相关研究成果②，对成渝地区双城经济圈“三生”功能耦合协调度类型进行划分（表3-1）。

表3-1　“三生”功能耦合协调度等级分类

协调程度	耦合协调类型	协调度
高度协调	优质协调型	[0.9-1.0]
	良好协调型	[0.8-0.9)
	中级协调型	[0.7-0.8)
基本协调	初级协调型	[0.6-0.7)
	勉强协调型	[0.5-0.6)
过渡类型	濒临失调型	[0.4-0.5)
	轻度失调型	[0.3-0.4)
失调衰退	中度失调型	[0.2-0.3)
	严重失调型	[0.1-0.2)
	极度失调型	[0.0-0.1)

① 张军涛、翟婧彤：《中国“三生空间”耦合协调度测度》，载《城市问题》2019年第11期，第38-44页。

② 任志远、徐茜、杨忍：《基于耦合模型的陕西省农业生态环境与经济协调发展研究》，载《干旱区资源与环境》2011年第12期（总第25期），第14-19页。

四、实证结果与分析

（一）"三生"功能评价指标体系构建

本文根据成渝地区双城经济圈发展实际和学界对"三生"功能内涵的研究①，筛选出27项指标用于构建"三生"功能评价指标体系，并基于这一评价指标体系对成渝地区双城经济圈"三生"功能发展水平进行测度，具体指标构成及权重见下表（表4-1）。

表4-1 "三生"功能评价指标体系

目标层	权重	准则层	指标方向	二级指标	指标权重
生产功能	1/3	农业生产功能	+	人均耕地面积（平方千米/人）	0.0318
			+	第一产业劳动生产率（元/人）	0.0625
			+	农村用电量（亿千瓦时）	0.1817
			+	粮食总产量（万吨）	0.0903
			+	农作物总播种面积（千公顷）	0.1131
		非农业生产功能	+	一般公共预算收入占地区生产总值比重（%）	0.0418
			+	地均固定资产投资（亿元/平方千米）	0.0919
			+	建成区面积（平方千米）	0.2273
			+	第二、第三产业劳动生产率（元/人）	0.0549
			+	第三产业从业人员占总就业人员比重（%）	0.0550
			+	人均地区生产总值（元）	0.0498

① 王芳、张俊峰：《长江中游城市群三生功能分异性研究——基于地理探测器模型》，载《中国国土资源经济》2021年第7期（总第34期），第32-41页。

续表

目标层	权重	准则层	指标方向	二级指标	指标权重
生活功能	1/3	生活质量功能	+	人均社会消费品零售额（元）	0.1884
			−	城镇登记失业率（%）	0.1199
			+	万人公路里程数（千米）	0.1137
		生活保障功能	−	人口密度（人/平方千米）	0.0498
			+	城镇常住居民人均可支配收入（元）	0.1482
			+	农村常住居民人均可支配收入（元）	0.2018
			−	每万人在校中小学生数（人）	0.0591
			+	万人拥有卫生机构床位数（张）	0.1191
生态功能	1/3	生态压力功能	−	农用化肥施用量（万吨）	0.1297
			−	工业废水排放量（万吨）	0.0946
			−	工业二氧化硫排放量（吨）	0.0569
			−	工业烟（粉）尘排放量（吨）	0.0156
		生态维持功能	+	建成区绿化覆盖率（%）	0.1396
			+	市辖区每万人公园绿地面积（公顷）	0.4273
			+	一般工业固体废物综合利用率（%）	0.0781
			+	生活垃圾无害化处理率（%）	0.0583

生产功能是经济发展水平的最直接体现，而农业生产功能则是生产功能中保障人民基本生存的重要方面。故本文选取人均耕地面积、第一产业劳动生产率、农村用电量、粮食总产量和农作物总播种面积5项指标以反映农业生产功能。要素投入、资本存量、产出效率和产业结构能在一定程度上反映地区经济发展水平和发展潜力，故选取一般公共预算收入占地区生产总值比重、地均固定资产投资、建成区面积、第二和第三产业劳动生产率、第三产业就业人员占总就业人员比重、人均地区生产总值等指标作为非农业生产功能的评价指标。

生活功能与我国社会主要矛盾紧密相连，选取人均社会消费品零售额、城镇登记失业率、万人公路里程数等指标反映地区生活质量功能；为测度地区基本公共服务人均享有量和收入状况等与人民生活保障相关的方面，选取人口密度、城镇和农村常住居民人均可支配收入、每万人在校中小学生数、万人拥有卫生机构床位数等指标以反映生活保障功能。

生态功能是“三生”功能的基本，主要通过保障人类生产、生活运行所需的环境条件，调节生产和生活功能发展方向。① 生态功能中分为以资源消耗和环境污染为主要内容的生态压力功能层、以环境保护和生态优化为内容的生态维持功能层，故选取农用化肥施用量、工业废水排放量、工业二氧化硫排放量和工业粉尘排放量等指标反映生态压力功能；选取建成区绿化覆盖率、市辖区每万人公园绿地面积、一般工业固体废物综合利用率和生活垃圾无害化处理率4项指标反映生态维持功能。

（二）成渝地区双城经济圈“三生”功能耦合协调度分析

基于表4-1中“三生”功能评价指标体系，以成渝地区双城经济圈各城市单元为研究对象，选取2011—2020年相关数据，对成渝地区双城经济圈各城市单元的生产、生活和生态功能进行综合评价，测度成渝地区双城经济圈各城市“三生”功能的协调发展情况，具体情况见表4-2。

表4-2　成渝地区双城经济圈生产功能、生活功能及生态功能评价结果

地区	生产功能		生活功能		生态功能	
	2011年	2020年	2011年	2020年	2011年	2020年
成都市	0.3305	0.5553	0.3625	0.7478	0.6418	0.6872
自贡市	0.0679	0.2180	0.1812	0.6171	0.6043	0.9313
泸州市	0.0792	0.2192	0.2151	0.6542	0.5816	0.9368
德阳市	0.1362	0.2656	0.2297	0.6112	0.5568	0.7147
绵阳市	0.1097	0.2470	0.2748	0.7262	0.5662	0.7154
遂宁市	0.0635	0.1895	0.1334	0.5735	0.5239	0.6833
内江市	0.0888	0.2156	0.1732	0.5569	0.4501	0.7220
乐山市	0.0794	0.2264	0.2301	0.6482	0.4212	0.7613

① 李欣、方斌、殷如梦、荣慧芳：《江苏省县域“三生”功能时空变化及协同/权衡关系》，载《自然资源学报》2019年11期（总第34期），2363-2377页。

续表

地区	生产功能		生活功能		生态功能	
	2011 年	2020 年	2011 年	2020 年	2011 年	2020 年
南充市	0.1021	0.2378	0.1305	0.5890	0.5049	0.7979
眉山市	0.0587	0.1750	0.1690	0.5849	0.5047	0.6706
宜宾市	0.0807	0.2488	0.2288	0.6408	0.5729	0.7787
广安市	0.0481	0.1762	0.1441	0.5546	0.6336	0.6554
达州市	0.0857	0.2085	0.1492	0.5455	0.4889	0.7384
雅安市	0.0413	0.1588	0.2549	0.6159	0.5079	0.6550
资阳市	0.0828	0.1551	0.2045	0.6030	0.4862	0.6431
重庆市	0.6166	0.8490	0.2824	0.6389	0.4899	0.6209

1. 生产功能

2011—2020 年间成渝地区双城经济圈各城市生产功能呈逐步上升态势，研究期末成都市由中低值区转为中高值区，重庆市发展为高值区。其余地区的生产功能虽有提升，但仍位于生产功能低值区。

一是成都市和重庆市生产功能“双核极化发展”。根据图 4-1，颜色越深则功能值越大，可以看到，2011—2020 年间成都市和重庆市生产功能得分值与研究区内其他城市拉开较大差距，“双核极化发展”特征明显。成都市 2011—2020 年间生产功能得分由 0.3305 增加至 0.5553，增长率为 68.15%。研究期初重庆市生产功能得分较高，虽 2020 年重庆市生产功能得分仅比 2011 年增加了 37.7%，但仍迈向高质量发展阶段。主要原因是地区经济基础和产业结构使得重庆市和成都市在研究期初即为生产功能中低值区域，后两城市大力促进当地产业结构转型升级，提升发展水平，到研究期末转变为生产功能中高值区域。

二是其他区域虽取得一定发展，但生产功能仍位于低值区。研究期末雅安市、广安市、眉山市、遂宁市、宜宾市和自贡市虽比研究期初实现了较大增长，但受原有产业结构和经济基础等因素影响，相关地区研究期末评分依旧位于低值。尤其是雅安市 2020 年生产功能得分比 2011 年增加 284.6%，但受城镇化程度和农业生产效率影响，生产要素对其生产发展的贡献率较低，导致整体生产功能评分较低，仍排在研究区倒数第二位。资阳市 2020 年生产功能值为研究区内最后一位，且研究期末生产功能得分仅比研究期初增加 87.3%。从基础数据来看，2020 年资阳市常住人口为 230.86 万人，比 2011 年减少 129.6 万人，为人口净流出地区，受老龄化和人口红利流失的双重影响，资阳市人均产出水平较低且产业结构转型升级迟滞，2020 年人均地区生产总值为 34806 元，远低于研究区内其他单元。

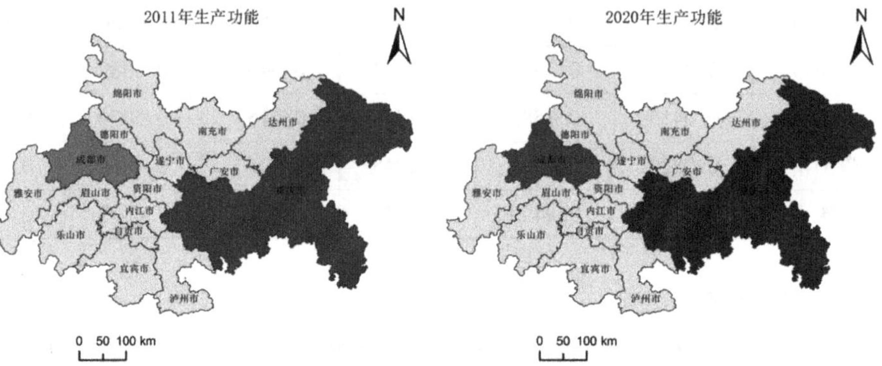

图 4-1　成渝地区双城经济圈生产功能空间分布图

2. 生活功能

2011—2020 年间成渝地区双城经济圈各城市生活功能呈迅速提升的趋势（表 4-2），所有区域均实现了从生活功能中低值区向中高值区的转变。

一是北部区域生活功能发展成效显著。如图 4-2，研究区域西北部最发达、东北部整体提升速度最快，其中研究期末成都市、绵阳市提升为生活功能高值区，主要原因是成都市和绵阳市的公共资源人均享有量较高、生活舒适度较高，如绵阳市 2020 年人口密度为 241（人/平方千米）、万人公路里程数为 48.53 千米，人均社会消费品零售额为 28624 元，未来发展潜力巨大。研究期内德阳市、资阳市、眉山市、绵阳市、乐山市等受成都市辐射影响较大，人均可支配收入水平和消费水平提升明显。

二是南部区域生活功能发展相对缓慢。成渝地区双城经济圈南部地区生活功能得分稍弱，主要原因是重庆市常住人口由 2011 年的 2944.43 万人增加至 2020 年的 3208.93 万人，人口密度由 355（人/平方千米）增加至 389（人/平方千米）。人口迅速增长带来了巨大的人口红利和发展潜力，但也对当地公共服务供给和原有就业结构带来一定冲击，人均基本公共服务资源和就业机会愈发紧张。尤其是失业率较高、城市人口密度较高、居民人均收入较低及公共设施人均享有量低问题比较突出。南充市 2020 年生活功能得分比 2011 年增加了 351.20%，遂宁市生活功能得分紧随其后实现了 329.91%的增长，但受重庆市本身生活功能发展缓慢的影响，周边地区受其辐射影响弱，进而整个研究区域南部生活功能发展缓慢。

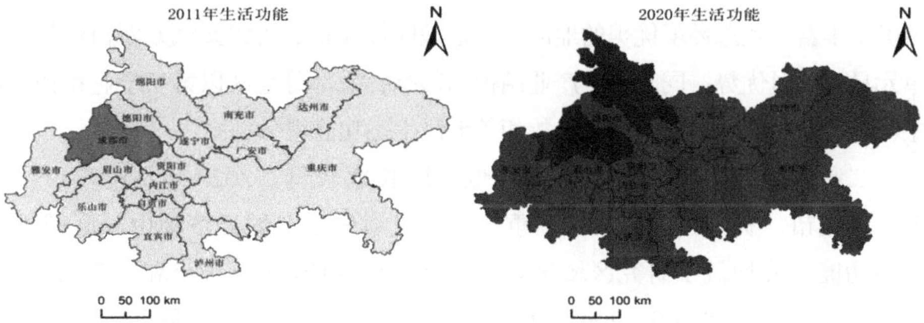

图 4-2　成渝地区双城经济圈生活功能空间分布图

3. 生态功能

2011—2020 年间成渝地区双城经济圈各城市生态功能呈稳定提升态势，大部分地区实现了由中低值区向中高值区的转变，总体呈现出南北发展优于中间区域的特征（图 4-3）。

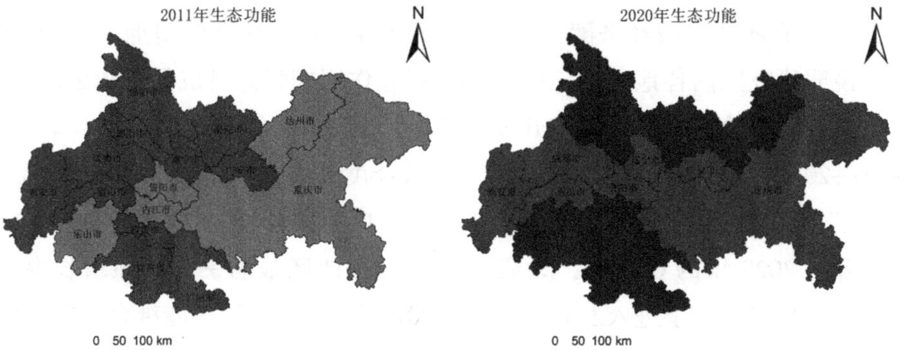

图 4-3　成渝地区双城经济圈生态功能空间分布图

一是南北地区生态功能，优势显著，得分较高。2020年自贡市、内江市、宜宾市、达州市等成渝地区双城经济圈中部地区生态功能提升为高值区。2011—2016年乐山市生态功能平均分最低，为0.4534，但其2020年较2011年增加了80.73%。2016—2020年泸州市生态功能得分在研究区内排名第一，主要原因是增强环境治理力度并改善生产方式，如提高生活垃圾无害化处理率和一般公共固体废物综合利用率等，同时增加人均公园绿地面积，提升当地生态承载力。同时，成渝地区双城经济圈北部区域毗邻巴中市和广元市，西南区域毗邻凉山彝族自治州和攀枝花市等自然资源丰富、生态环境优美的地区，在地理区位和自然资源禀赋方面相对其他研究单元具有绝对优势；同时，受产业结构的影响，大部分地区以第三产业和轻工业为主，其生态环境维护成本较低，故相关地区生态功能得分较高。

二是中部地区生态功能总体较低，增长率较低。2020年，雅安市、成都市、眉山市、资阳市、广安市和重庆市等成渝地区双城经济圈中部区域城市的生态功能得分均低于研究区域平均值0.7320。2020年重庆市和成都市2020年生态功能得分分别为0.6209和0.6872，增长率。主要原因是重庆市和成都市由于经济迅速发展对资源形成强大吸引，导致人口和产业大量集聚，这会对当地生态环境承载力造成一定影响，故城市生态功能发展受到一定阻碍。同时，2011—2020年间，雅安市、成都市、眉山市、资阳市、广安市和重庆市等地区生态功能分别实现了28.96%、7.07%、32.87%、32.37%、3.45%、26.74%的增长，与南北部地区平均增长率50.67%存在较大差距。

4. “三生”功能耦合协调度

一是研究区总体耦合度较高，成都重庆“双核引领”特征明显。2011—2020年成渝地区双城经济圈“三生”功能耦合度值均有所增加，且耦合度较高，说明研究区内各地区“三生”功能相互作用较强。且成都市和重庆市“三生”功能耦合度与其他地区拉开较大差距，“双核引领”地位明显（表4-3）。2011—2012年间广安市“三生”功能耦合度最低；2013—2019年间雅安市“三生”功能耦合度最低。资阳市“三生”功能耦合度自2016年的0.8724不断下降至2020年的0.8388，为研究期末所有地区最后一位。在增长率方面，成都市和重庆市由于进入发展稳定期，2020年“三生”功能耦合度较2011年增加3.83%和4.10%。但资阳市“三生”功能耦合度较2011年仅增加7.12%，生产功能、生活功能和生态功能分布离散，进入发展瓶颈期。

表 4-3　成渝地区双城经济圈“三生”功能协调发展水平

地区	耦合度		耦合协调度	
	2011 年	2020 年	2011 年	2020 年
成都市	0. 9557	0. 9924	0. 6521	0. 8114
自贡市	0. 6861	0. 8498	0. 4418	0. 7074
泸州市	0. 7357	0. 8487	0. 4634	0. 7156
德阳市	0. 8429	0. 9194	0. 5092	0. 6984
绵阳市	0. 8125	0. 8961	0. 5074	0. 7102
遂宁市	0. 6839	0. 8719	0. 4054	0. 6483
内江市	0. 8030	0. 8884	0. 4366	0. 6653
乐山市	0. 8105	0. 8832	0. 4443	0. 6940
南充市	0. 7680	0. 8894	0. 4345	0. 6940
眉山市	0. 7007	0. 8587	0. 4136	0. 6399
宜宾市	0. 7462	0. 8971	0. 4685	0. 7063
广安市	0. 5948	0. 8659	0. 4046	0. 6325
达州市	0. 7636	0. 8803	0. 4292	0. 6618
雅安市	0. 6524	0. 8396	0. 4182	0. 6326
资阳市	0. 7831	0. 8388	0. 4493	0. 6259
重庆市	0. 9508	0. 9898	0. 6635	0. 8341

二是研究区域耦合协调度呈“总体迅速增长、双核引领发展、中部带式塌陷”特征。

（1）总体迅速增长。2011—2020 年成渝地区双城经济圈，以基本协调和过渡类型为主转变为基本协调和高度协调为主，由“高耦合低协调”变为“高耦合中协调”（图 4-4）。在增长率方面，自贡市 2020 年“三生”功能耦合协调度比 2011 年增加了 60. 11%，位列第一，由濒临失调型转变为中级协调型；成都市和重庆市由初级协调型到良好协调型的转变，但“三生”功能耦合协调度增长率分别为 24. 43%和 25. 72%，低于成渝地区双城经济圈平均水平。

（2）双核引领发展。从空间分布特征来看，耦合协调度较高的地区集中在拥有较好经济基础和产业结构的成都市和重庆市和生态环境基础较好且受重庆市辐射作用较大的自贡市、宜宾市和泸州市，以及受成都影响较大的绵阳市。2011—2020 年重庆市“三生”功能耦合协调度均为成渝地区双城经济圈所有研究单元最大值，成都市在该时段“三生”功能耦合协调度仅次于重庆市，在 2020 年仅成都市和重庆市“三生”功能耦合协调度高于 0.8。

（3）中部带式塌陷。2011—2012 年广安市“三生”功能耦合协调度为研究单元内最低，分别为 0.4046 和 0.4408，为濒临失调型。2013—2018 年雅安市由勉强失调型转为勉强协调型，但“三生”功能耦合协调度在该时段处于研究单元内最后一位。2020 年资阳市处于初级协调阶段，处于研究单元该时段最后一位，但在 2020 年以上区域均转变为基本协调，说明了各研究单元在促进工业化和城镇化发展的过程中，注重对于生态环境的保护和对自然资源的合理利用，在一定程度上实现了“三生”功能的持续协调发展。

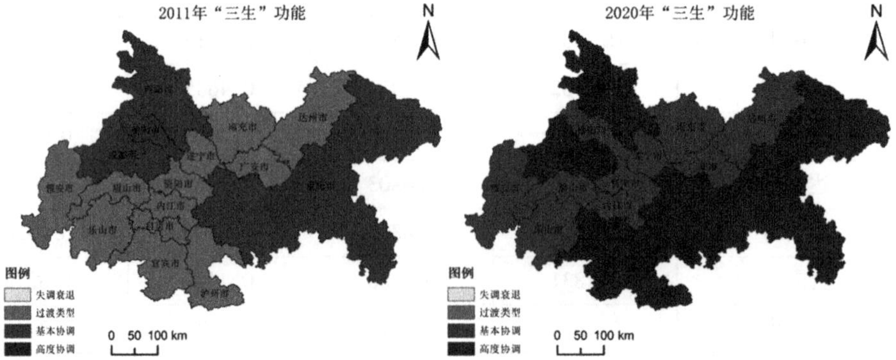

图 4-4　成渝地区双城经济圈“三生”功能耦合协调度空间分布图

五、结论与讨论

（一）结论

本文根据“三生”功能协调发展的理念构建成渝地区双城经济圈所涉及的 16 个城市单元的“三生”功能评价指标体系，基于各研究单元 2011—2020 年共 10 年的数据，建立“三生”功能综合评价体系，并利用耦合协调度模型测度成渝地区双城经济圈“三生”功能的协调发展水平。研究结果表明：

一是虽然成渝地区双城经济圈“三生”功能的耦合协调整体水平较高，并呈现一定程度的空间发展协同趋势，但地区间发展差异过大问题仍然存在。2020年，除成都市和重庆市以外，其余地区耦合协调度均在0.62-0.72之间，处于初级协调型和中级协调型。

二是就空间分布而言，成渝地区双城经济圈“三生”功能耦合协调度呈“总体迅速增长、双核引领发展、中部带式塌陷”特征。受地区间发展不平衡的影响，同时各地区经济基础、产业结构、自然资源禀赋和公共服务等方面存在巨大差异，未来地区间“三生”功能差异可能会进一步扩大。

三是成渝地区双城经济圈“三生”功能得分差距较大。成都市和重庆市“双核极化发展”特征明显，对周边区域的辐射和带动作用不强。尤其是经济发展水平较高的成都市和重庆市，由于人口和产业大量集聚，人均公共资源享有量下降，就业竞争激烈，不利于该区域生活舒适度和生态优美度的提升。

（二）讨论

1. 持续发挥成都、重庆“双核引领”作用

一方面注重对生活功能和生态功能的发展，提升公共服务供给质量，加强污染治理和环境保护，注重优美生态和幸福生活相结合；另一方面继续保持经济发展态势，加快区域创新和产业升级，依托自身经济基础和产业结构优势扩大对周围地区的辐射作用。

2. 加快建设成渝地区双城经济圈次极核

绵阳市、宜宾市、泸州市、南充市等生活功能和生态功能发展较好的城市，应不断扩大毗邻成都市和重庆市双核的优势，发挥自身在自然资源禀赋和经济基础上的优势，注重区域生态环境保护，提升城市宜居度，推动“三生”功能朝更可持续、更优质协调方向发展。

3. 推动中部地区积极加强毗邻区域合作，共谋发展优势

中部区域适度发展当地特色产业，加强与毗邻区域在生活功能、生态功能的适配度，积极承接成都市和重庆市的产业转移，促进当地“三生”功能良性互动。

作者简介：高洁，四川省社会科学院区域经济研究所副研究员；张莹琳，四川省社会科学院区域经济研究所2020级硕士研究生。

中国凉都城市品牌建设研究
——基于六盘水市清凉经济示范区建设的探索

陶　波

摘　要："十四五"时期，六盘水市要抢抓新国发 2 号文件政策优势，依托"中国凉都"城市品牌优势，围绕夏季避暑、冬季滑雪、休闲康养、山地运动等产业发力，做强"清凉"旅游产业，建设"清凉经济示范区"。围绕"中国凉都"城市品牌建设，重点加强清凉经济示范区建设，积极探索对制约旅游、经济和社会发展的一些重要领域和关键环节进行改革试验，通过先行先试，构建起"旅游经济快速发展、产业转型升级、社会和谐发展"的新型六盘水旅游发展模式。

关键词：中国凉都；清凉经济；城市品牌

一、"中国凉都"城市品牌建设与旅游业发展情况

（一）"中国凉都"城市品牌建设成效

六盘水市位于贵州西部乌蒙山区，境内最高海拔 2900.6 米，最低海拔 586 米，立体气候明显，冬无严寒、夏无酷暑，年平均气温 15℃，夏季平均气温 19.7℃，冬季平均气温 3℃，"清凉"气候是六盘水市独特的资源。六盘水市通过消夏文化节、夏季国际马拉松、冰雪运动等系列活动打造城市形象和品牌，用好"清凉"气候资源，打好"清凉"牌，实现转型跨越发展。

2004 年六盘水市委、市政府在推进城市可持续发展的基础上，推出并全力打造"中国凉都"城市品牌，举办了首届"凉都——六盘水消夏文化节"活

动。十七年来不间断，共计举办了十七届消夏文化节活动。2005年经中国气象学会组织专家论证，六盘水具有气候凉爽舒适、温度滋润宜人、空气自然清新、紫外线照射适中四大特点，长年无夏，春秋相连，夏季平均气温不超20℃，是消夏避暑的天然空调，特授予六盘水“中国凉都”证书。2008年9月23日举办首届中国凉都·六盘水——高原马拉松公开赛；经过五年的成长，2013年国家体育总局批准举办凉都·六盘水夏季国际马拉松赛，六盘水马拉松赛事成长为国际性体育赛事，2019年六盘水夏季马拉松赛事又获中国田径协会金牌赛事。

六盘水市抓住清凉气候资源，在做好夏季清凉避暑旅游产品的同时，围绕冬季清凉气候资源积极开发冬季冰雪旅游产品，丰富六盘水市冬季旅游产品，打造“南国冰雪城”。2012年建成贵州省首个室外滑雪场——玉舍滑雪场，并于次年1月1日对外开放运营；2016年2月梅花山国际滑雪场建成试运营；2016年2月盘州市“云海乐园”滑雪场建成运营；2018年1月盘州市乌蒙滑雪场建成运营，6年间六盘水市建成4个滑雪场，成为北纬26度以南滑雪场最密集的地区。随着“南国冰雪城”的打造与宣传，六盘水市冬季旅游产品不断成熟，2020年六盘水市冬季旅游接待游客总人数达1045.7万人次，实现旅游总收入73.29亿元，冬季游客人数占全年旅游接待人数的27.5%，旅游总收入占全年旅游总收入的29.3%。

通过消夏文化节、夏季国际马拉松、南国冰雪城等活动载体，“中国凉都”城市品牌越来越响亮，六盘水市旅游业呈现“井喷式”增长。“世界那么热，我想去凉都”，“19度的夏天，360度的激情”成为凉都最为知名的旅游推介广告，“凉都”六盘水已经深入外界游客心里。

（二）六盘水市旅游业发展概况

通过“中国凉都”城市品牌建设，六盘水市旅游业从“无中生有”到“有中变优”，成为贵州旅游业的一匹“黑马”。截止到2020年，六盘水市建成A级旅游景区27个（其中4A级11个，3A级11个，2A级5个），国家级旅游度假区1个，国家级乡村旅游重点村6个，省级乡村旅游重点村15个，山地户外运动基地7个，国家级全域旅游示范区1个，形成“春踩水城春绿、夏来花海漫步、秋看杏黄果熟、冬在雪上飞舞”的四季旅游产品。

从2004年六盘水市委、市政府提出打造“中国凉都”城市品牌，举办第一届消夏文化节开始，到2013年六盘水市承办第八届贵州省旅游产业发展大会，再到2020年六盘水市承办第十五届贵州省旅游产业发展大会，16年间，六盘水市接待游客总人数和旅游总收入，从2004年的120.83万人次和1.5254亿元，暴涨到2019年的5285.18万人次和400.51亿元。2020年虽受疫情影响，但六盘水市旅游业快速恢复，全年接待游客3800.67万人次，实现旅游收入250.5亿元，分别恢复到上年同期的71.91%和62.55%。

夏天到六盘水避暑，冬天到六盘水滑雪正成为全国各地游客向往的消夏避暑之旅、纵情山水之旅、健康养生之旅、返璞归真之旅、追忆乡愁之旅和冰雪体验之旅。清凉六盘水、中国凉都·康养胜地、南国冰雪城等六盘水市旅游名片正越来越为世人所知。

二、六盘水市打造清凉经济示范区的必要性

（一）旅游产业提升需要

六盘水市从2013年承办第八届贵州省旅游产业发展大会以来，升级和新建了落别布依风情园、牂牁江度假区、郎岱古镇、乌蒙大草原、妥乐古银杏、娘娘山国家湿地公园、野玉海山地旅游度假区、百车河、梅花山国际度假公园、月照养生谷、大河堡、国学馆、韭菜坪等一批旅游景区。目前，六盘水市旅游产业正处在调整结构、转型升级的重要发展机遇，面临从规模粗放型向效益质量型的转变，从旅游大市场向旅游强市场迈进。从历年统计数据来看：全市13个政府经营或政府参与经营的旅游景区共计完成投资112亿元，但旅游业对全市财政收入增长贡献有限，长期的财政投入回报甚微。从2018年以来的营收情况看，仅盘州妥乐古银杏、水城玉舍森林公园2家收入大于管理经营成本，实现盈利。

总体来看，全市旅游市场存在“规模小、经营散、竞争弱、效益差、产品少”等问题。六盘水市必须主动争取建设“清凉经济示范区”，借助示范区建设，统筹兼顾、大胆改革、锐意创新，实现旅游业创新发展，努力扭转六盘水市旅游业现状，实现六盘水市旅游业高质量发展。

（二）产业转型升级示范区建设需要

产业转型升级示范区建设中，六盘水市要依托“中国凉都”城市品牌，以清凉经济示范区建设为突破，融合纺织产业、农产品加工产业、新材料产业、新型能源化工产业、旅游装备制造产业、现代物流产业、物联网产业七大产业，实现六盘水市产业转型升级。以大健康、山地特色现代农业为重点，推动旅游与体育、旅游与文化、旅游与农业、旅游与医疗融合发展，打造“中国凉都”夏季避暑、冬季滑雪、休闲康养、山地运动等多元化“清凉”旅游系列产品。围绕夏季避暑、冬季滑雪、休闲康养、山地运动，推动旅游房车、索道设备、酒店用品、户外运动装备等旅游装备制造业发展，助力产业转型升级示范区建设。

（三）资源禀赋优势开发需要

六盘水市气候资源独特，尤其是夏季避暑资源全国稀有，具有唯一性，“清凉经济示范区”建设大势所趋。《贵州省旅游气候研究与应用》一书通过分析我国730个旅游城市气象站的逐日平均气温、逐日最高气温和逐日最低气温以及旅游气候指数资料，结合六盘水市气候特点制定了夏季避暑筛选指标，筛选出国内夏季避暑条件较好的17个台站，与六盘水进行比较，得出六盘水气候比较优势。通过气温、紫外线辐射、空气相对湿度、日照时数、空气质量和空气负氧离子等气候和环境因素统计分析结果，六盘水具有凉爽、舒适、滋润、清新、紫外线辐射适中等气候特征，其夏季温度条件对避暑旅游十分理想，整个夏季（6–8月）六盘水与17个典型旅游城市气温对比分析，只有六盘水能与春城昆明媲美。

另外《中国避暑之都——贵阳打造避暑城市形象品牌实践报告》一书数据显示，2004—2012年九年间，中国十大避暑旅游城市排行榜，六盘水市7次上榜。2019年六盘水市在“2019年第五届中国避暑旅游产业峰会”上被评为2019年十佳避暑城市，位列长春和贵阳之后，排名第三位。

六盘水市冬无严寒，夏无酷暑，全年凉爽舒适级气候达223天以上，森林覆盖率达62%，生态较好，是低纬度、高海拔地区少有的夏季避暑胜地，是名副其实的天然大空调、无夏大氧吧。

（四）经济社会高质量发展需要

"十三五"期间，六盘水市旅游总收入占国内生产总值的比值由2016年的9.5%增长到2019年的31.6%；2020年虽受疫情影响，但旅游总收入占国内生产总值的比值仍有18.7%。

六盘水市要借助清凉经济示范区建设，紧抓《国务院关于支持贵州在新时代西部大开发上闯新路的意见》（新国发2号文件）和《关于支持六盘水市加快建设避暑度假和山地户外运动目的地的意见》（黔府办发〔2020〕16号）政策支持，按照《六盘水市国民经济和社会发展第十四个五年规划和二〇三五年远景目标纲要》要求，"十四五"期间充分发挥"中国凉都"品牌优势，全面推进清凉经济示范区建设，加快旅游产业、房地产业、养老产业、文创产业、农业产业、物流产业等产业发展，推进产业转型升级，争取"十四五"末期，将六盘水市打造成为国际一流避暑度假和山地户外运动目的地，推进六盘水市经济社会高质量发展。

表1 "十三五"时期六盘水市国内生产总值与旅游总收入情况

年份 内容	2016年（亿元）	2017年（亿元）	2018年（亿元）	2019年（亿元）	2020年（亿元）
国内生产总值	1313.7	1461.71	1525.69	1265.97	1339.6
旅游总收入	124.65	200.49	301.06	400.51	250.5
旅游总收入占国内生产总值比值	9.5%	14.2%	19.8%	31.6%	18.7%

三、六盘水市清凉经济示范区建设目标

六盘水市清凉经济示范区建设要依托中国凉都城市品牌，紧紧围绕"清凉"二字做文章，抓住六盘水市"清凉"气候资源，围绕夏季避暑、冬季滑雪、休闲康养、山地运动，重点推进避暑地产、康体养老、冰雪体育、露营自驾四大板块发展，最终形成"一核、三带、四板块"的清凉经济示范区建设目

标，推进六盘水市经济社会高质量发展，不断提升中国凉都城市品牌。

一核：钟山-水城清凉经济示范核心区。

三带：安六高铁（都香高速）避暑-温泉产业带、水兴高速休闲-冰雪产业带、北盘江-牂牁江生态旅游产业带。

四板块：避暑地产板块、康体养老板块、冰雪体育板块、露营自驾板块。

四、六盘水市打造清凉经济示范区对策建议

（一）制定清凉经济示范区政策和产业发展规划

六盘水市建设清凉经济示范区必须加强顶层设计，为清凉经济示范区建设提供政策支持。做好产业发展规划，实现清凉经济与产业转型升级融合发展，重点支持旅游地产、地学旅游、文化创意、山地运动、康体养老、冰雪体育等产业发展，全力推进中国凉都城市品牌影响力提升。

第一，编制清凉经济示范区建设方案。

清凉经济示范区是为促进六盘水市乃至贵州避暑、康养、冰雪、山地运动等旅游产业更好、更快、更高层次的发展而建设的以清凉经济为核心的示范产业区。建议加快编制和出台“六盘水市清凉经济示范区建设方案”，重点解决全市旅游业发展中的系列问题。建设方案要立足六盘水市经济社会发展实际，着眼于示范区建设中体制创新、管理创新、城市发展定位等问题，出台一系列政策措施和产业规划，推动六盘水市旅游产业高质量发展。

第二，出台六盘水市旅游地产开发政策。

结合清凉经济示范区建设，出台六盘水市旅游地产开发政策。严格土地供应管理，重点支持围绕清凉旅游、康体养老、地学旅游、冰雪运动、山地运动等相关产业的地产开发；整合全市土地资源，在法律政策允许的框架内，对六盘水市现有景区调配部分商业用地，推进旅游地产开发，满足游客对旅居生活和候鸟式生活的地产需求。加强规划报建执法力度，按照高端化、国际化、特色化、市场化标准，有序引导旅游地产开发，防止地产泡沫。旅游地产开发中要加大对涉及的山体、水域、森林、河流、湿地等资源保护，要严格贯彻落实《六盘水市城市山体保护条例》，避免房地产开发过程中削山和填埋水域问题，

保护六盘水市城区和周围的峰丛、湿地景观，实现景城一体化发展目标，彰显六盘水市峰丛湿地绿相融城市景观。

第三，支持六盘水市清凉旅游产品研发。

围绕“清凉经济示范区”工作，出台六盘水市清凉旅游产品研发激励政策，支持市内旅游企业、景区、景点围绕“清凉经济”，围绕“吃住行、游购娱”等旅游要素开展旅游产品研发，丰富六盘水市旅游业态，满足不同层次游客需求。重点鼓励围绕避暑地产、康体养老、地学旅游、冰雪运动、山地运动等清凉经济产业进行产品研发，推动六盘水市旅游产业发展。建议深耕六盘水市民族文化、三线文化、山地文化等资源，通过独特的气候和多元的文化资源营造六盘水市旅游产品竞争力，保持六盘水市“清凉产品”的独特性质和领先优势，让更多游客愿意到六盘水市体验清凉旅游产品。

第四，加强产业转型升级与清凉经济示范区建设融合。

按照新国发2号文件“促进文化产业和旅游产业繁荣发展”要求和产业转型升级示范区建设方案，结合清凉经济示范区建设，做好多规合一，支持产业转型升级与清凉经济示范区建设融合发展。从清凉经济示范区建设出发，加强“清凉旅游”产品研发，推进七大产业与旅游业高度融合发展。

（二）围绕“一核、三带、四板块”做好清凉产业布局

按照打造国际一流避暑度假和山地户外运动目的地要求，建设钟山-水城清凉经济示范核心区；依托安六高铁（都香高速）、水兴高速和北盘江-牂牁江建设三大清凉经济产业带；通过清凉经济核心区和三大产业带建设，推动避暑地产、康体养老、冰雪体育、露营自驾四大产业板块发展。

第一，建设钟山-水城清凉经济核心区。

围绕“魅力钟山”“康养水城”，按照国际一流避暑度假和山地户外运动目的地要求，加快推进清凉经济核心区建设。依托六盘水站、六盘水高铁站、六盘水东高铁站、南客运站、西客运站、东客运站等交通枢纽站点，以区域中心城市建设为目标，推进钟山-双水-红桥三地同城化发展。依托安六高铁、贵昆普铁、月照机场和都香高速、杭瑞高速、水兴高速游客，满足夏季避暑、康体养老等游客对旅居生活和候鸟式生活的地产需求、康养需要，加快推进钟山-水城旅游地产开发和康养产业建设，建成钟山-水城清凉经济

示范核心区。

第二，积极构建安六高铁（都香高速）、水兴高速、北盘江-牂牁江三大清凉经济产业带。

依托安六高铁（都香高速）沿线高 A 级旅游景区和落别龙井温泉、迴龙溪温泉、大河堡温泉、百车河温泉、大湾比女街温泉等资源，打造安六高铁（都香高速）避暑-温泉产业带。依托水兴高速沿线梅花山景区、野玉海景区、乌蒙大草原景区、娘娘山景区、妥乐古银杏景区的滑雪场和山地运动资源，打造水兴高速休闲-冰雪产业带。依托北盘江-牂牁江生态资源，在严守生态保护红线的前提下，减少破坏性开发和建设，重点以露营自驾、户外探险等开发为主，打造生态旅游产业带。

第三，重点推动避暑地产、康体养老、冰雪体育、露营自驾四大产业板块发展。

以钟山-水城清凉经济示范核心区建设为重点，围绕三大清凉经济产业带建设，依托现有景区资源，加快推进避暑地产、康体养老、冰雪体育、露营自驾四大产业板块建设，实现清凉经济示范区建设与七大产业融合发展，实现六盘水市产业转型升级和经济社会高质量发展。

（三）提升中国凉都城市品牌形象战略运营质量和水平

“中国凉都”已经成为六盘水市最响亮的一张名片，要完善“中国凉都”城市品牌形象战略运营和管理，打造“中国凉都”金字招牌，让城市品牌更好地服务于六盘水市产业转型升级，更好地服务于六盘水市清凉经济示范区建设。

第一，成立城市品牌形象管理委员会。

建议由市委宣传部牵头、市文化广电旅游局、六盘水日报社、六盘水广播电视台等相关部门参与，成立六盘水市“中国凉都”城市品牌形象管理委员会，加强“中国凉都”城市品牌维护和宣传。要像抓“四创”一样重视“中国凉都”城市品牌形象维护与品牌提升，动员全社会力量参与城市品牌形象维护与品牌宣传，让“中国凉都”城市品牌更为知名，为六盘水市经济社会发展提供良好城市形象，为六盘水市发展提供文化自信、城市品牌自信，打造“中国凉都”城市品牌金字招牌。

第二，加强城市文化和品牌建设研究。

发挥六盘水市新型智库作用，整合智库专家力量，围绕六盘水市清凉经济示范区建设，围绕“中国凉都”文化和城市品牌建设开展专题研究。重点从历史文化、民族文化展示多彩凉都深厚文化底蕴；从自然资源方面展示凉都特色气候、喀斯特山地特色资源，挖掘凉都气候、自然山水特殊性和唯一性；从特色农业方面展示中国凉都产业发展情况，推介凉都特色农产品。通过城市文化挖掘研究，有针对性推进城市品牌建设，更好展示六盘水凉都独特性，更好宣传“中国凉都”城市品牌，让全世界更全面、更深入了解认识凉都六盘水市。

第三，持续做好城市品牌宣传与营销。

紧扣“中国凉都”城市品牌建设做好宣传与营销，以官方和民间两个渠道开展。官方拍好一个城市主题宣传片，制作一本主题宣传册。借助各种交流机会，尤其是借助中央媒体，通过主题片和宣传册对中国凉都城市品牌进行宣传和推介。民间借助抖音、快手和网红，有针对性对六盘水市“清凉”资源和“清凉”旅游产品进行小视频拍摄，从不同宣传角度和不同季节景观展示“中国凉都”城市品牌和清凉气候资源。抓好消夏文化节、凉都·夏季国际马拉松、海坪彝族火把节和南国冰雪城等节庆赛事平台，推出六盘水市清凉旅游产品，展示六盘水市清凉旅游资源，做好清凉旅游产品营销，让更多游客选择到六盘水市休闲避暑、康体养老，感受六盘水市清凉旅游资源。

（四）抓住机遇实现六盘水市旅游转型跨越发展

紧抓《国务院关于支持贵州在新时代西部大开发上闯新路的意见》（新国发2号文件）和《关于支持六盘水市加快建设避暑度假和山地户外运动目的地的意见》政策，落实好《六盘水市国民经济和社会发展第十四个五年规划和二〇三五年远景目标纲要》关于建设六盘水市清凉经济示范区建议，借助省运动会、冬奥会以及安六高铁经济带建设机遇，“十四五”期间，紧紧围绕“清凉经济示范区”建设，提升六盘水市旅游产品品质，实现六盘水市旅游业转型跨越发展，让旅游业成为六盘水市重要经济增长极。

第一，借助省运会契机做好清凉山地特色康养宣传。

2022年六盘水市承办贵州省第十一届省运动会，六盘水市将借助承办省运动会契机，加大力度宣传六盘水市山地特色大健康运动休闲城市，“中国凉都”气候优势。六盘水市举全市之力办好省运动会，办出特色，展示“中国凉都”新形象，让全省人民乃至全国人民进一步认识六盘水市，认识“中国凉都”。省运动会六盘水市将传统体育项目与“清凉”气候资源结合，开展冰雪项目，做到清凉避暑、山地运动、康体养老与冰雪体育相结合，展示六盘水市“清凉”旅游资源。

第二，借助冬奥会契机，加强南国冰雪城宣传与推介。

北京冬奥会的举办，冰雪体育旅游产业迎来新的发展机遇。六盘水市可借助北京冬奥会契机，依托独特的气候和地理环境，围绕推广冰雪运动项目，加强南国冰雪城宣传与推介。围绕“冰雪童话”梅花山国际滑雪场、“林海雪原”玉舍雪山滑雪场、“云上雪野”盘州云海乐原滑雪场和乌蒙滑雪场4个滑雪场，整合资源，集中进行宣传和推介。针对不同的游客体验需求，4个滑雪场各有侧重研发体验产品，推出各具特色的冰雪运动体验产品，满足省内和周边省区冰雪体育爱好者的体验需求。

第三，依托安六高铁建设贵阳–六盘水清凉经济带。

借助安六高铁通车契机，以安六高铁经济带建设为依托，以贵阳“中国避暑之都”和六盘水市“中国凉都”品牌为支撑，围绕“清凉经济”建设“贵阳–六盘水国家清凉避暑旅游综合改革试验区”。推动贵阳–安顺–六盘水清凉经济走廊建设，打响生态贵州、避暑贵州、山地公园省品牌，让多彩贵州给世界带去“清凉”。积极研发贵阳–六盘水清凉旅游产品，既要依托贵阳“中国避暑之都”品牌效应，又要展示六盘水“中国凉都”特色。通过“中国凉都”“爽爽贵阳”高铁专列进行清凉旅游产品推介，让更多游客到贵州、到六盘水感受“清凉”。

参考文献

[1]《六盘水市国民经济和社会发展第十四个五年规划和二〇三五年远景目标纲要》。

[2] 向红琼、谷晓平、郑小波主编：《贵州省旅游气候研究与应用》，北京：气象出版社，2014年。

[3]《关于支持六盘水市加快建设避暑度假和山地户外运动目的地的意

见》（黔府办发〔2020〕16号）。

［4］中共贵阳市委宣传部、贵阳市人民政府新闻办编：《中国避暑之都——贵阳打造避暑城市形象品牌实践报告》，北京：五洲传播出版社，2012年。

［5］《国务院关于支持贵州在新时代西部大开发上闯新路的意见》（新国发2号文件）。

作者简介：陶波，贵州省六盘水市社会科学院副研究员。

一座城堡的历史巨变
——以宁夏红寺堡区移民开发建设为例

薛正昌

摘　要：红寺堡是明代中期，明王朝为防御蒙古兵锋南下而修筑在宁夏中部的一座驻军城堡，军屯形成了红寺堡的名字并演变成为一个区域空间。新中国成立以来，红寺堡经历由生产大队——乡镇——县级区的历史变迁。在这个历史变迁过程中，宁夏易地移民变迁是决定性因素。红寺堡区易地扶贫搬迁的成功实践，为宁夏百万移民提升工程奠定了基础，为宁夏移民开发开发建设积累了经验。

关键词：红寺堡；红寺堡区；易地搬迁；开发建设经验

一、红寺堡历史变迁

历史上，红寺堡是蒙古兵锋南下侵扰内地的往返之地，也是宁夏镇驻军抗击蒙古铁骑的防御通道。最早开发建设红寺堡的移民是历代军屯后裔。在历史文献中，对军屯移民的记载从明代人修筑新旧长城的记载证明，这里生态环境尚好，树木茂盛，有数百顷可资耕垦的良田，而且水泉资源丰富，当时屯田耕垦由红寺堡驻军和招募的相关人来完成。红寺堡作为明代驻军的沿边防区，屯田垦殖在明代是一个重要的历史阶段，影响着清代及其后来的移民开发。

民国前期的红寺堡属辖宁灵厅前，由于地处边防要塞，红寺堡的人口数量遗址较少，边防军屯民屯的后裔在这里繁衍生息。明代人许论（1495—1566）撰写的《九边图论》，对红寺堡以南地脉广袤，可耕之地面积较大，大小水泉数十处，草木茂盛，植被较好。

宁夏中部干旱带上的这个地域空间，自汉代在下马关红城水设三水县之后，再没有设置县治。清代，灵州之地主要属于宁灵厅（今吴忠市利通区），大部分地域取自固原州。红寺堡，距离平远县治下马关很近，也是平远县重要的城堡和驻军之地。平远县的设立，使红寺堡在经历了数百年之后有了地方政权建制的归宿，折射出红寺堡在清代的发展变迁。清代平远县，境内土地多“硗瘠，居民鲜事稼穑，率以畜牧自雄”。当时的居民农业耕种者少，主要是以畜牧业为主。“更革牧地，招民开垦，监军厅奉檄勘丈，视地征粮”。开垦耕种的土地面积，由政府统一丈量，根据耕垦土地多少征粮纳税。清朝光绪时期平远县社会基本状况记载，耕种土地33610余亩，新编户口2691户15118口。据《宣统二年平远县地理调查表》统计，平远县大小村镇212处，3895户21223口人。也就是说，从清代宣统二年（1910）距离光绪五年（1879）历时31年，平远县社会和平稳定，人口增1204户6105人，社会经济发展较快。[①]《宣统宁灵厅地理调查表》录入红寺堡、新庄子集的完整资料。红寺堡，在宁灵厅南、滚泉南，距离宁灵厅城110里，有112户875口。城堡内方神庙一座，井4口。新庄子集，在厅城南、红寺堡东南，离宁灵厅城160里，56户416口，有土井1口。王户坮，在厅城南，新庄子集东北，离宁灵厅城135里，78户564口，有土井一口。资料由贡生丁蔚承办。[②] 清朝末年，隶属宁灵厅的红寺堡、新庄子集、王户坮三大村落共有246户1855口人。民国二年（1913），平远县改为镇戎县。镇戎县已达4478户，人口24969口。[③] 红寺堡区辖境人口布局规模基本稳定。

中华人民共和国成立以来，红寺堡的隶属关系、区域人口等在不断发生变化。20世纪50—60年代，红寺堡辖属同心县新庄集人民公社的一个大队有两个生产队，分上队和下队，名为老红寺堡，畜牧是红寺堡村主要的经济来源。1990年设红寺堡乡，辖13个村民委员会，54个村民小组，全乡土地总面积970.3平方千米，耕地面积127125亩，全部为旱地，乡居住总户数为3252户16422人。2001年设红寺堡镇。2002年9月，宁夏回族自治区政府明确红寺堡

---

① 陈日新：《平远县志》（卷六），银川：宁夏人民出版社，1993年，第28-31页。

② 佚名：《宁灵厅志·附宣统宁灵厅地理调查表》，银川：宁夏人民出版社，2008年，第165-166页。

③ 《镇戎县·贡赋志》，银川：宁夏人民出版社，1993年，第130页。

开发区区域界限，划定红寺堡区域总面积为1774.5平方千米（宁政函〔2002〕137号），并将同心县石炭沟（扬黄灌溉）开发区（乡级）成建制划归红寺堡开发区（宁政函〔2002〕138号）。2002年10月25日，红寺堡开发区划归吴忠市管辖。2009年10月28日，吴忠市红寺堡区成立，以吴忠市红寺堡镇、太阳山镇、大河乡、南川乡的行政区域为红寺堡区的行政区域，区人民政府驻红寺堡镇。

自1998年实施大规模开发建设以来，累计开发水浇地70余万亩，成为全国最大的移民区，宁夏扬黄扶贫集中安置区，搬迁安置移民23万人。截至2020年，实现地区生产总值（含太阳山开发区）71.20亿元，第一产业实现增加值8.92亿元，第二产业实现增加值34.49亿元，第三产业实现增加值27.79亿元。完成财政总收入36.20亿元。城镇居民人均可支配收入达到25498元，农村居民人均可支配收入10925.2元。

经过20多年的扶贫开发，贫困发生率由开发之初的100%下降到4.8%，堪称全国易地扶贫搬迁的“微缩盆景”。红寺堡城市绿化率、绿化覆盖率、城区人均公共绿地分别达35%、39%、27.5平方米，沉寂千年的不毛之地变成风光旖旎的生态绿洲。①

二、易地搬迁移民背景

红寺堡区移民是国家“八七”扶贫攻坚和宁夏回族自治区“双百”攻坚扶贫背景下，伴随宁夏扶贫扬黄灌溉工程实施的易地搬迁移民。1994年4月15日，国务院下发了“八七扶贫攻坚计划”，决定从1994年至2000年，力争用7年左右时间，集中人力、物力和财力，动员全社会的力量，希望通过数年的努力，在新千年到来之际基本解决全国农村8000万贫困人口的温饱问题，使贫困人口人均年收入达到500元以上（按1990年不变价格计算）。

宁夏回族自治区紧抓国家重大战略机遇，结合宁夏贫困人口现状制定《关于宁夏“双百”扶贫攻坚计划的通知》，将宁夏扶贫攻坚区域明确指向涉及南部山区的100个贫困乡镇、100多万农村贫困人口。并倡导“有水走水路，无

① 周庆华：《共产党好黄河水甜——易地扶贫搬迁的红寺堡答卷》，载《宁夏日报》2019年10月1日。

水走旱路，水旱不通另找出路”的扶贫攻坚理念，即有条件的地区通过兴建水利工程解决生产生活用水问题，干旱地区以梯田建设发展旱作农业，“水旱不通”的地区则开展劳动力转移或移民搬迁，这就是扶贫扬黄灌溉工程的思路，其终极目的是脱贫致富。宁夏实施的“双百”扶贫计划，明确指出积极创造条件建设红寺堡扬水灌溉工程，对南部山区生存条件太差、脱贫无望的村庄住户，实行易地移民搬迁。并将扶贫扬黄灌溉一期工程（“1236”工程）吸纳并列入“双百”扶贫攻坚计划之中

1998年，宁夏扶贫扬黄灌溉建设工程总指挥部在红寺堡开始实施移民开发试点。红寺堡成为宁夏扶贫扬黄灌溉一期工程（“1236”工程）的主战场。1999年，银南、固原行署分别成立工程建设协调领导小组。一期工程受益和途经银南地区的同心、中宁、中卫三县和固原地区的固原、西吉、海原、泾源、隆德、彭阳六县分别成立县工程建设指挥部。地区工程建设协调领导小组、县工程建设指挥部，受自治区扶贫扬黄灌溉工程建设总指挥部领导。地区工程建设协调领导小组组长由行署专员担任，县指挥部指挥由县长担任。

红寺堡移民区水利工程配套，是红寺堡开发区引黄灌溉的末端，也是红寺堡区开发建设的根本所在。红寺堡开发区水源来自中宁县泉眼山黄河岸边耸立的泵站提水进入高干渠。黄河水通过四级扬程300余米进入红寺堡开发区的田地，流进移民群众的心田。“共产党好，黄河水甜”表达的是广大移民群众的心声。

三、红寺堡开发区移民

（一）移民区机构设置

红寺堡开发区机构设置，是随着移民搬迁及各项工程的实施而设置和变化的。1998年，宁夏扶贫扬黄灌溉建设工程总指挥部在红寺堡开始实施移民开发试点。同年6月19日，宁夏回族自治区人民政府决定设立宁夏扶贫扬黄灌溉第一期工程——红寺堡移民开发区，面积包括整个红寺堡灌溉区，红寺堡开发区已初具雏形；11月2日，自治区党委、政府决定成立自治区扶贫扬黄灌溉移民工作领导小组，隶属自治区扶贫扬黄灌溉工程建设委员会，自治区副主席马

骏廷任组长。领导小组下设红寺堡开发区管理委员会，为县级机构设置，驻地红寺堡，行使县级人民政府职能；11 月 30 日，自治区党委任命姚建国同志为中共红寺堡开发区工委书记、红寺堡开发区管委会主任。至此，开发区范围内的乡村各级组织，统一由红寺堡开发区管委会管理。

（二）移民开发

随着扶贫扬黄灌溉工程建设的全面展开，开发区移民搬迁的进度逐渐加快，移民搬迁要切实加强领导，精心组织安排。红寺堡区移民开发的历程总体分为两个阶段，第一阶段为 1999—2008 年的“1236”移民工程，第二阶段为“十二五”期间生态移民工程。两个阶段共计移民 23 万余人。

红寺堡易地搬迁移民。1998 年，扶贫扬黄灌溉工程建设初期，为红寺堡灌区二、三干渠（前 10 千米）控制的 5.4 万亩土地，先期在大河乡境内建成 8 个移民试点行政村，安置来自原州区、隆德县、泾源县和中宁县等 8 个县的移民 6920 人，人均 1.9 亩土地。1999 年至 2000 年，是红寺堡开发区集中移民时期。1999 年，红寺堡开发区扶贫扬黄灌溉总指挥部根据红寺堡区开发水利骨干工程建设进度，全面启动移民搬迁工作，开发土地 8 万亩，建成 26 个行政村居民点，安置移民 8452 户 3.79 万人，构成红寺堡、买河、沙泉三个乡镇。2001 年西部大开发背景下，加快了贫困地区脱贫致富的进程，宁夏作为国家实施异地生态移民搬迁试点工程省份，从根本上解决生存条件恶劣地区群众的生存问题和脱贫致富问题，生态移民安置，体现了国家将扶贫开发到保护生态环境建设有效地结合起来的国家战略。红寺堡开发区将原 8 个试点村合并为 4 个村，即开元村、麻黄沟村、碱井村、红河村。

先期迁入红寺堡开发区的移民安置基本就绪，红寺堡开发区村镇布点格局基本形成，乡镇政府相继建立，移民搬迁落户安置地逐渐清晰，有具体的乡镇隶属所指。移民安置点归属上，初期的移民试点村只有村庄布点，没有乡镇隶属关系，统一隶属扶贫扬黄灌溉总指挥部管理。后来逐渐将移民和农业生产的管理移交给新成立的红寺堡灌区行政管理机构。产业发展上，扶贫扬黄灌溉工程总指挥部，实行节水灌溉，通过科学考察，引进、试种、推广及销售，采取公司+基地+农户的模式，建成一座集现代化和规范化于一体的药材种植基地。引导移民创新发展，广大移民群众凭借地域优势，因地制宜，传承各自的地域特色种植。同时，为拓展现代农业产业发展，坚持走“一村一品”产业化的路子，农业与经济作物并举，发展特色经济作物的路径，移民当年就解决温饱问题。

2002年7月，宁夏回族自治区政府制定《红寺堡开发区移民搬迁安置工作办法》（以下简称《办法》），涉及移民安置政策、经济政策、生态移民政策，以规范和保证红寺堡开发区移民搬迁及其后续发展。2005年，红寺堡区全面实现四级扬水工程，累计开发土地面积133653亩，在“边开发，边搬迁，边建设，边致富”中实现了“能脱贫，有发展”的目标。① 先后搬迁安置集中封育区与库区生态移民16925户81172口人，旱改水生态移民5008户21422口人，插花安置彭阳、海原、泾源、西吉、隆德、原州区异地生态移民8633户43241口人。2006年，红寺堡开发区累计搬迁安置生态移民30593户145835口人，红寺堡开发区移民基本完成。2002年至2006年，红寺堡灌区生态移民安置详细数据参见《见证》中卷。② 灌溉工程齐头并进的人畜饮水工程，有效解决了19万城乡居民人畜饮水问题，辖属的42个行政村均设集中供水点，14万余人享用集中供水带来的方便。至2009年，宁夏扶贫扬黄灌溉一期工程红寺堡罐区累计投资23.8亿元，开发水浇地50万亩，搬迁195585人，移民基本解决温饱。

“十二五”时期生态移民。“十二五”时期，红寺堡区生态移民主要是宁夏南部山区六盘山、挂马沟等林区、水库库区等地的农户。移民来源及安置原则。根据《办法》，确定红寺堡开发区移民包括两部分，一部分是包括同心、海原、西吉、彭阳、泾源、隆德7县，人均旱作耕地不足4亩，或者本地降水稀少、人畜饮水困难、交通不便，人均年收入在500元以下者的部分农户；另一部分是被确定为封山育林、退耕还林还草的村庄居民。并要求红寺堡开发区管委会对两部分移民组织协调，实施散户搬迁和整村搬迁。坚持小集中、大分散的移民安置原则，以村为单位插花组建大行政村。移民搬迁后，在当地建立临时户口，第二年须将户口正式转入红寺堡开发区；第三年由迁出县收回承包地。移民返回原籍者，开发区要及时注销户口，同时收回承包地和各项补助款。

2011年，红寺堡区的移民工作基本完成，即“十二五”时期以来红寺堡

① 张闽剑：《宁夏南部山区生态移民的实践研究》，载《宁夏社会科学》2006年第5期。
② 红寺堡开发建设之路编委会编：《见证》（中卷），银川：宁夏人民出版社，2014年，第24页。

区再无大规模移民迁入，“十二五”期间安置生态移民7208户31500人。[①]

四、移民开发建设社会成效

红寺堡区是宁夏回族自治区党委、政府贯彻落实国家“八七”和宁夏“双百”扶贫攻坚计划，为从根本商解决宁夏南部山区群众脱贫致富而实现的扶贫扬黄灌溉工程（“1236”工程）的主战场，1998年开发建设。2009年设立市辖区。行政区划面积2767平方千米，辖2镇3乡1个街道办事处5个城镇社区65个行政村。自开发建设以来，累计开发水浇地70余万亩，搬迁安置移民23.3万人，是全国最大的移民区。经过20多年的开发建设，红寺堡区经济发展、社会进步、文化繁荣、民族团结、生态优美、人民安居乐业，成为宁夏移民开发、生态改善、精准脱贫的缩影。

精准脱贫和脱贫攻坚进程中，红寺堡区不断、优化新灌区产业结构，大力发展林草畜牧业，发展以沙生、耐旱的中药材种植，发展药材加工、畜产品加工、林产品加工等农副产品加工业。突出扶贫、生态节水农业，以高效和产业化经营为突破口，培育地方特色产业，切实加强生态环境建设，利用“公司+农户”的模式，使扶贫投资最大限度地发挥效益。

第一，综合实力增强。20多年来，红寺堡区广大干部群众在党的政策关怀下，开拓创新、团结奋进、艰苦创业、务实苦干，用勤劳的双手将荒漠变绿洲，开垦了万顷良田。尤其是“十三五”期间，地区生产总值年均增长9%，城乡居民人均可支配收入较“十二五”期末分别增长42.5%和70.5%。“3+X”特色产业效益提升，农业增加值年均增长4%。

第二，产业发展转型升级。红寺堡区始终坚持把发展作为第一要务，抢抓国家实施“西部大开发”战略的有利机遇，持续转变经济发展方式，不断优化产业结构，推进第一、第二、第三产业融合发展。现代工业体系加快构建，规模以上工业企业增至56家，规模以上工业增加值年均增长15%；电商、住宿、餐饮等服务业发展态势良好，第三产业增加值年均增长7%。建成了全国首个慈善产业

---

① 马晓玲、马小强等：《精准扶贫政策下宁夏吊庄移民全面小康问题研究——以宁夏红寺堡区为例》，载《时代人物》2019年第35期，第64页。

园—宁夏弘德慈善产业园，累计引进项目 62 个，以农副产品深加工、新能源和轻工制造为支撑的新型环保工业体系基本建成，3 家企业在新三版和天交所挂牌交易，嘉泽新能源在上海证券交易所主板成功上市。金融商贸、批发零售、电子商务等服务业快速发展。罗山航模基地被国家体育总局命名为"中国航空运动协会罗山飞行营地"和"中国科技体育（航空模型）训练基地"，宁夏移民博物馆跻身国家 3A 级景区。

第三，城乡面貌焕然一新。红寺堡区党委、政府坚持以改善民生为根本，引进项目，争取资金，持续推进城乡基础设施建设，统筹推进城乡一体化建设。建成扬水主泵站 14 座、干渠 126 千米、斗渠 1549 千米、总扬程 299. 1 米、高效节水灌溉面积突破 13. 2 万亩。罗山通用机场立项建设，吴卫城际高铁，太中银铁路、京藏高速、S34 省道等穿境而过，公路通车总里程 1707 千米，城区"八路十街"框架全面拉开。建成垃圾填埋场、污水处理厂、集中供热站等公用设施，博大购物中心等商贸综合体全面投用，房地产开发面积 169. 4 万平方米，城区建成区面积扩展到 14. 2 平方千米。建成敬老院、菊花台残疾人照料中心等一批民生工程，建设保障性住房 2240 套，改造农村危房 9834 户，建成大河乡、柳泉乡特色小镇和 29 个美丽乡村。

第四，民生福祉大幅提升。红寺堡区坚持以"脱贫攻坚，增收富民"为统揽、对 40 个贫困村的 16288 户 64155 人建档立卡，突出"六个精准"、实施"五个一批"和"二十个专项扶贫攻坚行动"，全力打好脱贫攻坚战，截至 2017 年年底、实现 30 个贫困村销号，减贫 11697 户 46164 人，贫困发生率由 2014 年的 33. 9%下降到 10. 7%。建成学校 115 所，在校幼儿园及中小学生 4. 8 万人"教育强区"和"普高"通过验收、义务教育均衡发展通过自治区评估认定、普通高中录取率达到 69. 4%，本科录取率达到 40. 5%。三级医疗服务网络形成，标准化村卫生室实现全覆盖，与上海六院、北京平谷、宁医大总院建立对口帮扶关系，加强医疗卫生人才培养，城乡公共医疗卫生服务体系更加健全，人口出生政策符合率达到 86. 5%，看病难、上学难等问题有效缓解。建成"三馆一中心一基地"，乡镇文化站、村级综合文化服务中心、农家书屋等实现全覆盖。

第五，生态环境持续改善。坚持"一张蓝图绘到底"、实现开发建设之初"生态立区"向"生态富区"的转变。推进植树造林、禁牧封育，退耕还林、退牧还草等生态林业工程。罗山自然保护区人类活动点全面完成清理，沙泉水源地保护工作稳步推进，森林覆盖率提高到10.33%，城市绿地率提高到35%，生态环境得到有效修复，实现了“沙逼人退”向“人进沙退”的历史性转变。

五、红寺堡区开发建设的历史经验

人口迁移作为一种重要的社会经济现象，无论对迁出地还是迁入地社会经济、生态环境等方面都具有重要而深远的影响。研究人口迁移，是了解某一地区社会经济兴衰的重要途径之一。红寺堡开发区异地移民搬迁，按照“搬得出、稳得住、能致富”的目标阐释着宁夏中南部各县的移民群众深深扎根移民区，建设发展移民区信心和勇气。2016年7月，习近平总书记来宁夏视察时指出：“移民搬迁是脱贫攻坚的一种有效方式。要总结推广典型经验，把移民搬迁脱贫工作做好。”红寺堡区移民搬迁，是宁夏移民搬迁、扶贫攻坚、脱贫致富的一个典型。

第一，党中央的关怀和支持是移民开发建设的根本保证。红寺堡区移民开发建设，始终贯穿着党中央对宁夏的关怀和支持。红寺堡开发区的设立，是我国政府反贫困战略的典型范例，是党中央、国务院对宁夏人民的亲切关怀和国家有关部委大力支持的结果，也是宁夏区党委、政府多年致力于宁夏南部山区扶贫战略实施、造福当代、惠及后人的重大战略脱贫致富工程，在宁夏移民史上永载史册。宁夏扶贫扬黄灌溉工程，在宁夏回族自治区党委、政府正确领导和扶贫扬黄灌溉工程建设委员会的组织协调下，扶贫扬黄灌溉工程指挥部周密部署和计划，组织设计实施，一个耕地数十万亩、异地移民近20万人的红寺堡开发区逐渐呈现在世人面前。

红寺堡区移民创业史，赢得了国家层面上的认可和推崇。时任国家发改委主任的张平说：“新中国成立以来的大移民，除了三峡就数宁夏，规模壮观。宁夏整合项目资金做民生工程，集中力量办大事，思路新，效果好。搞到这个程度不容易，其经验值得学习推广。”时任国务院扶贫办主任的范小建认为：“宁夏是全国最早实行有计划、有组织、大规模集中连片扶贫开发的地方。”历史，正在印证或不断印证着红寺堡区在宁夏乃至全国当代移民史上的智慧和精神。

20年前，翻开宁夏地图，中部干旱带上是一大片没有生机的沉寂的灰色。而今，经过几代人20年的艰苦奋斗，在同样的纬度和坐标上，那片灰色的土地已被人工生态绿洲所覆盖。同时，还诞生了一座新兴的城市——红寺堡区。

黄河水数百米高的扬程灌溉，千年荒原已成为富庶的家园。古人传承的“天下黄河富宁夏”的黄河水，同样滋润着红寺堡区的百万亩良田。

第二，优势资源传承创新是移民开发建设赋予黄河文化的时代内涵。红寺堡地处毛乌素沙漠边缘，基本是荒漠化地表。1998 年，党中央、国务院决策利用黄河水投巨资动工兴建全国最大的移民开发区，移来了宁夏南部山区就地脱贫无望的 20 多万回汉人民。扬黄水这一生命之源，在荒芜的沙漠孕育了生命的奇迹，焕发出勃勃生机，经济社会各项事业快速向前发展，这里的移民安居乐业。红寺堡的开发建设，充分展示了中国共产党的无比伟大。宁夏扶贫扬黄工程是宁夏反贫困史上的重要里程碑，红寺堡广大干部群众在自然面前发挥人的主观能动性，成为利用自然规律战胜自然的化身，赋予黄河水新的文化内涵。红寺堡的大片土地是黄河水的化身，党和政府是老百姓的恩人。

第三，“脱贫攻坚是干出来的”。随着精准扶贫政策的持续推进，红寺堡区落实产业、电商、金融、教育、光伏等十大脱贫工程行动，确保 2019 年贫困村全部摘帽，4.7 万贫困人口全部脱贫。以“3+X”产业（葡萄、枸杞、草畜、黄花菜、中药材、瓜果等）为重点，使农业效益和移民收入持续攀升。至 2021 年，红寺堡区综合实力显著增强，地区生产总值年均增长 9%，城乡居民人均可支配收入较“十二五”期末分别增长 42.5%和 70.5%。累计完成固定资产投资 400 亿元，实现了目标翻番。“3+X”特色产业效益提升，农业增加值年均增长 4%；现代工业体系加快构建，规模以上工业企业增至 56 家，规模以上工业增加值年均增长 15%；电商、住宿、餐饮等服务业发展态势良好，第三产业增加值年均增长 7%。惠民脱贫成效显著，现行标准下 5.6 万农村贫困人口全部脱贫，40 个贫困村全部摘帽，贫困发生率从“十二五”期末的 25.29%下降为零。义务教育均衡发展和“普高”顺利通过验收，职业教育实现零的突破，中考、高考成绩逐年攀升。三级公共卫生服务体系基本完善，社会保障体系覆盖城乡。村级综合文化服务中心实现全覆盖，航空运动、民宿旅游、采摘体验等文化产品丰富多彩，浸润百姓生活。累计治理沙化土地 92.7 万亩、水土流失 17.6 万亩，生态造林 124 万亩，人均公园绿地达 12.75 平方米，森林覆盖率由“十二五”期末的 8.1%提高到 14.1%，草原植被综合覆盖度达 56.7%，绘就了秀美的家园。

作者简介：薛正昌，宁夏社会科学院研究员。

乡村振兴背景下发展壮大农村集体经济的路径研究

——以福建为例

林昌华

摘　要：发展高质量、合作型、规模化的农村集体经济是新时代我国农业农村改革建设探索的重要方向。文章主要以福建省农业发展实践为例证，探讨了新时期乡村振兴战略推进过程中农村集体经济发展的主要成效和改革探索经验，分析总结了现代农业发展环境变革条件下我国集体经济发展的现实困境和制约症结，主要表现在农村创业起步困难、产业路径渠道窄、集体三资监管不完善等问题。文章据此提出了探索创新集体经济发展模式和建立健全科学规范的扶持监管制度等政策建议。

关键词：农村集体经济；农业现代化；乡村振兴；发展路径

党的十九大报告作出了实施乡村振兴战略的重大决策部署，习近平总书记对乡村振兴作出了“20 字总要求”和“五个振兴”等一系列重要论述，为新时代我国解决“三农”问题提供了根本遵循，为我国推动农业现代化实现农村共同富裕指明了发展方向。[①] 步入新阶段，我们要建设的社会主义现代化强国涵盖了农业和农村的现代化，既要推动农业高质量发展实现现代化，不断夯实农村发展的物质基础，也要实现乡村全面振兴以满足广大农民对美好生活向往的更高层次需要。历史经验告诉我们，乡村振兴必须坚定地走集体经济、合作经济、规模经营的道路，建立健全适应中国特色社会主义农村发展情况，且符

① 杨时云：《推动乡村振兴走在全国前列——学习习近平总书记关于做好“三农”工作的重要论述》，载《群众》2019 年第 3 期，第 17-19 页。

合现代农业和农村制度变革要求的高质量经济体系。要深入学习党中央关于实施乡村振兴战略的决策部署，在新发展理念指引下，始终坚持和守护以人民为中心这个根本，充分认识农村集体经济高质量发展对保障农民权益和促进增收致富的重要作用，紧紧抓住集体经济、规模经营的这个发展方向，充分利用深入挖掘农村资产资源要素，结合当地实际和特色情况，大力发展各具特色的农村集体经济，切实打通集体经济发展壮大转化为农村增收致富的发展通道，努力探索农村经济发展方式创新转变的新路径，为实现农业农村现代化奠定更加坚实的基础。笔者拟结合福建农村集体经济的模式及其实践，探讨农村集体经济如何有效促进乡村振兴战略实施。

一、农村集体经济发展的福建实践

习近平同志在福建工作期间就高度重视农村集体经济发展，他在福建宁德就提出"以县为单位，制定村级集体经济发展规划"的要求，特别强调在扶贫中要增强乡村两级集体经济实力，否则整个扶贫工作将缺失基本的保障和失去强大的动力，已经取得的扶贫成果也就有丧失的危险。[①] 多年来，福建省深入贯彻习近平总书记关于"三农"工作重要论述以及习近平同志在闽工作期间对福建工作的重要讲话精神，紧密结合福建农村发展实际，稳步推进乡村振兴战略，走出了一条具有福建特色的农村集体经济发展道路。

近年来，福建以实施乡村振兴战略为总抓手，因地制宜发展农村集体经济，扎实有序地推进农业农村改革进程，有效促进了农村发展和经济实力快速增强。总体上看，福建在充分尊重农民主体地位的基础上，周密部署并完成了农村集体资产全面清产核资，从而进一步摸清了省域层面农村集体的发展家底，为今后发展壮大集体经济，持续强化农村集体资产财务管理、有力保障农民财产权益奠定了坚实发展基础。据福建农业农村工作部门统计，2019 年福建省村均集体资产达到了 1000 万元左右，其中经营性资产达到 200 万元以上，农村集体经济逐步呈现出良好发展势头，整体上开始步入农村集体产权制度建构完善的新阶段。例如在具体的做法模式上，福建主动借力乡村振兴的发展契

① 张雄风：《乡村振兴战略背景下发展村集体经济的思考——基于鄂西南地区 X 镇的调查》，载《农村经济与科技》2019 年第 24 期，第 208-210 页。

机，通过坚持农村党建引领、盘活集体资源资产、开展股份合作、村集体多元化投资等方式，积极摸索适合当地发展特征的集体经济新发展路径，取得了积极进展和发展成效，截止到2019年年底，全面消除了年经营性收入5万元以下的薄弱村，全省有一半以上的村达到了10万元以上。

农村集体经济的持续健康发展，离不开农业农村改革的全面深入推进，甚至可以说农业农村改革是关键一招。改革到不到位决定了农业农村新发展动能是否能得到充分释放，更是会影响到农村集体经济发展活力有效激发的程度。福建省紧密结合农村发展实际情况，构建起了适应性很强的农业农村改革省域框架，形成了一批“三农”领域改革的福建模式、福建样板，贡献了福建方案。通过全面加快农村承包地“三权分置”、农村集体产权制度改革、农垦改革发展、新型农业经营主体培育等重点领域改革步伐，逐步形成了规范高效的“三权”运行机制，基本完成全省有经营性资产的村镇股份合作制改革，推动国有农场全部剥离社会职能全面完成，区域集团化、农场企业化改革有序推进，农民合作社等新型农业经营主体持续健康快速发展，新型职业农民队伍不断发展壮大，培育成为农村集体经济发展的“先行示范”，有效激发了农村生产发展的内生动力。其中晋江、漳平、沙县、荔城、同安集体产权制度改革等国家级试点经验在全省乃至全国铺开推广。2019年福建省农村土地承包经营权确权登记已经全面完成，证书到户率达到了97.6%，有效保障了1917万农民的切身利益。整个省域层面实施的农村集体产权制度改革已经取得了阶段性成效，2019年共有15362个村（居）全部完成成员身份确认，有55个试点县率先完成了股份合作制改革，这些做法切实让福建农民真正能够成为集体资产的所有者、管理者和受益者。此外，福建大力推动落实农村承包地三权分置政策，有效促进了农村产业发展活力全面提升，2019年累计有548.8万亩土地经营权实现了有序规范流转，土地经营权流转率达到了35%，这也使得多种形式适度规模经营水平得到有效提升；在农村新型经营主体方面，截止到2019年，福建省共培育了家庭农场、农民合作社累计达到6.7万家，培训新型职业农民达到近50万名。尤其是率先出台了支持小农户和现代农业发展有机衔接的政策措施，有效促进了小农户在现代农业发展方面能力提高。

二、农村集体经济发展的困境表现

村级集体经济的发展壮大为新时代乡村振兴奠定了良好的物质基础，能够从根本上保障村级集体有钱为村办事、有能力为村办成事，进而不断提高村集体的凝聚力和向心力，因此，推动农村集体经济发展壮大，对实现乡村振兴意义重大。然而，在新时代打赢脱贫攻坚战、实施乡村振兴战略的新部署、新要求以及广大农民群众的新期待背景下，村级集体经济发展还存在一些薄弱环节和发展困境。

（一）农村发展基础仍然比较薄弱，发展创业起步面临困难

由于交通区位以及历史方面等原因，容易造成边远薄弱的农村资源资产要素优势趋于弱化，进而形成了村级集体创业发展的主要障碍。正如习近平同志在《摆脱贫困》中所说，一些农村在实行家庭联产承包制时，没有很好地理解统一经营和“归大堆”的区别，放松了“统”这一方面，需要统的没有统起来，不该分的却分了，其结果是原有的“大一统”变成了“分光吃净”。① 如福建宁德下党乡当时对发展集体经济积极性很高，经过专家考证种植晚熟葡萄前景良好，但外部资源资金的衔接困难无法到位，较少的扶持资金也仅能解决从农民那流转一部分土地的需求，集体发展项目面临障碍。福建一些山区县农村交通不便，立地条件差，田地零碎山坡林地荒山众多，造成了发展集体经济的用地成本偏高，由此造成发展困难。此外，近年来在农村基础设施建设过程中，一些农村采取借贷、垫付等方式弥补村级配套资金缺口，也造成了村集体较重的债务负担，影响了集体经济发展后劲。

（二）农村集体经济发展渠道有待拓宽，产业路径选择偏窄

加快推动乡村振兴战略，产业振兴至关重要。农村产业振兴需要紧密结合地区发展特色和资源，在充分调研深入论证基础上，进行全面考虑，才能保证集体经济产业项目的可行性，避免发展项目草率上马，因此，必须深入理解把

① 谢卓芝：《习近平“三农”思想述要》，载《山东农业大学学报》（社会科学版）2015 年第 3 期，第 107-111 页。

握乡村振兴扶持政策内涵，拓展渠道路径才能提高成功率。例如福建霞浦县沿海村资源禀赋条件相对较好，发展集体经济的基础条件优势明显，但村情民风比较复杂，如何筛选适宜的产业项目，平衡好村级集体经济和带动村民增收的关系，多年来一直未形成成功探索方案，乡村资源条件也没有得到有效充分利用。此外，在一些具体的发展项目、路径措施和产业选择上持续性不够强，实质性的突破不足，发展思路往往停留于设想层面，尤其是在推动村级集体和村民合作共赢方面，市场意识还相对欠缺，对长远的规划和思考不够。如福建有很多村上马了“短平快”的光伏发电项目，实际运行后发现产出比预期偏低，而且成本回收期接近 10 年，加上后期维保成本、蓄电能力减弱、收购电价波动等因素影响，边际效益趋于下降、长远发展潜力大打折扣，这说明了集体经济项目的策划要扩宽思路因地制宜，更要全面考虑长远效益和回报率问题，实现村集体和村民持续性双增收。

（三）农村集体三资监管制度构建有待健全，保值增值瓶颈凸显

农村集体经济发展，监管制度保障至关重要，只有不断完善制度体系，规范村集体财务收支行为，提升村集体财务管理水平，优化农村集体资产、资源和资金的配置利用，才能保障农村集体经济得以持续健康快速发展，同时也能切实维护村民合法权益和利益。然而，在福建农村发展实践中一些村集体的监管意识还比较淡薄，尤其是村干部的法制、民主和自律意识还有所欠缺，导致个别村集体三资财务不清、管理不善，进而影响到村民对村集体项目的信任度。例如福建一些农村急于分配处置集体发展资金，未积累后续留存发展资金，对村集体后续投资项目支持欠缺，影响了集体经济进一步发展壮大。农村集体三资监管力量配备仍然较弱，尤其是乡村财会人员紧缺、专业素质无法胜任等瓶颈还有待解决，据统计福建乡镇专兼职人员平均仅达 1 名左右，无法保障监管职责的有效范围。此外，村务监督委员会的作用也有待全面扩展，不敢监督、不想监督、不会监督等问题还一定程度上存在。针对性的监管制度和执行机制还有待健全完善，一些制度覆盖漏洞的现象还没有完全杜绝。如《福建省村集体财务管理条例》是 2001 年 3 月出台并实施的，其中有些条款已经不适应新时期村集体管理要求、有些内容也需要进行补充完善。在实践中个别村干部出于眼前利益，将集体资源、固定资产贱卖或低价承包或长期承包转让，

造成集体资产流失，甚至还造成了"前人花钱、后人还账"的恶性循环顽疾。①

三、农村集体经济发展助力乡村振兴的途径

当前全面建成小康社会步入了攻坚阶段，发展壮大农村集体经济，推进乡村战略实施，遵循了农业农村发展运行的基本规律，是正确处理好农民个人利益与集体共同利益矛盾关系、尊重农民主体地位和践行现代农村共建共治共享理念的重要体现，标志着我们党和国家对农村集体经济实现形式及改革规律、农村基本经营制度和农业农村发展规律的认识进入了一个全新境界。步入"十四五"时期发展新阶段，必须以乡村振兴为总抓手，始终坚持农村集体经济和规模经营的发展方向，努力探索适合我国基本国情的规模化、高水平、高质量新型农村集体经济发展道路。

（一）探索创新集体经济发展模式

实现高水平、高质量的新型集体经济，离不开因地制宜探索创新，坚持敢闯敢试、敢为人先的精神，从实践中来到实践中去，才能全面拓展集体经济发展思路，不断形成新的路径模式，解决集体经济发展中出现的制约症结，提升乡村振兴的内生动力，更好地引领新时代中国农村集体经济新作为的有效途径。要广泛总结探索集体经济发展中的典型案例，引导各地从区域层面制定发展规划，找准最具代表性的发展模式进行先行先试，在试点中总结提升，在总结提升中复制推广，促进村级集体经济向多元化方向发展。如有的地方探索出以县为主体成立集体经济投资公司，村级设立子公司，结成了一盘棋、一张网的良性发展格局，有利于增强基层村级组织参与感、责任感和使命感。要想方设法多管齐下推动农村"三资"盘活。把握当前农村集体产权制度改革的有利契机，顺应现代农业管理模式变革趋势，全面推动清产核资摸清家底、推行股份量化，实现资源到资产、资金到股金、农民到股东的转化。引导村集体充分利用区域山水林田湖草等资源优势，拓展创新招标、承包、租赁、入股等模式，创造性发展集体经济项目，以使用权有效转让、租赁等方式对闲置低效使

① 中共福建省委政策研究室：《发展壮大村级集体经济 夯实乡村振兴物质基础》，载《2018 福建省重点课题调研获奖文集》2018 年，第 227-237 页。

用的集体资产进行优化整合，实现集体资产收益最大化。如引导一些资源丰富、基础条件成熟但资金困难的乡村，主动参与民营经济招商引资项目，成立农民专业合作社，扩展村级集体增收的路径。

（二）建立健全科学规范的扶持监管制度

实现高水平、高质量的新型集体经济，监管制度的保驾护航同样不可或缺，必须要扎紧监管制度笼子，推动农村集体经济在科学规范的框架内高效运行，发挥制度约束的刚性作用，切实维护农村集体资产和村民权益，构建起符合中国特色的农村集体经济持续健康发展的有效制度体系。注重探索行之有效的管理措施，完善集体三资监督管理办法、村集体财务管理条例等相关制度文件，提升农村集体三资的规范化管理水平，切实堵塞现有村级财务管理漏洞，最大限度避免集体资产资源流失。高度重视集体经济人才队伍培育，注重把懂经营、善管理、通市场的高素质人才充实到村级集体经济发展的基层一线，真正发挥“领头雁”效应，构建教育培训、管理监督、保障激励等制度，突破条条框框限制，解决好村集体班子发展能力薄弱的瓶颈问题。要探索建立村务情况分析、村务监督工作报告、履职评议考核等制度，健全完善村务监督委员会成员退出机制，完善基本待遇保障机制，从制度上确保村干部更好履职尽责。全面提高集体经济监管治理水平，加强对村级三资的清理、登记、管理，逐步建立健全三资台账、三资审计制度，落实集体资产管理责任，推动形成资金积累与滚动发展的良性循环格局。

（三）做好利长远管长效的顶层设计规划

实现高水平、高质量的新型集体经济，要有顶层设计和发展规划发挥引领作用，促进农村集体经济发展全面融入乡村振兴战略全局，确保不会偏离农村土地集体所有制的发展航向，进一步巩固和完善农村基本经营制度，深入推进农村集体产权制度改革，保障农业农村优先发展持续壮大农村集体经济，为实现我国农业现代化注入强劲动力。要在全面建成小康社会的基础上，分阶段推进、强化目标引领，坚持规模化、高水平和高质量导向，探索推进新型集体经济发展壮大，拓展中国特色农业现代化的路径。进一步强化村级集体经济的组织管理，对集体经济组织的设置、产生、运行及其权利义务等予以规范明确，从制度层面防止外部主观因素影响，完善农村集体经济组织章程，推动集体组织的产权更加明晰、职能更加明确，确保发挥集体经济组织的战斗堡垒作用。充分发挥相关职能部门政策、人才、技术等优势，开展“智力支农”“人才支农”“项目惠农”，形成集体经济发展合力，充分调动全社会支持集体经济发展壮大促进乡村振兴的积极性和主动性。

综上所述，进入新时代，构筑发达的农村集体经济体系，对推动我国乡村振兴、实现农业现代化具有重大而深远的意义。推进规模化、高水平、高质量新型集体经济发展壮大是提升乡村振兴内生发展动力，要统筹协调农民个人利益与集体共同利益关系，才能切实稳健地走好新时代中国特色乡村振兴发展道路。必须坚持农村土地集体所有的方向，高举新时代农业现代化发展旗帜，走共同富裕的社会主义康庄大道，切实促进农民增收致富、维护农民根本权益，加快农村经济发展方式转变，为全面实现农业强、农村美、农民富奠定坚实的经济基础。

作者简介：林昌华，福建社会科学院习近平经济思想研究所研究员。

赣南苏区振兴发展的历史性成就、基本经验及实践进路

张宜红　王露瑶

摘　要： 赣南等原中央苏区振兴发展十年，取得了巨大的历史性成就，实现了与全国同步全面建成小康社会目标，主要得益于习近平总书记重要指示批示精神的根本指引，中央与地方上下联动、协同推进的坚强保障，先行先试、改革创新的动力源泉，坚持以人民为中心的价值取向，代代相传红色基因的奋进力量。新时代对照革命老区高质量发展示范区建设要求，赣南等原中央苏区高质量发展仍存在一些亟须解决的短板和弱项，应从打造国家区域性科技创新中心、具有全国乃至全球影响力产业集群、国家区域中心城市、"湾区+老区"开放合作典范、碳达峰碳中和试验区、全国红色基因传承高地等方面着力，探索建设革命老区高质量发展示范区的实践进路。

关键词： 赣南苏区；历史性成就；基本经验；实践进路

赣南苏区是中央革命根据地的主体，为中国革命作出了巨大牺牲和重大贡献。2012 年在习近平总书记亲自推动下，国务院出台实施《关于支持赣南等原中央苏区振兴发展的若干意见》（以下简称《若干意见》），推动赣南苏区振兴发展取得历史性成就，实现与全国同步全面建成小康社会目标。2021 年 1 月 24 日，国务院又出台《关于新时代支持革命老区振兴发展的意见》（以下简称为《新时代意见》）并把支持赣南苏区振兴发展作为重点，2022 年 3 月国家发改委正式印发《赣州革命老区高质量发展示范区建设方案》，正式开启了赣南革命老区高质量发展新篇章。因此，有必要对赣南苏区振兴发展十年的历史性成就及其基本经验进行科学总结，以期为新时代赣南建设革命老区高质量发展示

范区提供指引。

有关赣南苏区振兴发展研究十分丰富，主要集中在振兴发展的意义、路径及政策效果评价等方面。张慧君（2013）提出，赣南苏区脱贫致富要坚持走产业扶贫的道路，形成消除贫困和促进经济发展的内生性机制。①季凯文（2016）认为，赣南苏区要善于借助外力，主动融入国内外新一轮开放大局，推动"引资、引技、引智"有机结合，积极开拓国际市场，不断提升参与国际分工与区域合作的能力。②此外，苏区精神是凝聚和团结一切力量的关键，也是苏区振兴发展的重要力量。③吴永明等（2019）对赣南苏区振兴发展六周年成效进行了调查分析，近两年通过模型分析对政策效应评价进行了较多的研究，罗连发等（2022）认为，原中央苏区振兴计划显著促进了这些地区的投资率及工业化进程，但政策对于这些地区自生能力的提升效应是负的。④苏区振兴策略的实施显著提高了中央苏区人民获得感水平。⑤⑥此外，要运用"优势视角"，推动赣南苏区乡村振兴实现"优势治理"。⑦以上研究为本文提供了重要的理论参考，但仍存在以下方面有待补充：一是赣南革命老区开启了高质量发展新征程，有必要从经验总结中获得启迪智慧、提炼制胜法宝。二是对照革命老区高质量发展示范区建设要求，还存在不少短板和制约，亟须提出相应的对策建议。

文章通过对赣南⑧赣县区、南康区、瑞金市、兴国县、于都县、宁都县、石城县、信丰县、龙南县、定南县10个县（市、区）的实地调研，在总结赣

---

① 张慧君：《赣南苏区产业扶贫的"新结构经济学"思考》，载《经济研究参考》2013年第33期，第65页。

② 季凯文：《赣南苏区新一轮开放合作的现实基础与战略选择》，载《苏区研究》2016年第5期，第123页。

③ 孙悦、钟小明：《讲政治　学理论　扎基层——毛泽东端正苏区干部作风的经验启示》，载《毛泽东邓小平理论研究》2019年第3期，第49页。

④ 罗连发、方乔梅、刘沛瑶：《优惠政策能促进经济发展吗——基于原中央苏区振兴政策的再检验》，载《广西师范大学学报》（哲学社会科学版）（录用定稿），网络首发时间：2022年3月25日10：35：第48页。

⑤ 李成、谢晗进：《赣南苏区居民获得感调查及影响因素研究——基于LASSO筛选》，载《商业经济》2021年第3期，第136页。

⑥ 徐珂、谢晗进、罗启欢：《赣南等原中央苏区振兴发展效果评估——基于主观获得感调查数据》，载《商业经济》2022年第1期，第158页。

⑦ 萧子扬：《革命老区何以实现乡村振兴的"优势治理"——以赣南苏区为考察中心》，载《地方治理研究》2020年第2期，第62页。

⑧ 赣州，俗称赣南，因此本文均以赣南指代赣州。

南苏区振兴发展十年的历史性成就和探求其基本经验的基础上，比照革命老区高质量发展示范区建设要求，深入剖析其高质量发展存在的障碍，进而阐述赣南建设革命老区高质量发展示范区的实践进路，对于让赣南老区人民生活更加美好、打造新时代革命老区振兴发展样板具有重大的现实和理论意义，亦可为全国其他革命老区高质量发展提供实践经验。

一、历史性成就

赣南地处江西南部，约占全省四分之一国土面积、五分之一常住人口，曾是全省人均收入水平最低、发展任务最重、贫困程度最深的区域。苏区振兴发展十年，是赣南经济社会发展最快、城乡面貌变化最大、老百姓受益最多的十年。

（一）脱贫攻坚全面胜利，突出民生问题有效解决

2011 年，赣南农村贫困人口 194.88 万，占全省的 44.5%、全国的 1.59%。赣南坚持以脱贫攻坚统揽经济社会发展全局，践行以人民为中心的发展思想，把上级扶持资源用在刀刃上，将财政支出近七成、新增财力近八成用于保障和改善民生。

一是同步全面建成小康社会。赣南用了不到八年的时间，贫困发生率由 2012 年的 23.45%降至零，实现新中国成立以来最大规模人口脱贫，消除了绝对贫困和区域性整体贫困，脱贫攻坚取得决定性胜利。农村居民人均可支配收入由 2011 年的 4684 元增加到 2021 年的 14675 元、增长 2.13 倍，增速连续 9 年领跑全省；农村居民人均可支配收入占全国平均水平的比重由 2011 年的 67%提升至 2021 年的 77%；在乡退伍红军老战士、红军失散人员等特殊困难群体生活水平得到很大改善。

二是一系列突出民生问题取得突破性进展。赣南累计改造农村危旧土坯房 69.52 万户，实现 25 户以上人口自然村全部通水泥路和村村通动力电，集中供水率提高为 91.05%、自来水普及率为 87.29%，[①]农村中小学校舍面积增加了近

① 刘润发、钟义勇、谢瑞洪、胡怀军、温居林：《八年振兴路　一曲奋进歌》，载《赣南日报》，2020 年 6 月 28 日，第 1 版。

一半，基本养老保险、基本医疗保险基本实现全覆盖，长期困扰赣南人民的住房、饮水、用电、出行、上学、看病等民生难题基本得到解决。

（二）经济实力进位赶超，特色优势产业发展壮大

2011 年，赣南苏区资源禀赋较差、区位偏僻封闭，经济发展非常落后，人均主要经济指标只有全国平均水平的三到四成。十年来，赣南主要经济指标增速保持在全省“第一方阵”（见表 1），均高于全国同期水平，人均主要经济指标与全国平均水平的差距不断缩小。2021 年，赣南地区生产总值达 4169.37 亿元，是 2011 年的 2.74 倍，人均 GDP 达到全国平均水平的七到八成，在全国地级及以上城市排名跃升至第 65 位，较 2011 年前移 44 位。

表 1　2011—2021 年赣州市主要经济指标情况

经济指标	2011 年	2021 年	年均增速
地区生产总值（亿元）	1519.51	4169.37	10.6%
一般公共预算收入（亿元）	110.05	294.07	10.3%
规模以上工业营业收入（亿元）	1824.42	4533.20	9.5%
社会消费品零售总额（亿元）	432.32	1987.68	16.5%
货物出口总额（亿元）	163.02	576.47	13.5%
实际利用外资（亿美元）	9.23	23.51	9.8%
城镇居民人均可支配收入（元）	16058	40161	9.6%
农村居民人均可支配收入（元）	4684	14657	12.1%

资料来源：赣州市统计局、赣州市统计年鉴。

十年来，赣南坚持集群发展、创新发展，三次产业结构由 2011 年的 17.4∶47.2∶35.4 优化为 2021 年的 10.3∶39.6∶50.1，特色优势产业不断壮大。

一是“1+5+N”产业集群①加速发展。2021 年赣南现代家居产业集群产值达 2300 亿元，“南康家具”品牌价值居全国家具行业第一；中国稀土集团落户

① “1+5+N”产业集群：“1”是指超 5000 亿元的现代家居产业集群，“5”是指 2000 亿元的有色金属、电子信息、纺织服装、新能源及新能源汽车、医药食品 5 个产业集群，“N”是指超 500 亿元的特色产业集群。

赣州，成为首个把总部落到江西的中央企业，稀土钨新型功能材料产业集群获批国家级战略性新兴产业集群，有色金属、电子信息产业规模以上工业营业收入首次突破了1000亿元，分别达1377亿元、1327亿元，尤其是电子信息产业产值由2011年的170.51亿元增加到2021年的1156.49亿元，增长6.8倍，纺织服装产业集群营业收入突破1000亿元；赣州经济技术开发区营业收入达1160亿元，实现了千亿园区“零”的突破。2021年赣南规模以上工业企业数达2478户、企业总数和净增数均居全省第一，比2011年增长2.2倍；实现营业收入4533.20亿元，比2011年增长1.5倍，营业收入超50亿元、100亿元的工业企业实现零的突破。

二是现代农业提档升级。2021年全市农林牧渔业总产值695.58亿元，比2011年增长了85.44%。赣南脐橙品牌价值稳居全国地理标志产品水果类第一，种植面积世界第一、年产量世界第三，成为全国三大产业扶贫典范之一；蔬菜产业发展势头强劲，建成粤港澳大湾区“菜篮子”生产基地48个，“赣南茶油”连续四年荣登中国地理标志产品区域品牌百强榜。

三是现代服务业发展强劲。2021年，赣南第三产业占GDP比重突破50%，金融机构存贷款余额分别是2011年的3.47倍、6.39倍，在全省率先实现上市公司A股板块全覆盖。全域旅游加快发展，国家4A级景区实现县域全覆盖，方特东方欲晓主题公园等建成运营，长征国家文化公园（赣州段）等加快建设，瑞金共和国摇篮景区晋升国家5A级景区，跻身全国12大重点红色旅游区之一。商贸物流日益活跃，国家标准A级物流企业总数和增量稳居江西首位，成为全国首个电商进农村全覆盖的设区市，网络零售额约占全省三分之一以上。

（三）基础设施全面提速，城乡面貌发生重大变化

十年来，赣南将加快基础设施建设作为振兴发展的先导工程，实施了一大批重大交通、能源、通信、水利项目，横连东西、纵贯南北、立体延伸、通达全国、覆盖城乡、高效便捷的全国性综合交通运输网络已基本形成，城乡面貌日新月异。

一是基础设施建设实现跨越。赣深高铁、昌赣高铁、赣韶铁路、兴泉铁路、赣瑞龙铁路复线等穿境而过，全面迈入“高铁时代”。2021年，铁路运营

总里程达923千米，是2011年的2.4倍；高速公路通车里程占全省的比重为25%，"三纵三横六联"路网形成，县县通高速；黄金机场升为国际空港、迈入中型机场行列，通航城市、通航点分别增长135.71%、126.67%，架起了赣南联通世界的"空中桥梁"。①

二是城市功能品质双提升。赣南中心城区五区一体化进程明显加快，南康、赣县撤市（县）设区，蓉江新区加速发展，中心城区建成区面积达208平方千米、人口达207万人，常住人口城镇化率达56.5%，较2012年提高17.21个百分点。

三是乡村旧貌换新颜。2021年，赣南脱贫攻坚成果得到巩固拓展，对1.36万户监测对象全部落实了帮扶举措，易地搬迁后扶"点长制"做法及"防贫保"长效机制在全国层面得到推广。2021年，全面启动乡村建设行动，2821个村点完成整治建设，基本实现城乡环卫一体化第三方治理，3.8万个农村问题户厕得到整改，农村生活污水处理设施建成数及覆盖村庄数、省级森林乡村创建数均在排在全省首位。

（四）改革开放走深走实，振兴发展活力竞相迸发

老区之困，在于封闭。十年来，赣南坚持以开放促改革，以改革促发展，变"老区思维"为"湾区思维"，打造新时代"第一等"营商环境，赣南实现了"内陆洼地"变"开放前沿"的跳跃。

一是一批重大平台密集落地。2019年10月，中国科学院赣江创新研究院落户赣州，填补了江西无国家级大院大所的空白，国家稀土功能创新中心等20个国字号科研创新平台密集落地。3个开发区（龙南经开区、瑞金经开区和赣州高新区）升格为国家级园区。赣州国际陆港加快建设，赣州综保区调整至赣州国际陆港获国务院正式批复，赣州国际陆港获批平行车进口试点，赣州国际陆港多式联运示范工程通过国家交通运输部验收，龙南保税物流中心在全国85家保税物流中心排第19位。赣州国际陆港中欧班列穿行于中亚五国及欧洲22个国家151个城市，赣州-布达佩斯跨境电商班列常态化运营，在全国首创"跨省、跨关区、跨陆海港"的通关新模式，实现"1210""9610""9710""9810"跨境电

① 《赣州市全力推进赣南苏区振兴发展》，载《中国产经》2021年第6期，第45页。

商全业态开通，在全省率先开展跨境电商+中欧班列 B2B 业务试点，中欧（亚）班列突破 1000 列，铁海联运“三同”班列和内贸班列均突破 5000 列。

二是重点改革取得突破。2021 年赣州市严格对标对照粤港澳大湾区营商环境的先进做法，推进政务服务“全程网办”事项 333 个，“跨省通办”高频事项 90 个，惠企政策“免申即享、即申即享”44 项，探索推动“一站式集成”审批、全产业一链办、施工图审查等工程项目审批改革，在 2021 年度全省营商环境评估中排第 4 位。顺利完成国企混改攻坚行动任务，兴国县节约集约用地获国务院督查激励。

三是开放合作成效明显。深圳与赣州正式开展对口合作，“三南”粤港澳大湾区产业合作示范园、深赣港产城特别合作区、赣闽产业合作区加快建设，引进了吉利科技、格力电器、富士康等“5020”项目 23 个。2011—2021 年全市累计引进省外资金项目 2802 个、实际进资 7538.68 亿元，年均增幅 12.6%。

（五）生态屏障巩固提升，生态环境质量持续改善

“土法”开采稀土，青山千疮百孔，水土流失一度占到国土面积的近三成，严重威胁着赣南生态环境。十年来，赣南积极践行习近平总书记“绿水青山就是金山银山”发展理念，持续巩固南方生态屏障。

一是突出环境问题得到较好解决。扎实推进中央和省环保督察反馈问题的整改，完成 91.27 平方千米废弃稀土矿山的治理，近五十年的“生态欠账”得到有效解决。赣州市被列为全国水土保持改革试验区和高质量发展先行区，完成新增水土流失治理面积 6281.51 平方千米，实现水土流失面积强度“双下降”，水土保持“赣南模式”在全国推广。

二是生态建设持续加强。投入 130.87 亿元实施山水林田湖草生态保护修复试点项目 52 个，并基本完成试点预期目标，实施 10 年时间改造 1000 万亩低质低效林工程，森林覆盖率稳定在 76.23%以上、列江西省首位。[①] 全面落实东江流域上下游横向生态补偿机制，出境断面水质全部达标，守护一江清水流向广东和香港。林长制、河长制、湖长制得到全面推广，空气质量稳定达到国家二级标准，水质综合指数位于江西省前列，城镇生活污水处理厂实现县县

① 李佳琪、刘沐笛、温居林：《赣州多项指标增幅稳居全省“第一方阵”》，载《赣南日报》，2020 年 7 月 3 日，第 1 版。

覆盖。

三是生态文明制度不断完善。以“一票否决”、约谈问责、终身追究的“责任链条”约束领导干部环境损害行为，常态化设立生态综合执法局、生态检察处、环资审判合议庭等机构，用严格制度、严密法治保护生态环境。组建成立江西省第一家碳交易机构，探索碳排放权、排污权、水权交易试点，《赣州市低碳试点工作实施方案》获得国家发改委批复，建成赣州市“生态云+双碳”大数据平台并成功试运行，习近平总书记“绿水青山就是金山银山”的生态文明思想，在赣南大地日益彰显。

二、赣南苏区振兴发展的基本经验

赣南苏区振兴发展的实践历程，是习近平新时代中国特色社会主义思想在赣南大地的具体实践，是实现中华民族伟大复兴中国梦在革命老区的生动演绎，彰显了党中央关于全面小康不让一个老区苏区掉队的坚定决心，诠释了中国共产党不忘初心、继续前进的郑重宣言，体现了社会主义制度的优越性。

（一）十年振兴发展，十年赣南巨变，主要得益于习近平总书记重要指示批示精神的根本指引

习近平总书记一直关心着赣南的发展，先后两次亲临赣州视察指导，9次对赣南苏区振兴发展作出重要指示批示，亲自推动《若干意见》《新时代意见》等重大政策出台实施，反复强调“原中央苏区振兴发展工作要抓好，这很有政治意义”“一定要把老区特别是原中央苏区振兴发展放在心上”“要饮水思源，决不能忘了老区苏区人民。要梳理排查、抓紧工作，确保老区苏区在全面建成小康社会进程中一个都不掉队”。2019 年 5 月 20 日，习近平总书记亲临赣州视察，强调“我们要饮水思源，不要忘了革命先烈，不要忘了党的初心和使命，不要忘了我们的革命理想、革命宗旨，不要忘了我们中央苏区、革命老区的父老乡亲们”，正是习近平总书记的深情大爱和深切关怀，提供了强大精神指引和动力，赣南苏区旧貌换新颜，苏区群众脸上喜笑颜开、幸福满满。

（二）十年振兴发展，十年赣南巨变，主要得益于中央与地方上下联动、协同推进的坚强保障

政策红利的充分释放，需要各方协调配合、形成强大合力。2012 年以来，国家发改委牵头召开 7 次部际联席会议，江西省委、省政府对赣南苏区振兴发展“只做加法不做减法”，先后召开 10 次领导小组会和 6 次工作推进会，确保政策落地生效。特别是中组部、国家发改委牵头，40 个中央国家机关及有关单位对口支援赣南，下派四批共 161 名干部挂职，先后出台配套政策文件 200 余个，科学谋划赣南苏区振兴发展“路线图”“时间表”，逐步形成了系统化政策支撑体系，构筑起区域性“政策高地”。这一系列政策支持，使赣州成为“老区中的特区”，为经济社会发展注入了强劲动力。赣南注重主动加强与国家、省的对接沟通，形成了“上接天线、下接地气”的协同落实机制，使各项政策措施得到有效落实；同时，坚定贯彻新发展理念，形成合力，持续用力、久久为功，闯出了一条革命老区高质量跨越式发展的新路子。

（三）十年振兴发展，十年赣南巨变，主要得益于先行先试、改革创新的动力源泉

赣南紧紧抓住苏区振兴发展重大历史机遇，深挖政策富矿，在经济社会发展各个领域致力先行先试，争创“第一等工作”，创造了一批在全国、全省有影响力的“赣南经验”。2012 年以来，赣州获国家层面批复的试点示范平台 100 余项，是获批国家级平台最多的设区市之一。全国革命老区扶贫攻坚示范区、国家进境木材示范监管区、国家教育综合改革发展试验区、集体林权综合改革试验示范区、水土保持改革试验区等取得示范成果，脐橙产业脱贫经验成为全国典型案例，颁发了全国第一本林权类不动产权证，山水林田湖草生态保护修复试点经验在全国试点工作会上做典型经验发言，“小微信贷通”“创业信贷通”“产业扶贫信贷通”和“财园信贷通”做法获国务院通报表扬，赣州国际陆港成为江西省吞吐量最大和全国铁海联运外贸集装箱吞吐量最大的内陆港。

（四）十年振兴发展，十年赣南巨变，主要得益于始终坚持以人民为中心的价值取向

习近平总书记在江西考察时强调，以百姓心为心，与人民同呼吸、共命运、心连心，是党的初心，也是党的恒心。赣南苏区从决战决胜脱贫攻坚，到解决群众关心的交通、就业、社保、教育、医疗、住房、养老等民生难题，不论是抓改革促发展，还是谋创新求突破，始终坚持把顺应人民群众对美好生活的向往作为一切工作的出发点和归宿点。[①] 正是通过推进农村生活垃圾治理、"空心房"整治、农村基础设施建设等一件件民生实事、一项项民生工程的落地建设，既保障好事关老百姓生存发展的"头等大事"，也解决好群众日常生活中的"关键小事"，老百姓的幸福感获得感安全感不断增强，"感党恩、听党话、跟党走"更加坚定。

（五）十年振兴发展，十年赣南巨变，主要得益于代代相传红色基因的奋进力量

历史在赣南镌刻下一座座精神丰碑，留下苏区精神、长征精神和老区精神等红色基因密码。时下的赣南大地，干部群众从红色基因中汲取不等不靠、感恩实干的奋进力量，作答苏区振兴发展的"每一个行程、每一次突围、每一场战斗"。面对振兴发展的历史机遇，赣南苏区干部群众以习近平新时代中国特色社会主义思想为指导，坚持国家支持与自力更生相结合，"输血"与"造血"并重，不等不靠，主动作为，提出"解放思想、改革攻坚、开放创新、担当实干"工作思路，大力弘扬"坚定信念、求真务实、一心为民、清正廉洁、艰苦奋斗、争创一流、无私奉献"为主要内涵的苏区精神和新时代苏区干部好作风，狠抓政策落实，把打好中央三大攻坚战的部署要求贯彻到经济社会发展

---

① 吴永明、胡雪梅、桂榕、汤水清：《习习春风暖人心——赣南苏区振兴发展调研报告》，载《苏区研究》2019 年第 3 期，第 109 页。

全过程，深入推进“三大战略、八大行动”①，依靠自身的勤劳和智慧创造美好未来。

三、赣南苏区高质量发展面临的主要问题

十年来，赣南苏区振兴发展取得长足进步，但发展基础还比较薄弱，全面小康的质量还不够高，欠发达、后发展的市情没有得到根本改变。对照革命老区高质量发展示范区建设要求，仍存在一些亟须解决的短板和弱项。

（一）经济发展总体水平不高

建设革命老区高质量发展示范区，要提高经济整体实力和水平。然而，一是经济总量不大。赣南经济总量与其人口、地域大市不相符，2021 年赣南地区生产总值、一般公共预算收入、社会消费品零售总额、出口总额 4 个指标占全省的比重分别为 14.1%、10.5%、16.3%、15.7%；财政自给率较低，2020 年财政自给率仅为 29.3%，是典型的“吃饭”财政，赣南七成多的一般公共预算支出资金来源于上级补助。县域经济不强，18 个县（市、区）中没有全国百强县。二是民生福祉仍需改善。虽然赣南实现历史性整体脱贫，但相当一部分贫困户的政策性收入占比较大，加上扶贫产业覆盖面还不够广、发展水平还不够高，脱贫稳定性不够强，脱贫成果仍需进一步巩固提升。教育事业发展水平还有差距，小学、初中、中职生均公共财政预算公用经费支出低于全省平均水平，教育项目资金缺口大。卫生健康资源人均水平低，每千人常住人口床位数分别为全国、全省平均水平的 93.30%、95.4%；优质医疗资源短缺，缺少国家临床重点专科；乡村卫生健康服务体系短板突出，基层医疗卫生机构首诊分诊和健康管理能力不足。

① 《解放思想　牢记嘱托　奋力建设革命老区高质量发展示范区》，载《赣南日报》2021 年 9 月 28 日，第 1 版。“三大战略”：新时代赣南苏区振兴发展、打造对接融入粤港澳大湾区桥头堡、建设省域副中心城市；“八大行动”：工业倍增升级、科技创新赋能、深化改革开放、乡村全面振兴、城市能级提升、美丽赣州建设、提高民生品质、党建质量过硬。

（二）特色优势产业竞争力不强

建设革命老区高质量发展示范区，要培育壮大特色产业。然而，一是龙头企业和引领性项目不多。赣南产业实力不强、层次不高、影响力不大。2021 年全市规模以上工业营业收入达 4500 亿元，仅占全省的 10.2%。电子信息、纺织服装产业仍处于产业链中低端，现代家居、稀土钨等稀有金属产业全球竞争力不强，生物制药、新能源汽车等产业规模偏小。二是科技创新短板突出。2020 年年底，全市 R&D 经费支出仅占 GDP 比重 1.58%，比全国低 0.83 个百分点，仅为全国的 60%左右；全市规模以上工业企业中有研发活动的单位不到 25%。三是金融"活水"作用不够。赣南金融总量规模小，金融业增加值、贷款余额占 GDP 比重仍低于全国平均水平，国家开发银行、进出口银行尚未在赣州设立分支机构，外资银行机构仍处于空白，金融"活水"浇灌实体不够。

（三）基础设施支撑能力偏弱

建设革命老区高质量发展示范区，要完善基础设施网络。然而，一是综合交通运输体系尚未完全形成。国省道技术等级不高，赣南二级及以上公路比例低于全省平均水平。铁路建设还有欠账，通车运营的高铁线路只有 2 条，未形成东西走向的高铁通道；铁路网密度低于全省平均水平，截至 2021 年 9 月底，赣南建成铁路网密度和人均规模仅为 200 千米/万平方千米和 0.88 千米/万人，分别只有全省平均水平的 66%和 79%，尚有 5 个铁路空白县。二是能源保障能力不足。2021 年，赣南能源总自给率仅为 16%左右，电力自给率不足 30%，70%以上需从江西主网输入，煤炭、成品油、天然气等能源全部由外输入。三是航空水运发展缓慢。赣南机场承载能力不足，航班航线密度偏低，空港物流和航空产业发展基本处于空白状态；水运通道尚未打通，赣粤运河还处在规划研究阶段，赣江航道仍处于断航状态，内河水运发展缓慢。

（四）对外开放活力不够

建设革命老区高质量发展示范区，要深化扩大对外开放。但是，一是开放经济规模偏小。2021 年，赣南出口总额占全省比重仅为 15.7%，实际利用外资仅为全省 14.9%，利用省外 2000 万元以上项目资金仅为全省 11.5%。二是融入粤港澳大湾区机制有待创新。目前，赣州尚未列入粤港澳大湾区国家有关协调机制，与深圳、广州等大湾区发达城市对口合作机制有待创新。三是营商环境亟待优化。与浙江、广东等沿海发达地区相比，赣州在招才引智、招商引资过程中缺乏“五皮”[①] 精神，政务服务离“五心”[②] 要求还有差距。四是赣州国际陆港功能单一。赣州国际陆港尚未成为正式口岸，班列计划不多，发运计划不足，限制了其与广州港、宁波港等合作共建“组合港”；此外，赣州国际陆港无法发运带电池货物，跨境电商多品名货物运输安检较为复杂、效率低，如江铃每年 1 万辆以上的新能源汽车无法通过赣州国际陆港出口。五是开放平台基础偏弱。赣州、龙南、瑞金 3 个经开区和赣州高新区等国家级平台基础差、水平低、体量小，均居于全国 219 个国家级经开区后列；赣州综保区、瑞兴于经济振兴试验区等平台发挥的作用不够。

（五）生态资源要素制约明显

建设革命老区高质量发展示范区，要促进绿色转型发展。但是，一是生态治理难度较大。矿山开发历史悠久，水土流失、植被破坏等问题点多面广，不少矿山污染防治措施还不到位，一些尾矿库存在环境安全隐患，落实山水林田湖草整体保护、系统修复、综合治理与上级要求还有差距。城乡环保基础设施存在短板，仍然有 65%的县（市、区）无建筑垃圾处理场，大部分乡镇无建筑垃圾消纳场所，农村生活污水治理设施覆盖率低、设施配套管网不足。二是生态红线成为发展“紧箍咒”。作为我国南方地区重要生态屏障，生态红线划定面积较大，生态红线与一些生态旅游、林业经济等重大项目用地需求存在矛盾，成为“束缚”赣南提升自我发展能力的“紧箍咒”。三是碳排放指标成为制约发展“利剑”。在碳达峰碳中和背景下，能耗指标、碳排放指标分配是基于“十三五”期末“存量”数据，可获得的能耗指标、碳排放指标将明显偏少，将对赣南提升自我发展能力造成明显制约。如赣县区 2021 年获得 1.37 万吨标煤能耗，截至 8 月 12 日已用 9037 吨标煤，面临着新项目因用能指标缺口而难以落地。

---

① “五皮”：硬着头皮、厚着脸皮、磨破嘴皮、饿着肚皮、踏破脚皮的精神。

② “五心”：情感上暖心、行动上贴心、措施上用心、机制上顺心、关系上无私心的服务。

四、赣南建设革命老区高质量发展示范区的实践进路

新时代赣南苏区高质量发展，要用好用足对口帮扶机制、西部大开发政策、部际联席会议制度三大政策机制，加快建成革命老区高质量发展示范区。

（一）加快自主创新，打造国家区域性科技创新中心

一是加快推进重大创新平台建设。创建国家创新型城市试点和一批省级创新型县（市）试点，高质量建设中科院稀土研究院，加快赣州稀金科创城建设，推进稀土新材料国家实验室、国家稀土功能材料制造业创新中心、国家钨与稀土产业计量测试中心建设。二是创建国家科技成果转移转化示范区。对接知名高校或科研院所与赣州建立成果转化机制，推进赣南科技学院“双一流”学科建设；加强与国内“双一流”高校、科研机构和高水平高职学校的合作共建。建强赣州科技大市场，推进赣州创建国家知识产权试点示范城市，建设中国（赣州）知识产权保护中心。三是建立鼓励创新、宽容失败机制。支持建投、发投向新一代信息技术、生命健康、新能源、新材料、柔性电子、通航及北斗应用等产业化项目倾斜，风险容忍度提高至40%。四是打造天下英才苏区栖息地。探索设立柔性引才的“苏区计划”，以才引才的“伯乐计划”，精准引才的“靶向突破计划”；探索设立人才发展集团，在技术路线、经费使用、资源调度等方面赋予用人主体和人才更大自主权。畅通人才向上流动通道，建立以信任为基础的人才使用机制，构建充分体现知识、技术等创新要素价值的收益分配机制。

（二）培育壮大优势产业，打造具有全国乃至全球影响力产业集群

一是打造两大具有全球影响力产业集群。推进现代家居超五千亿元产业发展，纳入全省“2+6+N”产业高质量跨越式发展行动计划，打造具有全球影响力的家居制造之都。高标准建设“中国稀金谷”，支持完善稀土产业链体系，建设世界级永磁变速器及永磁电机生产基地，建立国家（赣州）稀土稀有金属战略资源储备基地，做大做强中国稀土集团，打造具有全球影响力的稀土新材料产业集群。二是打造四大具有全国竞争力的千亿元产业集群。大力承接粤港

澳大湾区电子信息产业，差异化发展赣州电子信息产业带，打造特种芯片和半导体材料生产基地、“5G+工业互联网”应用示范基地。建设纺织服装产业带，加快建设全国纺织服装优质制造基地。推动新能源和新能源汽车产业全链条发展，建设全国重要的新能源（汽车）产业集聚区。做强“药品+医疗器械”双链条，创建国家区域医疗中心，壮大赣南脐橙、富硒蔬菜、茶油等农产品，打造全国知名的医药及大健康产业基地。三是繁荣现代服务业。加快国家普惠金融改革试验区建设，支持寻乌、崇义设立省级县域金融改革创新试验区。加大“险资入赣”力度，加快推进赣州银行上市，鼓励发起设立银行、保险、证券、基金等地方法人金融机构。打造全国物流结算中心、国家冷链物流基地，建设稀土、旅游等行业大数据中心，吸引更多知名企业在赣州设立运营中心、呼叫中心。

（三）完善现代基础设施体系，打造国家区域中心城市

一是老基建与新基建共同发力。加快瑞金至梅州、长沙至赣州、赣州经郴州至兴义（桂林）、赣州至韶关等铁路扩能工程建设，推动景德镇经鹰潭至瑞金、赣州至广州、赣州经龙岩至厦门等铁路规划建设。优化加密赣州高速公路网，推动寻乌至全南西延至韶关、赣州至安远、信丰至南雄东延至龙岩等高速公路，支持普通国省干线公路提档升级。推动赣州黄金机场三期改扩建，推进瑞金机场开通至国内重点城市航线，支持大余新城机场军民合用，建设一批通用机场。策应赣粤运河建设总体规划，做好赣江珠江水系周边项目规划。推进“闽赣联网”项目落地赣州，推动信丰电厂二期、宁都电厂和赣县抽水蓄能电站建设，争取设立国家煤炭储备基地、天然气应急储备基地。推进赣州智慧城市、5G 城市建设，打造“赣州数谷”，实现重点城镇及产业园区 5G 网络全覆盖，建设全国“区块链+AI”应用标杆城市，推动共享经济、电子商务、网络直播等新业态向农村拓展。二是新型城镇化与乡村振兴双轮驱动。支持赣州建设城市轨道交通和市域铁路，推动赣州建设赣、粤、闽、湘四省通衢区域中心城市和 I 型大城市，推动上犹撤县设区、信丰撤县设市，适时推动于都撤县设区，壮大瑞金、龙南次中心城市，做大主城区，提升江西省域副中心城市能级。实施乡村建设行动，推进农村电网改造升级、实施电气化提升工程，支持赣州开展“数字乡村”试点。探索在赣州设立集镇建设资金或把农村资金使用

范围拓展到乡镇建设，增强集镇为民服务功能，创建国家城乡融合发展试验区。

（四）深度融入粤港澳大湾区，打造“湾区+老区”开放合作典范

一是探索创新与粤港澳大湾区协调机制。借鉴安徽从长三角“旁听生”到“插班生”再到“正式生”的“三级跳”的经验，向中央争取，率先推动赣南等原中央苏区城市以观察员身份，列席国家推进粤港澳大湾区发展相关会议及其他重大活动，加快赣州与深圳对口合作步伐，建立广州等其他大湾区城市与赣州对口合作机制。二是创建全国营商环境创新试点城市。对标上海、深圳、杭州、宁波等发达地区营商环境，制定出台赣州建设全国一流营商环境方案，争创全国营商环境创新试点城市，以争创试点打造新时代“第一等”的营商环境，真正实现“凡是大湾区能做到的，赣州首先要做到”。三是打造国家中欧班列集结中心。做大做强赣州国际陆港并成为国家一类口岸，争取更多中欧班列开行计划，推动赣广组合港建设，常态化开行“深赣欧”班列，推动“粤赣欧”班列开通运行。参照成都、西安等地做法，对赣州国际陆港开展锂电池、跨境电商带电池及多品名货物铁路运输安检等给予支持。四是创新产业与科技合作新模式。加快推进赣州与粤港澳大湾区共建产业合作试验区，重点推进深赣港产城特别合作区、赣粤产业合作试验区和赣莞产业合作区。推动全省电子政务外网数据备份中心和粤港澳数据备份中心落户赣州，鼓励粤港澳大湾区科研院所、高等院校、龙头企业在赣州设立技术转移中心分中心、国家重点实验室分支机构，充分利用粤港澳大湾区科技协同创新联盟特邀成员单位的身份，加快推进合作共建科创“飞地”。

（五）生态文明做示范，打造碳达峰碳中和试验区

一是探索创新生态保护机制。按照“总量不减、质量不降、相对连片”原则，率先在全国对生态红线进行勘界落地。探索在赣江流域设置环境监管和行政执法机构试点，开展禁伐补贴和非国有森林赎买（置换）、协议封育试点，推进赣粤开展常态化跨省横向生态补偿机制，探索实施赣江流域生态补偿机制，支持上犹国家综合补偿试点，推动赣州与广东、福建探索共建南岭国家公园。二是拓展“两山”转换通道。参照丽水市有关做法，加快推动生态产品价

值实现机制，破除生态资源有价无市，生态产品有市无价的情况。加快实施山水林田湖草一体化保护和修复行动，推进排污权、用能权、用水权、碳排放权市场化交易试点，加快大宗固体废弃物综合利用基地和“无废城市”试点建设，推广“两山银行”“湿地银行”等，加快生态产品价值实现。三是加快推进赣州国家低碳城市建设。坚持发展第一要务，强化能耗双控管理，鼓励企业实施节能技术改造，开展能源回收，引导能源利用率低的企业转产或强制性退出以能耗强度的降低换取能耗总量的更多支持，力争在2030年实现碳达峰。坚决遏制“两高”项目盲目发展，探索设立低碳转型基金，鼓励零排放能源产品和企业开展直供电合作，推动产业结构低碳或减碳转型。探索建立环境权属交易市场，实现碳排放跨区域交易配置；实施林业碳汇指标“增量与存量兼顾”政策，推进林业碳汇先行示范区建设，建设南方林业碳汇交易市场。

（六）弘扬红色文化，打造全国红色基因传承高地

一是加强红色资源利用。高标准建设长征国家文化公园（赣州段），高水准配套旅游设施。深入实施革命文物遗址保护修复工程，维护运营好革命博物馆、纪念馆、烈士陵园等红色基因库。二是弘扬革命历史文化。大力培养引进一批优秀红色讲师，积极开展“苏区精神”走出去行动，高标准建设于都长征学院、兴国苏区干部好作风学院，推动设立寻乌调查研究干部学院，打造全国爱国主义、革命传统教育基地。举办全国性红色文化论坛，创建国家级红色文化研究中心。三是建设全国知名红色旅游目的地。推动赣州红色旅游列入国家旅游发展专项，开通红色旅游专线（列），组建长征旅游联盟，打响于都中央红军长征出发地金字品牌，通过众筹等市场方式，打造一批具有市场认可度、市场传播力和竞争力的红色文创精品。推进安远三百山、大余丫山等创建国家5A级景区，打造“江南宋城”历史文化旅游区，深入推进国家级客家文化（赣南）生态保护实验区建设，促进红色旅游与生态、客家文化、阳明文化的融合发展。

作者简介：张宜红，江西省社会科学院江西发展战略研究所副所长、副研究员；王露瑶，江西省社会科学院江西发展战略研究所助理研究员。

东西部协作背景下乡村振兴的实践与路径
——以闽宁镇为例*

郭勤华

摘　要： 乡村振兴战略将推动中国传统乡村实现“乡土”到“美丽”的历史嬗变。东西部协作并取得脱贫攻坚全面胜利的实践证明，我国西部异地搬迁地区实现稳定就业、发展教育事业、保障人民健康安全、提高收入分配、构建社会服务体系，是实现全面巩固脱贫攻坚成果和乡村振兴有效衔接的重要举措。在推进乡村振兴中巩固拓展脱贫攻坚成果，涉及“巩固”与“拓展”两个方面，包含就业促进、教育促进、健康促进和金融服务等方面。按照“点—轴系统”理论，以闽宁镇为例，探讨西北异地移民由全面脱贫攻坚到乡村振兴的实践逻辑和路径适应，宁夏闽宁镇是一个攻坚脱贫与美丽乡村建设的典范。

关键词： 东西部协作；乡村振兴；实践路径

中国乡村振兴的先声是村镇建设。2020年，全国脱贫攻坚全面胜利，中国扶贫开发取得举世瞩目的巨大成就，是由于我们找到了治理贫苦的“好思路，好路子”。“东西部扶贫协作和对口支援，是推动区域协调发展、协同发展、共同发展”①，实现共同富裕目标的创新实践。福建牵手宁夏，帮扶协作扶贫的“闽宁模式”是最具中国特色的“扶贫故事”，是世界减贫工程的“中国篇章”。多年来，学界通过乡村发展要素人才资源、路径适应和规划布局等方面的研究，为乡村振兴提供了借鉴，但对整体推进如何实现巩固脱贫

* 本文系自治区哲学社会科学规划重点项目“习近平总书记关于东西扶贫协作重要论述与‘闽宁模式’研究”（20NXAZL01）阶段性成果。

① 《认清形势聚焦精准深化帮扶确保实效切实做好新形势下东西部扶贫协作工作》，载《人民日报》，2016年7月22日。

成果和乡村振兴的过渡与衔接考量不足。借鉴“点—轴系统”理论，以闽宁镇为例，探讨西部异地移民从全面脱贫攻坚到乡村振兴的实现路径，具有重要的现实意义和学术价值。

一、从“干沙滩”到“金沙滩”：闽宁镇个案实践

20 世纪 90 年代，改革开放使东部地区与中西部地区的差距逐渐凸显。1996 年，党中央、国务院决定通过东部发达省市对口帮扶中西部欠发达省区的东西对口扶贫协作重大决策。① 按照中央部署，福建省对口帮扶宁夏，并把帮扶的重点落在了改造“苦瘠甲天下”的宁夏西海固地区。1997 年，习近平提出建设闽宁村的设想，建议将西海固生存环境恶劣地区的群众移民至宁夏贺兰山东麓一隅，搞一个试点，打造成具有样板意义的闽宁协作示范村，让移民迁得出、稳得住、致得富。于是，从宁夏南部山区西吉、海原两县陆续搬迁的 1000 多户百姓，在永宁县玉泉营、玉海经济移民开发区基础上建立起闽宁对口扶贫协作的第一个移民示范区——闽宁村。随后的几年里，闽宁村陆续接纳了来自宁夏“西海固”六个国家级贫困县的 4.4 万名移民，成立闽宁镇。2016 年 7 月 19 日，习近平总书记调研考察闽宁镇生态移民村原隆村时感慨地说：“闽宁合作探索出了一条康庄大道，这个宝贵经验可以向全国推广，做一个示范，实现共同富裕。”② 实践证明，闽宁镇探索的这条康庄大道，是实现先富帮后富、最终实现共同富裕目标的大举措，体现了中国特色社会主义的政治优势和制度优势。因此，中国西北大地上才会有众多“干沙滩”变成“金沙滩”的奇迹。2016 年以来，东西部扶贫协作和对口支援，逐步完善政府援助、企业合作、社会帮扶、人才支持等主要协作方式，形成东西部发展和建构较为系统性且独具特色的帮扶模式——“闽宁模式”。闽宁镇成为改善西部乡村基础设施，城乡体制改善明显，打造美丽、生态乡村的样板，为我国西北异地搬迁移民区乡村振兴战略推进奠定了政策基础，提供了能复制可借鉴的成功案例。

第一，改善乡村基础设施建设，逐渐推动传统农业转型升级，效果明

① 黄大富：《山海同心促发展》，载《黔西南日报》，2019 年 1 月 10 日。
② 《回访习近平总书记宁夏考察：“社会主义是干出来的”》，载《宁夏日报》，2016 年 7 月 24 日。

显。闽宁镇荒漠化地貌特点突出，土壤类型属于典型的干旱荒漠化土壤。移民创业开发建设过程中，根据气候特点和地域资源，利用黄河灌溉和平原农业耕作技术，大力发展葡萄、蔬菜、水果和畜禽养殖等特色产业，效益凸显。同时，充分发挥"东西合作，精准扶贫"的示范带动作用，改善生态环境，通过发展庭院经济、专业养殖等，提高社会经济发展水平，将闽宁镇打造成地域特色突出，内外交通便捷，环境整洁优美，社会和谐文明的特色小镇。

个案1　园艺村："特色产业+公司+"的现代转型

中国传统农业农民收入主要依托自给自足的小农经济。2016年以来，园艺村在建设美丽乡村的过程中，作为推动生态移民区农业转型发展的典范，通过引进农业科技，以发展乡村产业为重点，建设生态宜居村庄为关键，培育文明乡风为保障，构建乡村振兴特色样板，发展特色产业，最终形成"特色产业+公司+"的经营方式，在增加传统种植养殖产业效益的同时，促进产业间相互融入并向现代化转型。目前，全村有设施温棚97栋、种植白萝卜1300亩、种植酿酒葡萄2300余亩；肉牛养殖200户，存栏4600头，肉羊养殖300户，存栏近4万只；养殖龙头企业有犇旺公司、金广公司、金顺友公司、闽楠养殖4家。形成以绿为主、多彩协调的特色产业示范村。同时，现代物流和电商平台的迅速发展，为传统农业产供销提供了直销渠道，对农业生态的消费需求催生出新的农业产业形态，扩展了区域农业发展的内涵。交通道路不断畅通，给园艺村乡村旅游业发展带来良好势头，农特产品创造的经济效益，提升了移民村的文化自信和乡风文明。

个案2　福宁村："特色养殖+劳务+商业贸易+"融合发展

劳务输出是西部地区农民致富的"铁杆庄稼"。东西扶贫协作为移民区解决了建设、发展乡村产业的需求。"西部地区要做好本行政区域内劳务对接工作，依托当地产业发展，多渠道开发就业岗位，支持贫困人口在家乡就地就近就业。……东部省份要把解决西部贫困人口稳定就业作为帮扶重要内容，创造就业机会，提供用工信息，动员企业参与，实现人岗对接，保障稳定就业。”①福宁村一方面通过闽宁扶贫精准对接劳务岗位，扩大就业，增加农户收入；另一方面依托养殖园区现有空地，建成高标准肉牛养殖圈舍2000平方米，采取“出户入园”（人畜分离，牲畜进入养殖园区）的养殖方式，带动村级产业提升参与度，推动第一、第二、第三产业相互融合。福宁村依托劳动力富裕、技能熟练度较高的人力资源优势，对有文化、懂技术、会管理、善经营、爱农村、爱农民的返乡人才给予政策支持，通过培养高素质农民队伍，发展种植养殖和乡村劳务输出，发展旅游、民宿等文化产业。近年来，一方面培育致富带头人、劳务经纪人，另一方面成立劳务派遣公司，通过微信群、快手、抖音等渠道及时向村民介绍相关用工信息，每年有组织向外输出劳务5000余人次。同时，利用交通要道和“中心村”双重区位优势，经营发展农副产品集贸市场、餐饮业、商店超市和乡村旅游等产业，形成“特色养殖+劳务+商业贸易+”融合发展的新型合作产业模式，拓展移民收入来源，优化移民收入结构，推进脱贫攻坚与乡村振兴的有效衔接。

第二，改善乡村环境，逐步优化移民生活空间。坚持人与自然和谐共生，是乡村振兴的基本原则之一。改善农民人居环境与牢固树立和践行绿水青山就是金山银山的理念是一体的。2012年以来，闽宁镇以村为单位，因地制宜，由个别试点开始逐渐铺开，形成“点-线-面”扩散性推进村域环境建设，发挥各移民村的资源优势，帮助移民解决最基本的生活需要，硬化村道，与乡、县、省道进行衔接，配套道路设施，为移民提供文化交流场所等，有效提升移民生活空间秩序。利用政府投资和东西帮扶资金美化生活环境，改善移民村公共服务设施，亮化美化、供排水处理，包括垃圾处理等。2017年以来，美丽乡村建设政策进一步组合调整，对土地管理、征地拆迁、项目建设、土地流转等重大敏感问题中不适应高质量发展的，进行整改整顿，使闽宁镇下辖1个社区、6个行政村的村容村貌实现了“旧貌换新颜”，全镇社区村组移民生活空间整洁、靓丽，各具特色。

① 中共中央办公厅　国务院办公厅：《关于进一步加强东西部扶贫协作工作的指导意见》，2016年12月7日。

个案3　武河村："庭院经济+散户养殖+村域旅游+"的新型产业模式

"美丽中国建设就是美丽乡村建设。"① 随着脱贫攻坚的全面胜利，移民村对当地生态环保及其价值有了更加清晰的理解和认识。武河村移民，由西吉县自发移民和隆德县生态移民构成。交通道路畅通，南接青铜峡甘城子村、北接闽宁镇木兰村，在13.4千米的偌大空间内，东有包兰铁路，西接110国道，集市贸易辐射周边的青铜峡叶盛及山区村落。加之每户2.4亩大的庭院，又是最早尝试种植葡萄的移民村，种植技术和经验相对丰富，利用闽宁扶贫资金和政府各类资金投入的庭院经果园、养殖大棚等基础设施建设。《山海情》的热播，助力武河村挖掘乡村旅游资源，利用武河村千亩桃园项目，打造武河村旅游资源的"金字招牌"，形成"庭院经济+散户养殖+村域旅游+"的新型产业模式。目前，武河村劳动力总数5596人中，形成阶梯形就业状态，45岁以上近一半中老年劳动力发展庭院经济和散户养殖；20—40岁左右的青壮年劳动力经过教育和劳务技能培训，带着技术就近务工，给武河村经济社会带来了新气象。在探索精品酿酒葡萄示范村建设，发挥庭院经济效应，发展规模化养殖，利用农村集市贸易的辐射带动，完善村级市场管理等方面，武河村正行进在乡村振兴的路上。

第三，推动移民文化融合发展，彰显移民文化活力。"移民融入的进程首先是经济的融入，其次是政治的融入，最后是社会文化融入与心理融入。只有达到社会文化与心理的融入才算是山区移民真正全面融入城镇生活当中。"② 对于移民村来说，乡村重建的主体是村民，异地搬迁使移民离开故土，割舍的不仅是一桩村落庭院，还有与生俱来的乡愁。在异地重建生活空间，必须保护传承移民原生态文化，使其融入社会经济生活的诸多方面。闽宁镇随着移民搬迁的渐次推进，移民文化相继嵌入移民乡村，政府给予安置的基本生活保障陆续完善后，从文化认同上使其真正融入新环境，建设新家园，激发移民传统文化

① 《美丽中国建设就是美丽乡村建设》，载《贵州文明网》2015年8月17日。

② 王晓娥：《山区移民社会融入之路思考——基于陕南的实证调研》，载《农村经济与科技》2017年第19期（总第28期）。

的深度融入。闽宁镇以住房、道路、庭院经济和公共生活区域等物质空间为基础，在移民村公共生活空间配套公共休闲区、图书室等，目的是为移民参与各种文化活动提供服务，彰显的正是移民文化交往交流融合的魅力。

个案4：拓荒精神+黄河文化：文化传承的内涵

中国传统文化是各民族共同创造的人类共同财富。文化的传承包括拓展内涵和区域变迁两个方面。闽宁镇在艰苦创业中形成一种已经升华的地域性文化精神，那就是拓荒精神。这种精神是来自南部山区移民思想观念的大解放，他们在政府推动下“摒弃了等、靠、要的消极依赖思想，摆脱了安土重建与故土难离的传统观念的影响”①，在东西扶贫协作政策的引领下，“消弭了移民面对这块陌生荒原的无助与孤独，没有畏首畏尾，而是鼓足勇气前行”②。闽宁镇移民文化从根本上讲是中国传统大文化背景下的黄河文化，黄河文化与移民创业的融合，黄河给予闽宁镇移民无限的物质享受和精神希冀，黄河灌溉使闽宁镇实现了从“干沙滩”到“金沙滩”的蝶变，这里蕴藏着移民群众对共产党的无限感恩。“文化本来就是传统，不论哪一个社会，绝不会没有传统的。”③ 一种文化之所以能活态存在，是因为这种文化要素对利用它的人有一定的价值。发源于陕西、甘肃一带的国家级非物质文化遗产秦腔，是宁夏南部山区地域文化变迁的主要文化样态，在闽宁镇移民区属于最为贴近移民心里需要的文化产品，它在现实生活场景中的展示随着移民生活背景和空间的转换，从形式到内容既保留了内容的原汁原味，也反映了移民诉述生活原委的心理释放，是移民文化的异地适应。

第四，根植于移民村的社会治理，彰显了中华民族共同体的时代特性。移民村具体的空间是各民族通过参与公共事务，形成多元文化需求之间的平衡。移民区的治理通过结合地方性规范与移民文化的优良习俗，使地方性规范要求在移民村空间落地生根。调研显示，闽宁镇移民融入的适应性绝不是经济、政治、文化的简单机械相加，是移民心理、政治和经济等方面的综合反映。基于

① 薛正昌：《红寺堡移民史》，北京：商务印书馆，2019年，第359页。
② 薛正昌：《红寺堡移民史》，北京：商务印书馆，2019年，第360页。
③ 费孝通：《乡土中国》，北京：人民出版社，2008年，第63页。

此，2014 年以来，闽宁镇在推进美丽乡村建设中依据东西扶贫协作相关政策，结合移民村地理人文特征设计"一村一品"来展示贺兰山东麓产业、自然及人文景观，追求移民村落建筑外形上的"天人合一"理念；通过东西不同文化背景，在题材、建筑和色泽搭配上汲取福建民间建筑特点，体现移民村东西协作的文化交融，在视角上形成闽南大厝落地宁夏平原的乡村景观。调查显示，2014—2020 年闽宁镇在推进美丽乡村建设中，将国家乡村治理理念镶嵌到移民生活的传统认知中，从微观到宏观渗透着东西扶贫协作的国家理念。来自西海固不同县域的移民村将各自的文化习俗和传统用图画的方式展示在安置空间内，把贺兰山赭色的"山气"、东南沿海的"大厝"建筑风貌和黄河文化有机结合起来，在充分吸纳宁夏南部山区民俗文化的基础上，把黄河文化和东南沿海的开放文化相互融入形成独具特色的移民新村，达到国家移民治理空间的建构和再生，展示闽宁镇移民村由表及里的物质改造和主流价值的弘扬形塑。

第五，增加移民收入，提升移民幸福指数。经过东西部协作的持续推进，闽宁镇移民收入大幅增长，生活水平日益提高。2017 年至 2020 年，闽宁镇依托东西扶贫协作政策扶持和产业扶贫双引擎，按照"一村一品"规模化发展，集中力量发展优势产业，特色种植不断扩大。全镇主要种植玉米、小麦、枸杞、葡萄、奶瓜瓜、白萝卜、红树莓等，葡萄产业优势尤为凸显。玉海村、原隆村、园艺村、木兰村、福宁村分别建设菌草扶贫车间。同时，通过大力发展生态农产品精深加工企业，创新开发多元化、多业态、多模式农业经营模式，建立集生产、加工、营销、旅游等一体化的现代农业产业体系，走上特色化、产业化、品牌化的发展方向，为全镇打赢脱贫攻坚战创造了先机，移民人均纯收入处于快速增长阶段。全镇农民人均可支配收入从开发建设初期的 500 元突破到 1 万元，2020 年增长至 14961 万元。

作为福建和宁夏对口扶贫协作的起点，闽宁镇从戈壁荒滩到生态移民示范镇再到全国特色小镇，收入作为移民生活变化的"晴雨表"，闽宁镇移民社区和移民村常住居民人均可支配收入年均增长率达 3.3%，车辆拥有量占总户数的 19.5%，个别家庭住房支出在 40 万元到 50 万元之间。2020 年，闽宁镇全面脱贫，在巩固脱贫成果和乡村振兴建设相互衔接中，展示出易地搬迁移民与全国人民一道迈向共同富裕的前景。

二、审视与反思：发展的短板

“中国历史上的移民有各种类型，有其不同的特点，但就性质而言，却基本只有两种——生存型与发展型。”① 西北异地搬迁移民或生态移民，最初的移民是为了生存才脱离了传统的乡土本色、家族、血缘地缘等，在政府政策助推下逐渐重构起新的家园，过渡到发展型。这样的转变，给故土一个恢复生机的机会，也给新家园一个创新发展的机会，实现的是保护生态和脱贫致富的双重效应。闽宁镇作为历时仅 25 年的生态移民新镇，从无到有、从弱到强，由“干沙滩”变成“金沙滩”再到“全国特色小镇”的历史变迁，并将其放在乡村振兴要构建的预期目标中审视，仍然存在短板和不足。

第一，基础设施整体薄弱，公共服务配套不完善。多年来，闽宁镇发展依托外来资金较多，作为移民村，需要解决的问题多，困难大，受资金、项目等多种因素限制，村组建设相对滞后，村庄建设缺规划、私搭乱建严重、环境脏乱差等问题仍然较为突出。农民收入差距较大，农户利益保障机制仍需完善。村镇旅游起步较晚，道路、供排水、供电、停车场和饭店宾馆等与乡村旅游发展相配套的“吃、住、行、游、购、娱”等服务设施建设发展迟缓。在乡村发展实践中，政府指导一直遵循的基本原则是国家不同尺度区域发展与规划，生态文化旅游资源整合力度不够，文化资源优势未能高效转化为产业、产品优势，对移民文化的深挖和活化不够，特色生态产业文化不够鲜明突出。

第二，产业经营主体协作性较弱，产品竞争力不强，市场配位靠后。“乡村振兴，产业兴旺是关键。”② 从产业规模和技术能力看，闽宁镇土地集中连片，规模经营基础优越，科技现代化水平较高，移民完全摆脱了“靠天吃饭”的传统生产方式，但新型农业生产方式仍然相对落后。调查显示，闽宁镇特色种植养殖业、旅游产业尚处起步阶段，生态产品品牌宣传力度不足，基础薄弱，集中规模化程度低，效益不够明显，可持续发展能力较弱，产业链延伸不足，在乡村发展中后劲乏力。葡萄酒龙头企业与群众紧密型利益联结机制不健全。光伏产业面临制约困境，难以继续做大。村级产业能够支配的资金少，劳

---

① 葛剑雄等：《中国移民史》第五，福州：福建人民出版社，1997 年，第 42 页。

② 《实施乡村振兴要以产业兴旺为基础》，中新网，2020 年 1 月 14 日。

动力资源文化程度低，绝大部分劳动力的学历层次在初中阶段，然而东西部协作的投入大、产业开发技术要求高，本地技术短缺，外来技术有限，使得产品品质创新相对滞后。产业合作模式与品牌销售水平较低，移民合作互助意识淡漠，村域间互助合作模式没有完全形成，主要依赖招商引资企业，没有村级产业合作社参与经营。加之农产品加工技术停留在初级阶段或直接进入销售渠道，不产生农产品附加值，除葡萄酒外其他农产品与知名农特产品牌相差较远，产品等级与市场配位靠后，村与村之间存在“多村一品”的同质化，产品进入市场销售相互掣肘，主导产业竞争优势削弱。

第三，产业项目选择不够精准，群众接受与参与度较低。闽宁镇发展养殖业实施“出户入园”措施，以个体化移民村为主体，从项目申报到工程落成，仅从人畜分离的防疫管理、生态环境改善等方面考虑，没有考虑产业发展、乡村环境整治、美丽乡村建设是否真正反映村民的客观实际，造成政策执行过程中与乡村产业发展、农民心理诉求不一致。从项目实施的社会效益看，园区以农户为单位，养殖大户与小户分割面积以入园牲畜数量计算，大小难求统一。牲畜数量动态发展与农户密集养殖，农户之间没有形成相互协作模式，防疫设施、防范措施没有同步跟进，没有从全镇乡村建设全局考虑，有劳动能力的贫困户没有真正融入产业。闽宁镇产业发展中，基层干部执行上级政策涉及多方利益，平衡各种相关主体诉求。就乡村振兴战略实施调查表明，移民村要素投入和部门协同推进的合力不足，具体到政策衔接上，各部门单打独斗，点面结合断档，带动力不强，辐射面不大，没能通过政策真正激活乡村资源要素，群众参与认可度不高，效益不够明显。

第四，发展规划不一致，村与村之间不能有效衔接。从调研的几个移民村来看，闽宁镇在推进美丽乡村建设中存在“一村一规划”模式。内容上，村规划表述主要对标镇上的文件，对本村实际缺乏相应对标，总体存在上不“破”下不“立”，仍守着产业结构和经营方式的“旧摊子”。形式上，村规划与既定的产业、城镇、经济社会发展规划等的取舍、组合上连接不紧，造成“村村相似”又“村村不同”的尴尬局面和现实。分布上，整体建设成效因“县—镇—村”三级重视程度不同，各村组拥有数量不同和建后效果差别较大等问题。

第五，金融服务不到位，招商不难与效益不高并存。资金问题是助力移民村前期建设发展的保障，随着移民村自身产业发展和金融政策的跟进，资金问题将成为实施乡村振兴持续推进的突出问题之一，资金来源不能满足日益扩大的建设规模是闽宁镇发展的最大阻力。长期以来，资金主要依靠东西扶贫资金和政府财政支付，资金使用过于集中在乡镇社区的项目建设上，落到村集体和移民户发展经济的资金有限。资金使用社会效益不高，即便是贴息贷款，村民都不愿尝试借贷用来发展本地生产经营，资金撬动力不强。调查显示，移民村通过异地搬迁，硬件设施有了很大提升，但真正要用来发展生产的资金很有限。因为市场发育不太完备，农产品进入市场交易的优势不足，招商引资项目收益对投资方的吸引力不足，有的项目虽然进入到合作阶段，但项目实施中由于资金、管理或政策上缺乏切实可行的约束机制，从而造成项目实施力度不大，甚至有的项目没有实施就偃旗息鼓。

第六，内生动力不足，干部群众思想意识反映迟滞。移民村实现了脱贫攻坚的全面胜利，但对乡村振兴的实际诉求基本没有发生变化，在思想认识上镇村干部和群众一样，仍然停留在等政策、建新房的层次上，缺乏创新精神。移民村作为乡村振兴的载体，人力资源是乡村振兴的主体，主体主宰载体的作用力不强。调查显示，从相关部门到普通村民对乡村振兴没有具象认识，对国家、宁夏、银川市等政府部门出台的有关乡村振兴政策知之甚少。具体到移民村，来自管理部门的政策一直推着移民主体被动发展，养什么种什么，政府干预过强。乡村振兴需要人力、物力的长期持续投入，而闽宁镇青年劳动力基本外出务工，移民村干部普遍存在应付各类检查，关心上级工作部门对近期工作成效的认可，对脱贫攻坚与乡村振兴的概念只停留在文件上，什么是乡村振兴对他们来说就是顺其自然，听从上级指示，如何做好后扶贫时期与乡村振兴的衔接认识盲然，考虑也少，对于移民村如何立足发展缺乏长远的谋划。

三、迈向“共同富裕”：巩固脱贫成果与乡村振兴的有效衔接

乡村社会从传统向现代转向的逻辑主线通常遵循“乡土中国”到“美丽乡村”变迁。闽宁镇 25 年的历史变迁，收获了东西扶贫协作的最大利好。2020 年实现全面脱贫后，闽宁镇将全面推进乡村振兴建设，移民村作为乡村振兴的

载体，是实现农业农村现代化的不二选择。一方面，国家要求在东西部协作方式不断创新前提下，从板块上形成自上而下的对应；另一方面，移民需要自下而上的对接国家战略，形成相互呼应。

第一，依托政策引领，奋力开启宁夏乡村振兴绿色发展道路。"为缩小东西部地区发展差距，实现东西部地区协调发展，1996 年，党中央、国务院提出了'两个大局'的战略构想和推进西部大开发的统一部署。其中，福建省被指定帮扶宁夏回族自治区，承担起了对口帮扶宁夏的任务。"① 25 年来，闽宁镇经过广泛深入地开展多种形式的扶贫协作，动员福建企业家到宁夏投资办厂、开展经贸合作、加强干部交流和人才培训、兴办社会公益事业等指导思想，倡导"联席推进、结对帮扶、产业带动、互学互助、社会参与"的对口扶贫协作机制，形成了全方位、多领域的"闽宁模式"，成为东西扶贫协作的成功范例。面对移民区后扶贫时代和乡村振兴的衔接推进，闽宁镇依然要借助东部资金、技术和人才等外来要素，与地域禀赋结合起来，"进一步致力于把生态扶贫、生态协作与乡村振兴战略结合起来，让生态文明真正惠及闽宁镇广大人民群众，奋力在宁夏开启一条绿色发展之路。"②

第二，依托产业模式，不断推进移民村共同发展。马克思认为"各种经济时代的区别，不在于生产什么，而在于怎样生产，用什么劳动资料生产。"③ 乡村发展的关键是稳定产业支撑，实现乡村振兴必须发展乡村产业。闽宁镇地处贺兰山东麓葡萄最佳种植带黄金产区，要继续探索发展"优质产区、精品酒庄、辐射生态全产业链条"的"葡萄酒+"产业模式，必须在原有"特色种植养殖业产业、高效节水现代农业、劳务及商贸物流园、文化旅游产业"产业发展格局的基础上，进行资源整合、产业融合、经济联合的经营发展方式，实现区域经济的提速提质。要以政策为主导，培育发展专业人才队伍，组成生产营销团队，发掘市场潜力，从产量到质量寻求适合的市场等次，多维推动优势强势产业发展。要依托葡萄产业发展优势，进行合理规划布局，倡导"优质产区、特色园区、精品酒庄"融合发展思路，完善"葡萄酒+旅游+"的产业发

---

① 《全国两会上的宁夏声音——宁夏代表委员发言和接受记者采访摘要》，载《共产党人》，2017 年 3 月 31 日。

② 陈仁芳：《从生态扶贫走向生态富民》，载《光明日报》，2020 年 9 月 3 日。

③ 马克思：《资本论》（第一卷），北京：人民出版社，1963 年，第 204 页。

展体系，形成主导产业推动其他产业融合发展的强劲势头。在后扶贫时代，要通过“政府+企业+贫困户”的合作模式，依托“光伏+”产业链推动“一户四牛一棚一电站”的“4+1+1”脱贫模式，通过先富帮后富，同步迈向共同富裕。

第三，完善机制体制，逐步实现共建共融共享。西北地区以美丽乡村建设作为振兴载体，在延续原有机制体制的基础上，践行精准脱贫战略思维并取得脱贫攻坚的全面胜利，在推进乡村振兴中继续坚持东西部协作，不断完善驻村第一书记、对口支援等制度建设，仍然是完善闽宁镇体制机制建设的重要内容之一。乡村振兴推进中的东西部协作，在村域空间演变顺序上发生了逆向转变，原来以“个体”带“整体”的精准扶贫反过来成为以“整体”带“个体”，以乡村全面振兴促进村民个体发展为顺序。因此，闽宁镇要畅通运行机制，必须成立以镇政府为核心的工作推进措施，合理优化乡村要素，实现土地、资源和人才的整合力，健全乡、村、组三级运行机制，探索东西部协作共建共享机制。政府作为东西部协作的主导部门，要在实施创新“公司+合作社+基地农户”的利益联结合作模式上，建立股份合作、订单合同，形成风险共担、多方共赢的利益共同体。同时，针对全镇经济总量偏小、农业现代化水平不高、产业培育乏力、经济结构调整、产业优化升级和经济发展方式转变步伐较慢等现状，在迈向共同富裕的征程中还需要加强主导产业和市场要素的紧密结合。

第四，全面规划布局，逐步实现村组和谐发展。真正撬动移民村经济发展的杠杆是乡村振兴的具体规划和实施，只有对乡村土地资源进行合理布局，才能形成乡村振兴发展的新格局。闽宁镇要以村组为单位，全面考虑移民村不同文化背景特色，对其所承载的文化样态给予保护，并通过举办各种特色节庆以增强对本土文化的价值认知，增强移民文化自信，巩固和深化移民搬迁成果，避免搬迁后再次出现“空心”村的困境。进行示范带动，将移民村建设纳入乡村振兴示范项目，依据国家乡村振兴战略规划（2018—2022 年）和宁夏乡村振兴战略规划（2018—2022 年），切合移民村实际，在原有乡村建设发展的基础上，探索乡村振兴模式。

第五，注入金融活力，确保关键领域资金发力。习近平总书记在决胜脱贫攻坚座谈会上明确指出：“要保持脱贫攻坚政策稳定，对退出的贫困县、贫困村、贫困人口，要保持现有帮扶政策总体稳定，扶上马送一程。”① 意味着我国脱贫攻坚政策具有延续性。因此，闽宁镇要明确项目优势，用好金融政策，结合《银川市市辖区乡村振兴规划（2018—2035 年）》的发展定位，以移民区定位来规划发展特色小（城）镇、新型农村社区、美丽村落和美丽庭院、田园综合体、休闲生态农庄等人居空间、产业区块所形成的多个节点，争取扶贫资金持续到位，统筹使用，确保资金在产业提升、基础改善等关键领域发力。按照《社会资本投资农业农村指引（2021）》提出的社会资本投资农业农村的 13 个重点领域和创新投入方式的具体措施，打造合作平台，营造良好环境，“聚焦各移民村人力、土地两个要害发力，要聚焦提高农业质量效益和竞争力，借金融之力助推产业融合发展，聚焦实施乡村建设，借金融之力助推农村基础设施建设，……借金融治理助推培育壮大新型农业经营主体。”② 保持责任主体明确，村委会对各级各类惠民涉农资金统一管理，实现“好政策”与“好项目”的有机统一，形成资金运转的良性循环。

第六，发展教育培训，提升乡村振兴的智力支撑。乡村振兴的主体在农村，动力是农民。发展教育不仅是切断贫困代际传递的重要措施，更是巩固脱贫攻坚成果和实施乡村振兴的长远目标和根本大计。闽宁镇移民教育公共服务最为薄弱，加快构建移民村组幼儿园建设，从学前教育入手，为更多移民子女提供学前教育机会，不断完善基础教育。加强职业技能培训，提升劳动力总体素质，激发移民的主体作用和内生动力是推进闽宁镇经济社会发展的根本所在。同时，在探索乡村振兴的过程中，要支持新乡贤参与乡村振兴，使乡村振兴战略思想在不同群体中形成统一认识，尤其对乡村发展“五位一体”建设的现实意义，关注移民利益表达方式，提升移民对乡村振兴战略意义的认识和认可，拓展新乡贤参与建设的行为空间，让新乡贤以立功、立德、立言的人文道德力量来影响村民，形塑移民村的人文精神。

① 刘晓玲：《习近平关于贫困治理重要论述的内涵与价值》，载《马克思主义研究》，2020 年 12 月 15 日。

② 李明月：《为乡村振兴注入金融活水》，载《光明日报》，2022 年 5 月 10 日。

小 结

东西协作背景下的闽宁扶贫，作为一种异地扶贫的典范，其成功的经验在于充分发挥贫困群众的主体作用，尽可能激发移民群众的内生动力，继续坚持将扶贫协作与扶志扶智结合起来，坚持将扶贫协作与经济发展结合起来，使东西部协作的长效机制可持续发展，鼓励和引导移民建立起信念和信心，通过奋斗实现脱贫致富迈向共同富裕。闽宁镇作为国家脱贫攻坚的典型，面对后扶贫时代的到来和乡村振兴的逐步推进，要实现巩固脱贫攻坚成果与乡村振兴的有效衔接，肩负着乡村振兴的重任。要把客观存在的问题与当下乡村振兴的推进措施以及未来乡村现代化的走向联系起来，做到有效衔接，尤为重要的是保护激发农民积极性，把东西部协作政策的实施和国家乡村振兴的时代使命紧密结合起来，使闽宁镇在迈向共同富裕的道路上走出一条可推广、可复制、可借鉴的闽宁实践之路。

作者简介：郭勤华，宁夏社会科学院副编审。

“三变”改革：壮大重点帮促村集体经济的江苏实践*

赵锦春

摘　要：肇始于贵州六盘水市的农村“三变”改革为盘活农村集体资产提供了新思路。近年来，江苏持续开展“三变”改革，重点帮促村集体经济发展取得阶段性成效。当前，重点帮促村集体经济与普通村发展差距较大，重点帮促村增收渠道持续收窄、产业项目竞争力低、经济发展活力不足、村集体经济长效增收机制不完善等难题较为突出。“十四五”时期，应充分激发农村“三变”改革势能和优势，因村施策明确发展定位，确保帮促项目提质增效，激活集体经济内生动力，强化帮促村集体经济发展用地保障，加快构建重点帮促村集体经济发展长效机制，切实提升帮促村集体经济“造血”能力，夯实乡村产业兴旺的村集体经济发展基础。

关键词：农村“三变”改革；重点帮促村集体经济；长效发展机制

国务院《关于支持贵州在新时代西部大开发上闯新路的意见》（新国发2号文件）指出，要巩固拓展脱贫攻坚成果样板区。推动巩固拓展脱贫攻坚成果同乡村振兴有效衔接，走具有贵州特色的乡村振兴之路。肇始于贵州六盘水市的农村“三变”改革为盘活农村集体资产，拓展乡村“三资”空间提供了全新思路，为全国乡村集体资源资产创新提供了样板和范例。2021年，江苏贯彻落实《关于全面推进乡村振兴加快农业农村现代化建设的实施意见》（苏发

* 本文系2021年江苏省社会科学基金重大项目：“苏北‘四化同步’集成示范研究”，项目批准号：21ZD018；2022年江苏省社科基金重大项目：“江苏率先全面实施乡村振兴战略研究”，项目批准号：22ZDA004；2022年江苏省社会科学院首批自组学科项目：“城乡融合视角下益贫式增长实现路径研究”；2022年江苏省社会科学院首批重点学科项目：“农村经济学”。

〔2021〕1号）更是提出将构建重点帮促村集体经济发展长效机制作为巩固拓展脱贫致富成果的重点任务之一。从20世纪80年代的“苏南模式”到21世纪初的“新苏南模式”，集体资产股份制改革创新举措为农村集体经济发展提供了全国范例。当前，贵州“三变”改革在江苏村集体经济发展中同样发挥着重要作用。分析江苏开展“三变”改革，培育壮大村集体经济的实践经验无疑能为贵州及全国乡村产业兴旺提供典型经验与启示。2016年至2021年，江苏省社会科学院农村发展研究所（以下简称课题组）陆续开展五轮江苏扶贫开发与脱贫攻坚实施成效系统评估工作。本文基于课题组实地调研所获得的第一手数据资料，以江苏重点帮促村集体经济发展现状与成效为出发点，聚焦江苏培育壮大重点帮促村集体经济的创新举措与实践，阐释当前制约江苏重点帮促村集体经济发展存在的重难点问题，提出扶持重点帮扶村集体经济发展的对策建议。

本文余下的安排如下：第一部分分析江苏重点帮促村集体经济发展成效；第二部分阐释江苏重点帮促村“三变”改革的探索与经验；第三部分剖析制约重点帮促村集体经济发展的重难点问题；第四部分为结论与政策建议。

一、江苏重点帮促村集体经济的发展成效

（一）重点帮促村集体经济稳健发展

1. 村集体经济收入全部达标

江苏重点帮促村总收入均值由2016年的46.5万元上升至2021年的112.5万元，增幅高达142.0%，抽查村全面稳定达标省定市定重点帮促村达标标准。[①] 从分项收入来看，村集体经营性收入已成为江苏重点帮促村集体经济收入的主要来源。扶贫资产类收入占村集体总收入中的占比则由2016年的8.7%上升至2021年的15.9%。村集体经济中，直接经营性收入占比也由2016年的0.8%上升至2021年的3.7%（见表1）。

① 江苏省内市定经济薄弱村主要集中在扬州、泰州和南通三个设区市。省定经济薄弱村则主要集中在苏北五市，省定经济薄弱村标准为经营性收入18万元以下。市定经济薄弱村标准略有差异：扬州沿河地区为45万元、沿江地区为55万元。泰州和南通标准则分别为35万元和30万元。

表 1　经济薄弱村集体经济收入均值及分项占比（单位：万元/%）

年份	样本数（个）	均值（万）	经营	资源类	扶贫资产	股权类	直接经营	其他
2016	54	46. 5	47. 0%	18. 1%	8. 7%	1. 5%	0. 8%	10. 3%
2017	59	72. 9	43. 8%	13. 5%	12. 4%	1. 4%	2. 2%	8. 5%
2018	182	45. 5	22. 1%	9. 5%	37. 6%	4. 7%	5. 1%	3. 8%
2019	184	57. 3	23. 0%	11. 2%	35. 5%	7. 2%	4. 9%	1. 7%
2020	77	86. 0	41. 3%	8. 7%	17. 8%	3. 1%	5. 0%	3. 7%
2021	157	112. 5	54. 5%	17. 6%	15. 9%	5. 2%	4. 3%	2. 5%
均值	119	70. 1	38. 6%	13. 1%	21. 3%	3. 9%	3. 7%	5. 1%

注：2019 年至 2021 年，课题组持续开展江苏扶贫评估调查。2018 年之前数据来自课题组 2019 年《苏北 12 个扶贫开发重点县区“十三五”实施脱贫致富奔小康工程情况评估报告》；2019 年数据来自课题组 2020 年年末《苏中苏北八市“十三五”实施脱贫致富奔小康工程情况评估》调研数据；2020 年至 2021 年数据来自课题组 2021 年《全省富民强村帮促行动接续推进乡村全面振兴评估》调查。

2. 苏北村集体经营收入增幅更为明显

村集体各类经济收入中，直接经营性收入是村集体内生发展能力的直观体现。2021 年，苏北、苏中、苏南村均集体经营性收入分别为 65. 45 万元、77. 37 万元、241. 13 万元，最高值分别为 209. 17 万元、186. 89 万元、948. 00 万元，最低值分别为 20. 50 万元、38. 63 万元、33. 72 万元，增速分别为 36. 97%、8. 5%、17. 28%。值得注意的是，苏中样本村村均集体经营性收入仅比苏北高 18. 21%，增速仅 8. 5%，比全省平均增速低 10. 32 个百分点。表明苏北相对欠发达地区重点帮促村在各级政府的帮扶下，村集体经营性收入高速增长，江苏重点帮促村集体经营收入呈现“苏北追赶”“苏中保持”“苏南稳健”的区域格局（见表 2）。

表 2　分区域重点帮促村集体经营性收入（单位：万元/%）

地区	2020 年			2021 年			增幅（%）
	均值	最高值	最低值	均值	最高值	最低值	
苏北	48. 8	193. 7	18. 1	65. 5	209. 2	20. 5	37. 0

续表

地区	2020 年			2021 年			增幅
	均值	最高值	最低值	均值	最高值	最低值	（%）
苏中	71.3	357.3	30.4	77.4	186.9	38.6	8.5
苏南	205.6	761.0	37.6	241.1	948.0	33.7	17.3

注：表中数据来自课题组 2021 年《全省富民强村帮促行动接续推进乡村全面振兴评估》调查。

3. 村集体经济产业项目运营良好

江苏村集体经营收入的增长得益于帮促产业项目的稳健运营和持续增收。三大区域重点帮促村集体产业帮扶项目呈现良好发展态势。2021 年，江苏不断加大重点帮促村产业帮促项目实施。在 153 个抽样重点帮促村中，项目资金增加的村占 60.78%，最高的苏北占 70%，最低的苏南占 49.12%。苏北帮促项目力度较大，苏南项目资金增加的村数不到一半，还有 3 个村没有帮促项目，帮促项目实施仍需努力。从帮促项目运行情况看，运行良好的村占 92.67%，苏中、苏南均是 94.44%，苏北为 90%；运行一般的村占 6%、运行差的村占 3.33%。总体而言，苏中、苏南的帮促项目运行情况要好于苏北（见表 3）。

表 3　2021 年江苏重点帮促村集体经济项目运营情况（单位：个/%）

地区	样本村数	实施产业项目村数	项目投资增加村数	运行好		运行一般		运行差	
				村数	占比	村数	占比	村数	占比
苏北	60	60	42	54	90.0%	4	6.7%	2	3.3%
苏中	36	36	23	34	94.4%	2	5.6%	0	0
苏南	57	54	28	51	94.4%	3	5.6%	0	0
全省	153	150	93	139	92.7%	9	6.0%	2	1.3%

注：表中数据来自课题组 2021 年《全省富民强村帮促行动接续推进乡村全面振兴评估》调查。

（二）富民强村保障机制基本建立

1. “大数据+”富民帮促平台

江苏在破除部门间信息壁垒，畅通低收入农户信息部门共享方面取得显著成效。目前，富民帮促大数据平台能够主动发现、分级管理、协同帮扶、动态清零，畅通低收入户监测帮扶的“最后一公里”。低收入农户返贫致贫防控App实现省域全覆盖，“市-县-乡-村”四级联动的“双易户”申报联防体系构建完成，通过镇级社会服务中心网点，打造家门口帮扶“服务站”，低收入农户通过手机App开展“线上”帮扶申请、受理、审批，在家门口服务站直接获得“线下”帮扶福利。部分地区建立的低收入农户的救助联盟，探索建成跨部门信息数据共享机制，实现救助部门间信息互通共享，使救助帮扶措施系统化、透明化。

2. 充分发挥农业保险功能

目前，病、灾、残等家庭风险冲击仍是造成短期内普通家庭陷入贫困危机以及低收入户返贫等主要因素。流转大户的经营“跑路”风险，参与新型农业经营主体低收入农户的收入保障难题亟待解决。农村金融保险理应在兜底低收入农户和重点帮促村集体增收中发挥更大作用。依托省内多个国家级和省级金融改革示范区，江苏各地在传统“三保障”政策基础上，建立部门联席制度，创新巩固脱贫成果的农保“自选动作”，筑牢低收入农户和村集体防贫“底线”。其中，“三级预警”“二次报销”“误工保”“集体经济收入保”“扶贫资产保”“承包土地经营权流转履约保证保险”等一系列针对低收入农户和重点帮促村集体经济收入风险防控的特色新型农村金融保险机制持续完善，有效提升村集体和扶贫资产项目抗风险能力。

二、江苏重点帮促村“三变”改革的实践与探索

（一）强化集体资源监管、厚植“资源”存量增量

江苏乡村存在大量“沉睡”存量资源亟待盘活。汇聚乡村内生发展的优质生产要素是激发乡村内生发展动力的首要重点任务。在大数据和互联网技术赋

能的条件下，以村集体资产监管平台为代表的“大数据+村资产监管”模式成为各地强化村集体存量资产管理的创新模式。如武进区建设“一个中心、九个系统”农村集体资产监管平台，率先实现平台财务核算初始化村级覆盖，建立起“互联网+”的农村集体资产监督管理新模式。新沂市高流镇在全省首创“图码”管控体系。通过扫描二维码可实时了解村集体资源编码、村集体资源位置、资源所属单位、集体资源面积以及经营编号等信息，解决了以往村集体资源占有、资源分散化、资源管理缺位等难题。南京则以“村社分账”管理改革为突破口，确保农村集体经济组织独立核算、轻装上阵。全面推广运用“E阳光”手机App信息公开和互动平台，推动农村集体资产财务管理制度化、公开化、规范化、智能化，保障集体成员的知情权、参与权和监督权。

（二）发挥产权交易优势、激活“资产”增收活力

打通城乡土地要素交易“堵点”，全面开展农村土地要素市场化改革，建立城乡统一土地市场的目的就是要规范城市资本下乡的渠道与机制，帮助农民获得更多土地要素财产性收益。各地在农村产权交易创新方面积极探索，有效推进城市资本要素下乡，助力城乡要素双向流动。如射阳探索乡村振兴要素保障创新模式。通过创新农村产权交易模式，完成全国首笔土地流转“云签约”。探索建立农村产权矛盾纠纷调裁诉多元解决机制、创新农村产权服务体系与交易风险防范机制两项试点入选全省第四轮改革试验区项目。同时，强化乡村振兴的人、财、地要素配置，打通城乡要素双向流动关键节点。开展金融支持农业重大项目、“百行进万企”和“万企型万村”试点乡镇专场对接活动，推出“药材贷”“渔轮贷”“开心鱼塘”特色创新农业信贷产品，满足洋马菊花、黄沙港海洋捕捞、水产养殖等特色农业产业发展需求。

（三）创新经营运作模式、提升“资金”使用绩效

提高“壮村”资金使用效率是确保帮扶资金合理使用，实现集体收益最大化的必然选择。江苏各地开展扶贫资金资产资本化运作与资金平台化联动发展模式创新，有效提升扶贫资金使用绩效。如皋建成全国首个由扶助资金入股、助力帮促村增收的“强村加油站”。项目运营首期，入股的3个帮促村村均收益就达35万元。张家港南丰镇利用扶贫资金组建平台公司入股49%参与南丰

与深投控、张家港市产业资本中心合作基金项目。平台依托永联永钢的优质资源，整合分散化的扶贫资金，参与资本市场运作，动员周边帮促村参与永联小镇西扩等项目，带动周边村共同富裕。无锡通过参与镇级资产平台联动发展、帮促村共同组建投资公司合作运营、抱团联建优质资产获取收益等多种创新方式推动帮促村集体经济持续增收。东台则推进49家村集体领办合作社开展镇农投公司运营，资金集中管运，收益按比例分工。农投公司年度利润均按"4321"模式进行利益分配。其中，利润40%归村集体，10%作为红利分配。

三、江苏重点帮促村集体经济发展仍存在的突出难题

（一）共富目标道阻且长

1. 村集体经济发展差距明显

尽管重点帮促村集体经济保持增长，扶贫资金资产持续注入，但同一县区内，重点帮促村与普通村之间的发展差距依然明显（马超峰和薛美琴，2015）。具体表现为，普通村贫困发生率明显低于重点帮促村。同时期，同县区内，普通村集体经营收入总额高出重点帮促村近10万元，且人均经营性收入高出重点帮促村30%，人均集体债务则低于重点帮促村近60%。就变化率而言，普通村集体经营性收入总额及人均收入增速均显著高于重点帮促村，集体债务下降率则明显高于重点帮促村。江苏普通村与重点帮促村集体经济发展仍存较大差距，呈日益扩大态势（见表4）。

表4　重点帮促村与非帮促村集体经济收入对比

年份	村庄类型	村人均土地面积	贫困发生率	集体经营收入	人均经营收入	人均村级债务	收入增长比例
		亩/人	%	万元	元	元	%
2020年	普通村	2.99	5.6%	52.7	171.1	151.1	—
	重点村	3.06	6.3%	44.0	144.0	348.2	—
2021年	普通村	2.99	5.6%	64.2	211.7	114.2	87.3
	重点村	3.06	6.3%	49.9	163.2	319.5	80.9

续表

年份	村庄类型	村人均土地面积	贫困发生率	集体经营收入	人均经营收入	人均村级债务	收入增长比例
		亩/人	%	万元	元	元	%
变化率	普通村	—	—	21.8%	23.7%	-24.4%	
	重点村	—	—	13.4%	13.3%	-8.2%	

注：2021年课题组特别开展针对盐城射阳县的重点帮促村（含省定与市定帮促村）和普通村集体经济普查。表中原始数据均来自《射阳县2021年村级集体经营性收入摸底调查汇总表》。射阳省定重点帮促村名单依据苏扶办〔2016〕5号文及盐城“十四五”时期市定经济薄弱村名单确定。人均土地面积使用村土地面积比总人口数表示。贫困发生率为村（居）建档立卡人口（“十三五”时期认定）比全村总人口。收入增长比例用经营收入增长村比分样本村总数表示。

2. 重点帮促村内部发展差距巨大

即便是在重点帮促村内部，发展差距依然较为明显。以苏北为例，2016年在苏北五市抽查的重点帮促村中，最低收入组村集体经济收入仅为8.3万元，最高收入组村集体经济收入则高达102.8万元，二者差距接近90万元。[①] 2020年，苏北五市样本村中最低收入组村集体经济平均收入为32万元，最高收入组平均收入则达到179.8万元，二者差距进一步扩大至147.8万元（见表5）。尽管苏北全域重点帮促村均已实现达标，但帮促村之间集体经济收入差距正迅速扩大。特别是进入2018年以来，收入差距迅速扩大。此外，2016年至2020年样本村集体经济收入的基尼系数由0.39扩大至0.56（见表5）。由于每个重点帮促村所对应的挂钩帮扶组织的资源调动能力、政府地位以及组织机构的领导能力的差异，造成了重点帮促村集体收入的明显差距。

表5　苏北五市经济薄弱村五等分集体经济收入（单位：万元）

年份	最低收入	中低收入	中等收入	中高收入	最高收入	基尼系数
2016	8.3	25.5	36.6	55.8	102.8	0.39

① 样本村中有部分村的达标年份为2020年。因此，出现2020年之前村集体经济收入低于省定经济薄弱村18万元标准的情况。

续表

年份	最低收入	中低收入	中等收入	中高收入	最高收入	基尼系数
2017	16.1	35.0	55.3	92.0	161.2	0.41
2018	12.8	20.5	25.6	36.9	144.5	0.50
2019	19.7	24.9	34.3	50.8	155.7	0.52
2020	32.0	49.6	67.2	96.4	179.8	0.56
均值	17.8	31.1	43.8	66.4	148.8	0.48

注：按照低收入户人均收入五等分收入标准进行分组得到的平均收入，原始数据来自2019年至2020年开展的苏北五市重点帮促村抽样调查。

（二）集体增收亟待纾困

1. 集体增收渠道收窄

现行条件下，土地、房屋等租金收入是重点帮促村常规性收入的主要构成部分。但受国家建设用地控制和区域规划的制约，驻村经营企业减少。随着城镇化的推进，大量农村集体资产被拆迁，部分重点帮促村集体土地和厂房逐年缩减。这一问题在苏南各县区尤为突出。苏南有的村征地前每年可获得1万元/亩的土地出租收益，征用后，只有8万元/亩的一次性征地补偿，而拆迁变现的集体资金很难转化为经营性资产。同时，村级发展经营性资产的渠道极为有限，县域经济主导产业方向与重点帮促村产业方向不一致，进而造成大量扶贫资金和帮促资产出现“投资无门”现象，由此导致扶贫资产贬值，扶贫资产项目收入持续下降。

2. 优质农业产业匮乏

一是县域农业特色产业落地重点帮促村严重不足。调研发现，在盐城抽查12个帮促村中，仍有半数帮促村并无任何特色产业项目，苏北帮促村村集体经营性收入仍以土地租金和扶贫项目资金转化的标准厂房租赁为主。然而，仅2020年，盐城市县级层面新实施的现代农业产业项目就多达10项。其大力发展9大百亿元级优势产业和10大全产业链精品产业基本没有在重点帮促村落地。由此造成重点帮促村产业普遍存在农业企业规模小、产业链条不够长、重点产业占比不高、农业产业化质效水平低等问题。二是产业发展缺乏深度。在脱贫攻坚阶段，重点帮促村大都得到了外界在产业发展上的帮扶，形成了一些特色产业，尽管这些产业发展收获了一定的经济效益，但部分产品销售仍然依赖“消费扶贫”或政府采购。受规模化程度等影响，其品牌效益、精深加工等很难延伸，大多仍停留在中、初级产品生产层面，缺乏加工型龙头企业，市场竞争力亟待提升。

3. 集体发展活力不足

村级股份合作社作为农村经济发展的市场主体，经营者大多由村两委成员兼任，在村级行政公共事务大量增加、要求提高的情况下，很难专注于集体经济发展。对村干部激励机制不完善，基层干部考核、薪酬、奖励、提拔等与集体经济发展基本不挂钩，难以调动干部积极性，甚至部分帮促村村干部在谋划村级发展、村级增收上依旧存在“等、靠、要”观念，不主动、不积极。2020年，盐城市规模农业产业化龙头企业就达1761家，新创成国家级示范社15家，且各县区市均有分布。但上述新型农业主体主要集中在农业发展基础较好的乡镇，抽样的6个盐城市辖重点帮促村中，仅1个村拥有区域性地理标志农产品品牌。当前，新型农业经营主体在重点帮促村发展遭遇瓶颈，重点帮促村的现代农业生产、组织与经营模式严重缺乏。

（三）长效发展机制有待完善

1. 资源盘活仍存“堵点”

一是现有土地制度制约了新型经营主体和乡村产业转型发展。调研中基层普遍反映，农业设施用地审批过程复杂，用地落实到位存在政策“堵点”。农村新产业新业态用地监管过于复杂，徒增产业融合用地的供给难度。在省级层面“非粮化”政策“硬约束”下，基层对“非粮化”的政策解读仍比较模糊，造成农用地开展经营审批尤为困难。二是部分扶持政策较难落地。基层实际情况复杂，而省级资金到市县一级的自主统筹空间则十分有限。传统“大专项+任务清单”的“一刀切”资金管理体制更是难落实处。尤其是针对村集体经营主体的优惠政策，如水电优惠、精深加工环节专项补助等执行也较难落地。

2. 村集体刚性支出较大

刚性支出增大是江苏全域村集体经济发展存在的普遍难题（梁昊，2016）。随着农村村庄环境整治力度的加大，村民各项福利补贴的逐年上升，村级相应承担的支付责任也在加重，帮促村公益事业债务多，在苏南地区尤为突出。如苏南某帮促村村级各类支出项目多达 30 多项，以管理费、福利费为主，且支出标准持续提高。据村干部介绍，主城区一个 3000 人规模的村要维持正常运转，仅公益事业项目运转（如村庄保洁、防汛排灌、垃圾收集、路灯亮化、绿化保养、景观维护等项目），一年支出需要 200 万元左右，如再考虑外来人口的因素，村级经济面临的压力更加明显。

3. 集体农户利益联结不紧

一是江苏部分重点帮促村开展的中小规模家庭农场和专业合作社存在经营困难，面临"清理"风险。村集体经济组织处于成长期，单体规模偏小、整体实力偏弱，全产业链收益能力较低，联合合作不够，带动小农户能力不强，合作共赢的利益联结模式并没有完全建立。二是资产收益分红难以持续且金额较低。部分股份制经营主体开展的分红资金量很低，且难以实现"全覆盖"，分红对于促进农民增收仅起到"锦上添花"的辅助作用，大部分低收入农户在获得分红之后，将分红收益用于家庭消费，很难形成资产积累，降低村集体经济发展的参与度和积极性。

四、结论与政策建议

"十四五"时期，江苏将率先推进乡村全面振兴建设。作为国内东部沿海发达省份，以乡村振兴巩固拓展脱贫攻坚成果已成为江苏推进乡村共同富裕新的动力源（李中，2021）。村集体经济发展是推进乡村发展的基础保障。坚持"三变"改革，实现村集体资源、资产转化，提升资金使用效率是确保村集体经济高质量长效发展的关键环节。

"十三五"时期以来，江苏脱贫攻坚取得决定性实效，高于全国平均标准的高水平完成既定任务目标，甚至在沿海发达地区表现突出。① 当前，江苏重

① 主要体现在：一是绝对贫困标准较高。2015 年起江苏将绝对贫困户标准由 4000 元提高到 6000 元，明显高于全国标准。省定经济薄弱村全部实现"新八有"，集体经营性收入全部达到 18 万元以上（肖宜滨等，2019）。二是减贫人口规模位居东部沿海发达省份前列。2019 年年底，江苏 300 万农村低收入人口人均收入超过 6000 元；821 个省定经济薄弱村集体经济年收入全部超过 18 万元。同期，浙江低收入农户 80.5 万人实现达标；6920 个省定经济薄弱村经营性收入分别达到 5 万元以上。广东 2020 年 6 月实现 161.5 万相对贫困人口达到省定出列标准。2016 年至 2018 年，山东累计减少省定贫困线标准以下贫困人口 251.6 万人。

点帮促村集体经济（原经济薄弱村）逐年增收，接续推进乡村产业振兴成效显著。然而，重点帮促村增收渠道持续收窄、产业项目竞争力低、经济发展活力不足、村集体经济长效增收机制不完善等问题日益凸显，实现县域层面共同富裕目标依然任重道远。基于此，提出以下三方面建议，构建重点帮促村集体经济长效发展机制，以期为贵州打造巩固拓展脱贫攻坚成果样板区，夯实乡村产业兴旺的村集体经济发展基础提供施政参考。

（一）有效引导优质资源

1.“因村施策”规划先导产业

体现各村发展优势，坚持分类引导，因村施策原则，合理规划重点帮促村先导产业，依照“四类村庄”划分标准合理区分重点帮促村产业发展方向（肖红波和陈萌萌，2021；肖安元，2022）。[①] 一是对于集聚提升型且集体经济实力较强的帮促村应走“村企结合”型的集体经济之路。推进重点帮促村与企业或其他主体开展股份合作，发挥龙头企业带动作用。二是对于距离重要交通枢纽较近或城郊融合型村庄，应强化服务城市发展、承接城市功能外溢，大力发展“集体工业”“物流服务业经济”“生鲜农产品基地”。三是特色保护类重点帮促村，应确立“三产融合”产业发展定位，引入企业入驻共同进行适度开发文旅资源。

2. 聚合村级存量增量资本

受制于各种体制机制因素，扶贫资金和资产向收入转化的渠道不足，扶贫资金使用效率不高。应鼓励农村资源资产价值实现方式的多种探索，盘活存量增量资源，创新农村“三变”改革实现方式（郑有贵，2017）。一是对农村集体产权制度、宅基地、三权分置改革等工作进行检查，对改革后的实际效果及运行程序情况进行跟踪。二是加强农村集体经营性建设用地盘活、整合力度与步伐，鼓励各地积极探索。在农村集体经营性建设用地同地同权的努力过程中，灵活解决现实问题。

---

① 《乡村振兴战略规划（2018-2022年）》提出“四类村庄”划分，即，集聚提升类村庄、城郊融合类村庄、特色保护类村庄和搬迁撤并类村庄。本文仅对符合江苏实际的各类村庄产业规划进行阐述。

（二）提升集体产业质量效益

1. 提升特色产业发展质效

乡村振兴必然引发城乡分割结构沿着非线性的并联路径展开，城乡关系日趋混合、交融与超越（王春光，2021）。大量城市资本和要素“下乡”，为充实重点帮促村集体经济发展提供产业支撑。一是建议持续加大对帮促村产业发展的支持力度，推进重点帮促村三产融合发展。重点支持国家级、省级农业产业园区向重点帮扶县区及帮促村倾斜。引导鼓励具备发展基础和优势的帮促村扩大特色产业发展规模，提升农业产业化水平。二是全力打造具有地方特色的现代农业产业带，辐射重点帮促村，给予帮促产业常态化、持续化的技术和资金支撑。优化重点帮促村村级产业风险担保方式和模式，缓解“三农”信贷业务信息不对称问题（赵锦春，2021）。减少小额扶贫贷款发放的硬性指标要求。增加帮促村中小企业、规模经营主体等较大额度的低息、无抵押等贷款资金力度。

2. 强化龙头企业引领示范

坚持产业发展优先，引导农业龙头企业在重点帮促村投资设厂，完善经营主体与低收入农户的利益联结。加大重点帮促村农业企业招商力度，积极引进规模农业企业、壮大龙头企业发展规模，提升核心竞争力。鼓励省内龙头企业采取兼并、股份合作、并购等方式，实现规模经营、做大做强。开展镇域，乃至县域范围内的“公司+农户”“企业+中介组织+农户”等组织创新，因地制宜，探索“龙头企业+农户”“专业合作社+农户”等重点帮促村集体与农户利益联结模式，加快形成“小农户-大基地”“小规模-大群体”的龙头企业引领互促经营格局。

3. 创新村集体经济发展模式

实践证明，“统分结合”的集体经济模式在培育壮大重点帮促村集体经济进程中仍发挥着重要作用，应分类持续推进村集体经济发展模式创新（赵锦春，2022）。一是对于农田土地面积较广的重点帮促村应鼓励推广村集体领办新型家庭农场、股份合作等模式，建立村集体与农户的利益联结共同体。二是对于土地资源较少，发展空间受限的地区，可借鉴苏南地区经验，基于已有的村集体经济“非农化”产业基础，推广镇村联合发展项目的推进模式。丰富“镇建村购”“村建镇租”等模式供给，鼓励重点帮促村通过出资参与镇级平台联动发展、组建投资公司合作运营、抱团联建优质资产。

（三）完善集体经济政策保障

1. 优化村集体发展土地要素供给

针对农村产业融合与“三新经济”发展实际，正视农村土地利用功能的复合性，创新乡村产业发展用地保障。一是建立完善农村土地流转管理制度。在县一级铺开推广土地流转管理服务中心与农村产权交易中心，搭建土地流转信息库和流转信息平台（葛继红等，2022）。二是围绕耕作便利性，倡导适度规模经营。分类整理土地，强化镇域土地流转。在苏北大田面积占比高的地区，持续推进高标准农田建设。三是在苏南发展空间受限的区域，应有序推进农村宅基地减量化，开展空置、零散、破碎建设用地的空间整理，统筹耕地保护与土地开发，通过“组团式”翻建、“填空式”移位等创新举措，推进农村空间资源的集约利用（张忠根、李华敏，2007）。

2. 分类开展村集体经济扶持

探索村集体经济有条件的转移支付与产业发展扶持相结合的“二元”政策帮促制度。一是对于产业发展类重点帮促村设定一定的“门槛”条件，各级财政、农林部门开展重点帮促村财政扶持款拨付改革，鼓励扶持“有产业基础、有发展前景、产业定位明确”的重点帮促村加大产业发展类资金扶持力度。二是落实普惠性重点帮促村集体帮扶政策。在加快落实针对村集体经济组织的税费减免政策与村集体资产保险政策的基础上，推广“政经分离”“政社分离”改革，以乡镇为单位开展村级经营性资产、村级债务等整体投保模式，为重点帮促村村集体经济稳定发展保驾护航。

3. 规范村集体经济收支核算

一是建议省级层面完善全省统一的重点帮促村集体“三资”监管与经济运行监管平台，制定重点帮促村扶贫资产、产业项目申报审批、村集体帮促项目评估标准范式。二是建立省级村级集体经济组织会计核算制度体系。系统采集重点帮促村集体经济组织信息数据并规范建立扶持政策“进退”机制。合理引导全省村级集体经济组织集中处理村级集体经济组织会计业务，形成连贯有序的财务记录与核对机制（王睿、周应恒，2019）。三是建立省级村级集体经济主体信息化平台，针对涉农产业供应链各环节，创新针对性财政补贴政策，激发重点帮促村村集体经济发展活力。

参考文献

[1] 李中：《把握巩固脱贫成果同乡村振兴有效衔接的关键点》，载《经济日报》2021 年 3 月 24 日，第 3 版。

[2] 梁昊：《中国农村集体经济发展：问题及对策》，载《财政研究》2016 年第 3 期。

[3] 马超峰、薛美琴：《村集体经济再认识与集体经济再造——来自浙江省 126 个集体经济薄弱村的调查》，载《经济与管理》2015 年第 1 期。

[4] 葛继红、王猛、汤颖梅：《农村三产融合、城乡居民消费与收入差距——效率与公平能否兼得?》，载《中国农村经济》2022 年第 3 期。

[5] 王睿、周应恒：《乡村振兴战略视阈下新型农业经营主体金融扶持研究》，载《经济问题》2019 年第 3 期。

[6] 王春光：《第三条城镇化之路：“城乡两栖”》，载《四川大学学报》(社会科学版) 2019 年第 6 期。

[7] 肖安元：《吴江区推进村级集体经济发展研究》，载《上海农村经济》2022 年第 1 期。

[8] 肖红波、陈萌萌：《新型农村集体经济发展形势，典型案例剖析及思路举措》，载《农业经济问题》2021 年第 12 期。

[9] 肖宜滨、张立冬、包宗顺：《江苏脱贫攻坚历程、举措、绩效与展望》，载《南京农业大学学报》(社会科学版) 2019 年第 6 期。

[10] 张忠根、李华敏：《农村村级集体经济发展：作用，问题与思考——基于浙江省 138 个村的调查》，载《农业经济问题》2007 年第 11 期。

[11] 赵锦春：《培育壮大新型农业经营主体研究》，载《江南论坛》2022 年第 2 期。

[12] 赵锦春：《高质量探索金融深化的“江苏路径”》，载《新华日报》

2021年9月3日，第5版。

[13] 郑有贵：《构建内生发展能力强的农村社区集体行动理论——基于发达村与空心村社区集体积累和统筹机制的探讨》，载《马克思主义研究》2017年第2期。

作者简介：赵锦春，江苏省社会科学院农村发展研究所副研究员，经济学博士，南京大学理论经济学博士后。

乡村振兴背景下江苏扶贫资产管理中存在的问题与对策研究

周春芳

摘　要：规模庞大的扶贫资产，是乡村振兴重要的“原始积累”，其“造血能力”的提升，是“实现巩固拓展脱贫攻坚成果同乡村振兴有效衔接”的重要机制。目前，江苏初步形成相对完善的扶贫资产管理政策，政策目标由初始的资金规范使用转向资金使用与绩效管理并重，但其资产管理政策的长效性不够，扶贫资产可持续发展能力不强。构建扶贫资产的长效化管理机制，确保扶贫资产风险可控与保值增值，是“脱贫攻坚”与“乡村振兴”两大战略衔接的当务之急。

关键词：扶贫资产管理；现实困境；优化路径

扶贫资产是由财政专项扶贫资金、统筹整合涉农资金、地方政府债券、易地扶贫搬迁资金、行业扶贫、定点扶贫、对口支援和社会扶贫等资金投入扶贫领域内所形成的资产。2021 年《中共中央国务院关于全面推进乡村振兴加快农业农村现代化的意见》明确提出，加强“扶贫项目资金资产管理和监督”是“实现巩固拓展脱贫攻坚成果同乡村振兴有效衔接”的重要机制，表明扶贫资产管理成为后脱贫时代亟须解决的重要问题。2022 年 1 月，江苏省乡村振兴局、省委农办、省财政厅联合发布《关于加强帮扶项目资产后续管理实施意见的通知》。至此，江苏初步形成相对完善的扶贫资产管理政策，但仍存在不少难点、堵点与痛点，构建长效化的管理机制，确保扶贫资产可持续发展，是脱贫攻坚与乡村振兴两大战略相衔接的当务之急。

一、衔接过渡期扶贫资产管理的重要性

构建扶贫资产自循环、良性发展的长效管理机制，是巩固拓展脱贫攻坚成果的迫切需求，更是江苏全面推进乡村振兴的重要保障。

（一）扶贫资产规模可观、管理难度大

党的十八大以来，江苏各级政府高度重视脱贫攻坚工作，全力加大扶贫资金投入，各级财政扶贫资金大幅度增长。据统计，“十三五”时期省级以上专项扶贫资金 79.6 亿元，较“十二五”时期增加了 70%，形成了以基础设施、公共服务、产业项目为主规模庞大的扶贫资产。数据显示，2011-2021 年，连云港共有市级扶贫资产 13.32 亿元；徐州睢宁县扶贫资产 6.6 亿元，其中县级扶贫资产 2.19 亿元。因资金来源和投入方式的多元化，不同扶贫资产的形成路径及其管理方式的异质性较强，一些跨村、镇实施的扶贫项目所形成的资产，因时间跨度长、牵涉主体多，其所有权归属难以界定。如何管理规模庞大的扶贫资产，构建扶贫资产管理的长效机制，确保其发挥持久性的效益，成为战略衔接期内亟须解决的一大难题。

（二）加强扶贫资产管理是巩固拓展脱贫攻坚成果的迫切需求

在“两不愁三保障”解决后，如何持续提升农户收入水平是巩固脱贫质量的关键。调研发现，无论是苏南、苏中还是苏北，贫困人口大多为“老弱病残”，劳动能力不足、可行能力差，产业帮扶与就业帮扶的作用有限，这部分低收入群体的脱贫基础薄弱，易受自然灾害、新冠疫情、政策调整等突发性因素的影响，因此该群体的增收缺乏可持续增长的动力。从经济薄弱村来看，其经营性收入的主要来自标准化厂房出租、土地整治与增减挂钩的收入与土地流转管理服务费等，但产业发展水平有限，造血能力不足，部分经济薄弱村收入稳定增长的机制尚未形成。在这种情况下，脱贫户和经济薄弱村返贫、边缘户致贫的风险仍然存在。因而，巩固脱贫攻坚成果，通过发挥扶贫资产的持久带动作用，确保脱贫户和经济薄弱村不返贫、边缘户有保障，是“脱贫攻坚”与“乡村振兴”两大战略衔接期的重要任务。

（三）加强扶贫资产管理是全面推进乡村振兴的重要途径

与脱贫攻坚的局部性不同，乡村振兴是整个农村地区的全面振兴，而产业振兴是乡村振兴的物质基础和重要保障。目前，规模庞大的扶贫资产，构成了乡村振兴重要的“原始积累”，如何提升这一“造血器官”的“造血能力”，在巩固拓展脱贫攻坚成果的基础上，形成可持续发展的农村产业发展体系，这是江苏全面推进乡村振兴的重要途径。因此，实施科学化、规范化的扶贫资产管理，构建扶贫资产管理长效机制，促进农村第一、第二、第三产业融合发展，提高扶贫产业可持续发展能力，激发农户的内生发展动力，不仅有利于实现乡村全面振兴的政策目标，更是中国共产党“三农”思想的重要体现。

二、衔接过渡期江苏扶贫资产管理面临的现实困境

目前，江苏初步形成相对完善的扶贫资产管理政策，但其系统性不够、长效性不强，在经济下行、新冠疫情等不利因素的冲击下，扶贫资产可持续发展的难度加大。

（一）现有扶贫资产管理政策的长效性不强

江苏省的扶贫资产管理制度涵盖了扶贫资金管理办法、绩效评价办法、产业扶贫资金、项目管理办法等，初步实现了由资金管理向资产管理的转变，政策目标也由初始的资金规范使用转向资金使用与绩效管理并重。但扶贫资产管理办法出台相对滞后，2021 年 4 月国家乡村振兴局、中央农办、财政部联合出台《关于加强扶贫项目资产后续管理的指导意见》，直到 2022 年 1 月，江苏省乡村振兴局、省委农办、省财政厅三家联合发布《关于加强帮扶项目资产后续管理实施意见的通知》，而全国多个省份在 2020 年年底之前就出台了扶贫资产管理的文件。然而，全省扶贫资产的规模、结构、来源、收益、分布等基本信息，社会公众仍无从知晓。更为重要的是，现有的扶贫资产管理政策尚未实现扶贫资产诸多环节的一体化管理，碎片化、短期化倾向明显。此外，借助“三资”平台，江苏对扶贫资产进行确权登记工作，各种管理模式层出不穷，如连云港市推行扶贫资产“1234”管理模式、东海县探索扶贫资产确权“七步法”

等，目前已完成扶贫资产的原始投入、资产净值、运营与收益情况、管护主体等基础信息的登记造册，但扶贫资产管理的核心应是如何提升登记后扶贫资产的使用效益，即，在确保扶贫资产不流失的基础上，实现其安全可控、保值增值。显然，现有扶贫资产管理政策仍有较大的提升空间。

（二）扶贫资产产权存在一定程度的“错置”“虚置”

不同类型的扶贫资产，其资金来源、投入方式的异质性较强，如特色农业项目的资金来源和投入方式繁杂，涉及的项目多、营运主体广，该类资产中既有公益性资产亦有经营性资产，从而造成其产权、监管主体的认定难度较大，容易导致部分扶贫资产的产权不清。此外，按照相关规定，扶贫资产的使用权、收益权和管理权理应由所有者享有，政府仅享有监督权，但在实际运行过程中，无论是扶贫资金的使用，还是收益分配方案的制订，均需相关政府部门审批。故此，即便在扶贫资产产权清晰的情况下，政府部门亦是其使用权、收益分配权、监督管理权的实际拥有者，而法律所规定的村集体应有的扶贫资产所有权被“错置”乃至“虚置”。此外，调查中发现，为提高扶贫资产的经营管理效率，江苏部分地区设立了扶贫资产经营管理公司，把扶贫资产纳入国有资产管理，如睢宁县委托县农业公司建立扶贫资产委托经营管护机制，部分县成立了由当地政府组建的平台公司。第三方公司的介入，不仅挤占了村集体作为扶贫资产所有者的主体地位，而且将本应属村集体的扶贫资产转变为政府全权管理的资产，某种程度上“合法”剥夺了村集体的所有权，把扶贫资产纳入国有资产管理。此外，第三方公司由谁监督、如何监督，如何平衡经营效率和扶贫的政策取向，也亟须解决。

（三）扶贫资产管理“人才瓶颈”突出

扶贫资产管理需要懂市场、会管理、善经营的技术人才、经营管理人才和政策人才，以及“用得上、干得好、留得住”的农村实用型人才。然而，因城乡巨大差异所产生的“虹吸效应”，乡村普遍呈现女性化、老龄化、儿童化的“流出性衰败”，乡村人才“引不进、留不住”，农村人力资本“低质化”现象严重。多数经济薄弱村在脱贫攻坚期间，主要依靠驻村干部等外来力量经营资产，农村地区优秀人才外流，乡村建设所需要的高层次专业技能人才缺乏，大部分经济薄弱村找不出合适的本土人才接手扶贫资产的运营和管理。此外，村干部队伍年龄结构层次不合理，年轻人才储备不足，现有人员工作强度高、压力大，政策认知能力和专业技术能力不高，创新精神、担当意识不强，发展集体经济的能力不够，特别是村党组织书记在“发展能力强、服务能力强、协调能力强”方面还有待加强，难以满足现代产业发展的要求。

（四）资产收益扶贫的长效机制尚未建立

在资产收益扶贫项目中，江苏规定了8%的保底收益，将其作为降低资产收益风险、保障低收入户及经济薄弱村权益的主要举措。且在我国经济下行压力的情况下，实体经济投资回报率逐步降低，加之农业易受自然风险、市场风险双重影响的特点，多数处于发展初期的扶贫项目收益波动较大。如2020年的扶贫资产收益率，淮安区为6.69%，灌南县仅为5.6%。一些项目因实施时间短尚未产生收益，迫于减贫压力，出现了未收益就分红的现象，在一定程度上影响了企业可持续发展，为了解决该问题，少数乡镇甚至采用财政兜底的方式，不仅增加财政负担，扶贫资金的效用亦难以发挥。此外，扶贫资产作为股权，本应“共负盈亏、共担风险”，但政府往往有“负赢不负亏”的限定，此种模式下，企业难以充分利用价格杠杆进行市场化决策，损害了其长期发展能力。加之扶贫资金面临严格的年度审计，其开工率、竣工率、报账率以及用于产业与基础设施的比例亦受严格限制，无形中增加了企业的经营成本。在“连带责任”下，扶贫资金成了“烫手山芋”，实力较强的公司“失爱”该类资产，从而造成经营主体选择中的“弱者吸纳”，影响了扶贫资金的使用效率。

（五）扶贫资产可持续发展的风险加大

在干部任期制和扶贫资源有限的情况下，以及脱贫政治压力与“弱激励与强约束”的绩效考核下，政府部门缺乏对产业项目的科学化、精准化、差异化的规划，扶贫产业趋同化、短视化现象普遍，部分公益类扶贫资产的后期管理、技术、维护等投入较少。农村环境设施存在不同程度的“重工程设计、建设，轻运行维护、后期管理”现象。此外，为确保扶贫资金的保值增值，以扶贫资金购置门面房甚至商品房，在基层部门成为广泛存在的做法，从而使得扶贫资产经营演变为单纯的“收租经济”，难以实现扶贫资产的多元化增值及其风险控制。从产业项目看，江苏省扶贫产业规模小、产品附加值低，产业链短、精深加工少，品牌效应弱，销售渠道不畅，一些产品有赖于政府帮扶，市场竞争力和可持续发展能力不强。此外，在新冠疫情肺炎、农业自然灾害频发和经济增速放缓的背景下，企业经营风险加大、资产持续增值的难度亦增加，加之农业产业投资周期长、回报慢，受自然风险、市场风险双重影响的特点，扶贫资产保值增值的难度加大。

三、战略衔接期江苏扶贫资产管理的优化路径

以提高扶贫资产质量、资产保值增值为核心，构建一体化、长效化的管理机制，形成扶贫资产助力江苏乡村全面振兴的良性循环。

（一）构建扶贫资产管理的长效机制

加快建立完善归属明晰、管护主体明确、利益分配合理、管理流程规范的扶贫资产管理制度。对已形成的扶贫资产登记造册，做到“应纳尽纳”，对于确权到户及量化折股到户的扶贫资产，应给农户颁证确权；对于确权到村、镇的扶贫资产，应在完善村集体经济组织章程的基础上，实行民主管理，定期公示扶贫资产，设立集体股并明确集体股的特殊权利内容。设立专门的扶贫资产管理机构，通过加强监管，确保公益类扶贫资产维护主体与受益主体相统一，避免“公地悲剧”。此外，规范扶贫资产的处理流程，明确股权的退出办法和处置方式，确保资产处置有法可依，有法必依。

（二）构建扶贫资产大数据管理体系

调研发现，江苏部分地区已将扶贫资产纳入“三资”平台，但扶贫资产的收益及分配、资产处置等重要内容尚未纳入其中。应将扶贫资产管理作为智慧乡村建设的重要内容，不仅要登记扶贫资产构成、运营主体、管护主体等基础信息，还要将资产收益及分配、资产转移等重点内容纳入其中。采用“大数据+云计算+微服务”，纵向追踪扶贫资金的走向，形成“资产来源精准、使用主体权责明确、使用过程监管严密”的智慧化平台，最大限度防范财务风险，并有效提高扶贫资产质量及其利用效率。

（三）培育壮大乡村干部及专业人才队伍

定期开展专题培训指导，依托相关高校、各级党校和培训机构开展乡村振兴短训班、专题班等，定向、委托培养乡村干部和专业人才，提升其项目运营、风险管理等能力。通过购买服务，招用具备条件的辅助工作人员；也可通过设置高校毕业生乡村基层管理和服务岗位、引入社会工作者等方式，补充工作人员。

（四）构建合理的扶贫资产收益分配制度

推进扶贫资产分类进行所有权确权登记，明确到户资产、经营性资产、公益性资产的所有权、经营权、收益权、处置权，厘清扶贫资产的产权关系。对于明确到村集体经济组织的扶贫资产，应纳入农村集体资产管理范围，并按农村集体产权制度改革要求推进股份合作制改革。规范资产收益分配方案，完善经营主体和原建档立卡贫困户、非贫低收入户之间的利益联结机制，合理确定分红比例。对于经营性资产收益，要重点用于巩固拓展脱贫攻坚成果和实现乡村振兴。属于村集体的资产收益，由村委会按照“村集体提方案、乡镇审批、县级备案”的流程，履行民主决策和公告公示等相关程序后进行分配。由财政资金和新型农业经营主体、村集体、贫困户、普通农户等各类主体自有资金共同投入形成的扶贫资产收益，按照同股同权原则分配收益，鼓励推广“保底收益+按股分红”等模式，细化收益分配方案。此外，引导村民参与村级扶贫项目资产经营处置的民主决策，监督村级资产收益。

（五）多效并举确保扶贫资产的保值增值

严把产业项目选择关，结合地区资源禀赋，发挥农业多功能，促进乡村第一、第二、第三产业的融合发展，延长产业链，提高产品附加值。同时，以经济效益为重点，以可持续发展为手段，以农村居民增收为核心，放活扶贫资产经营权，探索扶贫资产的所有权、经营权、收益权、监督权“四权分置”的实现路径，坚持民主决策以及市场化运作机制，让“最有赚钱能力者”通过市场化运作，对市场需求与市场风险进行自主决策，以提升扶贫资产的经营效率与可持续发展能力。

参考文献

[1] 钟甫宁：《中国农村脱贫历史性成就的经济学解释》，载《农业经济问题》2021年第5期，第4-11页。

[2] 魏后凯：《全面加强扶贫资产的管理和监督》，载《中国发展观察》2020年第23期，第24-25页。

[3] 李书峰、任金政、李慧泉等：《扶贫资产管理助力脱贫攻坚的体系构建研究》，载《中国农业科技导报》2020年第4期，第1-9页。

[4] 杜志雄、崔超：《衔接过渡期扶贫资产差异化治理研究》，载《农业经济问题》2022年第1期，第40-51页。

作者简介：周春芳，江苏省社会科学院农村发展研究所副研究员，博士。

新时代西部大开发背景下新疆农业高质量发展路径思考

阿布都伟力·买合普拉

摘　要：新时代新发展阶段对西部大开发战略实施以及对西部地区农业发展提出了高质量发展的要求。结合西部大开发背景下农业发展的基本要求和新疆的农业发展基本特点，讨论新疆农业高质量发展的要求，分析新疆农业高质量发展的制约因素和瓶颈，最后提出了新疆农业高质量发展的路径思考。新疆农业在资源条件、特色优势产业群体和农业管理体制等层面具有一定的发展优势，同时，在基层农业发展干部队伍建设、农业创新体系建设、重点领域要素改革和市场开拓等层面存在现实难题。建议从基层干部队伍职业化发展、土地资源要素改革、创新能力提升、重点农产品供给能力建设和特色农产品市场开拓等层面，进一步加快探索新疆农业高质量发展的路径。

关键词：西部大开发；新疆农业；高质量发展

一、绪论

农业高质量发展是西部大开发战略的重要组成部分，西部大开发战略实施以来，西部地区农业发展进入快速发展阶段，在西部地区实施脱贫攻坚战、可持续增加农牧民收入、全面建成小康社会和实施乡村振兴战略过程中发挥了重要作用，为国家粮食安全和重要农产品供给做出了应有贡献。新时代新发展阶段对西部大开发战略实施以及对西部地区农业发展提出了高质量发展的要求。《中共中央、国务院关于新时代推进西部大开发形成新格局的指导意见》（以下简称《指导意见》）明确要求，要贯彻新发展理念，推动高质量发展。其中指导产业高质量发展的总体工作思路和要求涉及抓好脱贫攻坚战、提升创新发展能力、形成现代化产业体系、促进城乡融合发展、强化基础设施规划建设、积极融入“一带一路”建设、筑牢生态安全、深化重点领域改革、加强民生建设等方面。针对农业发展，《指导意见》提出，“推动农村一二三产业深度融合，促进农牧业全产业链、价值链转型升级。加快推进高标准农田、现代化生态牧场、粮食生产功能区和棉油糖等重要农产品生产保护区建设，支持发展生态集约高效、用地规范的设施农业。加快高端、特色农机装备生产研发和推广应用。”①

新疆是祖国西部一块正在开发的宝地，发展前景非常广阔，是西部大开发的主要阵地之一。近年来，随着西部大开发步伐的加快，国家一系列支农惠农政策的出台，新疆农业也得到了较快的发展。②新疆作为西部地区具有一定农业经济地理特点的省区，在棉花、特色林果业发展、畜牧业发展等产业发展层面，形成了自身的发展优势和特点，不断加快农业、农村现代化进程，全面融入西部地区农业融合发展格局和“一带一路”产业发展格局中，积极探索了新时代西部大开发背景下农业高质量发展的有效路径。

二、新疆农业发展现状及特点

（一）农业资源概况

新疆是全国土地面积最大的省区，东西最长达到 2000 千米，南北最宽约为 1600 千米，为农业发展提供了广阔的土地资源。根据第三次全国国土调查，新疆耕地面积达到 1.06 亿亩，总体规模位居全国第五。

新疆属于典型的大陆性气候，日照时间长，降雨量少，昼夜温差大。独特的气候使得新疆形成了独具特色的农业生产体系。

新疆粮食作物以小麦、玉米、水稻为大宗，全疆大多数地区均可种植。伊

① 新华社：《中共中央 国务院关于新时代推进西部大开发形成新格局的指导意见》，载《中华人民共和国国务院公报》2020 年 5 月 30 日，http://www.gov.cn/zhengce/2020-05/17/content_5512456.htm。

② 艾洪娟：《新疆现代农业发展的影响因素与模式研究》，中国农业科学院博士论文，2016 年 12 月 1 日。

犁谷地素有“新疆粮仓”之称，阿克苏、米泉等地盛产优质大米。新疆主要产品有棉花、油料、甜菜、麻类、烟叶、药材等，其中新疆棉花尤以质优而闻名全国。北疆玛纳斯河流域、吐鲁番盆地和南疆广大地区是棉花的集中产地。

新疆素有“瓜果之乡”之称，瓜果糖分较高，味道甘美爽口。近年来，新疆林果业整体面积维持在2200万亩左右，是我国瓜果种植面积较大、品种和品质均居前列的地区。新疆常见的瓜果有葡萄、甜瓜（哈密瓜）、西瓜、苹果、香梨、杏、桃、石榴、樱桃、无花果、核桃、巴旦杏等。其中吐鲁番的无核白葡萄，鄯善的哈密瓜，库尔勒的香梨，库车和轮台的白杏，阿图什的无花果，喀什的樱桃、核桃、光皮桃，叶城的石榴、棋盘梨，和田的蜜桃，伊犁的苹果等，均享有美誉。新疆葡萄干、哈密瓜、香梨更是国际市场的畅销品。①

新疆是中国四大牧区之一，经营畜牧业已有很长的历史。全疆有草原面积5733.3万公顷，居全国第二。在天山南北4800万公顷天然牧场上，大小牲畜漫山遍野，最多的是绵羊，其次是牛、马、山羊、驴、骆驼、骡、牦牛等。新疆的牲畜品种驰名全国的有新疆细毛羊、阿勒泰大尾羊、新疆和伊犁乳肉兼用牛等。发达的畜牧业，为人们提供了大量的毛、绒、肠衣、奶油、酥油、奶粉等畜产品。许多价廉物美的畜产品及其加工产品畅销国内外市场。②

（二）农业生产发展现状③

2021年，全区农林牧渔业总产值为5143.12亿元，按可比价计算，比上年增长8.8%，增速创23年来新高，两年平均增长6.7%。其中，农业产值3488.99亿元，增长7.4%；林业产值79.12亿元，增长8.1%；畜牧业产值1265.69亿元，增长13.4%；渔业产值35.95亿元，增长16.8%；农林牧渔专业及辅助性活动产值273.38亿元，增长8.4%。

粮食生产再获丰收。2021年，全区粮食播种面积3557.50万亩，比上年增长6.3%；粮食总产量1735.78万吨，增长9.6%。其中，夏粮增长9.9%，秋粮增长9.5%；粮食单产487.92公斤/亩，增长3.1%。

---

① 徐娟娟：《天山下的“一块宝地”》，载《农业工程技术（农产品加工业）》，2009年第1期，第19-21页。

② 徐娟娟：《大山下的“一块宝地”》，载《农业工程技术（农产品加工业）》，2009年第1期，第19-21页。

③ 数据来源：2021年新疆统计公报。

棉花产量占全国近九成。2021 年，全区棉花种植面积 3759. 10 万亩，比上年增长 0. 2%；产量 512. 85 万吨，占全国的比重达 89. 5%，比上年提高 2. 2 个百分点。

畜牧业全面增长。2021 年，全区猪牛羊禽肉产量 183. 08 万吨，比上年增长 16. 1%。其中，猪肉增长 32. 9%，牛肉增长 10. 3%，羊肉增长 6. 1%，禽肉增长 26. 7%；禽蛋产量 40. 98 万吨，增长 2. 1%；生牛奶产量 211. 53 万吨，增长 5. 7%。2021 年年末，猪牛羊存栏 5621. 97 万头（只），增长 10. 8%。其中，猪存栏增长 16. 1%，牛存栏增长 16. 7%，羊存栏增长 9. 5%，活家禽存栏增长 27. 2%。

（三）农业发展特点

1. 绿洲农业特征突出

由于新疆的地理和气候特点，农业生产受到气候、地理等因素的制约，绿洲农业特征十分突出。新疆自然地理属于干旱和半干旱区域，干旱区面积较大，约占新疆总面积 90%以上。此外，新疆的日照时间长而且日照强烈，降雨量稀少且蒸发量较大，因此，农业生产一方面必须在有限的绿洲空间进行，另一方面农业生产必须依靠灌溉。虽说新疆具有 1. 06 亿亩耕地面积，但是其中水浇地、旱地、水田分别占比为 96%、3. 15%、0. 85%。[①]新疆总面积不到 10%的绿洲区域，却集中了新疆 90%以上的耕地和人口。新疆农业分布于大大小小、星罗棋布的数百块被沙漠戈壁包围的 7 万多平方千米绿洲之中。新疆绿洲分布具有逐水土而发育，随渠井而扩散等特点，依靠高山冰川水资源为来源，新疆形成了广阔的灌溉农业体系。新疆种植业主要分发在盆地边缘的绿洲地带，故新疆种植业又称绿洲农业。

2. 农业生产规模不断扩大

随着绿洲面积和耕地面积的扩大以及农产品市场化水平的提高，新疆特色农业生产规模不断扩大。从耕地面积来看，与第二次全国国土调查（2007—2009 年）结果相比，到第三次全国土地普查（2017—2019 年）时新疆耕地面积增加了 2873. 29 万亩，达到 1. 06 亿亩。而新疆的绿洲面积已从 1950 年的

---

① 新华网：新疆耕地面积超 1 亿亩，2022 年 1 月 11 日。

4.3%增长到2015年的9.7%。[①]又比如，从特色林果业数据来看，2010年，新疆林果业总产值仅200亿元，林果种植面积1700万亩。到2018年，林果业总产值达到900亿元，林果种植面积达到2200万亩。新疆成为世界六大果品生产基地之一，林果种植面积占全国13%。[②]在种植业面积不断扩大，主要农产品产量不断增长的同时，新疆稳步提高粮食生产能力，巩固棉花产业优势地位，促进林果业提质增效，加快推进农区畜牧业发展，农业机械化率水平不断提高，农业综合生产能力得到较大提升。农业经济效益显著提高，主要作物单产水平、人均农业产值和主要农产品的人均占有量均居全国中上水平。

3. 农业特色鲜明、优势明显、潜力巨大

从新疆农产品结构特点来看，除了大宗农产品外，新疆形成了一些具有地理标志特征的特色农产品体系，像哈密瓜、吐鲁番葡萄、库尔勒香梨等产品都能够享誉区内外。其他优势特色农产品如：啤酒花、甜菜、酿酒葡萄、红花、番茄、油葵、枸杞、亚麻等在全国市场占有一定份额，已形成优质高产特色产业带若干个，成为国内外极具竞争力的无公害、绿色、有机农产品加工出口基地，其中，啤酒花产量占全国总产量的70%以上；枸杞产量占全国总产量的50%以上；番茄酱产量分别占全国和世界产量的90%和20%；红花种植面积和产量均占全国60%以上。[③]由于地理位置、交通运距、储藏技术和物流成本等原因，新疆特色农产品的有效市场转化水平与发达地区特色农产品相比还存在一定差距，同时，农业生产的科技装备水平与发达地区科技型农业相比还存在一定差距。但是，新疆在特色农产品深加工、生物科技发展、珍稀名贵野生植物开采加工、农业特色品牌打造、冷链物流体系建设、农业科技园区建设、设施农业发展等层面仍旧具有巨大发展潜力。尤其是新疆与8个国家接壤，已成为中国大陆进入中亚地区最为便捷的通道，目前已有17个一类口岸对外开放，在经济全球化进程中新疆的区位地缘优势更加突出，在发展外向型农业层面也具有巨大的发展潜力。

4. 形成了强有力农业管理体制机制

新疆各级党委和政府坚决贯彻落实党中央、国务院关于“三农”工作的一

---

① 人民网：新疆绿洲面积已从4.3%增至9.7%，2015年8月3日。

② 新疆《都市消费晨报》：新疆林果业总产值8年增长4.5倍，2018年11月21日。

③ 艾洪娟：《疆现代农业发展的影响因素与模式研究》，中国农业科学院学位论文，第18页。

系列工作方针和政策，扎实做好新疆不同发展阶段的“三农”工作，形成了符合新疆经济地理条件的农业生产力布局，构建了相对完整的农业生产力体系。尤其是在脱贫攻坚战阶段，形成了强有力的五级书记抓脱贫攻坚的工作体系、政策体系和制度体系，较好完成了攻坚战任务，与全国各省区同步进入了小康社会。从农业发展工作领导力量、工作目标确立、工作队伍动员和工作机制构建等方面均做到了贯彻有力和扎实推进。依托“三农”工作战线的干部团队，新疆的农业结构战略性调整工作逐步走向深入，粮食、棉花、特色林果、畜牧业四大基地和区域性特色农业、设施农业规模和生产能力快速扩张，正有力推动新疆农业向区域化、专业化、标准化和产业化方向发展。新疆农业发展虽然在高质量发展层面与国内农业发达地区尚存在一定差距，但是在落实中央相关农业发展工作要求层面，的确能够做到政令畅通和坚决贯彻落实，显示出较强的政策落实力和农业管理执行力。

三、新疆农业高质量发展的总体要求

（一）深化农业供给侧结构性改革，全力抓好粮食生产和重要农产品供给

坚持稳粮、优棉、强果、兴畜、促特色。落实粮食安全党政同责，稳定“三盆地一河谷”主产区粮食生产，确保全区粮食播种面积稳定在3451万亩以上。持续优化棉花生产布局和品种结构，突出提高质量和降低成本，确保优质商品棉供给能力在500万吨以上。[①]继续抓好林果业提质增效，新疆维吾尔自治区林果产量稳定在850万吨左右。加快振兴农区畜牧业，力争全区肉、奶、蛋产量分别达到213万吨、229万吨、43万吨以上。加快发展区域性特色农作物种植，扩大花生、大豆等油料作物种植面积，突出抓好南疆设施蔬菜产业发展，冬储菜种植面积稳定在80万亩以上，支持发展戈壁设施农业，确保“菜篮子”产品稳产保供。

① 艾尔肯·吐尼亚孜：《政府工作报告——2022年1月23日在新疆维吾尔自治区第十三届人民代表大会第五次会议上》，载《新疆维吾尔自治区人民政府公报》，2022年3月15日。

（二）强化现代农业基础支撑，提升农业综合生产能力

实行耕地保护党政同责，确保耕地主要用于粮食和棉、油、糖、蔬菜等农产品及饲草饲料生产，永久基本农田重点用于粮食生产。加强耕地保护和质量建设，落实高标准农田建设任务500万亩（含高效节水141.5万亩）。实施种业振兴行动，加强种质资源普查保护利用，围绕小麦、玉米、棉花和西甜瓜、加工番茄等特色优势农作物开展育种联合攻关，抓好长绒棉机采品种“揭榜挂帅”试点工作，实施种业企业扶优行动，构建育繁推一体化的商业化育种体系，积极推进“四个百万亩”制种基地建设，提升特色优势农产品种业科技自立自强、种源自主可控能力。加强用水科学调配，统筹好节水、蓄水、调水。加强农业科技服务，充实基层农技推广队伍力量。开展农业主导产业关键核心生产技术攻关和集成示范，农作物综合机械化水平达到85.5%以上。加强农业面源污染治理，深入推进农业生产“三品一标”，继续开展食用农产品“治违禁控药残促提升”三年行动和自治区农田地膜污染治理五年行动，引导生产主体科学合理控制化肥农药使用。

（三）巩固拓展脱贫攻坚成果，坚决守住不发生规模性返贫底线

加大脱贫地区支持力度，保持主要帮扶政策总体稳定。落实好防止返贫动态监测和帮扶机制，将有返贫致贫风险和突发严重困难农户全部纳入监测范围，常态化开展动态监测帮扶。针对发现的因灾因病因疫等苗头性问题，及时落实社会救助、医疗保障等帮扶措施。强化产业就业帮扶，持续提高中央衔接资金用于产业的比例，鼓励多渠道灵活就业，规范发展新就业形态。大力开展适合农民工就业的技能培训和新职业新业态培训。确保脱贫群众收入增速高于当地农民收入增速、脱贫地区农民收入增速高于全疆农民收入增速。[①]

（四）聚焦产业促进乡村发展，构建现代乡村产业体系

持续推进农村第一、第二、第三产业融合发展，加快培育发展农业全产业链，重点发展农产品加工、乡村休闲旅游、农村电商等产业。加快现代农业产业园建设，启动区、地、县三级现代农业产业园认定工作，争创国家现代农业

① 新华社：《中共中央 国务院关于做好2022年全面推进乡村振兴重点工作的意见》（2022年1月4日），http://www.gov.cn/zhengce/2022-02/22/content_5675035.htm。

产业园。大力发展县域范围内比较优势明显、带动农业农村能力强、就业容量大的产业。加快发展农产品加工业，培育壮大涉农龙头企业。打造休闲农业和乡村旅游精品工程。支持农民直接经营或参与经营的乡村民宿、农家乐特色村发展。引导具备条件的中心镇发展专业化中小微企业集聚区，推动重点村发展乡村作坊、家庭工场。①

四、新疆农业高质量发展的制约因素和瓶颈

（一）基层农业发展干部队伍建设需要进一步加强

村级组织是乡村产业发展最基层的落实力量，也是负责产业规划和落实农业发展政策的最后实施力量。从目前新疆基层农业发展的干部队伍情况看，虽然具有较强的政策落实和执行力，但是相对缺乏对乡村产业的统筹谋划能力和创新发展能力。在村班子成员中很少有正式国家干部编制的村干部，大部分为农民出身的干部，在谋划乡村产业振兴工作层面，村干部工作能力普遍较弱，创新创业发展要素相对缺乏，全面制约农村农业高质量发展的基本要求。

（二）农村重点领域资源要素改革相对滞后

在现代农业高质量发展背景下，农村产业发展诸要素中，土地要素最为核心的驱动要素之一。从新疆的农村土地要素改革进程看，改革步伐相对缓慢，农户来自土地的资产性收益较低，土地规模化经营和集约化经营方面缺乏相对有效的对策和政策措施。而已经流转的土地资源利用中也存在缺乏规范化管理的工作机制等问题。在乡村产业振兴等工作环节中，相对缺乏围绕建设用地政策的改革探索。

（三）农业创新发展体系需要进一步完善

农产品原字号产品多，加工转化少，初级加工多，精深加工少，产业链普遍较短。农业精益化管理水平较低，农产品商品转化率水平仍旧较低。农业社

① 新华社：《中共中央 国务院关于做好 2022 年全面推进乡村振兴重点工作的意见》（2022 年 1 月 4 日），http://www.gov.cn/zhengce/2022-02/22/content_5675035.htm。

会化服务体系不健全。乡村产业发展短板弱项多，投入明显不足，农业科技服务有效供给能力与实际需求不匹配。特别是县乡两级农技推广人员“在编不在岗、在岗不在位”的情况突出，全区每万亩耕地有农业技术人员3.1名，远低于全国10.9名的平均水平。专业化科技服务公司和服务型农民合作社还存在服务规模不大、能力不强、领域不宽等问题。

（四）粮食安全保障能力需要进一步提升

新疆是全国土地资源最为丰富的地区之一，也是农业发展潜力较大的省区之一，而且在粮食等农作物品质层面也具有得天独厚的自然地理优势。在合理配置水资源条件下，新疆应充分利用土地资源优势，进一步扩大粮食种植面积，尤其是玉米和豆类的种植面积，为全国重点农产品供应做出新的贡献。

（五）农产品市场开拓工作需要进一步加强

新疆特色农产品走向全国中心消费市场和国外市场过程中，在交通运输成本、销售渠道开发、冷链物流体系建设、展销经营主体培育等方面还存在一定的薄弱环节，导致新疆特色农产品未能够全面实现高端市场销售效益和价值增值目标。此外，新疆依托“一带一路”开拓周边国家和地区农产品市场方面，还缺乏具有较强国际市场开拓能力的龙头企业群体。

五、新疆农业高质量发展的路径思考

（一）加大基层干部职业化发展力度

进一步改革和完善基层干部队伍结构，努力造就忠诚干净担当的高素质基层干部队伍，尤其加大村干部改革力度。通过县乡级“三农”战线干部指标下划或者村级岗位直接招收国家干部方式，不断增大村级组织国家干部的比例，以适应新时代西部大开发背景下农业农村现代化的发展要求。通过优化基层干部结构，全面增强村干部队伍的创新发展能力和乡村建设统筹谋划能力。通过改善基层组织干部结构和层次，加快建设服务型基层组织，形成优化农村营商环境长效机制，推动农村农业发展质量变革、效率变革、动力变革。除了村干部职业化发展之外，还要加大乡村规划、设计、建设、管理专业人才和乡土人才的培养力度，以适应农业高质量发展和乡村振兴建设的要求。

（二）深化重点领域要素市场化配置改革

坚持以供给侧结构性改革为主线，深化农业农村要素市场化改革。尝试研究土地资源要素的改革思路，激活农村土地资源的价值，增强农牧民土地资产收益，按照市场经济规律有序流动土地资源要素。稳慎推进农村宅基地制度改革试点，规范开展房地一体宅基地确权登记。探索集体荒漠土地市场化路径。深化集体建设用地利用市场化改革，加强对基础设施领域补短板项目的用地保障，加快落实保障和规范农村一二三产业融合发展用地。①

（三）不断提升农业创新发展能力

在特色优势领域优先布局建设创新平台，加快在具备条件的地区创建自主创新示范区、科技成果转移转化示范区等创新载体。健全以需求为导向、以企业为主体的产学研一体化创新体制，促进农牧业全产业链、价值链转型升级。加大区、地、县三级现代农业产业园建设力度，加快农业全产业链发展和集群式发展。借鉴农业发达地区农业资本市场建设经验和工作举措，探索农业技术创新转化和资本有效合作模式，构建与新疆农业生产创新发展要求相适应的资本市场保障体系。

（四）进一步增强重点农产品供给能力

根据新疆地大物博特点进一步加大耕地面积，增强对全国粮食和重点农产品供给能力。做好水资源合理配置工作，加大滴管技术的普及，不断提高水资源利用效率。加强基本农田建设，不断提高单产效率。以资金扶持等方式保护好地理标志产品和品牌，加大研发力度，增强技术保障。引导新发展林果业上山上坡，鼓励利用“四荒”资源，不与粮争地。落实和完善耕地占补平衡政策，建立补充耕地立项、实施、验收、管护全程监管机制，确保补充可长期稳定利用的耕地，实现补充耕地产能与所占耕地相当。

---

① 新华社：《中共中央 国务院关于做好 2022 年全面推进乡村振兴重点工作的意见》（2022 年 1 月 4 日），http://www.gov.cn/zhengce/2022-02/22/content_5675035.htm。

(五) 加大特色农产品市场开拓力度

依托新疆特色农产品品质优势，全力打造全国性品牌，全面开拓国内外市场。利用全国性大型媒体平台，加大对新疆特色农业资源和重要农产品品牌的宣传力度。重视培育一批农业优质企业群体，不断增强新疆特色农产品市场竞争力。全面改善新疆农业高质量发展的营商环境，加大招商引资力度和集约化投资力度。大力推进农产品市场营销，用好援疆机制，办好各类新疆农产品展销会、交易会，创建一批新疆农产品区域公用品牌。要全面完善新疆冷链物流体系建设，推动冷链物流服务网络向特色农业产区延伸，整体推进农产品产地仓储保鲜冷链物流设施建设，增强市场保障供应能力。要高度重视开拓周边国家和地区市场，全面融入"一带一路"发展框架，增强新疆农产品国际市场开拓能力。

参考文献

[1] 新华社:《中共中央 国务院关于新时代推进西部大开发形成新格局的指导意见》，载《中华人民共和国国务院公报》，2020 年 5 月 30 日。

[2] 艾洪娟:《新疆现代农业发展的影响因素与模式研究》，中国农业科学院博士论文，2016 年 12 月 1 日。

[3] 徐娟娟:《天山下的"一块宝地"》，载《农业工程技术》2009 年第 1 期，第 19-21 页。

[4] 人民网：新疆绿洲面积已从 4.3%增至 9.7%，2015 年 8 月 3 日。

[5] 新疆《都市消费晨报》：新疆林果业总产值 8 年增长 4.5 倍，2018 年 11 月 21 日。

[6] 新华社:《中共中央 国务院关于做好 2022 年全面推进乡村振兴重点工作的意见》，2022 年 1 月 4 日。

[7] 艾尔肯·吐尼亚孜:《政府工作报告——在新疆维吾尔自治区第十三届人民代表大会第五次会议上》，载《新疆维吾尔自治区人民政府公报》，2022 年 3 月 15 日。

作者简介：阿布都伟力·买合普拉，新疆社会科学院农村发展研究所所长，研究员。

山西全方位推动农业高质量发展的思考与建议

——基于山西与贵州比较分析

贾步云

摘　要：当前，我国经济已由高速增长阶段转向高质量发展阶段。农业作为国民经济的基础，要适应并遵循这一重大发展趋势，不断推进农业发展方式转变、农业经济结构优化、农业发展动力转换。今后，山西要深入贯彻习近平总书记考察调研山西重要指示精神，坚持农业农村优先发展总方针，以实施乡村振兴战略为总抓手，以深化农业供给侧结构性改革为主线，积极借鉴贵州第一产业发展经验，在产业兴农、科技强农、数字促农、政策惠农上下功夫，推进农业发展质量变革、效率变革、动力变革，全方位推动农业高质量发展。

关键词：农业高质量发展；全方位推动；山西

农业高质量发展是把握新发展阶段、贯彻新发展理念、构建新发展格局的题中之义，是全面推进乡村振兴的重要举措，是加快农业农村现代化的必由之路。近年来，山西省深入贯彻习近平总书记考察调研山西重要指示精神，扎实推进农业供给侧结构性改革，稳步实施乡村振兴战略，农业农村工作不断取得新进展。贵州和山西的国内生产总值大体相当，但第一产业的发展水平高于山西。山西要学习借鉴贵州经验，在全方位推动农业高质量发展方面努力奋进、砥砺前行，推进农业发展质量变革、效率变革、动力变革，为全省经济高质量发展奠定坚实基础。

一、山西与贵州第一产业发展状况比较

近来，我们选取地区生产总值、第一产业增加值、主要农作物产量等指标对山西和贵州进行了比较分析。纵向来看，山西第一产业的各项指标都有了显著提高；但横向比较，山西的指标总量和增长速度与贵州存在较大差距。

（一）山西地区生产总值持续增长，但年平均增速低于贵州

"十三五"时期，山西的地区生产总值由13050亿元增加到17652亿元，增长了4602亿元，年平均增长速度为7.84%，在全国的排位由第24位上升为21位，前进了3位；贵州的地区生产总值由11777亿元增加到17827亿元，增长了6050亿元，年平均增长速度为10.92%，比山西高出2.08个百分点，在全国的排位由第24位上升为20位，前进了4位。

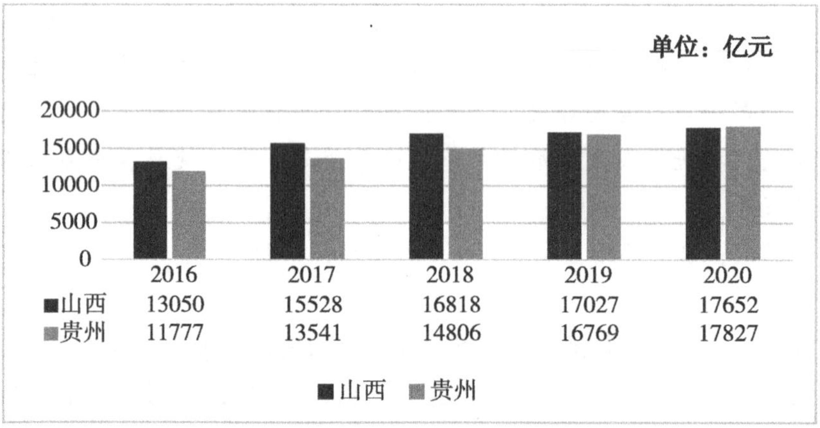

"十三五"时期山西与贵州地区生产总值比较

资料来源：历年《中国统计年鉴》和《山西统计年鉴》。

（二）山西第一产业增加值不断提升，但总体数量、内部构成、平均增速等均不及贵州

"十三五"时期，山西的第一产业增加值由785亿元增加到947亿元，增长了162亿元，年平均增长速度为4.80%，约占地区生产总值5%—6%；贵州

的第一产业增加值由 1846 亿元增加到 2540 亿元，增长了 694 亿元，年平均增长速度为 8. 31%，约占地区生产总值 15%—16%。山西的第一产业增加值平均每年比贵州少 1300 多亿元，占地区生产总值的比例比贵州少 10 个百分点。

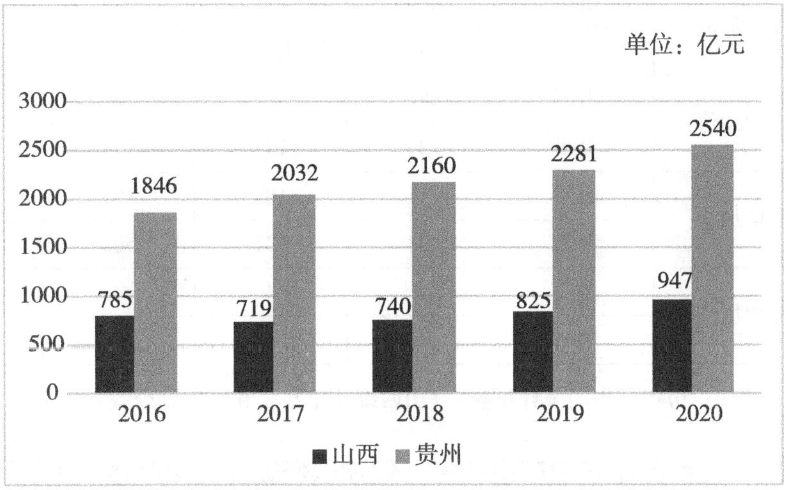

“十三五”时期山西与贵州第一产业增加值比较

资料来源：历年《中国统计年鉴》《山西统计年鉴》和《统计公报》。

2016—2019 年，山西在农业、林业、牧业、渔业增加值都落后于贵州。在农业增加值方面，山西从 469 亿元增加到 535 亿元，增加 66 亿元，年平均增长 4. 49%；贵州从 1197 亿元增加到 1566 亿元，增加了 369 亿元，年均增长 9. 37%，比山西高出 4. 88 个百分点。在林业增加值方面，山西从 40 亿元增加到 47 亿元，增加 7 亿元，年平均增长 5. 52%；贵州从 133 亿元增加到 182 亿元，增加了 49 亿元，年均增长 11. 02%，比山西高出个 5. 5 个百分点。在牧业增加值方面，山西从 221 亿元增加到 249 亿元，增加 28 亿元，年平均增长 4. 06%，比贵州高出 4. 13 个百分点；贵州从 494 亿元减少到 493 亿元，减少了 1 亿元，年均负增长 0. 07%。在渔业增加值方面，山西基本保持在 4 亿元，贵州基本保持在 37. 5 亿元，是山西的 9 倍以上。

2016—2019 年山西与贵州第一产业增加值构成表 单位：亿元

项目 \ 年份		2016	2017	2018	2019
农业增加值	山西	469	491	510	535
	贵州	1197	1306	1439	1566
林业增加值	山西	40	45	46	47
	贵州	133	157	175	182
牧业增加值	山西	211	180	181	249
	贵州	494	531	508	493
渔业增加值	山西	4	4	4	4
	贵州	38	38	35	39

资料来源：历年《中国统计年鉴》《山西统计年鉴》和《统计公报》。

（三）山西的粮食总产量较多，但油料作物和蔬菜产量大幅低于贵州

2016—2019 年，山西的粮食总产量基本稳定在 1300 万吨的水平上，贵州基本稳定在 1100 万吨的水平上，比山西少了 200 万吨。但是，贵州的油料作物产量大约是山西的 7.6 倍，蔬菜产量大约是山西的 3 倍左右。

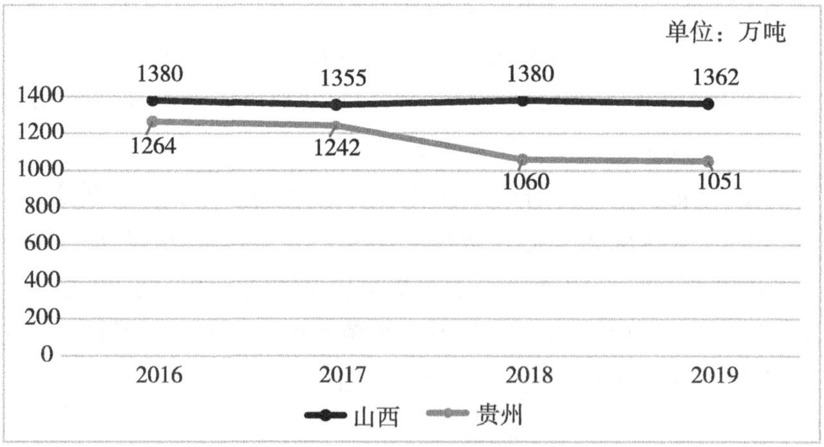

2016—2019 年山西与贵州粮食产量比较

资料来源：历年《中国统计年鉴》《山西统计年鉴》和《统计公报》。

2016—2019 年山西与贵州主要农作物产量比较　　单位：万吨

项目 \ 年份		2016	2017	2018	2019
粮食	山西	1380	1355	1380	1362
	贵州	1264	1242	1060	1051
油料	山西	15.94	15.04	15.47	13.70
	贵州	115.28	115.52	112.62	103.01
蔬菜	山西	777.94	806.74	821.87	827.83
	贵州	2033.56	2272.16	2613.40	2734.84

资料来源：历年《中国统计年鉴》《山西统计年鉴》和《统计公报》。

（四）山西养羊存栏数和出栏数较好，但养猪养牛的存栏数和出栏数远低于贵州

2016—2019 年，山西的生猪存栏数大约保持在 500 万头，比贵州少 1400 万头，出栏数保持在 780 万头，比贵州少 1000 万头；山西牛的存栏数大约保持在 100 万头，比贵州少 380 万头，出栏数保持在 42 万头，比贵州少 110 万头；山西羊的存栏数大约保持在 900 万只，比贵州多 490 万只，出栏数保持在 550 万只，比贵州多 240 万只。

2019 年年末，山西与贵州养殖情况对比如下：

在养猪方面，山西猪的存栏数为 451.41 万头，贵州为 1171.27 万头，是山西的 2.59 倍；山西猪的出栏数为 739.90 万头，贵州为 1678.56 万头，是山西的 2.27 倍。

在养牛方面，山西牛的存栏数为 103.83 万头，贵州为 492.96 万头，是山西的 4.75 倍；山西牛的出栏数为 44.75 万头，贵州为 168.56 万头，是山西的 3.77 倍。

在养羊方面，山西羊的存栏数为 868.90 万只，贵州为 380.25 万只，是山西的 43.76%；山西羊的出栏数为 554.60 万只，贵州为 293.56 万只，是山西的 52.93%。

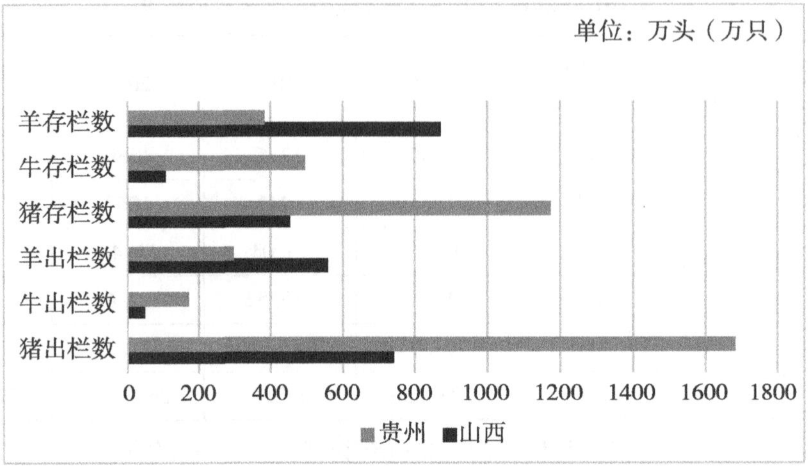

2019 年山西与贵州猪牛羊养殖情况比较

资料来源：历年《中国统计年鉴》《山西统计年鉴》和《统计公报》。

（五）山西的肉类总产量不到贵州的一半，水产品总量仅占贵州的五分之一

2016—2019 年，山西的肉类总产量基本稳定在 90 万吨左右，比贵州少 110 万吨左右，只占到贵州的 44%；水产品总量基本保持在 5 万吨左右，比贵州少 19 万吨，仅占到贵州的 21%。

2016—2019 年山西与贵州主要肉类和水产品产量比较 单位：万吨

项目 \ 年份		2016	2017	2018	2019
肉类总产量	山西	84. 43	93. 32	93. 09	91. 02
	贵州	199. 28	207. 57	213. 73	205. 87
猪肉	山西	57. 52	62. 67	62. 46	56. 78
	贵州	169. 59	160. 10	164. 84	150. 32
牛肉	山西	5. 92	5. 91	6. 50	6. 61
	贵州	17. 85	19. 06	19. 90	21. 51

续表

项目 \ 年份		2016	2017	2018	2019
羊肉	山西	7.43	8.56	8.13	8.03
	贵州	6.29	4.81	5.03	4.98
禽肉	山西	12.46	15.33	15.14	18.74
	贵州	22.69	18.78	20.04	25.68
水产品总产量	山西	5.23	5.30	4.78	4.63
	贵州	24.65	25.48	23.73	24.36

资料来源：历年《中国统计年鉴》《山西统计年鉴》和《统计公报》。

二、贵州第一产业跨越发展的原因分析

贵州第一产业发展整体上好于山西，既有客观的自然因素，更有主观的政策因素。从自然条件来讲，贵州属于亚热带温湿季风气候区，降雨丰富、雨热同季，农作物生长期内太阳辐射较多，有利于增加农作物产量。贵州的大部分作物可以做到一年两熟，甚至三熟，复种指数是山西的大约2倍。从农业政策来讲，贵州深入推进农业产业革命，因地制宜、发挥特色，在种植结构调整、规模生产经营、营销市场拓展等方面走在了山西的前面，值得我们学习借鉴。

一是注重农业供给侧结构改革，在农业种植方向目标上实现突破。贵州狠抓经济作物、狠抓单产价值，着力发展“一县一业、一乡一特、一村一品”的特色农业，在大幅调减玉米种植面积的基础上，持续做强做大蔬菜、茶叶、食用菌、精品水果、中药材、优质饲料等绿色优势产业，实现了把低效的玉米种植退下来，把高效的经济作物种上去的目标。

二是注重新型经营主体培育壮大，在农业规模生产经营上狠下苦功。贵州重点实施农业龙头企业培育工程，着力发展壮大本省农业龙头企业和引进外省农业龙头企业，不断提升蔬菜、精品水果、食用菌等农产品产地初加工能力，持续推进茶叶、辣椒、畜产品、薏仁、中药材等优势产业精深加工能力，大幅提升规模以上农产品加工业总产值。同时，实施农民专业合作社提质工程，建

立农民专业合作社规范化名录、培育省级示范合作社，重点开展现代青年农场主、致富带头人专业技能培训，培养了一大批新型职业农民。

三是注重农产品产销市场的衔接，在开拓产品营销渠道上有所创新。实施农业对外开放发展战略，加快融入长江经济带、粤桂黔、黔湘高铁经济带发展，推进黔台农业合作，加强国际农业交流。在搞好各类农产品展销会和交易会的基础上，依托大数据优势完善农业云建设，加强农业基础数据动态监测与采集，搭建农产品交易信息服务平台，推动农产品产销信息共享，构建"互联网+"现代农业发展基层服务体系，推动"黔货出山"。

三、山西全方位推动农业高质量发展的政策建议

未来一段时期，山西要深入贯彻落实习近平总书记考察调研山西重要指示精神，积极借鉴贵州第一产业发展经验，立足特优、主动创新，坚持以农产品精深加工产业集群为牵引，采取超常规举措来扩大生产规模、降低生产成本、优化农作物品种、拓展营销市场，努力振兴第一产业，实现农业高质量发展。

（一）深化特优战略，推进产业兴农

发展高质量农业，关键要在特色优势农产品上下功夫，培育农业龙头企业，提升产业集群的质量效益，进一步增强市场竞争力。一是发展特优农业。深入推进农业供给侧改革，实施区域布局、板块推进、集群发展、园区引领，重点发展杂粮、畜牧、鲜干果、蔬菜、中药材、药茶等特色农业，发展有机旱作农业，做强做大农产品精深加工产业集群，以千亿产业培育工程为载体，将农业生产与农产品加工流通有机结合，进一步延伸产业链、提升价值链、优化供求链、完善利益链。持续推进农村第一、第二、第三产融合发展，做强休闲农业、城郊农业、乡村旅游、农村电商，实现农业、林业、文化、旅游、康养互通互赢。二是壮大龙头企业。大力培育农业产业化龙头企业，创建一批农业产业化联合体，组建优势产业集群联盟，探索企业混改和股份合作试点，做强做大市场主体。三是强化品牌建设。在原有省级区域公用品牌的基础上，持续打造"山西药茶""山西有机农产品"等新的区域公用品牌，强化平遥牛肉、宁化府陈醋等知名功能农产品品牌，进一步加大对老字号、地理标志产品的开

发和保护，将山西省的农产品特色优势转化为产业优势和经济优势。四是畅通营销渠道。要以高质量农产品抢占京津冀、粤港澳大湾区长三角市场份额，拓展网络销售空间，特别是在重点省份或城市设立直销中心，在机场、车站、港口等重要门户设立展销台，全面提高山西省特优农产品的知名度和美誉度。

（二）优化创新生态，推进科技强农

发展高质量农业，核心在于坚持创新驱动，打造一流农业科技创新生态。一是强化农谷科技引领。持续推进谷城院一体化发展，建设一批省级以上重点实验室和工程技术研究中心，重点在有机旱作农业、功能农业、杂粮产业链等领域突破一批关键核心技术和共性技术。加快建设高新技术产业孵化基地和农业高新技术产业集聚区，特别是在药茶研发、功能食品加工等方面集聚一批高新技术企业。二是强化农业科技创新。加强对玉米、小麦、小杂粮、干鲜果、蔬菜、畜禽等生产的前沿性技术研究，通过种质资源创新、分子育种技术和常规育种技术的综合应用，推进产学研相结合，促进“育繁推一体化”。积极发展农产品深加工业，重点研究酶工程、生物工程、现代发酵工程以及现代高效分离技术、现代物性修饰技术、现代杀菌与无菌包装技术、食品生物工程技术等现代农产品加工技术的推广应用，不断提高产品的科技含量和附加值。三是强化组织管理创新。整合现有农业科技资源，促进“产学研、农科教”的紧密结合，理顺体系内部的运行机制，形成农业科技攻关的合力。建立和健全农业科技创新多部门联席工作机制，统筹协调各类农业科技资源，对重点项目和技术实行联合攻关、集中突破。引入市场竞争机制，建立农业科技重点项目攻关“揭榜挂帅制”，完善农业科研立项和评审机制，把科研项目交给科研实力最强的团队。四是强化农业科技推广。加快健全乡镇或区域性农业技术推广公共服务机构，建立起农技专家、农民专业合作社和农户三方协同互动的农业科技推广新机制。积极引进农业科技企业、农业科技中介服务机构、农业技术专家和农业龙头企业，构建多元化农业科研推广服务体系。

（三）发展智慧农业，推进数字促农

发展高质量农业，必须创新发展思路，大力发展智慧农业和数字农业，实现换道领跑。一是建设智慧农业重大项目。在农产品特优区实施一批智慧农业

重大项目工程，将互联网、物联网、大数据、云计算、区块链、人工智能、5G和先进适用智能化农业装备，应用于农业生产、加工、物流、销售等环节，促进信息技术与现代农业的深度结合。二是建立特优农业数据中心。整合全省特色农业数据，建设覆盖农、林、畜、渔等领域的现代特色农业大数据平台，围绕农业生产要素、环境要素、产业布局等绘制农业大数据的"一张图"。三是加快农业智能装备应用。在现代农业示范园区内，加快推进精准播种、精准施肥、精准打药、精准采收等智能装备的普及应用。积极发展设施农业，将先进的智能设备与设施农业深度融合，实现智能检测、自动控制、数据分析、智能决策的实时同步，着力提升第一产业单位面积的产值和农产品品质。

（四）强化金融保险，推进政策惠农

发展高质量农业，需要整合财政、金融、保险等各方力量，打出强农惠农的政策组合拳。一是提高财政支农力度。进一步优化财政涉农资金的使用方向、使用结构、使用效率，加大各类涉农资金的整合力度，赋予县级更大的自主权。持续用好中央支持乡村振兴的专项债券，发行省级支农债券，重点保障第一产业发展需要。二是拓展金融服务空间。鼓励和支持在晋的金融机构创新金融产品和服务方式，积极争取农村土地承包经营权、农民住房财产权、集体经营性建设用地使用权抵押贷款试点。探索县级土地储备公司参与农村土地承包经营权和农民住房财产权抵押试点工作。结合农村集体产权制度改革，探索利用量化的农村集体资产股权的融资方式。三是科学运用农业保险工具。根据特色优势农产品布局，进一步鼓励和引导县（市、区）因地制宜开展地方特色农业保险，逐步提高地方特色险种的覆盖面。稳步推广价格指数保险、天气指数保险、区域产量保险等农业保险。积极推进农业保险与信贷、担保、期货（权）等金融工具联动，探索"保险+期货""订单农业+保险+期货（权）"等新型保险模式，助力第一产业安全发展。

参考文献

［1］韩长赋：《新中国农业发展70年》，北京：中国农业出版社，2019年。

［2］陈锡文、罗丹、张征：《中国农村改革40年》，北京：人民出版社，2018年。

［3］魏后凯、杜志雄：《中国农村发展报告》，北京：中国社会科学出版社，2020 年。

［4］邓国胜、钟宏武：《乡村振兴蓝皮书 2020》，北京：经济管理出版社，2021 年。

［5］清华大学国情研究院：《“十四五”大战略与 2035 远景》，北京：东方出版社，2020 年。

作者简介：贾步云，山西省社会科学院（山西省政府发展研究中心）副处长、副研究员。

河北省农村产业融合发展示范园发展报告*

赵然芬

摘　要： 农村产业融合发展示范园集优势政策、资源、产业、项目于一体，是培育打造农村产业融合发展新动能、推进乡村产业振兴的重要载体和平台。近年来，河北大力推进农村产业融合发展示范园建设，取得了突出成效，融合程度日趋深化、产业链现代化水平不断提升、利益联结机制日益完善。但仍存在服务支撑效用不强、机制创新动力不足、产业现代化水平不高、产出效率较低等一些问题。对标省内外国家级示范园建设路径，推进河北农村产业融合发展示范园建设，要着力做好三方面工作。一是做好顶层设计，持续推进示范园创建发展；二是强化政府扶持，推进示范园高质高效发展；三是夯实要素保障，构建示范园良好产业生态。

关键词： 农村产业融合发展示范园；营商环境；产业生态

农村产业融合发展示范园，作为培育农村发展新动能的示范载体、促进农村产业融合发展的先行样板，自 2018 年启动建设以来，河北大胆探索、勇于创新，走出了别具特色的农村产业融合发展道路，为促进农业增效、农民增收、农村繁荣做出了积极贡献。

一、河北农村产业融合发展示范园建设取得显著成效

自河北开展农村产业融合发展示范园建设以来，各地充分发挥市场作用，

* 本文系 2021 年度河北省社会科学发展重点课题“河北省农村一二三产业融合高质量发展研究（20210101038）”研究成果。

强化政府服务功能，以完善政策、嫁接资源、保障要素为推进方向，推动示范园在激烈的市场竞争中发展壮大。在国家发改委三批次国家农村产业融合发展示范园认定中，河北各有5个县市示范园入选，总数量在全国31个省市中排名第7位。

（一）融合程度日趋深化

产业融合发展初期，各地推进融合发展大多以简单做“加法”获取增值收益，主要方式包括扩大产业规模总量、增加产品种类、产加销游一体化等。近年来，各地对融合发展的理解全面深化，单纯围绕农业产业构建产业链的方式，已经逐渐被农业多重价值深度挖掘、乡村文化生态价值综合开发等“乘法”效应所取代。示范园催生了一大批产业边界模糊、地域空间边界模糊、从业者身份模糊的融合发展新模式，农村生产、生活、生态资源跨界重组，乡村不仅被打造为“看得见山望得见水”的乡愁载体，更成为乡村振兴发展的动力源泉和吸纳就业的蓄水池，“三生”协同发展效应、产业及农民收入倍增效应凸显，融合发展进入更高发展阶段。

（二）产业链现代化水平不断提高

一方面，示范园通过建立技术储备平台、深化与科研院所合作等方式，聚焦5G智能农业装备、无人机及工厂化高效种植养殖、数字农业生产管理等领域，不断加大研发投入和技术引进落地，使精准农业、智慧农业、设施农业技术在不同园区均实现了有效运用。另一方面，依托品牌扩大产品销售、增加商品溢价、提升产品行业定价权，成为各个示范园的普遍共识，尤其是在网络销售快速增长的背景下，产品品牌、企业品牌、商品品牌成为推动各类产品销售的“利器”。在示范园及其经营主体的大力建设下，近些年来，河北涌现出了五得利、今麦郎、金沙河等一大批享誉国内外的著名品牌。

（三）利益联结机制日益完善

示范园通过强化与农村集体经济组织合作、流转农民土地等方式，引导推动龙头企业与农民建立起包括“保底收益+按股分红”“固定租金+企业就业+农民养老金”“土地租金+务工工资+返利分红”等在内的多种收益分配模式，通过保底分红、就业带动、股份合作等多种形式，使产业增值收益更多留在乡村，让农民更多分享全产业链增值收益。

二、河北省农村产业融合发展示范园建设存在的主要问题

河北是农业大省，但不是农业强省，虽然其农村产业融合发展示范园建设取得了显著成效，但与省外先进典型和高质量发展要求相比还存在一些问题和不足。

（一）服务支撑效用不足

农村产业融合发展示范园是农村产业融合发展的主要载体，是融合发展支撑要素和扶持政策的汇聚地，是该地区要素服务供给的高地。重庆、江苏、浙江、四川等省份，都依托示范园形成了包括土地、资金、人才、科技、项目、产业、设施、保险、服务等在内的一系列扶持体系，在推动园区产业"网状"融合发展方面发挥了重要作用。反观河北大部分示范园，其扶持举措还主要限于"六通一平或九通一平"等基础设施建设，以及少量的政府、信息、金融、科技服务等，在满足融合主体发展需求方面还存在很大缺口。另外，高层级平台较少也限制了其服务效用的发挥。示范园的级别越高，代表着其可以在获得更高层级扶持政策和在更大范围汇聚要素。在最近一批国家级农村产业融合发展载体申报评比中，河北分别有 3 个产业园、5 个示范园、8 个先导区、11 个镇分别入选国家现代农业产业园创建名单（全国 31 个）（2020）、国家现代农业产业园（全国 38 个）（第三批）、国家农村产业融合发展示范园（114 个）（第三批）、全国农村一二三产业融合发展先导区创建名单（153）（2019）、全国农业产业强镇名单（259）（2020）。尽管按数量多少，河北在各类国家级融合产业平台建设中的排名并不落后，但与先进省份相比，还是存在不小差距，尤其是国家现代农业产业园和全国农业产业强镇的入选数量，分别是最高省份（四川、江苏）的 25%和 73%。

（二）机制创新动力不足

“人”“钱”“地”是当前农村产业发展的主要制约因素。围绕制约农业农村发展的“人”“钱”“地”等问题，浙江、四川等地大力创新，探索出了一系列成功经验。如为保证土地供应，重庆市梁平区示范园创新多种土地流转方式，除了直接土地流转，还探索出预流转、溢价流转、土地入股型流转合作等形式，同时推动集体产权制度改革、对林地、荒山、山坪塘等农村集体可经营性资产估价，按人头确定平均股价，并将土地资源整合出租。对外招商。浙江出台相关政策文件，明确提出预留部分规划建设用地指标支持农村产业融合发展，到“十四五”时期末，全省土地出让收入用于农业农村的资金占比逐步达到10%以上，同时省级财政每年度土地出让收入的0.3%计提省级统筹。浙江省武义市示范园抓住浙江省国土资源厅用地试点的机遇，制定了确保市县每年不低于5%、乡级不少于10%的建设用地指标，支持农村第一、第二、第三产业融合发展，并允许实行“点状供地”。在拓展市场化融资方面，江苏省探索建立了包括订单农业等在内的风险保障金制度、发行了农村产业融合发展专项债券（其中如东县童泰投资集团有限公司发行的规模6亿元“20通农专项债”，为全国首单用于国家农村产业融合发展示范园的专项债券）、设立了江苏省新型农业经营主体信贷风险补偿基金等；青岛加快拓展政策性农业保险险种，探索开展农产品价格保险，计划将20种地理标志保护产品全部纳入价格保险保障范围；四川除建立乡村振兴农业产业发展贷款风险补偿金外，还抓住科技部农村中心“100+N”创新融合发展布局契机，成功申请发行了项目收益与融资自求平衡专项债券3亿元，用于农业科技孵化园、基础设施道路及农旅融合发展等项目建设。而河北的创新力度明显不足，在增加土地供应方面，主要运用城乡建设用地增减挂钩政策，具体项目的土地供给则主要依赖地方相关部门协调和规划，没有成体系的工作机制体制来保障。资金方面也多是沿用财政投入、招商引资、传统金融服务方式和项目等。

（三）产业现代化水平不高

一是园内产业链条短，全产业链拓展仅限于产加销游一体化，产前拓展、产中产后分工细化深化都还很欠缺，相关配套产业还很不健全。二是产业链现代化水平低，初级农产品、初加工和粗加工产品、单一农业功能开发项目等仍占较大比例，融合产业高端和高质量供给不足，自主创新能力不强，产业链上下游、产供销衔接不顺畅，产业链、供应链、价值链、要素链、创新链等协同发展的体制机制尚未完善。三是融合范式仍以传统单一纵向拉伸或横向拓展的“链状经济”为主。2015 年以来，湖北、云南、重庆等地以发展精深加工和推动跨界融合为抓手，深入推进融合产业由产业链的纵向延伸为主，逐步向产业间横向拓展延伸和区域农村产业延伸转变，经过三次产业间交叉融合，实现区域产业由链状向网状演化，以达到经济联系更加紧密，发展质量不断提升的目标。如湖北郧阳县示范园、云南省弥勒太平湖示范园、重庆市潼南区示范园、江苏省邳州市示范园等，而河北示范园内产业仍以产业链单一纵向拉伸或横向拓展的“链状经济”为主，细分行业少，产业链环节裂变程度低，产业间交叉融合困难，造成融合产业价值增植缓慢。

（四）园区产出效率不高

河北示范园产业中，包括农产品生产、加工、销售等各环节在内的细分产业发展，仍多采用传统模式以量取胜，高端化、精细化、品牌化发展不足，导致多数示范园产业大而不强、专而不精、优而不名，经济产出效率不高。2020 年，河北省级示范园平均产值达到 13.4 亿元，但仅为同期全国农村产业融合发展示范园平均产值（49 亿元）的 27.34%；同期园区产值年均增长 7%，也低于全国农村产业融合发展示范园园均增速（9.7%）2.7 个百分点，比其最高水平低近 50 个百分点。

三、省内外国家级农村产业融合发展示范园建设经验梳理与借鉴

全国各省市在推进国家级农村产业融合发展示范园建设过程中，依据自身资源优势探索形成了路径各异的发展模式。总体来看，主要有以下三种典型做法。

（一）强化组织保障和引导

一是强化组织领导。国家级示范园大都成立了由所在县市主要领导挂帅，发改、农村、工信、财政、国土、文旅等相关部门参与的常态化沟通协调机制。对园内路水电气、冷链物流、检验检测体系等基础设施和公益设施投入建设中存在的问题，及时沟通、响应和协调解决。二是坚持规划先行。各地政府机构在综合把握示范园所在地地理空间结构、经济发展基础、生产要素禀赋、生态资源环境以及产业发展内生需求的基础上，指导示范园全面对接国土空间等相关规划，明确示范园融合发展思路和路径，科学编制示范园发展规划，建立健全与示范园发展相适应的领导体系、管理体系、运行体系、服务体系和保障体系，形成了全域谋划、多规融合的示范园发展格局。三是强化政策扶持。围绕农业农村发展中普遍存在的“人”“地”“钱”短缺难题，各地政府积极出台相关政策，在融合产业发展平台建设、投融资支持、税收减免、增加产业用地、人才引进培养、壮大经营主体队伍、发展数字经济等方面，积极探索并实现了一定的创新突破，为示范园发展提供了强有力的支持。

（二）集聚现代要素资源

各地政府以积极搭建合作平台为抓手，大力引资引智，推动各类优势资源要素向园区集中，汇聚园区合力推动产业融合快速发展。一是深度嫁接智力资源。各地政府积极发挥牵线搭桥作用，推动大专院校、科研院所、院士工作站等与园内企业通过组建战略联盟、结对开展研发、共建科技平台、成立合资公司等方式进行深度交流合作，积极推广应用新技术、新品种、新装备，引导农业科技在农业产业链中转化应用，为示范园农业机械化、产业化、智能化、可持续化发展提供技术支撑。二是深度嫁接数字信息技术资源。各地政府大力推动电子商务进农村综合示范工程及“互联网+”农产品出村进城工程在示范园区落地，加快布局农产品电子商务公共服务平台和乡村电商服务站点。同时发挥政府资源优势，引进农产品电商、物流和销售公司，鼓励京东、阿里巴巴、拼多多等知名电商企业与示范园企业联合举办专题活动，部分县区领导亲自参与“直播带货”，组织园内企业参加省内外招商会、博览会、交易会等，推动示范园农产品快速“走出去”。三是深度嫁接旅游文化资源。深入推进农业和旅游产业融合发展，结合示范园自然生态禀赋，充分挖掘文旅资源，大力加强与外界合作，重点引进或建设适合农村乡情、符合农村定位、契合乡村主题的旅游公司，助力打造“农业+旅游”融合发展新业态。组织开展宣传营销活动，吸引全国游客资源。加快培育创建全国休闲农业和乡村旅游示范县、示范点、中国美丽休闲乡村、全国休闲农业和乡村旅游星级示范企业（示范园），打造一批“看得见山、望得见水、记得住乡愁”的乡村休闲农业精品景点。

（三）强化资金支持

一是加大财政资金投入。各地充分发挥省市级预算内投资引领作用，以财政资金高效聚合使用为重点，撬动社会资本和金融资本接续投入，发挥乘数效应。运用奖励、补助、税收优惠等政策，鼓励金融机构与园内新型农业经营主体建立紧密合作关系。通过支持扩大农业保险和担保范围、设立企业信贷风险补偿基金、实行农业设施抵押贷款等方式，探索创新适合示范园特点的融资渠道，为农村产业融合发展引入源头活水。二是持续深化农村投资股权改革。推动以资金、资产、资源合作为主的多元主体融合经营机制，推动国资公司入股农业龙头企业等形式，形成明确的股权收益回报机制，让村集体和低收入农户分享示范园发展收益，成功创建了“政策引导为基础、信贷担保为桥梁、金融投入为保障、企业发展为抓手、产业发展为目标”的政府和银行担保合作模式，为农村产业融合发展提供资金保障。

四、河北推进农村产业融合发展示范园更快更好发展的对策与建议

农村产业融合发展示范园，既承载着为融合产业项目汇聚要素提供服务的职能，也负有规划引领融合产业发展的责任。推进农村产业融合示范园更好发展，要着力发挥好其宏观引领和微观服务作用，支撑带动地方融合产业高质量发展。

（一）做好顶层设计，持续推进示范园创建发展

1. 高标准、高质量规划示范园发展

全面推进河北农村产业融合高质量发展“十四五”时期（2021—2025）和远景目标省级规划（2021—2035）编制工作，围绕农村融合产业体系、生产体系、经营体系、要素体系、市场体系、收入分配体系、城乡区域发展体系等构建完善，结合国民经济发展规划、乡村振兴规划、国土空间利用规划以及科技、融资、人才等其他相关规划，坚持长周期规划与短周期建设相结合、统筹全局发展和重点领域建设相结合、引领发展方向和指导具体实践相结合，明确农村产业融合发展示范园的发展目标和产业导向、实施路径和推进机制、监测标准和评价体系等。强化规划引领和刚性管控，确保河北省农村产业融合发展示范园建设高质量、高水平、高效率推进。

2. 营造良好营商环境

农村产业融合发展示范园建设涉及农业、土地、科技、财政、环保等 10 多个部门，各个部门在制定政策时如果过于强调本部门政策要求，容易忽视示范园产业发展实际需要，导致部门间政策打架现象频发，常见的如用地难、融资难、环评难等问题。建议各地成立由发改委牵头，农业、土地等相关部门参加的农村产业融合发展联合工作小组，探索构建相关政策制定、法规实施、行政执法等方面的多部门协同推进机制。同时尽量保持政策的持续稳定性，尽快明确示范园产业发展“负面清单”，加快完善由于政策前后矛盾引起的经营主体正当损失的政府合理补偿机制，尽量避免“政策打架”和“伤害融合主体经营积极性”的现象和事件发生。

（二）强化政府扶持，推进示范园高质高效发展

1. 补齐示范园设施和服务短板

“盘点”农村产业融合发展示范园的设施“洼地”和服务“短板”，根据融合主体诉求的迫切程度和受众范围，逐步有序开展“补短板”“强弱项”建设行动。当前尤其要加快仓储保鲜冷链物流设施、特色烘干设备、数字设备，以及排污、供气、供暖、供汽等农村生活服务设施的建设步伐。

2. 做强做优示范园特色主导产业

引导示范园依托特色优势资源，聚焦 1-2 个特色突出、优势明显、规模适

中、辐射带动力强的特色优势主导产业，着力拓延产业链、培优培壮。合理规划主导产业发展空间，布局建设一批集标准原料基地、集约加工转化、联动乡村发展、密切利益联结等于一体的农业产业强镇和乡土产业名品村。打造本土品牌，形成"乡字号""土字号"特色主导产业"金字招牌"。

3. 培强示范园发展主体

一方面，实施融合发展主体提升行动，强化对农业龙头企业等新型农业经营主体负责人的教育培训力度，在增强业务指导的同时，强化规范发展、融合发展、诚信发展、开放发展意识，开阔视野，提升发展层级。针对新型农业经营主体发展中的共性问题，创新施策，强化管理服务，推动普遍性约束的解决和融合主体发展能力的全面提升。另一方面，筛选发展实力强、潜力大、行业前景好的优势行业的优质经营主体，通过精准施策、靶向扶持，推进其做大做强、做精做专，培育打造一批领军龙头企业。

（三）强化要素保障，构建示范园良好产业生态

1. 实施两方面策略强化土地要素保障

从开拓增量和做优存量两方面着手，既要充分挖掘城乡建设用地增减挂钩政策潜力努力开拓增量，又要全力创新用地方式在集约化利用存量土地上做文章。具体来说，要着力做好以下三方面工作。一是挖掘政策潜力，着力开拓土地指标增量。积极有序推进园区内村庄撤并和"空心村"治理，加大对无人居住的危房和废弃宅基地的清理力度，清理出的建设土地优先用于发展农村产业融合项目，如乡村旅游、农产品冷链和仓储、初加工等。二是盘活闲置建设用地。支持园区通过收取高额建设用地闲置费、有偿收回等方式，推动"供而未用"建设用地投入使用。鼓励园区停产半停产企业通过出租转让闲置厂房或"土地入股"等方式，推动闲置建设用地再利用。三是挖潜建设"边角料"用地。加大对示范园"边角料"建设用地的整合力度，通过"点状"供地方式将其用于满足符合条件的农村公共公益设施、新产业新业态、乡村文旅设施等零星分散项目用地需要。

2. 加大财政投入强化资金要素保障

一是加大财政资金支持力度。把示范园发展财政扶持资金列入财政长期预算计划，以每年不低于5%的增速加大扶持力度。以财政资金为主导，在省、

市、县三级设立农村产业融合发展产业基金，积极吸引社会资本加入，为示范园发展提供资金支持。二是加大直接融资力度。积极鼓励推动示范园符合条件的特色农业企业在新三板、创业板等股票交易市场上市，政府做好相应培育、指导、鼓励和服务等工作。借鉴四川、江苏等地经验，加大政府攻关和辅导力度，引导基层发改部门和农业产业化龙头企业通过发行专项债券纾解融资难题。三是强化政府金融中介服务。通过增设担保机构、增大担保资金总额、降低担保费用等方式加大担保力度，为园区发展主体借贷金融资金提供担保。发挥县级发改、涉农部门信息优势，推进金融机构创新信贷模式，为优质融合发展主体提供金融服务。

3. 发力引才育才强化人才要素保障

配优配强河北农村产业融合发展人才支撑，要坚持政府引才和企业引智并重，走自主培养和人才引进并举的发展道路。一是加强人才引进。对关系全省或地方农村产业融合发展的高端人才，如行业领军人才、科技领军人才、科技创业人才、高技能人才等，由同级政府出面，按照“使用弹性、管理软性、服务个性”原则，出台相关扶持举措，引导示范园综合采用揭榜挂帅、智力兼职、人才租赁、人才合作、因人施策等柔性用才机制，用“好”才，纳“高端”智力为其所用。二是全面实施人才下乡。依托示范园，在各级政府部门、企事业单位选派与融合产业发展相关的农业科技、营销、广告宣传、管理等专业技术人员担任科技特派员，为示范园发展提供服务。发挥政府桥梁作用，引导示范园经营主体与高校、企业等加强合作，引进农业科技研发、技术推广、新业态开发、项目管理、营销策划等高素质农业人才。三是加强本土人才培育。结合示范园产业发展，大力培育以大学生创客和新型农业经营主体为主力的新型职业农民队伍，采取线下多频次集中教学培训、线上无限次教学提升、实地观摩、在线平台答疑解惑、跟踪辅导等多种举措，持续推进新农人素质大提升。

作者简介：赵然芬，河北省社会科学院农村所副研究员。

加快推进农业农村现代化的应对策略
——基于黔西南布依族苗族自治州的分析

骆雪娇

摘　要：农业农村现代化是实施乡村振兴战略的总目标，加快农业农村现代化，走具有贵州特色的乡村振兴之路，大力发展现代山地特色高效农业也是围绕“四新”主攻“四化”，实现高质量发展的总要求。新国发2号文件的出台，为贵州践行和实现农业农村现代化建设的时间表、路线图和行动指南做了清晰的规划和布局。黔西南州应抢抓发展机遇，充分发挥当地的区位优势、生态资源优势和产业优势，聚焦高标准农田建设、种业提升工程和特色农业产业发展，牢牢握住粮食安全主动权，做优做精特色优势产业，做强做长重点产业链条，一体推进农业农村现代化。

关键词：黔西南州；农业农村现代化；产业发展

黔西南州位于贵州西南部，地处珠江上游，属亚热带季风湿润气候区，多年平均气温13.8℃~19.4℃，冬无严寒、夏无酷暑。州内地形起伏较大，最低海拔275米，最高海拔2207米，地貌复杂，是典型的喀斯特岩溶地貌。接近2000米相对高差的立体生态，孕育出丰富多样的生物资源，是发展现代山地高效特色农业的理想之地。

一、黔西南农业农村现代化取得的成效

近年来，黔西南坚持农业农村优先发展，一体推进农业现代化和农村现代化，不断促进农业高质高效、乡村宜居宜业、农民富裕、产业富足。截至2021

年，全州农林牧渔业总产值完成444.63亿元，增长9.0%；一产增加值265.29亿元，增长7.6%；农村居民人均可支配收入达12623元，增长10.3%。根据行业统计，全年完成粮食总播面积345.9万亩，同比增幅7.3%；水稻超高产示范最高亩产达1123.87公斤，再创全省水稻高产新纪录。

（一）产业发展迈上新台阶

努力抓好农产品深加工企业和特色优势产业培育，大力发展茶叶、精品水果、蔬菜、中药材、食用菌、薏苡（薏仁米）等特色优势产业。以资源保护和科学生产相结合，大力加强资源保护和种业提升工程建设，在第三次种质资源普查与征集工作在全省排位第一，合格份数占比100.63%，共收集地方特色农作物种质资源369份、野生菌物资源817份，建立水稻、玉米、薏苡、蔬菜、中药材、油茶种质资源圃6个。强化州内特色产业生产布局，种植茶59.2万亩、精品水果108.25万亩、蔬菜182.7万亩（其中辣椒22.2万亩）、中药材147.69万亩、食用菌12.79万亩、薏苡65万亩。持续抓好特色精品畜牧业的发展，重点加强兴义矮脚鸡、盘江小黄牛、兴义鸭等地方畜禽品种资源的保护和开发利用，优先发展矮脚鸡、兴义鸭、小黄牛等特色精品畜牧业。2021年，出栏生猪195.31万头、牛20.13万头、羊33.4万只、家禽1783.32万羽，禽蛋产量4.85万吨，水产品总产量1.41万吨，完成林下菌药种植27.03万亩。抢抓生态旅游先机，打造集生产、加工、市场和农旅融合发展模式。持续推动以普安江西坡茶旅、兴义高卡及晴隆光照渔旅、册亨岩架蕉旅、贞丰北盘江沿岸果旅等为代表的农旅休闲体验观光产业化建设，促进休闲旅游和文化体验融合发展。聚力提升农产品品牌，新增农业农村部农产品地理标志农产品5个，兴仁薏仁米入选中国欧盟地理标志互认清单，已累计认证绿色食品28个、中绿华夏有机产品4个、国家地理标志登记农产品27个。

（二）基础设施建设不断完善

大力推进高标准农田建设，2021年贵州省农业农村厅下达我州高标准农田建设任务30.5万亩，截止到2021年12月，已完成31.99万亩，占省下达任务的104.89%，新建项目开工率已达100%。强化农机农艺融合，加大农用地“宜机化”改造力度，探索主要农作物生产全程机械化技术规范和技术模式，全州农机总动力305.9万千瓦、主要农作物耕种收综合机械化率43.01%。抢抓粤黔东西部协作机遇，按照"主导产业突出、现代要素集聚、设施装备先进、生产方式绿色、辐射带动有力"的要求，启动建设7个惠黔东西部协作共建现代农业产业园。

（三）新型农业经营主体不断壮大

加大保障资金支持力度，大力培育新型农业经营主体。2021年，普安宏鑫茶业获农业农村部第七批农业产业化国家重点龙头企业公示，截至12月底，累计培育州级以上农业产业化龙头企业476家（其中，国家级3家、省级110家），登记农民合作社4342个（其中，国家示范社14个、省级76个、州级225个），家庭农场3493个（其中，省级示范家庭农场73个、州级65个）。此外，金融支农力度也不断加强，"兴农险"承保保费1.32亿元，为27.12万户农业经营主体（农户）提供了30.23亿元风险保障。完善农村土地制度，巩固农村集体产权制度，组建集体经济组织1225个，完成股改的村1195个。

二、黔西南农业农村现代化建设存在的主要问题

（一）农业生产基础薄弱，生产体系不牢固

据调研了解，黔西南的农业生产基础薄弱，高标准农田建设短板较多，农机装备及农业机械化水平及社会化程度不高，难以跟上现代化农业发展的步伐。一是受土地资源和水资源短缺的限制，农田的基础设施建设、科技支撑能力较弱，农业产业呈现出规模小、水平低，以传统粗放经营为主等情况。如，分到老百姓户头的土地规模有限，土地大小不一且不连片，现代化机械、优良种子、先进技术等很难达到规模化，加之个别老百姓愿使用，存在着一些地方水资源短缺、部分农业产业园区物质技术装备水平不高、产业化进程缓慢等方面问题，导致农业产业发展受阻。二是农业机械化水平不高。由于黔西南州属于典型的喀斯特地貌，石漠化严重，存在山多地少，耕地面积小的问题，导致农业机械化作业水平低，实际机械化播种、机械化收割、机械化不高，加之老百姓热衷于传统农业整地、耕种、管理、收获方式，对农业现代化的技术、方

法还持怀疑态度，积极性不够，有时甚至还有抵触情绪。导致农业机械化水平离农业现代化的要求还存在很大的差距。三是产业规模较小。产业集群的发展目标、特色产品、资源优化配置、创新能力等的规划不明晰。集群地区专业市场发展滞后，综合经营能力较低。在产业化发展过程中，除薏仁米、中药材、食用菌之外，其他产业集中连片的生产基地还没有完全形成，基地建设还不标准、不规范，发展规模产业受限制，难以形成基地，不但具有牵动性、带动性作用的龙头骨干加工企业少，产业链条不完整、不紧密，并且还缺乏利益均享、风险共担的经济运行机制。四是配套服务功能还不完善，产销对接、冷链物流及相关配套保障不到位，市场主体的利益联结机制没有完全稳定建立起来，产供销一条龙，贸工农一体化尚未真正形成。

（二）经营体系不扎实、产业竞争力不强

据调研了解，黔西南的特色优势产业发展还有一定的提升空间，就目前发展来看，存在以下问题。一是产业融合发展力度不大，优势单品不强，规模化、标准化、品牌化不高，农产品加工转化率低，龙头企业深加工不够，大部分主导产业还没有真正做强做大，还停留在只卖原材料阶段，产品质量等级低，导致黔西南农业特色产品的品牌知名度低，市场竞争力弱，优势不明显，生产效益相对低下。二是品牌培育不够，产品的科技含量较低，初级产品多，高档次产品少，市场竞争力不强，虽然部分农产品注册了商标，但品牌知名度不高，市场占有率还不强、不高，换句话说，在市场上没有竞争力。三是特色产业的规模效益差，产业链条不长，龙头企业数量少，带动辐射能力弱，产业整体竞争力不强。大多数个体农户尚未加入农民专业合作社，参与有组织的农业产业分工和市场对接，造成信息闭塞，难以根据市场做到按需生产，影响了农业增效、农民增收。

（三）科技人才支撑不足，科技体系建设相对较弱

据调研了解，黔西南的农业农村现代化科技研发方面也存在短板弱项。一是科技人才支撑不足，主要表现在高端人才比例不大，从事基础研究人员较少，一些基础性试验示范开展少，研究产生的成果不多。二是科技人员从事中心工作较多，专抓业务工作时间少，在编不在岗现象突出，指导服务实际生产

存在问题。

三、加快推进黔西南农业农村现代化的对策

“十四五”期间，黔西南州应严格落实粮食安全政治责任，确保粮食播种面积稳定和总产量稳定。大力实施质量兴农战略，深入推进农业供给侧结构性改革，巩固提升“五个百万亩”工程，大力发展农产品精深加工，提高特色优势产业标准化、规模化、品牌化水平。深入实施高标准农田建设、山地农机化等工程，深入推进“万企兴万村”行动，用好“兴农贷”“兴农险”等政策，推广“龙头企业+合作社+农户”等组织方式，强化利益联结机制，促进农民持续增收。建设和发展好黔、惠共建的县级农业产业园，打造黔滇桂三省（区）结合部绿色食品供应基地。并聚焦新国发 2 号文件的政策要求，加快建设高标准农田，加快培育具有自主知识产权的优良品种，做强特色优势产业、做长产业链条，以推动农业农村现代化的实际行动和良好成效，加快推进乡村全面振兴步伐。

（一）聚焦耕地、种源和机械化水平，牢牢握住粮食安全主动权

耕地是粮食生产的命根子，种子是我国粮食安全的关键，也是农业的“芯片”，种子安全是粮食安全的重要前提。推动山地适用小型农机研发推广应用和丘陵山区农田宜机化改造是提高农业生产效率的基础。守好粮食安全底线，握住粮食安全主动权，必须从耕地、种子和实现农业生产机械化着手。

1. 加强耕地保护，提升耕地质量

耕地保护，既要保数量，也要保质量。黔西南州应核实整改补划永久基本农田，将符合条件的园地、灌木林恢复为耕地，并将新增耕地用于占补平衡，调整优化耕地布局，做到耕地数量保护和质量提升并重。通过永久基本农田集中连片整治，提升耕地质量等级；通过实施耕地功能恢复，推进农业高效节水灌溉、农田氮磷生态拦截沟渠、农田尾水“零排放”循环灌排系统等生态工程设施建设，改善农业生产环境；通过建设用地复垦项目，有效增加耕地面积等方式，建设形成布局集中成片、农田设施完善、生态良好、适合规模种植和现代农业生产的优质永久基本农田，促进优质耕地集中连片，从而促进农业增效农民增收。围绕水利化、机械化、信息化，配套完善水、电、路、信、网络等方面的基础设施建

设，改造老旧水利渠道，配套建设农田水利工程进行灌溉系统、修建田间道路，改变农田生产条件，加快高标准农田建设，促进农业生产发展。

2. 培育优良品种，保障粮食安全

2022年4月13日，习近平总书记在海南考察时强调：“只有用自己的手攥紧中国种子，才能端稳中国饭碗，才能实现粮食安全。种源要做到自主可控，种业科技就要自立自强。”因此，要科学抓好生产技术，强化技术攻关。一是不断收集地方特色农作物种质资源、地方野生菌物种资源，孕育出多样生物资源，培育一批具有重大应用前景和自主知识产权的突破性优良品种。二是采取产学研相结合、资源集中、运行高效的育种新机制，提升农业科技创新水平，推动现代种业发展。三是充分发挥水稻、玉米、薏苡、蔬菜、中药材、油茶种质资源优势，建设一批标准化、规模化、集约化、机械化的优势种子生产基地，大力发展特色优势杂粮。四是加大现代种业、特色优势杂粮、优质稻推广力度，加快打造一批育种能力强、生产加工技术先进、市场营销网络健全、技术服务到位的“育繁推一体化”种子企业，全面推进种子“育繁推一体化”建设，守牢粮食安全底线。

3. 加大农用地“宜机化”改造，提高生产效率

一是聚集现代生产要素，创新体制机制，强化农机农艺融合，紧盯“山地、小型、特色”农机进行开发和推广，以发展适宜山区使用的农业机械作为突破，以主要农作物生产机械化推进行动为抓手，瞄准产业急需、农民急用的农机装备加大研发和推广应用，加快推动山地适用小型农机研发推广应用工程。如，安龙县以集中式机械化开展水稻育秧，全力推进春播5000亩水稻全程机械化示范项目建设，进一步提升农业综合生产能力，加快推进了农业现代化的进程。二是开展山区农田宜机化改造，推动山地陡变平、弯变直等工程，改善农机通行和作业条件，提高农机适应性，探索主要农作物生产全程机械化技术规范和技术模式。

（二）聚焦农产品品牌、特色产业和物流设施体系建设，做精特色优势产业

要实现农业农村现代化，必须做优做精特色优势产业，按照新国发2号文件要求，深入实施品牌强农战略，打造一批区域公用品牌、农业企业品牌和农

产品品牌。着力做优做精特色优势农产品，提高重要农产品标准化、规模化、品牌化水平。畅通农产品的销售渠道，加快建设产地冷链物流设施和健全物流体系，推动“黔货出山”。

1. 深入实施品牌强农战略，提高产品知名度

好的品牌能够提高整个地区的知名度，黔西南州要增强品牌意识，聚力提升农产品品牌，提高农产品的知名度，做优做精做特优势农产品，推进茶叶、精品水果、蔬菜、中药材、食用菌、薏仁米等十大农业特色产业标准化、规模化、品牌化发展。一是按照产业发展标准提升产业发展质量，切实开展“三品一标”认证，注册培育著名商标。积极打造具有地理标志的农特产品，不断增加绿色食品、有机产品、国家地理标志登记农产品的数量。二是围绕十大特色优势产业，提升普安红茶、晴隆绿茶、望谟紫茶、册亨油茶、安龙食用菌、兴仁薏仁米、贞丰花椒等农特产品品牌，同时，依托黔现有的资源优势，加强公共品牌培育，全力打造一批区域公用品牌、农业企业品牌和农产品品牌，并对品牌培育成效显著的市场主体给予奖励，促进产业品牌化发展。三是高端定位抓品牌，提高产品的知名度，抢占市场份额。根据黔西南州独特的气候优势和资源优势，制定品牌发展战略，扩大消费者对农产品价值的认知度，提高农产品的附加值和影响力，扶持一些地方品牌迅速扩大市场份额，积极打造“高端定位品牌”。四是充分发挥省级农业示范园区大数据平台、州级“合作社云平台”等电子商务和“万峰严选”等各类直播销售平台的作用，加大品牌培育推介力度，打造一批“网红”产品。

2. 加快发展特色优势产业，提高产品竞争力

充分发挥黔西南州的资源优势、气候优势、喀斯特地貌优势以及2000米相对高差的立体生态优势，大力发展现代山地高效特色产业，构建特色产业聚集发展的新格局。一是按照“主导产业突出、现代要素集聚、设施装备先进、生产方式绿色、辐射带动有力”的要求，共建现代农业产业园。通过粤黔共建合作产业园区的方式，着力构建农业现代化示范区，努力打造集农产品加工、仓储、物流为一体的产业集群。二是大力发展优势产业和特色精品畜牧业。特色优势产业方面，重点发展茶叶、精品水果、蔬菜、中药材、食用菌、薏仁米等产业；特色精品畜牧业方面，重点加强兴义矮脚鸡、盘江小黄牛、兴义鸭等地方畜禽品种资源的保护和开发利用，优先发展矮脚鸡、兴义鸭、小黄牛等特色精品畜牧业，做优做精特色优势产业。三是大力发展生态旅游。抢抓生态旅游先机，打造集生产、加工、市场和农旅融合发展模式。推动以普安江西坡茶旅、兴义高卡及晴隆光照渔旅、册亨岩架蕉旅、贞丰北盘江沿岸果旅等为代表的农旅休闲体验观光产业化建设，促进休闲旅游和文化体验融合发展。

3. 健全农产品物流设施体系，畅通产品销售渠道

提升农产品分级包装、仓储物流、冷链运输、产品追溯等各环节水平，保障农产品的安全性。一是支持建设产地冷链物流设施，启动农产品仓储保鲜冷链物流设施建设工程，加强物流技术创新。针对生鲜保鲜成本高、物流困难大的困境，提高专业保鲜冷冻技术，在农业园区建设冷链物流设施，配备冷链物流车辆。二是健全物流体系，扩大农产品的销售市场，发展农产品物流配送业，与第三方物流企业合作，采用“专业物流+县域站点+乡镇代理点”的物流运输模式，建成电子商务交易服务中心、乡镇电商体验馆、村级体验店电商平台，通过电商平台，推出集“农户+合作社+买卖惠+快递包裹”为一体的农村邮政电子商务服务体系。三是积极拓展产品销路，在市区建设配送中心、直营店等，打造快速送达的主食配送体系，逐步构建高效顺畅的农产品产销链条。建立产品营销扶持基金，对贸易公司、专业合作社、销售大户等市场主体按农产品销量给予补贴，用市场化手段解决产品销路问题，推动“黔货出山”。

（三）聚焦农业现代化产业体系、绿色产品供应基地和产业链条，提高产业发展核心竞争力

要实现农业农村现代化，需加快形成现代产业体系，努力打造产业集群，延长重点产业链条，加快推进重点产业高质量发展，提高产业抗御风险的能力，增强特色产业发展的核心竞争能力，从而增加农产品收益。

1. 构建农业现代化产业体系，推动产业集群发展

科学谋划，推动产业集群发展，努力打造集全产业链、全价值链和全生态链于一体的农业现代化产业价值体系。一是充分利用立体气候资源优势，推进“两江一河”立体生态经济带开发，即在沿南北盘江开发千里精品旅游线、在低热河谷海拔 800 米以下地带开发千里精品水果产业带、在海拔 800 米以上 1200 米以下区域建设特色农业产业带、在海拔 1200 米以上区域建设绿色农业产业带，提升现代化产业价值。二是加快推进百万亩茶叶、百万亩油茶、百万

亩特色粮食、百万亩中药材、百万亩精品水果、百万亩精品干果等特色农业全产业链发展。三是争取在规模化种养基础上，通过“生产+加工+科技”发展模式，建设水平比较领先的现代农业发展平台，努力实现机械化生产和产业链条化发展，努力打造“生产+加工+科技”的现代农业产业集群。

2. 建设绿色产品供应基地，增强品牌效应

坚持生态优先、绿色发展的理念，全力建设绿色产品供应基地。一是立足茶叶等十大农业特色产业和兴义矮脚鸡等特色精品畜牧业的产业优势，吸引农业产业化龙头企业、农产品流通企业和大型商超在黔西南州建设绿色农产品供应基地，依托薏仁米、中药材、油茶、茶叶、花椒等特色产业基地。二是积极融入粤港澳大湾区建设，探索构建“大湾区总部+黔西南基地”“大湾区研发+黔西南种植”等合作模式。依托现有农产品销售窗口和实体店建设，推介黔西南州农业产业特色产品，借鉴黔西南州特色农产品“宁波直营店”的营运模式，在北京、天津、上海、深圳、广州等一线城市设置黔西南州农特产品销售处或开启更多的农特产品“直营店”，努力打造北京、上海、广州、深圳等地区的绿色农产品生产加工供应基地，为这些地区提供更多绿色、优质、安全的农特产品。三是加快以薏仁米、油茶、糯米等精深加工为重点农副产品加工业，将茶叶、油茶、中药材、特色粮食、精品水果等打造成为百亿级特色产业，培育一批出口农特产品，努力打造“一带一路”山地特色农产品出口基地。四是抓好东西部扶贫协作的机遇，建立专业的产品批发市场和交易中心，努力打造黔西南州农产品交易的专业市场，持续打造粤港澳大湾区“菜篮子”基地，努力把黔西南州的农特产品培育成全国的加工中心、营销中心和优质种植基地。

3. 努力延长重点产业链条，增加产品附加值

一是做好产业链的规划设计，加强产业研究，提高科技创新能力，提升服务效能，高起点、高标准、高水平创建一批省级现代高效农业产业园区，提升产业链发展水平和竞争力。二是强化品牌创建，改变只卖原材料的格局，加大农产品高端品牌合作开发力度，大力引进行业龙头企业，引进先进的设备，在生产加工上，采取精深加工，实现标准化生产，培育壮大产业链，在开发农产品高附加值的同时，形成自己独特的品牌和制作工艺，让进入市场的产品更具影响力，从而提升农业产业的收益。三是创新农业发展理念，走出一条以“工厂化生产，融合化发展”为模式的山地特色产业化种植、社会化服务新路子。充分发挥区域优势，科学谋划产业项目，提升农业产业的发展空间，集中力量引进重大项目，认真规划产业建设。以产业链打造，提升产业综合效益为方向，抓好“建链、补链、强链、延链”等系列补短板工作，因地制宜、高质量谋划和包装一批“有基础、具特色、可招商、能落地”的农业产业项目。

总之，乡村振兴的出发点在于农业现代化，提升点在农村现代化，农业农村现代化是实施乡村振兴战略的总目标，黔西南州要想在2035年与全国同步基本实现农业农村现代化，就必须抓住新国发2号文件的“政策眼”，立足黔西南州的产业优势和生态优势，找准方向和定位，聚焦耕地和种源，夯实产业发展基础，牢牢握住粮食安全主动权；优化产业布局，完善产业体系，畅通产销对接渠道，做优做精特色优势产业，做强做长重点产业链，不断促进农业高质高效、农民富裕产业富足。

作者简介：骆雪娇，中共黔西南州委党校习近平新时代中国特色社会主义思想研究室编辑室副主任，副教授。

“西部茶叶第一村”
——贵州省湄潭县核桃坝村乡村振兴路径研究

林　红

摘　要：贵州省湄潭县核桃坝村曾经是一个贫困山村，经过改革开放创新转型，华丽转身成为乡村振兴的核桃坝样板。文章通过梳理总结核桃坝乡村振兴的主要做法和成效，经验与启示。为贵州省建设“巩固拓展脱贫攻坚成果样板区”提供有益的借鉴。

关键词：核桃坝村；乡村振兴；路径研究

有着“西部茶叶第一村”美誉的核桃坝村位于贵州省遵义市湄潭县湄江街道，距县城10千米，地处湄江河上游，辖区面积12平方千米，辖8个村民组，常住人口1095户4932人（其中外来236户1325人），村党总支下设党支部2个，共有正式党员76名。现有茶园面积约1.2万亩，户均茶园面积13余亩，人均茶园面积3余亩；涉茶业龙头企业4家，茶叶加工企业62家，常年吸引3000多名外来人口就业，年产名优干茶100余万斤。2021年，全村茶叶综合产值2.2亿元，村级集体经济经营收入达1000万余元。核桃坝村先后被授予：全国创建文明村镇工作先进村；全国农村实用人才培训基地；全国先进基层党组织；省级五好基层党组织；全国农业旅游示范点；省级乡村旅游重点村；全国旅游AAA级景区；省级小康村；全国科普惠农兴村先进单位；省农业科学院的教学培训基地；全国农村专业技术协会先进集体；贵州省高素质农民培训基地；全国妇联先进基层组织建设示范村；省妇联双学双比实践基地等；贵州第三批省级乡村旅游重点村。20世纪60年代的核桃坝是湄潭县出了名的穷山村，那时当地流行着一首民谣：“核桃坝、几大湾，十年中有九年干。顿顿红苕苞谷饭，吃水要翻几座山。不少男的往外走，姑娘不愿嫁进山。年年辛苦无收成，大田变成放牛山。”而如今的核桃坝村实现了产业美、环境美、人文美、和谐美、生活美，是一个已经振兴了的乡村。这一切的美好缘于一代一代核桃坝村人用生命和时间一直演绎着改革创新的核桃坝故事。

一、主要做法和成效

（一）重视设施建设，夯实产业发展基础

20世纪60年代，分析核桃坝村贫困的原因最主要的是缺水！时任党支部书记何殿伦（1956—1996年任湄潭县湄江镇核桃坝村支部书记）为改变当时贫困的状况，1965年冬天就开始带领村民因地制宜筑坝引水，探索致富之路。在全村人团结一心的努力下，核桃坝人仅用了97天便筑起了一座长57米、宽7米、高5米，能装12台水能泵的堤坝。1966年，核桃坝村的粮食产量由原来50万斤，增加到了150万斤。从此，核桃坝人告别了“顿顿红苕苞谷饭，吃水要翻几座山”的生活历史。1969年何殿伦被评为全国劳动模范，并受到毛主席的亲切接见。20世纪70年代，核桃坝村抢抓知识青年上山下乡的政策机遇，切实完善水利设施和推进粮食增产，组建集体农场和建立普钙厂、水泥厂等，给集体经济增收找到一条新路。“无工不富”理念深深植入核桃坝人的头脑中。

（二）抢抓发展机遇，成功实现产业转型

党的十一届三中全会以后，核桃坝村与全国同步开展了农村土地“家庭联产承包责任制”改革。由于核桃坝村是一个典型的农业村，没有矿产、没有旅游资源，交通不便，仅靠在土地上种粮食难以实现农民增收致富。何殿伦老支书的开拓精神感动了贵州省茶科所，“贵州省茶科所茶树良种繁育基地”落户核桃坝村。在何殿伦老支书的认真配合与参与下，茶树良种培育科研项目取得了成功。何殿伦老支书认准“茶叶”这棵“摇钱树”，开始带领村民大面积种植茶树。通过支部“三带头”模式，即支部带干部、干部带党员、党员带群众，一年一步带4户、二年进一步60户、三年三步300户的“三步曲”，实现了核桃坝茶产业从无到有。当时，何殿伦老支书自己率先种了3.5亩茶树，并

动员另外3名大队干部试种了2亩，通过发挥基层党组织的引领作用，做到"户户有茶园、集体搞工厂"，并提出"培养万元户、消除困难户、家家农工商、致富奔小康"和"要使生活过得好，一人一亩茶园少不了"等发展思路，大大调动了村民的积极性，建成了1000余亩茶叶基地。

20世纪90年代，茶叶产、加、销融为一体，核桃坝村家家有茶园，人人懂茶爱茶的氛围不断浓厚，形成白天种茶当农民，晚上制茶当工人，进城卖茶当商人的模式，实现了"家庭农工商、户户奔小康"的创业格局。

21世纪初，核桃坝村党支部提出"业两分工"工作措施，即90%以上的农户从事茶叶种植，10%以内的农户从事加工和市场流通。采取自己组建和引进企业的模式，探索"产加销"一体化现代农业发展路径，当时核桃坝村共建成企业20余家。

2006年，已过古稀之年的何殿伦老支书带领7户茶叶加工作坊投资数百万元，成立了湄潭县第一家由茶农自主经营、自负盈亏的茶叶公司——贵州湄潭核桃坝四品君茶叶经纪发展有限公司。

如今的核桃坝村农旅、茶旅一体化发展迅速，建有茶文化、茶工业参观体验园、生态茶庄、百茶图广场、茶礼茶俗雕塑、垂钓基地、生态体育公园等景点，还可体验"研学+茶"旅游、农耕农事采摘、百茶宴、茶叶加工等，充分享受生态休闲旅游、农业体验旅游的最大乐趣。2021年，入选贵州第三批省级乡村旅游重点村。

（三）积极改革探索，激发活力实现乡村振兴

1987年9月16日，印发《国务院办公厅转发国务院农村发展研究中心关于农村改革试验区请示的通知》（国办发〔1987〕62号），湄潭县正式成为全国首批14个农村改革试验区之一。2014年10月，湄潭荣获全国新一轮第二批农村改革试验区。至今，核桃坝村在湄潭县35年的农村改革试验中，争当"试验田"，激发各种活力，实现了乡村振兴。详情见下表：

试验主题	批准单位	试验时间	试验内容	改革成果	核桃坝村取得的成效
土地制度建设及农产品商品基地建设	国务院办公厅	1987—1993	一是明确两权分离实现形式的土地制度；二是促进土地有偿流转的土地制度；三是实行“增加人口，不再分地”的土地制度；四是计划开发非耕地资源的土地制度；五是保护耕地和培肥地力的土地制度。	增人不增地 减人不减地	稳定了农村土地承包关系，调动了农民的生产积极性，并有长期打算的持续性，开发非耕地种茶已成为核桃坝的强劲势头，普遍形成“要吃饭山下种粮田，要用钱山上种茶园”的模式。
农村税费制度改革	农业部全国农村改革试验区办公室	1994—2000	从1994年起，围绕“税费统筹、折实征收、稳定征量、中价结算、人地分账、合理负担、供粮放开、建立基金、统收分支、分级管理”和取消定购中购的部分进行农村税费制度改革试验。2001年起按照“减轻、规范、稳定”的基本方针，在全县实施新的农村税费征收制度改革，湄潭率先取消屠宰税、三提留五统筹和专门面向农民征收的行政性收费和政府性基金、农村教育集资等。	均衡减负 户户减负	农村种粮负担逐步减轻，进一步激发了农户种植的积极性，核桃坝“家庭农工商”的潜力得到充分彰显。

续表

试验主题	批准单位	试验时间	试验内容	改革成果	核桃坝村取得的成效
农村税费改革、加强基层组织建设	全国农村改革试验区办公室	2001—2005	围绕加强基层组织建设，建立精简高效的村级办事机构，发展集体经济的思路开展村级管理体制改革试点，一是撤销管理区，合并村和村民组；二是减少村脱产干部人数；三是提高村干部固定报酬；四是选派出国家干部驻村工作，加强基层力量。	两减两增三在村即：减少村组个数、减少村脱产干部职数；增加村干部报酬、增加下派干部人数；建立“吃住在村、工作在村、考核在村”的工作新机制。	撤小组并大组，从原有的19个村民组合并为8个，提高村干部的固定报酬，进一步激发了干部做事的热情，有效推进了核桃坝“富、学、乐、美”的四在农家①创建活动。
深化户籍和土地制度改革，推进统筹城乡发展	中共贵州省委	2008—2015	“三转移”（农民居住由高山向平坝转移、散居向规划区转移、村庄向集镇转移）、城乡统筹发展实现了“三集中”（产业向园区集中、土地向适度规模经营集中、居住向城镇和社区集中）。	率先实现集体建设用地的公开拍卖和有序流转，盘活了农村集体建设用地，推动了城乡空间优化布局，城乡公共服务设施合理配置，为后来全国“集体经营性建设用地入市”改革提供了蓝本。	围绕以县城为中心，乡村为纽带，村庄作补充的乡村城镇化试点，立足核桃坝“千壶园”新村建设规划，不但吸引散居村向规划区转型，还吸引了其他地区大量产业人群进村发展，成为“走，到湄潭当农民去”的缩影。

① “四在农家”：2001年起源于贵州省遵义市余庆县，2003年在遵义市的14个县市区全面展开的“富在农家增收入，学在农家长知识，乐在农家爽精神，美在农家展新颜”乡村精神文明创建活动，以引导农民增收致富为前提，改善了农民的人居环境和生产生活条件，改变了农民的精神面貌。被誉为西部新农村建设的有效载体

续表

试验主题	批准单位	试验时间	试验内容	改革成果	核桃坝村取得的成效
农村集体经营性建设用地入市	国土资源部（自然资源部）	2015—2019	围绕农村集体经营性建设用地“产权入市主体、入市方式流程、入市规则交易、入市收益分配”等方面进行试点探索。	形成了“明成员定主体、明地块定权属、明途径定方式、明比例定分配、明平台定市场”的“五明五定”改革路径。	“第一槌”的敲响，同权同价的农村集体经营性建设用地性质载明，核桃坝在原来集体建设用地每平方米600元左右的基础上，已经猛增到每平方米1100元。

核桃坝村部分改革试验主题成效表

农村集体资产股份权能改革试点	中央农办、农业部国家林业局	2015—2017	按照“归属清晰、权责明确、保护严格、流转顺畅”的现代产权制度要求，开展农村集体资产确权和股份量化赋能改革探索。	探索形成了“四确五定”（确员定股东、确权定资产、确股定归属、确管定经营、平台定市场）改革成果。	核桃坝村于2015年采取“三级所有制”，以小队为基础开展农村集体资产股权改革工作，2016年8月26日湄潭第一个村级股份经济合作社成立——核桃坝村股份经济合作社，2018年集体资产变资金500万元，用于集体化合作建欧标茶园，全村1.2万余亩茶园已全部通过雨林联盟团体认证。

续表

土地承包经营权流转管理改革试验	农业部等十四部委	2014—2017	主要针对农民的土地承包经营权流转不规范、农民权益受损、存在风险隐患等问题进行试验探索。	形成“三个一”（一村一证，落实集体所有权；一户一证，稳定农户承包权；一家一证，放活土地经营权）的改革经验，率先在全省完善承包地“三权”分置颁证工作，引导农村土地经营权有序流转，促进农业适度规模经营和健康发展。	农村土地承包经营确权颁证以后，“一家一证”的核桃坝人依托村级股份经济合作社载体，每户可通过《农村土地承包经营权证》融资入股10万元以上，一本证年分红达2000元以上，实现了资产变资金，农民变股民。
第二批国家新型城镇化综合试点	国家发展和改革委员会	2015—2020	针对乡村无规划、乡村建设无序、乡村规划照搬城市规划理念、实用性差的问题，探索创新乡村规划编制管理。	探索形成“一图一表一说明”（统一绘制“一张规划图”、统一编制“一张项目表”、统一定制“一张说明书”）做法，有效推进村庄规划编制管理，为乡村振兴奠定了基础。	核桃坝村实现村庄规划“一图一表一说明”全覆盖，落实“七改一增两处理”①，实现茶区变景区、茶园变公园、茶山变金山、乡村变乐园。目前，核桃坝已统筹各项资金新建和改造黔北民居600余幢，全面改善了水、电、路、绿化、市场、教育、卫生等基础设施，焕新了乡村风貌，改善了群众生活。

资料来源：根据调研资料整理。

① “七改一增两处理”：“七改”即改水、改电、改路、改房、改厨、改厕、改圈；“一增”即增绿；“两处理”即污水和垃圾处理。

核桃坝村实现了产业兴旺、蓬勃发展。核桃坝村在党旗下成长，在茶枝上发展，在茗茶上飘香。从一株茶苗开始，到今天实现了种植规模化、生产工业化、茶旅一体化、产业多元化。茶叶升级，湄潭现有茶园 60 余万亩，茶业产量 7.66 万吨，产值 60.66 亿元；其中核桃坝茶园 1.2 万亩，均已获得雨林联盟认证；茶业升级，核桃坝涉茶龙头企业 4 家，其中七味茗香企业融入“一带一路”，2021 年出口额达 1500 万美元；产业升级，林下种植初具雏形，人才培训有声有色。

核桃坝村实现了乡村如画、环境美好。核桃坝村深入践行“绿水青山就是金山银山”理念，坚守发展和生态两条底线，持续打好污染防治攻坚“五场战役”，持续保持“山绿、天蓝、水清、地洁”。核桃坝村以生态作基石、以绿色作底色，依托茶发展第一、第二、第三产业，积极推进新农村建设，塑造风格、融入文化。如今，核桃坝村茶海苍翠欲滴，山林郁郁葱葱，木栈道穿梭其中，串联一座座茶园；黔北民居置身其间，白墙、青瓦与绿色相互映衬，目光所及皆是优美清新的乡村风貌。

核桃坝村实现了群众富裕、和和美美。以“支部+龙头企业+合作社+农户”组织方式，强化与群众利益联结，持续增加就业提升群众可支配收入，配套建设公共文化服务设施丰富群众精神文化生活。核桃坝村户均茶园 13 亩，人均茶园 3.3 亩，采茶制茶劳动力需求大，经济效益好，常年吸引 3000 多名外来人口就业。合作社以资金入股七味茗香茶业出口公司，实现村民成为当地龙头企业股东。核桃坝建设了老年公寓、百茶广场、垂钓竞技场，助推精神生活富裕。2021 年，核桃坝村村民人均可支配收入达 2.4 万元，茶山成为值得依靠的金山银山，采茶当农民、加工当工人、卖茶当商人、分红当股东，群众腰包因茶而富、生活因茶而美。

二、经验与启示

（一）突出基层党组织建设，打造乡村振兴坚强堡垒

从核桃坝变迁的历程可以看到，何殿伦老支书任职 40 年，一生为核桃坝的发展出谋划策，倾尽全力，彻底改变了核桃坝村贫穷落后的面貌。在他辉煌的一生中，得到党和国家三代领导人的亲切接见，荣获“全国劳动模范”“十四大党代表”“全国农民企业家”“2004 年度中国茶叶界十大风云人物”等称号。他开

拓创新、一心为民、廉洁奉公的精神影响着村两委班子开阔视野、拓展思路，认识差距、比学赶超。注重发扬民主，征求党内外群众意见，群策群力、集思广益为全村发展建言献策。调动群众参与全村各项工作的积极性、主动性。

（二）产业发展壮大，筑牢乡村振兴经济基础

乡村振兴，产业发展是核心，核桃坝村始终把产业发展作为群众生活富裕的目标，结合村情实际，成立合作社，因地制宜，抓住机遇发展茶产业。而且坚持规划，一张蓝图画到底，一代接着一代干。使茶树种植面积从5.5亩发展到1.2万亩，坚持“优势在茶、特色在茶、出路在茶、希望在茶、成败在茶、突破在茶”，做好“有故事、有味道、有内涵、有文化”的“四有好茶”，全力推进茶产业向规模化、绿色化、品牌化发展。立足欧标茶园、雨林联盟认证茶园，推进生态有机健康茶园建设，严格管控茶叶质量安全。引进培育茶业龙头企业，鼓励企业以抱团、合并等方式建立产业联合体，突破发展瓶颈。坚持盘活存量资源，与乡创云等合作，利用农村闲置宅基地和楼房改造成民宿，通过社区管理用房激活社区集体经济。

（三）补齐基础设施建设短板，搭建乡村振兴平台

乡村要振兴，改善基础设施条件，解决好群众生产生活出行的问题至关重要。核桃坝村从20世纪60年代就兴修水利，解决了缺水问题。在后来的发展中，全面排查全村基础设施建设方面存在的短板，并积极对接相关部门，利用改革试验的契机申报项目。推动农村人居环境整治，大力提升美丽乡村建设水平，切实提高群众的幸福感和获得感，为乡村振兴提供了有力的基础保障。

（四）转乡风淳民风，提升乡村振兴品质内涵

乡村振兴，不仅要有物质生活的提高，还离不开群众精神面貌的重塑。依托“寨管家”① 和“一中心一张网十联户”② 治理模式，因村制宜划定寨子9

---

① “寨管家”：是指服务、扎根乡村田野、凝聚基层群众、传播党的声音、为群众办实事的农民志愿队伍。

② “一中心一张网十联户”：以综治中心为枢纽平台、以网格为基本单元、以联户为神经末梢的上下联动基层社会治理体系。

个，推选寨管家成员 60 名，实行“3+N”管理模式，形成你管我、我管他、大家管大家的格局，实现乡村网格化治理单元“由粗变细”、群众自治组织力量“由散到聚”、农村基层组织体系“由弱变强”。精神文明建设深入推进，培育社会主义核心价值观，挖掘何殿伦老支书苦干实干精神，大力开展“文明卫生示范户”评选活动，进一步塑造乡风文明，为乡村振兴提升精神内涵打下坚实基础。

（五）注重培训，培育乡村振兴人才队伍

实施乡村振兴战略，人才是关键。核桃坝村发挥中组部、农业农村部“农业农村实用人才培训基地”金字招牌作用，广泛开展技术和理念培训，实现田间地头处处是专家，打造乡村人才中坚力量。引进企业，专业技术落地。核桃坝村一方面强内力，充分利用村内龙头企业带动群众；另一方面拉外援，与耕田公司合作，实施欧标茶园统一绿色防控、统一肥料施用、统一良种培育推广，普及育苗、茶园护养、制茶等技术。重点培养，优秀人才生根。将“新能人”“土专家”培养为党员、农村基层干部，建强村级人才储备力量。

总之，核桃坝村乡村振兴的实现路径诠释了改革开放创新转型的主线，为西部地区实现乡村振兴提供了“核桃坝样板”。

参考文献

[1] 何殿伦-百度百科。

[2] 谌贻琴、李炳军同志在全省领导干部工作会议上的讲话，载《黔办通报》2022 年第 5 期。

[3] 调研资料：核桃坝村介绍，2021 年核桃坝村工作总结等。

[4] 彭剑、郑蔚：《核桃坝村的致富路》，载《遵义日报》。

作者简介：林红，中共遵义市委党校经济学副教授。

共同富裕背景下河北省农民收入现状及可持续增收路径研究

时方艳

摘　要：持续拓宽农民增收渠道，解决农民增收难题，充分释放乡村振兴战略红利，是开展“三农”工作的中心任务，也是实现城乡共同富裕目标的必然要求。本文系统梳理了2010—2021年河北省农民收入变动特征及其来源构成，分析河北省农民收入增长面临的问题与制约因素，明确促进河北省农民增收的优化路径，具有重要现实意义。

关键词：农村居民；收入变动；收入提升

一、文献综述

拓宽农民收入渠道是衡量“三农”发展水平和质量的重要指标，也是实现全体人民共同富裕的必然要求。因此，在实现全体人民共同富裕背景下，以解决河北省城乡居民收入差距为主攻方向，持续拓宽农民增收渠道势在必行。[①]探索农民增收路径，增加农民收入，进而提升农民生活消费水平，既是党和政府关心的重要问题，也是相关领域内学者研究的重要内容。

第一，关于影响农村居民收入可持续增加的因素方面的研究。影响农民可持续增收的因素是多元化的，相关学者主要从财政金融、产业发展、土地流转、耕地利用转型、农业技术推广等方面展开了研究。农村产业融合水平对农

① 黄祖辉、叶海键、胡伟斌：《推进共同富裕：重点、难题与破解》，载《中国人口科学》2021年第6期，第2-11页。

村居民可持续增收起着重要的激励作用，但激励效应在不同区域间的影响是不同的，存在异质性。[①②] 财政投入可以促进农业科技水平及创新能力提升，进而促进农民增收。[③④] 农村金融水平与农村居民收入分配间呈现倒 U 形联系，农村金融机构数量与规模壮大有助于农村居民脱贫增收。[⑤⑥] 财政与金融可以联动发挥杠杆作用，但对增收效果影响有限。[⑦⑧]

第二，关于农村居民收入可支持增加实证测度方面的研究。相关学者运用不同研究方法，以省级数据、地区数据或全国数据为研究对象，深度剖析了影响农民收入水平提升的因素。曹菲等（2021）运用海南省 18 个县市的面板数据分析了产业融合、农业产业结构省际对农民收入增长的影响，分析发现农村产业融合发展与农村居民增收存在较强的联系。[⑨] 李艳秋等（2021）利用我国各省份面板数据，运用回归和门槛效应模型分析了财政支农、金融助农对农民增收的影响，研究发现这种促进作用具有空间溢出效应，并呈现区域异质性特征。[⑩] 温涛等（2021）运用全国面板数据，基于农民创新创业所带来的中介效应视角，利用实证分析方法分析农村金融多元化发展对农民增收所带来的影响，研究发现，两者之间存在较为显著的正向效应，且农村信贷规模影响程度

---

① 刘永焕：《农村三产融合与农民增收互动机制研究》，载《农业经济》2020 年第 3 期，第 108-110 页。

② 杨歌谣、周常春、杨光明：《农业和旅游业产业融合与农村贫困减缓的关系分析》，载《统计与决策》2020 年第 5 期（总第 36 期），第 81-86 页。

③ 杨建利、岳正华：《我国财政支农资金对农民收入影响的实证分析——基于 1991~2010 年数据的检验》，载《软科学》2013 年第 1 期（总第 27 期），第 42-46 页。

④ 邹文杰、蔡鹏鸿：《我国城镇化对公共服务均等化的提升效应研究——以重庆户籍人口为例》，载《现代财经》（《天津财经大学学报》）2015 年第 5 期（总第 35 期），第 15-22 页。

⑤ Burgess R, Pande R. Do rural banks matter? Evidence from the Indian social banking experiment [J]. American Economic Review, 2005, 95 (3): 780-795.

⑥ 吕勇斌、袁子寒、付宇：《村镇银行设立的攀比效应和竞争效应——基于空间 probit 模型的经验研究》，载《国际金融研究》2020 年第 10 期，第 55-65 页。

⑦ 彭克强：《财政支农杠杆效应的实证研究：1987—2007》，载《统计研究》2008 年第 11 期，第 30-36 页。

⑧ 黄寿峰：《财政支农、金融支农促进了农民增收吗？——基于空间面板分位数模型的研究》，载《财政研究》2016 年第 8 期，第 78-90 页。

⑨ 曹菲、聂颖：《产业融合、农业产业结构升级与农民收入增长——基于海南省县域面板数据的经验分析》，载《农业经济问题》2021 年第 8 期，第 28-41 页。

⑩ 李艳秋、辛立秋、赵孟鑫：《财政支农与金融助农促进农民增收的空间溢出和门槛特征》，载《地方财政研究》2021 年第 10 期，第 65-71、第 79 页。

较深，应加强各金融机构与农业农村的联系，并落实农民创新创业的金融助推功能。[①] 卢新海等（2021）选取县域面板数据，构建空间权重矩阵，利用空间杜宾模型，实证研究了耕地利用转型影响农民增收的空间溢出效应，研究发现耕地利用转型各形态对农民增收具有显著的正向空间自相关性，相邻县域间农民增收存在正向空间溢出效应。[②]

第三，关于实现农村居民可持续增收的实现路径方面的研究。相关学者，从不同角度深度分析了实现农民增收的体制机制与实现路径，张深溪（2021）提出，从农村居民人均可支配收入结构角度出发，从四个方面分别提出对策建议，破除影响农民有效增收的瓶颈，增加农民收入金额。[③] 马荟等（2021）提出，要充分发挥人才特别是乡村精英的作用，通过注入资源、传递有效信息、制度规范、榜样带动等方式引导成员实现个体理性，推动农业农村发展。[④] 谢宗藩等（2021）提出，要充分发挥农村集体经济组织作用，并巩固强化其中心地位，建立多元主体长效互信机制。[⑤] 彭小霞（2022）提出，要完善土地流转制度，推动土地高效合理流转，保障农民合法权益。[⑥] 陈锡文（2022）提出，要充分发挥农村集体经济组织在促进农民增收、实现共同富裕中的作用，使集体经济组织成员，既能获得分红同时还能获得就业机会。[⑦]

基于此，本文在实现全体人民共同富裕背景下，全面系统梳理 2010—2021 年河北省农民收入（以农民人均可支配收入数据进行分析）的变动特征，分析当前及今后一段时间河北省农民收入增长面临的问题与挑战，对拓宽河北省农

---

① 温涛、王佐滕：《农村金融多元化促进农民增收吗？——基于农民创业的中介视角》，载《农村经济》2021 年第 1 期，第 94-103 页。

② 卢新海、王慧、唐一峰、姜旭：《湖北省耕地利用转型对农民增收的空间溢出效应研究》，载《长江流域资源与环境》2021 年第 7 期（总第 30 期），第 1757-1767 页。

③ 张深溪：《建立增加农民收入的长效机制问题研究》，载《河南农业》2021 年第 27 期，第 49-51 页。

④ 马荟、苏毅清、王卉、周立：《从成员个体理性到村社集体理性：乡村精英的作用机制分析——以 S 省 Y 村为例》，载《经济社会体制比较》2021 年第 4 期，第 119-128 页。

⑤ 谢宗藩、肖媚、王媚：《农村集体经济组织嬗变：嵌入性视角下发展动力机制变迁》，载《农业经济问题》2021 年第 12 期，第 92-103 页。

⑥ 陈锡文：《发挥农村集体经济组织在共同富裕中的作用》，载《乡村振兴》2022 年第 2 期，第 46-48 页。

⑦ 彭小霞：《农村土地流转助推农民增收：机理、问题及实现路径》，载《理论探索》2021 年第 4 期，第 91-99 页。

民增收空间、明确未来政策选择方向意义重大。

二、河北省农民收入变动分析

2010年以来，河北省农民收入水平持续增长，收入结构也发生了显著改变。河北省农民收入水平逐年提高，自2010年的5958元增加到2021年的18179元，增长3.05倍，但一直低于全国平均水平，且差距呈现拉大趋势。河北省城乡居民收入比值由2010年的2.73下降到2021年的2.19，且低于全国平均水平。

河北省农民收入结构也发生了改变，工资性收入、经营净收入、财产净收入、转移净收入四者比值由2010年的44.52：45.8：3.05：6.58变化为2021年的52.24：33.1：2.15：12.51。自2011年河北省农民工资性收入占比48.09%超过经营净收入42.2%起，首先是工资性收入已成为河北省农民收入最主要的构成部分，其次是经营净收入，然后是转移净收入和财产净收入。

（一）河北省农民工资性收入居于最主要地位

近些年，河北省农民收入中工资性收入占比50%左右，是最主要的收入来源。从农民工资性收入金额来看，2010年以来，河北省农民工资性收入平稳增长，由2010年的2653元增加到2021年的9497元，增长2.58倍；全国农民工资性收入由2010年的2278元增加到2021年的7958元，河北省农民工资性收入高于全国平均水平且差距拉大。从农民工资性收入占比来看，2010—2018年河北省农民工资性收入占收入比重平稳增长，2018年以后出现小幅波动，可能是由于河北省农民从事行业主要集中在传统劳动密集型行业，随着产业结构调整，农民职业选择受限带来的工资性收入增速低于总收入增速，进而导致工资性收入占比下降。从农民工资性收入对收入增长贡献率来看，河北省贡献率低于全国平均水平的年份有2013年和2021年，其余10个年份河北省贡献率高于全国平均水平。其中，2021年河北省农民工资性收入为9497元，比全国农民工资性收入（7958元）高1539元；农民工资性收入占收入比重为52.24%，比全国平均水平（42.04%）高10.2个百分点；农民工资性收入对收入增长贡献率为52.5%，比全国平均水平（54.7%）低2.2个百分点（详见表1）。

表 1　2010—2021 年全国与河北省农民工资性收入情况

年　份	工资性收入金额（元）		工资性收入占比（%）		工资性收入贡献率（%）	
	全国	河北省	全国	河北省	全国	河北省
2010	2278	2653	36.32	44.52	40.37	49.7
2011	2734	3424	36.98	48.09	40.66	66.4
2012	3123	4005	37.23	49.56	39.08	60.4
2013	3653	4453	38.74	48.47	50.95	40.5
2014	4152	5133	39.59	50.39	47.13	68.1
2015	4600	5812	40.28	52.59	48.04	78.6
2016	5022	6263	40.62	52.54	44.76	51.9
2017	5498	6841	40.93	53.11	44.58	60.1
2018	5996	7454	41.02	53.13	42.01	53.3
2019	6584	8120	41.09	52.82	41.85	49.6
2020	6974	8598	40.71	52.22	35.15	43.7
2021	7958	9497	42.04	52.24	54.69	52.5

数据来源：根据国家统计局网站数据计算。

（二）河北省农民经营净收入稳步增长

近些年，河北省农民经营净收入占比约为 33%，河北省从事农业经营的人群总体占比较小，同时开展农业经营活动面临较高的市场风险，且随着产业结构调整和生态环境建设对农民经营活动提出了更高要求，由此带来农产品、畜牧业产品价格变动，进而引起经营净收入变动。从农民经营净收入金额来看，2010 年以来，河北省农民经营净收入持续增长，由 2010 年的 2730 元增加到 2021 年的 6017 元；全国农民经营净收入由 2010 年的 2978 元增加到 2021 年的 6566 元。从农民经营净收入占收入比重来看，2010 年以来，河北省农民经营净收入占收入比重一直低于全国平均水平。从农民经营净收入对收入增长贡献率来看，2010-2014 年河北省贡献率低于全国平均水平，2015—2021 年河北省贡献率高于全国平均水平，表明河北省农民经营净收入对农民增收的带动作用更加显著。其中，2021 年河北省农民经营净收入为 6017 元，比全国农民经营净收入（6566元）低549元；农民经营净收入占收入比重为33.1%，比全国平均水平（34.68%）低1.59个百分点；农民经营净收入对收入增长贡献率为29.19%，高于全国平均水平（27.15%）2.04个百分点（详见表2）。

表2　2010—2021年全国与河北省农民经营净收入情况

年份	经营净收入金额（元）		经营净收入占比（%）		经营净收入贡献率（%）	
	全国	河北省	全国	河北省	全国	河北省
2010	2978	2730	47.48	45.8	40.01	35.83
2011	3367	3006	45.54	42.2	34.69	23.77
2012	3660	3255	43.63	40.3	29.44	25.90
2013	3935	3166	41.73	34.5	26.43	-8.04
2014	4237	3435	40.40	33.7	28.55	26.94
2015	4504	3685	39.43	33.3	28.54	28.92
2016	4741	3970	38.35	33.3	25.24	32.80
2017	5028	4228	37.43	32.8	26.80	26.83
2018	5358	4612	36.66	32.9	27.91	33.39
2019	5762	5099	35.97	33.2	28.77	36.28
2020	6077	5517	35.48	33.5	28.38	38.23
2021	6566	6017	34.68	33.1	27.15	29.19

数据来源：根据国家统计局网站数据计算。

（三）河北省农民财产净收入对农民增收影响较小

财产净收入在河北省农民收入中占比相对较低，近5年来一直保持在2%左右。从农民财产净收入金额来看，河北省农民财产净收入波动中增加，由2013年的166元增加到2021年的390元；全国农民财产净收入稳步提升，由2010年的144元增加到2021年的469元。从农民财产净收入占收入比重来看，河北省农民财产净收入占收入比重高于全国平均水平的年份为2010—2012年，其余9个年份河北省农民财产净收入占收入比重低于全国平均水平。从农民财产净收入对收入增长贡献率来看，河北省农民财产净收入对收入增长贡献率最大值为2010年的7.18%，最小值为2013年的-4.7%，可能与农村财产性资源变现能力较弱有关。其中，2021年河北省农民财产净收入为390元，比全国平均水平（469元）低79元；农民财产净收入占收入比重为2.15%，比全国平均水平（2.48%）低0.33个百分点；农民财产净收入对收入增长贡献率为2.24%，比全国水平（2.78%）低0.54个百分点（详见表3）。

表3　2010—2021年全国与河北省农民财产净收入情况

年份	财产净收入金额（元）		财产净收入占比（%）		财产净收入贡献率（%）	
	全国	河北省	全国	河北省	全国	河北省
2010	144	182	2.30	3.05	2.63	7.17
2011	157	206	2.12	2.89	1.16	2.07
2012	165	218	1.97	2.70	0.80	1.25
2013	195	166	2.07	1.81	2.88	-4.70
2014	222	204	2.12	2.00	2.56	3.81
2015	252	234	2.20	2.12	3.15	3.47
2016	272	257	2.20	2.16	2.19	2.65
2017	303	274	2.26	2.13	2.89	1.77
2018	342	299	2.34	2.13	3.30	2.17
2019	377	323	2.36	2.10	2.51	1.79
2020	419	352	2.45	2.14	3.75	2.61
2021	469	390	2.48	2.15	2.78	2.24

数据来源：根据国家统计局网站数据计算。

（四）河北省农民转移净收入成为调节农民收入的有效手段

近些年，转移净收入在河北省农民收入中的占比维持在12%左右，河北省政府加大转移性支付力度，如增加脱贫攻坚补贴、发放农民救灾款和失业保险金、提高新农合报销比例等，转移净收入成为调节农民收入的有效手段，对农民增收拉动作用显著。从农民转移净收入金额来看，2010年以来，河北省农民转移净收入增长较快，由2010年的392元增加到2021年的2275元；全国农民转移净收入由2010年的873元增加到2021年的3937元，河北省农民转移净收入一直低于全国平均水平。从农民转移净收入占收入比重来看，2010—2021年河北省农民转移净收入占收入比重一直低于全国平均水平。从农民转移净收入对收入增长贡献率来看，河北省农民转移净收入对收入增长贡献率高于全国平均水平的年份为2013年和2021年，其余10个年份河北省农民转移净收入对收入增长贡献率低于全国平均水平。其中，2021年河北省农民转移净收入金额为2275元，占全国农民转移净收入金额的57.79%，比全国农民转移净收入（3937元）低1662元；河北省农民转移净收入占收入比重为12.51%，比全国平均水平（20.8%）低8.29个百分点；河北省农民转移净收入对收入增长贡献率为16.1%，比全国水平（15.32%）高0.8个百分点（详见表4）。

表4　2010—2021年全国与河北省农民转移净收入情况

年份	转移净收入金额（元）		转移净收入占比（%）		转移净收入贡献率（%）	
	全国	河北省	全国	河北省	全国	河北省
2010	873	392	13.92	6.58	17.20	7.2
2011	1136	483	15.36	6.78	23.45	7.8
2012	1441	603	17.18	7.46	30.64	12.5
2013	1648	1403	17.48	15.27	19.90	72.3
2014	1877	1413	17.90	13.87	21.64	1.0
2015	2066	1320	18.09	11.95	20.27	-10.8
2016	2328	1429	18.83	11.99	27.81	12.5
2017	2603	1538	19.38	11.94	25.72	11.3
2018	2921	1667	19.98	11.88	26.79	11.2
2019	3298	1831	20.58	11.91	26.88	12.2
2020	3661	2000	21.37	12.14	32.72	15.4
2021	3937	2275	20.80	12.51	15.32	16.1

数据来源：根据国家统计局网站数据计算。

三、影响河北省农民可持续增收面临的挑战

（一）农民职业技能不能很好地满足市场用工需求

随着经济社会不断发展，技术更新迭代速度加快，互联网、人工智能、物联网等新一代信息技术发展带动各行各业发展。新一代信息技术与农业融合发展，意味着可以利用高新技术操作农业设备进行生产，需要更多懂技术懂设备的新型职业农民，与之对应的是对传统农民需求较少。通常意义上，农村劳动力以体力劳动为主，造成其就业和再就业渠道较少，可选择的就业领域有限。除此之外，部分农民收入来源主要是外出务工从事劳动密集型工作，而劳动密集型企业出于成本考虑，不断提高机械化程度，用工岗位渐趋减少，很多农民自身素质也难以适应新岗位的要求。因此，无论从事农业还是非农业岗位，农民自身职业素质与劳动市场用工需求存在不匹配，进而造成职业选择受到限制，影响农民增收。

（二）财政金融支农政策对农民增收的影响有限

在乡村全面振兴背景下，河北省不断加大对农业农村的财政金融支持力度。但以实际效果看，财政支农、金融支农对农民增收的影响有限。主要体现在：政策设计缺乏长效机制，对粮食生产、养殖业发展资金支持力度不够，不能有效激发种粮大户和养殖主体的积极性；政策执行过程存在以权谋私、推诿扯皮现象，造成项目无法正常开展，导致促进农民增收政策执行出现偏差；农村金融服务产品单一，无法匹配各主体不同的资金需求，且信贷支持政策不够贴合农村实际，带来金融支农促进农民增收的效果有限。

（三）农民创新创业受到诸多因素制约

引导农民创新创业是实现农民可持续增收的重要手段，但当前农民创新创业选择受到多方因素制约，具体体现为：农民创业资金存在困难，自有资金不足以支持创办企业或进行生产经营，流动资金不足带来运转困难，借贷资金困难，门槛较高且程序复杂；农民创业项目选择有限，所选择的项目大都与农业

相关，利润微薄、规模较小，不能较快致富增收，存在盲目投资兴办企业的现象，照搬照抄别人模式，盲目跟进造成重复建设现象严重，难以发展壮大；农民创新创业培训体制机制不健全，培训涉及内容有限，培训没有落到实处，培训效果不佳；农民创新创业管理服务机制不完善，“店小二”角色有待进一步优化，农民创新创业面临的用地、用人、用钱、知晓办事程序、带头人选择等问题未得到有效解决。

四、提升河北省农民收入水平的对策建议

（一）促进农业产业结构优化升级提升产业附加值

高效推进农业产业化、规模化经营，依托土地流转和农业生产社会化服务，提高土地和服务规模化程度，降低农业生产成本。推进农村第一、第二、第三产业融合发展，推动农产品精深加工，增加农产品附加值；重点发展科技导向、历史文化导向、生态绿色导向、服务导向的创意性农业，实现农业发展与传承历史文化、建设特色小镇、实施美丽乡村建设行动的有效结合。创新农产品销售方式，缩短农产品销售链条，大力发展农村电子商务，实现消费终端与农户的直联，缩短中间销售环节，增加农民收入。

（二）做好农民职业技能培训拓宽农民就业渠道

积极组织开展提升农民科技文化技能培训，围绕农民可持续增收、农业高质量发展等主题，通过远程授课、现场指导、专家讲解等形式，分类分时展开培训。积极帮助低等收入人群因地制宜开展免费实用技能培训，增强劳动就业技能。创新培训方式，发挥移动终端作用，通过线上线下相结合的形式，高效开展技能培训，增强农民致富技能。积极发展壮大农村集体经济，盘活乡村资源要素，探索村级集体经济发展新模式，支持资源经济、服务经济、美丽经济等新模式发展，创造就业机会和就业岗位，增加农民工资性收入。加强与京津等区域用工合作，开展农民就业创业交流，积极组织就业创业帮扶活动，实现劳动力就近就地就业。

（三）持续强化财政金融政策对农民增收的鼓励引导作用

加大政府在财政支农、金融支农方面力度，发挥财政金融政策对农村经济社会发展的保护与引导作用，增加农民财产净收入和转移净收入。调整对种粮主体和养殖主体的支持力度和补贴范围，有效保障粮食生产者和养殖业从业者的收入。完善农业保险政策，持续拓宽保险范围，丰富保险种类，增强对农业生产的保障能力。创新开发适合农村居民的金融产品和信贷政策，引导其参与到理财投资中来。

（四）破解农民创新创业难题激发创新创业活力

鼓励引导金融机构创新农村金融产品和服务，除农商行、农信社外，支持商业银行开辟返乡创新创业人员专柜，提供专门信贷服务。优化政府服务，充分发挥“店小二”角色，各级政府部门加强农民就业创业信息搜集和发布工作，指导创新创业农民寻找到优质高效的创业项目。不断完善就业创业公共服务平台，加快县、乡镇、村三级公共就业创业服务平台建设，为返乡创业人员提供系统、全面、便捷的公共就业服务；优化行政审批服务，简化项目立项、审批和办证手续，提高办事效率。

作者简介：时方艳，河北省社会科学院农村经济研究所助理研究员。

党关于“三农”问题的思想及江苏的实践研究

张　良

摘　要：百年来，中国共产党始终把共同富裕作为追求的崇高目标，不断调整“三农”政策，让农民分享革命和建设成果，主要经历了社会主义改造时期（以工支农）、改革开放与现代化建设新时期（自主发展、以工促农）和乡村振兴时期。建国后，江苏坚决执行党关于“三农”的政策方针，在土地改革、合作化运动、乡村企业发展上走在各省的前列，特别是十八大以来，江苏农业农村现代化取得了一系列成就。中国现代国家建设的历史逻辑和现实形势要求，在乡村振兴进程中，将“三农”战略纳入国家现代化建设序列。江苏作为沿海经济发达地区，促进农业农村现代化发展，建议夯实农业基础地位，提升农业科技创新能力推动农业农村现代化高质量发展；打通资源要素城乡间流动，全面开展美丽乡村建设行动；建议多渠道增加农民收入，缩小城乡与区域收入差距，实现共同富裕。

关键词：“三农”问题；党的思想；江苏实践

“三农”问题，即“农业、农民、农村”问题，在20世纪90年代，三者作为一个整体问题被提出来。百年来，中国共产党始终把共同富裕作为追求的崇高目标，根据现实情况调整“三农”政策，让农民分享革命和建设成果。早在中国共产党诞生之日起，党的领导人就开始探索和解决这个问题。中华人民共和国成立以后，党和政府非常重视农村问题，将马列主义和中国实践相结合，不同时间阶段形成了具有各自特色的“三农”思想。特别是党的十八大以来，中国共产党始终把“三农”问题放在全党工作的首位，必须坚持把解决好“三农”问题作为全党工作重中之重，当前，我国正处于“两个一百年”奋斗目标的历史交汇期，因此，本文对党关于“三农”思想发展进行回顾与总结，具有重大的理论意义和现实意义，为第二个百年“三农”发展目标的实现提供思想动力与现实参照。

一、历史回顾：党关于“三农”思想发展脉络

（一）第一阶段（1949—1978）：以农支工

中华人民共和国成立到改革开放前夕，在贫穷、落后与帝国主义封锁的限制下，中国共产党领导全国人民逐步寻找符合中国国情的中国“三农”发展道路，采取“以农业为基础，以工业为先导”发展方针，着力走农业合作化的发展道路，确保“以农补工”方针落实。借鉴苏联发展模式，通过合作化运动对农业进行社会主义改造，土地收归集体所有并由集体统一经营管理，以人民公社体制构建了农村社会发展的新秩序。

早在土地改革时期，毛泽东就如何改造个体所有制进行了考虑。1953 年 10 月，毛泽东在同中央农村工作部负责人谈话中指出：“个体农民，增产有限，必须发展互助合作。对于农村的阵地，社会主义如果不去占领，资本主义就必然会去占领。”“我们要做的工作，阻止农民卖地，办法就是合作社。互助组还不能阻止农民卖地，要合作社，要大合作社才行。”1955 年，毛泽东指出：“在逐步地实现社会主义工业化和实现对于手工业、对于资本主义工商业的社会主义改造的同时，逐步地实现对于整个农业的社会主义改造，即实现合作化，在农村中消灭富农经济制度和个体经济制度，使全体农村人民共同富裕起来。”继而，逐步形成了农业合作化思想。

中华人民共和国成立 30 年以来，中国共产党借鉴苏联的经验完成了社会主义改造、实行计划经济、本着共同富裕的目标进行探索，形成了有中国特色的农业制度体系，为中国“三农”改革和最终形成中国特色“三农”发展道路提供了宝贵经验。需要指出的是，实行以农支工的发展战略，优先发展工业、统购统销制度以及户籍制度，在一定程度上限制了农业、农村的发展。具体表现为：

1. 土地改革个体所有到土地集体所有集体经营的转变，走农业合作化的道路。中华人民共和国成立初期，通过土改，新中国 3 亿农民共分得了 7 亿亩的

土地，大大提升了农民的生产积极性。特别是为了防止两极分化，走共同富裕的社会主义道路，在1953年颁布的《中共中央关于农业合作化的决议》中，明确了中国开始走农业合作化的道路，广大农民特别是贫下中农的踊跃参与，到1956年年底，农户参与入社的比例占全国总农户的96.3%，特别是参与高级农业生产合作社的农户的比例为87.8%，至此，在全国范围内的农业生产资料私有制的社会主义改造基本上完成了。由此，中国农村土地由农民个体所有转向社会主义集体所有。

2. 肯定农业经济的基础地位，推进“三农”基础设施建设。1950年到1978年间，中国财政在农业上的支出为1577.12亿元，占总支出的10.7%。在基础建设方面，1954年到1977年间，全国在基础产业和设施建设投资为2996亿元，年均增长8.7%。特别是以兴修水利设施为重点，党和国家领导全国人民大规模兴修水利，为国民经济发展和社会的稳定发挥了重要的作用。

3. 构建人民公社体制。中华人民共和国成立后，废除保甲制，建设新型乡村政权，农民拥有参与社会治理的权利，人民公社建立以后，党和国家在农村经济、政治、文化、政治等方面实现了全面控制与充分动员。从此，中国农村各领域开始实行计划体制，但由于组织模式相对僵化，在农业生产和社会活动过于强调阶级集体意志，在一定程度上忽视了农民个体差异的诉求。此外，为适应计划经济体制和维护国家稳定，出台户籍制度，导致中国的城乡分治与差距。

4. 早期共同富裕思想形成，增加农民收入。早在1955年，毛泽东提出通过合作、互助，发展集体经济，“使全体农村人民共同富裕起来”的思想，强调平均主义，主要是通过平均分配的方式来增加农民收入，达到共同富裕。1949年以来，党和国家建立和完善社会主义农村分配制度、调整农业税收政策以及通过社会救济、“五保户”等措施救济式扶贫。农民人均纯收入由1949年的44元提升到134元。但在“人民公社时期，农民人均纯收入增长缓慢，从1957—1978年，农民人均纯收入仅增长的60.6元，农民无法忍受旧体制的掣肘，耐心等待农村改革时机到来”。

（二）第二阶段（1978—2012）：自由发展与以工促农

改革开放以来，以邓小平为核心的中国共产党通过理论与实践创新，着力开创了农村改革的新局面。为了调动农民积极性，促进农民增收，实现农业现代化，以家庭联产承担为基础，发展乡镇企业、废除农业税、调整农村经济结构、新农村建设、加快城乡统筹发展等一系列措施，中国"三农"面貌焕然一新。

邓小平在1990年指出："中国社会主义农业的改革和发展，从长远的观点看要有两个飞跃。第一个飞跃是废除人民公社，实行家庭联产承包为主的责任制。这是一个很大的前进，要长期坚持不变。第二个飞跃是适应科学种田和生产社会化的需要，发展适度规模经营，发展集体经济。这是又一个很大的前进，当然这是很长的过程。"党的十六大报告中强调，要加强农业基础地位，走中国特色农业现代化道路，建立以工促农，以城带乡长效机制，形成城乡经济社会发展一体化新格局。坚持把发展现代化农业、繁荣农村经济作为首要任务，加强农村基础设施建设，健全农村市场和农业服务体系。加大支农惠农政策力度，严格保护耕地，增加农业投入，促进农业科技进步，增强农业综合生产能力，确保国家粮食安全。

中共十一届三中全会的召开，开创了农村改革的新局面，农民的生产积极性被充分调动起来，农民的收入大幅度提高。这一时期对于"三农"问题的研究基本上围绕经济体制改革和农业经济发展的实践进行。重点包括：家庭联产承包、村民自治、乡镇企业等问题。家庭联产承包、村民自治、乡镇企业被看成是改革开放以来中国农民的"三个伟大创造"。其发展说明，中国"三农"战略的调整和更新，一方面，源于基层创新和农民积极性、创造性的发挥；另一方面，国家通过顶层设计和战略部署及时规范和引导农业农村发展。具体表现为：

1. 家庭联产承包责任制的推广与完善。1983年"中央一号文件"《当前农村经济政策的若干问题》的内容中提出，需要从两个方面对人民公社体制进行改革，一方面是实行生产责任制，特别是联产承包制，另一方面是实行政社分设。到1983年年底，全国实行包产到户的农户达1.75亿户，占总农户的94.5%。

2. 村民自治组织形式的探索与形成。1982年在农村出现的自治组织"村民委员会"得到了《宪法》的认可，到1985年春，在全国范围内有82万多个村民委员会已经建立。从1987年到2009年间党和国家出台的一系列法规，确定了村民自治是管理农村事务的基本形式，赋予了农村参与农村治理的权利，保障了村民自治的权利。

3. 乡镇企业的蓬勃发展。1984 年，中共中央、国务院《转发农牧渔业部〈关于开创社队企业新局面的报告〉的通知》，对社队企业发展的方针、政策与任务做了具体规定，同时将“社队企业”改成为“乡镇企业”。乡镇企业的迅速发展，作用日益显现，一方面，推动了农村非农产业的发展，增加了农民的就业门路；另一方面，乡镇企业成为国民经济重要组成部分，促进国民经济发展。

4. 着眼缩小城乡发展差距，大力促进城乡统筹发展。21 世纪初，“三农”在市场竞争中存在劣势，党中央 1998 年提出“坚持多予少取，让农民得到更多的实惠”、2002 年提出“三农”工作是全党工作的重中之重，明确提出了“多予、少取、放活”的工作方针、并于 2005 年提出“社会主义新农村建设”。党的十七大进一步提出，“建立以工促农、以城带乡长效机制，形成城乡经济社会发展一体化新格局”。上述战略调整摆脱了以往的思维模式，将农业和农村纳入国家经济社会发展全局，逐步从以工促农、以城带乡的“新格局”中部署农业农村发展。

（三）第三阶段（2012 年至今）：乡村振兴提出与发展

习近平总书记于 2013 年中央农村工作会议中提出“中国要强，农业必须强；中国要美，农村必须美；中国要富，农民必须富”的战略构想。这一战略构想为“三农”工作指明了新方向，也全面揭示了农业农村发展在国民经济发展的重要性，可看成乡村振兴战略的酝酿和雏形。党的十九大从“新时代”特征出发，基于中国社会主要矛盾变化及战略需求，提出要按照“产业兴旺、生态宜居、乡风文明、治理有效、生活富裕”的总要求实施乡村振兴战略。这“五位”之间的“一体化”框架，是城乡融合发展体制机制和政策体系的宏观架构，体现了党中央对农业农村发展的总体布局和战略规划。关于乡村振兴战略的思想是习近平新时代中国特色社会主义思想在“三农”领域的集中体现，也是科学把握社会主义现代化建设规律和工农关系、城乡关系演变趋势，结合中国特色社会主义进入新时代的阶段特征和社会主要矛盾变化，推动“三农”领域理论创新、实践创新和制度创新的丰硕成果。

党的十八大以来，党和国家在土地制度改革、推进精准扶贫、探索集体经济、农民人居环境治理和村民有效自治上重点推进工作，激活乡村发展内生动力，健全与完善乡村发展的体制机制，这都是为探索、改革、创新和完善体制机制，确保乡村发展道路畅通，为实现乡村振兴奠定基础，使广大农民尽早走上共同富裕的道路。乡村振兴战略为系统解决"三农"问题、化解突出矛盾创设了基本的战略框架和制度背景。

乡村振兴战略提出以来，通过规划先行、体制创新、系统推进、分步实现的乡村振兴战略的转化和落地，中国农村正在发生翻天覆地的变化。按照战略部署，乡村振兴的全面实现将预示着"三农"与其他领域差距将会逐渐消失，也即"三农"问题得到彻底解决，"三农"领域充满发展活力和竞争力。

二、实践经验：江苏"三农"的探索与实践

（一）第一阶段（1949—1978）

江苏在土改、农业合作等方面走在全国的前列，土地改革运动改变了农村的生产关系，解放了生产力，调动了农民的生产积极性。农业合作化运动使广大农民走上了合作社经济的道路，为促进农村生产力的发展创造了有利的条件，支援了国家经济建设，有利于国家对私营工商业进行社会主义改造。在新解放区，特别是苏南农村经济具有一定的特殊性：1. 存在一批带有资本主义经营方式的土地；2. 耕作技术比较先进，产量高，农产品商品化率比例大；3. 农村手工业与经济作物收入占总收入的30%；4. 苏南工商业发达，部分工商业者购买土地，成为工商业者兼地主。

在国家大政策背景下，此阶段江苏"三农"发展表现在：1. 加强农业工作，恢复农业生产。苏北大部分农村地区是老解放区，社会比较稳定，"恢复和发展农业生产为目前生产的中心环节"。苏南城市多、农村刚解放，苏南区党委提出，"接管城市告一阶段后，必须加强农村工作的领导"，组织干部下乡开展农村工作。2. 恢复区土地所有权的再次确立，新解放区土改的完成。1950年下半年，恢复区开展土地改革工作，到1950年年底恢复区再次确立农民土地所有权的工作全部结束。1950年11月底，新解放区土改试点完成，至1951

年 3 月，新解放区土地分配工作基本完成，彻底消灭了封建土地所有制，从 1951 年年底，各地区的土改工作完成。3. 建立和发展农村互助组。早在 1942 年在苏北老解放区开始组织互助合作组，中华人民共和国成立后，也是从苏北老解放区这里由点到面逐步发展起来的，到 1956 年 3 月底，入社农户占中农户的 95.7%，特别是入高级社农户的比例占总农户的 91.3%。

（二）第二阶段（1978—2012）

党的十一届三中全会后，江苏实行党和国家的工作着重点转移的重大决策，以经济建设为中心，推进改革、开放。改革先从农村开始，逐步进入以城市为重点的全面改革。通过调查研究，江苏逐步形成了符合省情的经济建设思路，农业农村发展表现在以下方面。

1. 联产承包责任制推进与统购派购制度的改革。第一，家庭联产承包责任制。从淮北地区向苏南地区推广，既有全国的共性，又有江苏的特色。苏南与苏北模式既有共同点又有差异：其一，经营方式不同。苏南包干分配、分工分业、专业承包，淮北是单一经营，一家一户“小而全”经营；其二，划田方法不同。苏南包含按人口分田或按劳动力分田，而淮北一般按人口平均划田；其三，分配办法不同。苏南仍存在集体经营收入，称为“大包干，再分配”。淮北是分户经营，自劳自得。“统分结合、包干分配”的模式是苏南的一种创举。第二，改革农产品统购派购制度，调整农村产业结构。1985 年，取消粮食统购，实行合同订购，合同以外的随行就市，多渠道经营，改单一化种植结构为多元化经营。

2. 乡镇企业迅速发展、苏南模式与小城镇建设。第一，乡镇企业迅速发展。党的十一届三中全会以后，江苏的乡镇企业率先走上了蓬勃发展的道路，助推江苏经济的发展，是江苏的一大优势。1983 年邓小平视察江苏后发表重要谈话，提到 1977—1982 年间，江苏工农业产值翻一番，谈到江苏的“路子是怎么走的”的问题，他引用江苏同志的话回答：“一是靠上海的技术力量，另外一条是发展了集体所有制，也就是发展了中小企业。”之后，他赞誉乡镇企业是“异军突起”，进一步肯定了乡镇企业在我国经济发展中所处的地位和作用；第二，苏南模式：以乡镇企业带动农村经济社会协调发展的成功之路。苏南地区是江苏乡镇企业的发源地，其特征为：以集体经济、乡镇工业、市场调节为主，坚持经济与社会、物质文明与精神文明协调发展，走共同富裕的道路。

3. 农村经济全面发展和苏北农业的崛起。第一，完善双层经营体制，深化农村改革。1987 年开始，按照"大稳定、小调整"的原则，对承包地进行小调整，在促进连片种植等方面效果明显。第二，不同地区发展多种形式的合作经济。在苏南和沿江地区，主要办好乡村集体企业；在苏北，特别是淮北，抓好资源的开发利用和举办集体企业并重，积极发展多种经营；在贫困地区，主要以家庭为主的多种经营，发展户办、联户办的手工业和在可能的条件下兴办工业，引导走合作、联合发展的道路。第三，大力加强农业社会化服务体系的建设。

4. 生产要素从农村向城市流动，农村经济发展处于缓慢发展期。1998 年《宪法》和《土地管理法》的修改后，明确了我国土地有偿使用制度，土地有偿使用收入为土地专项收入，专项用于城市基础设施建设和土地开发，对城市建设、经济结构调整等方面发挥了积极的促进作用。在 1988 年到 1998 年间，江苏耕地面积共减少了 192.4 万亩的高产良田，农业投资不足，甚至出现拖欠、挪用农民征地费，使农民经济发展明显放缓。1989 年到 1998 年农业生产要素土地、劳动力、资本开始转向城市，已不是像改革初期那样留在农村使用。大规模占用农村耕地的土地出让金流向城市，农村劳动力大量流出，企业雇佣廉价劳动力。农村生产要素流向城市及非农产业，"三农"问题开始出现。

（三）第三阶段（2012 年至今）

党十八大以来，江苏农业农村发展取得了一系列的发展成就，主要表现在以下方面。

1. 农业现代化走在前列，推动农业高质量发展。第一，新型农业经营主体逐渐崛起。"十三五"期间，农民合作社数量居全国前列，408 个国家级示范社、1374 个省级示范社；国家级龙头企业 77 家，省级 820 家，位居全国第二。第二，江苏率先出台土地制度改革意见，引导土地经营权规范有序流转。"十三五"时期以来，江苏依托农村产权交易平台，土地经营权流转实现网签合同、线上交易，通过信息化服务农民，其流转面积、成交金额等均居全国前列。第三，"十三五"时期以来，江苏不断加大农机推广力度，逐步形成规模化现代农业生产格局。其中农业科技进步贡献率位于全国各省第一，农业机械化率、农业科技创新与推广成效均走在前列。

2. 人居环境改善明显，乡村治理能力显著提升。第一，逐步构建绿色农业发展机制。“十三五”期间，江苏在全国首创农药零差率统一配供，控制高毒高残留农药使用，化肥、农药施用量以每年1%速度削减，2020年病虫害绿色防控覆盖率达47%以上。第二，加强与提升乡村治理能力。探索党建引领、自治法治德治智治融合、村级集体经济充分发展的“1+4+1”乡村治理“江苏路径”。2019年，我省7个县（市、区）获批承担全国乡村治理体系建设试点示范任务，形成一批乡村治理的典型，产生了良好的示范效应。

3. 探索新型经营模式，助力农民增产增收。第一，加快社会经济结构转换，促进乡村产业融合发展。截止到2020年年底，建成324个省级特色田园乡村，覆盖93.4%的涉农县（市、区），乡村的新产业、新业态不断涌现，农业与旅游、康养、文化等行业迅速融合，有效促进农民增收。江苏通过开展“百园千村万点”休闲农业精品行动，2020年休闲旅游农业综合收入达800亿元，比2015年增长150%以上，不少县区走上了三产融合发展的“快车道”。第二，探索合作经济和股份经济，促进农民财产性收入。江苏总结“苏南模式”和合作经济、股份经济的发展经验，以全国首批农村集体产权制度改革整省试点为契机，通过界定成员、量化股权等措施，推进集体经营性资产量化到人、固化到户。“十三五”期间，农村居民财产性收入年均增幅超过10%，占可支配收入比重逐年提升。

三、经验总结：党关于“三农”思想发展的道路

（一）坚持中国共产党领导是解决“三农”问题的保障

中华人民共和国成立后，江苏坚定不移执行与落实党的方针和策略，从农业生产资料的社会主义改造，到改革开放以后的家庭联产承包责任制度，以及党的十八大以来土地“三权分置”，在执行上一直是走在全国各省前列。中国共产党通过理论创新、实践创新，给予农民越来越多处理土地的权利，土地资源要素有效利用，寻找适合中国国情农业发展道路，推动全社会资源支持农业

的发展，在保障粮食安全的同时，进一步改善乡村人居环境和社会环境。只有中国共产党才能调动全国的资源，开展人类史上最大规模的脱贫攻坚战，最终实现中国人民数千年来的脱贫梦，全面建成小康社会。可见，中国共产党的领导是解决“三农”问题的前提保障。

（二）走符合中国国情改革道路是解决“三农”问题的方略

中华人民共和国成立以来，中国共产党始终在探索并创新有效解决“三农”问题的理论与机制，寻找符合中国国情的“三农”道路。中华人民共和国成立初期，中国共产党借鉴苏联经验，实行计划经济，但效率低下，及时调整发展路径，提出“贫穷不是社会主义”的论断，并以马克思主义基本原理为基础，立足中国现实，坚持走集体所有制与社会主义的发展道路，通过家庭联产承包责任制度、社会主义市场经济体制、城乡之间有效统筹等措施的有效推进，农业农村实现了高速发展。可见，中国共产党在“三农”发展的改革与创新，是以马克思主义与中国实践相结合为基础，是完全尊重经济发展规律并发挥社会主义制度创新实践。

（三）增加农民收入，提升幸福感，关注农民全面发展是解决“三农”问题的目标要求

到目前为止，中国全方位地解决了绝对贫困的问题，农民生活有了基本的物质保障，但基础不牢固、水平不高。接下来，应继续关注农民的相对贫困问题，有效增加促进农民增收的途径，增加收入。此外，随着主要矛盾的改变，农民在满足生活的基础上，追求文化、娱乐消费，需要精神文明富裕，需进一步关注农民全面发展，创造条件助力农民按自身意愿实现生活方式及身份的转变，进而实现安居乐业，这也有利于城乡要素的进一步优化配置，从根本上不断推进农业强、农村美与农民富目标的实现。

（四）破除二元经济结构体制，城乡一体化是解决“三农”问题的根本途径

随着现代化进程的不断深入，可以跳出“三农”看“三农”，立足“国内大循环”，面向“国际国内双循环”，战略性、系统性调配农业农村发展要素，

促进要素在城乡间有效流动，促进农业农村产业兴旺，激活农村内生活力与动力，形成城市带动农村发展，农村又反作用城市。比如农民变成农民工在城市务工就业，农民可以变成市民；生态宜居的农村可以成为城里人休闲度假的地方，可以为城市提供生态资本。因此，实现国内大循环的基础是增强生产要素的独立性和流动性，使其在市场上实现有效配置。当然，这需要政府不断进行改革，发挥重要作用。同时，也需要社会力量助推乡村振兴。因此，未来的“三农”战略，需要重点规划“有效市场”“有为政府”和“有机社会”的更好结合。

四、目标展望：江苏“三农”发展的新思路

回顾中国共产党“三农”思想的发展脉络，总结江苏农业农村发展实践经验，发现“三农”发展不仅关系到亿万农民的切身利益，也关系到社会主义现代化国家建设历程。我们应在全面推进乡村振兴中，走出一条中国特色国家“三农”发展道路，开启“三农”新征程。

习近平总书记多次强调没有农业农村现代化，就没有整个国家的现代化。做好“三农”工作，意义重大，江苏要扛起“争当表率、争做示范、走在前列”的使命担当，坚决落实中央方针政策和省委省政府的决策部署，推进乡村全面振兴，加快农业农村现代化建设，开创“三农”工作的新局面。结合江苏农业农村发展实践，“十四五”期间江苏实现农业农村现代化需要从以下三个方面着手。

（一）夯实农业基础地位，提升农业科技创新能力，促进现代农业高质量发展

1. 实施耕地保护制度，调整农业生产结构，保障粮食等农产品有效供给。一是苏北地区既是产粮大县，又是生猪大县，在保障粮食安全、稳定农产品供给中发挥着重要的作用，进一步加强对苏北粮食主产区、产粮大县、生猪大县政策支持。二是苏南地区完成农产品任务的同时，大力发展都市农业、休闲农业，促进农村第一、第二、第三产业有效融合。适当调整玉米与稻谷的种植面积，增加玉米的产量，提高自给率。

2. 加强农业科技变革与创新，推动新品种、新技术的科技转化。一是建立种子资源库，完善省级种子资源综合基因库。加强与企业、科研院所联合培养机制，鼓励种业创新，引导相关科研院所、企业构建完善的育种体系，提高科技转化率。二是提高农业机械化利用率，特别需要提升畜牧业、渔业生产的机械化。推动农业生产全过程的机械化、智能化、信息化、生态化的转型升级，发展高质量农业，走在全国前列。

3. 提升农产品的质量品质，打造农业著名品牌，提高农业产业的竞争力。一是加强对农业特色产业集群的扶持，优化生产，提升品质，提升农产品的质量。二是建立良好的特色农产品品牌形象，通过举办农博会、特色农产品浏览会，提高农产品品牌公信力，提高知名度和竞争力。三是江苏"一带一路"的发展优势，畅通国内、国外双循环，提升江苏农产品国内、国外的竞争力与影响力。

（二）重点发展县域经济，激活资源要素在城乡有效流动，全面开展美丽乡村建设行动

1. 推动县域内的优势资源向乡村流动，实现城乡基本公共服务均等化。一是建立健全高校毕业生回乡工作的激励机制，做好高校毕业生返乡专业的培养工作和后勤保障工作，推动村干部高学历、年轻化。二是加快农村学前教育惠民性发展，培养专业化、高水平的幼师队伍，高质量普及高中阶段教育，特别是提升高中职业教育的管理水平与职教能力支持建设城乡教育一体化。三是做好农村养老产业，加强农村社区养老服务机构、设施的建设，探索农村互助养老模式的试点，并逐步向全省推广。

2. 加大农村基本设施建设资金投入力度，稳步推进农村环境持续改善。省委、省政府明确未来五年，污水治理率在苏南自然村达到 90%，在苏中、苏北行政村达到 80%，到"十四五"末期，农村黑臭水基本消除。2021 年，全省计划建设一批、改造一批生活污水治理项目，力争全省新增受益农户 55 万户，农户覆盖率提升到 35%。另外，在全省选择 10 个县（市、区），开展整县制农村生活污水社会化治理试点，培育多元化的农村生活污水治理市场主体，建立健全农村生活污水治理设施的长效建设和运行管护机制。

（三）丰富农民增收途径，缩小城乡与区域收入差距，让农民实现共同富裕

1. 提高农村劳动力素质，培养农业职业化农民。就这一问题，习近平总书记强调，培养有文化、懂技术、会经营的新型农民队伍，这件事要继续抓下去，要抓出成效。抓紧制定专门规划和切实可行的具体政策，加大农业职业教育和技术培训力度，把培养青年农民纳入国家使用人才的培养计划，确保农业后继有人。根据江苏实际情况，立足江苏乡村产业发展及农民创业的需求，开展培育高素质农民的行动，在苏南地区组织电商经济、农业创业、企业规划等现代化职业农民的培训，在苏北地区培育懂现代化农业科学技术、会管理、懂经营的高素质农民队伍，省乡土人才“三带”行动计划持续向苏北地区倾斜。

2. 增加农民非农就业机会，提高农民非农收入。促进农民增收，非农收入是关键。习近平总书记指出，通过农村经济、组织农民外出务工经商、增加农民财产性收入，让农民富裕起来。苏南地区工资性收入占总收入的比例为62%，绝对值比苏北高出10237元。苏北促进农民增收的潜力是扩大农民的工资性收入。一是激活苏北地区县域经济的活力，创造家门的就业机会，有序引导农民剩余劳动力向县城流动，从事非农工作。二是盘活农村集体经济发展，创造本村非农就业机会，增加农村品的附加值，在经营收入和工资性收入上下功夫。

3. 深化农村改革，发展农村集体经济，增加农民财产性收入。江苏发展新型集体经济促进农民共同富裕，具体措施如下：一是探索农村集体经济发展新路径，大力发展融合经济，鼓励有条件的农村集体经济组织组建混合所有制经营实体，发展混合所有制经济。二是激发农村集体经济发展新动能。持续深化农村集体产权制度改革，推动资源变资产、资金变股金、农民变股东的进行，发挥村内闲置资产的增收作用，盘活利用闲置宅基地和农房，有效利用村级资金在集体经济中的增值，鼓励人才返乡创业，参与农村集体经济发展。

作者简介：张良，江苏省社会科学院助理研究员，博士。

乡村振兴开新局的凤冈实践

姚秀丽

摘　要：当前正值“十四五”规划的开局之时，巩固拓展脱贫攻坚成果与乡村振兴有效衔接的关键时刻。如何做好巩固拓展脱贫攻坚成果同乡村振兴有效衔接这篇大文章，实现乡村振兴的良好开局。遵义市凤冈县围绕“改革引领、市场主导、农民主体”的思路，全力做好产业融合、资源盘活、力量整合“三篇文章”，大力实施“四引四变”行动初步构建了凤冈县全面推进乡村振兴的新思路，奋力为全省、全市“在乡村振兴上开新局”探索出一条新路子。

关键词：乡村振兴；开新局；改革创新；内生动力

引　言

2021年2月，新年伊始之际，习近平总书记在贵州视察时作出重要指示，提出贵州要“在乡村振兴上开新局”。此时正值“十四五”规划开局之时，也是巩固拓展脱贫攻坚成果关键之年，更是同乡村振兴有效衔接的起步之年。贵州省如何在巩固拓展脱贫攻坚成果同乡村振兴有效衔接上做好这篇文章，从而实现乡村振兴的良好开局。

遵义，作为贵州发展的“双引擎”之一，充分运用改革“关键一招”，解决“钱从哪来”“谁来干”“地咋改 ”的难题，不只走出了一条适合山区农业的发展之路，更是涌现出许多具有引领作用的乡村振兴示范县。具有遵义东大门之称的凤冈县，通过认真对照乡村振兴二十字总方针，紧紧围绕“改革引领、市场主导、农民主体”的思路，着力写好产业融合发展、资产资源盘活、组织力量整合“三篇文章”，大力实施“四引四变”行动（即引企入村把资源变资产、引民入社把农民变股民、引贤返乡把洼地变高地、引货出山把产品变商品)，奋力攻克让农民留下来、让农民动起来、让农民富起来“三座坚固堡垒”，初步构建了凤冈县全面推进乡村振兴的新思路，为全省、全市“在乡村振兴上开新局”上探索出了一条适合农业县发展的新路子。2021 年，凤冈县被贵州省委、省政府列为全省乡村振兴引领示范县，其中有 2 个村民组被纳入省级特色田园乡村·乡村振兴集成示范试点，有 2 个村民组被纳入市级特色田园乡村·乡村振兴集成示范试点，探索打造了 13 个县级试点，初步构建了“2+2+13”的创建工作格局，竭尽全力地将凤冈县打造成为全省乡村振兴示范样板。

一、凤冈县基本情况

凤冈县，东面毗邻德江县和思南县，西面与湄潭县接壤，南边直抵石阡县和余庆县，北边连接务川县与正安县，县域面积为 1885. 09 平方千米，森林的覆盖率达到了 60. 58%。全县共辖 4 个街道办事处和 10 个镇，总人口数为 45. 42 万人，常住人口 304156 人（数据来自第七次全国人口普查数)。凤冈县古有“黔中乐土”之美誉，今有“锌硒茶乡”的称号，自然人文景观奇特、民俗民间文化丰富。

早在 2017 年，凤冈县就创新性地提出了全域有机、全产业链有机的“双有机”发展战略，以茶叶产业和肉牛产业为主要抓手，倾力打造“良心产业、有机凤冈”，以此推动凤冈县农业和畜牧业的高质量发展，荣获“国家有机产品认证示范区”“国家有机食品生产基地建设示范县”“国家外贸转型升级基地(茶叶)”“国家出口农产品安全示范区（茶叶)”“全国农业一二三产业融合发展先导区”“国家农业绿色发展先行先试示范区”“国家农作物病虫害绿色防控示范县”“国家农业综合标准化示范县”“国家农产品质量安全县”以及第一批“全国深化小型水库管理体制改革样板县”等 20 多个国家级的荣誉称号，创造了多个贵州省获此殊荣的“唯一”或“第一”。2020 年凤冈县由于在生态文明建设上成效显著，被国家生态环境部授予了第四批“国家生态文明建设示范市县”称号，并成功入选 2020 年“全国森林康养基地试点建设县（市、区)”名单。

二、凤冈县乡村振兴开新局的具体做法

2021年新年伊始，在2月25日召开的全国脱贫攻坚总结表彰大会上习近平总书记作了重要的讲话，指出，“全面实施乡村振兴战略的深度、广度、难度都不亚于脱贫攻坚，要完善政策体系、工作体系、制度体系，以更有力的举措、汇聚更强大的力量，加快农业农村现代化步伐，促进农业高质高效、乡村宜居宜业、农民富裕富足。”① 乡村振兴的开局成败关系着全局成败，起步如何将决定后势如何。如何才能开好局？具体又该怎么干？2018年凤冈县脱贫摘帽成功，2019年贫困人口清零，实现了脱贫攻坚的圆满收官。面对巩固拓展脱贫攻坚成果与乡村振兴有效衔接的这个关键过渡时期，凤冈县认真贯彻落实习近平总书记的精神指示，结合自身的实际，因地制宜、科学设置、多措并举巩固脱贫成效，开启了乡村振兴新篇章的转变。

（一）实施“三改”赋能，破解振兴难题

乡村振兴，首先要解决的核心和关键就是“人、钱、地”的问题。习近平总书记指出：“乡村振兴要靠人才、靠资源，如果乡村人才、土地、资金等要素一直单向流向城市，长期处于‘失血’、‘贫血’状态，振兴就是一句空话。”②为此凤冈县坚持以问题为导向，找准实用人才怎么能来、建设资金从哪里来、资源资产怎么盘活这三个关键问题，通过改变人才的引进方式、资金的投入模式、改变资源的利用方式，变思路、改方式，努力激发内生动能、破解振兴难题。

1. 改变人才培引方式

如何去解决缺人的问题，重点是要培养一支“懂农业、爱农村、爱农民”的新时代“三农”队伍。为此凤冈县大力实施“乡村掌墨师”培育工程和“双培养”工程，着力培养产业引领型、技术技能型、经营管理型、乡土文化型、社会治理型人才充实到“乡村掌墨师”人才队伍和乡村振兴后备力量中

① 2021年2月25日，习近平总书记在全国脱贫攻坚总结表彰大会上的讲话。

② 习近平：《走中国特色社会主义乡村振兴道路》（2017年12月28日），《论坚持全面深化改革》，中央文献出版社，2018年，第395-396页。

来，发挥各型人才的专长和优势作用，为乡村振兴开好新局注入了源头活水、加强了人才储备。如今凤冈县已认定了11587人为基础型的“乡村掌墨师”，聘请846人为拔尖型的“乡村掌墨师”，累计带动了将近10万名农民增产、增收，有效改善了乡村人才稀缺的“贫血”状态。

2. 改变资金投入模式

怎么去解决没钱的问题，重点是要努力拓宽振兴乡村的资金来源和渠道。为此凤冈县首先从政府层面上着手，破除了以往政府大包大揽的思想，将财政资金主要投向共享型基础及配套设施的建设上，同时引导社会经营主体和群众主动向产业发展类项目投资，启动共建、共管、共享示范点建设。迄今为止，已整合中央财政衔接资金、东西部协作资金和宜居农房改造资金共计2507.4万元，引导、吸引企业及社会资金合计投入1893万元，鼓励、撬动群众自筹资金累计投入1323万，解决了发展资金难的问题，有力保障了乡村资金短缺的“失血”问题。

3. 改变资源利用方式

想要解决好“地”的问题，重点在于要想法盘活农村闲置的资产和建设用地。为此凤冈县着力在盘活资源、让村庄“醒”过来上想办法、做文章。一是采取先租用后出让的方式，将村集体闲置多年的经营性建设用地和村集体闲置的废弃学校出让给社会经营主体办企业、建厂房，让“闲产”变成“活产”，从而增加村集体的经济效益。二是引导、鼓励群众以出租或者改造的方式将自家闲置的农房改建成作坊、养蚕房或者用于发展民宿和农家乐，让“包袱”变成“财富”，以此增加农民的收入。三是积极动员、充分发动群众开垦撂荒土地，地处坝区的就种粮食、地处丘陵的就种茶叶、地处山区的则种玫瑰、属于林下的则种中药材，让“散地、荒地、林地”变为“宝地”，解决了土地撂荒、资源浪费的不良现状。

（二）推动“四引四变”，巩固脱贫成果

凤冈县始终坚持以农村供给侧改革作为“造血”主攻方向，把产业转型发展作为巩固拓展脱贫攻坚成果同乡村振兴有效衔接的路径，用“四引”来促“四变”，推动相关企业、专业合作社、农户共同发力，实现群众增收致富。

1. 引企入村，将资源变成资产

依托有机茶、优质稻、肉牛等主导产业良好的产业基础，大力培育、引进

新型农业经营主体，推动家庭小作坊式的经营主体向规模化、规范化的现代经营主体方向转变。全县新增引进 201 家企业入村，其中 9 家外贸企业，26 家茶叶出口供货企业；并建成 121 个集体经济产业实体。

2. 引民入社，让农民变成股东

主要采取“合作社+农户”运作模式，动员农户用土地入股到合作社，然后由合作社先垫资为社员购买、提供农资，再以保底价格收购社员农户的产品，合作社 20%的收益用于返还农户、30%收益用于股东分红、剩下 50%的收益用于合作社的持续发展或者用于当地公益事业的投入资金。

3. 引贤返乡，使洼地变成高地

以实施“雁归计划”为抓手，以爱乡情怀为桥梁、以利好政策为纽带，通过春节回乡座谈会、招商推介会等方式积极动员、大力引导在外打拼的能人、富人返乡创业、支援家乡建设。以进化镇为例，就有 20 名本地乡贤参与到家乡建设中，其中有 9 名乡贤带着项目、带着资金、带回技术、带动资源回乡创业，2 名在外乡贤在资金、项目、技术等方面，积极支援进化镇的乡村示范点建设。

4. 引货出山，把产品变成商品

抢抓东西部新一轮协作机遇，深化与成渝经济圈和东西部协作地区相关部门、企业进行农产品产销对接，通过在网上发动宣传、订单式销售、淘宝、抖音直播带货等方式，努力提高凤冈农特产品的知名度和影响力，并积极组织企业前往外地参加各种大型的农特产品展销会，成功地将有机茶叶、有机大米、雪花牛肉等农特产品销往全国各地市场，年销售额达到了 1000 万元左右。

（三）坚持农民主体，激活内生动力

长期以来，我国的农村基层组织都是以村级党支部为单位组织开展活动的，自 2008 年撤小村并大村后的建制村地域面积变大，农村群众居住存在着分散性的特点，基层组织出现了“党员管理难、召集开会难、开展活动难”的现象。凤冈县立足发展需要、顺应群众期盼，坚持以农民为创建和受益主体，以改革创新精神推进农村基层民主治理方式改革与基层协商民主的深入发展，探索出了由党员、群众一起，共同参与本村、本组重大事务的“提、评、审、决”，并全程监督的新模式——党群直议制，充分调动了农民的主动性，激活

了农民积极参与振兴乡村的内生动力。

1. “党群直议”生动力

建立“村党支部+组议事会”机制，推行“党员提、群众议，群众问、党员答”的党群直议模式，把有关本小组的公共事务、民生事务及经济发展的协商权、决定权、执行权全部交到党员、群众手中，通过面对面直接商议讨论的方式，让党员、群众由原来的“被动做主”变为现在的“自觉做主”，实现由党组织“外力拉动”朝党员群众“内力引动”的良性转变；通过“双向式”民主互动，让党的领导方式从行政强制转向民主集中制，实现了党组织引导党员、群众自己议自己的事、自己办自己的事，从而激活农村广大党员、群众的内生动力，切实做到了共商共建共享。例如 2021 年，进化镇三新组召开“党群直议会”30 余场，吸纳党员、群众关于机耕道建设、污水治理、房屋改造等规划建设意见 50 余条，发动群众自筹资金 200 多万元用于该组的公益事业建设，解决了 17.68 亩广场、道路等公益性占地问题。

2. 村民自治聚合力

围绕移风易俗、邻里关系、环境卫生等重点，制定村规民约“十四条”及“红名榜”表扬、“红黑榜”曝光等一桩桩民事，推行积分制管理，完善《家庭环境卫生公约》，健全村民议事会，引导村民自觉、主动参与村级事务和公共服务。同时充分发挥本村的那些老党员、乡贤文人、退伍军人、产业能人的影响力，成立“村管事”，将农村民事事务都纳入“村管事”的服务职能范围，确保出现问题时发现在一线，发生事情后解决在一线，产生矛盾时化解在一线；确保群众有事大家“商量着办”，群众难事有人“引领着干”，从而有效增强了基层的治理能力，提高了群众自我教育、自我管理、自我服务的能力，形成了村民事由村民议、村民管的自治合力。

三、凤冈县乡村振兴开局“成绩单”

如今，乡村振兴的号角正响彻凤冈的每一个角落，乡村振兴的原动力已然被激活，凤冈人民撸起袖子加油干，一张又一张喜人的成绩单目不暇接，一幅又一幅美丽的乡村画卷徐徐展开……

（一）农业“3+N”，实现转型升级

凤冈县逐步构建起了以茶叶、肉牛、蚕桑三大主导产业以及辣椒、烤烟等产业同步跟进的“3+N”的农业产业体系，绿色发展模式走在了全国前列。完成地区生产总值98.95亿元，增长14.1%，2021年全县脱贫人口人均纯收入为13593.02元，增速达到12.26%。

1. 茶叶产业发展由“跟跑”变为“领跑”

茶产业长期以来都是凤冈县的第一大主导产业，甚至是支柱产业。凤冈县始终坚持走“生态产业化、产业生态化”的绿色发展道路，大力实施“双有机”战略（即全域有机、全产业链有机），推行“基地管理标准化、生产加工规范化、主体培育多元化、品牌塑造高端化、产业延伸融合化”的五化联动机制，建成生态茶园50多万亩，茶叶综合产值突破了百亿元大关，成功迈入中国茶叶百强县序列中，位列全省第二位。凤冈县叶因此凭借“实施五化联动，推动茶叶一二三产融合发展”案例入选农业农村部公布的2021年全国农业绿色发展案例。创建的国家级外贸转型升级基地（茶叶）是全省唯一入选的一家基地，打造的公共品牌“凤冈锌硒茶”的品牌价值高达26亿元，在全国排名第39位，并成功入选了全国第一批中欧互认地理标志保护产品目录。茶叶出口贸易额连续三年位居全省第一，占据了全省茶产业的“半壁江山”，跑出了凤冈茶叶出口贸易的加速度，由原来的“跟跑”变成了全省的“领跑”，很好地带动了凤冈县茶产业的高质量发展和广大群众的增收致富。

2. 肉牛产业发展由“陪跑”变为“领跑”

凤冈县以实施“双有机”战略为突破口，按照“以地定畜、以畜养地、以草定养”的绿色发展方式，坚持“种养结合、茶牛一体、生态循环”发展思路，推行“1亩草+1头牛+1亩茶”绿色种养模式，将牛粪集中收集后加工成为有机肥用于茶园种植，又将有机茶筛出的不要的碎末加入牛饲料中，很好地提升了肉牛和茶叶的品质，实现了肉牛产业的生态循环发展。为了破解资金难题，凤冈县大胆创新，探索实施的“六方合作”金融创新模式①在全省推广。目前肉牛存栏16.2万头，位居全省第三位，综合产值达到20亿元，综合发展

① 六方合作：以政府推动、部门服务、龙头引领、农户主体、保险增信、银行放款构建的肉牛产业发展金融创新模式。

水平位居全省第一，肉牛产业发展也从过去的“陪跑”上升为全省的“领跑”。

3. 蚕桑产业发展由“起跑”变为“领跑”

凤冈县养蚕历史悠久，良好的自然环境为种桑养蚕提供了先天“温床”，曾经辉煌过，也失败过。如今凤冈县重走“蚕丝路”，重拾蚕桑产业，实施“东桑西移”工程，以桑为媒连接沪遵“金丝路”，规划并发展了10万亩桑叶园，去年还新增了4.8万亩桑叶园，新建了20个小蚕共育室、201个大蚕棚，总共发展蚕农1976户，养蚕专业合作社74个。选用的“水星1号”系列优质蚕种，大大提高了蚕茧的质量，综合产值达1.4亿元左右。同时申报全国首家蚕桑产业品牌培训基地获得成功。蚕桑产业发展从一度中断重新“起跑”变为了如今全省的“领跑”，小小蚕茧也成为凤冈人的又一个“钱袋子”。

4. 绿色发展从全省“领跑”变为全国“领跑”

在“双有机”战略的有力推动下，全县通过的有机认证面积为10.4万亩，绿色认证面积为5.1万亩。在全面开展“农作物病虫害绿色防控、生物农药替代化学农药、有机肥替代化肥”的三大行动中，有机肥代替化肥的使用率达到35%，绿色防控面积超过30万亩。“凤冈锌硒茶”“琊川贡米”“凤冈蜂蜜”“凤冈红心柚”等农特产品先后成为国家农产品地理标志保护产品。2017年，成功创建成为第一批国家农业绿色发展先行区。2019年，“凤冈县以双有机为引领，推动农业绿色发展四大工程”成功入选中国农业绿色发展研究会推介的全国农业绿色发展十大典型案例。2020年，凤冈县在全国农作物病虫害“绿色防控示范县”创建中是全省唯一入选的一个县。同年获得国家生态文明建设示范县的荣誉称号。凤冈县的绿色发展实践已成功从全省“领跑”踏入全国“领跑”行列，真正践行了“绿水青山就是金山银山”的绿色发展理念。

（二）工业“3+N”，逐渐稳步提升

凤冈县紧紧围绕“四新”主攻“四化”，坚持“生态立县、工业强县”，加速发展绿色食品加工业和水暖卫浴及茧丝绸引领的轻纺加工业，以这三个主攻产业为抓手，打造“3+N”特色工业园区。现入驻园区的绿色食品加工企业有228家，以茶叶和肉牛的深加工为引领，朝着“标准化、规模化、绿色化、融合化、品牌化”的方向有序发展，农产品的绿色加工转化率达到了61%，年产值超过了30亿元，成为全省第二方阵中的第一名。水暖卫浴产业从无到有，

建成了4万平方米的水暖卫浴博览城（一期），相关产业链条也在不断完善。轻纺产业处于良性发展中，现已引进了以上海水星家纺为代表的50多家轻纺企业，解决就业人数超过3000人，综合产值4亿元，有效解决了异地移民搬迁人员就近就业的难题。

（三）服务业“3+N”，增强活力迸发

凤冈县依托良好的生态环境，着力推动以文旅、康养、商贸为主导的服务业体系发展，逐步形成一条以大健康创新发展促进乡村经济发展的新路子。现拥有4个国家3A级旅游景区，1个国家4A级旅游景区。茶海之心4A级景区创建成功为省级旅游度假区，永安镇打造成为“全省乡村旅游重点镇”，临江村、崇新村和新建社区被评为“全省乡村旅游重点村”。同时也成功创建为省级森林城市，成功打造6个全国森林康养试点基地、3个省级森林康养试点基地，拥有9个森林乡镇、28个森林村寨、216户森林人家，培育了7家省级龙头企业，构建了以森林康养为引领，延伸到瑜伽、中医、体育、温泉等康养项目同步发展的大健康产业链条，从而带动凤冈的旅游业、服务业、交通运输业的加速发展，形成多产业融合发展的全新格局。

结束语

蓝图已绘就，征程在脚下；新年新气象，好风正飞扬。我们应该借助新国发2号文件这股东风乘风而起，以“团结奋进、拼搏创新、苦干实干、后发赶超”的贵州精神为动力，在新时代西部大开发中闯新路，跑好第二个百年奋斗目标的第一棒，奋力开创生态美、产业优、百姓富的美好新未来，以优异的成绩喜迎党的二十大召开！

参考文献

[1] 2021年2月25日，习近平总书记在全国脱贫攻坚总结表彰大会上的讲话。

[2] 习近平：《走中国特色社会主义乡村振兴道路》（2017年12月28日），《论坚持全面深化改革》，北京：中央文献出版社，2018年，第395－

396 页。

［3］凤冈县 2022 年政府工作报告，凤府发〔2021〕10 号，2021 年 12 月 21 日发布。

［4］《凤冈县国民经济和社会发展第十四个五年规划和二〇三五年远景目标纲要》2021 年 5 月 6 日发布。

［5］国务院《关于支持贵州在新时代西部大开发上闯新路的意见》，新国发 2 号文件，2022 年 1 月 26 日发布。

［6］孔祥智等：《乡村振兴的九个维度》，广东人民出版社，2019 年。

［7］丛书编写组：《深入实施乡村振兴战略》，北京：中国计划出版社、中国市场出版社，2020 年。

作者简介：姚秀丽，中共遵义市委党校经管教研部讲师。

“乡愁”推进乡村振兴实现后发赶超的微观机制研究

——以贵州省遵义市花茂村为例

秦荣炎

摘　要：在中华文明演进过程中，乡愁作为一种天然的共同情感，潜移默化渗入人们的精神生活，成为中华民族一种魂牵梦萦的深邃底色。进入 21 世纪，随着现代化进程不断加快，人口流动不断增多，乡愁成为一种更加普遍的文化现象，逐渐上升为“乡愁中国”的国家理念和国家行动。习近平治国理政的成长之路始于乡村，对乡村有着浓厚的乡愁情怀，并在多个场合强调要“留住乡愁”。2015 年 6 月 16 日，习近平总书记来到贵州省遵义市播州区枫香镇花茂村，看到富学乐美“四在农家”的美丽乡村景象，指出“怪不得大家都来，在这里找到乡愁了”。习近平总书记在花茂村的“乡愁论”，是对遵义市长期坚持推进富学乐美“四在农家”新农村建设的提炼和升华，为推进脱贫攻坚和乡村振兴指明了方向。七年来，当地以习近平总书记的乡愁重要论述为指引，大力弘扬乡愁文化，凝聚乡村发展内生动力，形成以乡愁引领乡业推动乡村振兴的“乡愁花茂”经验，为探索新时代、推动乡村振兴、实现后发赶超具有重要的现实意义和理论价值。

关键词：贵州；花茂村；乡愁；乡村振兴

习近平在梁家河度过了七年知青岁月，与乡村结下不解之缘，具有深厚的乡愁情结。在脱贫攻坚和实施乡村振兴过程，习近平注重马克思主义同中华优秀传统文化相结合，挖掘中华大地深厚的乡愁文化，唤醒乡村内生的自然情感，激活乡村振兴的内生动力。2015 年 6 月 16 日，习近平总书记来到贵州省遵义市播州区枫香镇花茂村，看到该村古墙与鲜花辉映、陶坊与田园共生的美丽景象，指出“难怪大家都来，在这里找到乡愁了”。习近平总书记在花茂村发表的“乡愁论”是对该地区新农村建设实践的提炼和升华，为乡村振兴指明了方向。当地党委政府在习近平总书记乡愁论的指引下，探索形成激发乡愁情感发展家庭事业、挖掘乡愁文化培育乡村产业、宣传乡愁情怀感召乡贤创业、增强乡愁自信共谋振兴大业的“乡愁花茂”基本经验。2015 年到 2021 年，花茂村农民人均可支配收入从 12607 元增长到 22000 多元，使一个远离城市山村依靠发展乡村产业，实现了后发赶超。“乡愁花茂”是充分尊重乡村发展规律、深入挖掘乡愁文化引领乡业发展的结果，体现了自然形态、理性培育、产业构建和国家治理融合发展的中国式乡村现代化逻辑。

一、问题意识与文献梳理

在中国漫长的历史演进过程中，乡愁作为一种十分普遍的文化情结，承载着中华民族数千年来的丰富情感。在古代社会，乡愁是游子的身上衣慈母的手中线①，是异客佳节的茱萸②；在当代，乡愁是邮票、船票、坟墓和海峡③，甚至是一杯酒、一碗水。在习近平总书记的眼中，乡愁是“你离开了这个地方会想念这个地方”④。什么是乡愁？中西方对于这一概念，心理学、社会学、人类学等学科对其进行了理论探讨与阐释，在一定程度上揭开了乡愁的神秘面纱及其形成机理。20 世纪以来，随着现代化进程的加快，人们的乡愁情结显得更为突出，从个体情感的文学表达，演变为中华民族的集体记忆。在 2013 年中央城镇化工作会议上，习近平总书记强调要让人们“望得见山、看得见水、记得住乡愁”⑤。由此，乡愁作为一种个体情感、集体记忆和国家底色，成为形塑现代国家的重要变量。

“乡愁中国”概念的提出，是对中国这一底色的概括和升华，体现了中国现代化进程中的文化自信自觉，作为一种集体乡愁情感上升为国家理念，逐渐进入乡村振兴领域学术研究的视野。董进智认为：“记住乡愁就是要让乡村在工业化、

① 孟郊：《游子吟》，载顾青编注《唐诗三百首》，北京：中华书局，2009 年，第 54 页。
② 王维：《九月九日忆山东兄弟》，载顾青编注《唐诗三百首》，北京：中华书局，第 311 页。
③ 余光中：《白玉苦瓜：余光中原版诗集典藏本》，北京：北京联合出版公司，2017 年，第 55 页。
④ 虞孟宇：《在乡村振兴中找到“乡愁”》，载《大理日报》，2021 年 6 月 10 日。
⑤ 熊建等：《新型城镇化，留得住浓浓的乡愁》，载《人民日报》，2013 年 12 月 16 日。

城市化进程中，既融入现代文明、分享科技进步和社会发展的成果，又留住青山绿水、传承农耕文化、保持乡村特点，也就是要更好地振兴乡村，实现农业农村现代化，让农业强起来、农村美起来、农民富起来。"[①] 黄振华、陈梓清认为："乡愁文化是构建乡村发展主体性的有效资源，党政引领和农民参与是激活乡愁文化促进乡村振兴的基础动力，'记得住乡愁'理应成为确立乡村振兴路径与走向的重要依据和标识。"[②]赵景刚、柏艳认为："通过反思乡愁问题有助于更加科学理性地实施乡村振兴战略。"[③]邱星、董帅兵认为："新时代的乡愁助推乡村振兴，需要发挥党组织的统合引领作用，激活乡愁的情感动力，促进乡愁主体返回家乡，规范乡愁的实践行动，整合乡愁资源，防止精英俘获和价值断裂，重构家乡的价值体系，在乡村振兴中记得住乡愁。"[④]这些研究，在一定程度上肯定了乡愁情感、乡愁文化的内在价值，揭示了乡愁与乡村振兴的内在联系。同时，现有研究在乡愁推进乡村振兴实现后发赶超微观机制的描述，以及对乡愁价值充分转化的现实条件，有待进一步深入探讨。为此，本文的问题意识是，乡愁推进乡村振兴实现后发赶超的微观机制是什么？乡愁的文化价值、情感价值如何转化乡村振兴的内生动力？

在此问题意识下，本文以贵州省花茂村为例，在调研基础上，对该村后发赶超的基本情况进行深入梳理，力图揭示乡愁推进乡村振兴实现后发赶超的内在规律。

二、根植传统培育乡愁特色

花茂村美丽乡村建设推动了生态环境、文化教育、乡村旅游、现代农业、乡风文明等方面全面发展，取得了巨大成就，成为贵州乃至全国乡村振兴的重要样本。该村的发展既有着深厚的历史根基，又有难得的发展机遇，更是遵义市乃至全省长期坚持改革创新推进新农村建设的缩影。

---

① 董进智：《记住乡愁与乡村振兴》，载《乡村振兴》2022年第1期，第26–27页。

② 黄振华、陈梓清：《记得住乡愁：乡村振兴的路径选择——基于云南大理的实践与思考》，载《党政研究》2022年第2期。

③ 赵景刚、柏艳：《"乡愁"反思下的乡村振兴战略》，载《中国经贸导刊》（中）2020年第6期。

④ 邱星、董帅兵：《新时代的乡愁与乡村振兴》，载《西北农林科技大学学报》（社会科学版）2022年第3期（总第22期）。

（一）传统特色产业积淀乡愁

花茂村土地肥沃，地下有丰富的高岭土和黄泥资源。高岭土又称为观音土，是制作瓷器的主要原料。花茂村出土的陶片显示，该村很久以前就用高岭土和黄泥混合制作土陶作为日常生活用具。清光绪十六年（1890），重庆江津人曹廷海迁到花茂村沈家坳，带来了更加先进的陶瓷制作技术，并在当地开办陶瓷厂。曹家陶瓷厂在当地广招学徒，传授制陶技艺，使当地陶瓷产业逐渐兴起。花茂村既生产日常陶瓷用具，也生产酒缸、酒瓶等生产性陶瓷用品，产品销往遵义仁怀、鸭溪、习水等地。据《花茂村志》记载，1915年巴拿马国际博览会上掷酒瓶引关注而获奖的茅台酒瓶，就产自花茂村。

陶瓷产业发展不仅促进了当地经济发展，而且推动了社会进步。通过学习曹家带来的陶瓷生产技术，家家户户因地制宜发展了陶瓷生产工艺。陶瓷产业与人们的生活相伴相生，积淀了花茂村标志性的乡愁文化记忆。在20世纪90年代以前，陶瓷不仅是花茂村村民谋生的主要手段，而且是人们不可或缺的生活生产用具。人们与陶瓷之间长期的密切联系，使陶瓷成为人们思维活动中重要的基础性符号。无论离开花茂村，还是在当地，人们对陶瓷的依赖和情感，逐渐积淀成为对家园魂牵梦萦的乡愁情结。

（二）“四在农家”新农村建设留住乡愁

改革开放以来，“三农”问题一直是国家经济社会发展的一个重点难点领域，西部地区显得尤其突出。如何推进农村建设，进而系统解决农业发展、农民增收和农村稳定问题是西部地区地方政府的重点工作之一。2001年，遵义市余庆县顺应农村求富、求学、求美、求乐的群众需求，探索开展富在农家、学在农家、乐在农家、美在农家“四在农家”创建活动。2003年，原遵义县（2016年更名为播州区）枫香镇花茂村学习借鉴余庆县经验，推进“四在农家”创建活动。通过实施“七个一”① 和“五通三改三建”② 工程，改善村庄

---

① “七个一”是指帮助农民找到一条致富增收的路子、家家户户有一幢宽敞整洁的住房、有一套家具和家用电器、安装一部家用电话、掌握一门以上农业实用技术、有一间卫生厨房和厕所、有一种以上健康有益的文体爱好。

② “五通三改三建”是指通电、通水、通路、通电话、通广播电视，改居住环境、改厕、改灶，建文化广播室、对外宣传栏、体育娱乐场所。

居住环境和生活条件，提升乡村生活水平。

2013年11月，贵州省在全省推进升级版的"四在农家·美丽乡村"创建活动，实施小康路、小康水、小康房、小康电、小康讯、小康寨"小康六项行动"计划。原遵义县按照"1+5+5"① 模式打造新农村建设升级版，利用一事一议资金奖补示范建设，全面改进村庄居住生活环境和生产条件，使花茂村真正变成自然朴素、赏心悦目的美丽乡村。

在"四在农家"创建过程中，不仅对房屋改建进行统一规划保留了黔北民居的基本特色，而且美化了乡村道路和农家庭院，畅通了家户与外界的联系，丰富了乡村的精神文化生活。"四在农家"创建活动立足农村基础增加农民收入，改善农村条件，丰富群众生活，保留乡村与大自然密切联系的自然生活，而且通过促进乡风文明增强了乡村理性，留住了人们天然质朴的乡愁记忆和乡愁生活。

（三）乡村文化旅游找到乡愁

花茂村有丰富的红色文化、陶瓷文化、生态文化、民居文化等资源，具有发展乡村文化旅游的天然优势。花茂村在新农村建设和脱贫攻坚工作中，深入挖掘乡愁文化，规划建设了匠心园一条街、陶艺文化创意一条街、古法造纸特色商品馆等文化传承基地，培育乡村内生的文化品牌，开发陶器、宣纸、生态创意书画、纸伞等文化创意产品。经过深入推进"四在农家·美丽乡村"创建活动，花茂村深入挖掘"黔北民居"特色，突出老木屋、土院墙、石板路等传统建筑风貌保护，推进文旅农旅融合。该村还因地制宜引进山东九丰公司大力发展山地现代高效观光农业，创建绿动九丰合作社、花茂旅游协会等合作经济组织、行业管理协会。同时，通过政府部门的大力推介和新闻媒体宣传，花茂村的知名度越来越高，慕名而来观光旅游的游客越来越多。

花茂村生态环境、人居条件的改善，不仅进一步引发了外出村民的乡愁情绪，而且让越来越多的外来者在这里"找到了乡愁"。花茂村人均耕地（包括旱作耕地）约1亩左右，村民有从事手工业和外出谋生的传统。村民外出谋生，但他们的家人、家业还在村里，家庭和村落成为人们难以割舍的乡愁记

---

① "1+5+5"是指坚持一个总体规划引领，实施净化、美化、文化、产业化、精细化"五化"工程，推进环境、管理、文化、产业、便民服务"五项"升级。

忆。随着“四在农家”的深入推进，花茂村变得更加美丽、和谐，人们的乡愁情绪更加浓郁。花茂村的发展变化，吸引村民回乡就业创业，也让已经在外稳定就业的人们经常回到村里享受闲逸的自然生活。同时，在多方宣传推介下，该村还吸引了全国各地的游客来这里旅游观光，体验有别于城市的土陶文化、红色文化、生态文化和传统纸画，感受人与自然和谐相处的生态、生产和生活，寻找别样的乡愁。2015 年 6 月，习近平总书记到花茂村考察，看到富学乐美的美丽乡村景象以及为之而来的众多游客，指出大家是“在这里找到乡愁了”。

（四）突出区域特色发展乡愁

花茂村所在的播州区（原遵义县），是遵义会议所在地。遵义会议在长征史上，甚至在中国革命史上都有极其重要的历史地位。长期以来，该区充分利用红色文化资源打造红色文化旅游，取得十分明显的成效。红色文化与乡愁文化你中有我，我中有你，二者相伴相生。花茂村距离中央红军苟坝会议（1935 年）会址仅 2 千米，也是苟坝会议期间红军的重要活动区域。至今，花茂村还保留着很多红军长征在该村留下的宣传标语，还流传着许多红军可歌可泣的动人故事。这些标语和故事，已经成为花茂村重要的历史印记，也是花茂村乡愁的重要组成部分。

2015 年 6 月，习近平总书记在花茂村视察时说，在这里“找到乡愁”，给该村及当地发展带来新的机遇。“乡愁”是花茂村最突出的文化底色，作为“四在农家·美丽乡村”创建活动的主要载体，花茂村的乡愁文化底色是原遵义县新农村建设的一个缩影。该县以习近平总书记的“乡愁论”为指引，以区域改革调整为契机，着力打造地方乡愁文化品牌，以乡愁文化统筹引领地方经济社会发展。2016 年 4 月初，国务院同意撤销遵义县，设立遵义市播州区。播州是遵义县的旧称。唐贞观十三年（639），唐王朝以原郎州六县改设播州府，该州存至明万历二十八年（1600），历时 961 年。遵义县改名为播州区，增强了历史厚重感，有助于唤起历史文化中的乡愁意识，给该地区发展注入灵魂。2016 年，播州区在长期坚持“四在农家·美丽乡村”新农村建设的基础上，提炼区域文化，突出地方特色，提出规划建设“田园城市·乡愁播州”倡导在城市建设中融入田园风光，在建筑、道路等建设上融入传统乡愁元素，打造乡愁文化地标，以乡愁文化融入、引领地方特色产业发展拓展市场空间。目前，播州区建成万寿广场、时代广场、象山公园等小型休闲锻炼游玩场所，还打造了一批配套设施完善的大型湿地公园、森林公园、生态园，正在把播州建成田园风光的绿意生活圈。

在乡愁产业方面，播州区利用西南大部分地区喜食辣食和该区具有悠久种植辣椒历史的传统优势，因地制宜积极兴办播州区国际辣椒博览会，发展西南辣椒的"乡愁味道"，把播州区打造成为中国辣椒之都、全国辣椒产业十强县、全国优质辣椒生产区。2020 年，播州区种植辣椒 38.35 万亩，种植面积位居全省第一、全国前列，规划建设了 3 个万亩辣椒产业带、5 个 5 千亩相对集中辣椒示范基地、12 个千亩标准化示范基地，培育职业辣椒农户 1.5 万个，辣椒产业覆盖 30 余万农民，鲜辣椒产量 18.8 万吨、干辣椒产量 5.8 万吨，产值 17.5 亿元，带动贫困户 8000 余户种植辣椒。

三、依托乡愁引领乡业发展

乡愁作为一种文化形态，具有很高的经济社会价值。花茂村充分发挥乡愁文化功能，推动乡愁文化与不同要素相结合，形成独特的乡村发展格局。

（一）激发乡愁情感发展家庭事业

花茂村在历史演进中积淀了深厚的乡愁文化，承载着村民对乡村自然生活的向往和追求。特别是当地长期坚持推进"四在农家·美丽乡村"创建活动，改善了乡村居住环境，留住了土陶、造纸、农耕等乡愁记忆，拓展了乡村创业就业空间，激发了村民的乡愁情感，使越来越多的村民回乡发展家庭事业。

枫香镇邀请国内知名的专业团队，通过深入挖掘当地乡愁文化，结合自身自然山水、田园风光、人文风情等特点编制新农村建设总体规划和详细规划。此后该村编制的规划，都以总规和详规为基准，坚持一张蓝图绘到底，保护规划建设的连续性、约束性和稳定性。该村规划建设中主要是补充完善，不搞推倒重来，不搞大拆大建，从而保住了乡愁，保住了村民朴素的自然的情感寄托。

乡愁激发村民的自然情感，引导村民积极回乡发展家庭事业。对于村民来说，家庭是生产生活最基本的组织单元，承载着人类社会的过去、现在与未来，蕴含着人类文明进步最强大的动力源泉。乡愁建设使乡村变得更加美丽，激发了村民把家庭事业发展得更加美好的愿望。受访者母先生表示，看到家乡越来越漂亮，而家庭事业却没有什么发展，这种对比反差的拉大，让自己心里十分焦虑。家庭发展是最基本的事业，父母是家庭的来源，孩子是家庭的未来。在外务工，父母和孩子都没有得到很好地照顾。面对这种状况，使他下定决心回乡创业，一方面可以照顾父母、教育孩子，享受家庭团圆的快乐，另一方面改善家庭居住环境，不让自己的家庭环境在村庄中显得落后。

（二）挖掘乡愁文化培育乡村产业

产业是农村发展繁荣的支柱。花茂村以"四在农家·美丽乡村"创建活动为载体，以乡愁文化为底色，依托本地资源培育内生产业。充分发挥乡愁的引领作用，通过乡愁文化凝聚人心，增强自信，因地制宜向产业方向发展。该村按照贵州农村产业革命"八要素"，形成高效山地农业、文化产业、乡村旅游三大支柱产业。

依托乡愁文化做优做强高效山地农业。花茂村有很深厚的乡愁文化，村民有浓厚的乡愁情结。花茂村人口多，土地少，按照传统的耕作方式，即使对土地进行精耕细作，产出也仅仅能够基本维持生活。既要满足村民对乡村自然生活的需求，又要建设美丽乡村，实现农民增收致富，就必须在提高劳动生产率上实现突破。花茂村按照"科学规划、保护为重、生态优先、尊重自然"的原则，通过引进现代高效农业，探索山地农业产业化集约化发展。该村以"返租倒包"创新土地流转方式，降低土地流转风险，保障农民土地流转收益，实现土地集中经营管理。

围绕乡愁文化发展文化创意产业。在长期的历史演进过程中，花茂村形成了丰富的红色文化、生态文化、陶瓷文化、造纸文化等文化形态。这些文化形态内生于与人们生存环境息息相关的生产生活，承载着人们深厚的乡愁情感。花茂村的乡愁文化受到遵义市各级领导的高度重视，他们以各种方式倾力帮助花茂村发展文化创意产业。花茂村的土陶文化具有悠久的历史，约60%的人家曾经以土陶为副业。20世纪90年代后，花茂村的土陶产业逐渐没落，只有受访者母先生等少数几户坚持以之为生，并手把手将土陶技艺传承了下来。为了传统土陶技艺的传承，镇村规划建设了陶艺文化创意一条街，发展集陶艺销售展示、体验、旅游休闲为一体的陶艺文化产业。

弘扬乡愁文化着力打造乡村旅游。在现代化快速推进的现代城市，自然生活离人们越来越远。人类作为大自然的产物，内心深处对自然有着天然向往和依恋，关于乡村共同生活的记忆深刻融入人们的心灵深处，如影随形。这种向往和依恋潜移默化地引导人们走向乡村，回归自然，感受内心与自然的共鸣。通过长期的文化积淀和美丽乡村建设，花茂村成为人们寻找乡愁、感受乡愁的重要目的地。枫香镇在美丽乡村建设和脱贫攻坚战略行动中，把发展花茂村乡村旅游作为主导产业之一，统筹整合红色、农耕、土陶、古法造纸等乡愁文化资源，探索发展乡村游、红色游、康养游。依托境内良好生态和独具特色的黔北民居，规划建设陶艺文化创意一条街，引进建设九丰生态农业观光体验园，培育红色之家等景点式农家乐，打造乡愁小道、真理小道，形成“一街一园一家两小道”经典旅游线路，推进乡村旅游蓬勃发展。2016 年以来，花茂村发展乡村旅馆 7 家，特色农家乐 13 家，文化企业 4 家，打造文化创意产品 30 余种。2020 年接待游客 131 万余人次以上，实现旅游综合收入 6. 65 亿元。

（三）宣传乡愁情怀感召乡贤创业

乡贤是乡村的先知先觉者，也是乡村发展的中坚力量。在传统时期，乡贤主要是指乡村中德高望重、才识过人的长者。在当今社会，时代在发生变化，品行良好，有较强社会责任感，有能力和有见识的中青年人，无论他们在本地谋生，或是在外地发展，也常被人们视为乡贤。在“四在农家 · 美丽乡村”建设中，当地十分重视发挥乡贤的引领作用，以乡愁情怀感召乡贤回乡创业。

热衷于传承“非遗”文化的张女士是一位受乡愁情怀感召回花茂村创业的新时代乡贤。张女士的外公外婆家在花茂村，她童年跟随外公外婆生活，从小目睹外公制陶、外婆古法造纸，邻家酿酒烤酒。在长大后外出发展的岁月中，这些充满乡愁味道的传统工艺一直萦绕在心头。张女士是一位国家级酿酒师，长期在贵州仁怀市茅台镇从事酿酒生意。热衷文化创意的她在当地开了第一家“非遗”文化体验馆——花茂人家。花茂人家以“一张纸、一幅画、一盏灯、一壶酒、一首歌”为主题，致力于乡愁文创作品和产品开发，传承当地浓郁的乡愁文化。近几年来，来花茂村旅游的游客络绎不绝，花茂人家的生意也越来越好，成为花茂村的主要标志之一。花茂人家的文创作品深受游客的喜爱，2017年作为外交礼物被25个国家使节定制。

王先生是较早受乡愁感召回乡定居创业的乡贤，他创办“红色之家”农家乐是花茂村一个主要乡愁标志。王先生17岁外出谋生，头脑灵活的他从建筑学徒做到师傅、包工头，再到建筑公司老板。2012年，从事多年建筑行业的他积累了一定家底，看到村里变得越来越美，就想回村里新盖房子居住。在外面见过世面的他，看到来村里旅游的游客越来越多，敏锐地看到发展商机，利用住房开办花茂村第一家农家乐。该农家乐取名为“红色之家”，是因为他从小受村里红色文化熏陶，心中感激党，想让每一个来客都铭记今天的幸福生活来之不易。近两年，“红色之家”高峰期每天接待游客订单达70桌，每周营业额达10余万元。

毕业于中南财经政法大学的村委会副主任李先生，是受花茂村乡愁情怀感召回乡创业的大学生典型代表。李先生1989年毕业后，先在国有企业上班，1999年上半年辞职开始从事零售业。随着花茂村乡村旅游的发展，对家乡有着浓厚情怀的他于2014年回村里开了便民超市，并开通农村商业银行便民业务。由于李先生是回村高才生，又有见识、能力和威望，受村民推举在村委会任职。2015年6月，习近平总书记到花茂村考察，到他开的便民超市买过几瓶水。目前，李先生的便民超市也是花茂村旅游线路上主要的参观点之一，生意十分红火。李先生除了参与村庄事务管理和经营超市，还十分热心挖掘村庄文化，参与编撰《花茂村志》。同时，他还把国家政策、村庄历史文化、村规民约编写成简明的诗歌和韵文等形式进行宣传。

除此之外，花茂村受乡愁文化感召回乡创业的乡贤还有很多。乡贤们积极参与乡愁花茂建设，弘扬乡愁文化，以自身的优势带动更多的村民回乡创业。乡贤的品德、见识和能力，不仅开阔了村庄的视野，而且为村庄发展注入了新的生机和活力。

（四）增强乡愁自信共谋振兴大业

乡愁是对乡村自然生活的一种向往和追求。这种向往和追求中蕴含了对美好生活的自信。人类是自然界的产物，在人的潜意识里有着追求自然生活的本能。美丽乡村是人类本能与自然共鸣的地方，具有城市不可替代的功能和作用。从本质上看，乡愁不仅是一种自然情感，而且代表一种内心的文化自信。人们为什么要寻找乡愁，从本质上看，就是在寻找内心深处的文化自信。美丽乡村不仅让村民和所有建设参与者增强了自信，也让参观者对乡村发展充满了信心。

花茂村“四在农家·美丽乡村”建设，目的是把乡村打造成为富裕、理性、快乐、美丽的地方，增强村民内心深处的文化自信，引导村民积极投身建设自己美丽家园。花茂人家的李女士说，花茂村的生态好，空气也好，贵州最贵的不是茅台酒，而是生态。花茂村的生态和空气是非常好的，这种优势城市无法比拟。农家乐经营者母先生说，过去在城市打工，月收入有四五千元，但外面花销大，什么都要买，一个月剩不了几个钱。2016 年回家做农家乐后，收入没有具体算过，情况要好很多，收入够花。更重要的是，在家不仅自由，农家乐想开就开，不想开就关几天，而且还能照顾老人和孩子。村庄四通八达，想到哪里交通都很方便。在他看来，乡村让人更加自信，收入稳定，风险不高，睡得安心。

花茂村受访者对乡村生活充满了自信，凝聚起建设美丽家园、推进乡村振兴大业最深沉的力量。受访者有因乡村美好生态感到自信，有因生活自由感到自信，有因产品和人品受到认可感到自信，有因牛肉粉技艺好感到自信，还有因服务好感觉自信。这些人大部分是花茂村的普通村民，他们的自信来自各个方面，但归根到底来源于充满乡愁的美好的乡村自然生活。这些普通人淳朴的乡愁情绪，是推动美丽乡村建设和乡村振兴的伟大力量。

四、结论与讨论

花茂村以乡愁引领乡业推动乡村振兴的“乡愁花茂”发展经验，有历史的必然性，也有时代的偶然性。乡愁是乡村的灵魂，也是乡村的基本功能和核心价值所在。“乡愁花茂”发展历程和发展经验的内在逻辑，对乡村振兴实现路径的探索有着重要借鉴意义和参考价值。

（一）基本结论

“乡愁花茂”发展历程和发展经验表明，乡愁是乡村非常深沉的文化力量和情感力量，具有很高文化价值、情感价值和时代价值，对乡村振兴实现后发赶超具有极其重要的推动作用。乡愁作为一种文化和情感，在推动乡村振兴中并不是直接发生作用，而是通过一定的媒介和形式，才能转化为乡村振兴的内生力量。乡业是乡愁与乡村振兴的重要媒介，包括家庭事业、乡村产业、乡贤创业、振兴大业等。花茂村通过深入挖掘乡愁文化，激发群众的乡愁情感，打造乡愁文化一条街，感召了一大批长期在外发展的新乡贤回乡创业，为乡村发展带回了必要的资本、注入了人力财力智力资源，赋予了乡村新的发展动能。新乡贤的回归，对乡村公共建设、公共活动、产业发展、新技术应用、物流建设等方面起到很强劲的引领作用，成为深厚乡愁的多层价值得以充分转化的关键。在新乡贤的推动下，乡愁文化得到更好继承发扬，乡愁价值向丰富多样的乡愁产业转变，乡愁情感成为拓展产品和服务市场的天然纽带。总的来看，乡愁正在日益成为乡村振兴最深沉最核心的内生力量。

（二）讨论

乡愁在推进乡村振兴的过程中，其作用的发挥是间接的、有条件的，需要从以下几个方面进行深入探讨。

1. 乡村振兴要保留天人合一的自然形态

人类是自然的产物，也是自然的一部分。人们灵魂深处有着向往大自然生活的原始本能。人们在大自然中，能更加自由地按照身体和精神的本能进行自我调适，更加清晰地感受到昼夜交替、日月经天。人与自然共生的自然演进逻辑，是人类最本源的乡愁。对于有着漫长演进历史的中华民族来说，留住乡愁是乡村振兴的应有之义，也是最深沉的动力源泉。乡村振兴要保留乡村的自然生活，尊重乡村的自然情感，尊重自然发展的基本规律。

2. 乡村振兴要引导公私互济的理性发展

乡村振兴既是乡村保持自然形态的过程，又是乡村社会理性发展的过程。理性意味着比较和选择，选择并不一定科学合理，但理性发展蕴含对科学合理的追求与契合。当代中国作为一个现代国家，经过长期的法治建设，基本建立了一套符合全社会利益的社会理性思维。然而，在广大农村地区，长期处于半封闭状态，社会主义核心价值观、国家法律、政策法规进入乡村社会并被乡村社会接受，需要一个较为漫长的过程。一个社会的健康发展离不开自然情感提供的强大内生动力，更需要社会理性对社会规则的改进、社会行为的约束和社会秩序的形塑，建立起既充分保护个体权利，又增强村庄公共性的公私互济的村庄理性格局。

3. 乡村振兴要发展高质量的乡村产业

产业发展是经济繁荣的基础。乡村振兴需要丰富的生产生活资源来支撑，乡村产业是承担这一重任的支柱。乡村传统产业产生效率低，难以满足乡村振兴的发展，需要发挥资源优势因地制宜发展乡村内生的特色产业，推动乡村产业向结构更优、效益更高、品质更好的方向发展。一是以乡愁文化引领乡村产业发展，要挖掘乡愁的内涵，以之引领乡村产业发展，丰富产业及产品的文化价值，进一步拓展产品市场需求。二是以生态标尺规范乡村产业发展，既要发展，又要注重生态保护，二者是辩证的统一。三是以高效农业主导乡村产业发展，引进高效农业经营主体，扶持高效农业生产专业合作社，创新分配方式。

4. 乡村振兴要推进现代化的国家治理

恩格斯指出，国家是文明社会的概括。国家是人类社会文明发展到一定阶段的产物，乡村社会包含了构成国家基础的基本单元，在某种程度上决定了国家发展阶段和国家形态。国家成长必须推动乡村社会及其基本单元的发展。乡村振兴是国家成长的缩影，没有落后国家的乡村振兴，也没有乡村衰败的现代化强国。花茂村的发展是国家成长的现实反映，也是实现国家治理现代化的现实需要。在乡村振兴中，要强化乡村的国家组织，提升乡村的国家能力，完善乡村的国家服务。

参考文献

[1] 孟郊：《游子吟》，载顾青编注《唐诗三百首》，北京：中华书局，2009年，第54页。

[2] 王维：《九月九日忆山东兄弟》，载顾青编注《唐诗三百首》，北京：中华书局，第311页。

[3] 余光中：《白玉苦瓜：余光中原版诗集典藏本》，北京：北京联合出版公司，2017年，第55页。

[4] 虞孟宇：《在乡村振兴中找到“乡愁”》，载《大理日报》，2021年6月10日。

[5] 熊建等:《新型城镇化，留得住浓浓的乡愁》，载《人民日报》，2013年12月16日。

[6] 张帅:《“乡愁中国”的问题意识与文化自觉——“乡愁中国与新型城镇化建设论坛”述评》，载《民俗研究》2014年第2期，第156-159页。

[7] 赵旭东:《乡愁中国的两种表达及其文化转型之路——新时代乡村文化振兴路径和模式研究》，载《西北师大学报》（社会科学版）2019年第3期(总第56期)，第127-136页。

[8] 丁云亮:《试论“乡愁中国”纪录片的政治意蕴及话语表达体系》，载《教育传媒研究》2018年第6期，第26-30页。

[9] 斐迪南·滕尼斯:《共同体与社会》，张巍卓译，北京：商务印书馆，2019年，第87、第71页。

[10] 佚名:《采薇》，孔子等著、思履主编:《四书五经》，北京：中国华侨出版社，2014年，第320页。

[11] 王晓云:《洱海边的古生村》，载《云南日报》，2015年10月18日。

[12] 贵州省遵义市播州区枫香镇花茂村志编纂委员会:《花茂村志》，北京：方志出版社，2020年。

[13] 枫香镇人民政府:《枫香镇花茂村脱贫攻坚与乡村振兴衔接的情况汇报》，2021年。

[14] 枫香镇人民政府:《花茂村脱贫攻坚与乡村振兴衔接的探索与实践》，2021年。

作者简介：秦荣炎，华中师范大学中国农村研究院在读博士、中共铜仁市委党校基础理论教研部主任、副教授。

大力发展农村电商经济
助力六盘水市乡村振兴

王邦州

摘　要：电子经济是推进农村产业发展，助力乡村振兴的重要载体，目前六盘水市农村电商快速发展，电商经济在农村产业发展的作用与日俱增，本文在基于六盘水市农村电商发展的现状以及存在问题的基础上，从政策引领、人才培养、产业标准化发展、物流建设等方面提出对策建议，以期为六盘水市农村电商经济未来的发展提供借鉴。

关键字：六盘水市；农村电商；乡村振兴

电商经济是随着互联网的普及而兴起的一种开放性的经济平台，具有进入门槛低、参与成本小、价格定制灵活、覆盖面广等优势。根据中国互联网络信息中心数据，截至2020年3月，我国网民规模达到9.04亿人，互联网普及率达到64.5%，其中农村网民覆盖率为46%，未来我国仍有数量庞大的农村居民有待转换为网民，随着网民数量的增加和国内消费需求的增长，可以看出，未来我国的农村电商经济有较大的发展潜力。

六盘水市2020年已顺利完成了脱贫攻坚任务，乡村振兴工作已全面铺开，乡村振兴要求产业兴旺、生活富裕，要实现这个目标需要大力发展农村产业，提高农村居民的收入水平。电商经济由于具有诸多优势，在乡村振兴过程中尤其是在助推农业产业发展、提高农产品销量、提升农村居民的收入水平上发挥着重要作用。近年来，六盘水市产业转型升级取得了明显成效，农村电商呈现快速发展的势头，未来需要继续发挥农村电商在调整产业结构、增加就业机会、提高农村居民的收入水平上的作用，推动乡村振兴工作的顺利开展。

一、六盘水市农村电商发展现状

（一）在政策指导上

六盘水市委、市政府高度重视电商产业发展，近年来，专门出台政策措施促进电子商务发展，目前已经成立了促进电子商务发展的工作领导小组，明确了各级部门的工作职责，建立了市、县、乡三级电子商务机构组织体系，特别是在各市（特区、区）商务主管部门下专门设立了副科级事业单位“电子商务发展服务中心”，目前全市累计建成 4 个县级电商服务中心专门负责六盘水市电子商务产业的发展。此外，六盘水市还以电子商务进农村综合示范县建设为重点，积极向上争取政策资金支持电商产业发展，累计争取资金 10850 万元①，盘州市、水城区、六枝特区先后入围国家级电子商务进农村综合示范县。

（二）在基础设施上

六盘水市大力推进交通、通信、快递物流等基础设施建设，实现了 30 户以上村民组 100%通硬化路，行政村 100%通邮、4G 网络 100%覆盖，有力夯实了电子商务发展基础。同时六盘水市以电商运营服务中心为平台，强化政府服务职能，采取房租、水、电、网费减免等措施，大力培育扶持电商市场主体，营造电商发展良好氛围，推动电商市场主体不断增加，全市注册登记的农村电商市场主体由 2014 年的 132 个增长到 2020 年年底的 2216 个，其中涉农电商市场主体 639 个。② 六枝特区电子商务发展中心，利用国家、省级电商示范县建设资金 2500 万元，运用当地废旧仓库建设了电商运营服务中心、电商仓储中心，免费提供给电商企业入驻，为企业节省了房租、水电、宽带等费用 200 余万元。

（三）在平台运用上

近年来，六盘水市农产品企业以及电商市场主体纷纷在淘宝、京东、美

① 数据来源：六盘水市供销社。
② 数据来源：六盘水市供销社。

团、拼多多等电商平台开设网络店铺，并充分运用短视频软件、直播平台、微信朋友圈等，全渠道多方位营销六盘水市农特产品，推动农产品市场销售网络化，实现农产品网络销售增量，截止到2020年年底，全市在线活跃店铺数量达7369个，全市农产品网络零售额5738.51万元，同比增长24.35%，① 以凉都弥你红、天刺力、人民小酒、盘县火腿、岩脚面等为代表的本地农特产品均已实现了线上销售。盘州市杨老奶食品有限公司2020年运用直播间平台推广本地红辣椒，实现了直播5分钟销售额100多万元的纪录。

（四）在典型培养上

近来年六盘水市坚持完善农村电商公共服务体系，加大电商主体培育，充分发挥示范带动作用，促进电商市场相互学习和良性竞争的格局，培育了包括以贵州大山味里醉电子商务有限公司等为代表的多家电商示范企业。贵州大山味里醉电子商务有限公司成立于2016年8月，位于六枝特区新窑村，是一家专注六盘水农产品销售的企业，2020年实现网络销售额800余万元，获得了"贵州大学生创业总店""贵州省电子商务百家特色网店"等多项荣誉。在贵州大山味里醉电子商务有限公司示范带动下，六枝特区的电商产业发展已初具规模，有包括贵州饭否、贵州寻黔味、贵州聚日汇等30多家电商企业入驻电商服务中心，其中年销售额2000万元的电商团队1个，年销售500万元以上的电商团队3个，年销售50万元的团队12个，现有在淘宝、京东、拼多多登记网店345个。②

二、六盘水市农村电商发展存在的主要问题

（一）农产品的产业支撑力度还不够

一是目前六盘水市农产品产量有限，季节性强。当前全市农产品主要以猕猴桃、刺梨、中草药、羊肉粉等为主，由于季节性较强、土特产种植培育周期长，走电商渠道销售时效性、及时性要求高，再加上农产品缺乏深加工，目前

① 数据来源：六盘水市供销社。
② 数据来源：六枝特区电商服务中心。

的产量除了在农产品盛产季节货源充足以外，其他季节经常出现农产品断货的情况；二是缺少地标性的农产品。目前六盘水市农产品种类较少，总体上品牌效应不明显，缺乏有竞争力、影响力的地标性农村品。

（二）农产品深加工、标准化程度低

六盘水市农业发展水平总体上较为落后，再加上农产品深加工技术水平低，产业链不完善，很多农产品不仅附加价值低，也不能实现规模化生产。在产品包装上，经过调研发现，由于包装技术的限制，产品包装标准化程度不高，很多电商企业都反映在农产品销售过程中都出现产品变质、产品损坏的现象，不仅需要返回进行二次包装，还严重影响到了电商企业的信誉。

（三）部分电商服务站点变“空壳”

近几年，六盘水市农村电商高速发展，目前电商服务站点已经基本覆盖了所有乡镇，但六盘水市农村电商发展总体上呈现小、散、乱的特点，许多农村电商服务站点经济效益不明显，长期处于“无业务”状态，电商站点作用未得到发挥，根据六盘水市供销社反映，目前全市长期正常运营的农村电商服务站点不足50%，大多服务站点沦为“空壳”，很多从业人员要么放弃经营外出务工，要么将站点改为便利店。

（四）物流、冷链等基础设施不健全

目前六盘水市快递物流企业的配送范围已经实现了乡镇一级的全覆盖，但是未能延伸至村，快递物流“进不了村、入不了户”的情况仍然比较普遍。在冷链仓储设施配备上，目前六盘水市农村地区物流冷链仓储设施配备还存在不足，农村地区还难以提供全程综合化的冷链物流服务，鲜活的产品极易发生腐坏。比如在水城区调研发现，猴场乡的猕猴桃、发耳镇的樱桃等农产品在出产季节天气都比较炎热，但是当地目前的冷链设备很难满足农产品保存的需求，许多农产品只能通过常规物流运输销售，运输的过程中损坏率高，而且农产品腐烂变质现象较为普遍。

（五）农村电商专业性从业人员缺乏

电商从业人员，目前六盘水市农村电商从业人员大多为兼职，人员流动性

大，专职电商从业人员少，缺乏专业化、系统化的培训。各市（区）工业与信息化局也曾经组织过电商培训，但是很多培训都是为了完成上级任务、流于形式，而且目前很多地方组织的电商培训都以理论性指导为主，实践操作性不强。由于人才缺乏，许多商家缺乏专业知识技能，营销技巧和创新能力较弱，面对既新又快的电商发展形势无所适从，也未能在新消费形式下抓住趋势红利乘势而上。

三、推动六盘水市农村电商发展的政策建议

（一）强化电子商务发展的政策引领

围绕组织、资金、人才、服务、产品、冷链、物流"七位一体"的工作思路进行政策引导。一是将电商产业发展和物流产业供应链纳入全市国民经济和社会发展规划，通过人才培训、主体培育、打造示范、网销奖补、物流补贴等方面完善电商政策体系。二是落实好各项补贴政策，在场地、税费、信息服务等方面给予扶持，鼓励社会各类人员尤其是大学生在电子商务领域创新创业。三是继续培育电商龙头企业。根据六盘水市经济社会发展的实际，有针对性的扶持一批产业带动能力强、网销规模大、市场认可度高、营销模式较新的电子商务龙头骨干企业，发挥其领头带动作用。

（二）大力引进、培育电商专门人才

一是大力引进电商领军人才和高层次人才，加强与专业院校、行业协会的合作，共建实习基地，鼓励大学毕业生返乡从事网络创业工作。二是大力开展电商培训，采取"理论+案例+实践"的培训方式，定期开展电商培训工作，同时联合高校、电商企业开展"订单式"培训，因人施教，提高培训的实效性，此外还要选送农村专业合作社和电商企业负责人到高校和知名网商企业进行高端培训；三是举办农村电商精准服务、创业大赛、电商知识进基层等电商辅导活动，邀请农村电商领域专家到基层面对面为电商创业者出谋划策，答疑解惑，提升创业者对电商知识的了解。

（三）引导农产品向规模化、标准化方向发展

一是加快推进以无公害农产品、绿色食品、有机农产品和农产品地理标志为主的“三品一标”建设。加强农产品分级、包装、营销，提升以猕猴桃、羊肉粉、红辣椒等农产品的知名度，打造具有竞争力的农产品品牌。二是充分挖掘猕猴桃、刺梨等名特产品，推动农产品进行深加工。大力推动农产品生产标准化，延伸农产品产业链，实现农产品产业化，保障一年四季都有充足的农产品销售。三是继续推广“订单农业”模式。由电商企业和农民签订农产品定向收购合同，在合同中载明产品种类、收购数量、最低收购价格等信息，在农产品丰收时按照预先的电商合同对农产品进行收购，这样既能保证电商企业有充足的货源，也能为农产品提供稳定的销路，解除了农民的后顾之忧。

（四）健全以物流、冷链等为主的基础设施建设

加快建立市、县、乡、村四级物流配送体系，支持快递物流企业在乡镇设立符合电商发展需要的物流配送站点，设立村级物流快递服务点，打通物流配送的“最后一公里”，实现物流覆盖无死角。重点发展鲜活农产品电商和冷链物流，做好冷链、仓储发展布局，根据地域条件，在每个区域建立服务于本区域的冷库，为地区农产品保质提供便利，同时鼓励私人根据自身需求建立以农产品储存为主的冷库。

（五）改造现有电商站点，加快电商体系建设

整合现有农村电商服务网点，大力推动规模化站点建设，撤销经济效益低、长期处于闲置状态的电商站点，根据农产品分部状况，建立健全“基地+站点+产地预冷+网格化销售”的一体化运营体系，立足产品上行，助推农产品从“小农户”迈向“大市场”，积极构建更加完善高效的电商体系。结合特色产业，采用“线上+线下”模式，充分发挥抖音、直播带货等新兴电商发展模式，打造集电商运营、创业孵化、物流快递等为一体的全功能、全要素的电商服务站点，构建农村电商发展生态圈。

（六）运用多种电商平台，强化农产品孵化

通过“直播带货”“黔邮乡情”“832 平台”“一码贵州”等销售平台，带

动提升六盘水农特产品知名度和销售量。同时，大力推动社区电商发展，鼓励支持本地电子商务平台在餐饮、住宿、家政、维修、保洁、外卖等领域开展网上订单、上门服务，探索建立社区快递包裹投递站，创新社区电子商务服务模式。整合物流快递、包裹收发、金融服务、网络购物等功能，使农村网店成为农产品网上销售的重要流通窗口，形成“一店带多户”“一店带一村”的网店模式。

参考文献

［1］周捷飞：《农村电商支持我国农村致富效应：理论机制及实证检验》，载《商业经济研究》2021年第4期。

［2］吴清萍、贾秀、黄成岳：《大数据运用视角下河北省农村电商发展的制约因素与对策》，载《商业经济》2021年第4期。

［3］吴昌嵘：《乡村振兴战略下农村电商创新发展的文献述评》，载《农机与农艺》2021年第1期。

［4］郑洁：《数据化管理下东西部农村电商发展现状比较研究》，载《北京印刷学院学报》2021年第3期。

作者简介：王邦州，贵州省六盘水市社会科学院助理研究员。

浅谈新国发 2 号文件对六盘水市煤炭产业发展的重要意义

尹成阳

摘　要：《国务院关于支持贵州在新时代西部大开发上闯新路的意见》新国发 2 号文件明确指出，加强清洁能源开发利用，建设新型综合能源基地。在毕节、六盘水、黔西南布局建设大型煤炭储配基地，打造西南地区煤炭保供中心。

关键词：国务院；新国发 2 号文件；贵州；六盘水；煤炭产业

2012 年 1 月 12 日，国务院发布了《国务院关于进一步促进贵州经济社会又好又快发展的若干意见》（新国发 2 号文件）。贵州开启了快速发展的“黄金十年”，在习近平总书记视察贵州一周年之际，新国发 2 号文件发布十周年之际，2022 年 1 月 18 日，国务院再次发布《国务院关于支持贵州在新时代西部大开发上闯新路的意见》新国发 2 号文件，文件以“四区一高地”建设为贵州擘画新的“黄金十年”发展蓝图，为贵州发展指明了新的航向，有针对性地结合贵州禀赋，扬长避短，大到从全国战略，小到为一县谋划，立足各个地方的发展优势，从国家战略的高度提出个性化的指导意见，从六盘水的煤炭资源优势出发，为六盘水煤炭产业发展提出了战略发展方向。

一、六盘水煤炭产业发展优势

（一）资源禀赋

1. 远景储量大。六盘水市煤炭资源远景储量 844 亿吨，探明储量 233.24

亿吨，保有储量222.74亿吨，具有储量大、煤种全、品质优的特点，是全国"14个亿吨级大型煤炭基地"之"云贵基地"的重要组成部分，是长江以南最大的主焦煤基地，素有"江南煤都"之称。

2. 资源质量优。六盘水的煤炭品质主要表现为发热量高、高挥发分，低硫中灰，含硫量在0.5以下，灰在15%以下，是全国范围内最好的焦化用煤，同时也是煤液化、气化，煤制油、发电动力煤的最佳原材料。由于煤层主要分布在地下50米至2000米，煤层厚度在200米至600米，煤炭储藏浅、煤层多，煤炭的开采较为容易。

3. 开发潜力大。按照EP值法，六盘水处于全国煤炭资源开发潜力最大的地区，其EP值均小于1.0，特点就是煤炭资源储量丰富，品质较高，开发条件好，是中国规划建设的十三大煤炭基地中云贵基地，煤炭资源开发的基础设施建设完备，是中国煤炭资源开发的基础力量和中坚力量，在维护中国煤炭资源供应安全保障中具有决定性的作用，在未来的建设中也具有很好的开发潜力。

（二）交通优势

贵昆、南昆、内昆、水红铁路在此交汇，沪昆高铁境内段和安六高铁相继建成通车，在全省率先实现"县县通高铁"。沪昆、杭瑞、都香、宜六、水兴等高速公路穿境而过，实现"县县通高速"，全市"三横一纵一环"高速公路主骨架全面形成，与周边市州全部实现高速公路连接。六盘水"四省立交桥"区位优势越来越凸显。

（三）政策优势

我国煤炭的供需格局将从过去的分散型向区块化转变。目前，区块化的供需格局已基本形成，并不断完善。随着中东部产煤大省产能减少，煤炭需求量与本地煤炭供给量的缺口越来越大。六盘水位于国家规划建设的十三大煤炭基地云贵基地，也必将成为未来国家煤炭货源的主要供应地，也是全国煤炭供应的最前线。按照国家"十四五"规划指出的推动煤炭生产向资源富集地区集中，中国煤炭供需的区块化特征、西部产煤区的重要作用和战略地位将逐渐凸显。

（四）市场优势

随着对环境保护的要求逐渐严格和大气污染防治的力度加大，对煤炭产品的质量也变得严苛，以及煤炭深加工企业对煤炭各项指标的要求也变得较为精准，六盘水煤炭品质优良，特别是水城、钟山、盘县地区煤炭具有低灰、低硫、高发热量、高挥发分等特点，是目前许多煤化工、钢铁、电力企业的首选原材料。

（五）产业优势

截至目前，六盘水市现有煤矿192处，年产能1.16亿吨，电力装机容量1204.24万千瓦，其中火电装机容量870万千瓦。自2019年六盘水市委、市政府实施煤炭工业转型升级高质量发展产能提升三年攻坚行动以来，累计释放优质产能3151万吨/年，发耳煤矿建成西南地区第一个智能化采煤工作面，山脚树煤矿和发耳煤矿入选国家首批智能化示范建设煤矿，倾斜煤层机械化开采技术实现重大突破，正常生产煤矿实现“两化”改造全覆盖。

二、新国发2号文件对六盘水市煤炭产业发展的重要意义

（一）促进本地区煤炭产业抵御市场风险的能力

一直以来，煤炭产业受市场的影响因素较大，煤炭价格短期对供需关系、进出口、库存、运输环节等各项因素的变化较为敏感，在市场低迷时，煤炭产能过剩，企业持续生产的能力不足，企业生存压力过大、风险增加，从而导致生产积极性降低，不利于煤炭市场的健康发展，建立煤炭保供中心，建设大型煤炭仓储中心，能够建立起煤炭动态储存，缓解大型煤矿企业储存压力，保障市场煤炭供应，有力稳定市场价格，促进企业持续生产，有效降低企业生产生存风险。

（二）促进本地区产业转型升级

煤炭保供中心的建立，一是有利于保障区域煤炭供应，引导更多煤炭由初

级粗加工向深加工的流向，引导煤炭产业由劳动密集型向知识技术型、资金密集型转变，不断向中下游延长产业链。二是有利于本地区仓储物流行业的发展，巩固和加强区域物流枢纽的地位，进一步降低企业物流成本，进一步促进本地区工农产品输出。三是带动大型煤矿装备制造业的发展和煤炭产业相关产业的发展，从而带动第三产业的发展，积极推动本地区产业转型升级。

（三）促进本地区煤炭产业高质量发展

建立区域煤炭保供中心，能够促进本地区建立大型煤炭仓储中心，构建一体化的煤炭管理体系，进而整合本地区生产企业，淘汰薄弱落后产能，做大做强煤炭头部生产企业，促进煤炭生产企业技术升级改造，提高企业经济效益和资源利用率，降低环境污染。同时，通过建立统一的质量管理监督平台，将区域煤炭企业纳入统一的监管体系，能够有效监管产品生产，提高区域煤炭质量标准，整体提升区域煤炭竞争力。

三、六盘水市煤炭产业发展的对策建议

（一）建设数字化煤矿生产全过程监管体系

充分利用贵州省大数据产业的优势，建设煤炭数字化智能化开采的生产技术、配套装备和安全监管，提升煤炭产业现代化数字化水平。推进机器人开采装备的研发应用，研发数字化煤炭开采质量和安全监管平台，建立统一的煤炭开采智能化监管体系，促进六盘水市煤炭开采大型装备制造向现代化、智能化、数字化迈进，提升六盘水市煤炭开采大型装备制造业的整体竞争力，从而带动整个地区煤炭开采的技术改造提升。

（二）建设多产业协同发展格局

始终坚持新发展理念，构建新发展格局，围绕“立足煤、做足煤、不唯煤”的思想，立足六盘水市的煤炭资源优势，围绕煤炭产业发展，做大做强大型煤炭开采装备制造业、区域仓储物流业、煤化工、钢铁、高新技术产业等协同发展，构建煤炭与风力发电、水力发电、氢能等清洁能源的深度耦合，延伸

煤炭深度加工利用，不断延长煤炭产业链，提高煤炭工业增加值，构建起多产融合、多能互补、绿色生态的产业体系。

（三）建设高素质的人才队伍体系

随着煤炭产业的提级改造，煤炭产业由劳动密集型向知识技术密集型转变已经刻不容缓，在不久的将来，随着区域煤炭保供中心的建立，煤炭产业的高质量发展将会有越来越大的高技术人才缺口，煤炭企业和政府部门要提前谋划，与本土高校建立合作关系，开展相关学科建设和科研工作，培养和储备一批煤炭产业相关的高技术人才队伍。

参考文献

［1］国务院：《国务院关于支持贵州在新时代西部大开发上闯新路的意见》，北京：国务院，2022年。

［2］贵州省能源局门户网站：《立足煤 做足煤 不唯煤 江南煤都打造能源经济发展升级版》，http：//nyj. guizhou. gov. cn.

［3］马蓓蓓、鲁春霞、张雷：《中国煤炭资源开发的潜力评价与开发战略》，载《资源科学》2009年第2期（总第31期），第224-230页。

［4］晋其勇：《六盘水煤炭资源比较优势分析》，载《六盘水师范高等专科学校学报》2005年第1期（总第17期），第86-88页。

［5］六盘水人民政府：《六盘水市2021年政府工作报告》，六盘水：六盘水市人民政府，2022年。

［6］周娟娟：《打造西南地区煤炭保供中心》，载《中国煤炭报》2022年第2期。

作者简介：尹成阳，贵州省六盘水市社会科学院研究实习员

践行“两山”理论：江西推进生态产品价值实现的实践探索

李志萌　马　回　王露瑶

摘　要：习近平总书记强调“绿水青山就是金山银山”，江西牢记习近平总书记嘱托，以习近平生态文明思想为统领，牢固树立“绿水青山就是金山银山”的发展理念，积极探索生态产品价值实现路径，纵深推进美丽中国“江西样板”建设，奋力书写全面建设社会主义现代化江西的精彩华章。

关键词：生态产品价值实现；实践探索；江西

习近平总书记强调“绿水青山就是金山银山”，要“选择具备条件地区开展生态产品价值实现机制试点，探索可持续的生态产品价值实现路径”。习近平总书记关于“两山”理论的核心就是要正确处理人与自然的关系，以生态环境的承载力为基础，发挥生态优势，为人们提供更多优质的生态产品，满足人们日益增长的优美生态环境的需要，实现人与自然和谐共生。江西牢记习近平总书记嘱托，以习近平生态文明思想为统领，牢固树立“绿水青山就是金山银山”的发展理念，积极探索生态产品价值实现路径，纵深推进美丽中国“江西样板”建设，奋力书写全面建设社会主义现代化江西的精彩华章。

一、实践探索

江西深入践行“绿水青山就是金山银山”的发展理念，以抚州市国家生态产品价值实现机制试点开展创新实践，并积极开展省级试点建设，形成国家和省级试点两轮驱动，以体制机制改革为核心，努力推动生态产品价值实现机制建设走在前列。在破解生态产品“难度量、难交易、难抵押、难变现”等难题上作出了许多有益探索。

（一）量化生态家底

江西为摸清生态家底，核算出优美生态的有形价值，在全国范围内率先启动自然资源资产负债表编制工作，对全省的土地、林木和水资源资产实物量账户进行统计，核算自然资源资产的家底及其变动情况。2021年7月，出台《生态系统生产总值核算技术规范》省级地方标准（见表1），印发核算试点指导性文件，推动3个设区市、11个县区先行开展核算试点工作。当前，资溪、上栗、遂川、婺源、武宁等地已初步形成全县GEP核算成果，永新县针对矿山生态修复生态系统价值量开展研究并形成了核算成果。

（二）开展确权登记

在保持集体林地所有权不变的前提下，江西对林地承包经营权和林木所有权进行“均山到户、核权发证”，使农民真正拥有林地的经营权、林木的所有权及处置权和收益权。同时，全面完成农村土地承包经营权确权登记颁证工作，实现地块、面积、合同、证书“四到户”，面积、合同、登记簿、证书“四相符”，从而为农村土地承包经营权流转提供依据。另外，在金溪县还创新试点古村古建托管经营权，对古建房屋使用权进行流转，目前已完成古建筑托管有1573栋。

（三）推进产权流转

江西大胆先行先试，在破解农村集体土地使用权、土地承包经营权等流转难题方面进行了积极探索，形成了“一次性租赁”“返租倒包”“土地托管”“入股分红”等流转模式。如南丰县将农户土地流转至合作社，由合作社进行统一规划后，再返包给农户经营管理；金溪县通过组建专业合作社，采取半托管或全托管方式，为周边农户代为耕种管理；乐安县金竹畲族乡以山林资源入股，与社会资本合作开发生态旅游，享有景区门票收入30%的分红等。2021年，抚州市作为全国两个国家生态产品价值实现机制试点市之一，通过探索和推进多种形式的产权流转，全市承包土地经营权面积达437.1万亩，颁证率达98.7%。

（四）强化金融保障

江西通过建立政银协同机制、优化林权抵押贷款业务流程，利用林业大数据联合银行开展信贷产品创新，建立林业金融服务和信用评价两大系统，创新搭建了差异化、有层次的江西林业金融产品体系。金溪县搭建农村产权交易中心，建立健全征信、产权登记、价值评估三大体系，先后创新推广了针对新型农业经营主体和普通农户的“农业龙头公司+合作社+承包土地经营权”“家庭农场+承包土地经营权+绿色食品”等农地抵押贷款模式以及“所有权+信用”古村落金融贷，设立财政风险补偿金，按1∶8比例放大撬动银行资金，建立绿色金融法庭，增强金融机构落实生态产品价值实现资金与法律保障。

二、主要成效

江西通过积极探索和创新实践，截至2021年年底，全省共打造靖安、婺源、井冈山、崇义、浮梁、资溪等国家级“绿水青山就是金山银山”实践创新基地6个，数量居全国第一方阵，打造省级“绿水青山就是金山银山”实践创新基地17个，以体制机制改革创新，以产业化利用、价值化补偿、市场化交易为重点，因地制宜地形成了多种模式。

（一）自然资源权溢价型增值变现

建立了统一确权办法和登记体系，完成省、市、县三级自然资源统一确权登记工作方案的编制。推动生态产品总值（GEP）核算，在抚州市、丰城市、万年县、崇义县等地区GEP核算试点基础上，明确GEP核算方法和步骤。推动自然资源权益“可交易”，依托南方林业产权交易所，打造集林产品网上交易、线下交割、林银融合等服务的林业要素交易平台，并形成了全省统一的林业碳汇交易平台、碳信息披露平台和碳中和平台；乐安县实施全省首个国际核证碳减排标准碳汇项目，通过“国有林场+公司”模式交易森林面积11.6万亩。推动品牌建设提升附加值，健全江西“赣鄱品牌”体系，锻造江西绿色食品产业发展优势，让高品质生态农产品走向全国和世界。

（二）产业“两化”经营型兴村富民

积极推进生态产业化、产业生态化，全省生态产品价值实现路径亮点纷呈。一是“生态修复+工业”“生态+光伏”，如寻乌县实现工矿废弃地变工业园区用地，新增就业岗位近万个，在治理区建设光伏发电站，年经营收入达3970万元。二是助力农村第一、第三产业融合发展，如“篁岭模式”保持了古村文化的“原真性”，让一个濒临消亡的古村落演变成全国知名的旅游目的地、中国最美休闲乡村、全国“景区带村”旅游扶贫示范项目；大余丫山“旅游+乡村振兴”打造富美乡村，丫山旅游度假区带动周边7个乡镇近万名村民增收致富。三是将旅游与保育保护相结合，如开展鄱阳湖国际观鸟周、让“微笑天使”江豚赣江安家等举措，发展生态旅游，在生态保护中融入市场机制，实现生态保育、野生动植物保护与休闲旅游、经济发展一体化。

（三）多元化生态补偿型促进公平

按照“谁受益、谁补偿，谁保护、谁受偿”的原则，实现生态保护地区和收益地区的良性互动。一是实施全省全流域生态保护补偿。在全省100个县（市、区）实现省内流域生态保护补偿资金全覆盖。积极推进东江流域、渌水流域跨省生态补偿。探索赣粤“飞地开发”新模式。二是开展森林、湿地、耕地、渔业资源等生态要素补偿。重点开展鄱阳湖湿地生态效益补偿试点、耕地地力保护补贴、长江禁退捕渔民及渔业资源保护补偿等。三是推进市场化生态保护机制建设。鼓励社会资本参与，如对废弃矿山实行市场化运作、开发式治理等，破解修复资金难题。

（四）绿色金融助力型创新赋能

以赣江新区国家绿色金融改革试点为抓手，紧扣体制、产品和服务创新，推出各类创新成果22项，其中6项为全国“首单首创”，绿色市政债、畜禽“洁养贷”列入国家生态文明试验区经验做法推广清单。推广“两山”转化中心运行管理规范省级地方标准，在全国率先启动湿地金融服务平台试点建设，促进资源转化。设立贷款风险缓释机制，建立生态资产收储担保机构，对农村土地承包经营权、林权“两权”抵押等实行风险补偿金制度。

三、经验启示

人不负青山，青山定不负人。江西深入践行习近平生态文明思想，积极探索"两山"转化路径与模式，实现了绿水青山"颜值"和金山银山"价值"的相统一。如今，绿色生态已成为江西最大财富、最大优势、最大品牌，绿水青山正加速转化为"金山银山"。江西推进"两山"转化的探索实践，为进一步建立健全生态产品价值实现机制、推动经济社会发展全面绿色转型、更好践行"两山"理论提供了思路和方法。

（一）"两山"理念是生态产品价值实现的理论指引

党的十八大以来，以习近平同志为核心的党中央提出了"绿水青山就是金山银山""既要绿水青山，也要金山银山""宁要绿水青山，不要金山银山"等一系列新理念新思想新战略，形成了以"两山"理念为核心的习近平生态文明思想。党的十九大，更是把"两山"理念写入《中国共产党章程》，成为新时期我国生态文明建设的行动指南。我们要提高政治判断力、政治领悟力、政治执行力，心怀"国之大者"，完整准确全面学习贯彻习近平生态文明思想，深入践行"两山"理论，走好绿色发展之路，做到学思用贯通、知信行统一，不断增强高质量发展的政治自觉、思想自觉、行动自觉。

（二）明晰的产权归属是生态产品价值实现的前提基础

要健全生态产品的调查监测机制。大力推进自然资源确权登记，开展生态产品信息普查，摸清各类生态产品数量、质量等底数，形成生态产品目录清单。要建立生态产品动态监测制度。及时跟踪掌握生态产品数量分布、质量等级、功能特点、权益归属、保护和开发利用情况等信息，建立开放共享的生态产品信息云平台。要制定生态产品价值核算规范。编制省、市、县自然资源资产负债表，建立生态产品价值核算结果定期发布制度，推动生态产品价值核算结果应用。

（三）稳健的交易体系是生态产品价值实现的平台载体

要谋划推进生态产品市场化交易体系建设。建设生态产品交易中心，高效对接线上线下、国内国际两大市场的生态产品交易；健全碳排放权交易机制和排污权有偿使用制度，探索建立用能权交易机制，推动生态资源权益交易。要创新生态产品金融服务。健全“生态信用”评价管理制度，鼓励企业和个人依法依规开展水权和林权等使用权抵押、产品订单抵押等绿色信贷业务；推广“生态资产权益抵押+项目贷”模式，加大绿色金融支持力度。要助推产业转型升级。依托良好的生态环境，因地制宜发展“生态+”“文化+”“数字+”等绿色产业；打造特色鲜明的生态产品区域公用品牌，建立生态产品认证体系和生态产品质量追溯机制，促进生态产品价值增值。

（四）人民的现实需要是生态产品价值实现的根本目标

坚持良好生态环境是最普惠民生福祉，积极回应人民群众所想、所盼、所急，重点解决损害群众健康的突出环境问题，提供更多优质生态产品，不断满足人民日益增长的优美生态环境需要。要制定流域内生态补偿的标准体系。健全生态环境损害赔偿制度，构建“生态环境保护者受益、使用者付费、破坏者赔偿”的利益导向机制；生态产品产生的收益应返还当地，改善当地基础设施、提升群众生活水平。要积极引导、规范社会工商资本投入。建立科学合理的利益分配机制，完善风险防控措施，实现收益共享、风险共担；有条件的生态资源丰富地区，可以鼓励组织村民以入股的方式参与生态产品保护和开发建设，共享生态开发利用成果，逐步建立起“企业专业管理、村民参与经营、政府监督管理”的多元化管理模式。

四、进一步推进江西“两山”转化的对策建议

实现“两山”双向转化，要创新和完善生态产品价值实现机制，形成生态产品价值的评估、核算、管理、运营及政策支持体系，实现经济增长与生态质量双提升，实现“人与自然”和谐共生。

（一）健全生态产品价值核算评估机制

一是全面系统调查，准确摸清全省生态产品资源。在前期自然资源资产负债表统计基础上，全面开展全省生态产品价值核算，摸清全省生态资源存量和

生态产品流量等资产的家底。借鉴现代互联网技术，开展以县级为单位的生态资源梳理工作，建立生态资源登记系统平台，建立全省生态资产负债表、生态资源资本账户。二是开展全省生态产品价值转化潜力评估。对全省水资源、林地、湿地等生态资源进行系统分析，厘清哪些资源具有转化优势。加大碳汇资源培育，增强碳汇系统碳汇、固碳能力，开发碳汇"链条产品"，做大做强全省绿水青山附加值。三是完善生态产品价值标准体系。参考借鉴浙江省、青海省、深圳市等地区建立 GEP 核算和考核技术体系，尽快制定全省生态产品核算技术指南、评价指标体系；建立省级层面生态产品价值评估管理办法，形成生态产品价值评价标准化的操作细则，指导第三方评估公司对生态产品价值进行科学评估。

（二）完善生态产品市场交易机制

一是推动生态资源有效确权和流转。从省级层面制定和完善生态资源保护利用的产权管理条例，推动生态资源要素确权以及相关产权流转；构建"山水林田湖草沙"生态资源统一确权登记系统，制定产权主体权利清单，从根本上解决生态产品"归谁有""归谁管"和"归谁用"等问题，形成多元化生态产品生产和供给主体。二是建立和完善生态产品交易平台。完善全省生态产品交易平台和中转平台。形成生态资产确权、第三方核算、交易市场、转移登记与监管制度等完整的交易体系；重点围绕商品林赎买、公益林收储和水域经营权流转等，探索开展出让、租赁、买卖等生态资产产权和生态产品交易试点。三是进一步壮大生态产品交易市场。借鉴福建、浙江、贵州等省在林权抵押贷款、水权交易以及排污权交易等方面的成功经验和做法，积极培育生态产品市场，在森林、湿地等不同生态产品领域开展资源资产化、证券化、资本化改革，建立完善生态变资本、变财富的市场交易新机制。

（三）实现生态产品共建共享机制

一是政府要起到主导作用。生态资源保护和利用过程，各级政府要起到引领作用，应调动企业、社会公众参与生态保护发展的积极性、主动性和创造性，构建多主体参与的生态资源价值转化的合作机制。二是激发公众参与积极性。由于全省许多重要生态资源都在农村，要大力鼓励农村居民的参与热情，有效协调生态资源转化地区原住民、当地政府、企业等多方的利益分配问题；进一步发挥新乡贤作用，吸引外流的创业成功者、返乡创业者、退休还乡者及有乡村情怀、愿意回报乡村的技术人员和专家学者入驻或扎根农村，引领和带动村落民众进行“生态资源再生产”。三是建立市场化运作的生态产品运营服务体系。完善金融、税收等优惠政策，引进和吸纳社会资本和民间资本，构建实行政企合作开发股份制经营模式，如可以采取PPP等融资模式，实现共同经营管理多方参与管理的生态产品综合开发经营模式等。

（四）创新生态产品金融服务机制

一是成立生态产品价值转化基金。设立“以财政引导为辅、社会资本投入为主、市场化运作”的省级生态产品价值转化基金，重点支持生态产业培育和生态产品价值实现等重点项目。二是继续探索实施“两山银行”等制度。对山水林田湖草沙等自然资源以及适合集中经营的碎片化生态资源资产，采取租赁、入股、托管、赎买等形式整合收储，转化成集中连片优质的“资产包”并开展项目招引，通过混合所有制、股份合作、委托经营等方式引入社会资本和专业团队运营管理。三是创新绿色金融产品。依托绿色资源，开发以生态产品为对象的信贷产品，试点公益林和天然林收益权质押贷款，开辟林权抵押贷款新渠道，开办农村“两权”、水权、矿产权等权益性资产抵押质押贷款业务；探索碳汇金融、绿色债券、绿色基金等现代绿色融资方式，实现绿色融资多元化发展。

（五）构建生态产业培育壮大机制

一是设立生态产品价值示范区。结合江西主体功能区规划和国家对生态产品价值转化的要求，可选择生态资源潜力大、稳定性较好的如抚州、赣州等地建立示范区，探索培育生态产品价值转化先行示范新模式。二是因地制宜推广生态产品实现的创新模式。根据全省不同类型的生态产品及区域生态产品价值转化程度，选择不同的价值实现模式。针对农业优质产区，可打造优质农、林、牧、渔业生态产品；针对生态资源重点区，可发展生态旅游、生态康养及生态扶贫；针对重点生态功能区，可采用生态补偿、生态银行、绿色金融等方式，通过确权、赋利，使生态产品的非市场价值转化为市场价值。三是推动与数字经济相融合。要在生态资源的保护与发展实践中普及互联网技术，利用互联网技术手段进行产业升级。如推广乡村旅游智能化、乡村生活智慧化，从而形成保护与发展的新态势。通过第三产业的“数字”叠加，将生态资源的生产场所由农业农村部门向非农部门拓展，提高生态资源附加价值。

作者简介：李志萌，江西省社会科学院发展战略研究所所长、研究员；马回，江西省社会科学院发展战略研究所副研究员；王露瑶，江西省社会科学院发展战略研究所所长助理研究员。

发展绿色金融　助推生态产品价值实现

——丽水试点实践及对贵州的启示

张秀梅

摘　要：绿色金融对于生态产品的价值实现有着重要作用，浙江丽水通过生态系统生产总值（GEP）进一步盘活生态资产，创新了林权和水权等使用权抵押、产品订单抵押等绿色信贷业务，探索“生态资产权益抵押+项目贷”模式，支持区域内生态环境提升及绿色产业发展。本文以丽水的探索实践为案例，探究发展绿色金融推动生态产品价值实现的路径和机制，并为贵州发展绿色金融推动生态产品价值实现提出了培育好绿色金融发展环境，提升金融机构绿色转型效能，压实绿色金融机构推动生态产品价值实现责任的建议。

关键词：绿色金融；生态产品；价值实现；丽水；贵州

2022年国务院印发《关于支持贵州在新时代西部大开发上闯新路意见》（以下简称《意见》），明确要求贵州“健全生态文明试验区制度体系”，指明“创新生态产品价值实现机制”等工作内容，并将“发展绿色金融”作为保障措施之一，可以看出发展绿色金融对于生态文明试验区的重要作用。作为“绿水青山就是金山银山”理念的重要萌发地，浙江丽水注重发挥绿色金融发展对于生态价值实现的重要作用，试点成果和经验在中央深改委第十八次会议上得到高度肯定，2021年，中办、国办联合印发的《关于建立健全生态产品价值实现机制的意见》就充分吸收了丽水的相关经验。丽水在探索绿色金融推动生态产品价值实现的实践，对于贵州落实《意见》要求有一定的启示作用。

一、丽水绿色金融助推生态产品价值实现的探索

2018 年，丽水市被列为全国唯一的生态产品价值实现机制试点市。推动长江经济带发展领导小组办公室印发的《关于支持浙江丽水开展生态产品价值实现机制试点的意见》，明确要求丽水在建立价值核算评估应用机制、建立生态产品市场交易体系、创新生态价值实现路径等方面深入开展探索。丽水在实践中逐步形成具有鲜明特色的山区市绿色金融推动生态产品价值实现的路径。

（一）夯实绿色金融发展基础盘活绿色生态资产

传统金融服务难以对生态产品价值实现形成支持，难点在于生态产品缺乏传统模式下可量化、可抵押的金融担保。成为生态产品价值实现机制试点市后，丽水试行与生态产品质量和价值相挂钩的财政奖补机制，建立了 GDP 和 GEP 双核算、双评估、双考核机制。并于 2019 年 8 月出台全国首个市级生态产品价值核算技术办法——《丽水市生态产品价值核算技术办法（试行）》。其后全国首个村级 GEP 核算报告和乡镇 GEP 核算报告分别公布，同步开展市、县、乡（镇）、村四级 GEP 核算。

生态系统生产总值（GEP）是我国评估区域生态产品价值的重要指标，由中国社会科学院生态环境研究中心提出，包含了生态系统产品价值、生态调节服务价值和生态文化服务价值三方面。该中心 2018 年发布的《丽水市生态系统生产总值（GEP）和生态资产核算研究报告》显示，2017 年丽水市 GEP 为 4672. 89 亿元，为同期 GDP 的三倍多。从 2006—2017 年的 12 年间，丽水增加了 GEP2578. 58 亿元，增幅为 86. 7%，物质产品价值、调节服务价值和文化服务价值分别增长 55. 60%、14. 33%和 1246. 37%。2020 年 10 月，青田县颁发了全国第一份生态产品产权证书，成为生态产品价值实现的历史见证。

生态产品价值核算机制形成后，为进一步“盘活”生态资产提供了保障。丽水进一步构建生态产品市场交易体系，以“生态有价、有偿使用”为原则，制定出台丽水市（森林）生态产品政府采购制度，统筹省财政奖补资金和市、县配套资金，建立“资金池”。政府购买生态产品、生态产品市场交易等举措，推动各级形成了“两山银行”“两山公司”等交易主体，加快促进生态资源向

资本资金的转化。

（二）丰富绿色金融业务与产品形态支持绿色生态产业发展

自2012年起，丽水就从林权抵押贷款等金融改革切入，在全国地级市中率先实现行政村信用评级全覆盖，自主研发农户信用信息数据库，将全市农户信用信息纳入数据库。同时，推动财政贴息、风险补偿、业务考核等政策措施到位，激发金融机构参与积极性。根据林权抵押贷款的特点，丽水设立了市、县两级林权管理中心、森林资源收储中心（下设林权担保基金，为林权抵押贷款提供担保）、林权交易中心和森林资源调查评估机构的“三中心一机构”。

丽水依托在林权改革等方面的经验积累，鼓励企业和个人依法依规开展水权和林权等使用权抵押、产品订单抵押等绿色信贷业务，探索“生态资产权益抵押+项目贷”模式，支持区域内生态环境提升及绿色产业发展。同样的模式被巧妙复制到农房、土地流转经营权、茶园、村集体经济组织股权、水利工程产权、农副产品仓单质押等农村产权上。为丽水周边生态环境系统整治、古屋拯救改造及乡村休闲旅游开发等产业带来源源不断的资金活水。

“GEP贷”：2020年年初，丽水市出台《关于金融助推生态产品价值实现的指导意见》。2020年1月19日，景宁农商行向景宁县大均乡授信5亿元，还向大均两山生态发展公司发放首笔50万元贷款。这是中国首次以生态产品的预期收益作为还款来源发放的“生态贷”。2020年1月20日，遂昌农商行向全国首个完成村级GEP核算的遂昌县大田村给予了6900万元的“生态贷”授信额度，并发放贷款2700万元。2020年10月23日，青田县政府向祯埠镇发放了全国首本生态产品产权证书，同时县农商行以祯埠镇GEP预期收益权为质押物，向青田县祯埠生态强村发展有限公司发放全国首笔GEP直接信贷500万元。

“两山贷”：景宁畲族自治县率先推出了以GEP（生态产品总值）收益权为质押的“生态贷”和以生态信用为基础的“两山贷”，云和农商银行与雾溪畲族乡签订了战略合作协议，发布了生态信用评价正负面清单。同时，云和农商银行向雾溪畲族乡授信11亿元，并向当地一家公司和个人分别发放50万元和10万元的“两山贷”生态信用贷款。截至2020年年底，发放“两山贷”121笔、3949万元，为村民降低利息支出110余万元。

“茶商E贷”：松阳县浙南茶叶市场是全国最大的绿茶产地市场，市场上大多茶商的资金借贷压力大。茶商融资难问题，主要是缺乏有效的信用机制。“茶商E贷”产品以茶叶交易场景为授信介入点，在茶叶质量溯源平台内嵌入贷款功能，其中区块链技术的应用，为银行经营性贷款业务提供了真实有效的资金使用途径佐证，免除经营性贷款需上传经营性用款佐证材料手续，实现政、银、企三方共赢。截至2021年3月底，松阳县已累计办理“茶叶溯源”IC卡2.7万张，“茶青溯源”茶农卡4200户，溯源交易163.7万笔，交易额近170亿元。

截至2021年7月末，丽水全市农村产权抵（质）押贷款累计发放量超530亿元。丽水林权、土地流转经营权、农村房屋产权为主体的“三权”抵押贷款余额达134.9亿元，占全市涉农贷款总量的8.6%。其中，林权抵押贷款占全国总量的9%。丽水还创新“生态抵质押贷”“两山信用贷”“生态区块链贷”“生态主题卡”，“两山”金融服务站和“两山银行”等“三贷一卡、一行一站”，累计设立金融服务站126家，发放“生态贷”187亿元，“两山贷”3.32亿元。

（三）夯实绿色金融保障体系带动社会参与

绿色金融发展离不开社会资本的参与，仅仅依靠政府力量发展绿色金融是不现实的。丽水2020年全市生态工业大会提出的平台“二次创业”，意味着丽水要从“一次创业”时期形成的工业体系全面向“生态经济化，经济生态化”转变。淘汰落后产能，推动半导体全链条、精密制造、健康医药、时尚产业、数字经济等各类产业兴起，都离不开包括绿色金融在内的金融支持，也需要大量的社会资本参与。解决这些问题，需要政府加大政策保障供给，为金融机构解决开展金融业务的顾虑，促进社会资本多元化参与绿色金融发展。

丽水出台《丽水市金融支持共同富裕示范区建设行动方案（2021—2025年）》《关于加强金融服务乡村振兴助推丽水山区县（市、区）跨越式高质量发展的实施意见》，积极引导金融机构投入丽水经济高质量发展转型。完善相关激励与约束机制，引导金融机构增加绿色资产配置，提升金融业支持绿色低碳发展的能力。在统一部署下，浙江银保监局、浙江省经信厅、省生态环境厅、省住房和城乡建设厅等部门联合出台《关于金融支持浙江经济绿色发展的实施意见》，丽水绿色发展综合改革创新区是金融支持的重点地区，浙江全省23万家企业环保信息实现实时共享，为金融机构的项目风控解除了顾虑。

丽水更进一步从生态保护、生态经营、绿色生活、生态文化和社会责任五个维度，探索建立个人、企业和行政村三个主体的五级量化评分制度，并实施分类评价和管理，形成了“绿谷分”信用动态管理模式，探索建立个人信用积分“信易游”“两山兑”等生态守信激励机制。建立生态信用行为正负面清单，实行“绿谷分”（信用积分）动态量化评分管理。完成全市240余万人的生态信用积分基础评定，为金融赋值提供了重要衡量标准。

政府搭建平台，吸引社会参与。丽水与宁波共同发起总规模8.08亿元的浙江丽水两山股权投资基金，基金由宁波文化旅游投资集团有限公司、丽水市金融投资控股有限公司、浙江富浙股权投资基金管理有限公司共同组建，通过项目直投、并购重组等投资方式参与各类优质项目，加大对丽水生态价值实现、绿色生态产业发展的投资支持。“两山基金”等基金产品，形成绿色金融的平台效应，引领带动作用也吸引了社会资本参与或组建新的基金参与丽水的高质量绿色发展和生态产品价值实现。“两山基金”以政府引导和市场机制结合的模式来支持产业发展，各类专业投资机构如杭州市玉皇山南基金小镇的浙江赛伯乐、联创投资、安丰创投等各类创投机构通过基金管理或直接投资等方式，参与丽水各类绿色项目。基金平台也成为社会资本参与丽水绿色项目的重要方式，丽水在外的华侨资源、乡贤资源都能通过这个平台了解、参与绿色金融，支持生态产品价值实现。

二、绿色金融推动生态产品价值实现的作用机制分析

绿色金融本质上是一个综合性体系，而生态产品价值实现也有着它自身的逻辑，两者需要通过一定的作用机制，才能发挥绿色金融的“推进器”和“放大器”作用。

（一）关于生态产品价值实现的路径

生态产品相对而言是一个较新的概念，目前并没有极为严谨的定义，

2010年国务院印发《全国主体功能区规划》，首次提出生态产品的概念。在2010年国务院发文之前，国内学界对于生态产品这个概念使用的是"生态系统服务"这一西方学界的词汇。事实上对这一概念的研究国内外起步都并不久远，20世纪90年代末，美国斯坦福大学Gretchen Daily和Robert Costanza在研究生态系统生产总值（GEP）核算时，附带提出"生态系统服务是指通过生态系统与生态过程所形成的、维持人类生存的自然环境条件和作用"①的观点。生态经济领域国际权威、澳洲国立大学教授Robert Costanza在他的生态经济学经典著作《全球生态系统服务与自然资本的价值》和相关文章中则提出了"生态系统服务包括生态系统提供的产品"②。国内学界也从价值类型、特点、功能等角度对这一概念展开研究，如生态产品价值包括"经济价值、社会价值和生态价值"③，有着"有益于人、多维价值、正外部性"等特点④，是"生态系统通过生物生产和与人类生产共同作用，为人类福祉提供的最终产品或服务，是与农产品和工业产品并列的、满足人类美好生活需求的生活必需品"，分为"公共性生态产品和经营性生态产品"等类型，而其价值实现的模式主要有：生态补偿、生态修复、生态资源产权交易、公益林开发权与收益权交易、排污权交易、资源配额交易、生态旅游、生态产品交易等。⑤

综合丽水的实践，笔者认为生态产品价值实现的路径内涵除学界所总结的这些内容外，还应该包括促进生态环境保护的生态工业，以及以"丽水山耕"为代表的区域公共品牌体系。在丽水"山"字系列公共品牌的赋能下，丽水生态产品实现了价值跃迁，使丽水有机农产品、水、民宿等生态服务业等生态产品价值得到了更大的实现。总体来看，生态产品价值的实现路径和实现过程中各方参与者的关系分为以下几种：

---

① DailyGC. Nature's Services：Societal Dependenceon Natural Ecosystems［J］. 1997：49-70.

② Costanza，Robert，D'arge，etal. The Value of the World'Ecosystem Servicesand Natural Capital.（Cover Story）［J］. Nature，1997（387）：253-260.

③ 白玮、郝晋珉：《自然资源价值探讨》，载《生态经济》2005年第10期，第5-7、第12页。

④ 黄如良：《生态产品价值评估问题探讨》，载《中国人口·资源与环境》2015年第3期（总第25期），第26-33页。

⑤ 张林波、虞慧怡、李岱青：《生态产品内涵与其价值实现途径》，载《农业机械学报》2019年第6期（总第50期），第83-173页。

表 1　生态产品价值实现路径类型

模式编号	路径类型	直接供给者	间接供给者	需求方	过程监管	过程服务
1	生态补偿	农民	基层政府	地方政府	地方政府	政府
2	生态资源权益交易	农民	基层政府	企业	地方政府	交易平台/绿色金融
3	生态旅游、农产品等	农民	企业	社会大众	地方政府+消协等第三方机构	政府+绿色金融
4	生态工业	农民	基层政府	地方政府+企业	地方政府	绿色金融
5	配额交易	农民	基层政府	企业	地方政府+生态环境部	交易平台+绿色金融

表 2　生态产品价值实现路径丽水案例

模式编号	路径类型	典型案例
1	生态补偿	《遂昌县县级饮用水水源地保护生态补偿暂行办法》等
2	生态资源权益交易	林权、水权、碳汇
3	生态旅游、农产品等	“丽水山耕”等区域公用品牌等
4	生态工业	丽水经开区
5	配额交易	丽水市森林碳汇管理局

（二）绿色金融助推生态产品价值实现的作用机制

2016 年 8 月 31 日，中国人民银行等七部门联合印发《关于构建绿色金融体系的指导意见》。随着这一意见的不断落实，绿色金融体系框架逐步走向成熟，包括绿色金融监管和政策、绿色金融标准和评级评价、绿色金融产品、绿色金融机构、环境信息披露、绿色金融风险防范体系、绿色金融地方推动和国际合作等在内的各个环节，都为推动生态产品的价值实现提供了保障。

1. 促进生态环境保护与治理

在生态环境保护与治理的过程中，绿色金融体系通过资金引流与优化资源配置等举措，从而更快完成生态产品价值的实现。一方面，运用各类信贷、债券、基金等金融工具为节能环保项目形成支持，使得社会资金通过绿色金融工具流向生态环境保护、生态环境治理等领域。如丽水“两山基金”等绿色金融工具，为社会闲散资本提供投资渠道的同时，也通过“两山基金”的使用，为丽水建设国家生态保护和建设示范区等重大生态保护、修复工程服务。另一方面，运用绿色保险和绿色风险投资等金融工具，为高污染、高排放、高耗能企业提供绿色保险，企业发生污染事故后能够快速修复环境，同时也激发企业的环境保护意识。而绿色信贷和绿色风投结合绿色金融标准和评级评价、环境信息披露等方式，则可抑制企业破坏生态环境的行为，也能够释放政府财政空间，各类补贴和排污权、碳排放权等权益与资源能够更合理地向符合绿色发展的项目和企业分配，合力促进生态环境治理。如中国人寿保险与“丽水山耕”合作推出区域公用品牌综合保险，中国人寿保险龙泉支公司与龙泉市李汉清家庭农场成功签订碳汇林综合保险合同，丽水市推出环境污染强制责任保险制度等。这些举措，在释放政府环境保护资源的同时，也促使“丽水山耕”品牌使用者、森林碳汇交易者和各行业企业能够更加注重环境保护。

2. 促进传统产业绿色转型

绿色金融在传统产业绿色转型中也起到了激励和约束的作用。一方面，绿色金融可通过发行债券、信贷优惠、行业贴息等各类金融服务，为传统产业的绿色技术创新和发展转型带来长周期、低成本的融资途径，为企业实施绿色转型提供相应的金融政策支持，如专项资金、行业补贴、信贷优惠等，从而更有效提高企业的转型效率。另一方面，绿色金融也通过信贷等金融服务的差别对待，如通过绿色信贷增加传统重污染企业融资成本、限制投资，结合各地政府日益完善的环境信息披露和绿色评级体系及绿色信用体系等，提升企业污染的金融成本，倒逼传统产业转型发展。

如丽水在推进传统光伏产业向分布式“光伏+”转型时，出台《关于加快推进分布式光伏规模化开发的实施意见》，明确“采取促进光伏发展的绿色保险、绿色债券及信贷政策”。松阳县推动该县传统茶叶产业绿色转型的过程中，也对低农药残留等环境友好型茶叶企业、农户加大金融支持。“茶商 E 贷”金融产品运用“区块链”技术记录每位茶商的交易信息，结合松阳县以“茶叶溯源卡”和“茶青溯源卡”为核心的“双卡溯源”数字化系统，促进传统茶叶产业绿色转型。

3. 促进新兴生态产业成长

绿色金融体系通过建立排污权、碳排放权、健全完善碳金融体系等举措，金融资本的作用能够促使企业迸发绿色创新活力，对产业升级和技术创新形成了碳排放等金融产品的诱因。而在推动绿色生产技术创新、产业结构优化的同时，绿色金融体系的各类业务创新也为绿色生态产业发展形成了成长环境。一方面是打造“绿色银行”，降低新兴生态产业的投融资成本，为低污染、低排放、低耗能的绿色企业提供融资支持。另一方面则通过信贷、风控等方式，把环境因素纳入信用评级，有效防范化解新兴生态产业发展中出现的叠加风险。从而增加企业环境污染成本，推动淘汰高污染企业，为新兴生态产业空出市场份额。

如丽水市农行在经营管理上将“低碳金融”“绿色信贷”等理念融入全行各项政策和制度中，打造环保型、友好型、节约型的“绿色银行”。大力支持以循环经济项目、节能环保工程、环保设备生产企业、污水处理企业为重点的“绿色工业”“绿色农业”和第三产业发展，有效促进环保行业积极发展。邮政储蓄银行丽水市分行大力发展绿色金融，支持绿色能源行业发展，以多元化融资工具支持绿色项目建设。长龙山抽水蓄能电站的绿色项目建设累积获得该行近 8 亿元贷款。

（三）当前绿色金融推动生态产品价值实现存在的不足

国外绿色金融发展与生态产品价值实现的案例，如瑞士的绿色保险服务，瑞士再保险公司承保太阳能光伏产品，以保险保障生态工业产品的质量、效能与使用年限等。德国复兴信贷银行（KFW）通过绿色债券、绿色信贷、绿色股权融资等多种金融服务，支持能源革命和可持续发展，为中小企业绿色融资、太阳能光伏发电、海上风电产业等可再生能源发展项目提供金融支持等。截止到 2021 年，各国通过绿色债券渠道筹集了总计逾 1000 亿美元的资金。欧盟也推出 2500 亿欧元（合 2900 亿美元）的绿色借贷计划，推动环保项目等。与绿色金融发展较为成熟的经济体相比较，当前我国绿色金融发展水平仍处于起步阶段，其对生态产品价值实现的推动作用还存在较多不足。

1. 绿色金融产品的覆盖面不足

由于传统金融思维的影响，目前绿色金融面向的主要客户仍是大型企业和政府大型项目，面向中小企业和个人的贷款规模较低，占比不高。GEP贷、“两山贷”等绿色信贷业务，主要的放款对象仍以乡镇行政机构及村集体及重点绿色工程等项目以及有着较好信贷担保资质的大型企业为主。而随着生态产品价值实现的进程不断提升，中小微企业、经济合作组织、家庭经营户、个人等群体的作用不断凸显，对绿色金融的需求也日益提升，但同时缺乏对绿色金融的信息获取、产品特点、信贷渠道等方面的认知，需要金融机构更针对性地开发贴合需求的金融产品，满足这些中小微主体的金融服务需求的同时，有效提升绿色金融对于各类生态产品价值实现参与主体的服务覆盖。

2. 绿色金融机构的内生动能不足

当前绿色金融体系的构建过程中，政府的主导作用极为明显，各类财政补贴等方式对于绿色金融机构开展金融服务起着一定的外力牵引作用。而金融机构基于绿色项目风险较高、投资回报率较低、投资周期与回报周期均相对较长，社会信用系统建构不完善对金融风控系统存在风险等因素影响，可能产生运营成本增加、经营风险增大、金融资源占用周期过长等风险，开展绿色金融服务内生动力存在一定程度的不足。而当前宣传体系中较为热门的“容易贷款”“只要如何即可放款”等，也容易使得社会大众对绿色金融的认知产生偏差，对绿色金融进一步吸引社会资本参与不利。

3. 绿色金融基础设施建设不足

一方面是绿色金融的标准建设并不完善，全国或者区域统一的绿色金融投资项目的分类标准缺失，金融机构缺乏一个科学、权威、客观的标准来评估绿色项目，金融服务供给方与需求方难以在一个对等公平的基础上对项目开展实质的金融业务供需交流，为外力干扰、不合法行为留下了空间。另一方面绿色金融信息平台基础并不完善，环境信息披露体制机制与平台建设各地进度不一，使得部分地区出现环境信息披露透明度低、信息滞后甚至缺乏披露等问题，致使绿色金融机构开展业务风险升高、动机降低。

三、贵州发展绿色金融推动生态产品价值实现的思考与建议

本文就丽水的实践案例，说明了绿色金融发展能够有力促进经济生态化水

平及其作用机理。从宏观看，我国目前绿色金融发展仍处于起步阶段，其对于生态产品价值实现的推动功能也没有完全彰显。从原因看，绿色金融自身发展以及推动生态产品价值实现的主要驱动因素仍主要集中于“有为政府”“有力市场”的参与动机不强，参与基础和机制不完善。因此贵州落实《意见》要求，应充分发挥政策“船”和“桥”的作用，在提升政府“有为”的同时，也要建构完善起发挥好市场“有力”作用的体制机制。

（一）培育好绿色金融发展环境

一是加快明确生态产品确权。生态产品的交易以及绿色金融服务的开展等，都建立在确定产权的基础之上。除传统的宅基地权、林权、土地权等确权之外，空气、气候等新兴生态产品概念也应建立权属体系，如归属村集体、乡镇政府或农民合作组织等。二是开展区域性生态资源权益交易等绿色金融业务标准的建构探索，为绿色金融发展形成制度保障和法律保障。三是在加快政府职能转变的基础上，加大数字化改革力度，灵活运用大数据、区块链、数据云等新技术，完善市场主体服务与管理，完善环境信息披露机制，为绿色金融供需双方和绿色金融机构间形成信息保障，对绿色项目资金的流向、环境效益和后期监管等各环节，应披露尽披露。同时加强绿色金融监管机制建设，提升技术、操作、市场、信用等各环节风险的精细化管理。

（二）提升金融机构绿色转型效能

当前的绿色金融机构大都由传统金融机构转型而来，而当前的转型进程仍不深入，由此带来的传统金融风控实施、金融产品开发、金融服务等环节上的惯性不可避免。应加大引导金融机构更快、更好转型，一方面推动金融机构拓宽绿色金融的实施主体和业务部门，完善好绿色信贷市场、证券市场、债券市场、保险市场的绿色金融功能，以及绿色项目市场、绿色权益市场如碳汇市场等，提升绿色金融产品的辐射和覆盖范围。另一方面，推动政府、绿色金融企业、绿色金融客户和全社会间建构有效沟通机制，在普及绿色金融的同时，更精准把握各方利益诉求，形成有效的绿色金融制度体系和业务体系的更新迭代机制。引导金融机构充分运用大数据、人工智能、生物识别、云计算等技术，实现绿色金融项目、绿色金融产品信息共享，从而降低绿色金融需求主体的融资成本，加快资金供需对接，促进推动生态产品价值实现效能的提升。

（三）压实绿色金融机构推动生态产品价值实现责任

绿色金融机构在生态产品价值实现过程中，始终活跃在一线，也发挥了极大作用，这些机构本身就是生态产品价值实现机制中的重要一环，也积累了丰富的经验。应由各地政府、银保监会、人民银行牵头，通过财政奖励等形式，发挥他们的经验与智慧。同时，应将金融机构开展绿色金融服务的实施情况纳入考评激励体系，对各金融机构的各类业务项目实施差异化监管和激励，优化绿色项目的监管支持。另一方面，推动金融机构完善现代公司治理，提升绿色金融人才的引进和培养力度，优化绿色金融营销、管理流程，降低绿色金融运营成本。鼓励金融机构实施绿色金融项目创新激励、中长期激励与项目跟投等探索，提升绿色金融服务效率。

作者简介：张秀梅，浙江省社会科学院公共政策研究所副研究员。

贵州创新生态产品价值实现机制研究*

黄廷安　黄陈林　罗雅文　熊景鸣　徐明忠　方成跃

摘　要：目前，尽管贵州省离构建国家级生态产品价值实现实验区尚有差距，但创新生态产品价值实现机制、在贵州创造新的“黄金十年”中，具有重要的意义和作用。生态优势是贵州取得“黄金十年”成就的重要因素之一，新国发2号文件强调贵州要健全生态文明试验区制度体系，创新生态产品价值实现机制，本课题即从贵州生态产品价值实现试点成效的基础上，从机制创新上进行进一步探讨，即从对什么是生态产品、有哪些生态产品、生态产品价值实现程度如何等基本层面，递进到生态产品业态展现如何、生态产品价值实现是否经受了市场与非市场的两重检验、阻碍生态产品价值实现的机制性因素有哪些等深层次的探讨。

关键词：贵州省；生态产品价值实现；机制创新

一、生态产品相关概念及研究意义

（一）相关概念界定

一是生态产品。生态产品是具有中国味的多元化概念，它基于生态系统形成稳定、完整、有序、良性的内在机制的前提，生态产品经营主体采用多元化方式为人们美好生活追求所提供的综合服务，包括原生态的自然生态系统及经投入全要素后恢复了服务功能的生态系统。从供给角度，包括物质产品供给

---

* 本文系中共贵州省委党校（贵州行政学院、中共贵州省委讲师团）关于贵州发展制度保障高端智库2022年度智库项目阶段性成果。

（农业畜牧业产品、可再生能源、清洁水源等）、生态循环调节服务供给（二氧化碳、绿色清洁、涵养水源、防风固沙、气候调节等）、生态文化服务供给（文旅、康养一体化等）等。

二是生态产品价值。主要通过指标体系（核算与评估）、计算方法、统计方式和数据来源来体现，用生态系统生产总值（GEP）来衡量。生态产品价值属性可分为四种：私人物品、俱乐部物品、公共资源和公共物品。其特点：（1）具有排他性和竞争性，比如市场上的矿泉水等私人物品，以及生态农畜产品；（2）具有非竞争性和排他性，例如收费景点、休闲养老设施等俱乐部物品；（3）具有竞争性和非排他性，例如江河流域、海洋渔业等公共资源；（4）具有非排他性和非竞争性，例如清洁的空气、宜人气候等公共物品。

三是生态产品价值实现。指生态产品价值的显性化，即将生态产品的内在价值转化为经济效益、社会效益和生态效益的过程，须通过一定的机制设计在市场上得到显现。

（二）研究意义

一是深化"两山"理论认识。生态产品价值实现就是要将"绿水青山"变成"金山银山"，为"两山"理论提供价值载体；有利于乡村振兴中推进自然资源资产产权流转，发展特色生态农业和乡村休闲旅游；有利于守好发展和生态两条底线，推动生态环境优势持续转化为生态经济优势；有利于通过市场化路径提高生态产品供应者收入，给予重要生态功能区发展赋能。

二是完善相关生态政策。我国出台了《全国主体功能区规划》（2010 年）、《关于健全生态保护补偿机制的意见》（2016 年）、《关于建立健全生态产品价值实现机制的意见》（2021 年）等政策，贵州如何在生态文明建设上出新绩，如何落实新国发 2 号文件要求的健全生态文明试验区制度体系，需要创新生态产品价值实现机制，尽快完善相关政策。

三是拓展生态实践成果。2012 年以来，国家层面对生态产品价值实现机制问题进行了试点探索，江西、福建、贵州等相继成为国家级生态文明实验区创办地，初步形成了以资源与环境供给生态产品、文化服务供给、生态调节服务供给为依托实现生态价值的范式，对于我省探索将生态资源转化为生态资产并实现生态资产的资本化，具有重大的现实意义。

二、贵州省生态产品价值实现现状分析

（一）发展优势得天独厚

一是政策利好。国家层面的大力支持，2012年《国务院关于进一步促进贵州经济社会又好又快发展的若干意见》（国发〔2012〕2号），2016年中共中央、国务院批复贵州为首批国家生态文明试验区，2017年中共中央办公厅、国印发《国家生态文明试验区（贵州）实施方案》等。由此，贵州相继制定了《关于全面实行林长制的意见》《贵州省“十四五”国家生态文明试验区建设规划》等，尤其是2022年国务院出台了《关于支持贵州在新时代西部大开发上闯新路的意见》（新国发2号文件），更为贵州生态文明建设注入了强劲动力。

二是资源丰富。（1）森林资源。2020年，全省完成林业投资320.13亿元，营造林28万公顷，森林覆盖率达到61.51%，森林蓄积量6.09亿立方米；新建改造林业特色产业基地13.19万公顷，发展林下经济146.86万公顷，实现林业总产值3378亿元；生态护林员总数增加到18.28万名，全省新增林业劳务就业岗位4.63万个。2021年，贵州实施退耕还林面积299万亩，治理石漠化面积640平方千米；实施国储林项目215万亩，融资放款118亿元；村庄绿化覆盖率达到44.22%；特色林业基地建设总面积13.194万公顷。[①]（2）水（系）资源。2020年，全省境内地表水资源量1328.63亿立方米，折合径流深754.2毫米，平均每平方千米产水量75.4万立方米/年，人均水资源量3445立方米/年。近年来全省先后建成一批大型水利工程，新增供水能力37亿立方米。（3）矿产资源。目前，贵州境内探明的矿产110种以上，其中有储量的76种，保有储量居全国前十位的42种，居全国前一至三位的22种。[②]（4）地热资源。贵州地热数量大，分布广。估算全省浅层地热能天然储量为92300万亿兆焦，年可采资源量折合3.15亿吨标煤，可供建筑供暖（制冷）面积344亿平方米，估算主要中心城区浅层地热能年

① 贵州省政府发展研究中心：《2020年贵州林业年鉴》，贵州林业局，2022年3月14日。

② 贵州省自然资源厅：《贵州省矿产资源概况》，中国矿业网，2021年。

可采资源量折合681.50万吨标煤，可供建筑供暖（制冷）面积7.43亿平方米。①

（5）湿地资源。贵州省是全国地貌分级的第二级阶梯，孕育了丰富多样的湿地类型。据统计，全省湿地调查总面积20.97万公顷，占全省面积的1.19%。②

三是保护加强。贵州省加快了生态立法，2014年3月成立了"贵州省湿地保护中心"，并颁布了《贵州省湿地保护条例》，完善了我省湿地保护管理体制，出台了《贵州省生态文明建设目标评价考核办法（试行)》(2017年)，组织对各市（州）进行年度生态文明建设评价考核。

四是成效彰显。贵州坚持农业高质高效绿色发展，以创建现代山地特色高效农业产业园区为载体，生态农产品供给成效明显；统筹推进"医、养、健、管、游、食"全面协调发展，建健康养老小镇、养老产业集聚区47个，创建医养结合示范县9个。2021年，省林业局投入森林康养资金，扶持11家森林康养（试点）基地建设健康管理中心、提升基地景观。2019年全省森林生态系统的年碳汇量为3023.79万吨③，实现碳中和目标约占40%。

（二）问题短板若隐若现

一是生态政策局限性。目前，还没有关于生态产品价值实现的全国性政策，现多数属于地方性政策，生态补偿标准低、范围小。贵州省表现在生态产品产权交易方面的立法滞后，对生态保护者和受益者良性互动的政策保障尚未形成，极大地影响了生态补偿成效的发挥。

二是生态权益模糊性。对于属于生态环境要素的海洋、河流、湖泊、阳光等所有权权益得不到落实，所有者权益界定不够明晰，主体代表不到位，生态服务供求双方无法准确界定，导致各类生态要素产权主体的权利、义务、责任难以协调统一。

三是价值核算不具体。从标准体系角度看，我国对生态系统生产总值计算以及生态产品目录都还不成熟。贵州尚未建立自然资源资产核算体系，无法通过生态产品价值核算来摸清生态资源底数。监测环节需要进一步加强，确立市

---

① 贵州省能源局、贵州省发改委：《贵州省地热能产业发展"十四五"规划》，2021年11月17日。

② 贵州省林业局湿地保护中心：《贵州省湿地保护修护"十三五"实施规划》(2017-2020) 2021年。

③ 刘苏颉：《贵州积极推动林业碳汇交易》，载《贵州日报》，2021年8月20日。

场交易机制的奖惩机制，保护市场主体参与交易的积极性。

四是保护与开发不协调。生态环境的保护与开发是一对矛盾，有些地区仍然存在轻资源节约和环境保护、重 GDP 增长的发展观念，将绿水青山与金山银山对立起来。还有一些企业重经济效益、轻社会责任。涉及生态产品的开发与利用，也缺乏市场引导行为和主动性。

五是市场发育不充分。目前，贵州生态产品市场体系和价格机制发育不成熟，产品标准体系未建，认证品牌和品牌机构未能形成。同时，开发资金投资单一，生态产品的投资主要以政府为主，价值实现主要通过政府赎买（购买）和财政转移支付，其他资金渠道相对缺失。

三、贵州省创新生态产品价值实现机制的前置性条件

（一）夯实生态基础，涵养生态产品理念

一是护绿固本。绿色是生态的底色。聚力两个方面：首先是对标建立全域生态保护体系。对标瑞士制定美丽乡村建设标准，对标欧盟制定“绿色贵州”准入标准，持续推进土壤污染综合治理，强化重点行业企业用地监管，确保土地安全利用，加强水土流失乡村的耕作层保护。其次是聚力 GEP 核算体系，加快建设评估核算体系和专业人才队伍。评估贵州 GEP 总量（亿元），谋划省、市、县、乡、村五级核算评估体系。

二是串绿出新。建设信用体系，按照整村授信、林权抵押、拯救老屋等方式，发布农村信用体系建设地方标准，推动农户信用信息全覆盖。编制实施贵州企业和个人的生态信用“正负面清单”，建立与准入、奖惩挂钩的生态信用档案，制定个人生态信用积分管理办法。建设交易体系，主要测算全省各区域每年固碳、释氧能力吨位（万吨），水源涵养能力（亿立方米）。加快水污染源头治理，实现水环境质量总体改善。

三是点绿成金。主要通过制定短期、中期和长期目标，搭建转换平台。在品牌体系建设上，研究制定“绿色贵州”标准体系，打造更多新型生态产品。在价值体系建设上，不断探索贵州绿色生活标准体系，勇当“绿色生活领跑者城市”。利用良好生态环境构建全生命周期的健康生活标准体系，为生态产品

价值实现创造转化载体，“两山”理论实践提供更多“贵州经验”，打造全国生态产品价值实现机制的新时代西部大开发的贵州样板。

（二）加强业态塑造，培育多元生态产品

一是自然生态产品。自然生态产品供给不断增加，是人民对美好生活的最重要的追求和渴望。要围绕“四新”主攻“四化”，筑牢生态安全屏障，努力营造并长久保持山清水秀的自然生态。全面提升生态系统化、整体化思维能力，使环境保护和污染治理取得突破性进展，为西南地区以及全国生态安全做出突出贡献。

二是经济生态产品。大力推进生态经济化和经济生态化，全力构筑现代化绿色产业体系，积极培育绿色生态科技创新集聚区，坚持以质量、效率和动力变革为导向，将贵州建成全国绿色经济强省。依托丰富生态资源，优化经济空间布局，整合生产要素，实现生态产业集群化、集约化、专业化和高端化。推进现有产业提质升级，提高第三产业和“四型”产业在 GDP 的占比，形成一批国内外市场竞争力较强的绿色产业集群。

三是文化生态产品。文化与旅游的深度融合是生态产品价值实现的重要路径。坚持创建文化产业园区，开拓文化新领域新业态新产品。坚持绿色化价值取向，加快转变绿色生产生活方式，倡导绿色消费和资源集约节约利用，以多样化为美，建设美丽乡村。编制乡村整体设计和建设规则。探索传统文化村落警示和退出机制，坚持以点带面，示范引领，连片打造美丽乡村，培育特色风貌示范村。

四是社会生态产品。坚持以人为中心的城镇化，以绿色发展为主线，坚持城乡协调、融合发展。实施民生保障示范行动，着力完善医疗健康服务、全民教育、城乡一体的社会保障和就业创业等服务体系。建设绿色家园，建设稳定和谐社会生态。

（三）做好顶层设计，遵循生态产品规律

一是战略基本目标设计。（1）短期目标（2021—2025），生态产品的基本制度和基本框架形成，生态环境和生态系统改善，城镇绿化率达到 20%-25%，森林覆盖率达到 65%-70%，绿色 GDP 比重提高到 50%，着力达标区域与未达

标区域监管，推进节余指标有序进入交易平台进程，创建西部绿色金融中心网络，打造一批生态公园、产业园区、康养山庄和月子中心等综合体，实施生态品牌战略，使“水流变资金流，叶子变票子”态势形成，流域保护与开发初见成效。(2) 中期目标（2026—2035），生态产品价值实现的平台与相关体系基本形成，重点要将 GEP 量化成为各市（州）党委政府年度目标和届前、届中和届终政绩或离任资产评估评价的重要内容，初步搭建全省森林碳汇、碳峰值、碳饱和检测、监测平台与交易中心和相应的技术标准；初步建立生态产品品牌体系、价格体系、监测体系和追溯召回体系；初步建立文化旅游深度融合的智能体系、专业体系、人才体系和基础设施体系；初步建成共同富裕、共同繁荣的生态都市和美丽乡村。(3) 长期目标（2036—2050)，健全生态产品价值交易平台与制度，各项体制机制更加完善，各项法律法规更加健全，生态产品价值实现路径宽广，全面实现百姓富生态美的现代化的目标。

二是基本目标实施策略。(1) 点上开发，面上保护。以优势生态产品率先突破，带动全省生态产品价值的全面实现；以少数企业率先发展，带动全省生态产业的发展。②先易后难，分步实施。以生态产权清晰程度为基础，以现有的交通线路为依托，按照生态产业（产品）生命周期分阶段（类别）逐步推进、转换、串联，连锁实现价值。③公共支付，市场交易。正确认识有为政府和有效市场关系，实施政府购买和市场经营或者政府购买与市场经营融合方式，建设农耕、民宿、康养文化系列公共或市场营销的生态产品品牌，促推多位一体的经营方式。④协调发展，生态富省。依托贵州省独特的地形地貌特征，做优全省生态产业产品空间布局，东部和西部协调发展，加大东部生态涵养保护、西部石漠化治理开发力度，搭建城乡生态产品价值实现的智能化、数字化、专业化平台，推动生态产业产品系统化、协同化、整体化生态价值实现。

四、国内外生态产品价值实现机制经验借鉴

（一）国外典型经验

一是政府赎买公共生态产品。20 世纪 90 年代初，哥斯达黎加进一步完善

了保护森林的法律法规，增设生态环境管理部门和环境效益专门基金，对水、能源等税收条款也进行了相应的修改，加大了化石燃料、用水大户收费额度，并与林地所有者签订相关权益与责任合同书，对责任合同书执行不好者，管理机构不支付服务款项。采用市场化办法，进行碳汇交易，推进生态产品价值实现。

二是市场（企业）购买生态产品。法国伟图矿泉水公司采用购买水源上游地区的方式来净化水源地水质，并且将购买的水源地上游地区的土地无偿提供给当地居民耕管，在此基础上，对当地农民的土地提供补助。还要求当地农民不要使用化肥、农药、薄膜等工业化学品，大大提升了水源地的自净能力，增加了生态产品供给渠道。

三是政府、市场共同购买生态产品。1933 年，美国成立了田纳西河流域管理局，成为美国联邦政府的一级机构。该局对流域资源开发进行制度安排，出台系列优惠政策，扶持当地居民就业创业。相关市场主体共同开发，水电部门提供电费优惠，农业部门指导农民提高土地利用率，金融部门发放贷款资金，发行建设债券。到 20 世纪 60 年代初，该流域生态治理与绿色转型效果明显。

（二）国内主要做法

一是生态资源指标及产权交易。重庆市针对森林覆盖率制定了约束性考核指标（2022 年为 55%），探索创建区县之间生态补偿和森林覆盖率指标交易机制（可以购买森林面积指标），促进了生态保护与开发的良性循环。

二是生态系统功能修复。贵州省万山区通过对汞矿矿区的绿色化治理，变废为宝，由过去买“矿石”变成了今天买“风景”，促进了万山区的可持续发展。

三是绿色产业转型升级。江西省赣州市寻乌县，坚持土地综合治理，合理建设工业园区；坚持发挥民间资本作用，发展水电、乡村产业、体育健身、康养旅游，实现农旅一体化、产景一体化、园景一体化目标。

四是生态功能区域补偿。这是国内采用最多的方法，一般是由政府、市场、政府和市场主体对生态受益区给予资金补偿，从而满足人们对生态产品消费需求。

（三）国内外经验启示

一是调动政府、企业和社会各界力量参与。发达国家较为重视利用民间社会力量和企业（市场化）来购买生态系统服务，重点是通过生态资源产权的交易和发挥社会资本的作用以及绿色金融的运用，建立生态资源储备交易机制的生态银行，设立私人资本参与的投资基金，广泛推行国外的生态标签认证制度，多形式、多渠道实现生态产品价值。

二是政府采购与市场运行结合。从国外生态系统服务（生态产品提供）来看，不同国家或者地区发展的阶段、水平不同，其表现的路径和方式也有所不同。一般而言，有的国家十分重视生态系统的保护；有的国家十分重视生态系统修复和生态功能的提升。中国区域特征所表现出来的差异性与多样性必然要选取多元化的价值实现方式。

三是明晰产权与增加供给。产权清晰、权责明确，是现代经济发展的基本要求。贵州要厘清生态区域产权，构建利益共同体，拓展全国统一开放的生态产品市场，发展生态产品平台经济；创新生态产品价值实现制度，利用绿色金融工具，发行地方绿色债券，探索生态系统价值服务交易路径与方法，加大生态产品供给侧结构性改革，建立充分满足人们对美好生活追求的保供体系。

五、贵州省创新生态产品价值实现机制探讨

新国发2号文件中提出要健全生态文明试验区制度体系。指出支持赤水河流域等创新生态产品价值实现机制，探索与长江、珠江中下游地区建立健全横向生态保护补偿机制，推进市场化、多元化生态保护补偿机制建设，拓宽生态保护补偿资金渠道。支持贵州探索开展生态资源权益交易和生态产品资产证券化路径，健全排污权有偿使用制度，研究建立生态产品交易中心。健全生态环境损害赔偿制度。探索将生态产品总值指标纳入相关绩效考核体系，实施经济发展与生态产品总值“双考核”。基于这些要求，本课题组认为，贵州省创新生态产品价值实现机制，可从以下方面着力。

（一）发挥非市场作用的政策保障机制

一是建好数据（项目）库。探索满足人们对美好生态产品需求的公益赎买

和利益联结机制，加大公共产品的有效供给。坚持以规划确定数据（项目）、以数据（项目）落实规划，全面摸底并建好基本数据（项目）库；做好备选的综合体项目，如利用500亩以上大坝建设第一、第二、第三产业融合综合体(生态公园、慢村、农庄等）等。

二是注意生态空间分区。严格执行生态空间区域及生态保护红线的规定，区分好禁止开发区域、限制开发区域和重点开发区域；注重生态产品空间打造，拓展生态产品价值实现的空间，持续推进生态农产品为代表的生态物质产品价值实现。

三是推进生态立法及实施。尽快制定《贵州省生态产品价值实现促进条例》，厘清生态产权、生态补偿、产品交易等法律关系；建立健全生态公益诉讼制度，拓展生态公益诉讼主体，完善具体操作程序，合理分配举证责任。

四是搭建交易平台制度。生态经济的显著特征之一就是平台化。建好绿色消费的公平交易规范，经营性生态产品、绿色标签产品中的生态工程产品可直接进入市场交易，贵州可借鉴如欧盟的碳汇平台和相关技术，建设贵州生态产品价值实现交易平台和相关的配套制度；继续开展植树造林、森林管理、植被修复和节能减排行动，将碳峰值预测、碳中和预判纳入机制管理，重点对全省碳排放、低碳经济、碳足迹纳入省政府管理项目工程，特别是要将旅游者足迹纳入项目工程管理。

五是抓好省域试验平台建设制度。继续以创建国家森林城市为依托，全面启动贵州实施三年创建碳汇城市生态名片；严控城乡碳排放量，建好城乡公共交通体系，并按照公路里程总量管控车辆投放量，尽力做到路车承载相符合；重点对全省石漠化地区进行高质量规划，建设石漠化公园和城乡农业公园，逐步将贵州建设成“公园省”“碳汇省”；推行企业购买生态产品办法，发挥示范带动效应，核证自愿减排量（CCEP），推动企业购买生态产品，为市场作用发挥创造最优化的环境。

六是创新生态补偿制度。贵州可借鉴哥斯达黎加森林政府支付方式，拓展生态补偿资金渠道，逐步提高生态补偿标准，提升生态产品和服务供给能力，使重要区域生态保护补偿全覆盖；完善重点区域生态保护补偿机制，探索通过收购、租赁、交换、协议、混合所有制等方式加强重点区域生态保护，建立公益性重点生态林补偿机制，试点湿地公园生态保护补偿、耕地保护补偿、重点水体禁渔补偿、上下游水体横向补偿等；探索环境补偿的市场机制，建立可靠的水权、废水权和碳权交易系统，并制定有效的方法，让森林、草原和湿地等生态恢复项目参与碳交易；建立环境保护的横向抵消机制，以城市和地区抵消为重点，由中央和省财政支持，整合现有的环境抵消政策，建立环境保护红线的环境抵消机制。提高环境补偿的标准，持续更新环境补偿的资金来源体系，推进从目前单一的财政资金投入向多元化投入的筹资方式，给生态红线区农民提供市场化配置相当的补偿标准，提升生态区人民群众的绿色贡献相当的待遇与法治保障。

（二）完善市场化运作的产权交易机制

一是产权管理。逐步探索生态系统的权属，对相应所有权厘清确权，明确自然资源的所有权、面积、用途和地理位置，为推动环境资源和产品的改革提供依据；加快推进自然资源确权、登记、颁证工作，明确生态资源所有权及其主体，规范生态资源使用权，保障生态资源资产收藏权、投资权、生态资源资产转让权，简化生态资源资产监管权，建立配置清晰、权利义务明确、监管有效的生态资源资产。

二是核算评估。对自然资源价值的正确核算和评估，可以为建立生态服务贸易市场体系、生态补偿转移支付体系、环境损害赔偿体系和环境污染保险体系等提供科学依据。目前，我省尚未建立评估环境产品价值的技术和会计制度。应该注意的是，环境产品的价值是在对交换价值而不是使用价值的会计评估基础上确定的。

三是市场流转。有机产品的生产过程是一般的和无差别的人类劳动的组合，其价值必须在市场上进行交易或由国家进行补偿。需要建立一个强有力的流动机制，以促进产品和产权交易市场体系的发展，反过来又会导致一个有效的定价和价格形成机制。转移机制包括第一类从国家到个人、公司和其他商业实体的转移，以及第二类商业实体之间的转移。

四是绿色认证。绿色认证是增加有机产品价值的一种间接方式。可借鉴美国的生态标签计划经验。应高度重视有机认证机制的作用，特别是建立与有机产品标准、认证和标签计划相结合的绿色采购计划。有机产业的发展是开发有机产品价值的基础。支持开展认证，引导经营主体和行业协会牵头开展绿色食品、有机农产品和农产品地理标志认证，通过财政补贴、政策优惠、项目支持、认证奖励等方式，不断提高认证产品的总量规模和质量水平。要加大推进有机、绿色生态产品基地（产地）的认证力度，构建贵州生态产品的检测中心（站点），满足国内外消费者的消费需求。

（三）促进多元业态融合的循环共生机制

一是推动文旅融合。文旅融合是生态产品供给体系中的价值取向，加大贵州特色的文化旅游深度融合综合体项目建设力度，促进苗药医疗与养老养生融合，构建药食结合、医养互补互促的产业格局；加大精品旅游品牌项目建设，以生态休闲养生、温泉疗养和度假为抓手，建设养生养心养老文化旅游场（馆）、山庄；以建设马拉松、自行车赛道等体育、山地户外健身、水上大型歌舞剧等文化旅游融合综合体等为切入点，发展运动、休闲和观光旅游等生态服务产业；以“四在农家·美丽乡村”建设为载体，集中建设一批乡村民宿项目；以园区景区化为目标，拓展一批农耕体验、健康养生、农旅一体化的旅游新业态；培育多样化、突出个性化的乡村旅游范式，通过电商、养生、养老、体育、健康深度融合，塑造一批“绿色贵州”新品牌。

二是构建产业体系。大力延伸产业链条，拓展生态功能，走特色产业融合发展之路。促进生态内部融合，未来五年内生态产品在全省保供总数中占比至少达到50%以上；培育生态支柱产业，延长全产业链，不断提高生态产品实现水平。以农业园区、家庭农场等为依托，鼓励加工企业通过纵向延伸、横向联合，建设生态经营联合体，打造生态产品加工集群，打造贵州特色生态产品集散中心；搭建产业融合平台。提升现代生态产业园，打造贵州生态产品发展科技源。选择区位交通、景观文化、农特产品等方面条件好的村寨，建设一批生态田园综合体。

三是提升生态产业。要坚持产业绿色化、工业绿色化，发展有机茶、中药材、有机动物、果蔬、食用菌、油茶等前沿产业，培育壮大现代农业、健康、生物能源、生物生产、环境保护等绿色产业。紧扣高质量发展主题，以生态、质量、特色、品牌为指导思想，以标准化、规模化、集团化为目的，以“一县一业、一乡一特、一村一品”为目标。创建生态示范中心，依托生态资源，建设生态旅游示范村镇、农业旅游园区、田园温泉、有机生态教育基地，发展生态旅游、生态农业等产业，打造农村生态产业链，再生森林、草原、湿地等自然资源，允许集体经济组织灵活利用现有生产、服务用房土地开展相关经营活动。

四是拓展农业新业态。稳定地增加农民收入，分享生态产品红利，要拓展新领域、新业态和新产品。从土地、财政、资金等方面支持休闲农业的发展，加大对公共农庄建设的支持力度，加强创意活动和体验，完善农业景观设计，发展农村文化。加强对农业文化遗产的发掘和保护。支持乡村旅游示范区建设，打造一系列具有历史、地域、民族特色的典型景观，提高示范水平。加强示范点的创建，建设一批具有生产、观赏、体验、游乐功能等配套服务的休闲观光农业园区、生态农场（庄），培育生态农业文化产品。

五是提速生态循环。借鉴法国水资源企业支付模式，逐步建立健全企业支付生态产品消费机制，保护和支持生态循环工程的推广与运用。要坚持科学稳健原则，加强 PM2. 5 和 O3 协同控制，探索建立重点区域和重点行业领域资源消耗预警机制。积极推广农牧结合，稻鱼共生等生态循环模式，创建美丽畜牧业试点、美丽生态家庭农场及生态循环示范主体，培育生态化养殖示范区。启动实施土壤污染五年防治行动，建立土壤污染监测预警体系，加大推动土壤重金属污染治理力度。推进多种形式的种养结合模式、污染治理模式，节水、节肥、节药技术模式等，推进重点生态循环农业示范区建设。

（四）实现生态利益共享的资源保供机制

一是丰富生态产品供给方式。目前，贵州要建立和完善各类市场主体的利益分享机制，打造生态产品利益共同体。构建以休闲度假产品为引领、以体育、养生旅游为支撑的现代大旅游产品体系，促进劳动力从农业向旅游业转移，充分发挥乡镇、村庄的政策带头作用和企业的市场主体作用，扎实做好培训、引导和组织工作，实现知识富民、政策富民、产业富民、市场富民和工程惠民。运用城镇发展带动型、规模农业产业型、休闲旅游产业型、专业合作带动型、特色产业带动型、文化保护带动型、科技示范带动型等模式，建立生态产品多元化保供体系。

二是探索利益联结方式。(1) 契约型。推广“订单收购+分红”“合作社+农户+分红”“龙头企业+家庭农场+分红”等新型发展方式；(2) 股权型。推广"龙头企业+农民入股+按股分红"为核心的收益分享运作方式；（3）联合型。采用"大户（基地）+散户+分红"为核心的收益分享运作方式；（4）产业链型，围绕主导产业和特色产业，组建一批（合作社+产业链+农民）产业化联合体，加强产业链分工与合作。

三是推行多元化开发模式。探索生态补偿、纵向的财政转移支付、有机绿色生态农业、文化旅游、碳汇交易、基金债券、生态康养、国家公园、自然保护地等多维模式，逐步形成市场主体之间"利益均沾、风险共担"的共同体，推动市场化治理，服务全省经济绿色转型。

四是倡导合理的生态消费方式。支付生态成本是贵州树立正确的生态消费观的基本价值理念。要引导人们树立合理消费生态产品的价值理念，不断提高生态产品利益关联度，将生态消费额度作为企业落户贵州的谈判条件之一，强化企业社会责任；加强职业教育，贵州高职院校要设置生态产业、生态产品制造等专业，注重专业化人才培训。

（五）加强市场主体培育的人才乳化机制

一是引导多元主体投入。要不断推进市场化进程和实施差异化策略，提高各市场主体的共享度、消费水平和市场占有率。多元化是有为政府和有效市场的有机衔接。要高质量举办生态赛事活动，继续高水平办好贵阳生态文明论坛、贵阳国际高端天然饮用水产业展览会、中国国际大数据产业博览会等，提高"绿色贵州"的知名度、美誉度；引导社会资本进入生态市场，共建休闲宜居庄园式综合体、推动休闲观光旅游项目建设；开辟生态环境系统管理市场、防止生态环境合理开发利用服务业长期缺位，推进生态系统新产品新业态满足人们美好生活进程。

二是健全完善财税政策。税收是调节生态经济和绿色生产生活的重要工具，核算经济成本，将生态成本规则贯穿于机制创新全过程。对绿色功能区和绿色缓冲区的效益应给予经济补偿，补偿水平应等同于或超过所提供的绿色产品和服务的效益。完善生态消费的财税政策，按照《环境保护税法》，对大气污染物、水污染物和固体废弃物等征收环保税，对获得绿色、有机产品认证的农林产品，绿色能源的生物质能，生态友好的生态工程产品等，实行税收优惠或减免政策。

三是培养乡土特色人才。生态技术人才是生态产品价值实现的最稀缺的要素。培养农业产业经营人才，探索“市场主体+职业教育”人才培养模式；培养乡村建设人才，探索“职业教育+规划类人才+本地外地城市人口+打工农民+外地工作的本土大学生”复合型人才模式；培养康养产业发展人才，探索“乡村旅游+N”专业化康养游人才模式。

（六）推进绿色科技赋能的品牌建设机制

一是激发技术创新动力。拓展生态产品产业链、供给链和价值链。要以贵州大数据开发优势为切入点，加大全域生态系统服务管理全覆盖，让生态产品生产企业、政府公共生态产品采购、政府与市场融合提供生态产品大市场畅通有序、空间广阔；要加大对“O2O”模式营销生态产品平台建设力度，包括对生态产品品牌的塑造、生态产品治理现代化平台建设、生态产品载体的标准制定、数据开发保护以及管理系统智能化基础能力，从而推动生态产品统计、核算和评估的规范化、科学化。

二是启动绿色金融工具。绿色金融能够引导资金流向节约资源技术开发和生态环境保护产业，其支持的项目有排污权、水权、用能权等生态权属交易，节能减排、清洁能源项目，还包括碳金融产品。涉及的生态产品包括清新空气、干净水源、气候调节、农林产品和生物质能等。贵州建好绿色信贷、债券、基金“三位一体”的金融体系，在节能减排授信、绿色信贷、能效信贷等方面大胆探索。要特别关注生态产品的生产能力、生态空间格局以及交通、人力资源、旅游等各种因素，针对不同地区、不同类型的生态产品，建立差异化的管理机制和实施办法，制定和实施面向生态环境质量改善、有利于生态产品价值实现的资金分配、绿色税收和金融政策。

三是运用“互联网+”商模。互联网+是生态产品价值实现的营销手段。促进现代信息技术在农产品生产、加工和销售、农产品质量控制、农业立法执行和农业综合服务方面的应用。支持和引导物联网在“三品一标”农产品质量追溯、加工、储藏、包装、运输、销售等环节的应用，推动农产品从生产、调运到销售的信息综合管理。积极推进生态农业地理信息系统的应用，强化生态农业产业布局、农机作业调度、动植物疫病防控、市场供求信息、农村集体“三资”（资金、资产、资源）管理、农村土地承包经营管理和农民负担监督管理等各项功能。鼓励农业生产经营主体发展农产品电子商务，培育生产主体在天猫、一号店、京东等国内知名网站开设网络旗舰店，支持生鲜农产品网上直销，探索"网订店取"等新商业模式的运用。

四是拓展品牌市场。生态产品市场化取决于生态品牌的建设力、影响力和竞争力。要培育地域公共品牌，突出贵州绿色、特色、优质的特点，围绕主导产业、特色产业和重点产品，全力唱响"绿色贵州"地域公共品牌；做大做强品牌营销，建立"绿色贵州"品牌运营及产品营销中心；强化品牌规范管理，明确政府、公共品牌运营机构、公共品牌使用者的权利与责任，共同维护品牌声誉，提升品牌价值；培育特色企业和产品品牌，建立品牌良性成长机制，以品牌企业为依托，强化生态区域公共品牌培养培育意识，加大对新领域新业态生态品牌商标的注册工作力度，逐步打造一批具有市场竞争力的生态品牌产品和驰（著）名商标，逐步形成"绿色贵州"国际生态公共品牌溢价效应。

（七）提高生态富民质量的激励考核机制

一是探索基于生态产品的占补平衡机制。将"绿色贵州"建成"幸福不动产，绿色提款机"，推动生态指标或生态信用等在全省或者跨省交易。创建贵州绿色发展基金和生态税收制度，发挥生态补偿资金效益，开征生态税，对重点开发区、优化开发区，每年要安排一定比例的土地出让金，专项用于生态补偿；发行生态彩票，积累生态公益金；成立贵州生态专业银行，将全省公共生态产品纳入绿色金融扶持重点项目，挖掘特色（品牌）生态产品，开发与其价值实现相匹配的绿色金融手段；整合保险资源，开发生态产品险种，最大限度规避生态产品质量市场风险；从省到村建立"生态公司"，作为实施主体，并将地块出让后评估核算的生态环境增值资金全部注入专门设立的"生态银行"。

二是推行 GDP 与 GEP 双考核。从严考核问责，建立领导干部生态环境损害责任追究实施细则。探索研究生态产品购买、生态补偿机制，将绿色食品、有机农产品和农产品地理标志认证列入各级政府目标责任制考核内容；培育多元主体参与生态产品生产和价值实现，明确公众参与的原则、范围、程序和方式；将森林覆盖率作为约束性考核指标，搭建生态产品直接交易的平台，将全省党政领导干部年度考核核心指标，由 GDP"单考评"转变成为以 GDP 和 GEP 指标"双考评"，逐步形成绿色化考核评价体系。重点建立调控监控机制，注意忽略代际公平而主导的任期短期性行为，必须以生态资产的保值增值为前提，将党政领导干部发展地方经济社会与生态保护开发同步列入政绩考核档案的重要依据之一。

三是运用法律规范约束。生态法治、绿色法治，是生态产品价值实现的根本保证。目前，贵州最要紧的要加大省、市、县地方立法力度，确保贵州生态资源、生态系统得以保护合理开发。不断完善生态红线区域的补偿制度，提高生态补助标准；建立保护和开发生态区域内林业碳汇、湿地治理等生态功能区的法治体系。

创新生态产品价值实现是一项系统工程。课题组在调查与借鉴国内外经验的基础之上，重点从“基础-提升”两个维度对这个问题进行反复梳理，最后着眼于机制这个核心，提出了几个方面的对策建议，这也是课题组对新国发2号文件中提出的“健全生态文明试验区制度体系”课题的一个回应和探讨。诚然，因课题组水平和研究时间有限，对创新生态产品价值实现机制只进行了初步的探索，从深度和广度上仍有继续研究的必要和空间，请各位专家斧正。

参考文献

[1]《中共中央关于制定国民经济和社会发展第十四个五年规划和二〇三五年远景目标的建议》辅导读本，北京：人民出版社，2020年，第11页。

[2]《国务院关于印发全国主体功能区规划的通知》，载《生态系统的理论》，2011年6月8日。

[3]胡鞍钢、周绍杰等：《十四五大战略与2035远景》，人民东方出版传媒，2020年。

[4]李忠、党丽娟：《生态产品价值实现的国际经验与启示》，载《资源导刊》2019年。

[5]李维明等：《关于构建我国生态产品价值实现路径和机制的总体构想》，载《绿色发展》2020年。

[6]孙爱真：《增强西南地区生态产品生产能力研究》，广州：暨南大学出版社，2019年。

[7]张垚：《湿地生态系统服务功能价值评估研究》，载《山西农经》2021年第1期。

［8］谭荣：《生态产品的价值实现与治理机制创新》，载《中国土地》2021年第1期。

［9］李海东等：《生态环保扶贫减损增益和"绿水青山就是金山银山"转化研究》，载《环境科学研究》2020年第12期。

［10］欧阳志云：《生态系统生产总值（GEP）核算研究》，载《环境与可持续发展》2020年第6期。

［11］王俊、李佐军：《探索碳汇交易机制 实现生态产品价值》，载《特区实践与理论》2021年第1期。

［12］单云慧：《新时代生态补偿横向转移支付制度化发展研究》，载《经济问题》2021年第2期。

作者简介：黄廷安，中共铜仁市委党校科研与校刊编辑处处长、经济学教授；黄陈林，硕士研究生，铜仁职业技术学院讲师；罗雅文，硕士研究生，中共铜仁市委党校科研与校刊编辑处科研办副主任、讲师；熊景鸣，硕士研究生，铜仁职业技术学院讲师；徐明忠，中共铜仁市委党史研究室主任；方成跃，硕士研究生，中共铜仁市委党校办公室副主任。

新时代文化生态保护的探索与实践
——以福建为例

黄艳平

摘　要：福建在闽南文化生态保护区和客家（闽西）文化生态保护实验区的建设中守正创新，组织机构逐步健全，文化生态保护政策法规和传承工作机制不断完善，文化遗产创造性转化程度高，在对台文化交流、融入“一带一路”建设中发挥着积极的作用，积累了一些保护与发展的经验，也存在一些问题与不足，今后，依然需要立足国家发展战略高度，坚持政府的主导作用，加大宣传和研究力度，鼓励社会力量参与，推动文化遗产与产业融合活态传承，服务于经济社会高质量发展，逐渐摸索出一条福建特色的文化生态保护之路。

关键词：文化生态保护；探索；实践；福建

习近平总书记多次强调“让文化遗产活起来”，实现中华优秀传统文化“创造性转化、创新性发展”，“保护文物功在当代、利在千秋”。我国文化遗产在得到积极保护的同时，也在更多层面服务于国家现代化建设。党的十九大报告指出：“没有高度的文化自信，没有文化的繁荣兴盛，就没有中华民族伟大复兴。”明确要加强文物保护利用和文化遗产保护传承，为我国新时期文化遗产保护传承工作指明方向。

一、我国文化生态保护区建设概述

随着我国现代化进程的不断推进，许多非物质文化遗产丰富的地区，文化生态都遭到不同程度的破坏，极大地影响了非物质文化遗产的存续和发展，一些价值重大的非物质文化遗产项目以及一些依靠口传心授传承的非物质文化遗产项目处于濒危状态。维护非物质文化遗产的生存空间，加强文化生态保护刻不容缓。为此，2007年以来，我国在非物质文化遗产丰富、存续状态良好、传统文化形态保存较完整、并具有特殊价值、鲜明特色的民族聚集村落和特定区域，建立文化生态保护区，以非物质文化遗产保护为核心，进行动态的区域性整体性保护，优化文化遗产生存环境、维护文化生态平衡，促进文化持续发展，以期最终构建一个文化遗产与人、自然和谐发展的文化空间。建设文化生态保护区对文化遗产进行整体性保护，是我国文化遗产保护工作的一项尝试和创新，也是我国独具特色的非物质文化遗产保护制度，它不同于别国对物质文化遗产或非物质文化遗产项目进行单个保护利用的模式，而是用整体性、系统性思维，既注重非物质文化遗产项目的生产性保护和活态传承，"见人见物见生活"，也保护它赖以生存的环境，更加实现了文物及文化遗产保护由点到面，由单一项目保护到整体性保护，由静态保护到动态保护，由单纯的文物保护到物质与非物质文化遗产相结合保护的深化与发展，对于保护、传承和发展优秀传统文化，具有十分重要的现实意义。截至2020年6月，我国共设立国家级文化生态保护区7个，国家级文化生态保护实验区17个，省级文化生态保护区146个。各省、自治区、直辖市都相继设立了特色鲜明的省级文化生态保护区，形成了分层多元的文化生态保护区建设体系。① 福建作为我国第一个文化生态保护实验区——闽南文化生态保护实验区的实践者，经过十余年的探索，在两个国家级文化生态保护区的实践中，逐渐摸索出一条福建特色的文化生态保护之路。

二、福建文化生态保护区建设的主要措施和成效

福建文化资源丰富、底蕴深厚、特色鲜明，拥有闽南文化、客家文化、红色文化、湄洲妈祖文化、船政文化、朱子文化、闽都文化、畲族文化等一大批区域特色传统文化。作为我国最早实行对外开放政策的省份之一，福建历来勇于先行先试，用积极的实践和不懈的努力守护着中华优秀传统文化，在闽南文

① 数据来源：中国非物质文化遗产网，http：//www. ihchina. cn/shiyanshi，2020年9月15日。

化生态保护区和客家（闽西）文化生态保护实验区的建设中，守正创新，向世界展示了优秀传统文化的独特魅力和当代价值。

2007 年 6 月，我国在福建设立了首个国家级文化生态保护实验区——闽南文化生态保护实验区，保护范围包括福建省泉州、漳州、厦门三个设区市，选择了 53 个“非物质文化遗产密集，有较多传承人”的村落、街区，作为实施整体性保护的抓手，将非物质文化遗产、物质文化遗产、自然遗产结合起来进行整体性保护。经过十余年的不懈努力，“闽南文化生态保护实验区”在 2019 年 12 月正式升格为“闽南文化生态保护区”。福建省以建设闽南文化生态保护区为契机，还同时加快闽西客家文化生态的保护。2017 年 1 月 23 日，福建省两个国家级文化生态保护区——客家文化（闽西）生态保护实验区获批，包括龙岩市的长汀县、上杭县、武平县、连城县和永定区五个设区市和三明市宁化县、清流县和明溪县三个设区市。客家文化（闽西）生态保护实验区是继梅州和赣南之后的第三个国家级客家文化生态保护实验区。

在多年的实践与探索中，福建省同时带动省内其他地区优秀文化的生态保护，南音、妈祖信仰、闽南民居营造技术、中国剪纸、木偶戏传承人培养计划等项目都成功入选联合国教科文组织《人类非物质文化遗产代表作名录》。福建省在文化生态保护区建设中边实践边总结，文化生态得到了明显的修复，保护区内文化氛围日益浓厚，在非物质文化遗产传承实践能力建设、非物质文化遗产项目示范点（片）建设和普及教育等方面成果显著。既守住优秀传统文化的魂，也勇于创新，将非物质文化遗产保护扎根到群众的生活中，不断“摸着石头过河”，探索适宜当下文化生态保护的可持续发展模式，采取了一系列的措施，取得了积极的成效。

（一）健全组织机构，完善文化生态保护政策法规

文化生态保护区的建设是一项复杂的系统的工程，极其需要各级政府、各部门之间的沟通、协调与协作，才能科学有序地推进保护区的各项工作，政府的主导作用至关重要。

健全的组织领导机构。拥有健全的组织领导机构，是实验区开展工作的组织保证。自闽南文化生态保护实验区正式成立以来，福建省委、省政府立即成立了闽南文化生态保护实验区建设领导小组，立即对推进实验区的工作做了全

面部署，按照“划定保护区域、确立保护项目，核定保护规划、出台保护政策，落实保护经费、确认督促管理”六项职能细化各部门的工作，协调各地整体推进。2019 年开始，福建省推动建立文化生态保护区建设工作部门联席会议制度，形成由省政府分管领导担任总召集人，省文化和旅游厅、省教育厅、省财政厅、省台港澳办公室、省外事办公室、省文物局等相关部门单位为成员的协调推动工作机制。① 同时确保各级政府在文化生态保护中的主导作用，全面了解和掌握文化生态保护实验区的建设进程和工作中存在的问题，检查和督促有关政策和法律法规的执行，切实解决实际问题，为福建省文化生态保护区的整体建设提供了组织保障。

规划先行，法规保障。在认真贯彻落实《文物保护法》《非物质文化遗产法》《福建省非物质文化遗产条例》的基础上，福建省制定出台一系列的政策法规指导各地文化生态保护工作，用法规保障文化生态保护区建设。2007 年 6 月出台的《闽南文化生态保护实验区规划纲要》，确定了保护范围和对象、保护办法与计划、保障措施与政策，为闽南文化生态保护实验区建设提供指导。依据保护工作的发展和要求，《闽南文化生态保护区建设总体规划》在 2009 年进行修订，并于 2014 年 4 月正式发布，这是对闽南文化生态保护区的纲领性政策指导意见，提出闽南文化生态保护区总体规划期从 2011 年至 2025 年，分为三个阶段，即近期（2011—2015）、中期（2016—2020）、远期（2021—2025）实施。厦门、漳州、泉州三个设区市围绕总体规划，也相继修改和完善了各自的《闽南文化生态保护区规划纲要实施方案》以及各项专项规划。2019 年 10 月出台《客家文化（闽西）生态保护区总体规划》，为客家文化（闽西）生态保护区整体保护各项工作的建设提供纲领性指导意见，提出总体规划期是从 2019 年至 2035 年，以“非遗”代表性项目保护、代表性传承人保护和重点区域保护作为“三大抓手”；与乡村振兴战略、传统工艺振兴计划、文化与旅游融合、历史文化名城名镇名村和传统村落保护等四个方面的工作形成合力，进行关联性保护。

值得一提的是，厦门市在 2020 年 6 月出台首部地方文化保护专项法规——《厦门经济特区闽南文化保护发展办法》，率先在全国用法规的形式来推动和保

① 《关于省政协十二届三次会议 20202010 号提案的答复》，http://wlt.fujian.gov.cn/zfxxgkzl/zfxxgkml/30qtyzdgkdzfxx/12zxtadf/202005/t20200509_5262415.htm，2020 年 9 月 10 日。

障文化生态保护区的建设，面对厦门市闽南文化保护中存在的问题，首次实施闽南文化保护名录制度、首次设立闽南文化保护专职队伍、首次允许台胞申请“非遗”传承人、首次明确设立闽南文化集中展示中心、首次明确鼓励城市建设体现闽南特色，全方位、立体化书写闽南文化生态保护发展的“厦门样本”，推动整个福建省文化生态保护区的工作进入一个高质量发展的阶段。

（二）夯实责任，完善非物质文化遗产保护传承工作机制

福建省各级政府明确主体责任，建立了国家、省、市、县四级非物质文化遗产名录体系，设立了一批“非遗”展示区和展示点，不断完善文化生态保护传承的工作机制。

完善“非遗”名录体系，建立数据库。福建已基本完成区域内“非遗”普查工作，并建立了四级“非遗”名录体系，同时利用文字、录音、录像、数字化多媒体等手段，对非物质文化遗产进行记录，建立档案及相关数据库。闽南文化生态保护区已全部建立“非遗”代表性项目和代表性传承人评审、认定和管理机制，全面摸清家底，共普查“非遗”线索 18.5209 万条，调查项目 3.2841 万个，汇编资料 268 册。闽南文化生态保护区内非物质文化遗产，列入联合国教科文组织“非遗”名录名册的项目 5 项；国家级“非遗”代表性项目 60 项、“非遗”传承人 80 人；福建省级“非遗”代表性项目 200 项、“非遗”传承人 295 人；市级“非遗”代表性项目 375 项、“非遗”传承人 889 人。[①] 客家文化（闽西）生态保护区内非物质文化遗产，国家级“非遗”代表性项目 8 项、“非遗”传承人 4 人，福建省级“非遗”代表性项目 35 项、“非遗”传承人 38 名；龙岩市级“非遗”产代表性项目 177 项、市级传承人 34 名。截至 2019 年 3 月 6 日，福建省级“非遗”代表性项目共 517 项，其中，国家级“非遗”代表性项目 130 项，国家级“非遗”传承人 143 人，省级“非遗”传承人 735 人。[②] 涵盖传统美术、传统技艺、民间文学、民俗等九大类。

规范传承人评估管理制度，引入退出机制。建立完善的“非遗”传承人机制，是福建省文化生态保护区建设的重要部分。一方面加大对“非遗”传承人的激励力度和扶持力度。除了中央对国家级“非遗”代表性传承人每人每年补

---

① 《闽南文化生态保护实验区升级为保护区》，载《福建日报》，2020 年 1 月 8 日。

② 黄国勇：《福建省级“非遗”项目达 517 项》，载《中国文化报》，2019 年 3 月 12 日。

助2万元之外，福建省从2020年开始，对（除厦门外）年满60周岁的省级“非遗”代表性传承人的传承补助经费由2011年实行的每人每年3000元，提高到6000元（国家级传承人不重复补助）；另一方面建立传承人评估管理制度，规范“非遗”保护和传承工作。2020年4月14日，福建省文化和旅游厅已修订公布《福建省非物质文化遗产代表性传承人认定与管理暂行办法》，对省级“非遗”传承人并实行退出机制，在进一步规范传承人申报认定制度的同时，更注重加强对传承人的评估管理，对传承人的评估结果将作为享有省级非物质文化遗产代表性传承人资格、给予传习补助的主要依据，也将作为传承人退出机制的考核指标。

（三）多措并举，着力探索非物质文化遗产保护传承途径

各级政府和媒体通过各种形式和渠道积极宣传普及“非遗”文化保护，提高公民保护文化遗产、文化生态的意识，着力探索活态保护传承途径。

强化示范点（片）建设，以点带面提高整体传承实践能力。通过加强保护试点、传习中心的建设，点、线、面结合重点保护，逐步探索一套整体性保护的福建模式。福建省先后出台《闽南文化生态保护实验区示范点（示范园区）建设方案》和《闽南文化生态保护实验区示范点（示范园区）管理办法》，指导示范点和示范园区遵循“保护为主、抢救第一、合理利用、继承发展”的原则，按照先易后难、先点后面的方法组织实施各项工作。截至目前，闽南文化生态保护区内已经建成示范点41个，示范园区9个，“非遗”传习所（中心）458个。泉州的“十百千”工程，即建立10个以上非物质文化遗产馆、100个以上非物质文化遗产传习所（传习中心）、1000个以上闽南文化生态保护区展示点，更是将区内非物质文化遗产、物质文化遗产和自然遗产资源以点带面加以整合，形成了文化生态保护独具特色的“泉州模式”。《客家文化（闽西）生态保护区总体规划》也确立了长汀客家传统音乐、技艺、民俗与名城文化保护片，连城客家传统节庆、传统工艺与古民居文化保护片等共8个客家文化保护片区，以及长汀县汀州古城、上杭县临江镇等首批38个整体保护重点区域作为示范点，虽然起步较晚，但也已建成了60个传习中心（所）。以点带面，极大提高了区域内“非遗”项目的整体传承实践能力，为探索文化生态保护区整体性保护机制奠定了坚实的基础。

注重“非遗”生存环境修复，提升文化自觉。(1)修复语言环境。语系是的文化的象征，语系的传承与延续是文化生态保护，是非物质文化遗产保护的重中之重。近年来，福建省组织福建“非遗”文化进校园、进课堂、进社区等活动，加强闽南文化语言环境的修复，把闽南文化生态保护区建设和学校基础教育相结合，使“闽南文化进课堂”；从试点学校、课本教材、师资培训等方面着手，在义务教育阶段课程中融入闽南语及其他闽南文化相关内容，如南音、歌仔戏等；组建以国家、省、市级“非遗”传承人为主的“非遗”表演团在民间演出；支持市语言文字管理部门开展闽南话水平测试工作等，逐步修复并形成有利于闽南文化保护的语言环境。(2)复苏民俗环境。民俗类非物质文化遗产代表性项目是民众参与度最高的项目之一。恢复传统民俗节日和福建省注重保护重点的岁时节日，提高群众的文化认同、文化自信和文化自觉，这是对活态保护和传承新机制的探索。如客家的“擂茶大赛”、厦门“送王船”等民俗活动均是由当地民众自发举办；再如厦门中秋节的“博饼”游戏已风靡全国，甚至随着闽南人走向海外。(3)注重项目之间的关联性保护。如将客家祭祖、方言吟诵等活动与客家方言进行关联性保护。

(四) 推动文化遗产创造性转化，服务地方经济社会发展

福建省积极推动文化遗产保护传承的科学理念融入经济社会发展，充分释放文化遗产的社会、生态与经济效益，促进中华优秀传统文化创造性转化、创新性发展，与文化产业和旅游业融合发展。

与文化产业融合发展。福建省注重对“非遗”文化的合理开发利用，并推动文化创意产业、工艺美术产业、演艺娱乐、动漫游戏等文化产业融入非物质文化遗产的元素，探索“非遗”活态传承的文创路径，不断满足人民群众对美好生活的追求。泉州在传统工艺美术产业上融入陶瓷、石雕、木雕、铁艺和藤竹编登“非遗”项目，2017年就有企业2000余家，从业人员近20万人，年实现产值160多亿元。厦门鼓浪屿、泉州鲤城古街区、晋江五店市传统街区、漳州南靖云水谣、漳州古街区等示范片区，在推进示范点建设及文化生态保护的同时，也充分融入文创产业，大力推动了木偶戏、南音、梨园戏、高甲戏、歌仔戏（芗剧)、剪纸、漆线雕等项目的活态保护传承。

文旅融合带动乡村振兴。充分利用闽南文化和客家文化的独特魅力，发挥

文旅融合的优势，大力推动文化遗产与旅游业融合发展，兼顾保护与利用，实现经济效益和社会效益的双赢。客家文化与红色文化的叠加效应，带动乡村振兴发展，就是闽西客家文化的一个最突出亮点。《客家文化（闽西）生态保护区总体规划》中"文化旅游融合规划"特别制定了客家民俗、表演艺术、传统工艺、传统饮食、传统中医五大"非遗"旅游规划，以及8个片区中的红色文化旅游融合规划，带动闽西客家乡村振兴发展，[①] 同时通过建立传统工艺振兴目录，扶持家庭作坊、"公司+农户"等载体，促进传统工艺振兴与品牌建设，助力精准扶贫，扩大就业，增加群众收入。客家文化与红色文化旅游融合，实现文化生态在当下的保护与发展，为"非遗"文化的活态传承提供了良好的示范作用。

（五）深化对台文化交流，融入"一带一路"建设

福建积极发挥对台文化交流和作为"21世纪海上丝绸之路"核心区的特殊优势，进一步扩大闽南文化、客家文化在海峡两岸和国际上的影响力。

加强对台文化交流，打造共有文化品牌。福建坚持把文化生态保护区的建设与对台文化交流合作相结合，打造了一批在两岸具有较高知名度和影响力的文化品牌。通过海峡两岸民间艺术节、厦门文化产业博览会、图书交易会等文艺类和文化会展活动；"妈祖文化节""保生慈济文化节""关帝文化节""对渡文化节""客家文化节"等民间信仰和民俗类活动；以及歌仔戏等闽台共有的民间戏曲艺术品牌的打造，充分发挥妈祖信俗、南音、宗祠文化（族谱文化）等富有特色的"祖地文化"优势，加强了台湾同胞对祖国大陆的文化认同和祖地认同。目前，福建已有52个常态化、规范化的在海峡两岸具有较大影响力的"非遗"文化活动常年举办，已成为海峡两岸文化交流的重要载体。目前泉州、漳州、厦门与台湾同胞共同保护闽南文化的文化节活动有39个，涉及的文化遗产保护项目上百个，其中，漳州市涉台文物306处，市级"非遗"代表性项目的95项中有45项都是涉台项目，[②] 充分体现了闽台一家亲的亲情纽带。

---

① 《客家文化（闽西）生态保护区总体规划》。

② 陈耕，张金川：《闽南文化研究学者：加大闽南文化生态保护区建设力度》，http://www.chinanews.com/cul/2018/03-25/8475482.shtml，2020年3月25日。

融入“一带一路”对外文化交流。福建作为“21 世纪海上丝绸之路”核心区，文化生态也融入“一带一路”的对外文化交流，推动福建灿烂的文化遗产走向世界。泉州海上丝绸之路国际艺术节促进了“海上丝绸之路”沿线国家和地区之间文化遗产和文化艺术交流合作；以 2017 年金砖会议厦门会晤为契机，让漆线雕、南音、布袋木偶等福建省非物质文化遗产瑰宝大放异彩；推动与“一带一路”沿线国家和地区开展非物质文化遗产交流与合作，“中马送王船”联合申报世遗工作的开展也将使闽南文化生态保护区的建设再上一个台阶。

三、福建省文化生态保护区建设存在的问题与不足

福建省文化生态保护区的探索与实践取得了一定的成绩，积累了一些保护与发展的经验，但文化生态保护区的建设是一项全新的事业，时间跨度长、专业性强、工作任务复杂，目前总体上仍然处于探索和实验状态，还存在一些问题与不足。

（一）文化生态保护的大局意识有待加强

闽南文化、客家文化作为闽台文化交流和福建文化对外交流的重要阵地，在文化生态保护建设过程中，自觉服务于祖国统一大业的大局意识还有待加强，主动融入“一带一路”建设发展的意识不够，导致福建文化外向传播能力不足。同时，普通民众对于文化遗产保护的意识不强，认识还存在差距。

（二）文化生态保护的理论研究相对滞后

文化生态保护是一个新生事物，随着福建省文化生态保护区各项工作的日渐深入，其理论研究相对滞后的问题日渐突出，尤其是对新时期文化生态保护的新特点、新问题、新动向等研究较为缺乏，对于国外文化遗产保护尤其是非物质文化遗产保护的横向比较研究也较少，一定程度上制约着文化生态保护区的高水平建设。

（三）各地文化生态保护和利用的程度不均

保护区资源整合保护利用的程度不够，联动机制的作用发挥不足。首先，

闽南文化生态保护区和客家文化（闽西）生态保护实验区内各地市之间发展不均，闽南文化生态保护区三市仍以各自发展为主，导致保护和利用程度不均，厦门和泉州的理论和实践成果较为丰富，漳州则显得不足；客家文化（闽西）生态保护实验区也面临同样的问题，龙岩地区的保护利用相较而言程度更深。其次，闽南文化生态保护区和客家文化（闽西）生态保护实验区的西南交流合作联动机制也尚未形成。

（四）文化生态保护多元投入机制尚未形成

目前福建文化生态保护经费来源渠道较为单一，主要依赖国家、省级专项资金拨付和地方政府财政投入，社会资本参与投入明显不足。尤其客家文化（闽西）生态保护实验区内重点区域非物质文化遗产代表性项目、传承人，及其活动场所的整体性保护，需要大量资金的投入，但地方各级财政经费投入非常有限，社会资本参与度低，造成保护区工作推进缓慢，群众文化参与度也不高，文化消费比重偏低。①

（五）文化生态保护专业人才和队伍缺乏

文化生态保护是一项系统工程，涉及面广，专业性强，"非遗"文化保护与利用的高层次管理人才不足和专家型队伍建设滞后等问题仍制约着保护区的高质量发展。一方面，群体性传承人尤其是技艺类"非遗"项目生产性保护传承人才不足，迫切需要拓展专业人才和队伍建设；另一方面，由于受机构、编制的制约，非物质文化遗产保护的管理机构和工作机构不健全，缺乏专职专业的从业人员，在客家文化（闽西）生态保护实验区的缺员情况尤为严重，影响了保护工作的开展。

四、新时代推进福建省文化生态保护区建设的建议

新时代，福建省文化生态保护区建设要继续坚持"以人为本、注重生态、统筹兼顾、共同保护"的原则，坚持"四个结合"的工作方法，即把"非遗"

① 王永昌：《全面推进客家文化（闽西）生态保护区建设的建议》，http://zx.longyan.gov.cn/jyxc/202003/t20200312_1666665.htm，2020年3月12日。

保护与物质文化遗产保护有机结合、与传统村落保护有机结合、与文化旅游产业发展有机结合、与群众受益有机结合，努力加强以下几方面的工作。

（一）立足国家发展战略高度，服从服务于两岸和平统一和“一带一路”建设

要从祖国和平统一的历史高度和“一带一路”的国家发展战略高度，树立大局意识，发挥闽南文化和客家文化在加强“两岸一家亲”和促进“一带一路”建设中独特影响力的纽带作用，以重大文化活动项目为龙头，构建高水平的文化交流载体，促进对外文化交流。继续加强与台湾地区人员往来与各项人文艺术交流，共同维系两岸相同的文化根脉，支持两岸民间修建宗祠、修撰谱牒、寻根祭祖等活动的开展，促进两岸人民的文化认同和心灵契合；继续做好世界客属公祭客家母亲河·汀江大典、中国福建（永定）土楼文化节、连城冠豸山客家民俗文化节、上杭客家族谱文化节等重大文化活动。要深入研究和发掘闽南文化和客家文化在“海上丝绸之路”的历史文化底蕴，以及在“一带一路”沿线国家的影响力，通过举办艺术节、“非遗”展演、族谱对接等活动，推动福建文化生态保护融入“一带一路”建设。①

（二）坚持政府的主导作用，凝聚文化生态保护利用合力

文化生态保护区建设不论从宏观管理到政策把握，还是从科学规划到经费投入以及规划实施等方面，政府应起主导作用。将福建省文化生态保护区建设工作，尤其是非物质文化遗产保护传承工作纳入地方经济社会发展规划，并纳入考核评价体系；将文化生态保护区建设经费纳入各级政府公共财政经常性支出预算，并作为重要评估指标，保障文化生态保护区建设。“文化生态保护区”是把中华优秀传统文化和谐融入新时代中国特色社会主义建设，推进了马克思主义中国化、马克思主义与中华传统文化的一体化实践，是文化遗产保护的中国范式创新。要切实加强福建非物质文化遗产的保护与传承发展，讲好福建故事。

按照文化生态保护区的总体规划，推进各项保护工作，并不断加强和完善评价体系。一要逐步建立多元投入机制，通过税收优惠政策鼓励民间资本投入

---

① 厦门市人大教科文卫委员会课题组：《关于闽南文化生态保护实验区发展情况的调研报告》，http://www.xmrd.gov.cn/rdlz/llyj/201905/t20190531_5282264.htm，2019 年 4 月 15 日。

文化生态保护工作，作为地方财政支出不足的补充。二要继续发挥省文化生态保护区建设工作部门联席会议制度的作用，落实协调推动工作机制，确保各级政府在文化生态保护中的主导作用，形成政府保护与民间保护、决策与咨询、财政投入与民间资本参与相结合的保护模式，形成合力稳步推进保护区建设，[①]统筹福建闽南和客家文化生态保护资源，凝聚合力展开区内的和跨区的交流与合作，实现整体协调发展。

（三）加大宣传力度和研究力度，鼓励社会力量参与，提升文化生态整体性保护实效

要加大宣传力度，提高人民群众的遗产保护意识，营造全社会重视、支持文化遗产保护利用的良好氛围。统筹推动文化遗产保护利用融入人民群众生产生活，让保护成果惠及群众，提升人民群众的参与感、认同感、获得感。一要加强学校教育。在全省中小学和高校开设相关课程，进行美育教育。二要加大研究力度。充分发挥厦门大学、闽南师范大学和龙岩学院等高校的作用，成立专业研究机构，多渠道培养高层次文化生态保护专业人才，进一步推动文化生态保护区建设的理论研究，提升闽南文化和客家文化的实践能力和传播阐释能力。三要鼓励民间组织积极参与。鼓励民众主动参与文化生态保护区建设，增强民众的主人翁意识，最终形成自下而上和自上而下相结合的良性动力传递机制，协同推进闽南文化生态保护区和客家文化（闽西）生态保护实验区任务落实，提升文化生态整体性保护的实效。

（四）推动文化遗产与产业融合活态传承，服务于福建经济社会高质量发展

在坚持保护优先、合理利用的原则下，大力推动文旅深度融合，培育以非物质文化遗产为主，物质文化遗产、自然遗产相结合的文化体验旅游、研学旅游和休闲旅游。充分发挥闽南文化、客家文化和红色文化的特色优势，尤其要发挥红色文化与其他文化的叠加效应，打造闽南文化生态和闽西文化生态的全域旅游，促进经济社会文化协调发展。重点实现“非遗”文化与旅游产业和文化创意产业

---

① 梁世甲：《文化生态保护实验区建设的探索与思考》，载《歌海》，2019年第2期。

深度对接，真正实现让游客把文化遗产“带回家”。激活闽南文化和客家文化的创新力，推动文化遗产保护利用的科学理念融入经济社会发展各领域全过程，将传统“非遗”文化转化为现实的生产力，与相关产业深度融合发展，与巩固扶贫成果相结合、与乡村振兴相衔接、与塑造城乡特色风貌相协调，将文化遗产资源优势转化为发展优势，更好地服务高质量发展落实赶超和新时代新福建建设，逐步探索出一条实现非物质文化遗产保护与经济发展、群众受益双赢的整体性活态传承路径。

作者简介：黄艳平，福建社会科学院副研究员。

新国发2号文件背景下贵州打造生态文明建设先行区存在的问题及对策研究

彭智敏

摘　要：新国发2号文件为贵州的发展赋予了生态文明建设先行的战略定位，要求贵州在抓经济社会发展的同时，要坚持生态优先、绿色发展，筑牢长江、珠江上游生态安全屏障，科学推进石漠化综合治理，构建完善生态文明制度体系，不断做好“绿水青山就是金山银山”这篇大文章。本文从贵州实际出发，深入挖掘贵州在生态文明建设存在的问题，并提出相关解决对策。

关键词：生态文明建设；问题；对策

2022年1月，国务院印发《关于支持贵州在新时代西部大开发上闯新路的意见》（新国发2号文件）（以下简称新国发2号文件）。新国发2号文件提出，贵州要成为生态文明建设先行区的战略决策。贵州作为首批国家生态文明试验区和国家生态文明先行示范区创建省份，同时也是长江和珠江上游重要的生态防线，贵州的生态状况关系到长江中下游和华南地区的生态安全，也关系到贵州自身的可持续发展。因此，这次中央又赋予我们生态文明建设先行区的战略定位，旨在要求贵州要始终坚持生态优先、绿色发展，筑牢长江、珠江上游生态安全屏障，科学推进石漠化综合治理，构建完善生态文明制度体系，不断做好“绿水青山就是金山银山”这篇大文章。这个战略定位是从“五位一体”总体布局的高度，站在西部乃至全国赋予贵州新责任的角度上提出的，西部大开发共涉及12个省区市，中央赋予贵州省生态文明建设先行区的战略定位，要求贵州要为全国的生态文明建设探索经验，在全面建设社会主义现代化国家新征程中贡献更大力量。

一、生态文明建设的重要意义

（一）生态文明建设关系着中华民族永续发展

不能走西方发达资本主义国家“先污染后治理”的道路。生态文明建设着眼于走一条绿色、低碳、可持续发展之路。在抓经济发展的同时，也要抓好环境保护，要遵循自然发展的规律，这才是最有价值、最可持续、最有实践意义的发展。走生态文明建设的发展道路，是为中华民族子孙后代，开辟的一条顺应时代发展潮流、适合我国发展实际的人与自然和谐共生的光明道路。

（二）生态文明建设生动体现党的宗旨

中国共产党的宗旨就是全心全意为人民服务。人民对美好生活的向往，就是共产党人奋斗的目标。到21世纪中叶，我们不仅要建立一个富强民主文明和谐的社会主义强国，更要紧的，它还应该是一个美丽的社会主义强国。只有大力推进生态文明建设，提供更多优质生态产品，才能不断满足人民日益增长的优美生态环境需要，提高人民的生活质量，建设美丽新中国。

（三）生态文明建设关系我国经济高质量发展和现代化建设

环境保护与经济发展同行，将产生变革性力量。我国经济已由高速增长阶段转向高质量发展阶段。加强生态文明建设，坚持绿色发展，改变传统的“大量生产、大量消耗、大量排放”的生产模式和消费模式，使资源、生产、消费等要素相匹配相适应，是构建高质量现代化经济体系的必然要求，是实现经济社会发展和生态环境保护协调统一、人与自然和谐共生的根本之策。

（四）生态文明建设关系中国的大国生态责任担当

中国是大国，生态环境搞好了，既是自身受益，更是对世界生态环境保护作出的重大贡献。中国虽然正朝着向全面建成社会主义现代化强国的目标进发的征程上，发展经济的任务十分繁重，但仍然以最大决心和最积极态度参与全球应对气候变化，真心实意、真抓实干为全球环境治理、生态安全作奉献，树立起全球生态文明建设重要参与者、贡献者、引领者的良好形象，提升其在全球环境治理体系中的话语权和影响力，彰显中国特色社会主义的优越性和说服力、感召力。

二、贵州生态文明建设存在的问题

贵州是一个喀斯特强烈发育的高原山区，是我国喀斯特分布面积最大、发育最复杂的一个省份，恰恰处于世界喀斯特集中分布的亚洲片区中心，喀斯特分布面积占全省面积的85%。全省有近90%的人口居住在碳酸盐岩溶岩地区。喀斯特地区生态敏感度高，环境容量小，生态环境脆弱，稳定性差。而贵州省喀斯特地表地貌类型复杂，气候类型多样，区域差异明显，环境受到污染后治理困难。另外，随着人们粗放的生活方式及不科学的开发利用，环境问题的加剧，全国大部分地区的污染已经很严重，贵州环境也正面临着水土流失、自然灾害频发，生物多样性锐减等问题。

（一）贵州农村的生态环境遭到破坏

农村环境是农民生活环境、农村生态环境和农业生产环境的总称。农村环境本可以通过自然循环来消纳和转化污染物，但是当污染程度超出其自净能力时，就会造成严重的农村环境污染，极大地影响农民的生活和农业生产。一是少数民族居住的山区和农村，因为缺乏生态保护意识，化肥和农药的大量使用，土壤污染比较严重。贵州一些山区耕作粗放、科技含量低、产量低，从而以增加耕地面积的方式去增加粮食产量的方法导致了大量的森林被毁。二是在贵州有些地区地处偏远山区，大多数农民欠缺对保护环境的认识，普遍的环境保护的法律意识不强，随意排放生活污水，污染了村庄的环境，或排入道路边沟，沿地形走向从高往低不断渗透，有的还直接将污水排放到当地的溶洞，导致地下水污染，甚至严重威胁到饮用水水源的安全。随意丢弃垃圾，村寨垃圾随处可见，不可降解垃圾也越来越多。

（二）贵州城市的生态环境面临的问题

城市生态是一个多层次、多元素、多变量的复杂的人工生态系统，任何城市的生态系统都是依赖性强，独立性弱的生态系统，如果人类的干扰超出城市生态系统本身具有的负荷能力，则会破坏系统的生态平衡。坐落在天生脆弱的喀斯特环境中的城市，其生态系统本身具有负荷能力低，对人为作用的容忍度极低，生态系统更容易遭到破坏，被破坏后又难以恢复的特点。贵州省的城市生态环境问题也很突出。根据地形，全省城市可分为三类：盆地中的城市——贵阳、六盘水和安顺。城市均建在盆地底部，以矩形（六盘水）、放射状（安顺）和多边形（贵阳）展布，周边多为“喀斯特”山丘、盆地内部还散布有残丘、孤峰等。这类城市的环境地质结构较为复杂，拥有的水土资源比洼地的多，但差异大；地下水分布不均，埋藏较浅，易开采也易受污染。谷地中的城市——宽谷中的都匀和铜仁，构造盆地和喀斯特谷地中的遵义。城市沿河两岸展布，占据高漫滩、阶地以及部分缓坡地，两侧陡峭，或有和缓的峡谷、宽谷、盲谷，有一定的地表水资源，并为“喀斯特”水的排泄地段，水环境容量较大，但土地资源缺乏。台阶和洼地上的城市——建在距河不远的台阶上的城市如凯里、兴义，城市依地形起伏呈不规则展布，水资源较缺，自净力差。

（三）人口素质问题对生态环境的影响

贵州的人口压力大，人类的活动对生态环境的破坏严重。贵州在全国来说地理位置较偏，发展相对落后，人口基数大，素质也普遍偏低，对环境无节制的破坏以及不合理的开发，人口素质问题成为影响生态文明建设的重要问题之一。

（四）贵州的经济发展与生态环境保护的矛盾

从贵州的工业发展水平来说，工业化程度较低，能源结构和经济增长方式仍然以高耗能、高耗材、高污染和低产值的传统粗放型为主，产业结构有待进一步优化。贵州的发展中，低碳经济和循环经济已经被提出，并且一些地区已经开始落实，但是受到技术、资金、人才等因素的制约，生态经济的发展目前还处于起步阶段，粗放型的资源开发模式还是占主导地位。一些地方政府为提高政绩，以牺牲生态环境为代价盲目追求高的 GDP，使得生态环境保护和经济社会发展之间的矛盾更加突出，如何解决两者的矛盾成为贵州少数民族地区经济进一步发展亟须考虑的问题。

三、促进贵州生态文明建设的对策

（一）把生态环境保护和建设放在更加突出的位置

应把加强生态环境保护和建设放在推进生态文明建设的更加突出的位置上，作为生态文明建设的基础条件，统筹做好保护、恢复、建设三篇文章。在生态保护方面，要着重加强对煤矿、磷矿、铝矿等矿产资源开发活动中的生态环境保护，严禁破坏地表植被的开发建设活动；积极推进流域水污染防治，加大对煤炭、化工、冶金和造纸等行业的水污染防治力度；加强农村环境保护，切实防治农业面源污染和畜禽养殖污染，发展农村沼气，大力发展生态农业。在生态恢复方面，应认真组织实施石漠化综合防治试点，扎实推进水土保持工程，积极开展小流域综合治理，加快调整农业产业结构，发展农村特色产业。在生态建设方面，首先要建设布局合理、生态良好、景观优美、适应现代城市发展需要的城市绿化系统；同时要通过创建生态村、环境优美乡镇、生态县、生态市、生态省等途径，切实加快全省生态文明建设步伐。

（二）以科技解决经济发展与环境污染的矛盾

科学技术不仅是整个国家发展的支撑核心，也是生态文明建设的主要手段，有效地解决了经济社会的发展与生态保护间的主要问题。贵州的生态文明建设中最迫切需要解决的问题是经济发展与环境污染的问题，贵州的工业技术不发达，农业的生产科技含量较低，提高贵州工农业的技术水平，加快科技创新，充分发挥其在生态文明建设中的支撑作用。高新的科技产业运用先进的科学技术实现了经济发展迅速并且节约资源，减少了对环境的污染和人力资源的浪费。高新科技产业的出现可以改变原来的只追求经济效益而忽略环境的污染，导致环境问题日益严重的状况。将高新科技用到农业生产中，不仅能提高农产品的生产效率，还能提高农业的科普率。将科技用到种子的培育、畜牧家禽水产类以及植物的保护等中，可有效促进农产品的增产。加大以猪粪转化成沼气为主体的农业循环经济模式的推广力度，并且大力扶持和推广清洁型能源的使用，转变农民以木材和煤炭为主要能源的生活模式。

（三）在加快推动经济绿色转型和大力推广绿色生活方式

鼓励绿色消费，组织开展绿色生活创建行动，倡导绿色低碳、简约适度的生活方式。推动绿色低碳高质量发展。积极应对气候变化，以火电、建材等行业为重点，统筹开展减污降碳深度治理，促进企业加快绿色低碳转型升级改造，完成国家下达的碳排放强度下降目标。开展低碳试点示范建设。严把“两高”（高能耗、高排放）项目准入关口，全面推行清单管理、事前介入服务、全程跟踪服务、台账管理、“三线一单”“预评估”6 项措施，优质服务重大项目建设，推动经济社会高质量发展。推进重点行业清洁生产改造，选取工业园区或企业集群探索开展整体审核，对重点行业开展强制性清洁生产审核。

深化供给侧结构性改革，大力推进高质量发展，构建高质量发展指标体系，不断优化产业结构和能源结构，建设市场导向的绿色技术创新体系，研究制定绿色产业指导目录和支持绿色产业发展的综合性政策措施，培育绿色发展新动能。

（四）强化生态环境问题排查整改

持续推进中央层面反馈问题和省级督察发现问题整改，加强与群众沟通，提升信访案件办理满意度。深化生态环境执法监督，聚焦重点行业、重点区域、重点问题，深化从严排查整治专项行动，全面推行“三三制”现场检查工作法，重点推进贵州省长江流域工业污染、生活污染、面源污染、水域生态破坏等问题排查，主动发现和整治一批突出问题。加强生态文明制度体系建设，制定实施环境治理政务失信记录机制，建立完善环保信用评价制度，完善环境污染强制责任保险措施，探索推进生态产品价值市场化实现机制、生态补偿制度、绿色金融等课题研究。坚决扛起生态环境保护政治责任，全面加强干部队伍建设，提升执法监管水平和专业工作能力。坚持从严基调，突出改进作风，坚持铁腕治污，密切联系群众，提升问题发现整改能力，注重在污染防治一线锻炼干部，持续打造一支“政治强、本领高、作风硬、敢担当，特别能吃苦、特别能战斗、特别能奉献”的贵州生态环境保护铁军。

作者简介：彭智敏，中共镇远县委党校副校长。

宁夏沿黄生态经济带绿色发展探析

宋春玲

摘　要：宁夏努力践行绿色发展理念，大力实施生态立区战略，把“打造沿黄生态经济带”作为生态立区战略的首要任务，实行最严格的水生态保护和水污染防治制度。深入推进绿色发展，筑牢西北地区重要生态安全屏障。但不容忽视的是，宁夏沿黄生态经济带绿色发展还面临着生态环境脆弱、能源结构不合理、绿色发展水平较低等困境。加快能源绿色低碳发展、调整产业结构、推进信息化与工业化深度融合发展等无疑成为宁夏沿黄生态经济带绿色发展的着力点和突破口。

关键词：宁夏沿黄生态经济带；绿色发展；探析

宁夏虽然面积不大，但却承担着维护西北乃至全国生态安全的重要使命。近年来，宁夏立足生态环境脆弱的实际，努力践行绿色发展理念，大力实施生态立区战略，把“打造沿黄生态经济带”作为生态立区战略的首要任务，严格落实空间规划，科学布局沿黄地区生产、生活、生态空间，严格控制开发强度，提高开发水平，实行最严格的水生态保护和水污染防治制度。深入推进绿色发展，筑牢西北地区重要生态安全屏障，完善生态文明制度体系。黄河宁夏段水质稳定在“Ⅱ类进Ⅱ类出”，贺兰山国家级自然保护区得到治理修复，宁夏沿黄生态经济带建设取得了显著成效。

一、宁夏沿黄生态经济带发展现状审视

沿黄生态经济带是指以银川都市圈辐射带动，围绕基础设施互联互通、产业发展集群集聚、生态环境共保共治、公共服务共建共享、体制机制改革创新

的要求，形成错位发展、差异化发展，以行业整合和企业联合，形成同城效应和整体优势。宁夏沿黄生态经济带以43%的国土面积集中了宁夏60%的人口、80%的城镇和82%的城镇人口，创造了全区90%以上的GDP和财政收入，是宁夏经济发展的战略高地和主要增长极。

（一）出台政策、条例，为宁夏生态环境保驾护航

近年来，宁夏回族自治区党委、政府先后出台了《关于落实绿色发展理念加快美丽宁夏建设的意见》《宁夏回族自治区水污染防治工作方案》《重点入黄排水沟污染2016—2018年综合整治实施方案》《“蓝天碧水·绿色城乡”专项行动方案》《关于推进生态立区战略实施意见》《宁夏回族自治区生态环境损害赔偿制度改革实施方案》《宁夏空间发展战略规划》，出台修订《宁夏水资源管理条例》《宁夏湿地保护条例》《宁夏河湖管理保护条例》等地方性法规，聚焦“重在保护、要在治理”，加快编制《黄河宁夏段岸线保护利用管理规划》，明确黄河宁夏段生态保护的红线底线，初步形成了包括政府规章、各类规划、标准规范、监督管理、地方性法规等制度体系，为推动黄河宁夏段生态保护治理和经济高质量发展提供坚强的制度和法治保障。

（二）综合整治黄河流域水污染，推进贺兰山国家级自然保护区环境整治和生态修复

一是全力推进黄河流域水系综合治理。2016年以来，宁夏对13条重点入黄排水沟进行综合治理，取缔56个入黄、入河、入沟、入湖工业企业直排口。全面禁止黄河河道采砂，完成36个城镇污水处理厂提标改造，21个省级及以上工业园区废水全部实现集中处理。黄河干流宁夏段22年来首次连续15个月保持Ⅱ类优水质。二是全力打响贺兰山生态保卫战。自20世纪50年代起，大规模的开采活动和自然保护区内违规露天采矿现象，给山体留下许多沟壑纵横的“伤疤”。2017年，宁夏对贺兰山自然保护区169处整治点全面开展生态环境综合整治，彻底关停保护区内所有煤矿、非煤矿山、洗煤储煤厂，回填矿坑，清理渣堆，覆土植绿。

（三）培育壮大产业新优势，为绿色发展持续注入新动能

石嘴山市继续加快老工业基地转型的力度和速度，瞄准高端化、绿色化、

智能化、融合化，加快发展新型材料、电子信息、清洁能源等产业，推进传统制造业设备换芯、机器换人、生产换线、产品换代，力促全产业链优化升级。吴忠市出台了《推进沿黄生态经济带建设行动计划》，大力发展绿色工业，改造冶金、化工、建材等传统产业存量产能，推动能源化工等产业向高端精密、绿色精细提升。立足数控机床、仪器仪表、轴承等特色产品优势，推进"互联网+先进制造业"发展工业互联网建设。围绕羊绒深加工、棉纺、家纺针织、服饰四大纺织产业链条，建成以品牌和技术为引领的现代纺织全产业链体系。重点推进乳制品、休闲食品、调味品、生态保健产品向高附加值、绿色生态方向发展。中卫市积极融入沿黄生态经济带建设，用高新技术和先进适用技术改造传统产业，严格控制高污染、高耗水、高耗能产业发展，加快培育一批绿色产业集群和龙头企业，实现经济发展和生态环保的双赢。同时，加快推进农业"种、养、加、销"一体生态循环发展，提高农业综合效益。加快发展环境友好型现代服务业，大力发展绿色金融、全域旅游、电子商务等新业态、新模式，推动服务主体生态化、服务过程清洁化、消费模式绿色化。加快生态修复，改进和完善沙坡头、南华山两个自然保护区的功能，完成黄河卫宁连接段水生态治理与保护一期建设，开工建设二期，实施生态移民迁出区生态修复，实行最严格的禁牧封育政策，为绿色发展持续注入新动能，

二、宁夏沿黄生态经济带绿色发展面临的困境

（一）经济发展较为落后

人口数量少、土地面积小这是造成宁夏经济较为落后的根本问题。城市化进程明显滞后于全国平均水平。农业灌溉因黄河便利，发展节水型灌溉后，形成新的农业生产基地，工业依然以能源化工类为主导，总体经济水平较为落后。宁夏的产业结构比例已经由原来的"二三一"结构变为现在的"三二一"结构，产业结构已经优化，但与全国平均水平比较仍有优化空间，应继续增加第三产业比重，降低第二产业比重。

（二）生态环境脆弱

黄河宁夏段属于干旱半干旱地区，自然系统对气候变化敏感，水资源短

缺；黄土高原受土壤侵蚀切割影响，稳定性差；生态系统结构简单、自我调节能力差，是典型的生态脆弱区。最主要的问题是水污染和空气污染。近年来，水质逐年转好，2019年黄河宁夏段实现了22年间首次连续15个月保持Ⅱ类优质水质。但空气污染形势仍然严峻，虽然治理力度不断加大，空气质量有一定的改善，但受到粗放型能源化工产业模式的制约，空气污染问题已成为社会经济可持续发展的瓶颈问题。

（三）能源结构不合理

从主要年份能源消费构成比例情况来看，宁夏能源消费始终以煤炭能源为主，虽有所下降但依然占绝对优势，而石油能源比例有所下降、天然气能源所占比例略有增加，石油、天然气的变化趋势并不明显，非化石能源发电比例近十年来增加较快。制造业是能耗最多的行业，制造业在能耗前20名中占13名，采矿业占4名，电力、热力、燃气及水生产和供应业占3名。化学制品、金属冶炼、食品制造、设备制造、医药制造、纺织业、塑料制品、金属制品、造纸业等制造业将是宁夏重点改造的行业。

（四）工业绿色发展水平较低，没有形成现代工业体系

一是工业固体废物循环利用不足，每年还有工业固废无法回收利用，只能无害化处理填埋。二是结构性污染矛盾依然突出，以电力、化工等为主的产业结构，以煤和天然气为主的能源结构，以公路货运为主运输结构尚未根本改变。三是工业企业在延链补链能力有待提高，上下游产业配套耦合度不足，产业精细化、高端化水平不高。四是工业园区企业创新研发能力不足，高新技术企业培育力度不够，绿色园区建设还需进一步完善。五是能源结构不合理，高能高碳项目占比依然很高。六是“十四五”期间风电光伏等可再生能源将全面步入无补贴平价上网阶段，绿色金融对可再生能源优存量、保增量、促发展的推动作用需进一步加强。

（五）农业绿色发展水平较低，没有形成现代农业体系

一是基本上局限在传统种养为主的低端发展上，产业规模小、基础薄弱、管理粗放。绿色生态农产品大多以初级产品销售，不能实现优质优价。二是农

产品加工类占比较低，市场竞争力与销售渠道不够畅通，经济结构单一、产业链短、附加值低、产业布局偏散，仍处于初级发展阶段。三是优质生态产品少，品牌优势不足。现有奶产业、牛肉产业、滩羊产业等养殖产业规模化程度不高，养殖场地将成为制约发展的主要因素。四是技术支撑与产业发展存在差距，农业绿色发展过程中技术指导方面缺乏经验，基层技术人员出现断层，在品种培育、栽培管理技术、病虫害防治等方面专业人员缺少，技术指导服务不到位。五是新型经营主体作用发挥不够，对龙头企业、合作社、家庭农场等新型经营主体培育力度不够，产业带动不足，持续增收乏力，市场风险抵御能力弱。

（六）农村面源污染及地下水污染不容乐观

近年来，宁夏各级党委政府对水污染防治工作非常重视，黄河、支流的水质都有明显改善，水污染治理也取得了一定的成效。但是对于农村水污染仍需要进一步重视，通过调研发现，农业面源污染问题比较普遍，农业污水处理设施建设进展不平衡，管护机制不健全，管网覆盖率和处理率不高，农膜、农药化肥、畜禽粪便污染问题依然存在。农村面源污染防治工作重视不够，民众意识淡薄，生活垃圾与污水仍然存在随意丢放的现象；在农作物种植过程中，化肥与农药对水污染也很严重，尤其是对地下水的污染，后果很容易被忽视；农村畜禽养殖对水环境造成的污染也很严重，动物的粪便、宰杀废水一般都是直接排放；乡镇企业的污染物基本也是直接排放。

三、宁夏沿黄生态经济带绿色发展路径选择

宁夏沿黄生态经济带建设是一项长期、复杂、综合的系统工程，需要通盘考量、统筹规划、系统推进。

（一）做好化石能源节能减排增效，加快能源绿色低碳发展

淘汰落后产能。宁夏应查实家底，制定重点产业落后产能清单，主动淘汰，为先进产能、高端化工等腾出发展空间。淘汰落后产能、压减过剩产能以及企业关停、转产减少的煤炭消费；实施集中供热、耗煤设备节能技改或拆除

淘汰燃煤锅炉等设备减少的煤炭消费。

非化石能源的逐步替代是需要时间过程的，目前，化石能源依旧是宁夏的主体能源，在能源结构优化过程中，不极端、不盲目、不搞“一刀切”，要认清现实、因地制宜、有的放矢。一是做好煤炭能源在生产、运输、利用过程中的清洁高效。通过余热利用、清洁煤、节能燃煤锅炉等技术与装备，减少污染物与碳的排放。二是加大能源技术的示范运用。碳捕获、利用、封存技术（CCUS 技术）可以有效利用燃烧化石能源所释放出的二氧化碳，并将二氧化碳作为资源回收利用。三是控制能耗增量、降低能耗强度，在“双控”目标前，坚决做到对标达标。能耗“双控”目标实现的有效途径就是转变现有的经济发展方式，不断优化产业结构，提高能源效率。四是鼓励企业与科研院所合作低碳技术的研发，比如说余热余压利用、废弃物综合利用、具有节能功能的新型材料的研发、企业工艺与设备的更新换代等等。牢固树立“创新、协调、绿色、开放、共享”的新发展理念，在碳达峰、碳中和目标下，优化能源结构，逐步摆脱对化石能源的过度依赖，坚定不移地走生态优先、绿色低碳的高质量发展之路。

（二）调整产业结构，积极推进工业园区生态化、绿色化转型

高质量发展是“逼”出来的。用环境保护倒逼结构调整，用布局倒逼发展方式的转变，环保就会在各个领域形成核心竞争力，经济与环境就会融合在一起。宁夏要推动供给侧结构性改革，推动实体经济转型升级，首先要狠抓落实，严格监管，用环境倒逼经济发展，转方式、调结构，壮士断腕后将迎来经济与环境的协同发展。产业结构优化包括产业结构目标优化、对象优化、措施优化、政策优化等，黄河干流宁夏段产业结构优化与升级由于其生态保护的目标与责任，产业升级过程中应向绿色产业方向倾斜。同时全国上下科技兴国的步伐不可阻挡，新技术、新产品、新业态、新模式、云计算、大数据、高铁、电子商务等方面都是我们下一步要实现的目标。还要适应经济发展大趋势，推动制造业和服务业融合发展，推动现代服务业和传统服务业相互促进，加快服务业创新发展和新动能培育。

突出创新驱动发展、产业集群发展、绿色安全发展、要素优化配置、体制机制改革、高效优质服务，高端化、绿色化、智能化、融合化方向发展的产业园区。首先，积极推进工业的绿色转型。工业厂房必须全部进入工业园区，对于

水、电、污水处理等由园区统一管理，同时提高产业准入门槛，做大绿色增量，提升传统存量，有序引导不符合生态经济发展要求的工业企业退出市场，同时推进工业园区绿色化，推行清洁能源与循环经济等生产工艺，提高工业园区持续竞争力。其次，在各大园区内弱化政府职能，由政府主导向市场调控转变。比如，碳排放管理的市场化，能够很大程度上促进企业经济的结构转型，使之能够向环保的方向发展，同时还可以促进环保技术的研发，形成良性循环。

（三）推进信息化与工业化深度融合发展

信息化与工业化融合发展是产业转型的必然要求，从目前的发展来看，信息化和工业化的融合并不是很理想。主要是因为信息化的表现是信息技术的普遍应用，是知识化的具象形式；工业化是社会经济的具体表现形式，两者的融合发展需要环境与契机。不同的产业环境、不同的经济发展程度、两者的融合方式是不一样的，最终以信息化带动工业化，以工业化促进信息化，这就是我国提出的新型工业化。

就目前宁夏的情况来看，一是要完善信息化服务平台，利用大数据、云计算等先进技术促进产业间的资源优化利用、先进技术的信息对接、企业内部的管理效率、业务流程更加流畅。二是要研究表明，以科技为主导的产业更具有市场竞争力，所以宁夏要大力鼓励科技型企业的发展，对于有科技研发的企业要给予减税等政策支持，并将其推广出去。三是要整合数据形成数据链。单独的数据不足以支持信息化与工业化融合发展，要将产业链中各个环节的企业信息、政府管理信息、服务信息、需求信息等优化整合，用数据链贯通供需通道，实现资源的动态配置，产能的精准匹配。

（四）找准定位，向特色农业产业方向发展

银川以高端设施农业、清洁能源为主要发展方向，中卫以生态旅游产业链条为主要发展方向，吴忠以生态农牧业及精深加工为主要发展方向，石嘴山作为资源枯竭型城市，考虑彻底摒弃原有资源，打造一座全新的生态科技创新城，真正实现"腾笼换鸟"。固原市以设施农业、生态林建设、红色旅游、生态旅游为主。各区域之间协调发展又和而不同，朝着生态优先、绿色发展的方向共同努力。推进农业现代化、生态化、绿色化，把先进的技术、全新的种植方式运用到

种植业、养殖业、建设田园综合体等特色产业，着力提高农业产值。

（五）做好农业面源污染防治

秸秆是最广泛的农业废弃物，对于秸秆的综合利用，宁夏目前的做法是粉碎后还田处理、与玉米苜蓿等一起做饲料、与稻壳禽畜粪便等高温发酵做有机肥料、制作菌菇生长的基质，秸秆回收利用率为 87.6%。秸秆还田是比较粗放型的回收利用方式，并且还田后容易出现病虫害、减产等弊端，应推广更高技术水平的农业废弃物资源化利用技术，进一步提高秸秆回收利用的经济效益，比如技术水平更高的饲料化技术与基质化技术。另外秸秆、禽畜粪便还是制沼气能源的原材料，每吨秸秆所生产的沼气能源相当于 0.7 吨煤炭燃烧所产生的能量，相当于中等品质的煤，而且成本低、污染也要比燃烧煤炭低。所以宁夏可以先在某一地区推广秸秆的燃料化技术，生产出来的能源用于村民日常生活，试点成功后正在普遍推广。

宁夏农业生产依然离不开对农药、化肥的依赖，但是农药与化肥的使用会带来水体污染与土壤污染，可以推广高效新型肥料，能够实现化肥的降量增效。同时增加农田建设专项资金用于研发新技术、新产品、新配方以及土壤改良、节水灌溉、农田基础设施建设等。

（六）做好中卫市黄河文化生态旅游

中卫市生态旅游资源丰富，比如知名度高的沙湖，但沙湖只是其中的一个节点，如果将黄河、生态、农业、文化等元素融合起来，将农业、林业、旅游业、教育、文化等产业融合，多业态的深度融合才是打造中卫黄河文化生态旅游圈的目标。中卫聚沙、山、水、园于一处，融长城文化、丝路文化、游牧文化、农耕文化于一体，以“黄河”为背景、以“特色农事活动”聚客，做好“农业+”“田园+”文章，建设一批田园综合体、特色生态旅游小镇等，发展观光农业、乡村民宿、采摘体验、生态休闲、健康养生等特色旅游，使田园变公园、农房变客房、劳作变体验。因地制宜发展优势特色农业，加快培育合作社、农庄等新型经营主体，大力发展民宿、农家乐等业态，构建现代农业产业体系、生产体系和经营体系。同时，中卫的综合治沙工程体系是治沙工作者勤劳与智慧的结晶，被誉为“人类治沙史的奇迹”。将这种时代精神融入中卫的生态旅游之中，将文化、精神与农业、旅游业深度融合，既能够将伟大精神发扬光大，又推出了独一无二的名片。

参考文献

［1］冯琳、王少慧、李潇涵：《产业生态化研究进展：内涵、评估与研究对策》，载《经济研究导刊》2021 年第 6 期，第 20–22 页。

［2］魏巍、陈志国、孙春生、于茜：《京津冀产业生态化水平测度及时空动态演变》，载《统计与决策》2020 年第 21 期，第 100–103 页。

［3］李扬杰、李敬：《长江经济带产业生态化水平动态评价——基于全局主成分分析模型的测算》，载《林业经济》2020 年第 7 期，第 41–50 页。

［4］谷平华、刘志成：《基于物质流分析的区域工业生态效率评价——以湖南省为例》，载《经济地理》2017 年第 4 期（总第 37 期），第 141–148 页。

［5］王秀琴：《黄河流域固原地区生态优先绿色高质量发展新路径》，载《宁夏农林科技》2020 年第 1 期（总第 62 期），第 62–64 页。

［6］中共宁夏回族自治区委员会党史研究室：《宁夏生态文明建设与发展史研究》，银川：宁夏人民出版社，2015 年。

［7］王璐、吴忠军：《桂林旅游产业生态化转型：内涵、困境与思路—以生态文明为视角》，载《社会科学家》2020 年第 10 期，第 49–53 页。

［8］明庆忠：《基于生态文明的云南旅游产业生态化转型研究》，北京：中国社会科学出版社，2014 年。

［9］沈洁、张永恒、周冰：《黄河流域产业生态化评价及优化路径研究》，载《人民黄河》2020 年第 10 期，第 7–10 页。

［10］刘朋虎、赖瑞联、陈华：《基于生态强省视域的农业绿色振兴与高质量发展对策思考》，载《农业科技管理》2021 年第 1 期（总第 40 期），第 16–20 页。

［11］张永凯：《熵值法在干旱区资源型城市可持续发展评价中的应用》，载《资源与产业》2016 年第 5 期，第 1–6 页。

［12］钟思远：《陕南循环经济体系中的产业生态化路径分析》，载《商洛学院学报》2021 年第 2 期，第 86–89 页。

作者简介：宋春玲，宁夏社会科学院农村经济研究所助理研究员。

乡村振兴背景下黔东南州林下经济绿色发展研究

吴东生　游　珊

摘　要：2022年2月18日，国务院印发了《关于支持贵州在新时代西部大开发上闯新路的意见》（新国发2号文件），为贵州在新时代的发展注入了新的强劲动力，而乡村振兴是贵州在新时代发展中的重要环节，当然，林下经济又是乡村振兴建设中的一个重要产业。在新时代下，人民群众日益增长的美好生活需要①仍在不断提高，人们对无公害绿色食品和有机食品的需求日益上升，而林下经济的绿色发展刚好适应了社会发展趋势。本文在总结黔东南州林下经济绿色发展现状的基础上，调查分析了黔东南州发展绿色林下经济所具备的基础条件，指出了黔东南州林下经济绿色发展在科技支撑、产业化水平、资金扶持、保障体系和品牌建设等方面存在的问题，并针对黔东南州林下经济绿色发展从政策扶持、加大投入、示范基地、打造品牌等方面提出了相应的一些对策和建议，为地区党委和政府促进黔东南州经济发展提供参考。

关键词：林下经济；绿色发展；乡村振兴；黔东南州

林下经济②是指以林地资源、林下空间和森林生态环境为依托，以林下种植、养殖、采集、初级加工、森林景观利用为主要形式，开发利用林地资源和林荫空间的复合生产经营活动。发展林下经济，既提升固林改成果，还有利于巩固攻坚脱贫成果，促进脱贫户和农民就业增收，加速林业发展模式，带动乡

① 尹杰钦、滕茜茜、聂川：《新时代人民美好生活需要：依据、维度及特点》，载《湖南科技大学学报》（社会科学版）2021年第1期。

② 申东昕：《2025年我省林下经济年产值将达230亿元》，载《陕西日报》，2021年8月20日，第002版。

村振兴发展，推动生态、林业发展和乡村振兴具有重要意义。黔东南州林地资源丰富，自然禀赋优越，具备大力发展绿色林下经济的诸多有利条件，近年来，通过政府引导、政策驱动、示范带动、宣传发动，探索林下经济发展方式，黔东南州林下经济产业发展呈现出良好发展势头，实现“少砍树、能致富”可持续发展目标。但在绿色发展林下经济过程中，还存在一些亟待解决的问题和困难，需认真研究分析，理清思路，强化举措，加快发展，为促进黔东南州高质量发展林下经济开创乡村振兴新局面。

一、黔东南州林下经济绿色发展现状

（一）资源禀赋情况

黔东南苗族侗族自治州位于贵州省的东南部，是以苗族、侗族为主的少数民族聚居地，地处东经 107 17′20″~109 35′24″、北纬 25 19′20″~27 31′40″①，目前辖区有 15 个县，1 个市，常住人口 375.86 万人，总面积 3.0337 万平方千米。黔东南州人民与山相安生、与水共流长，共同创造了各美其美、美美与共的民族民间文化，同时也是全国重点林区、物种基因库和生物大宝库 。黔东南州的森林覆盖率相当高，占比面积为 68%，有 3269 万亩，为全省之首。至 2021 年年底，林下经济利用林地面积达到 705.39 万亩，总产值 134.79 亿元。黔东南州森林资源富集，不仅有大力发展林下经济基础，还有把生态优势转化为经济优势的条件。

（二）当前主要业态

黔东南州注重因地制宜，突出“一县一业”为抓手。拥有天麻、毛竹、油茶、草珊瑚、天冬众多历史悠久的林下绿色经济。近几年，随着产业发展步伐的加快，又涌现大批新兴林下绿色经济，以板蓝根、铁皮石斛、当归、柴胡、白及等为主的林药经济；以香炉山鸡、三穗鸭、瑶鸡、黔东南小香鸡、蜜蜂等为主的林禽林蜂经济；以蓝莓、魔芋、杨梅、水晶葡萄等为主的林果经济；以

① 王琳琳：《地理信息系统（GIS）技术在工程测量中的实践》，载《中国金属通报》2021 年第 1 期。

羊肚菌、灵芝、黑木耳、红托竹荪等为主的林菌经济；以及依托雷公山国家级自然保护区、舞阳河国家级风景名胜区林地资源等，加大发展森林休闲旅游、森林康养经济。

据统计，至2021年年底，黔东南州林业产业招商项目90个，投资258.35亿元，土地流转126.21万亩。全州集中林业产业优势，主导林药发展9个县，集中种植林菌3个县，林下养鸡3个县（市），林下养蜂2个县。目前，19个自然保护区（点），其中1个国家级保护区，1个省级保护区。全州自然保护区面积23.75万公顷，占全州面积达到7.8%。全州有龙头企业近50家，其中省级龙头企业16家，建成了3.48万亩苗木育苗、2400万羽家禽、2.69万亩食用菌、26.38万蜂箱、6000余亩魔芋、5.6万余亩太子参、凯里市5000亩板蓝根等一批林下经济种植基地，并且全州共2966.86万亩森林面积投保，共7417.83万元保险费，共计370.86亿元保险金额。全州的林下经济产业发展得到了州委、州政府高度关注和大力支持，已形成绿色发展产业优势和地方特色。

二、存在问题和不足

（一）资金扶持过少，银行贷款困难

与农田相比，林下经济开发利用的难度更大，投入资金更多，成本更高。因此，更加需要政府以及金融机构加大资金扶持力度。目前实际情况是，国家对林业经济政策性资金扶持要远远少于农业经济。例如，重点工程征地，林地补助标准，低于耕地补助标准，国家和地方现有的资金扶持政策主要针对规模大的合作经营主体，大部分林农难于受益。林下经济本身属于弱质产业，在风险方面受自然灾害的影响较高，加上林农偿还债务的能力有限，正由于这些客观原因的存在，商业银行不愿意贷款给发展林下经济产业的投资者，又因为林农缺少技术支撑，更加大了林下经济发展的投资风险。因此，在我国目前金融信贷体制下，靠商业银行信贷融资，解决投资缺乏的问题仍有很大困难。

（二）产业水平滞后，制约经济发展

当前，黔东南州林下经济产业化还处于低水平阶段，一是缺乏加工能力

强、先进的生产工艺以及林下经济龙头企业，就近就地加工转化能力水平滞后。二是缺少先进的设施、齐全的配套、完善的功能产品专业批发市场，没有从根源上解决卖难问题，没有形成生产、加工、销售一条龙的现代林下经济产业体系，制约林下经济产业发展。

（三）基础设施薄弱，产品发展成本高

目前，黔东南州林下经济发展的模式已经具备一定的规模，对建设完善配套的水利、电力、交通等基础性设施的需求也相应地增加。不过，由于受地理位置、地形等条件的制约，林下产品的加工能力和水平较低，生产成本过高，大部分甚至还停留在粗加工的阶段，成品精深加工能力不足，难以实现成品附加值提高，此外，产品运输困难、运输成本较高，冷藏技术滞后，严重阻碍黔东南州林下经济的发展。

（四）科技支撑不强，产业发展受限

林下经济是集林业、药业、农业、果业等农林技术于一体的技术综合体，需要各路涉农科研机构合力攻关，提供技术支撑。调查发现，黔东南州多半林下经济产业均蹈袭传统种养模式，品种少、技术弱、工艺差，人放天养、粗放经营、人工操作、效率低下又影响质量和产量，又耗时费力。科技研发、技术创新、服务能力相对滞后，无法支撑黔东南州林下经济产业的全面发展、规模发展、长远发展。

（五）产业链不完善，保障体系滞后

黔东南州经济种植规模较大，但各类种植、加工、林旅的发展不平衡，产业链不完善，整体经营模式粗放。发展规模化、专业化、集约化欠缺，黔东南州林下经济经营主体起步较晚，组织形式单一，先进技术推广应用不及时，林下经济产品附加值低，林药、林菌、林鸡、林蜂等产品没有和林旅增值环节协作，林农获得收益不高。目前，各级政府还没有对林下经济产业建立健全保险保障体系，林农遭受损失后得不到有效赔偿，影响各产业链发展以及各种资金投入林下经济的积极性。

三、对策与建议

（一）建立健全政策扶持，创新金融体制贷款

1. 完善扶持政策

应按照耕地政策补助标准，补助林地，按照农产品政策补贴标准，补贴林业产品。紧紧围绕林下经济产品生产、精深加工、市场销售、运输流通、冷藏保鲜等环节积极建立健全政策资金扶持，加强产业扶持政策和帮扶措施，减免税费、技术服务、产品研发等一系列具体可操作性办法，全方面、全流程助推黔东南州林下经济绿色发展。

2. 健全贷款机制

金融部门要积极与相关行政部门协调配合，构建多元化融资服务体系。各级部门要落实责任制要求，积极创新林权抵押金融信贷布局，增大资金投放力度，顶级创新设计林权抵押信贷产品制度，强化金融服务部门对林下经济实施有效监管考核办法，对产生不良贷款林农进行甄别，加强金融监测，养成良好林业林权抵押信贷制度，刺激金融部门贷款能力。

（二）培育多种组织形式，发挥示范引领作用

1. 多种组织配合

黔东南州应积极培育高效管理，以及各类组织形式共同配合。一是推进林业龙头企业组织配套建设，它肩负着联动农户、市场引导、信息畅通、技术服务、产品创新等重要任务，也是林业发展乃至林下经济发展的关键龙头。二是鼓励林业大户、家庭林场、林业企业等新型林业经营主体相互配合，开展与自身劳动力、经营管理能力、投融资能力相适应的适度规模经营，为林下经济绿色发展增添了浓墨重彩的一笔。

2. 龙头企业引领

把龙头企业作为引领发展林下经济的重要抓手，在政策扶持、人才引进、技术服务、资金帮扶、市场销售等方面给予大力支持，鼓励龙头企业采取风险投资、股份分红、利润返还、反租倒包、租赁经营等形式，与林农建立“企

业+合作社+农户”“企业+基地+农户”等新型合作模式，带动全社会民间资本大规模、大范围投向林下产业。

近年来，黔东南州凯里市以“支部当产业规划‘谋划员’、党员当产业发展‘指导员’、市民当产业振兴‘探路员’”为抓手，推动城市人才、资本、技术等要素向农村聚集，引领乡村产业振兴。凯里市积极优化“片区党委+村党总（支）部+产业党支部（党小组）+寨组党小组”组织体系，采取单独建、挂靠建、兼合建等方式和“党建+”模式，不断拓展农村党组织覆盖率。同时，深化“党社联建”“村社合一”，推进产业链党的组织和党的工作全覆盖，引领壮大村级集体经济。

（三）完善基础设施力度，加大林下资源投入

林下经济项目的科学规划建设从全局来看，应明确发展重点、计划、分步骤推进建设的情况。林区交通状况差、通信不便等问题理应优先得到解决，保证项目的可持续运营最大化，最终达到林下经济快速发展目标。基础设施方面的资金不足是阻碍黔东南州林下经济发展速度的一个主要原因，充足资金是保障林下经济产业快速发展的坚强后盾，确保林下经济产业建设项目资金投入，力争将林下经济产业基础设施建设纳入公共财政预算体系中，可借助现代化融资方式获取其他社会资金，以充足的资金确保推进项目建设。政府引导金融资本和社会资金参与投入林下经济产业发展，以加大黔东南州林下经济发展的活力。

（四）加强科学技术支撑，扩大先进技术推广

1. 强化科学技术合作

加强林下经济科技人才队伍建设，推动林业产业科技创新，搭建企业、林农与高等院校、科研院所之间的合作平台，增加林下经济新品种、新方式、新模式的研发，培育新型资源投入，为黔东南州林下经济产业全面发展提供科技力量支撑。

2. 推广先进技术发展

先进技术的推广应用应该进一步扩大，林下经济中的优良新品种也应得到推广，先进新技术也应该得到运用，让先进技术的推广应用、优良新品种的推广、先进新技术本身都为林下经济的发展和创收，以及科技提升在黔东南州林

下经济中的贡献率得到体现和加大。

（五）有效推动品牌建设，着力提升品牌效益

1. 着眼树立品牌优势

围绕油茶、瑶鸡、天麻、羊肚菌等绿色林下经济产业，按照“地理标志产品”“绿色食品”等要求打造知名品牌，把各种类型的林下绿色产品集中力量打造名牌产品。把直播、网络带货、各种媒体、各种形式充分利用起来，以及展销会、交易会、博览会、节庆日等大型活动广泛宣传推介黔东南州林下绿色产品，扩大黔东南州林下经济绿色品牌，在全省乃至全国的提升知名度和影响力，打进国际市场。

2. 攻关技术创建品牌

积极对接贵州大学、贵州省林业科学院、贵州省农业科学院，以及省外农业科学院、大学、科研院所，加大科研投入，合力攻关黔东南州林下经济产业培育、生产、加工、运输、储藏过程中遇到的核心问题，为发展林下经济提供技术支撑。按照高质量绿色发展要求，建立林下产业品种资源库，推进新优品种的引进、试验、选育、推广不断优化林下经济品种结构，提高林下产业品质，为林下经济产业绿色发展占领制高点。鼓励林下经济龙头企业、国有林场、林农人员加强与大专院校科研机构的交流与合作，共同承担核心技术攻关项目，成为发展林下经济产业技术攻关的主力军，科技成果转化的主阵地。

四、小结与展望

黔东南州具备发展林下经济的诸多有利条件，只要充分利用自然禀赋，并且突出品牌建设，提升产业化水平，加强政策扶持，强化科技支撑，健全保障体系，在林下经济产业建设中坚持因地制宜，重视创新发展、绿色发展、科学发展，不断丰富发展模式，全力打造林下产业链，助力乡村振兴发展，定能成为巩固拓展脱贫攻坚成果样板区，也一定能够走出一条具有地方特色的产业兴、百姓富、生态美的新路子。

参考文献

[1] 朱培林、房海灵：《中国林下经济发展现状与对策》，载《江西林业

科技》2014 年第 6 期（总第 42 期），第 35-39 页。

［2］杨恺林：《我国林下经济发展研究概述》，载《中南林业调查规划》2016 年第 5 期，第 107-109 页。

［3］赵胜天：《林业多元立体生态开发与林下经济发展探究》，载《现代园艺》2018 年第 1 期，第 125-128 页。

［4］黄世聂：《林下经济的经营模式及发展途径探寻》，载《南方农业》2018 年第 2 期，第 125-127 页。

［5］张贝：《新形势下林下经济产业模式初探》，载《绿色科技》2018 年第 4 期，第 115-117 页。

［6］张瑶：《基于林下经济发展森林旅游资源开发利用》，载《中国林业经济》2019 年第 3 期，第 112-113 页。

［7］蒋凡、罗向明、潘明华等：《广西国有林场发展林下经济存在的问题及破解思路》，载《中国林业经济》2019 年第 4 期，第 74-78 页。

［8］罗志斌：《福建省林下经济发展模式研究》，载《中国林业经济》2020 年第 4 期（总第 613 期），第 73-76 页。

［9］倪鹏跃：《桓仁县林下经济发展现状存在问题及对策》，载《中国林副特产》2020 年第 3 期（总第 166 期），第 105-1088 页。

［10］张海峰：《林业经济向林下经济的转移分析》，载《广东农业》2021 年第 5 期。

［11］于荣舵：《新冠肺炎疫情对林下经济的影响及对策》，载《中国市场》2022 年第 5 期。

［12］顾仲阳：《绿色成为美丽中国鲜明底色》，人民网，2022 年 6 月 3 日。

［13］全斌：《发展林下经济　促进产业振兴》，贵州多彩网，2022 年 6 月 3 日。

［14］吕瑞：《林业经济向林下经济转型的研究》，载《山西农经》2022 年第 2 期。

作者简介：吴东生，中共凯里市委党校学员管理科副科长，讲师；游珊，中共凯里市党校对外培训课副科长，高级讲师。

走向共生

——重审美丽中国视域下人与自然的关系

洪泽宇

摘　要：尽管马克思在《1844年经济学哲学手稿》（以下简称《手稿》）中没有明确提到“生态”“生态文明”等概念，也没有明确构建关于生态哲学的理论体系，但他的生态思想都渗透于关于人与自然关系、异化劳动、共产主义等以社会实践为理论旨趣的唯物史观中，特别是马克思在《手稿》中对资本主义制度进行批判性考察，阐述了共产主义思想，并首次提出了“人化自然”的概念，提出了一系列关于人与自然关系的思想，对现实社会有着强大的解释力和洞察力，全面梳理并深入揭示马克思关于人与自然的哲学思考，正确把握马克思关于人与自然关系的逻辑，能够正确处理人与自然的关系具有重要的意义，对实现人的全面发展提供重要方法论指导。

关键词：自然；人与自然和谐共生；生态文明

党的十八大将“生态文明建设”纳入“中国特色社会主义五位一体”总体布局起，“人与自然和谐共生”逐渐成为人与人、人与社会关系的焦点，一方面，坚持人与自然和谐共生作为习近平新时代中国特色社会主义思想的“十四个坚持”之一，它彰显了生态文明建设的创新性和前瞻性，形成了立意高远、博大精深、内涵丰富的习近平生态文明思想的理论体系；另一方面，作为中国式现代化道路的五大特征之一，能够更好地满足人民对美好生活的向往，满足经济社会发展的全面绿色转型。“人与自然和谐共生”不仅是习近平生态文明思想的重要理论基石，也成为新时代大力持续推进生态文明建设的根本原则和核心理念，它不仅具有丰富的时代内涵，还蕴含着深厚的哲学意蕴。当我们带着生态哲学的系列问题去研读《手稿》时，真切感到有了许多新体会，马克思在《手稿》中用大量的篇幅阐述了人与自然的辩证关系，分析了人与动物对待大自然的不同态度，指出了人与自然对象性存在的辩证关系；论述了人的解放、社会解放与自然解放的辩证关系。显然，无论是完善理论之必需，还是应对实践之必然，我们都有必要重新梳理内蕴于唯物史观的生态哲学意蕴。

一、马克思人化自然的理论溯源

客观指出，马克思没有明确提到关于“生态哲学”“生态文明”等相关内容，但在他关于私有财产、异化劳动、共产主义等论述中都渗透者人与自然的关系分析，特别是针对“人与人”“人与自然界”“人与社会”直接存在的关系，马克思将其理论诉求的实践旨归定位于“人和自然界之间、人和人之间的矛盾的真正解决”①。尽管马克思没有真正涉足生态哲学的理论领域，但其关于生态文明的哲学意蕴和洞见对当下生态问题的探讨提供了重要的理论依据。

追溯人类社会的发展史，人与自然的关系问题一直贯穿中西古今。在西方发展史中，从古希腊哲学家普罗泰戈拉表现个人主义倾向提出“人是万物的尺度”，到近代法国哲学家笛卡尔以理性确立自我中心地位提出“我思故我在”，再到以主张实验科学来解决自然之谜的培根提出“知识就是力量”，以主体（即人）为中心的理论原则伴随着西方哲学史的发展，在人与自然界的关系中，首先明确人类的优势核心地位，在驾驭自然、征服自然的过程中不断获取物质财富，彰显人类的价值。直到18世纪倡导唯物主义的哲学家孟德斯鸠开始对人与自然的关系进行质疑并提出“地理环境决定论”，尽管古希腊人亚里士多德也曾有过类似想法，认为地理位置、气候环境等因素能够影响不同种族的发展，此观点由于无法解释当时古希腊的历史进程而没有被关注，但今天看来其思想可以看作反思人与自然关系的主要理论基础。孟德斯鸠将亚里士多德的观点扩展为“不同气候的特殊性对各民族生理、心理、气质、宗教信仰、政治制度的决定性作用，认为‘气候王国才是一切王国的第一位’”②，他认为，地理环境决定人的理性，人的理性又决定政治、法律制度。显然，孟德斯鸠的地

① 《马克思恩格斯文集》第1卷，北京：人民出版社，2009年，第185页。
② 孟德斯鸠：《论法的精神》（上册），张雁深译，北京：商务印书馆，2012年，第64页。

理环境决定论从唯物主义命题出发，又回到了人的理性决定社会存在的唯心主义老路，这些思想在当时造成了向唯心主义的转向偏颇，但也开启了人与自然关系的反思思潮，不断为人与自然相互统一，不可分离提供理论基础。伊林·费切尔说过，当代关于民族之间和不同社会之间的分配不平等的问题、个人主义所有和为我主义的问题，以及完全以科技统治自然为目标的当代科学和技术的问题，归根到底就是生态问题。①

反观中国古代史，从庄子提出“天人合一”，到“南橘北枳”的隐喻彰显出孟德斯鸠“地理环境决定论”的相似逻辑旨趣，20 世纪初以来，以梁启超、李大钊等为代表的学者在讨论中国和西方的文化差异时，运用了孟德斯鸠的“地理环境决定论”，尽管中国传统哲学也未能正式构建起一套以人与自然问题为核心的理论体系，但各种理论底蕴中也隐含着关于人与自然问题的深层思考。

马克思早期曾受到霍布斯声称的“人的自然权利”的影响，霍布斯在内战爆发的年代，目睹了战争给国家和人民带来的巨大痛苦，为了寻求对人的保护，他主张反对战争，希望将自己的一部分自然权利转交给利维坦这个组成国家的大权威，希望受到国家的庇护来保证自身的安全和免受外敌势力的侵害。在《议会关于战争的辩论》中，马克思说道，“所有的人都是平等的，因为每个人都能使别人失去生命”②，他正是从霍布斯的这种战争学说思想中看到了有关阶级斗争学说的初始形态，这种初始形态的阶级斗争学说以新颖独特视角将政治引入人与自然的关系中。

在受到伊壁鸠鲁原子论自然哲学的影响后，马克思首次提出了人与自然关系的辩证法。他在《手稿》中指出：“自然界，就他自身不是人的身体而言，是人的无机的身体。人靠自然界生活，人是自然界的一部分。”③ 这是人的自然本质。而人的自然是作为自然界子系统的人类社会，只有通过实践才能实现自在自然与人的自然的联结，劳动是自在的自然与人的自然双向互动的纽带和桥梁，是连接人的身体与人的无机身体、实现人与自然和谐共生的中介。他在《德意志意识形态》中指出，“历史可以从两方面来考察，可以把它划分为自然

① 伊林·费切尔：《论人类生存的环境——兼论进步的辩证法》，载《哲学译丛》1982 年第 5 期。

② 《马克思恩格斯全集》第 11 卷．北京：人民出版社，1997 年，第 305 页。

③ 马克思：《1844 年经济学哲学手稿》，北京：人民出版社，2014 年，第 52 页。

史和人类史，但是这两方面是不可分割的，只要有人存在，自然史和人类史就彼此相互制约"①，即人与自然之间的关系是受制于人与人之间的社会关系的，自然现实的存在形式是人的对象性活动的客观存在。自然界与人类世界具有内在的联系，自然界构成了人类世界存在和发展的自然基础，人类世界形成之后又反过来制约自在自然的发展，不断地改变着自在自然的界限，在实践中，自然界和人类世界这两个方面是永远不可分割的。在《共产党宣言》中马克思强调，作为人类社会最终形态的共产主义社会，从根本上说就是一个充满了人与自然、人与人、人与社会高度和谐统一的理想社会。只有在共产主义社会中，每个人的自由发展才能成为一切人的自由发展的条件。也就是说，要想实现人的全面自由发展，首先必须要树立人与自然和谐共生的基本理念。

概括而言，在人类哲学发展的历史上，关于人与环境关系问题的探讨存在着两种必须予以纠正的理论偏颇。一是仅仅着重于人与自然环境的相互作用，而忽略了社会环境对于人的发展所具有的影响，最为典型的即是孟德斯鸠"地理环境决定论"所表现出的机械唯物论倾向；二是以近代以来的人类中心主义为代表，片面强调了"人定胜天"的价值取向，表现为人与环境关系问题上的唯心主义立场。然而，马克思主义哲学肩负的历史使命恰恰在于不仅摈弃唯心主义的理论谬误，而且克服旧唯物主义的认知偏颇，使得人类重新找到认识自然的方法论，也正是因为如此，着眼于人与环境的关系，马克思开拓了内蕴着生态哲学理论旨趣的致思理路。

二、基于"异化"理论探析人与自然的关系

从哲学的角度去理解，一般认为，"异化"主要是指主体在活动中产生出自己的对立面（客体），而这个客体后来反倒作为一种外在的、异己的力量支配和控制人。② 德语的"异化"（entfremdung）一词则是由动词（entfremden）变化而来，具有"分离、疏远化"等含义。而我们一般所指的"异化"（alienation）一词出自拉丁文，具有转让、疏远、离间的意思，也有差异、精神错乱等含义，其英文直观表达就是疏远的意思。然而，"异化的本质"仍然

---

① 《马克思恩格斯选集》第1卷，北京：人民出版社，2012年，第146页。

② 许良：《技术哲学》，上海：复旦大学出版社，2004年，第270页。

吸引着学者，成为许多概念分析和研究的来源，特别是在各种研究背景下，与异化相关的各种观点形成了一个多维的概念。

对于十七八世纪的西方哲学家来说，异化的对立面就是“自然”，在人与国家之间产生的异化中，主体是人，客体是国家。这种异化之所以出现就是源于人对自然权利的放弃与转让，一旦国家权力与人的自然权利自然产生分歧，国家便会强制对人进行控制，也就使人产生异化，若想要消除异化，就要追求人人平等的政治权利，物质社会极大丰富，只有这样最初的理想状态才能回归，这与马克思共产主义的构想不谋而合。

异化现象除了表现在政治、经济、文化、消费、科技方面外，人与自然的相互关系方面也颇受其影响。人的生存和发展离不开自然界，人是通过对象化活动尤其是实践将自身与自然界联系到一起的，[①] 在人与自然的关系中，马克思认为每个事物自身所包含的既相互排斥又相互依存的矛盾是对立统一的，“自然界，就它本身不是人的身体而言，是人的无机的身体。人靠自然界生活……所谓人的肉体生活和精神生活同自然界相联系，不外是说自然界同自身相联系，因为人是自然界的一部分”[②]，但是随着人类生存方式的改变，人类生存需求的方式也发生转变，这种变革导致人与自然的关系从传统的自然为尊到自然屈服于人，从敬畏、依附自然到征服、改造自然，人与自然都发生了异化，其主要原因是人的理性转变。

一方面，我国古代把自然看作一个有生命的东西，既然是生命的，那就需要与之打交道，而近代以来把自然看作一架机器，颠覆了古人对自然的态度，既然是机器，就不需要像人与人之间那样有心灵的交流，而是对其进行操作和控制，使之为人谋利并获取财富。在此基础上，人类不断征服自然，在物质财富的积累上获得巨大成就；另一方面，这种把自然视为机器的态度造成人的异化，发展到最后也会把人视为机器，最后整个世界将沦为一个机器世界，生命现象将不被赋予任何意义。“今天，我们用我们的观念去把握世界，却又不得不受到自然的束缚，倘若我们能够在发明中顺从自然，我们就能在实践中支配

---

① 张云飞：《唯物史观视野中的生态文明》，北京：中国人民大学出版社，2018 年，第 185 页。

② 《马克思恩格斯选集》第 1 卷，北京：人民出版社，2012 年，第 55-56 页。

自然”①。那么解决这种危机的最直观办法就是人类再次转变角色，重新审视人与自然的关系，使之形成彼此尊重、互为目的的新型生态关系，最终构建人与自然和谐共生的命运共同体。马克思通过哲学构想的共产主义包括人在自然界中的解放、人与人之间的社会关系的解放和人与自我的解放，其中人在自然界的解放不是征服自然、奴役自然，而是要破除人一直以来把自然界当作索取对象的思维，要把自然当作自己有机的组成部分，在自然界中寻求人性的解放，这样一来，自然也随即获得解放，自然的潜能也能得到充分显现。换言之，人能够完全遵循自然规律生存发展，自然界也完全符合人的意志，其存在意义在人与人之间的社会关系中得以显现，只有这样才能完成自然主义和人道主义的统一，真正达到人与自然和谐共生。“因此，需要和享受失去了自己的利己主义性质，而自然界失去了自己的纯粹的有用性，因为效用成了人的效用”②。

恩格斯在评价马克思时指出后者一生有两个最伟大的发现，其中第一个就是发现人类社会也存在着不以人的意志为转移的客观规律。面对当今世界“百年未有之大变局”，在尊重客观规律的前提下，如何发挥人的能动性？成为一个最核心的问题。一方面，随着时代的发展和社会的进步，人类为了生存毫无节制地从大自然索取的追求越来越高，致使大自然的生态平衡系统受到严重的影响，而这种过度开发的后果也必将波及人类本身；另一方面，尽管生态学马克思主义意识到生态危机的根本原因在于资本主义制度，但他们却将导致生态环境恶化的主要根源归咎于科学技术的进步，显然这种指责科技本身错误的想法是片面的，“火药无论是用来伤害人，或者是用来给人医治创伤，终究还是火药”③，也就是说，科技本身价值是否造成异化，关键在于其使用价值是否得当。正如恩格斯所言：“在马克思看来，科学是一种在历史上起推动作用的、革命的力量。”④ 随着科学技术的迅猛发展，人类对自然界的改造程度、深度和广度都愈发扩大，在改造自然界的过程中无视了自然规律的重要性，但要明确的是，科学技术本身是中性的，没有任何价值负荷存在，然而随着人类滥用科

---

① 马克斯·霍克海默、西奥多·阿道尔诺：《启蒙辩证法——哲学断片》，渠敬东、曹卫东译，上海：上海人民出版社，2006 年，第 2 页。

② 马克思：《1844 年经济学哲学手稿》，北京：人民出版社，2018 年，第 82 页。

③ 《马克思恩格斯书信选集》，北京：人民出版社，1962 年，第 21 页。

④ 《马克思恩格斯文集》第 3 卷，北京：人民出版社，2009 年，第 602 页。

技而没有承担相应责任，导致科技异化。由于人类重点考虑的都是如何从科技的进步中获得重要的个人利益，偶尔可能才考虑到他人和集体利益，甚至没有考虑到在造成了不良后果后如何承担相应的责任，因而，将人的全面、健康可持续发展作为社会进步的基本动因，正确处理人与自然之间的复杂关系，不仅是人对自然的占有，要将自然作为财富贯穿经济社会发展，实现经济效益和生态效益的双赢。

三、基于共产主义探析人与自然的关系

上文分析到，生态文明产生危机的根源在于以私有财产为基础的资本主义社会，因而要想从根本上解决人与自然之间的冲突产生的生态危机是把不合理的社会合理化的过程，而马克思认为共产主义社会有足够的优势战胜异化劳动支配下的资本主义社会，实现人与自然的和谐。

马克思把真正的共产主义看作人的自我异化的彻底扬弃，看作人实现自己真正的本质，看作自然主义的完成了的人道主义或者等于人道主义的完成了的自然主义①，就是说这种真正的共产主义是人类最自然的社会制度。其一，共产主义是把人（尤其是劳动者）从非人的生存状态下解放出来，让他们过上真正属于人的生活。生活在共产主义社会中的每一个人，他们的劳动是自由自觉，从劳动中获得肯定和满足，不会因为从事某种片面的活动而丧失自己的其他天赋、才能、爱好和享受。人的需要也变得丰富起来，不再片面地执着于对财富的占有，人的感觉特性也得到复归，不再只是饥饿感。人的异化是全面的去除，人与人之间的关系是平等、协作、友好，因此共产主义社会中的人对自己的本质是全面的占有。其二，在共产主义社会中，生产力极度发展创造出丰富的物质财富。对私有财产的扬弃是人类整体社会生活的异化的扬弃的关键，因为生产活动是人的最根本的历史活动，而其他活动像宗教活动、国家政治活动、艺术的道德的活动等都由这个活动派生出来，再者就是私有财产是人异化的根本原因。不过，人的本质的全面占有是需要一定的物质基础，这就需要对以往的全部财富的继承。私有财产消极的一面是人的自我异化，可它也有积极

① 马克思：《1844 年经济学哲学手稿》，北京：人民出版社，2018 年，第 80 页。

的一面是人的对象化，所以不能完全彻底的否定私有财产，而应该积极利用其自身的一些优势。其三，共产主义是人道主义与自然主义的统一。既然人的异化消失了，那么人会深刻体会到自然环境的良好是无比的重要，自觉尊重和保护自然，遵循自然规律，正确发挥主观能动性。人与人之间的交往，则完全消除了使一部分人成为非人、而使另一部分人成为优越人的人类生存中的矛盾和斗争。所以，人类进入共产主义社会，人同自然界的对立会消除，达到人与自然的统一。

马克思所描述的共产主义能够解决“个体与类”之间的斗争，即共产主义社会的生产关系是没有欺诈和压迫的，只有这样，人的对象化和自我确立——资本主义社会下的雇佣工人对象化产生的劳动结果并不属于他本身，没有在现实世界实现真正的自由——也随即得以解决。大力发展生产力必定引起科学技术的快速发展，确保二者相互推动发展，才能共同推动社会进步和创新。特别注意的是，崇尚科学旨在为人民带去福祉，通过两次世界大战的教训，我们更应该深刻反思问题之所在，是否科学研究会无终止发展造成人的进一步异化，即便如此，科学研究也只有转换成生产力，才会拥有当代价值。

目前我国正处于并且长期处于社会主义初级阶段，社会的生产力明显不足，大力促进生产力快速高质量发展，为社会主义制度增加雄厚的社会物质财富，因为在马克思看来，只有生产力高度发达，物质极大丰富，才会使得人不受物质的约束，从自然和他人的奴役中解除。那么物质极大丰富的社会是否合乎情理呢？私人利益是否会被公共福祉所取代？在这个遥远的愿景下，强调保障人民的物质需要不受影响，人的全面发展才有实现的可能，因而，解放和发展生产力是我们规避异化过程中不可缺少的重要环节。

人与人之间矛盾的尖锐化也使得人与自然之间的关系趋于紧张。因此，要想真正解决人与人之间的矛盾，扬弃人与人之间的异化，实现人与人之间的和谐，必须从社会制度的源头找寻，彻底扬弃资本主义私有制度，消灭资本主义社会与人的异化，以及存在剥削的生产关系。而在共产主义社会里，私有制被完全扬弃，使得人类对自己本质的全面占有。因此，共产主义社会不仅实现了人与自然的和谐统一，也实现了人与人的和谐。

四、基于建设“美丽贵州”探析人与自然的关系

恩格斯早就告诫过世人：“我们不要过分陶醉于我们人类对自然界的胜利。对于每一次这样的胜利，自然界都对我们进行报复。”① 显然，人类一味地追求经济社会的快速发展，对于物质资源竭泽而渔式地攫取，已然超出了自然界所能承受的限度，这是导致生态失衡的根本原因。我们始终坚持人与自然的和谐共生不仅表明了中国与世界各国全力携手推进全球生态文明建设，自觉肩负起对全球生态安全应有的历史责任，展现了中国对全球生态文明建设的大国情怀；而且也展示出我国面对全球环境问题的中国态度，为全球环境问题贡献了中国智慧和中国方案；更凸显了中国在全球生态文明建设中重要参与者、贡献者、引领者的地位和作用，彰显了全球环境治理的大国担当和责任担当。

随着科技的快速发展，调和“人与自然的关系”逐渐成为当代生态学研究的全新视角，也呈现出马克思主义生态哲学思想的当代回应。党的十八大首次提出“美丽中国”的概念，在党的十八届五中全会上“美丽中国”被纳入“十三五”规划，“到本世纪中叶，物质文明、政治文明、精神文明、社会文明、生态文明将全面提升，绿色发展方式和生活方式全面形成，人与自然和谐共生，生态环境领域国家治理体系和治理能力现代化全面实现，建成美丽中国”，这是以习近平同志为核心的党中央基于国内和国际时代大背景和我国未来发展定位提出的一种治国理政新思想，是当代共产党人把马克思主义生态哲学思想付之实践的最新成果。

“美丽中国”不仅单纯指称一种天蓝、地绿、水清的自然生态环境，更是包含了可持续发展、绿色发展、人类命运共同体等新时代新型国际关系在内的社会形态。推进“美丽中国”建设是新时代实现绿色发展的重要抓手，顺应了人类急需解决生态环境危机的时代要求，贯彻了党和国家对绿色发展理念的重要指示。面对生态危机，我们不仅停留在保护环境的层面上，而是充分反思人与自然关系发展演变的内在逻辑，希望从中获取其表现形式背后的根本原因，在其哲学实质上，是人道主义与自然主义积极进步的成果。马克思在《手稿》

① 《马克思恩格斯文集》第9卷，北京：人民出版社，2009年，第559-560页。

中阐发的生态思想强调人与自然相互依存、相互影响，要辩证地看待人与自然的关系，实现人与人、人与自然的双重和谐，为构建美丽中国、实现中华民族永续发展提供了理论支持。

今年1月，国务院印发《关于支持贵州在新时代西部大开发上闯新路的意见》，明确支持贵州在生态文明建设上出新绩，打造生态文明建设先行区。贵州在建设"美丽中国"的时代背景下，深刻认识到人、自然、社会三者是有机统一的整体，自然是这个整体的核心，人与人、人与社会的和谐离不开良性循环发展的自然。要按照自然界本来的面目办事，常怀对自然的敬畏之心，保护生态系统平衡，努力实现人与自然的和谐共生，这样才能从根本上调解生态圈中每个个体之间的和谐关系，从而使得整个社会步入和谐永续的发展环境，在美丽中国视域下实现东中西部携手谱写生态文明建设新篇章。

"生态文明"的热潮之所以在20世纪末开始兴起，特别是在当下中国得到足够重视，其主要原因是人类认识到人与自然的关系正在逐渐恶化，人类为了物质极大丰富而无视自然规律，经济社会的发展需求也忽视了生态的底线，环境恶化已直接危害到中国人民和中华民族的生存和延续。我国的生态文明建设最重要的就是要实现人和自然的和谐相处以及社会关系的和谐，推进社会经济、政治、文化以及人的全方位协调和持久的稳健发展，这种思想的本质就是马克思所阐述的人与自然及社会三者和谐统一的理念在我国社会实践中的深入应用及发展，对于处理人和自然的紧张关系、生态文明建设问题具有明显作用，对于促进人和自然的共同和谐发展意义非凡。

结　语

习近平总书记明确指出："我们要建设的现代化是人与自然和谐共生的现代化，既要创造更多的物质财富和精神财富以满足人民日益增长的美好生活需要，也要提供更多优质生态产品以满足人民日益增长的优美生态环境需要。"① 为了在人与自然和谐发展中走向共生，一方面，始终坚持"绿水青山就是金山银山"的价值理念和实践原则，守好经济社会发展和生态环境保护两条底线，

① 习近平：《决胜全面建成小康社会 夺取新时代中国特色社会主义伟大胜利——在中国共产党第十九次全国代表大会上的报告》，载《人民日报》，2017年10月28日。

实现二者互利共生；另一方面，树立科学的生态价值观，树立尊重自然、顺应自然和保护自然的生态价值观，树立“生命共同体”和“人类共同体”的生态理念观，进一步全方位、全地域、全过程地提升和增强人们维持生态平衡的道德境界和行为自觉，将“走向共生”融入经济、政治、文化和社会建设的全过程，最终实现人与自然和谐共生的现代化建设新格局。

参考文献

[1] [德] 马克思：《1844 年经济学哲学手稿》，北京：人民出版社，2018 年。

[2] [德] 黑格尔：《自然哲学》，梁志学、薛华等译，北京：商务印书馆，1980 年。

[3] [英] R. G. 柯林伍德：《自然的观念》，吴国盛译，北京：商务印书馆，2018 年。

[4] [美] 赫伯特·马尔库塞：《单向度的人：发达工业社会意识形态研究》，刘继译，上海：上海译文出版社，2014 年。

[5] 中共中央宣传部编：《习近平新时代中国特色社会主义思想三十讲》，北京：学习出版社，2018 年。

[6] 中共中央文献研究室编：《习近平关于社会主义生态文明建设论述摘编》，北京：中央文献出版社，2017 年。

[7] 汪晓莺：《马克思人与自然关系的社会历史批判研究》，北京：中国社会科学出版社，2016 年。

[8] 叶立国：《范式转换：从“人与自然的关系”到“人类在自然中的角色”》，载《系统科学学报》2021 年第 3 期。

[9] 丰子义：《走人与自然和谐共生的现代化道路——〈美丽中国建设的哲学思考〉评介》，载《山东社会科学》2022 年第 5 期。

[10] 刘丽霏：《马克思关于人与自然关系的论述及其启示》，载《人民论坛》2021 年第 3 期。

[11] 陈光军：《人与自然关系的哲学反思》，载《理论月刊》2016 年第 2 期。

[12] 杨学功：《如何理解马克思的自然观》，载《江汉论坛》2002 年第

10 期。

[13] 于冰：《马克思自然观的三个维度及现实意义》，载《马克思主义研究》2020 年第 3 期。

[14] 张兴国：《马克思视域中"人与自然"及其启示——〈1844 年经济学哲学手稿〉中人与自然关系思想再解读》，湖南社会科学，2021 年第 2 期。

作者简介：洪泽宇，贵州省社会科学院助理研究员、博士研究生。

大力优化闯新路环境建设的对策建议

孙华荣　潘朝忠　周丽鸿

摘　要：2022年2月习近平总书记到贵州省视察工作一周年之际，国务院出台了新国发2号文件，为贵州推动高质量发展带来了极其难得的“大礼包”。既是对习近平总书记视察贵州重要讲话精神的项目化、政策化、具体化落实的重大举措，更是推动全省坚持以高质量发展统揽全局、围绕“四新”主攻“四化”的“施工图”“任务书”，有了“施工图”“任务书”，就要大力优化环境，加强人文环境、营商环境、招引环境建设，形成氛围、形成条件、形成活力、合力和动力，为闯新路提供良好保障。

关键词：优化环境；闯新路；保障

2022年，在习近平总书记访问贵州省一周年之际，国务院印发《关于支持贵州在新时代西部大开发上闯新路的意见》（新国发2号文件）（以下简称《意见》），国务院再次印发国发2号文件，这是党中央、国务院赋予贵州的新使命、新责任，是习近平总书记的关心、厚爱和殷切期望。新国发2号文件的发布时机非常关键，政策很给力，内涵很丰富，为我们各项工作指明了方向。如何顺应新形势，服务新发展，取得新作为，要在加强“基础环境”、营商环境、招引环境建设方面做好文章。

一、优化“基础环境”，激发新活力

“基础环境”是计算编程术语，是代码编译的运行环境，新国2号文件是“顶层设计”代码。所以，提升“基础环境”对促进社会经济健康发展，提升综合实力、软实力至关重要，加强对理念、人才、生态环境、民族文化、基础设施等“库”的建设，让“四区一高地”代码运行更好兼容、更加快捷，为经济社会发展建设提供动力，最终实现创新、协调、绿色、开放、共享的多彩贵州。

（一）结合新国发2号文件精神，营造闯新路浓厚氛围

抓好闯新路主题宣传工作，营造高质量发展浓厚氛围，是推动落实新国发2号文件的各项工作的强大动力。充分利用各种宣传阵地，提升宣传实效，迅速形成全方位、持续性、立体式的宣传格局，确保宣传更吸引人、打动人、感染人，使“四区一高地”战略入脑入心，做到真正走进群众，进一步提高知晓率、支持率和参与率，在潜移默化中强化干事创业意识。一方面，营造发展的新阶段新格局新理念，迅速掀起学习宣传建设的热潮，认识新国发2号文件精神实质，牢牢把握历史机遇，坚持学思用贯通，做到知行合一，用足用活用好政策，化感恩之心为奋进之志；另一方面，营造环境要主题鲜明，理念要有励志有过程有目标，切实提高干群“闯新路”理念高度。

（二）做好人才的引进和现有人才培养

纵观历史，人才是发展的基础。《意见》指出：“努力造就忠诚干净担当的西部地区高素质干部队伍，注重选拔符合西部地区需要的专业化人才，建立健全有利于吸引、激励和留住人才的体制机制。”人才是第一资源，人才集聚才能事业繁荣。创新人才引进和培养机制体制，优化人才引进政策，加强人才储备，落实待遇倾斜政策，激发人才创新创业，对推进“四区一高地”建设具有积极的现实意义。一是，坚持向各类人才提供优惠政策，依靠人才优势引进资本项目，从而达到人才效益和经济效益双赢的局面。二是，面对新阶段新理念新格局，推动人才平台搭建，依托市场要素让人才勇闯新路，激发人才的活力。坚持管理和教育相结合，引进和培养并重，加大各个层面的人才培养力度，提高人才综合素质，解决实际问题，而不是空谈人才、空谈生产。三是，《意见》指出“允许国有企事业单位专业技术和管理人才按有关规定在西部地区兼职并取得合法报酬。允许退休公职人员按有关规定在西部地区创业。”企事业单位专业技术和管理人才要更大发挥社会效益和经济效益，为经济社会发展更好服务，在创建一个强大的人才氛围的情况下，人才才会大量涌现，带动

社会和人民群众充分发挥自己的才能。

(三) 打通现行服务壁垒，确实做好服务最后一公里

在新征程上，进一步完善“以人民为中心”的政策制定与执行体系，维护好、实现好、发展好最广大人民的根本利益，提高人民群众满意度。聚焦现阶段存在的突出问题和短板，精准把握改革需要和人民群众所想所盼，解决人民群众热点的问题，促进社会全面发展作为工作出发点和落脚点，以满足人民群众日益增长的美好生活需要。一方面，开展服务群众质量为行动主线，以解决群众关心的问题为重点，不断提升公共服务标准化、精细化水平及公共服务资源配置。另一方面，不断提升基层治理水平，以保障和改善民生服务质量为突破，提升公共服务供给质量，在教育、医疗、卫生、养老、就业等问题上出台新的措施、取得新的进展，提高群众对公共服务的满意度，最终在推动经济社会发展上获得人民群众的更大的支持，并参与到闯新路上来。

(四) 切实加强生态环境保护，繁荣民族文化

“生态文明建设先行区”是新国发 2 号文件赋予贵州“四区一高地”战略定位，坚持以习近平生态文明思想为指导，推进生态文明建设，繁荣民族文化，坚持人与自然和谐共生理念，将生态环境保护和发展民族文化有机结合起来，将资源优势转化为经济优势，将生态优势转化为“生产力”。如黔东南州森林覆盖率为 67.98%，发挥了森林碳汇的作用，完善相关机制，积极将“空气”挂牌交易，实现生态优势转化为经济优势。只有具备生态优势、效益优势才能真正转化为生产力，推动生态文明建设，提升当地民族文化特色，展示独特的民族文化风情和文化价值，将生态文明和民族文化融入旅游产业化中，为发展生态旅游和文化产业提供良好条件。一是，以生态文明理念为基础，深挖民族地区的资源优势将其转化为经济优势，以产业为载体，大力发展民族文化经济，从而推动民族地区的发展进程。二是，生态文明保护与民族文化开发是相互约束限制又相互促进，确保了生态资源的合理开发与民族文化发扬。三是，提升人文景观景点的文化内涵，对历史文化、民族文化要深挖传承保护与开发，突出民族地区积极向上的精气神。生态文明保护与民族文化开发利用将推动交通设施、农业、工业和社会治理及精神文明迈上新台阶。

（五）结合乡村振兴工程，推进城乡统筹发展

结合乡村振兴战略，加强基础设施、公共设施、服务设施等建设，实现城乡统一协调发展，全面优化城乡要素配置，统筹解决城市和农村存在的问题。在城镇，完善基础设施，吸引市场要素参与发展，推动“四化”建设，提高区域竞争力，吸引劳动力要素，解决农业生产发展、农民就业。在农村，以家庭联产承包责任为基础，统分结合的双层经营体制，发展和壮大村集体经济是重中之重，加大对农村基础设施的投入，壮大农村集体资产，完善农村集体资产管理机制，用好“三权分置”“三变改革”，吸引人才、技术、资金、数据等要素向农村转移，实现农业现代化，振兴农业农村。完善城乡基础公共服务，提升人民群众幸福指数和归属感，使市场主体在本区域创业、发展经济的动力增强。

二、优化营商环境，凝聚新合力

《意见》就全面优化营商环境提出要求，对深化“简政放权、放管结合、优化服务”改革，打造政务服务“一张网”，完善社会信用体系，提升金融对实体经济服务质效，优化民营经济发展环境等方面提出了要求。积极加强服务型政府建设，全力优化营商环境。政府部门要为市场主体提供更好的服务，营造优质营商环境，让社会主义市场经济更加活跃，推动经济社会各项事业全面进步，为实现更高质量发展提供有力保障。

在县域基层营商环境，一方面，要优化服务监督机制、服务评价体系。法治与德治相结合，优化作风纪律和管理手段，完善管理服务评价指标，形成一体化政务管理体系，推进政务服务标准化、规范化，既要真心实意敞开怀抱迎接市场主体，主动作为、敢于担当，又要遵规守纪，全面形成风清气正、高效优质的服务环境，为助推经济和社会发展作贡献。如丹寨县创新出台“三要三不要”工作制度。一要一事一次办到位，不要设障互推诿。要全面实行“一次性告知”和“两员”制度（首席领办员，全程代办员），不要人为设障多头跑，让企业群众办事前心中有数、办事时心里有底、办事后心满意足；二要多为成事想办法，不要遇事找借口。要急企业群众之所急，解企业群众之所忧；要为问题找出路，事必躬亲、事不避难，要积极探索施行“容缺”服务，办就

办实、办就办好、办就办成；三要全程主动优服务，不要敷衍假应付。服务企业要坚持有求必应，无事不扰；对企业要“亲”“清”沟通坦诚相待，用心用情用力帮助，不要只挂名不履职、只联络不服务；对企业提出的合理诉求要主动跟踪解决，不要被动应付。“三要三不要”工作制度为优化营商环境亮出红绿灯，划设硬杠杠，全力打造“贵人服务·满意丹寨”营商品牌。另一方面，要将中央、省、州的各种机制体制落到实处。切实提升基层执行力和精准度，让市场主体和人民群众得到实惠，增强市场主体和人民群众对服务的认同感，一心一意谋生产谋发展，才能团结一致形成新合力，“天下胜，是故合力”，才能推动地区经济社会高质量发展。同时也要深化改革，大胆创新，加强基层探索，总结经验做法，开展试点，最终形成可复制可推广的经验做法。

三、优化招引环境，增强新动力

招商引资是地方政府的“牛鼻子”，在促进区域经济发展，加快产业结构优化调整，推进乡村振兴等方面发挥着积极作用。抓住“牛鼻子”，优化服务质量和环境建设，才能从资源和政策上吸引更多的投资、获得更多项目。

（一）优化招商队伍

在县域发展中，以往都是以商招商、感情招商、委托招商等招商方式进行招商引资，招商团队缺乏对客商和企业的研判，缺乏对团队、商品、核心技术、软件实力等资源竞争力的分析，招商人员没有专业化，对行业“隔行如隔山”，在入驻客商和企业上更多的注重是量，进入的项目、资本质量不高，优良的项目、资本又进不来。进入高质量发展时期，一方面，要更多地与第三方招商引资平台合作，进行“选商”。第三方招商引资平台有优良的项目信息和资本信息，能够解决有项目找不到资金、有要素找不到资源。另一方面，加强对招商团队培养，优化招商服务质量，招商团队要对产业发展、行业趋势、国家政策等进行专项研究和分析，提升招商团队知识面和应对能力，为招商工作提供基础保障。

（二）用好中西部协作机遇

《意见》指出“支持贵州积极对接融入粤港澳大湾区建设，探索‘大湾区总部+贵州基地’‘大湾区研发+贵州制造’等合作模式，支持粤黔合作共建产业园区”。“支持广东与贵州建立更加紧密的结对帮扶关系，打造东西部协作的典范。”《意见》已经为贵州产业发展指明了方向，通过中西部协作谋划工业体系建设，建设有别于贵州老一套的工业体系；以新近出台的《关于加快建设全国统一大市场的意见》为契机，打破阻碍市场发展和要素流动的障碍，建设高标准的市场体系。用好中西部协作，创新体制机制，将贵州省级工业园区提质。鼓励市场主体技术创新，增加市场竞争力，建立完善产业链，布局关键零部件、关键材料、关键设备等产业备份基地，增加“黔货出山”的工业品，驶向西部地区、东南亚、非洲及中欧班列，让更多中部地区市场要素“入黔”，让更多“黔货出山”。

新国发2号文件着力支持贵州进入西部大开发新时代，明确贵州是“四区一高地”战略，这些新的更高战略定位将为贵州发展提供新的更多战略机遇，只要把握好时机，优化好环境，落实好行动，将对提高贵州各族人民福祉带来重大利好；对巩固和扩大脱贫攻坚成果，有效衔接乡村振兴，推动贵州高质量发展提供更加有力保障。

参考文献

［1］李源峰：《新时代农村集体经济发展论析》，载《新课程研究》（中旬刊）2018年第7期，第133-136页。

［2］崔蕾：《“放管服”改革背景下S市营商环境优化的问题与对策研究》，吉林大学，2021年。

［3］程然：《基层营商环境优化研究》，西北农林科技大学，2021年。

［4］马相东、张文魁、刘丁一：《地方政府招商引资政策的变迁历程与取向观察：1978—2021年》，载《改革》2021年第8期，第131-144页。

［5］索玮聪：《非物质文化遗产与乡村旅游融合机制研究》，广西大学，2020年。

作者简介：孙华荣，贵州省丹寨县委党校教务处主任、助理讲师；潘朝忠，贵州省丹寨县委党校正科级干部、教师；周丽鸿，贵州省丹寨县委党校办公室副主任、教师。

民族地区旅游产业提质增效实证研究
——以黔东南苗族侗族自治州为例

张健翎

摘　要：旅游产业观念强、带动大、成熟程度高，是最高梯度、最活跃的产业，也是后工业时代国民经济综合型的幸福产业。旅游产业化是贵州高质量发展的重要支柱，作为苗族、侗族聚居的黔东南，应充分发挥资源优势和区位优势，提升旅游产业化理念、优化管理部门职能职责、构建全域旅游产业体系、促进旅游产品推宣建设、强化旅游产业化内生动力、推动数字旅游创新发展、推进旅游服务质量全面提升、强化旅游产业发展保障以及推行旅游安全常态化评估等，从而实现旅游产业提质增效。

关键词：民族地区；黔东南；旅游产业

产业兴旺，其中的旅游业观念强，带动大，幸福指数高，是最高梯度、最活跃的产业，也是后工业时代国民经济综合型的阳光产业。面对新冠肺炎疫情带来的严峻考验和复杂多变的国内外环境，党中央提出加快形成以国内大循环为主体、国内国际双循环相互促进的新发展格局。2022 年 1 月，《国务院关于支持贵州在新时代西部大开发上闯新路》（新国发 2 号文件）指出，促进文化产业和旅游产业繁荣发展，积极发展民族、乡村特色文化产业和旅游产业。在围绕“四新”主攻“四化”，以“四化”的突破支撑“四新”的实现进程中，旅游产业化作为主要抓手和重要支撑，为民族地区旅游大州的黔东南创建国家全域旅游示范区、国家中医药健康旅游示范区、贵州入境旅游排头兵、打造贵州东南部文化旅游中心提供了绝佳机遇。

一、“十三五”时期黔东南旅游业发展取得的成绩

黔东南在“十三五”时期依托自然生态和民族文化资源禀赋，顺应现代旅游个性化、多样化、大众化的消费需求，全州旅游业从小到大，旅游基础设施及配套功能日趋完善，产业规模不断扩大，服务质量显著提高，呈现结构优化、业态创新、转型加快、亮点纷呈的发展态势。

（一）旅游业成为黔东南高质量发展的新引擎

“十三五”时期黔东南州旅游经济连续5年实现稳步增长，旅游总收入年均增长33.3%。接待游客人数从2016年的6704.11万人次增加到2019年的1.289亿人次，累计增长1.92倍；旅游总收入从553.68亿元增加到1212.13亿元，累计增长2.18倍。2021年旅游总人数8150.97万人次，比上年增长52.8%。旅游总收入843.12亿元，增长68.6%。旅游总收入和总人次在全省排名均居第2，仅次于贵阳市。

（二）旅游精品景区尤其是山地旅游景区建设成效突出

通过打造旅游精品，尤其是山地旅游精品景区，推进乡村旅游发展，旅游业实现了持续井喷式增长。一是精品旅游再创佳绩。截至目前，黔东南州建成A级景区达到66个，其中5A级1个、4A级15个、3A级50个（实现16个县市全覆盖），全国乡村旅游重点村5个，省级以上乡村旅游重点村35个。二是乡村旅游重点推进。把乡村旅游作为全州决战脱贫攻坚和推动乡村振兴的重要抓手，通过对丹寨万达旅游小镇“企业带县”、剑河县反召村“乡村旅游+”、黄平川心村“大手”拉“小手”、锦屏县圭叶村“乡村旅游农民专业合作社”等一批旅游扶贫新经验、新模式的总结，创造性地探索出了“共建、共管、共享”的“三共三带”乡村旅游扶贫模式，涌现出“公司+村集体+合作社+贫困户”农文旅融合发展等经验典型。

（三）“旅游+”新业态促进产业融合

“十三五”期间，黔东南州打造了以云谷田园、乌卡坪等为代表的一批

“农文旅”一体化旅游新产品，提出了“农文旅”一体化发展模式，积极推动民族文化和生态旅游深度融合，探索出了一条民族文化旅游可持续发展新路，建成了剑河温泉小镇、丹寨万达小镇等一批文旅新景区，培育了文化旅游、健康旅游、养生旅游、生态旅游等一批旅游新业态，探索了旅游“+文化”“+农业”“+城镇”“+健康”“+大数据”“+大扶贫”等一批旅游新模式，为黔东南州“农文旅”一体化融合发展指明方向。

二、“十三五”期间黔东南旅游产业存在的问题

旅游业作为黔东南重要的支柱产业，在旅游产业持续“井喷式”增长的背景下，也存在较多问题，一定程度上形成了旅游产业化的现实壁垒。

（一）旅游产业化理念不强，发展思路存在偏差

一是在发展导向上，旅游产业化应从量的扩张转为质的提升，不断推动旅游业高质量发展。而黔东南州内部分地区仍存在强调增加A级景区数量，却忽视了提高景区的质量效益，造成部分旅游资源综合效益不高，甚至基层政府举债经营。二是在发展格局上，旅游产业化应坚持全域视野，优化空间布局，提高整合效应。而州内部分景区地域相邻，旅游资源相近，在发展过程中却没有进行总体布局，统筹规划，难以显现整合效应。三是在资源开发方面，旅游产业化应坚持绿色发展理念，实现环境生态化和文化活态化。而州内部分景区商业化氛围严重，环境污染问题突出，原生态气息逐渐淡化。四是在经济观念上，旅游产业化应从卖美丽风景转变为卖美好生活，但州内部分区域旅游公共服务基础设施仍不够完善，智慧旅游服务供应与游客需求衔接不到位。雷山县于2020年12月17日成功创建国家全域旅游示范区，成为黔东南州全域旅游示范创建标杆。但是景区配套设施还不完善，县内各景区联动发展还不够，旅游产业化高质量发展急需资金保障、项目用地、政策扶持等多方位要素保障不到位等。

（二）旅游产业化发展体制机制不顺，管理部门权责不清

1. 政府市场关系不明，缺乏竞争

旅游业具有很强的市场经济属性，在发展过程中需要充分发挥市场在资源

配置中的决定性作用。然而不少景区旅游发展中存在政府行政干预过多以及市场调节失灵的问题。比如旅游资源在开发初期，实施政府主导战略，形成了推动旅游发展的强大动力。但随着景区开发的不断成熟，过多的行政干预行为却束缚了旅游业的发展。同时，不少景区缺乏大型旅游企业的进驻，没有形成优胜劣汰、自由竞争的市场机制。在重点景区存在体制机制管理混乱现象。如今旅游资源开发的主体多是政府或政府平台公司，未完全市场化运营，也未完全进行三权分立，如肇兴侗寨、下司古城等景区存在多头管理的问题，影响了资源开发和产业做大做强。

2. 部门职能管理分散，权责不清

黔东南旅游资源丰富，尤其是生态资源、民族文化资源、历史文化资料和红色文化资源。然而，这些旅游资源的开发以及管理涉及宣传、国土、林业、环保、住建、商务、旅游等多个职能部门，部门之间存在管理机制不顺、权责不明的问题，承担旅游发展的核心部门—旅游部门的权限则十分有限，难以综合协调，严重影响了旅游产业化。如传统村落、民族村寨是反映黔东南特色的代表性旅游资源，但是却不归旅游部门管，而是由住建部门管理。分散管理因事权不统一，难以实现不同部门之间的协同，旅游体制机制创新不足，没有建立起统筹利用、协调联动的旅游机制。

（三）旅游产业投资开发模式欠佳，项目质量效益偏低

1. 产品同质化严重，供需存在结构失衡

一方面，以资源为导向的单向度“开发”模式导致旅游资源的类型同质化。黔东南旅游的开发虽然各地依托的旅游资源不同，但在旅游开发过程中大多都是依托山水资源，有的也会加上一些旅游服务，看似各有特色，但实际上资源开发的手段和形式都比较单一。另一方面，旅游次级产品、旅游价值形态严重匮乏，形成了旅游产品同质化。特别是对涉及游客吃、住、行、游、购、娱等各个环节相关的要素产业都缺乏深层次挖掘和开发，很多旅游景区的建设还停留在对其他发展模式的模仿层面，并不是所有的旅游景区目的地都能根据自身的文化特点和优势打造自己的独特旅游产品。

2. 旅游产品业态不够完善，旅游产业供给端存在供需错配

首先，黔东南当前旅游产品仍以传统观光产品为主，是静态的观光产品，

缺少鲜活的动态活动。在旅游消费市场对于多样化、个性化旅游产品需求增加的背景下，政府主导型旅游发展模式引致旅游产品的生产要素被主要配置到“吃、住、行、游”的开发中，而对于带来更多潜在经济效应的“购和娱”项目，生产要素的配置反而较少，旅游项目质量效益较低。如民俗文化类旅游产品多以遗址观光、文化表演为核心，并未认真解读和深入挖掘当地物化民俗、制度民俗和精神民俗等民俗文化资源的内涵，其民俗文化的展现形式和内容都有待深化，游客旅游体验服务有待进一步挖掘。其次，供给能力与市场需求不相匹配。旅游企业“散、小、弱”的现状还没有得到根本的改变，产品附加值不高，吸引力和竞争力不强，高端旅游产品供给仍然不足，难以满足新时期人民群众深层次、多元化、个性化消费需求。近年来，黔东南在旅游消费产品上做了很多探索和尝试，银饰、刺绣、蜡染等民族手工艺品、高端民宿以及特色美食等深受黔东南州内外游客喜爱，但总体上看，旅游消费产品供给仍有待优化，游客消费潜力有待挖掘。旅游消费聚集区内从事零售业的商店所售卖的商品在其他旅游景区或门店均有销售，普遍缺乏特色和唯一性，加上游客心理上一般认为景区商品价格相对昂贵，对游客吸引力并不高，同时，仍有部分商家经营的商品以次充好，以假乱真，破坏旅游消费市场。

（四）市场主体弱小，闲置项目问题重重

1. 政府平台公司承担主体地位，其他市场主体弱小

市场主体的活力和竞争力是旅游产业发展壮大的基础，没有强大的市场主体，旅游产业化很难推动。当前黔东南州旅游项目建设主要靠政府平台公司支撑，且大多数平台公司收益状态不佳，市场主体发展质量低。就旅行社来说，近年来黔东南州旅行社数量呈稳步递增趋势，国内旅行社由2017年的68家发展到2020年的115家，年均增长22.16%，旅行社从业（全职）人员从2017年的224人增加到2020年的357人，年均增长19.67%，两者数值在九市（州）排名都仅次于贵阳。但是根据统计大、中、小、微型企业划分办法（2017版），从本次调查的40家旅行社来看，营业收入水平达到中型企业标准（2000万元≤Y<10000万元）的仅有1家（贵州省西江千户苗寨风情旅行社有限责任公司），达到小型企业标准（100万元≤Y<2000万元）的有5家，达到微型企业标准（Y<100万元）的有34家。从2020年纳入本次调查的黔东南州

40 家旅行社来看，从业人员在 10 人及以下的有 34 家，11-50 人的 4 家，50-100 人的 2 家，总体人员规模偏小。由此可以看出，黔东南州旅行社数量呈增长态势但规模普遍较小。

2. 旅游开发项目闲置，旅游产业投入产出效益低

"十四五"时期需要盘活的项目共 15 个，其中涉及民营企业 4 家，国有企业 4 家。这些项目除疫情影响外，普遍存在业态单一，产品特色不足、商业模式创新欠缺、资金链问题、宣传推广不到位、人才招聘渠道受限、基础服务设施不完善、手续办理难等问题。

（五）"旅游+"业态没有充分展现，融合不足

一是"旅游+文化"特色产品不足。民族文化创意、高科技元素在与旅游融合中的应用较少，在"您认为哪一种方式能使您更好地融入黔东南的文化氛围当中"问卷中，76%的受访者认为"观看或参与少数民族歌舞表演"，说明产业链的纵向延伸不充分，旅游产品、民族工艺品、民族艺术表演、民族演艺等转化为文化产品的能力有限，景区、度假区的文化内涵提炼、融合不够，文旅融合标杆性项目较为缺失。二是"文旅+体育"有待进一步突破。黔东南山地生态环境优良，民族文化绚烂多彩，适宜举办体育赛事，有待打造文旅体融合示范项目。三是"旅游+其他产业"融合不足。黔东南州旅游与其他产业融合的互动、互补、互惠力度不够，旅游融合广度、深度不够，尤其是与农业、健康、科技等融合进程较为缓慢，产业融合的集聚优势未能充分发挥。

（六）旅游产业化配套服务仍需加强，旅游体验提升缓慢

党的十八大以来，黔东南在交通、通信、生态环保设施等基础设施建设方面取得了重大突破，为旅游业的发展提供了强力支撑。但随着旅游市场需求日益多样化、个性化，尤其是全域旅游的发展，旅游产业发展对旅游配套设施建设提出了更加全新的要求。

1. 基础设施建设短板突出，旅游公共服务体系有待健全

各县旅游交通网络及服务设施配套不够健全，旅游集散咨询服务体系不够完善，旅游厕所在建设数量和管理质量方面难以满足游客需求，旅游标识标牌等导引系统普遍存在布局和规范性问题。部分景区过分强调景观效应，而对

水、电、路、通信、娱乐、休息、购物、餐饮等配套设施重视不够。一些景区在景区导览、应急处理、安全防范、交通通信等方面配套滞后，导致“景美人累”的现象时有发生，影响了游客的体验感，造成了负面的口碑效应。

2. 旅游信息化相对滞后，智能化程度不高

部分市县未建设旅游运营监测中心，已建成的市县相关信息化平台功能有限，为自助旅游者提供个性化智能服务方面能力也普遍偏低。作为5A景区的镇远古城，古城内有全国重点保护文物4处，有保持明清风貌的古民居、古巷道、古码头等省、县级文物古迹160余处，享有“中国最具影响力旅游名县、中国最美十大古城、中国十佳城市慢游地、中国自驾游首选地”等美誉。然而古城并没有为游客提供便捷、舒适的个性化智能服务，智慧旅游“尚在路上”，很大程度上限制了游客的需求。

3. 旅游人才资源匮乏，专业化程度普遍偏低

高水平的产业领军人才储备不足，懂旅游、善管理、会经营的应用型旅游人才缺乏。从事旅游服务人员准门槛较低，普遍学历较低，无法形成优势的人才生产力。就导游资格证考试要求而言，高中以上学历即可参加全国导游资格考试。同时旅游业属于服务行业，服务行业特有的人员流动性强、员工成就感低都是造成专业人才流失的重要原因。

4. 生态红线与土地问题突出，开发受限

黔东南生态环境优良，但生态红线面积大，在生态保护红线是“禁区”的前提下，部分旅游项目因红线问题无法落地实施，因为土地条件的限制，旅游产业优化布局、旅游项日优化扩建等受到限制。

三、黔东南旅游产业的SWOT分析

（一）优势（Strengths）分析

黔东南州是全国30个少数民族自治州之一，是全国苗侗文化的核心地和最集中地，是全国民族团结进步示范州。黔东南旅游资源禀赋独特，生态环境优良，民族文化绚烂多彩，历史文化资源丰富，是一块充满神奇魅力的沃土，是“多彩贵州”的一颗璀璨明珠。

（二）劣势（Weaknesses）分析

1. 生态文明建设对行业的刚性约束

黔东南州森林覆盖率达 67.67%，生态环境禀赋极高，但保护要求愈加严格。受生态红线与用地指标制约，多数优质资源服务配套设施欠缺。全域旅游背景下，如果存在对自然保护区的过度开发利用，将会导致其自然生态系统和环境的毁坏，结果不仅将导致旅游优势资源的丧失，就连赖以生存的基本自然条件与环境也将日趋恶化。地形陡峭、土层稀薄，生物种类繁多，生态的脆弱性加上生物的多样性也导致了黔东南山地旅游资源明显的脆弱性。如何实现从绿水青山的颜值到金山银山的价值，推动黔东南的经济生态化、生态经济化，成为黔东南旅游发展重点难题。

2. 游客层次与需求升级的供给不足

随着旅游需求的提档升级，促使传统粗放型的旅游行业业态走向标准化、规范化，只有这样才能对接新时期人民日益增长的美好生活需要。同时，随着互联网、云计算、大数据、人工智能、区块链等的快速发展，必然要求景区以信息化和高科技为基础，打造高质量、个性化、多样化的文旅精品，满足游客高要求的旅游体验新需求，这对以往的景区开发建设模式提出了变革性的新要求。就人民日益增长的旅游体验需求而言，黔东南旅游产业的发展与高品质、个性化的需求还存在一定差距，结构调整和矛盾凸显依然不可避免，形势仍然严峻。

（三）机会（Opportunities）分析

1. 旅游市场需求高速增长

世界旅游业理事会（WTTC）数据显示，2018 年旅游业为全球经济贡献 8.8 万亿美元，相当于全球 GDP 的 10.4%。从我国的现实来看，旅游需求的强势增长和消费快速升级，推动了我国旅游从大众观光旅游跨入了观光与休闲度假并重的新发展阶段。"十三五"期间，黔东南州深入贯彻"旅游活州"战略方针，促进了旅游业的长足发展与进步，全州接待游客人数从 2016 年的 6704.11 万人次增加到 2019 年的 1.289 亿人次，累计增长 1.92 倍；旅游总收入从 553.68 亿元增加到 1212.13 亿元，累计增长 2.18 倍（见下图）。

旅游需求快速扩张为黔东南带来了巨大的市场机遇，并且在全域旅游发展大趋势下，黔东南利用独特的山地资源禀赋与丰富的民族文化资源，把各县作为完整旅游目的地进行全景式打造，必然能快速对接旅游需求扩张带来的市场空间。

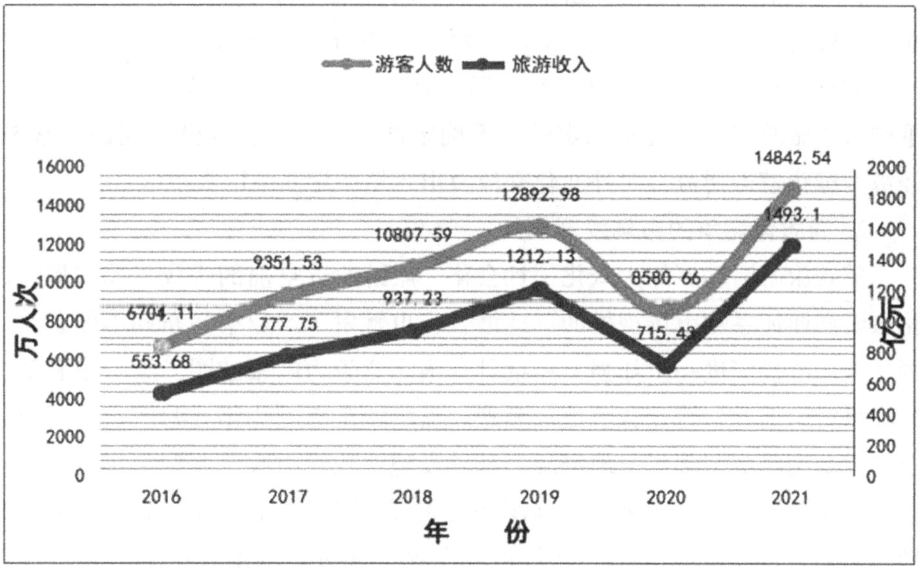

2016—2021 年黔东南游客数量及旅游收入

2. 国家战略布局区域政策有力

在国家战略层面，《国务院关于支持贵州在新时代西部大开发上闯新路的意见》(新国发 2 号文件）的出台对贵州省奋力闯新路开新局抢新机出新绩，围绕“四新”主攻“四化”，建立西部大开发综合改革示范区，推动开放型经济试验区建设提档升级，持之以恒推进生态建设等等，这些都为黔东南加快旅游产业化提供了充分的政策遵循和优越的战略机遇；在省级层面，作为全省研究制定的第一个区域性政策支持文件《省人民政府关于支持黔东南自治州“黎从榕”打造对接融入粤港澳大湾区“桥头堡”的实施意见》(黔府发〔2022〕7 号）指出，建设面向粤港澳大湾区的山地民族文化旅游和生态康养目的地。为黔东南充分利用积累的旅游产业比较优势、勇当贵州省建设“双一流”旅游目的地排头兵、贵州入境旅游排头兵、打造贵州东南部文化旅游中心提供了绝佳机遇。

（二）威胁（Threats）分析

1. 疫情常态化的不确定性潜在风险

新冠疫情带来的经济冲击不仅影响了居民收入的可持续增长，而且直接影响着居民的消费支出，可能削减居民对于旅游与度假方面的支出，从而会抑制旅游需求的释放。疫情影响广泛深远，对旅游业发展产生全面而巨大的冲击，重创入境旅游市场，且不稳定性、不确定性明显增加，危机管理进入常态化，经济全球化遭遇逆流，对外文化交流及出入境旅游面临巨大挑战。

2. 同质化竞争的市场发展制约

随着旅游活动更加大众化、社会化，旅游业以空前的步伐迅速发展。但文化旅游产业体系和市场规模的迅速增长，也触发了产业空间布局不断扩张。全国各地旅游投资进一步加强，一批具有国际竞争力的旅游圈、旅游带和重大旅游项目纷纷上马，行业竞争更加激烈。虽然黔东南近些年旅游产业发展成绩亮眼，但受到经济基础、土地资源、基础设施、政府财政等制约突出。此外，黔东南州旅游资源在一定程度上与黔南、铜仁等周边市（州）也有一定的趋同性，必须进行品牌差异化，进行错位发展，这对黔东南州旅游产业发展在创意、理念、思路和规划布局等方面都提出了更高的要求和新的挑战。

四、黔东南加快推进旅游产业提质增效的对策建议

按照外拓市场、内优服务的要求，坚持目标导向、问题导向，加快推进旅游产业化，促进旅游大提质，实现旅游产业年年倍增，建设锦绣黔东南旅游强州，主要从以下几个方面进行思考。

（一）优化管理部门职能职责，增强旅游产业发展合力

在总结推广旅游资源一体化管理体制的基础上，探索农业与旅游、文化与旅游、体育与旅游、健康与旅游、科技与旅游、林业与旅游、水务与旅游等旅游资源一体化管理体制。强化在战略规划、产业政策、综合协调、市场培育、公共服务、行业监管、监督保护等方面的行政管理职责，旅游管理部门要由单

一的行业管理职责向政策统筹、综合协调、产业促进、市场监管、行业服务转变，强化综合协调职责，解决旅游业管理条块分割、职能交叉、权责脱节等突出问题，增强推动旅游产业化的合力。

（二）构建全域旅游产业体系，服务以国内大循环为主体的战略转型

一是要做好全域旅游发展的顶层设计，将全域旅游发展作为重要内容纳入经济社会发展规划和国土空间规划，加强全域旅游发展与基础设施建设、生态环境保护、林业发展等相关规划的衔接。总结雷山县创建国家全域旅游示范区的成功经验，全力推进镇远、剑河等8个县创建国家全域旅游示范区，形成黔东南可借鉴、可推广的创建经验和模式。二是敢于“无中生有”“移花接木”“推陈出新”“互通有无”。充分利用现有优势，根据区域地理条件、旅游资源特色和旅游发展条件统筹布局，精心设计旅游线路，使旅游景区接点连线，促进旅游资源优势互补，优化区域布局。以民族文化、农耕文化、历史文化、红色文化、阳明文化、自然风光等为依托，重点推进雷公山、月亮山、云台山和清水江、都柳江、㵲阳河及凯里市“三山三江一中心”七大旅游区建设。三加强粤港澳大湾区重点在民族文化、旅游产业领域的协作。充分利用黔东南的优势资源和优惠政策，吸引粤港澳大湾区开发商、投资商来黔东南投资文旅产业，主动对接粤港澳大湾区旅行社和旅游服务商，针对不同游客群需求，开发精品文旅产品和文旅线路。四是打造品牌，促进振兴。充分借助国务院和省政府新政策文件的重大利好，打造国内外知名民族文化旅游目的地、贵州东南部文化旅游中心，以高端化、绿色化、集约化为全域旅游发展导向，着力发挥“两个宝贝”对旅游产业化的支撑作用，促进贵州乡村振兴战略目标的实现。

（三）促进旅游产品推宣建设，构建高端化特色化产业产品体系

顺应新时代要求和市场发展需要，秉持“挖掘就是发展”的理念，唱响“民族原生态·锦绣黔东南”旅游品牌，完善黔东南旅游产业产品体系，更好满足游客的需求。一是要创新建立旅游品牌推广机制。鼓励县（市）、特色小镇、旅游村、景区（点）、旅游企业、文创产品、餐饮品牌等参与旅游品牌构建，打造国内省内知名的旅游品牌体系。二是要完善旅游营销宣传机制。采取政府支持、部门协同、企业联手、媒体跟进、游客参与的“五位一体”旅游宣

传营销机制，通过资源整合、力量整合、渠道整合搭建公共平台，实现联合营销。三是要加强旅游营销支持力度。制定出台促进旅游市场与招徕游客的相关奖励办法，对旅游市场推广营销成绩突出的旅游企业给予奖励；对各县市举办的重点旅游节庆活动，在州级旅游发展专项资金项目上予以倾斜。

（四）构建现代化旅游产业链，提升旅游产业链关联性效益

围绕新时代游客对旅游产业新要素各环节呈现出差异化、个性化、高端化的需求特点，转变发展模式，推动旅游产业发展。做精、做特、做强原有要素业态，补短板、兴业态，推进二次开发，创新"旅游+"产业，特别是深挖黔东南独有的民族文化内涵，展示文化底蕴，实现文旅融合，完善旅游产业要素体系。在提升"食"的质量、优化"住"的水平、加强"行"的建设、丰富"娱"的活动、拓宽"购"的渠道和创新"游"的思路基础上，努力打造"商"的平台、促进"养"的方式、推进"学"的研发、集合"闲"的优势、依托"情"的本意和挖掘"奇"的产品。

（五）推进旅游供给结构改革，强化旅游产业化内生动力

深化市场在资源配置中的决定作用，走社会办大旅游的路子，推动有效市场和有为政府更好结合。一是促进旅游行业体制改革。加快推进旅游行业政企分开、政事分开，加快中介组织发展。稳步推进导游综合体制改革、旅游行业协会改革等重点领域改革，切实发挥各类旅游行业协会在行业推广、行业自律、行业培训方面的积极作用。二是培育旅游龙头企业。要通过推进大型旅游企业上市、挂牌，培育扶持一批竞争力强的旅游龙头企业，引领带动旅游行业的高质量发展。三是促进旅游微小企业的培育。降低市场准入门槛，鼓励帮助重组，着力培育一批具有竞争力和发展特色的专、精、特、新微小旅游企业。四是盘活低效闲置项目。要顺应市场化要求，坚持问题导向、分类施策、先易后难、逐个处置，确保无缝衔接，不留死角。

（六）抢占智慧旅游发展前沿，借助数字技术推动旅游创新发展

抢抓智慧旅游发展的先手棋，重点建设"一个中心"，搭建"三个平台"，推进"三个一批"智慧旅游项目建设，促进旅游产业的创新性发展。一是要推

进全域智慧旅游品牌的打造提升。实现旅游市场主体全部进入数据平台，不断提高平台服务管理、服务游客、服务企业的水平。二是促进相关数据资源整合共享。通过实施智慧旅游精品工程、示范工程，推动中小旅游企业数字化改造，推进智慧旅游景区、智慧旅游信息基础设施、智慧旅行社、智慧民宿等建设。三是利用大数据推进旅游新业态发展。运用人机交互、VR、AR 等技术进行情境体验，引导云旅游、云演艺、云娱乐、云直播与云展览等新业态发展，构建多层次、多种类、粗度与细度相结合的大数据库来赋能黔东南旅游产业创新性发展。

（七）持续打造“满意旅游”品牌，推进旅游服务质量全面提升

坚持以人民为中心的发展理念，持续实施“六心”行动，加快推进旅游服务标准化。一是完善旅游交通设施。加快建设和改造一批县城、干线公路、航空机场、高铁站点到旅游景区的连接道路，完善旅游景区交通引导标识、旅游交通导览图等旅游交通引导标识系统。二是保障景区景点的环境卫生。持续推进绿化、美化、亮化、净化工程，巩固提升旅游“厕所革命”。三是构建旅游集散服务体系。在进一步完善黔东南旅游集散体系的基础上，强化文化内涵的植入及与文化服务设施的融合。四是做好用地规划保障。实行土地差别化管理，优先保障旅游重点项目用地。支持利用荒地、荒坡、荒滩、废弃水库或建筑垃圾填埋场等开发旅游项目，以黄平县新州镇“学坝·山泉水世界”作为“变废为宝”典型可在全州推广。五是加强旅游人才队伍建设。进一步加大旅游人才教育的投入，实施“十佳旅行社、百名专家、千名导游”引进工程；加强导游和景区（点）讲解员对民族村寨、传统村落、“非遗”文化、红色文化、木商文化等有历史内涵的专业培训。

（八）建立健全旅游消费激励机制，不断释放旅游消费潜力

一是推进旅游惠民机制建设。开发更多的公益性景区免费向游客开放，落实特殊群体、特殊地区减免门票等优惠政策，推动旅游年卡等受益对象从本地居民扩大到全体游客。二是促进旅游惠民消费长效化。总结发放旅游消费券、旅游优惠券的经验，变阶段性刺激消费转化为可持续性惠民消费，建立健全旅游惠民长效机制。三是探索刺激拉动农民的旅游消费。结合乡村振兴战略，聚

焦农民这一最广大消费群体，探究农民旅游消费市场动向，积极开发适合农民、农民工消费需求的旅游产品体系。

（九）推行旅游安全常态化评估，确保旅游发展守住安全底线

随着大众旅游时代的到来以及全域旅游的推进，在促进旅游高质量发展过程中，开展旅游景区安全风险分析与应对是重要基点和保证。一是促进旅游景区安全风险常态化。将旅游景区涉及的各方面风险因素进行分类评估，逐级建立并落实景区网格化管理模式，做好安全风险预警与监测。二是提升重大突发事件应急管理能力。强化景区应急培训和演练，增强景区应急救援能力并提高面对突发事件及自然灾害的处置能力。三是建立科学可行的游客安全系统。引入新型安全技术防范系统，对特定区域人数实行密度、拥挤程度进行检测，确保旅游发展守住游客生命线。

参考文献

［1］苟凤丽：《推进贵州乡村旅游高质量发展的对策》，载《环球市场信息导报》2018年第41期。

［2］班娟娟、陈淑兰：《"黔品牌"释放经济潜能 助推高质量发展——探寻贵州经济"逆袭"密码》，载《企业界》2019年第10期。

［3］曹雯：《旅游产业化：一业兴百业旺》，载《当代贵州》2021年第9期。

［4］郑小燕：《经济内循环格局下县域旅游发展路径探讨》，载《当代县域经济》2021年第2期。

［5］张建邦：《盈江县旅游产业发展情况调查研究》，载《创造》2021年第4期（总第29期）。

［6］杨长湧：《推进新发展格局下的高水平对外开放》，载《开放导报》2020年第6期。

［7］王瑜、姜桂义：《特色经济视阈下茂名旅游产业开发研究——以冼夫人文化旅游产业开发为例》，载《南方论刊》2017年第12期。

［8］李宏梅、李莉：《镇远古镇旅游可持续发展研究》，载《城市地理》2017年第14期。

［9］李渌、阙正纲：《推进旅游产业化特色发展》，载《当代贵州》2021年第2期。

［10］陈月明：《我国乡村旅游与文化创意产业融合发展的模式解析》，载《旅游纵览》2020年第11期。

［11］马孟丽：《特色文化主题下的区域旅游产业化策略》，载《社会科学家》2020年第3期。

［12］董迎春、覃才：《民族地区特色旅游开发的产业化综合与乡村振兴的价值探究》，载《百色学院学报》2019年第6期。

［13］］梁琴：《全域旅游视角下乡村旅游发展问题与对策探究》，载《西部旅游》2020年第10期。

［14］王孝华：《农业产业化发展中的问题及对策——以海阳市郭城镇山东村为例》，载《农业与技术》2021年第2期。

作者简介：张健翎，贵州省黔东南州社会科学院院长、副研究员。

符号学视域下的贵州红色文化与红色旅游

蔡贞明

摘　要：红色文化是人文景观的重要内容之一，它是在革命战争年代，由中国共产党人、先进分子和人民群众共同创造的极具中国特色的先进文化，蕴含着丰富的革命精神和厚重的历史文化内涵。贵州红色文化形态丰厚，现存遵义会议会址、娄山关红军战斗遗址、邓恩铭故居、红军总司令部旧址、女红军街等红色文化遗存，这些红色文化遗存都以符号形式呈现，解读这些符号有助于更好地传承红色文化基因。而要在新国发2号文件出台及实施难得的历史机遇期充分彰显贵州红色旅游资源优势，一是要运用技术手段再现红色文化，二是要对非红色旅游资源进行有效整合，三是要实现红色旅游资源利用的最大化。

关键词：红色文化；红色旅游；新国发2号文件；贵州；符号学

随着社会的快速发展和技术的不断进步，旅游逐渐成为满足人们多样化需求的不可或缺的活动。旅游以游客对自然风光和人文景观的多维感知和实地体验为手段来达到审美享受和认知深化的目的。自然风光主要是通过对象外在形式的美丽形态和造型特征来吸引游客，让游客流连忘返；人文景观则主要靠历史文化存在物本身所包含的内涵和意蕴来扩充主体的知识并由此而生发出某种思考。红色文化是人文景观的重要内容之一，它是在革命战争年代，由中国共产党人、先进分子和人民群众共同创造的极具中国特色的先进文化，蕴含着丰富的革命精神和厚重的历史文化内涵。它以中国共产党带领中国人民自我党成立以来的历史遗存和活动轨迹，特别是革命战争年代与敌人所进行的不屈不挠的斗争历程作为特定呈现对象，以唤起人们对今天来之不易的幸福生活的深入了解及为谋求民族独立、人民解放和国家富强作出过巨大贡献和牺牲的革命先烈的敬仰和感恩之情，从而牢固树立为伟大梦想、伟大事业努力拼搏的坚定信心。忘记过去就意味着背叛，在纪念红军长征胜利80周年大会上的讲话中，习近平指出：“伟大长征精神，作为中国共产党人红色基因和精神族谱的重要组成部分，已经深深融入中华民族的血脉和灵魂，成为社会主义核心价值观的丰富滋养，成为鼓舞和激励中国人民不断攻坚克难、从胜利走向胜利的强大精神动力。”① 2019年3月4日，在看望参加全国政协十三届二次会议的文化艺术界、社会科学界委员时，习近平强调：“共和国是红色的，我们不能淡化这个颜色。无数的先烈鲜血染红了我们的旗帜，我们不建设好他们所盼望向往、为之奋斗、为之牺牲的共和国，是绝对不行的。”② 2019年8月19日至22日，在甘肃考察时，习近平进一步强调：“新中国是无数革命先烈用鲜血和生命铸就的。要深刻认识红色政权来之不易，新中国来之不易，中国特色社会主义来之不易。”③ 上述习近平总书记在不同场合的重要讲话，从不同侧面语重心长地告诫人们，无论形势发生任何变化，传承红色基因、继承革命传统都具有必要性和紧迫性，无论在何种情况下，我们都必须“不忘初心、牢记使命”，都不能割断历史、现实与未来的紧密联系。而传承红色文化、发展红色旅游，正是每一个中华儿女接受革命传统教育、树立理想信念的有效方式和最佳途径。

自西部大开发实施特别是党的十八大以来，贵州经济社会发展取得重大成就，如期打赢脱贫攻坚战，如期全面建成小康社会，生态环境持续改善，高质量发展迈出新步伐，2022年1月18日，《国务院关于支持贵州在新时代西部大开发上闯新路的意见》（国发〔2022〕2号）即新国发2号文件正式出台。新国发2号文件是习近平总书记视察贵州重要讲话精神的项目化、具体化落实，含金量高、操作性强、支持力度大，这既是对贵州的重大政策支撑，也为贵州释放了重大政策红利；既为贵州提供了难得的历史机遇，也赋予了贵州重大的历史使命。“围绕推进长征国家文化公园建设，加强贵州红色文化资源保护传承弘扬，实施中国工农红军长征纪念馆等重大项目，打造一批红色旅游精品线路。”④ 新国发2号文件在着力把贵州建设成为“四区一高地”的同时，也为

---

① 新华网2016年10月21日，http://www.xinhuanet.com//politics/2016-10/21/c_1119765804.htm.

② 求是网2020年12月04日，http://www.qstheory.cn/laigao/ycjx/2020-12/04/c_1126821704.htm.

③ 求是网2020年12月04日，http://www.qstheory.cn/laigao/ycjx/2020-12/04/c_1126821704.htm.

④ 《国务院关于支持贵州在新时代西部大开发上闯新路的意见》（新国发2号文件），载《贵州日报》2022年1月27日，第1版。

贵州文化事业和文化产业的发展，特别是在保护传承弘扬红色文化资源及打造红色旅游精品线路方面提供了遵循、指明了方向、明确了目标。对此，贵州应牢牢把握和充分利用新国发 2 号文件出台及实施这一良好契机，赓续红色血脉，传承红色文化，大力发展红色旅游。

一、贵州红色文化形态及其符号内涵

（一）贵州红色文化形态

贵州红色文化丰富厚重，现存很多红色文化遗迹。著名会议会址主要有黎平会议会址、猴场会议会址、遵义会议会址、苟坝会议会址等。其中，黎平会议是 1934 年 12 月 15 日中共中央政治局在贵州黎平召开的政治局特别会议，这是红军离开江西以后召开的一次重要会议，目的在于确定红军的进军路线，它在紧急关头改变红军的战略方针，变被动为主动，为遵义会议的召开奠定了思想和组织基础。猴场会议是 1934 年 12 月 31 日至 1935 年 1 月 1 日在贵州猴场召开的一次重要会议。会议初步恢复了我党政治工作的优良传统，确立了政治局决定重大问题的原则，为形成以毛泽东为核心的第一代领导集体奠定了基础，被称为“伟大转折的前夜”。遵义会议是 1935 年 1 月中共中央政治局在贵州遵义召开的独立自主地解决中国革命问题的一次极其重要的扩大会议。这次会议是中国共产党第一次独立自主地运用马克思列宁主义基本原理解决自己的路线、方针和政策问题。这次会议，在极端危急的历史关头，挽救了党，挽救了红军，挽救了中国革命，在中国共产党和红军的历史上，是一个生死攸关的转折点。苟坝会议是 1935 年 3 月在贵州苟坝召开的一次会议，会议成立了周恩来、毛泽东、王稼祥三人团，进一步确立和巩固了毛泽东在党中央和红军中的领导地位。上述会议会址均属全国重点文物保护单位且保存完好。著名战斗遗址主要有娄山关红军战斗遗址、青杠坡战斗遗址等。其中，娄山关红军战斗遗址是红军在娄山关与敌军作战获胜的历史遗迹。这次战斗击败敌军 2 个师，攻占娄山关，歼灭黔军 600 余人，取得红军长征以来的首次大捷，为遵义会议的召开作出了重要贡献。毛泽东同志曾写下《忆秦娥 · 娄山关》一词，“西风烈，长空雁叫霜晨月。霜晨月，马蹄声碎，喇叭声咽。雄关漫道真如铁，而今迈步从头越。从头越，苍山如海，残阳如血。”青杠坡战斗遗址是1935年1月28日红军在贵州习水土城附近青杠坡与敌军进行激战的遗迹。青杠坡战斗结束后，红军四渡赤水，最终南渡乌江，巧渡金沙江，从而摆脱了几十万国民党军队的围追堵截，实现了军事斗争重大转折。革命先烈故居主要有邓恩铭故居、周逸群故居、王若飞故居等。邓恩铭（1901年1月至1931年4月），水族，贵州荔波人，无产阶级革命家，中国共产党创始人之一。邓恩铭是中国共产党第一次全国代表大会中13位代表之一，曾任中共山东省委书记，是山东党组织早期组织者和领导者。周逸群（1896—1931），出生于贵州铜仁。是中国共产党的优秀党员，杰出的无产阶级革命家、军事家、宣传家、活动家，贺龙同志的入党介绍人，早期中国共产党军队的缔造者之一，中国共产党三大革命根据地之湘鄂西革命根据地和湘鄂西红军的创建者之一。王若飞（1896年10月至1946年4月），出生于贵州安顺，杰出的共产主义先驱、中共领导人，老一辈无产阶级革命家，著名的“四八”烈士。曾先后任豫陕区党委书记，中共中央秘书长，江苏党委省农委书记，并作为中共代表团代表之一，与毛泽东、周恩来赴重庆谈判，同国民党政府签订了著名的《双十协定》。此外，在习水土城古镇还有红军总司令部驻地、红军总参谋部驻地、红三军团司令部驻地、土城老街红军驻地、女红军街、土城渡口纪念碑、毛泽东住居、周恩来住居、朱德住居等红色文化遗迹。在贵州石阡还有红二、红六军团总指挥部旧址，在贵州七星关还有红二、红六军团政治部旧址等红色文化遗迹。

（二）贵州红色文化形态的符号内涵

从符号学视角看，凡属留下人类印记的一切都可以称为文化，所有类型的符号都可以视为文化的构成要件。罗兰·巴尔特说：“世界充满着记号，但是这些记号并非都像字母、公路标志或者像军服那样简单明了：它们是极其复杂的。”[①] 符号包括文字、图案、颜色、线条、实物、行为、声音等，不同类别的符号依靠人的眼睛、耳朵等多种感觉器官加以感知。“记号就是由一个能指和一个所指组成的。能指面构成表达面，所指面则构成内容面。”[②] “记号是具有（两个侧面的）一束声音，一片视象，等等。意指作用可以被看成一个过程，

① 罗兰·巴尔特：《符号学历险》，李幼蒸译，北京：中国人民大学出版社，2008年，第166页。
② 罗兰·巴尔特：《符号学原理》，李幼蒸译，北京：中国人民大学出版社，2008年，第26页。

它是一种把能指和所指结成一体的行为，这个行为的结果就是记号。"① 能指与所指结合构成符号，任何符号的外在形式背后必然隐含着一定思想内容。

文化是一系列符号的组合，作为游客感知的两大对象之一的人文景观，其存在物当然就是符号，或者说人文景观就是以符号形式宣示其存在的。与人类活动有关、打上人类活动印记的一切都是符号，都进入了文化行列。了解、把握文化必须从识别符号开始，符号是开启文化宝库的钥匙。能指是符号的外化，而所指隐藏其间。展现在游客眼前的人文景观都是种类繁多的能指，旅游的目的就在于透过能指知悉所指，把握住能指背后的思想内容和精神实质。

红色文化是由特定时间和特定空间的特定的历史事件、特定的历史人物的活动构成的，由于时间的不可逆性，因而不可能重现和复制过去的历史。但历史既然曾经真实而客观地存在过，那就是不容否认的事实。而历史事实只能靠留存下来的历史遗迹来证明。从贵州红色文化遗迹来看，既有当年开会的会场及陈设，也有老一辈无产阶级革命家的办公场所、办公用品、使用过的武器，还有他们的不少生活用品。如，在黎平会议会址，就有会议室，周恩来、朱德住室，文物、图表共 370 件，藏品 120 件。在猴场会议会址，有"一枚印"房子、会议室、草鞋、马灯、老百姓装鸡蛋送红军的提篮、周恩来睡床、红军送给老百姓的军毯等。在遵义会议会址有会议室、挂钟、洋油灯、壁柜（含穿衣镜）、长方桌、靠背椅、火盆、皮包、电话机、铁皮公文挑箱、军用地图、望远镜、信封、墨盒、毛笔、铅笔、手枪、铁座马灯、竹斗笠、床、垫单、被子、老式俄国毯、渡船、刀具、文件、文稿、标语等。文物和资料共 1551 件。在这些文物和资料中，一部分是原件，一部分是复制品，一部分是仿制品。在苟坝会议会址，有会议室、电报机、草鞋、马灯、周恩来旧居、朱德旧居、红九军团司令部驻地等。革命战争年代留存下来的这些文物和资料，无论是以文字的形式存在，或是以图片、表格的形式存在，还是以实物的形式存在，应该说它们都是不同符号的客观呈现，都是由各类符号构成的立体系统，都属于整个红色文化的重要组成部分。没有这些符号，我们就无法了解那一段血与火的历史，就难以找到中国共产党和中国人民战胜千难万险的佐证，今天的一切就成了无源之水、无本之木。

---

① 罗兰·巴尔特：《符号学原理》，李幼蒸译，北京：中国人民大学出版社，2008 年，第 34 页。

二、充分彰显贵州红色旅游资源优势

（一）运用技术手段再现红色文化

从贵州上述红色文化遗迹看，现存文物和资料多为实物和文字等符号，而这些符号主要通过视觉去加以感知。对外在世界的感知除了视觉，还有听觉、触觉、味觉、嗅觉等，就红色文化形态而言，通过视觉器官去加以感知只是其中一种途径，还可以通过听觉等途径加以感知。由于时过境迁，要通过听觉等途径去感知难度很大。因为作用于人们视觉的文物、资料等容易留存，而作用于人们听觉的语音（含讲话、口号等）不易留存。幸运的是，这种因时间流逝而导致语音符号缺失的问题随着科技的进步会逐步得到解决。此外，现存遗迹的存在形式基本上是静态，从感知的多重性和变动性看，应有动态对象参与和补充，才能更立体地呈现红色文化形态的全貌。如能以视频、动漫等手段对历史事件及当时的真实情景进行再现和还原，让游客对观赏对象获得全方位感知就会产生事半功倍的效果。但前提是必须忠于历史的真实，必须以历史事实为依据。否则，不但难以让游客信服，而且还会适得其反。

（二）对非红色旅游资源进行有效整合

从贵州红色文化遗存的大致情况看，各地分布并不均衡。无论是具有较大影响力的会议会址、战斗遗址，还是红军驻地、老一辈无产阶级革命家住居，遵义地区所占比重都较大，其他地区所占比重则相对较小。从最大限度节约游客成本的角度看，旅游景点越密集，游客的感知对象越丰富，获取的信息量就越大，其产生的宣传效应也会越大；反之则越小。鉴于此，贵州要大力发展旅游业就应在现有红色旅游资源的基础上对甲秀楼、青岩古镇、西江千户苗寨等非红色旅游资源加以整合，甚至应对包括百里杜鹃、梵净山、万峰林等自然风光在内的所有旅游资源加以整合，从而形成集群效应。在有限的时间之内，游客如果既能欣赏到包括红色文化遗存在内的人文景观，又能饱览优美雄奇险峻的自然风光，肯定是锦上添花的事。因此，相关部门应对全省具有旅游价值的所有景点作一综合盘点，在旅游线路的设置、旅游景区的布局等方面最大限度地进行整合和优化。

（三）实现红色旅游资源利用的最大化

红色旅游资源与其他旅游资源既有共性也有差异，主要表现在红色旅游资源存在着三重维度：一是精神价值。草鞋、马灯、挂钟、火盆、竹斗笠、军用地图、望远镜、手枪、铁皮公文挑箱等实物说明革命战争年代物资匮乏、生活条件艰苦及军事斗争的危险性，而老百姓装鸡蛋送红军的提篮、红军送给老百姓的军毯等则是红军和老百姓深情厚谊的象征。这些红色文化遗存能够激发游客特别是青少年对那个艰难岁月的想象和思考，让他们树立向老一辈无产阶级革命家、先进分子及其他为党和人民作出过无私奉献的人学习的意识，并培养他们勤俭节约、吃苦耐劳的精神。二是社会效益。这主要指红色旅游资源的知名度和美誉度。游客尤其是省外游客，他们如果在贵州红色旅游景区感觉收获丰硕，教益颇多，就会改变以往他们对贵州历史文化开发较晚、经济社会发展尚属后发地区的印象，从而产生一传十、十传百的效果。反之，则不会产生这种社会影响。因此，应把红色旅游资源的社会效益置于重要位置。三是经济利益。红色旅游资源因其特殊性质，不能将其与其他旅游资源同等对待。其他旅游资源主要以赢得社会效益和获取经济利益为目的，红色旅游资源重点在于精神价值的展示和游客精神动力的培育。正因为如此，几乎所有的红色旅游景区都对游客免费开放。换言之，红色旅游景区的出发点不以增加门票收入为目的，而是让游客在对红色文化形态的认知中，获得一些用金钱买不到的东西。当然，红色旅游景区的目的不是为了营利这只是狭义理解，实际上，虽然游客在游览红色旅游景区时是免费，但他们要在景区附近消费，一路上要吃、住、行，这不论是对促进革命老区民众就业，还是对他们在脱贫之后快速走上致富路都有百利而无一弊，因而从广义上说，其经济利益亦包含于其间。鉴于此，凸显红色旅游资源的三重维度，就是对贵州红色旅游资源优势的充分展示和利用。

作者简介：蔡贞明，贵州省社会科学院文化研究所副研究员。

新国发2号文件背景下六盘水市夏季清凉旅游产品研发与营销策略研究

牟景秀

摘　要：六盘水市丰富而独特的“清凉”气候资源是夏季旅游的核心优势，随着“康养胜地·中国凉都”旅游品牌日趋成熟，夏季旅游产品宣传营销全面发力。在新国发2号文件宝贵机遇下，加快六盘水市夏季清凉旅游产品研发与营销具有重要意义。本文基于新国发2号文件背景下，聚焦打造夏季清凉旅游产品知名品牌，提出三个方面对策建议：围绕“知名度”加大夏季旅游产品开发力度，构建“清凉+”旅游产品体系；围绕“美誉度”加大夏季旅游产业深度融合，构建“清凉+”旅游产业体系；围绕“忠诚度”构建全媒体时代立体营销系统，构建“清凉+”旅游营销机制。

关键词：新国发2号文件；夏季；清凉旅游；产品研发；营销策略

“清凉”是夏季旅游稀缺而宝贵的避暑气候资源。六盘水市属于典型的亚热带高原季风性湿润气候，是著名的夏季清凉避暑胜地。《国务院关于支持贵州在新时代西部大开发上闯新路的意见》（新国发2号文件）提出“促进文化产业和旅游产业繁荣发展”“提升‘山地公园省·多彩贵州风’旅游品牌影响力”[①]；《贵州省“十四五”文化和旅游发展规划》明确“加强国内市场精准营销”“搭建旅游市场营销矩阵”[②] 措施，为六盘水市抢抓新机遇促进旅游产业高质量发展提出了新思想、新使命、新路径。近年来，六盘水市以“清凉舒

---

① 《国务院关于支持贵州在新时代西部大开发上闯新路的意见》，载《六盘水日报》，2022年1月27日，第1版。

② 省文化和旅游厅、省发展改革委：《关于印发贵州省“十四五”文化和旅游发展规划的通知》，贵州省发展和改革委员会门户网，2021年9月23日。

爽”为关键词，以“避暑休闲”为主业态，大力开发夏季旅游产品，积极搭建夏季旅游产品传播和营销矩阵，积极开展立体营销、创意营销、联动营销，重点打造“康养胜地·中国凉都”区域性文化和旅游品牌形象，为贵州省旅游业高质量发展注入强大动力。

一、六盘水市夏季清凉旅游产品核心优势及发展现状

（一）六盘水市夏季清凉旅游产品的核心优势

六盘水市位于贵州省西部乌蒙山区，平均海拔 1700 米以上，山地和丘陵占国土面积的 93%，森林覆盖率达 62%，空气负氧离子每立方厘米达 2 万余个。六盘水市夏季温度条件对避暑旅游十分理想①，年平均气温 15℃，夏季平均气温 19.7℃，7 月平均气温 19.8℃，8 月平均气温 19.2℃，6-8 月平均相对湿度 83%左右。2005 年，经过中国气象学会组织专家委员评审，认定六盘水市夏季具有“凉爽舒适、滋润清新、紫外线辐射适中，具有唯一性”的气候特点，授予“中国凉都”证书，成为第一个以气候特征命名的城市，“中国凉都”自此成为六盘水市夏季旅游 IP 形象。我国著名避暑城市哈尔滨、昆明夏季平均气温 22℃、20.1℃，分别高出六盘水市 2.9℃、1℃；贵阳市夏季平均气温 23.2℃，高出六盘水市 4.1℃②，天然气候的清凉舒爽成为六盘水夏季旅游产品的鲜明特点和核心优势。

（二）六盘水市夏季清凉旅游产品的现状

近年来，六盘水市充分利用清凉舒爽的气候优势、便利的区位优势、丰富的旅游资源优势、悠久的历史文化优势、多彩的民族文化优势，加快建设一流的避暑康养度假和山地户外运动目的地，围绕“清凉”大力开发夏季旅游新业态新产品，以休闲、度假为主打元素，以“避暑度假、避暑康养”为主线，以“世界那么热，我想去凉都”“畅游中国凉都、畅享夏日清凉”“畅享 19 度的

---

① 向红琼、谷晓平、郑小波：《贵州省旅游气候研究与应用》，北京：气象出版社，2014 年，第 107 页。

② 高艳：《爽爽的贵阳 中国避暑之都：贵阳打造避暑城市形象品牌实践报告》，北京：五洲传播出版社，2019 年，第 77 页。

夏天，释放360度的激情”“行走凉都·清凉盛夏”等为夏季旅游产品宣传营销主题，瞄准重庆、武汉等火炉城市连续举办夏季旅游推介会，连续举办17届“消夏文化节（季）”，连续7年举办夏季国际马拉松赛，推出避暑纳凉、避暑康养、休闲度假、低空飞行、温泉疗养、医疗康养等一批旅游产品业态，全市共有27个A级旅游景区、1个国家级旅游度假区、9个省级旅游度假区、2个省级“十大康养度假旅游基地”，近三年先后获得“2019全国避暑旅游十佳城市”“2021全国暑期十大避暑城市”“中国最具潜力避暑旅游城市”“全球避暑名城”等称号，“清凉六盘水”“康养胜地·中国凉都”成为夏季旅游响亮的名片。

二、六盘水市清凉旅游产品营销方式分析

（一）主流媒体及推介活动引领发声

六盘水市夏季旅游产品宣传营销始终“坚持主流媒体引领发声”①，积极搭乘全省文旅宣传推介在中央电视台、《人民日报》《贵州日报》《贵州卫视》等中央和省级主流媒体平台，依托《六盘水日报》《乌蒙新报》等传统主流平面媒体开展宣传推介；在公交出租、居民小区、户外大屏开展广泛的社会宣传；自2013年起到周边省市、国内重要城市召开旅游推介会，其中2017—2019年专门举办夏季旅游推介会（见表2），高频次宣传推介夏季旅游产品及精品路线，识别度、认知度、知名度大幅提升。

表1　六盘水市2013—2021年夏季旅游推介会统计表

年　度	地　点	主　　题
2013年	重庆市、广州市	“畅享19度的夏天，释放360度的激情”中国凉都·六盘水旅游推介会“凉都六盘水·休闲避暑地”六盘水旅游推介会
2015年	广州市、海口市、重庆市和吉隆坡	“健康养身地，山水贵凉都”招商引资暨旅游文化推介会

① 罗韵娟、谢思慧：《贵州文旅“走出去”的营销策略》，载《当代贵州》2022年第13期，第16页。

续表

年　度	地　点	主　　题
2016年	广州市、海口市	中国凉都·六盘水旅游文化推介会
2017年	杭州市、深圳市、武汉市、南京市、成都市	"康养胜地·中国凉都"六盘水夏季旅游推介会 "康养胜地·中国凉都"暨19度的夏天六盘水夏季旅游推介会 19度的夏天——贵州六盘水旅游推介会
2018年	广州市、重庆市	"康养胜地·中国凉都"2018六盘水夏季旅游推介会
2019年	南阳市	"行走凉都·清凉盛夏"六盘水夏季旅游推介会
	大连市	东西部旅游协作发展推介会
2020年	盘州市	贵州省文化旅游产业招商推介会
	大连市	六盘水市旅游推介会
2021年	中山市	"同饮珠江水·山水共相望"六盘水文化旅游推介会

数据来源：六盘水市人民政府网。

（二）新媒体平台宣传营销扩散广度

六盘水市不断整合新闻资讯、线上直播、短视频、社交等新媒体平台，搭建政府官方账号、企业账号、网红直播、个人账号等全方位传播联盟，在全网10余家平台投放短视频13条；在"一码游贵州"小程序和携程等OTA平台开设宣传专栏，对夏季文旅活动、产品、路线进行策划报道，不断扩散夏季旅游产品营销广度和热度。据"2021年第二季度贵州省新闻网站和新媒体影响力排行榜单"显示，"微凉都"公众号影响力排名全省第四位。据统计，2021年6—9月"微凉都"刊载发布的新闻报道中与旅游相关的67篇，其中包含"夏季""清凉""旅游"等重点关键词的文章36篇，占总数的53.7%；其中，"相约凉都·欢乐消夏"专题报道11篇，"聚焦凉都消夏文化避暑旅游季"专题报道3篇，占总数的20.9%。

（三）清凉赛事活动创意营销巩固品牌

六盘水市以举办"中国凉都·六盘水消夏文化节""夏季清凉马拉松"为载体，重点提取"清凉"的夏季特色文化符号，筹备高水平、高级别、高规模品牌赛事活动，通过旅游产品的差异化、品牌化创意营销，持续提升夏季旅游产品竞争力和区域识别度。成功举办17届“中国凉都·六盘水消夏文化节”，以“节”促旅、借“赛”出山的夏季清凉旅游产品创意营销模式已较为成熟。连续举办6届“中国凉都·六盘水夏季国际马拉松赛”，CCTV5全程直播，中央电视台、中央人民广播电台、央视网、新华社、新华网及《贵州日报》、贵州广播电视台等省内外媒体进行全方位、多角度报道，六盘水夏季马拉松赛评为国际田联铜标赛事，成为全省最具吸引力、最有影响力、最大推动力的品牌赛事，推动体育旅游产业快速发展，为巩固提升六盘水市夏季清凉旅游品牌核心竞争力注入强大动力。

（四）办好省市旅游发展大会凝聚合力

2013年以来，六盘水市整合全省全市夏季旅游资源、宣传营销平台和传播渠道，通过承办2届贵州省旅游发展大会、举办7届市级旅游发展大会（见表2），形成“拳头效应”，为“多彩贵州”旅游品牌注入更多六盘水元素，形成系列标志性夏季旅游品牌——“康养胜地·中国凉都”“行走凉都·一夏清凉”“相约凉都·欢乐消夏”，成功打造“休闲度假目的地、山地户外运动基地、现代特色避暑都市”三个夏季清凉旅游产品，夏季旅游产品知名度、美誉度和影响力显著提高。

表2　六盘水市承办省级旅游发展大会及举办市级旅游发展大会情况统计表

时　间	举办地点	主　题
2013年8月18日	六盘水市	“创新业态、转型发展、打造贵州旅游发展升级版”贵州省第八届旅游产业发展大会
2020年9月21日	盘州市	“旅游新使命，健康新生活”第十五届贵州旅游产业发展大会
2014年11月6日	盘州市妥乐镇	“开放创新，提速转型，打造六盘水旅游文化发展升级版”六盘水市第一届旅游文化产业发展大会
2015年8月8日	水城区野玉海山地旅游度假区	“生态引领、转型升级，推动六盘水大健康旅游文化产业跨越发展”六盘水市第二届旅游文化产业发展大会

续表

时　　间	举办地点	主　　题
2016年7月30日	钟山区中国农耕历史文化博览园（凉都国学馆）	"中国凉都·魅力钟山"六盘水市第三届旅游文化产业发展大会
2017年11月12日	六枝特区牂牁江	"康养胜地·运动境界"六盘水市第四届旅游文化产业发展大会
2018年10月17日	盘州市中央森林公园	"发展全域旅游·助推脱贫攻坚"第五届六盘水市旅游文化产业发展大会
2020年8月7日	水城区野玉海山地旅游度假区	"魅力乡村·全域体验"第六届六盘水市旅游文化产业发展大会
2021年7月28日	钟山区	"旅游新体验·幸福新生活"第七届六盘水市旅游文化产业发展大会

数据来源：六盘水市人民政府网。

三、六盘水市清凉旅游产品研发与营销的对策建议

旅游产业是六盘水市发挥清凉资源优势，推动绿水青山转化为金山银山的重要途径，是六盘水市"四新"主攻"四化"的主要内容，新国发2号文件为六盘水市旅游产业闯新路提供了宝贵的政策机遇，六盘水市要用好用足政策优势，围绕"四新"主攻"四化"，深入挖掘夏季清凉旅游资源，加大清凉旅游产品开发力度，构建"清凉+"旅游产品体系；拓展旅游产业传播渠道，搭建宣传营销矩阵，推动六盘水市夏季清凉旅游高质量发展。

（一）聚焦"识别度"加大夏季旅游产品开发力度，构建"清凉+"旅游产品体系

后疫情时代，旅游由观光式向沉浸式体验式转变。六盘水市要加大夏季清凉旅游产品研发，以丰富的产品、良好的口碑形成强势稳定的旅游品牌，保持夏季清凉旅游产品的公众认知度和接纳基础，打造更有识别度的夏季旅游产品IP，推动深度体验式旅游业态发展。

1. 瞄准核心市场和受众，加大夏季清凉旅游产品研发力度。以优质丰富的旅游产品争取更大市场份额，坚守已有的清凉避暑产品市场阵地，开展"炎凉

反差营销”，重点推出一批“天赐清凉”“畅享清凉”旅游产品，瞄准西南地区重庆、四川、湖北、湖南及沿海的广东、福建等高温省区，以满足客源城市的清凉避暑需求为方向，重点推介清凉气候优势，推出清凉避暑山地游、清凉避暑城市游、清凉休闲乡村游、清凉夜间游等产品。

2. 瞄准潜在客源市场，积极开拓广阔的夏季旅游市场。围绕京津冀、长三角、珠三角等人口密集区域，以满足客源城市工作生活精神压力大、慢性病、亚健康人群的休闲放松、避暑度假、康体养生养老、亲子需求为方向，推出清凉房车自驾游、清凉康养休闲游、清凉户外健康游、清凉水上趣味游、清凉研学亲子游、清凉桥梁观光游等夏季产品。

3. 瞄准清凉避暑定位，加大避暑休闲度假旅游产品开发。打造中国“最清凉夏日城市”，突出清凉、康养、活力的城市生活特色，依托“三线”创意小镇、水城河、人民广场、公园、酒店等城市基础设施，加大城市避暑康养旅游业态产品开发；依托水城河、牂牁江、巴郎河、月亮河、南盘江、抵母河、“三池三湖”、湿地公园等资源，开发一批自驾、游船、漂流、水上乐园、皮划艇等亲水消夏旅游产品；依托丰富的森林、山地、丘陵、草原、溶洞和自然保护区等资源，开发一批林中漫步、露营、徒步走、自行车、缆车、观光火车等森林清凉避暑旅游产品；依托梅花山、月照独山、野鸡坪、娘娘山、乌蒙大草原、大洞、碧云洞等组合旅游资源，串联喀斯特地貌、天坑、大峡谷、岩溶地貌、洞穴等地质科考探险景点，建设一批避暑山庄、制高点避暑观景基地、空中酒店、避暑公寓、房车露营基地等山地清凉休闲旅游产品。

4. 瞄准夏季体育品牌，重点开发山地户外运动旅游产品。持续打造夏季体育旅游核心品牌，巩固和维护好六盘水市清凉户外运动品牌，紧紧围绕夏季清凉马拉松核心产品，依托六枝特区牂牁江景区国家生态型多梯度运动训练基地、野玉海耐力性高原训练基地，从赛事活动、科学训练、健康（养生）体验、旅游（休闲）观光等方面，扩展滑翔伞、皮划艇、山地汽车越野、自行车、攀岩、漂流、登山等系列体育旅游产品体系；开发和培育少数民族特色户外运动产品，如彝族打秋千、斗牛、铃铛舞、撒麻舞、达体舞和苗族芦笙舞，不断提升山地户外体育旅游内涵。

（二）聚焦"融合度"加大夏季旅游产业深度发展，构建"清凉+"旅游产业体系

受疫情影响，游客越来越倾向于选择自由度高、安全性好的自驾方式出行。六盘水市要加大夏季旅游产业融合发展，抓好旅游产品设计、营销、管理等各个环节，推进夏季清凉旅游产品深度融合发展。

1. 探索夏季短期清凉旅游业态。紧紧依托立体交通优势，以高铁、自驾为重点，策划"乘高铁到凉都过周末""房车自驾到凉都""暑假亲子"等夏季主题产品，整合全市各类资源打造"周末1日游+2日游""清凉自驾+研学+非遗""清凉暑假+亲子体验"等活动品牌，融入农旅采摘、农耕体验、民俗体验、旅游商品制作、美食品尝、抖音作品展示等元素，依托水城区百车河、钟山区大河镇、盘州市岩博村、娘娘山景区、新民万亩梯田、六枝特区月亮河乡、郎岱镇和落别乡等综合型景区，精心设计旅游精品短线并做好长期推广，丰富市民及游客周末清凉旅游体验，增加"快旅快游"与"快旅慢游"的选择维度。

2. 探索夏季清凉避暑文旅融合业态。推进清凉旅游与避暑康养、"非遗"、民族、乡土民俗、红色等文化元素深度融合，深挖"三线""三变"及乡土民俗文化，打造兼具时尚趋势和传统特色文化的旅游形象片、动漫、少数民族服饰和工艺、土法造纸、农民画等文创产品，增强旅游体验感和收获感，实现文旅融合文化动心、红旅融合学史铸心、农旅融合乡愁留心、工旅融合情怀留心、康体旅融合健康强心，着力构建多点支撑、多业共生、多元融合的复合型康养产业链条。

3. 加强夏季清凉避暑与饮食产业深度融合。饮食在"食、住、行、游、购、娱"六大要素中居于首位，要融入休闲、养生、食疗、疗养等健康美食服务新理念，积极推进医、养、健、管、游、食大健康产业链全链条发展。加大清凉美食旅游推广，突出水城烙锅、水城羊肉粉、盘州火腿、盘州银杏宴、荷叶糯米鸡、凉粉冰粉等美食特色，突出刺梨、白果、天麻、红米、野菜等特色食物的养生保健功能，加大猕猴桃、刺梨、茶叶夏季特色旅游商品营销，在景点、民宿酒店、游客集散中心、文化场馆等，增加打糍粑、石磨推豆腐、私人美食定制、手工凉粉等美食文化体验项目，通过清凉气候与美食的双重享受，

实现清凉气候与饮食文化的双重满足。

（三）围绕“知名度”构建全媒体时代立体营销系统，构建“清凉+”旅游营销机制

1. 充分发挥宣传营销主体作用。实施政府主导、企业联手、媒体跟进、群众广泛参与的营销策略，重点宣传推介六盘水市夏季清凉旅游产品的特色、魅力、文化内涵、体验感受、互动乐趣等，加强旅游宣传推介人才培养孵化，构建官方媒体正面宣传、旅游大 V 推荐推广、网红现场打卡推介、本土自媒体营销的多层次宣传体系，提高夏季清凉旅游的吸引力和知名度，拓展旅游投资者和游客夏季旅游目的地的选择优势。

2. 不断丰富创新宣传营销手段。加大互联网新技术、大数据、新兴技术等的基础设施建设和推广应用，有效利用微博、微信、抖音等新媒体平台，深耕携程网、去哪儿网、途牛网、一码游贵州等线上重点 OTA 合作对接，宣传推介六盘水市夏季的气候、气温、日照、降水、湿度、风速、辐射、空气负氧离子含量、舒适度、森林覆盖率的优势，全方位、高强度推广清凉避暑旅游产品，形成多渠道、多维度、高密度的宣传叠加效应，增强社会公众的认知度、熟悉度和记忆度。

3. 构建立体宣传营销机制。建立传统主流主导、新媒体主推、金牌赛事活动助力、自媒体全面开花、线下随地营销补充的立体营销体系，全面推进夏季旅游宣传进广场车站、机场商场、高铁高速、铁路公交、出租、楼盘等，配套定制一批“清凉避暑+景区+民宿/房车基地+网红”系列避暑季优惠套餐产品，持续推出消夏文化避暑旅游季+清凉马拉松比赛+配套户外运动赛事+文化体验活动的宣传策略，持续加大夏季各类赛事活动的影响力，制造宣传热点，以良好形象、鲜明特点、丰富元素建立良好的品牌形象，提高夏季清凉旅游产品的忠诚度。

参考文献

［1］《国务院关于支持贵州在新时代西部大开发上闯新路的意见》，载《六盘水日报》，2022 年 1 月 27 日，第 1 版。

［2］《省文化和旅游厅 省发展改革委关于印发贵州省“十四五”文化和旅

游发展规划的通知》，贵州省发展和改革委员会门户网，2021年9月23日。

[3] 向红琼、谷晓平、郑小波：《贵州省旅游气候研究与应用》，北京：气象出版社，2014年，第107页。

[4] 高艳：《爽爽的贵阳 中国避暑之都：贵阳打造避暑城市形象品牌实践报告》，北京：五洲传播出版社，2019年，第77页。

[5] 董大茂、陈曦：《哈尔滨夏季旅游产品开发研究》，载《经济研究导刊》2016年第21期。

[6] 罗时琴、贾真真：《贵州省开发绿色清凉旅游气候资源研究》，载《资源开发与市场》2009年第10期（总第25期）。

[7] 罗韵娟、谢思慧：《贵州文旅"走出去"的营销策略》，载《当代贵州》2022年第13期，第16页。

作者简介：牟景秀，贵州省六盘水市社会科学院助理研究员。

文旅融合视域下黄河青海流域民族饮食文化旅游发展探析

于晓陆

摘　要：青海省地处青藏高原东北部，是黄河的源头，也是黄河最早孕育灿烂文化的地区之一。在这块广袤的土地上，汉族、藏族、回族、土族、撒拉族、蒙古族等民族交往交流交融，共同造就了独具浓郁高原特色和多元民族特性的青海饮食文化，形成了“青海特色民族饮食文化圈”。青海民族饮食文化作为黄河饮食文化及沿黄河文化资源重要组成部分，与旅游业发展关系密切，在文旅深度融合发展的背景下，可充分挖掘保护和利用民族饮食文化旅游资源，做好民族饮食文化旅游开发的顶层设计和规划，加大监管力度提升民族饮食文旅服务质量，开发优质特色民族饮食文化旅游项目和产品，以数字化营销助推黄河青海流域民族饮食文化与旅游深度融合发展。

关键词：文旅融合；黄河流域；青海民族饮食文化；传承发展

从地域上看，黄河饮食文化是江淮以北整个黄河流域饮食文化的总称，青海民族饮食属于青藏高原黄河源头风味饮食，是集青海汉族、藏族、回族、土族、蒙古族、撒拉族等各民族优秀传统文化凝练而成的饮食文化整体，饮食文化内容丰富、特点鲜明，在黄河饮食文化中占据着重要地位。将民族饮食文化作为黄河青海流域具体的旅游项目，促进其与旅游产业深度融合，打造“青海文旅特色饮食”，发展具有“青海”符号的民族饮食文化旅游，对保护好、传承好、弘扬好黄河文化以及推动黄河青海流域生态保护和高质量发展具有重要意义。

一、黄河青海流域丰富多样的民族饮食

青海省草原辽阔、牧草丰茂，水利、水产品资源丰富，盛产“绿色、有机、无污染”的农畜产品，有小麦、青稞、玉米、蚕豆、豌豆、马铃薯等粮食作物，油菜籽、胡麻等油料作物，萝卜、辣椒、白菜等蔬菜以及牦牛、藏羊、冷水鱼、枸杞、藜麦等优势特色农畜产品。“青海菜系”以西宁风味为中心，融合了周边回族、藏族、土族、撒拉族、蒙古族等少数民族饮食风味而形成，青海民族饮食结构和种类更是丰富多样，饮食结构基本以主食、副食相互配套为主体，分面食、肉食、小吃、饮品等，烹饪技术多以烤、炸、蒸、烧、煮、炖等为主，口味偏酸辣、香咸、鲜、味重，质感追求脆嫩或软烂，大部分地区实行早、中、晚三餐制饮食习惯。

面食类。青海地区昼夜温差大，日照时间较长，民族饮食主要以面和肉食品为主，青海各族群众也喜爱吃面食，往往一天三餐中最少有一顿是面食，这也与青海农业区适宜种植小麦、青稞等农作物，面食充饥、耐饥饿时间较长且具有保暖功效等息息相关。青海面食品制作方法较多，做法精细、颇具特色，可通过蒸、炸、揉、擀、揪、团、煮、炒、烤、烩等技艺制作出各类味道香美的面食，同时也融合了众多民族面食技艺，极具高原风味。蒸制类的有月饼、砖包城、花卷、馒头、各类包子等，煎炸类的有焜锅儿、锅盔、曲连、旗子、狗浇尿、油饼、古古馍馍、“背口袋”、馓子、蜜馓、花花等，煮制类的有面片、臊子面、寸寸面、拉条子、凉面、麻食、破布衫、搅团和散饭、油搅团、麦仁饭等。在制作面片时会加入适量的葱、蒜等热量高的佐料，还会加入肉、萝卜等，以便在高原寒冷的气候中补充人体所需的蛋白、脂肪和碳水化合物。炸制的面食口感酥脆、热量高，便于储存，煮制的面食因和面搓揉的手法不同、面制品的形状及加入佐料的差异形成不同风味、口感的面食。

肉食类。青海属全国五大牧区之一，省内五分之四以上的地区为高原，畜牧用地面积较大，在牧区，牛羊肉成为牧民获取最方便、最重要的饮食原材料，这就决定了肉乳食品成为从事以畜牧业为主要生产经营方式的青海藏族、蒙古族等民族群众日常必不可少的饮食，且在制作肉食时不喜多加调味品，讲求食材加工的原汁原味。同时，青海地区的肉制品因受到藏传佛教、伊斯兰教

等宗教文化的影响，在肉食选择、制作过程中形成的禁忌和规范较多。主要食用的肉制品为牛、羊、鸡、鸭等，有手抓羊肉、开锅羊肉、全羊、烤羊肉、爆焖羊肉、羊背子、肉份子、牦牛肉干、灌肠等，独具西北高原特色。

饮品类。受到高原民族饮食结构的影响，青海各族群众对茶的需求量较大，都有喝茶的共同爱好，喜欢喝熬制的“清茶”“奶茶”“酥油茶”“枣茶”“麦茶”“面茶”以及“三炮台”等，以补充维生素、帮助消化、祛火。旧时，茶饮的原料多为“砖茶”，用铜壶、陶瓷罐、铝壶等熬煮，熬煮时加入食盐，制成“清茶”，也会在清茶中加入牛奶，制成“奶茶”。在“清茶熬成牛血了，奶茶（哈）滚成醋了；双手端碗不接了，哪达得罪你了?”① 等“青海花儿”中均可反映青海群众有喝清茶、奶茶的饮食习俗。如今，进入青海群众生活中的茶叶种类越来越多，但那些具有民族文化气息的茶饮也未经时代的更迭而消逝，而是在相互学习、相互交流中不断发展。受青藏高原高寒气候的影响，除回族、撒拉族等穆斯林群众忌饮酒外，青海各民族在重大节庆中无不举杯欢饮，无酒不成席，当地酿制的白酒主要以青稞为原料，有青稞烧酒、马奶酒、藏酒、青稞酩馏酒等。

地方风味食品和小吃类。青海风味菜肴和小吃，制作精细、品种繁多、用料讲究，兼具地域和民族特色。风味菜肴有“青海老八盘”“青海炕锅”“青海土火锅”“羊肉炒蘑菇”“羊肉烟茄”“清汤羊肚”“烧羊筋”“酥合丸”等。风味小吃主要有酿皮、杂碎、烤羊肉、奶皮、筏子、油炸糕、羊肠面、甜醅、醪糟、烤洋芋、酸奶等。

二、从“有”到“优”的青海民族饮食文化及其产业发展态势

青海独特的地理环境、多元的民族文化、不同的民俗和地域风情等优势，造就了饮食食材、辅料的独特性和烹饪技艺的多样化，民族饮食文化具有鲜明地方特色和民族历史文化积淀。以民族饮食文化为基点的青海饮食产业也随之呈现出了从“有”到“优”的态势并实现了蓬勃发展，进一步规模化、集约

① 刘凯：《积淀于“花儿”中的青海饮食习俗》，载《青海民族学院学报》2000 年第 1 期。

化和专业化，成为推动发展青海社会经济、巩固脱贫成果助力乡村振兴、促进各民族合作交流、讲好青海文化故事的重要平台、有效媒介以及全省国民经济发展新的增长点。

（一）民族餐饮行业发展势头强劲

近年来，青海省委、省政府高度重视各民族餐饮行业的发展，结合市场需求，充分发挥各民族饮食文化特色，帮助行业开发新的服务项目，并将其作为青海民族工作的重要组成部分来抓，以推动其发展，助力民族地区经济水平的提高，发挥民族餐饮行业在全省民族团结进步中的重要作用。如今，以“拉面经济”为主的民族餐饮行业成为青海发展县域经济、促进各族群众发家致富最直接有效的一项“龙头”产业，青海各地区的民族美食城、美食街的发展为青海自然美景增添了韵味，增加了民族风情，也突破了原有的区域局限，促进了单一地区、单一民族的饮食文化向多地区、多民族方向延伸，民族餐饮行业发展势头强劲，民族饮食离消费者越来越近。

（二）饮食类品牌影响力持续扩大

自“品牌强省”战略实施以来，青海充分利用报纸、电视等主流媒体和抖音、快手等新媒体资源，参加央视《魅力中国城》等栏目，持续打造“大美青海”品牌，设立品牌建设发展资金并多次召开品牌推进会议，把青海特色商品带出省外，推动青海饮食类品牌迈开大步子、走出小圈子。十余年里，青海省累计有 1 万多个品种的产品参展品牌推进会，展示了青海品牌的生态、纯净、绿色之美，民族饮食类品牌在国内外也享誉盛名。同时，青海还大力支持发展地理标志产品，重点打造牛羊肉、枸杞、青稞等优势产品特色品牌，着力打造“绿色有机农畜牧产品输出地”。“截至 2020 年年底，青海省 78 个农畜产品通过国家地理标志登记保护认证，89 个产品纳入《全国地域特产农产品普查备案名录》，7 个地理标志农产品品牌估价超百亿元。”① “打造青海老字号和特色新品牌”等目标也被纳入青海省“十四五”期间社会经济发展规划中。

---

① 申维祖：《青海省 78 个农产品获国家地理标志登记保护》，载《中国县域经济报》，2020 年 12 月 24 日，第 2 版。

（三）民族饮食类“非遗”保护传承卓有成效

当前，青海省入选前五批国家级非物质文化遗产代表性项目共有88项①，包括民间文学、传统音乐、舞蹈、戏剧、曲艺、美术、传统技艺、医药、民俗等多个方面，虽然在“藏族婚宴十八说”“塔尔寺酥油花”“藏医药”“撒拉族婚礼”“土族婚礼”等项目中可以看到饮食的身影，但青海民族饮食类项目单独入选较少。然而值得庆幸的是，目前，在第五批国家级非物质文化遗产代表性项目名录名单中“德都蒙古全席”“尖扎达顿宴”“蒸馏酒传统酿造技艺”民族饮食类相关项目入选。同时，青海省第五批省级非物质文化遗产代表作名录中饮食类项目共有20余项，多集中在传统技艺、民俗类方面，整体呈现逐批递增的趋势，特别是在第五批省级非物质文化遗产代表性项目申报过程中，带动群众增收致富的传统饮食等传统技艺类项目被适当放宽了条件，不仅补齐了青海省饮食类“非遗”项目少的短板，有效地挖掘了青海民族优秀饮食传统文化，也丰富和充实了青海省非物质文化遗产名录的体系。

（四）社会团体助力民族饮食行业整合

近年来，青海省各类餐饮、烹饪、食品行业协会及餐饮委员会成立并得到了很好的发展，也促进了民族饮食行业整合。当前，青海入库全国社会组织数据并在青海省民政部门登记并与食品饮食类相关的社会组织有30余家。青海饮食类相关社会组织认真贯彻落实法规条文，积极配合政府部门开展行业以及市场相关调研，并提出政策建议，制定一系列的发展意见，为遇到困难的民族餐饮企业提供帮助；通过积极融入国家战略，主办各类小吃大赛、烹饪比赛、美食文化节等形式，努力把青海具有特色的民族菜品、小吃推广开来，促进青海民族饮食文化走出中国、走向世界；选派优秀企业和人才走出去开展各类活动、参加饮食行业大会比赛载誉而归；强化自身建设，通过发挥集体优势，开展技术文化交流，展现了青海民族饮食行业的良好形象，也为青海民族饮食文化及餐饮行业发展创造了良好的氛围。

---

① 中国非物质文化遗产网·中国非物质文化遗产数字博物馆：《国家级非物质文化遗产代表性项目名录》，https：//www.ihchina.cn/，2022年5月25日。

（五）民族饮食文化旅游融合特色突显

如今，青海民族饮食文化的经济和文化价值逐渐被开发，民族饮食符号化和商品化的产物——藏族、蒙古族餐厅和回族、撒拉族清真餐厅以及土族风情园等，在省内各大城市和地区逐渐发展起来。为迎合省内外游客的需求、适应餐饮和旅游业的浪潮，许多民族传统饮食文化发生了改变、变迁，原本只在帐房、蒙古包中才能见到的羊毛毡、靠垫、牦牛标本等成了城市民族餐厅的装饰品和点缀物，餐具、装修风格，甚至餐饮服务人员的服饰也都极具民族风格，一些民族餐厅还将民族歌舞、民俗表演融入其中。同时，伴随青海省乡村旅游、冬季旅游市场的开发，民族乡土餐饮、农（牧）家院、度假村、田园农庄等民族餐饮行业在城市周边郊区及县区逐渐兴起，"住农家屋""干农家活""吃农家饭""享农家乐"等模式成为青海乡村旅游项目的重要组成部分。在民族餐厅、农家院里，消费者在品尝传统美食、冲击味蕾的同时，也可以感受到青海日常生活的情景，不仅唤起了许多群众童年的回忆、留住了乡愁，也吸引了大量的外来游客前往。

三、释放"头部效应"，打造黄河流域"青海文旅特色饮食"

文创业态与旅游业态两者之间存在着天然的相关性、耦合性，要"坚持以文塑旅、以旅彰文，推动文化和旅游深度融合、创新发展，不断巩固优势叠加、双生共赢的良好局面。"① 当前，"青海省走出了一条全新、生态、高质量的文旅融合发展新路子。"② 在向第二个百年奋斗目标迈进的新征程上，青海更应顺应文旅产业发展的现实需求，发挥黄河流域饮食文化与旅游产业深度融合发展的合理性优势，树立"以文塑旅""以旅彰文"的融合发展理念因地制宜、主动作为，释放源头的"头部效应"，打造"青海文旅特色饮食"，着力

① 文化和旅游部：《"十四五"文化和旅游发展规划》，http：//www. gov. cn/zhengce/zhengceku/2021-06/03/content_ 5615106. htm，2021 年 4 月 29 日。

② 郭靓：《2021 年我省实现旅游总收入 349. 9 亿元 同比增长 20. 7%》，载《青海日报》2022 年 2 月 15 日，第 1 版。

开创青海民族饮食文化事业和旅游业高质量发展新局面，推动民族饮食文化旅游业成为全省战略性新兴产业。

（一）充分挖掘保护和利用民族饮食文化旅游资源

2019年9月，习近平总书记在黄河流域生态保护和高质量发展座谈会上指出，要“深入挖掘黄河文化蕴含的时代价值，讲好‘黄河故事’，延续历史文脉”①。首先，要开展好摸清家底的工作，对黄河青海流域民族饮食文化旅游资源进行系统调查。按照旅游资源的分类标准，运用科学的方法和手段，有目的、系统地搜集、记录、整理、分析和总结青海民族饮食文化旅游资源及相关因素的信息和资料，明确资源的存量状况，以便更好地为文旅经营管理人员提供客观决策的依据和基础。其次，坚持“有效保护，合理利用”的原则，挖掘有开发价值的、具备旅游功能的青海各地区各民族拥有的民族饮食文化及其载体。注重保护民族饮食文化遗产，推进文化铸魂、发挥文化赋能作用，在采用民族饮食类非物质文化遗产资源开展创作、改编、出版、翻译、展示、表演、产品开发、旅游观光等活动时，应当保持其原有的文化生态和风貌，并建立代表性传承人档案、发挥参与主体的积极性。同时，鼓励科研机构建立“青海民族饮食文化研究基地”“青海民族饮食文化旅游资源电子数据库”，建设集青海民族饮食文化展示、宣传、培训、体验、传承、研究融为一体的多功能“青海民族饮食文化展馆”，并支持饮食类“非遗”项目保护单位和代表性传承人参与院校及科研机构非物质文化遗产教学科研活动，鼓励突破行政区域限制，跨区域整合民族饮食文化旅游资源。最后，高度重视青海民族饮食文化产业及民族餐饮行业的发展，深入挖掘、利用和拓展民族传统饮食文化内涵和价值，形成以青海民族饮食文化及餐饮为核心，以环境为载体，以注重游客体验饮食、领悟和感受民族饮食文化内涵为价值诉求的高级产业新形态，以及具有完整区域特色的青海民族饮食文化体系。

（二）做好民族饮食文化旅游开发的顶层设计和规划

饮食文化旅游是“在品尝饮食的过程中参与饮食文化的探讨、饮食的制

---

① 习近平：《在黄河流域生态保护和高质量发展座谈会上的讲话》，载《求是》2019年第20期。

作，感受饮食文化的氛围，利用当地的自然和人文景观来辅助的一种具有文化内涵和参与趣味性的旅游活动"①。黄河青海流域民族饮食文化旅游发展是一项系统性工程，要坚持把党的领导贯穿于开发工作的各领域、各环节，以社会主义核心价值观为引领，坚持社会主义先进文化的前进方向，始终把社会效应放在首位。各地区也要充分认识青海民族饮食文旅发展的重要意义，将其纳入重要议事日程，地方政府介入为其保驾护航，第三方力量融入为其出谋划策，构建党委领导、政府推动、部门协同、社会参与、人民群众共商共建共享的大发展格局。构建好合理的一体化发展总框架，做好整体规划和策划，结合地方实际制定相应的中长期《黄河青海流域民族饮食文化旅游发展规划》和实施细则，明确民族饮食文化旅游的主题，为游客营造浓厚的饮食文化体验氛围。可围绕青海打造国际生态旅游目的地、建设青海黄河国家文化公园的战略，结合全省"一环六区两廊多点"文化旅游发展总体布局进行规划和策划，鼓励有条件的地区打造民族饮食文化特色景区、非物质文化遗产馆、民族饮食传统工艺工作站、就业工作坊等。同时，还要始终以人民为中心的发展理念，坚持人民主体地位、站稳人民立场，秉持发展为了人民、发展依靠人民、发展成果由人民共享的理念，结合全省国家级文化生态保护实验区建设，注重保护各族群众的生活语境，对其文化资源所处的自然、人文环境以及民众所创造出来的经济、社会环境进行保护，以保障青海民族饮食文化旅游产业可持续发展的动力和活力。

（三）加大监管力度提升民族饮食文旅服务质量

在全国饮食文化旅游大发展的趋势下，青海民族饮食要始终保持饮食天然绿色、纯朴鲜明的民族风味和自然风味，确保其品质、质量一流。组织各地区依托本地丰富的民族饮食文化资源，举办多形式的美食节、月、周等活动，促进餐饮消费活动，设置"民族美食专区"或"专柜"，在为旅客提供高品质、便捷化的餐饮服务的同时推进青海民族菜品的传承创新，弘扬青海民族饮食文化。注意饮食的卫生安全，倡导健康卫生的饮食习惯，鼓励"分餐制""双筷制"，组织开展"文明餐桌""星级饭店优秀案例征集展示"等实践活动，引

① 冯玉珠：《饮食文化旅游开发与设计》，杭州：浙江工商大学出版社，2017年，第10页。

导餐馆提供小份菜，响应“光盘行动”，制止餐饮浪费行动，推进“文明旅游”。要强化信用体系建设，鼓励和支持青海民族饮食文旅行业建立健全以信用为基础的民族饮食文化和旅游领域新型监管体系，可建立“首席质量官”“标杆服务员”等制度，走规范化、标准化、市场化经营。强化基层人才培育，提升服务水平，打造新时代青海民族饮食文化旅游人才队伍，加大对旅游景区、星级饭店、旅行社等民族饮食行业从业人员的教育培训力度，提高专业技能水平，着力培养民族饮食文化遗产保护等文化专业人才，实施普通话、外语等语言服务水平提升工程，加强多语种文化旅游人才培养，为打造“国际生态旅游目的地”提供人才支撑。推动行业协会建设，发挥行业协会的内部自我管理作用，确保饮食供应源头、生产过程、销售等食品产业链的安全性和规范性，制定行业发展促进政策、旅游市场秩序整治措施，在行业自律的基础上统一服务标准，规范饮食旅游产品制作流程，全力营造良好的民族饮食文化旅游行业市场秩序。

（四）开发优质特色民族饮食文化旅游项目和产品

青海省“十四五”时期文化和旅游发展规划指出，要“做大做响高原特色菜系，提升化隆拉面等品牌，擦亮青海特色小吃招牌”①。可见，黄河青海流域民族饮食文化要突出创新性原则，立足文化的创造性转化和创新性发展，促进文化资源到文化产品和文化品牌、文化产业的转化，打造“青海菜”“青海宴”旅游新名片，突显特色传统民族饮食文化在当代的资源属性。在开发优质特色民族饮食文化旅游项目和产品中，要丰富饮食文化旅游产品供给，构建特色化、多样化、个性化饮食文化旅游产品体系，可以在烹饪方式、食品配料、饮食器具的选用等内容上进行创新的同时，优化饮食环境，将艺术表演、自然环境以及具有民族风格的建筑融入就餐环境中。民族传统饮食也应当拓宽视野，不仅要追求色美、味香，同时也要尽量满足更多外来游客对现代美食标准的需求。要注重“自然美”与“人工美”的结合，也要动员现有的民族餐馆及农家乐、牧家乐，研制民族特色的高品质菜肴，增加本民族传统饮食品种、丰富传统风味，满足包括年轻消费者在内的多数受众和多层次食客精神、物质

---

① 青海省人民政府办公厅：《青海省“十四五”文化和旅游发展》，http：//www. haidong. gov. cn/html/217/100650. html，2021年12月11日。

高度统一的需求。在饮食器具的选择上也需十分重视，可将民族地域特色的图画绘制在器具上，以获得视觉享受，在饮食形式、环境和氛围上也要下功夫，将特色民族餐饮融入旅游导图和宣传手册中，结合旅游景区联合开发民族饮食餐饮产品的包装、礼品，突出民族饮食文化的传播。牵手当地科研部门、专业技术团队，打造生产一批有特色、有核心竞争力的青海民族饮食特色产品、商品实体，将质量优先与文化传承发展相结合。同时，推进民族饮食进景区、进校园、进社区活动的开展，开发一些如民族饮食文化研学游、名吃专项游、老字号餐饮品牌主题游、农家乐和牧家乐餐饮行等民族饮食文化旅游项目，助力青海文旅产业的发展。开发面向本省城市居民的“周末休闲民族饮食风情品尝游”，参与食品耕作种植、采摘、民族饮食制作的“短途休闲饮食体验游”，利用青海民族地区具有保健功效的山珍、中草药资源的“食疗保健度假游”等产品和模式，激发游客品尝民族美食的愿望。

（五）数字化营销助推民族饮食文旅融合发展

现代营销是推进黄河青海流域民族饮食文化与旅游产业深度融合发展的有效动力，要通过多种媒介和多元方式加强青海民族饮食文化旅游的宣传力度，融合传统媒体和新媒体平台打造全方位立体式宣传方式。融入全省“数字文旅大数据平台”“青海数字文旅体系”建设，引入新兴技术拓展黄河青海流域民族饮食文化旅游发展的空间。创新运营模式，引入区块链等技术，加速产业链和创新链有机融合，形成价值链形态与内涵相似的新发展业态，也可以采取网络营销手段扩展消费者对黄河青海流域民族饮食文化旅游产品的获取和消费的渠道，扩大产品的宣传力度，以科技助力构建更多直面消费者的平台。统筹实体企业、门店以及商务、广电、体育、外事等部门的渠道和资源，发挥各方优势，凝聚各方力量，完善联合推介营销机制，形成宣传推广营销青海民族饮食文化旅游的合力，打造立体化对外营销机制。发挥好民族餐饮品牌的效应，借助各类活动增加知名度、美誉度，办好黄河青海流域文化旅游节、美食烹饪大赛、美食节以及民族饮食展销会，利用青洽会、环青海湖国际公路自行车赛等大型节庆赛事，扩大提升黄河青海流域民族饮食文化旅游宣传的营销力度与广度，注重不同民族文化的融合与碰撞，其宣传点可采用不同文化差异性与文化交流进行策划，扩大影响力。青海民族饮食文旅还要拓宽发展渠道，主动融入国家战略建设，加强文旅交流和合作，抓好新时代西部大开发、“一带一路”建设和青海打造“青海国际生态旅游目的地”“绿色有机农畜产品输出地”等诸如此类的机会，将有关青海民族饮食文旅的图片、视频在全球范围内进行交流和展示，提升品牌效应。扶持具有发展潜力、实力较强的民族饮食文旅企业和集团，在国内外其他地区建立文化产品加工、出口、销售、集散等基地和中心，以便进一步加强与文化旅游产业发展大国的交流合作，拓展国际市场，推动青海民族饮食文化旅游走向世界，提高区域文化软实力，在民族文化旅游对话和竞争中大放光彩。

作者简介：于晓陆，青海省社会科学院民族与宗教研究所助理研究员。

黔东南州康养旅游发展路径探析

罗岚洪

摘　要：随着2022年新国发2号文件和贵州省“桥头堡”政策出台，黔东南州发展康养旅游迎来了新的机遇。文章运用SWOT分析法分析了黔东南州发展康养旅游具有资源优势和交通的优势；康养旅游业基础设施不够完善、服务水平有待提升的劣势；随着政策和需求市场带来的机遇及人才缺乏和来自周边地区的威胁与挑战；提出了创新康养旅游产品开发，提升康养旅游产业服务水平，加强政府引导与人才培养等意见建议。

关键词：康养旅游；民族文化；生态环境

党的十九大报告指出：“我国的社会主要矛盾已经转化为人民日益增长的美好生活需要和不平衡不充分的发展之间的矛盾。”随着经济水平的提高，人们对生活品质、生命品质要求也日渐增加。大健康观念逐渐成为社会共识，人民群众对健康服务的需求从以治病为中心向全生命周期的卫生与健康需求转变。[①] 随着我国逐步向老龄化迈进，对康养旅游的需求量也日益增加。黔东南州位于贵州东南部，有着独特的民族文化资源和良好的生态环境。黔东南有着良好的旅游业发展基础，黔东南丰富的森林资源和较为完备的旅游基础设施为发展康养旅游业提供了物质基础。2022年，国务院印发的《国务院关于支持贵州在新时代西部大开发上闯新路的意见》（新国发2号文件）提出：“十八、促进文化产业和旅游产业繁荣发展。积极发展民族、乡村特色文化产业和旅游产业，加强民族传统手工艺保护与传承，打造民族文化创意产品和旅游商品品

---

① 陈雪钧、李莉：《国内康养旅游产业发展的多维分析与启示》，载《开发研究》2021年第4期，第109-114页。DOI：10.13483/j.cnki.kfyj.2021.04.014.

牌。”国务院提出的意见为贵州经济高质量发展指明了方向。同年，贵州省人民政府出台了《关于支持黔东南自治州“黎从榕”打造对接融入粤港澳大湾区“桥头堡”的实施意见》，该意见中将黔东南定位为对接融入粤港澳大湾区的“桥头堡”，进一步细化为对接融入粤港澳大湾区的生态旅游康养区。这两个文件对黔东南发展康养旅游业带来了新的机遇与挑战。本文运用 SWOT 分析法，从优势（Strength）、劣势（Weakness）、机遇（Opportunity）、威胁（Threat）四个方面对黔东南康养旅游业进行分析，希望能对西部地区康养旅游业的创新发展、促进地方经济增长提供借鉴。

一、黔东南州康养旅游 SWOT 分析

（一）黔东南康养旅游发展优势

1. 自然环境优势

黔东南州位于贵州省东南部，属于亚热带湿润季风气候，冬无严寒，夏无酷暑，四季分明，雨水充沛，立体气候明显。2021 年平均气温 14.7℃～18.5℃。森林覆盖率 67.98%，是长江和珠江上游地区的重要生态屏障，被誉为“天然大氧吧”。遮天蔽日的亚热带森林，夏无酷暑的宜人气候，是理想的避暑胜地，得天独厚的环境优势使其成为天然的康养旅游目的地。

2. 资源优势

（1）丰富的森林康养资源

森林资源丰富，是我国南方重点集体林区。境内峰峦叠翠、林木葱茏，有“杉乡”“林海”之称，现今森林覆盖率 67.98%，是长江和珠江上游地区的重要生态屏障。森林面积 200.6 万公顷，活立木蓄积量 1.69 亿立方米。生物种类繁多。有各种植物 3623 种，其中野生植物资源 194 科 947 属 3300 余种，在种子植物中有中国特有种 45 属。国家重点保护野生植物红豆杉、珙桐等 42 种；药用野生植物 400 余种，太子参、松茯苓等名贵药材驰名全国。有野生动物脊椎动物 5 纲 31 目 104 科 557 种，其中林麝、豹等 120 余种被列为国家重点保护野生动物。①

① http：//www.qdn.gov.cn/zjqdn/。

（2）独特的民族文化资源

黔东南民族风情浓郁，有“百节之乡”“歌舞海洋”之称。每年超万人规模节日活动有128个，内容丰富多彩，有唱歌跳舞、斗牛赛马、吹芦笙、踩鼓舞、赛龙舟、玩龙灯、唱侗戏等，苗族有苗年、芦笙会、爬坡节、姊妹节、“四月八”、吃新节、独木龙舟节，侗族有侗年、萨玛节、泥人节、摔跤节、林王节、“三月三”歌节、“二十坪”歌节等等。文化遗产丰富，国家非物质文化遗产项目名录、中国传统村落入选数量均居全国市州级第一。有人类非物质文化遗产代表作名录1项（侗族大歌），国家级非物质文化遗产代表性项目53项72处。国家级非物质文化遗产生产性保护示范基地3处。文物保护单位1080处，其中全国重点文物保护单位20处。艺术表演团体18个，文化馆17个，公共图书馆17个，国家备案博物馆29家，其中13家博物馆、纪念馆列入中央补助免费开放名单。有中国历史文化名城1个、名镇2个、名村7个，国家民间文化艺术之乡1个、省级4个。10个“苗族村寨”和12个“侗族村寨”列入中国世界文化遗产预备名单项目，409个村寨入选中国传统村落名录。黔东南州民族文化遗产纳入国家层面整体性保护，成为23个国家级文化生态保护区之一。①

（3）丰富的旅游资源

旅游资源丰富，境内有国家级风景名胜区3个、世界自然遗产地1处（施秉云台山），有国家5A级景区1个、4A级景区15个、3A级景区57个。有以舞阳河、云台山、雷公山为代表的山水名胜自然风光，有以凯里、台江、雷山为代表的苗族风情文化，有以黎平、从江、榕江为代表的侗族风情建筑。有以红军长征时期中共中央政治局黎平会议会址、榕江红七军军部旧址、革命先驱龙大道故居和周达文故居等红色旅游资源。被列为“中国苗侗风情国际旅游目的地”和“国家全域旅游示范区”创建单位。是联合国教科文组织推荐的世界十大“返璞归真、重返大自然”旅游首选地之一。

（4）交通优势

随着国家对贵州政策支持，贵州大力发展交通建设，交通布局涵盖了高铁、高速公路、民用航空，交通较为便利。目前，黔东南境内有沪昆高铁、贵

① http：//www.qdn.gov.cn/zjqdn/。

广高铁两条高铁要道过境；高速有 G60 沪昆高速等交通要道经过，已形成县县通高速的局面；黔东南境内有机场 2 个，分别为凯里黄平机场及黎平机场，黄平机场日前已开通凯里至广州直飞线，这将极大地缩短粤港澳地区游客进入黔东南的时间，为游客带来便利。

（二）黔东南康养旅游发展劣势

1. 基础设施有待完善

黔东南康养旅游发展起步较晚，基础设施不够完善。黔东南境内康养旅游资源丰富，森林覆盖率高。尤其榕江县，森林覆盖率达 73.11%，雷山县达 72.52%，黎平县达 72.05%，资源禀赋均较好，但由于康养旅游发展起步晚，较多风景区的康养旅游基础设施不够完善，景区到县城及主干道的交通通达度不够；中药康养及苗侗本土医药的康养开发力度不够，缺乏本土品牌特点。

2. 服务水平有待提升

景区民宿等有些为集团经营，有些为农户自发经营，导致服务水平参差不齐，自发经营的民宿往往服务水平较低，在居住和饮食方面不能提供符合外地游客需求的产品，影响游客体验。

3. 营销力度不够

虽然黔东南贵州打造了以温泉为主打的康养旅游产业，但进入黔东南旅游的游客多以苗侗民族风情观光为主，黔东南目前以苗侗民族特色进行营销，还未将康养旅游作为主要营销点。

（三）黔东南康养旅游发展机遇

1. 政策支持

2022 年，国务院印发了《国务院关于支持贵州在新时代西部大开发上闯新路的意见》（以下简称《意见》）（新国发 2 号文件），《意见》中提出促进文化产业和旅游产业繁荣发展。积极发展民族、乡村特色文化产业和旅游产业，加强民族传统手工艺保护与传承，打造民族文化创意产品和旅游商品品牌。同年，贵州省人民政府出台的《关于支持黔东南自治州“黎从榕”打造对接融入粤港澳大湾区“桥头堡”的实施意见》，提出将黔东南打造为对接融入粤港澳大湾区的生态旅游康养区。这两个文件的出台，为黔东南康养旅游打了一剂“强心针”，有利于黔东南抓住粤港澳大湾区的游客资源，打开粤港澳康养旅游的市场。

2. 需求增长

据《中国乡村振兴综合调查研究报告 2021》指出，中国人口中 60 岁及以上人口的比重达到了 20.04%，65 岁及以上人口的比重达到了 13.82%。常住人口中 60 岁及以上的比重达到 23.99%，65 岁及以上人口的比重达到 16.57%。[①]随着生活水平的提高，人们对健康生活、生命质量的需求也不断增加，康养逐渐成为人们日常休闲、保养的重要选择。我国人口基数大，老龄人口的增加也带来对康养业的巨大的市场需求。

（三）黔东南康养旅游发展挑战

1. 人才缺乏

虽然贵州高校也开设了旅游管理课程，但针对康养旅游应用类的人才较少，专业人才不足，是黔东南发展康养旅游业的一个短板。

2. 来自其他周边市州及省份的威胁

黔南州印发黔南州体育旅游示范区三年行动方案（2021—2023 年），2021 年完成龙里县油画大草原景区、长顺县神泉谷休闲旅游区、罗甸县红水河休闲度假区 3 个城镇体育旅游示范基地创建；2022 年完成都匀市绿博园城镇体育旅游示范基地创建，同时启动国家体育旅游示范基地、国家山地户外运动示范公园和全国独竹漂训练基地的创建工作；2023 年完成都匀市绿博园国家体育旅游示范基地、国家山地户外运动示范公园和全国独竹漂训练基地创建，基本打造成为国内一流、国际知名的体育旅游目的地[②]。铜仁市全市森林覆盖率达 66.2%，负氧离子浓度高，全年空气质量优良率在 95%以上，其中最具代表性的当属梵净山，是休闲养生的最佳去处。境内有武陵主峰梵净山、玉屏侗族自治县田坪康养小镇、铜仁热矿泉储量丰富，富含 40 多种矿物质，是世界级的温泉富矿，可以康养保健、延年益寿，堪称“天赐神汤”，石阡荣获中国温泉之乡、中国矿泉水之乡、全国温泉开发利用示范区等称号。

---

① 魏后凯、苑鹏、王术坤：《中国乡村振兴综合调查研究报告（2021）》，中国社会科学院农村发展研究所与中国社会科学出版社，2022RH 。

② http：//www.qiannan.gov.cn/zwgkztym/zrmzfbgs _ 085412/zcwj _ 065214/202202/t20220209 _ 72495160.html。

二、黔东南州发展康养旅游对策

（一）创新康养旅游产品开发

要结合黔东南本土资源优势，充分利用好民族文化和生态环境，结合康养旅游人群的需求，开发民族特色、森林康养、温泉等元素的康养产品。开发苗乡侗寨文化特色结合苗侗医药的养生游，开发山地森林康养结合温泉的康体游。

（二）提升康养旅游产业服务水平

依照康养旅游业行业服务准则，加强对从业人员的培训，为游客提供优质的服务，提升游客的体验感和满意度，让游客成为回头客。

（三）创新康养旅游产业运营

依托互联网+，锁定目标客户群体进行精准营销；根据黔东南特色，打造区别于其他地区的黔东南康养旅游品牌；充分抓住“桥头堡”政策机遇，把握好粤港澳大湾区的客源，努力创立好游客口碑，形成品牌效应。

（四）加强政府引导与人才培养

政府应加强规划和引导，整合旅游资源，打造康养旅游线路，使康养旅游形成规模化、避免同质化，同时遏制恶性竞争。高校要注重旅游管理人才及应用人才的培养，为康养旅游业输送更多优质人才。

作者简介：罗岚洪，贵州省黔东南州社会科学院研究实习员。

司法案例指导助力法治化营商环境“贵州高地”建设研究

王　飞

摘　要：贵州落实新国发2号文件提出的“全面优化营商环境”要求，需要深刻理解法治是最好的营商环境，司法案例指导是促进司法公正、助建法治化营商环境的重要手段。要根据中央及最高院有关案例指导规定，结合司法案例指导实践经验，找准地方开展司法案例指导工作的切入点和着力点，通过编制发布贵州高院营商环境参考性案例，充分发挥司法案例优化营商环境的示范引领作用，主动衔接世界银行新版宜商环境评价指标（BEE）开展司法案例指导工作等措施，不断打造法治化营商环境“贵州高地”。

关键词：贵州；营商环境；案例指导

《国务院关于支持贵州在新时代西部大开发上闯新路的意见》（新国发2号文件）要求，贵州全面优化营商环境，[①] 激发各类市场主体活力，增强高质量发展内生动力。2022年贵州省政府工作报告提出，以“周公吐哺”精神，尊重企业家，服务企业家，为企业家打造大胆创业、安心发展的市场化法治化营商环境。从本质上讲，优化营商环境所提升的营商吸引力主要源于法治本身的公信力。[②] 打造法治化营商环境，必须推进公正司法、提升司法公信力。案例指导作为上级法院指导下级法院审判活动的重要手段，[③] 具有统一裁判标准、

① 从法律法规规范层面看，根据《优化营商环境条例》第2条的界定，营商环境是指企业等市场主体在市场经济活动中所涉及的体制机制性因素和条件。

② 李建伟：《习近平法治思想中的营商环境法治观》，载《法学论坛》2022年第3期。

③ 胡云腾、于同志：《案例指导制度若干重大疑难争议问题研究》，载《法学研究》2008年第6期。

促进司法公正、提升司法公信力等重要功能。本文以此为切入点，分析司法案例指导助力打造法治化营商环境“贵州高地”的话题，以供参考。

一、理论之维：法治是最好的营商环境，一个案例胜过一打文件

（一）营造一流营商环境必须发挥好法治的规范引领保障作用

党的十八大以来，党中央将优化营商环境问题置于重点关注位置，作出一系列建设市场化、法治化、国际化营商环境的重大战略部署。2013 年 10 月，党的十八届三中全会通过的《中共中央关于全面深化改革若干重大问题的决定》提出，建设法治化营商环境。这是党的重要文件首次提出具有开创性的法治化营商环境概念，充分反映出党和国家对于建设法治化营商环境的重视度和关注度前所未有。[①] 2014 年 12 月，习近平总书记在主持十八届中央政治局第十九次集体学习时，明确提出“营造法治化营商环境”的要求。[②] 2019 年 2 月，习近平总书记主持的中央全面依法治国委员会第二次会议强调，“法治是最好的营商环境”[③]。这一重要论断，为建设法治化营商环境指明了方向。一方面，法治能够强化营商环境的可预期性，有利于降低企业评估投资的成本；另一方面，法治能够有效维护市场规则的公平透明，有利于增强投资者的信心。世界银行、经济学人智库等机构发现，提高政策、法律的可预见性可以使投资者增加投资的可能性提高三成。[④] 可以说，谁拥有法治化营商环境，谁就拥有更多的竞争优势。鉴于此，优化营商环境必须深刻理解法治是最好的营商环境，切实做到在法治框架内调整各类市场主体的利益关系。

---

① 胡晓霞：《论法治化营商环境之司法方案》，载《中国应用法学》2021 年第 6 期。

② 习近平：《习近平谈治国理政（第二卷）》，北京：外文出版社，2017 年，第 101 页。

③ 《习近平主持召开中央全面依法治国委员会第二次会议强调：完善法治建设规划提高立法工作质量效率 为推进改革发展稳定工作营造良好法治环境》，载《人民日报》，2019 年 2 月 26 日，第 1 版。

④ 王法治：《营造国际一流营商环境，法治是关键》，海外网（《人民日报》海外版官网），http：//m. haiwainet. cn/middle/353596/2019/0308/content_ 31511710_ 1. html，最后检索时间：2022 年 6 月 1 日。

（二）司法案例指导是促进司法公正、助建法治化营商环境的重要手段

司法是维护社会公平正义的最后一道防线，通过公正司法依法平等保护各类市场主体产权和合法权益，是建设法治化营商环境的题中应有之义。只有充分展示强大的司法公信力，不断促进司法公正，让企业和企业家真正安心放心，市场主体的创业创新创造动力才能更加强劲。作为建设法治化营商环境的主力军，司法机关应当积极回应市场主体的司法需求，努力让市场主体在司法案件中感受到公平正义。2018 年 1 月，中央政法工作会议强调"一个案例胜过一打文件"①。2019 年 7 月，全国法院民商事审判工作会议提出，以营造法治化营商环境，为工作重心，充分发挥民商事审判职能作用，进一步营造稳定公平透明、可预期的法治化营商环境，为经济高质量发展提供高水平司法服务和保障。② 然而，在解决民商事诉讼纠纷的法律适用中，除民法典外还有公司法、破产法、票据法、保险法等数量庞大的单行商事法律，法官面对纷繁复杂的单行法时常陷入找法和用法的困境之中，尤其是当多个单行法规范都可以适用于某一法律关系时，这种状况实际上成为法官适用法律的一大难题，也极大地妨碍了司法裁判的统一性。③ 对此，鉴于司法指导性案例具有统一裁判标准的重要功能，可以有效缓解制定法在适用过程中遭遇的不确定性困境，④ 建设法治化营商环境应当大力发挥司法案例指导在统一法律适用、提升司法公信力等方面的重要作用。

---

① 《中央政法工作会议：抓紧甄别纠正反映强烈的产权纠纷案件》，中国新闻网，https：//www.chinanews.com.cn/gn/2018/01-23/8431465.shtml，最后检索时间：2022 年 6 月 1 日。

② 孙航：《充分发挥民商事审判职能作用为经济高质量发展提供高水平司法服务和保障》，载《人民法院报》，2019 年 7 月 4 日，第 1 版。

③ 王利明：《论〈民法典〉实施中的思维转化——从单行法思维到法典化思维》，载《中国社会科学》2022 年第 3 期。

④ 马光泽：《论指导性案例的效力类型——基于对"应当参照"误解的澄清》，载《北京社会科学》2022 年第 4 期。

二、制度之基：日渐丰富的制度体制机制规定，为通过司法案例指导推进法治化营商环境建设提供了较为扎实的规范基础

（一）中央文件高度重视司法案例指导工作

2014 年 10 月，党的十八届四中全会通过的《中共中央关于全面推进依法治国若干重大问题的决定》提出，加强和规范司法解释和案例指导，统一法律适用标准。2016 年 12 月，中共中央办公厅、国务院办公厅印发的《关于进一步把社会主义核心价值观融入法治建设的指导意见》要求，完善案例指导制度，及时选择对司法办案有普遍指导意义，对培育和弘扬社会主义核心价值观有示范作用的案例，作为指导性案例发布，通过个案解释法律和统一法律适用标准。2018 年 2 月，中共中央办公厅、国务院办公厅印发的《关于加强知识产权审判领域改革创新若干问题的意见》要求，完善知识产权案例指导制度，改进裁判方式。2019 年 11 月，国务院印发的《关于进一步做好利用外资工作的意见》（国发〔2019〕23 号）进一步要求，统一知识产权案件诉讼证据和司法裁判标准，适时出台有关司法解释，发布指导性案例，持续提升知识产权司法审判工作规范化、科学化、国际化水平。2021 年 1 月，中共中央印发的《法治中国建设规划（2020-2025 年）》再次强调，加强和完善指导性案例制度，确保法律适用统一。

（二）最高人民法院印发一系列文件规范司法案例指导工作

最高人民法院（以下简称最高院）注重推进司法案例指导工作，印发一系列文件不断规范司法案例指导。这在 2018 年 10 月修订的《人民法院组织法》规定“最高人民法院可以发布指导性案例”之后更为明显。

1. 印发专门文件推进司法案例指导工作

2010 年 11 月印发的《关于案例指导工作的规定》（法发〔2010〕51 号）规定，指导性案例由最高院确定并统一发布，各级法院审判类似案例时应当参照。2015 年 5 月印发的《〈关于案例指导工作的规定〉实施细则》（法发

〔2015〕130 号）规定，与最高院发布的指导性案例相类似的案件，应当参照相关指导性案例的裁判要点做出裁判，并将指导性案例作为裁判理由引述。2021 年 12 月印发的《关于推进案例指导工作高质量发展的若干意见》（法发〔2021〕294 号）规定，加强对指导性案例的应用，应当首先检索现行有效指导性案例并参照裁判。

2. 在综合性司法文件中强调案例指导工作

2010 年 12 月印发的《关于规范上下级人民法院审判业务关系的若干意见》（法发〔2010〕61 号）规定，最高院通过发布指导性案例等对下级法院的审判业务工作进行指导。2011 年 8 月印发的《关于人民法院加强法律实施工作的意见》（法发〔2011〕11 号）规定，充分发挥指导性案例在指导审判、宣传法制、预防纠纷中的重要作用，促进公正、统一司法，努力提升司法公信力和权威性，提高法官运用案例的司法能力，实现审理案件法律效果和社会效果的有机统一。2012 年 2 月印发的《关于在审判执行工作中切实规范自由裁量权行使保障法律统一适用的指导意见》（法发〔2012〕7 号）规定，不断统一裁判标准，各级法院内部对同一类型案件行使自由裁量权的，要严格、准确适用法律、司法解释，参照指导性案例，努力做到类似案件类似处理。2013 年 9 月印发的《关于切实践行司法为民大力加强公正司法不断提高司法公信力的若干意见》（法发〔2013〕9 号）规定，充分发挥指导性案例和参考案例的重要作用，规范自由裁量权，统一司法尺度，严格裁判标准。

3. 在建设营商环境相关司法文件中要求落实案例指导工作

2017 年 8 月印发的《关于为改善营商环境提供司法保障的若干意见》（法发〔2017〕23 号）规定，通过裁判案件以及适时发布指导性案例等形式，向各类市场主体宣示正当的权利行使规则和违反义务的法律后果，强化市场主体的契约意识、规则意识和责任意识。2017 年 12 月印发的《关于充分发挥审判职能作用为企业家创新创业营造良好法治环境的通知》（法发〔2018〕1 号）规定，不断完善保障企业家合法权益的司法政策，加大制定司法解释、发布指导性案例工作力度，统一司法尺度和裁判标准。2020 年 9 月印发的《关于人民法院服务保障进一步扩大对外开放的指导意见》（法发〔2020〕37 号）规定，发布指导性案例，统一法律适用标准。2021 年 12 月印发的《关于为新时代推进西部大开发形成新格局提供司法服务和保障的意见》（法发〔2021〕32号）规定，按照“一个案例胜过一打文件”要求，适时发布指导性案例、典型案例。

4. 对高级人民法院的司法案例指导工作进行规定

上文提到的2010年12月《关于规范上下级人民法院审判业务关系的若干意见》规定，高级人民法院通过发布参考性案例对辖区内法院的审判业务工作进行指导。2011年12月印发的《关于发布第一批指导性案例的通知》（法发〔2011〕354号）规定，高级人民法院可以通过发布参考性案例等形式，对辖区内法院的审判业务工作进行指导，但不得使用“指导性案例”或者“指导案例”的称谓，以避免与指导性案例相混淆。2020年7月印发的《关于统一法律适用加强类案检索的指导意见（试行）》（法发〔2020〕24号）规定，类案检索并参考裁判的范围包括本省（自治区、直辖市）高级人民法院发布的参考性案例。2020年9月印发的《关于完善统一法律适用标准工作机制的意见》（法发〔2020〕35号）规定，完善高级人民法院统一法律适用标准工作机制，高级人民法院应当建立办案指导文件、参考性案例长效工作机制。2020年12月印发的《关于规范高级人民法院制定审判业务文件编发参考性案例工作的通知》（法发〔2020〕311号）规定，高级人民法院可以通过制定审判业务文件、编发参考性案例等方式进行审判指导。此外，上文提及的2021年12月《关于推进案例指导工作高质量发展的若干意见》也再次强调，高级人民法院应当依据有关规定编发参考性案例，对辖区内法院的审判执行工作进行指导；可以参照有关规定，建立和完善参考性案例统筹管理工作机制。

从首次正式提出指导性案例的《关于案例指导工作的规定》到《〈关丁案例指导工作的规定〉实施细则》再到《关于推进案例指导工作高质量发展的若干意见》等一系列司法案例指导相关制度文件的出台，不断明确和规范指导性案例的条件、推荐、遴选、审查、报审、决定、发布、应用、评估、清理等内容，标志着中国特色案例指导制度已从初步确立发展到日益完善。其中，在优化营商环境方面明确开展司法案例指导以及要求高级人民法院编发参考性案例等规定，更是为地方层面通过司法案例指导不断推进营商环境法治化提供了较好的制度规范依据和实操运作空间。

三、实践之证：司法案例指导在营造法治化营商环境上取得诸多成效

（一）最高院开展的司法案例指导实践，有力地促进了法治化营商环境建设

1. 最高院指导性案例得到越来越多的司法应用

最高院从 2011 年 12 月发布第一批指导性案例起，到 2022 年 7 月已经发布了 32 批、共计 185 个指导性案例。这些指导性案例覆盖了民事、刑事、行政、知识产权、执行和国家赔偿六大类案由，包括民商事案例 131 个、刑事案例 26 个、行政和国家赔偿案例 28 个。有学者以"北大法宝-司法案例库"的裁判文书作为数据样本，分年度对 2016-2020 年最高院指导性案例司法应用情况进行分析报告。[①] 本文根据这些报告披露的数据，对 2016-2020 年[②]最高院指导性案例司法应用情况进行统计（见下表）。

最高院指导性案例司法应用情况统计表（2016—2020）

截至年份	2016 年	2017 年	2018 年	2019 年	2020 年
累计发布指导性案例（件）	77	92	106	139	147
累计被援引（应用）指导性案例（件）	37	60	78	91	113
累计援引（应用）指导性案例的案例（件）	549	1571	3098	5104	7319

数据来源：郭叶等，最高院指导性案例司法应用年度报告。

① 郭叶、孙妹：《指导性案例应用大数据分析——最高人民法院指导性案例司法应用年度报告（2016）》，载《中国应用法学》2017 年第 4 期；《最高人民法院指导性案例司法应用情况 2017 年度报告》，《中国应用法学》2018 年第 3 期；《最高人民法院指导性案例 2018 年度司法应用报告》，载《中国应用法学》2019 年第 3 期；《最高人民法院指导性案例 2019 年度司法应用报告》，载《中国应用法学》2020 年第 3 期；《最高人民法院指导性案例 2020 年度司法应用报告》，载《中国应用法学》2021 年第 5 期。

② 鉴于目前没有收集到 2021 年最高人民法院指导性案例司法应用情况数据，本文只统计到 2020 年。

从统计表可见：（1）被应用指导性案例数量占指导性案例数量的比例增长明显。2016—2020 年的占比分别为：48.05%、65.22%、73.58%、65.47%、76.87%。（2）应用指导性案例的案例数量增加显著。在 2016 年 549 件的基础上，2017—2020 年逐年递增数量分别为：1022 件、1527 件、2006 件、2215 件。统计结果显示，最高院指导性案例得到越来越多的司法应用。这亦证明，指导性案例在多个领域的法律适用上不断促进了司法裁判规则统一。并且，鉴于指导性案例中民商事案例占多数，截至 2022 年 7 月，占比 70.81%；应用指导性案例的案例中亦以民商事案由占大多数，截至 2020 年，占比超过 75%,[①] 可以说最高院指导性案例司法运用越来越增强的趋势，愈加有利于解决营商环境案件“同案不同判”问题。

2. 最高院专题典型案例亦在发挥示范作用

除了指导性案例，典型案例也是最高院进行司法案例指导的重要方式。近三年[②]就发布了多批次营商环境典型案例。其中，在保护产权、市场主体和企业家合法权益方面发布 2 批次 17 个典型案例，在促进企业发展方面发布 2 批次 22 个典型案例。在加强知识产权保护、维护市场公平竞争方面，发布 6 个侵害知识产权民事案件适用惩罚性赔偿典型案例；2 批次 20 个种业知识产权司法保护典型案例；10 个互联网典型案例；10 个反垄断和反不正当竞争典型案例；以及 2019 年、2020 年、2021 年的中国法院 10 大知识产权案件和 50 件典型知识产权案例。在促进法治政府诚信政府建设方面，发布 9 个涉产权保护行政诉讼典型案例，2 批次 20 个行政协议典型案例。在护航区域协调发展方面，发布 5 个服务保障京津冀协同发展典型案例；14 个服务和保障长三角一体化发展典型案例；10 个服务保障自由贸易试验区建设典型案例；10 个涉“一带一路”建设典型案例。在保障疫情防控期间复工复产方面，发布 3 批次 31 个复工复产民商事典型案例。最高院发布的这些营商环境典型案例，针对不同时段法治化营商环境建设需要及突出问题，为刑事、民事、行政、知识产权等多个法律

① 郭叶、孙妹：《最高人民法院指导性案例 2020 年度司法应用报告》，载《中国应用法学》2021 年第 5 期。

② 《最高人民法院关于统一法律适用加强类案检索的指导意见（试行）》规定，类案检索范围包括最高人民法院发布的典型案例。除指导性案例以外，优先检索近三年的案例或者案件。这说明，“近三年”的案例更具有参考价值，受此“近三年”规定的启发，这里仅列举近三年来最高人民法院发布的典型案例情况。

领域的营商环境司法案件裁判提供示范，极大地促进了法治化营商环境建设。

（二）贵州省高级人民法院开展的司法案例指导工作，推进了贵州法治化营商环境建设

近三年来，贵州省高级人民法院（以下简称“贵州高院”）围绕营造贵州法治化营商环境主题，发布了多批次营商环境典型案例。在维护市场主体和企业家合法权益、促进企业发展方面，发布2019年保护民营企业合法权益十大典型案例；2020年执行《优化营商环境条例》十大典型案例；2021年优化营商环境“破产审判”十大典型案例和十大商事典型案例。在知识产权保护、反不正当竞争方面，2019年发布贵州法院知识产权司法保护4个典型案例；2020年发布贵州法院知识产权司法保护十大典型案例；2021年发布6个知识产权司法保护典型案例；2022年发布10个知识产权审判护航营商环境典型案例。在促进法治政府诚信政府建设方面，2020年发布7个行政审判典型案例。这些营商环境典型案例的发布，在民事、行政、知识产权等方面回应市场主体及企业家关心的合法权益保护和落实问题，助力贵州营造有利于市场主体发展的法治化营商环境。①

四、提升之策：进一步凸显司法案例指导价值，助力打造法治化营商环境“贵州高地”

2018年11月，习近平总书记在首届中国国际进口博览会开幕式上做主旨演讲时强调：“营商环境只有更好，没有最好。”② 营造法治化营商环境，就是要在习近平法治思想的指导下，用法治思维、法治方式不断营造稳定、公平、透明、可预期的营商环境。法治化营商环境离不开公正司法，案例指导是保障

① 2021年，全国工商联发布的“万家民营企业评营商环境”调查结果中，贵州名列第13位，较2020年提升3位。在要素、法治、政务、市场、创新五大环境指标中，法治环境位列第4。参见龙章榆：《贵州：擦亮“贵人服务”品牌打造营商环境高地》，人民网－贵州频道，http：//gz. people. com. cn/n2/2021/1125/c222152-35022644. html，最后检索时间：2022年6月1日。

② 习近平：《共建创新包容的开放型世界经济——在首届中国国际进口博览会开幕式上的主旨演讲》，新华网，2018年11月5日，http：//www. xinhuanet. com/politics/leaders/2018-11/05/c_ 1123664692. htm，最后检索时间：2022年6月1日。

裁判标准统一、促进公正司法的强有力抓手。贵州全面优化营商环境，打造法治化营商环境“贵州高地”，应当进一步凸显司法案例指导价值。

（一）不断积累，深入挖掘，编制发布营商环境参考性案例

如上文所述，贵州高院发布了不少典型案例。但据笔者搜集的公开情况看，没有发现贵州以“参考性案例”为名编制发布的案例。基于以下几点考虑，建议在可能的情况下，今后将合适的贵州营商环境案例以“参考性案例”名称编制发布。

一是，最高院印发的一系列案例指导文件，对高级法院编发案例的提法都是“参考性案例”，特别是最新指导文件《关于推进案例指导工作高质量发展的若干意见》明确规定“高级人民法院应当依据有关规定编发参考性案例”，在规范用语上已经从以前的鼓励高级人民法院“可以”编发参考性案例，变为要求高级人民法院“应当”编发参考性案例。据此，使用“参考性案例”名称编制发布营商环境案例，也就具有上位文件规范的明文依据。一旦参考性案例“名正言顺”，其编发有最高法院规定的规则和程序，比较当下典型案例的编发，也就显得更加正式更加规范，也更能保证编发案例的质量，增加案例的参考和指引价值。

二是，在用语上，使用“参考性案例”名称，相较使用“典型案例”更能醒目提示所公布案例对辖区内法院审判执行业务的“参考”价值。在类案检索上，鉴于“参考性案例”顺位在前，按照《关于统一法律适用加强类案检索的指导意见（试行）》规定，无论是辖区内哪一级法院裁判生效的案件，即便是基层法院裁判生效的案件，其一旦被高级人民法院编发为“参考性案例”，相比高级人民法院裁判生效的类似案件，其在司法应用中将直接被优先参考。同样的案件情况，如果是被高级人民法院编发为典型案例，如要优先参考在高级人民法院裁判生效的类似案件之前，则在前述类案检索指导意见中找不到明文的规定依据。①

① 《关于统一法律适用加强类案检索的指导意见（试行）》第四条规定：“类案检索范围一般包括：（一）最高人民法院发布的指导性案例；（二）最高人民法院发布的典型案例及裁判生效的案件；（三）本省（自治区、直辖市）高级人民法院发布的参考性案例及裁判生效的案件；（四）上一级人民法院及本院裁判生效的案件。除指导性案例以外，优先检索近三年的案例或者案件；已经在前一顺位中检索到类案的，可以不再进行检索。”

三是，从横向比较的视角，国内多个地方高级人民法院都发布过参考性案例，如福建省、四川省、河南省、安徽省、辽宁省、上海市、天津市、重庆市、内蒙古自治区等省、自治区、直辖市高级法院。其中，有些做法值得关注借鉴。比如，重庆市高院出台《关于加强参考性案例工作的意见》，对参考性案例的应用、推荐、发布等进行规定；四川省高院建立参考性案例汇编制度，将参考性案例汇编成《案例指导》丛书出版；辽宁省高院组建案例指导工作专家委员会，把参考性案例专家审查工作纳入制度化轨道；上海市高院不但在发布时明示"供全市法院在审判类似案件时参考"，而且形成"×年第×批参考性案例（总第×批，第×-×号）"的规范发布格式，方便查阅者应用并一目了然其参考性案例发布概况。

鉴于此，下一步要形成编发参考性案例的工作合力，加强参考性案例发现培育机制，不断积累挖掘参考性案例来源，争取早日实现营商环境参考性案例编发零突破，然后逐步增加参考性案例数量，逐步扩大营商环境参考性案例在民商事、刑事、行政等审判执行领域的覆盖面，为类似案件的审判执行提供有效参考。

（二）内抓指导，外抓展示，充分发挥司法案例营造法治化营商环境的示范引领作用

打造法治化营商环境"贵州高地"，建设国内一流营商环境，是贵州贯彻新发展理念、推动经济高质量发展的必然要求，也是司法机关义不容辞的责任。面对新形势、新任务，要根据中央及最高院有关案例指导规定，找准地方开展司法案例指导工作的切入点和着力点，充分发挥司法案例在营造法治化营商环境上的示范引领作用。

根据案例指导制度规定，监督指导辖区内法院在办案实践中，切实通过参照应用指导性案例、参考应用参考性案例等方式，多层次地强化营商环境领域案件的裁判标准统一和法律适用统一，指引规范案件承办法官的自由裁量权，不断促进公正司法和提升司法公信力，竭力避免营商环境案件出现"同案不同判"现象，切实维护好、实现好各类市场主体的合法权益。

司法案例指导工作要聚焦围绕"四新"主攻"四化"战略部署，服务打造"贵人服务"营商环境品牌，切实提升"贵人服务"体验感、获得感。要

深刻认识到，在落实市场主体合法权益保护上，切切实实的司法案例展示最具有说服力。要充分运用司法裁判的评价、教育、指引和示范功能，通过适时发布营商环境参考性案例展示司法公正；充分发挥营商环境司法案例的社会辐射作用，加强案例宣传和舆论引导，不断营造企业健康发展和企业家健康成长的良好法治环境和社会氛围。

（三）超前谋划，先人一步，主动衔接世界银行新版宜商环境评价指标开展司法案例指导工作

从《贵州省营商环境优化提升主要举措及责任分工》所列示的营商环境优化项目看，当前贵州营商环境评价指标体系及评价项目，既参照了国家发改委营商环境评价指标体系，也结合贵州实际参考了世界银行营商环境评估指标（Doing Business，简称 DB）的一些项目内容。其中的“中小投资者保护”“执行合同”“办理破产”“知识产权创造、保护和运用”等项目指标与公正司法有比较直接的联系。贵州在过去的司法案例指导实践上，通过发布十大商事典型案例、“破产审判”十大典型案例和知识产权司法保护典型案例等对这些营商环境评价指标要求进行了一定的回应和落实。

不过，需要引起注意的是，世界银行已于 2021 年 9 月 16 日宣布停用营商环境评估指标（DB），并于 2022 年 2 月 4 日发布了新的宜商环境评价指标体系（Business Enabling Environment，简称 BEE）的概念说明初稿。比较而言，BEE 与 DB 在指标体系和项目内容上有了不少的变化。以司法相关的指标内容为例，相较原来 DB 的“执行合同”指标内容，BEE 新命名的“争端解决”指标将更侧重评估商业纠纷解决的效率和质量，其中司法审判的专业性（judicial expertise）、公正性（impartiality），判决的合理性（these judgments are well-reasoned）等都是 BEE 评估指标考察内容。①

当然，鉴于这只是世界银行发布的 BEE 概念说明初稿或者 BEE 前期概念

① 此处 BEE 概念说明的原文为：Furthermore, judicial expertise, independence, impartiality, and transparency will be equally measured. The indicator will thus study whether the latest versions of the laws are made publicly available free of charge, whether commercial judgments get published in open sources, whether these judgments are well-reasoned, and so on. 见“Pre-Concept Note Business Enabling Environment（BEE）”, February 4, 2022, https://www.worldbank.org/content/dam/doingBusiness/pdf/BEE-Pre-Concept-Note---Feb-8-2022.pdf.

说明，目前尚不能确定将来 BEE 定稿版中一定会保留上述评估指标考察内容。但无论如何，审判的专业性、公正性与判决的合理性等都是司法案例指导所欲达成的目标内容，即 BEE 考察的“judicial expertise”等司法指标内容与我们极力开展司法案例指导，不断推动“同案同判”、竭力避免“同案不同判”的追求是一致的。因此，主动密切关注世界银行最新的宜商环境 BEE 评价指标对司法的新要求，不断强化司法案例指导工作，或许可谓未雨绸缪、一举两得。

作者简介：王飞，贵州省社会科学院法律研究所研究员。

乡村振兴仍需继续加强村民的“智、志”教育

王兴骥　李圳雨

摘　要： 随着乡村振兴战略的持续推进，村民在社会发展中的主体性更加凸显。本文通过梳理贵州省关于村民“智、志”教育的典型做法，呈现了以优秀传统文化、地方教育培训等为抓手的实践图景取得良好成效。但在具体的实践中，农村地区村民的“智、志”教育仍然存在一定的现实困境。因此，站在全面推进乡村振兴的战略节点，必须坚持村民的主体性地位，充分发挥文化、社会组织等在“智、志”教育中的作用，强化广大村民的主动参与和责任意识，强化“智、志”双扶赋能乡村振兴，从而不断激活乡村发展的内生动力。

关键词： 乡村振兴；村民；“智、志”教育

2017 年 6 月，习近平总书记在《深度贫困地区脱贫攻坚座谈会上的讲话》中谈道，要加大内生动力培育力度，扶贫要同扶智、扶志结合起来。2020 年年底，我国消除了绝对贫困，但绝对贫困问题的消除并非终点，而是新时期、新阶段的起点。随着脱贫攻坚的全面胜利，我国“三农”工作的重点工作逐渐转移为全面推进乡村振兴战略。乡村振兴一方面能够巩固来之不易的脱贫攻坚成果，另一方面可以满足现阶段解决相对贫困的需要。乡村振兴战略是新时代做好“三农”工作的总抓手，是实现农业农村现代化的必由之路。党的十九大将乡村振兴战略作为重大部署，并将其写入党章，这充分体现了党和国家对乡村振兴战略的重视。2021 年 2 月，中共中央印发《关于加快推进乡村人才振兴的意见》特别指出“乡村振兴，关键在人”。由此可见，在推动乡村振兴过程中，人才是关键要素。贵州省在全面推进乡村振兴战略中注重“扶智、扶志”政策

与人才振兴深度融合，围绕建立健全扶智扶志长效机制，坚决守住不发生规模性返贫底线，扎实巩固拓展脱贫攻坚成果、全面推进乡村振兴。

一、研究背景及意义

（一）乡村振兴仍需继续加强村民的"智、志"教育的现实背景

乡村振兴战略是党中央对"三农"工作的重大决策，重点聚焦于彻底解决城乡之间发展存在的不平衡不充分的问题，着眼于"两个一百年"奋斗目标的重大国家战略，并以实现"两个一百年"奋斗目标为导向。农业、农村、农民问题是关系到国计民生的根本性问题，从家庭联产承包责任制到"三权分置"，再到实施精准扶贫、脱贫攻坚和乡村振兴战略等，这些政策实施的最根本目标在于全面改善农民的生活状况，真正实现全面建成小康社会的目标。党和政府高度重视农村发展问题，一直致力于农村发展建设。2003—2022年间，连续二十年的中央"一号文件"都谈到了要重点围绕"三农"问题做相关部署，强调加强农村人才队伍建设，促进农村经济发展，改善农民经济生活水平等方面的内容。只有实施乡村振兴战略，只有让广大农村地区特别是脱贫地区农村所有人共享经济社会发展的繁荣成果、实现城乡协同发展，把"三农"问题彻底解决好，才能实现真正意义上的小康。乡村振兴战略是中国进入新时代的历史方位要求，推动建立以城带乡、整体推进、城乡一体、均衡发展义务教育发展机制和推动城乡基础设施互联互通等，不断增强农民的幸福感和获得感。

农民是乡村振兴的主体。乡村振兴战略是在国家政府的外部力量下推进实施，但必须紧紧依靠人民，坚持农民主体地位，发挥农民首创精神，强化广大农民的主动参与和责任意识，从而激活乡村发展的内生动力。但当前乡村社会劳动力文化程度不高、老龄化问题突出、培训无法与市场有效衔接等是摆在农民面前的现实问题，农村地区的青少年厌农等倾向十分突出，这对乡村人才建设提出了新的挑战。当前，乡村振兴的制度框架和政策体系，为扶智和扶志教育提供了重要保证。"三农"问题作为现代化重要的有机组成部分，乡村振兴战略涉及整个社会主义现代化的实现。因此，提升广大农民的综合素质，不仅可以为农村现代化的顺利实施提供坚实的物质保障，而且也能为全民建设社会

主义现代化国家提供保障。站在巩固拓展脱贫攻坚成果全面推进乡村振兴的战略交汇点，强化“智、志”双扶赋能乡村振兴，突破乡村人才困境、打造一支引领乡村高质量发展的乡村人才队伍，成为当前“三农”工作中十分紧迫的重要任务。

（二）乡村振兴仍需继续加强村民“智、志”教育的重要意义

2020 年，我国“三农”工作的重心历史性转向全面推进乡村振兴，我国的乡村治理工作由攻坚战转为持久战，重点体现在脱贫攻坚的突击性和局部性转为乡村振兴战略的渐进性和整体性，这其中不仅涉及对象范围的扩大，也涉及工作机制和工作思路等方面的变化。如何发挥农民的主体性作用，持续加强村民的“智、志”教育，成为乡村振兴战略实施的一个重要关注领域，关系到乡村振兴“四梁八柱”的搭建，这对于扎实推进脱贫攻坚与乡村振兴的有效衔接具有重要的现实意义。

首先，加强“智、志”教育能够有效巩固脱贫攻坚成果。脱贫攻坚通过高强度的政策支持和资源导入极为有力地改善了贫困地区和贫困人口的物质资本的积累，实现了消除绝对贫困的艰巨任务。但相对而言，目前乡村人力资本改善速度仍然相对较慢，乡村人才发展能力提升不够明显。同时，脱贫人口自我发展能力、市场适应能力等普遍较弱，大多数农民依然从事单一的传统农业生计工作，较少参与到多元化的农业生计体系中，依然存在返贫致贫的潜在风险。实践表明，人才素质提升是对“脱贫摘帽”农户生计改善最为持续的举措，是阻断代际贫困传递的关键路径，因而必须以更大的政策力度推进乡村人才素质提升，巩固脱贫攻坚成果。

其次，加强“智、志”教育能够促进城乡融合发展新格局。全面推进乡村振兴不能“就农论农”，而是要将城市和乡村纳入统一的制度框架，坚持城乡融合发展作为实施乡村振兴战略的基本原则之一，关键在于破除体制机制弊端，使市场在资源配置中起决定性作用，打破空间制约，推动城乡资源要素自由流动，为乡村振兴注入新动能，从而构建以城带乡、以乡促城、城乡一体的新型城乡关系。

最后，加强“智、志”教育能够促进乡村人才发展的制度支撑体系构建。全面推进乡村振兴需要“人地钱”要素的系统性保障，但在人口的大流动中，

乡村社会农村青壮年劳动力外流严重，农村常住人口则变为以“386199 部队”为主，导致农村人才出现“空心化”，农村技术人员仍然存在着队伍老化、实践经验缺乏，难以吸引优秀人才等现实困境。因此，乡村振兴亟须构建人才培育和吸纳等制度机制，汇聚更多人才投身乡村建设。

二、贵州省“智、志”教育的主要做法

（一）以优秀传统文化为引领，提振造血能量

贵州省由于在历史上处于中原儒家的主流文化圈外，再加上长期经济欠发达、欠开发，似乎给贵州省带来了一种自卑感。但是，正是因为这种边缘化和偏僻性，在贵州省营造了一个世外桃源，广泛容纳着本土文化和各少数民族文化，为乡村振兴提供了充足的文化养分。

（一）树立孝善养老风尚，夯实精神文明建设基础

“百善孝为先”，孝道文化是社会文明的力量、中国传统文化的基本文化与核心。随着城镇化发展和老龄化加剧，孝道文化的弘扬需要推陈出新，各村（社区）挖掘和创新传统孝道文化，将孝道文化写入《村规民约》，以“孝道村规民约”来实际体现践行社会主义核心价值观。贵州省各地通过大力提倡孝道文化，通过媒体谈孝、文艺展孝、社会评孝，重塑孝道文化的主导地位，运用褒扬和谴责的舆论监督，从正反两个方面引导孝道文化，强化孝敬意识，使“孝”成为一种社会行为准则。贵州省龙里县 2014 年冠山街道永安村出台全国首个“孝道”村规，普定县以贵州省首个孝文化为主题的公园为依托，以“人口文化园”“文化墙”“花灯歌舞宣传”等为载体，将传统的孝文化与现实的尊老、敬老、爱老、养老有机结合在一起，营造浓厚的明礼知耻道德氛围。

（二）弘扬民族优秀传统文化，推动“非遗”产业发展

贵州省着力挖掘民族优秀文化，聚力打造一批民族文化品牌，全省上下形成了政府与社会、城市与乡村、政策设计与基层探索有机结合、整体推进的工作格局。首先，利用“非遗”保护传承体系，优先把困难人口纳入“非遗”

传承人群。积极挖掘扶持一批乡村文化能人、乡村工匠和非物质文化遗产保护传承人等本土实用人才，延续乡土文化，进一步建立健全乡土人才的技艺传承机制。其次，通过文化产业助推乡村振兴。通过进行知识技能培训，提高本土人才综合素质，就地推动资本、技术资源流向乡村建设。为进一步推动贵州省“非遗”工坊建设，加强民族传统手工艺保护和传承，促进就业增收，巩固拓展脱贫攻坚成果，助力乡村振兴，贵州省于2022年7月出台了《省文化和旅游厅　省人力资源社会保障厅　省乡村振兴局关于持续推动“非遗”工坊建设助力乡村振兴的通知》（黔文旅发〔2022〕21号），文件强调要积极开展传统工艺培训，加强“非遗”助力乡村振兴人才队伍建设。贵州省各地结合“非遗”工坊需求和脱贫人口、监测帮扶对象特点，开展多种形式的培训活动，做好乡村振兴中“非遗”人才的有效衔接。贵州省通过实施锦绣计划为乡村社会的妇女提供了发展平台，绣娘将传统民族技艺与乡村振兴相结合，指尖技艺为乡村振兴绘就新图景，实现了家门口就业。黄平县积极探索新时代非物质文化遗产传承新途径，全力打造三大“非遗文化+”模式；雷山县、榕江县积极打造“苗绣”“苗年”等非物质文化品牌活动，深挖苗族刺绣、蜡染等“非遗”技艺，创立就业平台，带动村民从事苗族传统刺绣等手工制品生产，实现了“非遗”传承与市场对接，走出一条传统“非遗”助力乡村振兴的新路子。

（二）以赓续红色血脉为指引，营造扶志氛围

党的十八大以来，习近平总书记始终心系贵州建设发展。他不仅亲自到黔考察调研、多次作出专门指示，还对贵州提出“团结奋进、拼搏创新、苦干实干、后发赶超”十六字精神，既充分体现了领袖对贵州发展的殷切期望，也蕴含着源于贵州革命历史与红色文化的精神传承。长征精神和遵义会议精神是党和国家的宝贵精神财富，通过开展政策下乡等，将党的声音传递到基层，把贵州红色精神植入农民群众心中，为实施乡村振兴建设源源不断输送“精神给养”。

1. 依托农民讲习所，再掀学习新高潮

《中共中央　国务院关于打赢脱贫攻坚战三年行动的指导意见》明确指出，要开展扶志教育活动，创办脱贫攻坚讲习所等，加强思想文化等教育，防止政策“养懒汉”，贵州省“新时代农民讲习所”在这一过程中有效发挥了开启民智、凝聚民心、发挥民力、推动民富的作用。贵州省通过实现“五级联动”架

构+"领导小组"统筹的方式，以"六有标准"规范讲习阵地，确保讲习活动组织有序。积极拓展以"三支队伍"和农民讲师共同组成的宣讲格局，形成了层层有讲习员、个个讲习员领域明确的讲习机制，确保讲习内容和范围全覆盖。在内容上，主要围绕"讲思想，干有方向；讲感恩，干有激情；讲政策，干有思路；讲技术，干有本领；讲'比武'，干有榜样；讲道德，干有精神"的"六讲六干"与"讲习"相结合，通过采取"课堂式大集中、互动式小分散"以及"群众点单、讲习员配菜"的方式，积极开展"课堂讲习""现场讲习""云上讲习""空中讲习"活动，整合党校、文化场馆、精神文明活动中心、村级文化活动室等，建设"新时代农民讲习所"固定阵地，根据农民群众现实需求对症下药，通过举办培训班，坝坝会、集中或入户宣讲等形式，立足于中华优秀传统文化和地域文化，大力弘扬社会主义核心价值观，宣讲习近平新时代中国特色社会主义思想，宣讲党和国家政策方针，宣讲新中国成立70周年来所取得的巨大成就等。同时为进一步加快农业产业结构调整步伐，切实转变农业产业发展方向，促进群众增收致富，各地依托新时代农民讲习所这一载体，全方位、多角度、宽领域、多层次开展农业产业结构调整宣传活动。贵州省仁怀市通过开展持家发展家教培训，引导广大农村妇女，广泛开展"教育农村行""小手牵大手"等活动，积极培育参与新型农村妇女，增强农村家庭可持续发展能力。截至目前，贵州省仁怀市累计开办农民讲习所174个，累计开展"流动讲习"3000余场次，受众累计近10万人次。

2. 把握榜样维度，深化典型引导

贵州省通过典型示范带动和脱贫事迹感化，发挥了二者引路、示范和激励作用。在全国脱贫攻坚总结表彰大会上，贵州199名获得全国脱贫攻坚"先进个人"和"先进集体"，涌现了"水过不去、拿命来铺"的黄大发、"当代女愚公"邓迎香、"牛人"王昭权等一批脱贫攻坚先进典型，生动践行和弘扬了"上下同心、尽锐出战、精准务实、开拓创新、攻坚克难、不负人民"的伟大脱贫攻坚精神。贵州省各地通过积极组织开展"脱贫之星""文明家庭""好婆婆""好儿媳"等先进典型评选活动，对评选出的各类典型颁发荣誉证书，优先采取"以奖代补"、项目安排等形式，予以产业扶持。贵州省仁怀市以村为单位，广泛开展"最美家庭""好邻居"等评选活动的基础上，按照爱国守法、遵德守礼、平等和谐等评选标准，积极开展文明家庭推荐评选活动，全市累计授予文明家庭牌1643块。

3. 借助移风易俗，人情减负

贵州省以移风易俗宣传助推乡村文明建设，将其作为改变农民群众生活方式的切入点，将其纳入村规民约中。充分发挥村民议事会等基层群众性自治组织作用，结合实际修订村规民约、建立乡村建设公约，革除陈规陋习，倡导文明新风，推行婚事新办、丧事简办、厚养薄葬。引导农村群众自觉遵守公序良俗、知法守法。倡导实干兴家，多角度开展家风文化建设，发挥家庭育人功能。贵阳市贵安新区按照《贵阳贵安农村“治风”工作实施方案》有关要求，围绕“婚事新办”这一主题，相继开展“1+10”系列活动，不断提升贵阳贵安城乡文明程度，为贵阳贵安高质量发展和乡村振兴开新局凝聚强大能量。

（三）以深化教育培训为抓手，斩断贫困根源

贵州省实现了从“输血型”扶贫向“造血型”扶贫的转变，在这一过程中注重强调治贫先治愚、扶贫必先扶智的思路，充分调动农民主体的主动性和积极性，重点解决脱贫人口的精神生活匮乏、文化素质低下等问题，脱贫攻坚的直接成效将为贫困地区的振兴奠定基础，进而为困难群众稳定脱贫创造良好环境，从而做到阻断贫困代际传递，真正拔掉穷根。

1. 实施“穷省办大教育”

贵州坚持穷省办大教育，聚焦脱贫攻坚，精准发力推动职业教育规划优先、投入优先、保障优先，把职业教育办成了脱贫致富“直通车”。2015年教师节，习近平总书记在给国培计划（2014）北京师范大学贵州研修班全体参训教师回信时指出：“扶贫必扶智。让贫困地区的孩子们接受良好教育，是扶贫开发的重要任务，也是阻断贫困代际传递的重要途径。党的十八大以来，贵州省把教育扶贫行动作为全省扶贫攻坚“十项行动”之一，为解决平均受教育年限低于全国平均水平的局面，实施普及十五年教育计划；加大对教育的投入，每年压缩5%-6%的行政办公经费用于贵州教育扶贫。贵州省相继实施教育“9+3计划”、中职“百校大战”、职教城建设、“中职强基”工程、高职“双高”计划，努力推动职业教育和经济社会共生共赢。贵州职业教育办学条件大幅改善，发展环境更加优化，职业院校在校生规模从2012年不到60万人增长到近100万人，全省30余万贫困家庭学生通过接受职业教育实现脱贫致富。据统

计，"十三五"时期以来，贵州累计投入学生资助和营养改善计划资金 625.09 亿元，受益学生 4743.02 万人次，确保了家庭经济困难学生能同等接受公平而有质量的教育，能共享改革发展的成果。

2. 全面改善农村贫困地区办学条件

贵州省通过精准施策，使得贫困地区义务教育学校教室、桌椅、图书等教学设施满足基本教学需要，学校宿舍、创维和厕所等生活设施满足基本生活所需，全省所有义务教育薄弱学校办学条件得到整体改善，教育资源配置进一步优化，村小学和教学点正常运转等。同时，紧扣"义务教育有保障"这个目标，贵州创造性地提出了抓好控辍保学这个核心指标，做好学生资助、教育经费、易地扶贫搬迁集中安置点学校建设、教师队伍配备、东西部协作、学校安全稳定等六项教育保障的"1+6"工作思路，精准推进脱贫攻坚教育保障各项工作，建立了控制辍学率、保证入学率的动态监测机制。2019 年，贵州在全国率先研究制定了《控辍保学劝返复学工作指南二十条》，将失学辍学对象分类并逐一提出劝返安置措施和提供相关法律法规依据，为控辍保学提供了翔实的"行动指南"，贵州在充分统筹共享安置点周边原有教育资源的基础上，着力加强安置点配套学校规划建设。截至目前，已累计投入资金 180 亿余元，新建、改扩建安置点配套学校 669 所，新增学位 43 万余个，实现"不落一人，就地就近就学"。贵州教育教学质量的不断提升，为贵州巩固脱贫攻坚成果、为乡村振兴开好局起好步提供了强有力的保障。

3. 积极开展农村人口技能培训

通过聚焦脱贫人口自身能力不足、劳动能力弱、技术水平差的问题，贵州省从提高脱贫人口的文化素质和实用技能入手，着力提高"稳致富"的本领，全面推进新型职业农民的培训工作，是贵州省推行乡村振兴战略的重要举措，也是再造农村人力资本，激发农民改变乡村现状的信心，为乡村建设提供内在动力的必然要求。贵州省通过统筹用好党政部门、涉农院校、地方组织等各类培训资源，呈现出农民培训的多元化工作格局。在地方实践中，通过结合农村居民的生活技能、生产经验和兴趣爱好等，开展免费技能培训，农业技术坚持"农民缺什么补什么"，把技术服务和技术培训两者相结合，通过找准产业发展突破口，满足不同时期、不同群体的需求，使其农业技术深深嵌入农村产业革命中，推动乡村产业的转型。首先，依托高校与科研机构，筑牢技术服务基石。黔东南州麻江县、雷山县紧紧依托省内高校和科研院所力量，加强林下中药材技术支撑。六盘水市与中国科学院武汉植物园、中国农业科学院等科研机构签订合作协议，确保技术指导科学化，共建成 3 个产学研究基地、1 个新品种对比试验示范基地，1 个国家果蔬检测重点实验室。安顺市普定县通过与贵州省农业科学院、贵州大学等高等院校和科研机构单位的技术支持，建立了以省、市到乡镇的三级农业技术体系，组织成立了 19 人的技术服务小组。其次，坚持把专家团队“请进来”，把技术人员“沉下去”。专家团队通过座谈会、院坝会等多种培训方式，为农民讲解农产品田间管理、疾病防治等农业知识，形成了以专业技术人才为核心的农业技术服务团队，深入龙头企业、农村社区一线的工作格局，做到了农业技术人员真正走出“书斋”，确保农业技术服务指导全覆盖、科学化和更接地气。贵州紧密围绕“四新”主攻“四化”，通过细化培训项目、延长培训时间、加强培训管理、提升培训师资、强化培训成效等措施，积极提高培训质量，激活培训促进就业作用。截至 2021 年 11 月底，全省累计完成职业技能培训 133.38 万人次，完成“十件民生实事”职业技能培训 100 万人次任务的 133.38%。黔东南州依托“三区”人才支持计划和“万名农业专家服务‘三农’行动”、农业专家精准服务脱贫攻坚、“贫困户产业指导员制度”等技术服务机制，通过集中培训、项目带动等方式，组织农业技术人员分片、分产业深入田间地头，对农民群众进行技术培训和提供技术服务，有力地推动了农业产业技术的提高，实现了农业技术的全覆盖，为培养新时期“田秀才”和“土专家”，推动民富方面发挥了重要作用。

三、需深化改革解决的问题

在持续巩固全面建成小康社会的脱贫成果，迈入乡村振兴路之际，“智、志”教育在脱贫攻坚和乡村振兴中发挥着关键性作用，体现在对乡村人才机制的建设上。人才是乡村发展的核心要素，是巩固拓展脱贫攻坚成果、助力乡村振兴的有力依托，但当前乡村人才外流和人才匮乏等又是普遍存在的突出矛盾，尽管巩固拓展脱贫攻坚成果和实施乡村振兴战略对人才队伍建设提出了更高要求，但乡村人才依然面临“双重矛盾”和“两大脱节”并存的现实，乡村振兴与“智、志”教育相结合的实践领域仍然存在挑战。一是，市场化背景下的农村人口，特别是脱贫人口的自我发展能力仍然不足。市场化的发展既可以为农村人口带来发展机遇，推动城乡资源要素流动，但也正因为乡城空间存在的差异性问题导致了农民获取资源机会的不平等，特别是对于脱贫人口而言，在可持续生计和发展能力上有着一定的脆弱性，这加剧了其生存风险。二是，城市化进程中乡村的发展能力匮乏。乡村是自然、经济和社会的综合体，具有生产、生活和文化等多重功能，是人类活动的重要生产空间。在城乡人口流动和资源交流的过程中，人口和资源要素在乡城空间中更多是单向流动，农村地区出现了村落空心化和衰败化等现象，这些对于推进实施乡村振兴构成了挑战，农村发展机会逐渐微弱，缺乏一定的发展活力。三是，乡村人才培育与产业发展脱节。当前积极推进的农村职业教育、农业技术培训等在一定程度上促进了高素质农民成长，对缓解乡村人才不足矛盾、弥补人才结构失衡发挥了重要作用。但随着乡村产业持续迭代升级和业态创新，乡村人才培育与产业发展需求脱节的矛盾依然突出。一方面，乡村人才技术培训中专业设置比较理想化。多数技术培训主要集中在区域内传统种养产业和转移就业等方面，针对近年来不断蓬勃发展的高附加值的特色产业覆盖有限，培训内容则侧重于生产环节，缺少对农产品加工储存、品牌营销等其他产后环节的专业培训。另一方面，乡村人才技术培训存在一些技术性和制度性问题，如当地培训部门在技术培训、劳动力就业市场和信息方面不具备优势，造成了信息机制的不匹配，影响了培训效果。

四、乡村振兴仍需加强“智、志”教育的路径思考

在全面推进乡村振兴战略过程中，需要进一步加强乡村振兴与“智、志”教育结合程度，有效转化为乡村振兴成果，增强农村地区农民群众的内生动力和自我发展能力。

（一）精神文化层面：重视文化赋能，激发农民致富的自主性与能动性

实践证明，只有下力气进行精神扶贫，鼓励和引导农民走出心理上和精神上的贫困，唤醒农民脱贫致富的意识，他们才会承担起致富的“主心骨”责任。授人以鱼不如授人以渔，在乡村振兴战略实施的过程中，仍然需要致力于

改变农民群众的生活面貌，帮助他们继续树立追求美好生活的信心和勇气。一是，通过科学的人生观和价值观教育，增强农民群众的致富意识。继续通过“农民讲习所”等平台宣讲，让农民群众意识到仅靠政府的帮扶和社会的政策很难真正摆脱困难，要树立起“勤劳致富光荣”的思想，彻底告别“等靠要”的生活状态。二是，要建立奖勤罚懒、自立自强的评价机制。通过赏罚分明的奖惩机制，激活农民群众致富的内生动力。不搞平均主义，强调多劳多得。三是，积极开展文化下乡活动。继续着眼文化育民、文化励民、文化惠民、文化富民的工作思路，通过依托农村文化阵地，向农民传达社会主义核心价值观以及新知识、新思想、新信息，逐步提高农民的文化素养，补足精神信仰至“钙”，引导农民积极参与乡村振兴战略中，通过文化人才计划、“非遗”传统手工技艺培训计划，大力培养乡土文化人才。

（二）机制创新层面：宣讲典型人物和事迹，发挥脱贫致富的示范带动作用

在脱贫攻坚工作中，通过调动贫困户积极性是脱贫攻坚工作取得成功的关键。在乡村振兴中，同样需要通过宣讲榜样事迹，从而增强农民群众自身发展意愿。通过身边邻里的真实案例感化，农民群众能够在致富能人的身上看到新的发展希望，激发内心斗志，增强致富信心，最终实现从物质到精神层面的全面脱贫。一是，将有代表性的脱贫致富农户树立为先进典型。将其勤劳致富的故事通过文字记载下来，以图文并茂的画册或纪录片的形式进行传播。二是，要为致富典型提供宣讲平台。通过打造宣讲平台，激发脱贫人口的致富意愿，为其提供思想和精神引领。三是，要加大力度培育高素质农民。以种田能手、专业大户、家庭农场主等本土人才为重点培育对象，创新多层次、多形式培训模式，通过职业认证、定向扶持和社会保障强化政策激励，培养一支不仅懂技术善经营，而且具有示范带动性更强的乡村产业领军人才，加快培育农村新型集体经济组织和农民合作社带头人，全力打造真正懂农业、爱农村和爱农民的乡村骨干人才队伍。

（三）组织创新层面：发挥社会组织纽带作用，培养社区工作队伍

一是，要不断提升组织文化在村落社区的影响力。充分发挥基层党组织和

村民自治组织的领导和牵头作用，充分利用农村老年协会、农业合作社等各类村民社会组织，有计划、有组织地开展各种文化活动，促进组织的文化能够渗透农民群众的心中。二是，通过政府购买服务，将社区、社会组织和社会工作者结合起来。在实践中，通过搭建好实施平台，利用好社会组织的联动功能，充分调动社会资源，坚持社会工作"以人为本、助人自助、公平公正"的理念，为乡村困难群体提供现实关怀，有助于推动乡村的全面振兴。三是，壮大人才服务队伍建设。通过制度化地建立高素质农民的后续储备队伍，有效解决农业发展"后继无人"的突出矛盾。因此，高素质农民培育既需要根据实际情况合理选育"现役军"，强化乡村人才的能力建设，不断扩充现有高素质农民队伍。通过"筑巢引凤"，聚力回引人才。要继续大力支持、引导、鼓励高校毕业生踊跃参加"三支一扶""西部计划志愿者""大学生村官"等基础服务项目；紧紧依托高校与科研机构，筑牢技术服务基石，推动建立农村实践基地，搭建集创业孵化、科技示范、特色服务于一体的新型服务平台，促进各类高技能人才、社会工作专业人才等农村实用人才到基层一线提供智力支撑。坚持将人才优质服务落到实处，依托相应平台为引进人才提供免费住宿等服务，积极开展人才就业指导活动，为人才提供干事创业的优质平台，吸引更多外来人才进入农村、兴业农村、奉献农村、发展农村。

作者简介：王兴骥，贵州省社会科学院城市经济研究所所长、研究员；李圳雨，贵州民族大学社会学院2022级博士研究生。

乡村文化振兴的内在传承与创新性发展研究

蒋楠楠

摘　要：《国务院关于支持贵州在新时代西部大开发上闯新路的意见》（新国发2号）文件中明确提出："全面推进乡村产业、人才、文化、生态、组织振兴，加快农业农村现代化，走具有贵州特色的乡村振兴之路。"可见，在全面推进乡村振兴的战略定位中，文化振兴是乡村振兴的重要组成部分。文章基于乡村振兴的时代背景，探讨如何激发并释放乡村文化振兴的内生传承机制与内生动力，优化乡村文化振兴创新性发展的有效路径，从而解决乡村文化建设中的重点和难点，进而夯实乡村振兴的文化基础与文化底蕴。

关键词：乡村文化；内在传承；创新发展

一、乡村振兴逻辑中文化建设的重要性

（一）文化建设的理论内涵

从理论内涵来看，文化或文明，就其广泛的民族学意义来讲，是一个复合的整体，包括知识、信仰、艺术、道德、法律、习俗以及作为一个社会成员的人所拥有的一切能力和习惯。从认知的角度来看，文化是抽象的，是为某一社会全体成员所共享的价值观、信仰，以及在人类行为背后对世界的感知所组成。[①] 一方面，文化不但具有共享性和实践性，而且还会随着时间的推移而不断地变化，因此其具有一定的适应性和变迁性。另一方面，文化必须为社会成员提供一种正常有序的生活方式来满足在其规则下生活的人们的基本需求，因

---

① 周大鸣：《文化人类学概论》，广州：中山大学出版社，2009年，第4页。

此在现代社会中文化开始被逐渐用来释义和解读个人及社会问题，甚至被用于作为推动经济社会进步的生产性要素加以重视。文化的这些特性使得无论是古代社会还是现代社会，无论是发达地区或欠发达地区，都需要文化和文化建设来帮助个人这个微观主体不断完善，推动经济社会这个宏观主体不断进步。

文化是一个国家、一个民族的灵魂。文化兴国运兴，文化强民族强。没有高度的文化自信，没有文化的繁荣兴盛，就没有中华民族伟大复兴。要坚持中国特色社会主义文化发展道路，激发全民族文化创新创造活力，建设社会主义文化强国。近年来，党和国家高度重视加强文化建设，如党的十九大报告明确指出，坚定文化自信，推动社会主义文化繁荣兴盛，更要统筹推进经济建设、政治建设、文化建设、社会建设、生态文明建设，坚定实施科教兴国战略、人才强国战略、创新驱动发展战略、乡村振兴战略，各方面制度更加完善，国家治理体系和治理能力现代化基本实现；社会文明程度达到新的高度，国家文化软实力显著增强，中华文化影响更加广泛深入。

（二）新时代乡村振兴与文化建设的逻辑关系

一直以来，"三农"问题都是党和政府关注的焦点，党的十八大之后，"三农"问题更是被提到了新的历史高度，习近平乡村文化建设的思想成为执政兴国的重要经验，尤其是"两山理论""新农村建设"和"城乡文明建设"等成为乡村治理和乡村文化建设的重要内容。而党的十九大适时提出的乡村振兴战略则是乡村社会文化振兴、重建乡村文化自信、推进乡村文化建设、提升乡村文化质量的重要举措。

从某种程度说，乡村文化建设既是乡村建设的难点，也是乡村建设的灵魂。乡村文化的振兴是产业兴旺、生态宜居、乡风文明、治理有效的重要内容，同时也是实现乡村振兴目标的重要途径。因此，新时代乡村振兴与文化建设存在重要的逻辑关联。

一是，乡村文化建设是乡村振兴的重要内容。乡村传统文化是一个国家，一个民族集体记忆的记录，是连接传统与现代的桥梁，而我国的传统文化更是根植于乡土的。某种意义上，乡村文化是中国文化的重要遗存，也是中华文化体系中不可或缺的重要部分。其包括了蕴藏丰富农学思想、知识、制度与技术的农耕文化；彰显祖先智慧、凝结地方性知识的农业手工技艺；反映乡村民众精神文化、心理诉求、节庆习俗、民间信仰、娱乐禁忌等的信仰思想体系；体现乡村生存哲学、生态文化智慧、人与自然和谐共处的乡村景观文化等。“优秀传统农耕文化蕴含的思想观念、人文精神、生活方式、文化传统、道德规范”与乡村振兴所提倡的“乡风文明”高度契合。由此可见，乡村传统文化是乡村存续、发展与建设的重要载体与内容，是乡村振兴的根本。

二是，乡村文化建设是乡村振兴的重要推手。我国地域辽阔，所谓“十里不同风，百里不同俗”。不同乡村之所以多彩，究其缘由，一方面是因为不同乡村在地方性文化、历史传承与社会维系之间具有独特性与差异性，而这些独特的文化烙印和标志所凸显出稀缺性与增值性正是乡村文化是活态的生命体的象征。另一方面乡土的文化又是乡村社会秩序的基础所在。由传统的城乡二元结构以及工业化和城镇化进程所导致的城乡巨大差异，使农村社会的传统文化与现代文明进程形成了交织与错位，如村落的空心化使得传统村落文化失语，传统村落秩序缺失；乡土文化的教育在教育体系中匮乏和不足，无法激发学生对乡土社会传统文化的认知、认同与热爱；青壮年外流与留守人口年龄老化的叠加，弱化了乡村文化治理的基层主体，减弱了乡村文化治理制度构建的广泛性与社会性，然而，乡村文化可以弥补政策的不足，提供一种柔性治理方式，维系乡村社会秩序。

三是，乡村振兴是乡土文化重振与发展的重要契机。乡村振兴战略为乡村文化的振兴、发展和建设提供了重要的契机与途径。乡村振兴中的相关政策成为助推扶植文化相关产业的助推器，使得乡村文化事业进一步发展繁荣，增加了乡村文化附加值，使得传统文化更适应于现代生活理念与发展现状。无形中进一步推动和促进了乡村民众的文化自觉、文化自信与文化价值的统一性，从而在乡村构建起文化共同体，重振了乡村优秀的传统文化。

二、乡村振兴战略下文化内生动力与传承机制

文化振兴是乡村振兴战略中的铸魂工程，从经济与文化融合发展而言，乡村振兴应该既能够契合乡村产业发展的经济振兴，又能够改善乡村精神风貌的文化振兴。鉴于此，我们通过彰显乡村文化的独特性、发挥乡村村民的主体性、注重乡村文化的自觉性，从而发掘乡村文化治理的内生动力，唤醒乡村内

生机制与内在秩序，进而激发乡土整体性文化的活力与发展动力。

（一）乡村文化建设的内生动力应突出村民的主体性

自上而下建立一种多元的参与性和平等性的对话机制。毋庸置疑，村落是承载人们生产生活和文化创造的重要空间，村民世代繁衍生息于此，依附着熟悉的自然环境、共同的乡村秩序与遵从的社会人伦，他们在你来我往中集体创造着自身特有的传统文化，甚至其中一些文化在发展、丰富与传承的过程中成为了非物质文化遗产。从某种意义而言，乡村振兴也是"人"的振兴，我们应高度关注在特有的乡村空间中，以前创造过、现在创造着、未来能创造一切物质与精神文化的"人"，只有生活在这个空间里的"人"，才是乡土存续与发展的关键所在。因此，乡村的文化振兴需要突出乡村振兴主体，即村民的主体性地位，通过提升其乡土文化自信，真正激发出乡村振兴的内生动力。具体而言，突出乡村振兴中村农民的主体性地位主要体现在两个方面：一是强化村民对于乡村问题的参与性。乡村是人的乡村，是生于斯，长于斯的民众经历漫长历史努力缔造而成的乡村，每个村落都有自身的历史记忆与生活叙事。因此，乡村的中人应成为地方文化整体呈现的主体，村民应合理参与乡村的规划、建设和乡村治理过程，这不仅有利于激发其主体能动性，而且也有利于丰富其文化认知。二是注重民间文化赋权，提升乡村话语权。在乡村治理中，作为治理参与主体的村民常处于被动且易于被忽视的状态，我们应该建立起多元、平等、客观的对话交流机制，在村落的规划建设和保护中，除了充分听取村民意见外，还有必要注重发挥乡村能人，特别是乡贤、寨老以及回乡创业人员等特殊乡村人才的积极作用。

（二）乡村文化建设的内生动力应突出文化的自觉性

随着经济一体化、信息化和数字化的纵深发展，多元文化被不断裹挟进入乡村，外来文化冲击造成的本土文化没落和传统习俗消散等问题日益严重，在此现实下，增强"文化自觉"就成为亟须解决的重要问题。费孝通提出"文化自觉"，其认为"文化自觉"是一种心态，一种正确认识自身文化，并与自身文化存在融洽的相处之道。在乡村文化建设中，我们应当积极促进村民的文化自觉，重塑乡村文化与社会秩序，这是在多元一体格局中丰富乡村文化内涵、强化乡村文化价值的重要途径。然而，要真正实现这种“文化自觉”，还需要政府相关政策的制定、相关法律法规的保护、相关专家学者的支持以及相关商业的介入，只有在政府、市场和学者的多方合力下，才能有效地激发村民的文化自觉，帮助村民找到自己村落文化的定位、特色与趋势，从而建立起并保持好一个共同认可的基本秩序和一套专属自己的文明守则。从某种程度而言，促进村民的文化自觉与文化自信，是激发乡土内生动力的“催化剂”，从而使其能够加强对乡村文化的自信以及对文化转型的自主能力。

三、基于供给侧结构性改革指导思想的乡村文化振兴创新发展之路

（一）供给侧结构性改革的自身内在逻辑

一是，从改革的内容来看，供给侧结构性改革包括过剩产能化解、全要素生产率提高、企业成本降低、地产库存消化以及金融风险防范五个方面。过剩产能化解方面，这是中央经济工作会议明确提出的首要任务，该任务的完成需要依赖创新，通过制度、技术、模式以及工艺等方面的创新来有效配置生产要素，形成有效供给并释放增长空间。全要素生产率提高方面，由于经济的可持续发展动力是以技术为核心的全要素生产率，因此，在资源有限的前提下，我们需要通过技术进步等手段来创新供给方式，从而更多的将以往的数量供给转变为质量供给。企业成本降低方面，企业是经济社会发展进步的重要微观经济主体，成本负担过大严重束缚其供给水平和供给质量，因此，我们需要从政府服务、市场准入以及利益机制等方面在改革以往的供给方式，从而降低企业成本，增强其供给能力。就供给侧结构性改革的特征而言，长期性、供需并重、制度统筹以及创新驱动等应该是其基本特征。长期性是指由于长期以来的发展是以注重需求管理为主，因此在向注重供给的转变过程中，会涉及诸多利益格局的调整和发展方式的转变等问题，所以供给侧改革具有长期性特征。供需并重是指我们的供给侧改革是结构性的，供给与需求是一个基本的经济结构和社会结构，因此，供给侧改革是从需求出发的改革。制度统筹是指改革，是政府、企业和社会公众等共同参与在内的系统工程，需要有配套制度的保障和协

调。另外，制度统筹是供给侧改革的特征之一。创新驱动是指供给侧改革是否能够顺利进行并和卓有成效，取决于社会创新意识的增强和创新动力的强弱，只有创新才能改善和提升供给，因此，供给侧结构性改革必须具有创新驱动的显著特征。

二是，正确认识和把握供给侧结构性改革的内涵，以及逻辑基础上实现发展方式的转型和结构优化升级，不仅关系着经济增长动力的转换和调整，而且也关系着经济社会的全面可持续发展。从文化产业的角度而言，有效供给和有效需求的匹配是其实现高效快速发展的基本要求，有效供给不足、无效供给过剩、发展合力缺失以及要素配置扭曲等问题，严重制约了文化产业比较优势的挖掘和增长动力的培育。因此，供需关系结构失衡以及全要素生产率的提高，要求我们从供给端着手进行结构性改革，供给侧结构性改革将成为当前和未来经济社会发展的主线，这就对经济、政治、社会等诸多领域的发展提出了改革要求。基于对内改革不断深入和对外开放逐渐扩大这个基本事实，以及数量型增长向质量型增长转变的内在要求，研究文化产业如何根据时代发展进行供给侧结构性改革，使其适应改革趋势，以此完善文化产业供给体系，大力提升文化产品和文化服务的供给质量，从而通过更好地满足社会公众多样化、个性化及高端化的文化消费需求，切实发挥文化产业的经济社会功能，全面释放文化产业的经济社会价值具有重要的理论意义和现实意义。

（二）供给侧结构性改革指导思想的乡村文化振兴创新路径

就其本质而言，供给侧结构性改革就是通过经济、政治和社会结构等方面的调整，矫正以往的要素配置扭曲状态，以此提高供给质量和供给效率，提高供给结构对需求变化的适应性和灵活性，扩大社会有效供给，提高全要素生产率，从而满足社会群体日益增长的高品质消费需求。供给侧和需求侧是同一枚硬币的正反两面，供给侧改革的实施是为了适应需求侧的变化，而需求侧的变化也有利于更好地完善供给侧的结构，因此，严格意义上讲，供给侧改革应该是一个供需有效契合的过程。

1. 形成乡村文化供给合力

基于上述逻辑，乡村中的村民作为需求端，需要丰富、充足、合理、有效的文化供给，而乡村的文化供给却常常陷入滞后、断代等窘境，然而，由于乡村文化是乡村人文精神延续、民众精神滋养、乡村文化发展、文化建设和文化水平提高的重要保障，乡村的文化供给在乡村的生产生活、文化建设、制度构建中扮演着不可替代的重要角色。另外，乡村地区一直以来都是非物质文化遗产等传统文化孕育、传承和保护的主要空间。乡村特色文化市场资源的发掘、培养是增加优秀乡村文化产品和服务供给是乡村文化振兴的必由之路。因此，我们需要强化多元文化建设主体间的调适与协作只有注重和强化乡村多元文化建设主体间的调适与协作，以及乡村文化资源的挖掘，才能形成乡村文化供给合力，才能提高乡村文化供给水平。

2. 构建基于乡村文化的文化产业供给体系

乡村的全面振兴需要相关配套的乡村文化产业的赋能与支持，基于乡村特色文化形成的乡村特色产业是新时代乡村软实力的集中统一体现，基于文化和旅游融合的产业供给体系是新时代助推乡村高质量发展的重要动力引擎，应深化文旅融合，“创造‘文化+旅游’新动能，推动两个行业边界叠加和拓展，通过资本进行跨界扶持，创新经济结构，拓宽市场边界”①。《国务院关于支持贵州在新时代西部大开发上闯新路的意见》（新国发2号）文件中强调：“要促进文化产业和旅游产业繁荣发展。支持培育创建国家级文化产业示范园区（基地）、国家文化产业和旅游产业融合发展示范区。积极发展民族、乡村特色文化产业和旅游产业，加强民族传统手工艺保护与传承，打造民族文化创意产品和旅游商品品牌。培育一批具有广泛影响力的数字文化和旅游品牌。”所以，推动乡村文化与旅游产业有机融合，从而以高质量的文旅融合项目来将乡村的各项产业有机地整合在一起，延伸产业价值链条、完善利益机制，以构建良好业态结构，以调整供给侧结构，以激发消费侧潜力。

鉴于此，有必要在厘清乡村文化建设逻辑与乡村文化产业发展格局的基础上，通过着力推动文化产业发展方式转型、着力优化文化产品供给结构、着力提升文化产品供给质量，构建起基于乡村文化的文化产业供给体系，从而为推动乡村文化特别是优秀民族文化的有效传承和可持续发展，为全面构筑乡村高质量发展的“精神高地”，为助推乡村全面可持续振兴提供强大的文化动力和产业支持。综上所述，改变乡村文化有效供给的主体、形式和途径，充分发挥

① 荆立群、薛耀文：《“十四五”时期供给侧结构性改革推进文化产业高质量发展的创新路径》，载《技术与经济管理研究》2021年第5期。

地方政府、文化企业、社会团体参与乡村文化供给体系构建，扩大乡村文化供给主体，提高乡村文化供给水平，对于实现乡村文化建设并推进乡村全面振兴意义重大。

参考文献

［1］周大鸣：《文化人类学概论》，广州：中山大学出版社，2009年。

［2］陆益龙、刘一：《从文化自觉到文化富民：费孝通的文化自觉论及其对乡村振兴的启示》，载《西北师大学报》2021年第2期。

［3］孙刚、罗昊：《乡村振兴背景下文化建设现代化的价值意蕴与政策路径》，载《江汉论坛》2021年第7期。

［4］罗康隆、周红果：《民族学视野下的乡村振兴研究》，载《湘南学院学报》2021年第3期。

［5］蒋楠楠：《西部地区文化产业供给侧结构性改革研究：基于贵州省的样本数据分析》，载《贵州社会科学》2018年第2期。

［6］荆立群、薛耀文：《"十四五"时期供给侧结构性改革推进文化产业高质量发展的创新路径》，载《技术与经济管理研究》2021年第5期。

作者简介：蒋楠楠，贵州省社会科学院文化研究所副研究员、博士。

农村经济建设助推乡村治理的“青海样板”

——以青海省海北藏族自治州为例

高永宏

摘　要：近年来，伴随着脱贫攻坚进入收官阶段和乡村振兴战略起步实施，既是西部地区和民族地区，又是欠发达地区的青海省，在推动农村经济发展与乡村社会治理有机融合等方面进行了积极探索和创新，涌现出不少成功做法和典型经验。其中，海北藏族自治州在推动乡村产业转型升级、发展壮大村集体经济、健全农牧区投入持续增长机制、提升农牧业信息化水平等方面做了有益尝试，有些做法和经验已成为农村经济建设助推乡村治理的“样板”。

关键词：农村；经济建设；乡村治理；样板

一、农村经济建设助推乡村治理的主要做法

青海省海北藏族自治州（以下简称海北州）辖门源回族自治县及海晏、祁连、刚察四县，全州位于祁连山南麓东段，生态地位十分重要。长期以来，农村经济发展缓慢，乡村治理成效不够明显。“十三五”时期以来，海北州以推进乡村治理为契机，紧密结合脱贫攻坚、乡村振兴等中心工作，奋力提升农村经济发展水平，在推动乡村产业转型升级、发展壮大村集体经济、健全农牧区投入持续增长机制、提升农牧业信息化水平等方面持续发力，农村经济建设取得了较明显成效，助推乡村面貌焕然一新。

（一）推动乡村产业转型升级

一是因地制宜，培育和发展优势产业及主导产业。全州及各县积极主动调

整农村产业结构发展思路，跳出传统的单一产业结构发展窠臼，根据各地实际，选择特色、优势、强项产业加以培育和扶持，实现了由传统的粮油、畜牧二元结构向粮、草、牧、经、特等多元结构的转变。以发展多种形式的适度规模经营和培育新型经营主体为重点，加大对种养大户、家庭农场、专业合作社和农牧业产业化企业等新型经营主体的培育扶持力度，稳步提高农牧业组织化程度。

二是做优高原生态有机农牧业。聚焦农牧业基本盘，全力以赴保供给、保能力、保增收，多举措保障"菜篮子""肉盘子""奶瓶子"，主要经济指标稳中有进、稳中向好。紧紧围绕藏羊、牦牛、青稞、油菜等绿色有机农牧产业，打基础、补短板、强弱项，为乡村经济发展提供了有力支撑。严格落实草原生态奖补政策，科学合理划定禁牧区和草畜平衡区，建立健全绩效考核机制，巩固提升草原生态管护成效，草地生态环境明显改善。

三是推动乡村旅游高品质发展。海北州各县充分发挥各自独特的自然和人文优势，强化文化、生态、旅游一体化发展理念，打造全域旅游发展新格局。依托知名景区景点及交通区位优势，大力发展乡村旅游，涌现出一批颇具知名度的特色旅游村镇。实施旅游景区基础设施建设项目，完善乡村旅游人居环境和旅游舒适度。争取乡村旅游财政扶持资金，实施乡村旅游示范点项目建设，打通乡村旅游"最后一公里"。

四是不断加强特色产品开发。围绕构建现代产业发展体系，通过强化农牧业基础设施建设，集聚科技、金融、服务等优势，大力发展农牧业现代产业园，优化产业发展布局、搭建市场营销平台、培育特色农畜产品品牌，农畜产品产业园产业增加值不断提高。依托本土自然和人文资源，因地制宜，引导扶持开发刺绣、唐卡、民族服装、乳制品、肉制品、食用油等特色产品，农牧民的收入来源更趋多元化。

问卷调查统计结果显示，海北州乡村产业呈现多元化发展格局，仍以传统种植养殖业为主。其中，传统种植养殖业占比为54.26%，生态种植养殖业占24.81%，手工业占9.30%，农畜产品加工业占17.44%，乡村旅游业占39.92%，专业合作社为16.67%，其他还有从事刺绣、出租、劳务输出等行业的占6.59%。从中可以看出，虽然传统种植养殖业仍占据半壁江山，但乡村旅游业、生态种植养殖业、农畜产品加工业等产业正在迅速崛起，发展势头强劲。专业合作社已经成为发展乡村经济重要的组织形式。

（二）发展壮大村集体经济

一是持续加大帮扶带动力度。海北州统筹安排并使用好中央财政补助资金打造村集体经济示范村，辐射带动发展壮大集体经济。推进重大基础设施建设，在涉及产业布局、园区建设、城镇化、精准扶贫等重大项目规划中，为有条件的行政村预留村集体经济发展空间，支持村集体兴办实体经济项目，以特色产业带动村集体经济发展。

二是持续加大挖掘资产资源力度。逐步优化农牧业特色产业布局，通过“一乡一品牌”“一村一特色”等方式，推进产业集聚化、规模化和区域化，大力发展绿色、有机、生态、优质、安全且适销对路、具有海北州农牧区特色的农畜产品。着眼破解村集体经济发展中的瓶颈，积极鼓励和指导各村立足实际，因地制宜、大胆探索、多元化发展，形成了村企合作、产业带动、租赁收益、服务创收、入股分红等多种发展模式互补、互动和互助的格局。

三是持续加大政策扶持力度。加快推进农村集体产权制度改革，支持合作社以集体资产折资入股、整合财政投入资金入股、吸纳社会资金入股等方式发展股份合作经济。鼓励村集体创办电商、代办代购、农贸市场、扶贫车间等服务实体，领办农机农技、劳务输出、农产品销售等服务组织，增加集体收入。支持将政府投资的公益事业和基础设施项目等所形成的资产收益归村集体所有，村集体兴办的各类实体项目，依法依规减征免征相关行政事业性收费和服务费。

四是持续引导深化改革。依托农村产权制度改革，整合村级集体资产、资金、资源，通过承包、租赁等方式，增加村集体经济收入。

五是持续加大监督管理力度。海北州及各县全力推进集体资产清产核资工作，层级建立管理台账，明确产权归属，健全管理制度。注重发挥监督考评“约束力”，规范村集体经济资金监管，全面推行村级财务第三方代理记账，建立健全乡镇常态监管和县级考评督查机制，有效防止村集体资产流失、村集体经济收益分配不合理等问题的发生。

问卷调查统计结果显示，海北州村集体经济破零复壮工程实施效果较为明显，村集体经济发展形式多样，形成了多条腿走路的格局。其中，发展乡村旅游业一枝独秀，占比高达 51.94%；发展种植养殖业紧随其后，占比为 38.37%；自建或购买商铺、农贸市场占 20.16%；入股光伏电站占 13.95%；发展农畜产品加工业占 13.18%；发展其他形式的村集体经济占 14.73%。由此不难看出，海北州遵循从实际出发、因村施策的发展思路，村集体经济破零复壮走上了一条良性发展的路子。同时，乡村旅游发展前景光明，是"绿水青山就是金山银山"理念的生动实践。

（三）健全农牧区投入持续增长机制

一是健全完善政策保障。海北州坚持将推进脱贫攻坚与民族团结进步创建、生态保护以及公共服务均等化等工作紧密结合起来，制定出台了《海北州整合涉农及相关资金推进脱贫攻坚实施方案》《海北州金融支持精准扶贫实施方案》等方面的政策措施，为全州扶贫资金使用和金融支持精准扶贫、精准脱贫提供了制度保障。

二是积极争取专项资金。2016—2020 年累计落实上级扶贫资金 108716 万元，年均增长 8.24%。其中，2016 年落实 20761 万元，2017 年落实 14021 万元，2018 年落实 25386 万元，2019 年落实 26202 万元，2020 年落实 22346 万元。2016 年以来，累计争取资金 6.86 亿元，建成四县扶贫产业园，目前有 153 家经营组织参与园区发展，实施农牧业科技成果孵化与转化等 15 大类 32 个项目，累计带动 3161 户 10892 名建档立卡贫困群众，年人均增收 1100 余元。

三是加大地方财政投入。海北州财政持续加大支农投入力度，确保资金稳步增长。从 2016 年开始，安排的州县级扶贫资金从"十二五"期间的每年 500 万元提高到了 7200 万元，安排支农专项资金从 300 万元提高到了 2000 万元，全部用于全州贫困村基础设施条件改善和产业发展。

四是统筹整合涉农资金。"十三五"期间，全州累计统筹整合各类涉农资金 553718 万元，重点实施了贫困村易地搬迁、设施农牧业、劳务输出、农牧民技能培训、贫困村基础设施建设、产业扶贫、旅游扶贫等项目。

五是着力解决贷款难问题。海北州积极推进农牧业经营主体政策性融资贷款担保体系建设，政策性融资担保体系初具规模。加强政银合作，海北州与青海省农业信用联社等相关金融机构签订战略合作协议，通过持续加大"普惠、信用、绿色"三大体系建设，全力支持海北城乡融合发展、绿色发展，建立起服务乡村振兴战略的“四梁八柱”，为打造海北“两个高地”建设提供优质高效的金融服务。各县成立了农业融资担保公司，有效解决了农牧业经营主体及农牧户贷款难的问题。

问卷调查统计结果显示，近年来，海北州将财政支持农村发展作为乡村治理的重要途径，注重持续加大对农业农村的资金投入，依托项目实施，推动乡村经济可持续发展。调查对象所在的村每年能够争取到上级财政支持乡村经济发展的项目1—2项的占比为48.06%，3—4项的占比为11.63%，5个项目以上的占比为5.43%，1个项目也没有的占比为3.88%，不了解的占比为31.01%。这种情况表明，接近半数的乡村每年至少有一个财政支持乡村发展的项目落地，能争取到两个以上甚至更多项目的乡村也不在少数。在财政资金及其他来源渠道资金的支持下，海北州乡村经济发展正在逐步迈入快车道。

（四）提升农牧业信息化水平

一是大力推进电子商务进农村。完善物流配送体系，推动物流资源融合，支持县级综合服务中心、公共仓储物流中心、村级物流集配站、电商工厂建设运营，优化农村电商综合服务站点基础设备配置。制定完善服务流程、服务制度，聚焦农产品上行，拓宽网销渠道，创新发展“电商+旅游”“电商+扶贫”等多个新业态模式，开展农村电商普及性培训。

二是启动藏羊、牦牛原产地可追溯工程。州辖部分县创新开展藏羊、牦牛原产地可追溯建设工程，如刚察县在全省率先开展了藏羊、牦牛原产地可追溯工程，全县22.06万头只牲畜完成耳标佩戴及溯源信息采集上传，在25个农牧业经营主体中推行食用农产品合格证制度，出具电子（纸质）合格证359张，带证上市农畜产品158.85吨。

三是推进电商农产品线上销售和线下体验。持续加强绿色有机农畜产品品牌创建，在内地一线、二线城市举办区域公共品牌发布暨产品推介会，县级领导、“网红”主播直播带货等网络直播活动，在省会城市及大型商超、加油站等人员密集且流动性较强的场所建立特色品牌农畜产品电子商务O2O体验馆，消费者在线下体验，线上下单购买，扩大了品牌影响力，初步实现了“走出去、立得住、吃得开”的营销目标。

四是创新新型经营主体利益联结机制。积极培育以种植养殖大户、家庭农场、专业合作社为主的新型经营主体利益联合体，发展多种形式的适度规模经营和社会化服务，切实推进农业农村现代化。截至2021年6月，门源县登记备案并正常运行的农牧民合作社202家、家庭农牧场165家，其中国家级示范社4家、省级示范社23家、州级示范社6家、县级示范社138家。

问卷调查统计结果显示，农村信息化建设在支持乡村经济发展中扮演着越来越重要的角色，农村物流是乡村经济发展、农牧民脱贫致富的重要支撑。尽管海北州农村电子商务设施建设起步较晚，但推进速度较快，调查对象所在村已经建立了农村电子商务综合服务站点的占55.81%，尚未建立的占22.87%，不了解的占21.32%。随着国家级、省级电子商务进农村示范县（乡、镇、村）强力推进，试点范围不断拓展，预计未来一段时期海北州以农村电子商务为引领的农村物流业将迎来快速发展阶段。

二、农村经济建设助推乡村治理的成功样板

（一）乡村产业转型升级是提升乡村治理成效的关键一环

因地制宜，培育优势主导产业。海北州门源县根据“稳粮油、强草业、抓特色”的乡村产业调整与发展思路，实现了由传统的粮油“二元结构”向粮经草特等“多元结构”的转变。全县完成农作物播种面积44.43万亩，粮油特种植比例为53∶33∶14。汉藏药材、蕨麻等特色作物占农作物播种总面积的0.89%；建立食用菌菌棒生产基地3处、食用菌栽培基地10处，从事食用菌产业新型经营主体15家，培育香菇163.26万棒，销售鲜菇2260余吨，实现产品销售收入2030余万元，食用菌产业带动就业4.82万人次，劳务工资支出385万元。以“提质、扩优、抓特”为重点，推行集约化经营为主的生态畜牧业，建成现代高原生态畜牧业示范区，积极探索“养殖+金融+就业+扶贫”模式，鼓励村民通过贷款、自筹资金购买优良畜种发展养殖业，目前，已存栏湖羊4365只、西门塔尔肉牛41400头。

全域旅游“提速”发展。海北州祁连县八宝镇按照“三全”旅游发展方向，着力构建农旅融合发展模式，旅游观光、生态园、特色民俗村、飞行小镇等旅游产业加快向品牌化发展，旅游经济成为全镇经济发展的支柱产业。同

时，连续举办八宝镇清真美食文化旅游推介会活动，旅游接待能力、服务水平显著提升。麻拉河村、拉洞台村成立了旅游协会，旅游自管模式进一步规范。截至目前，建成旅游产品开发商铺 80 家，农家园 83 家，农家宾馆 235 家，旅游从业人员达到 1152 人，2021 年上半年累计接待游客 13.6 万人次，实现旅游纯收入 2359.81 万元，游客量和旅游收入分别同比增长 3 %和 2.2 %。

（二）发展壮大村集体经济是夯实乡村治理基础的基本路径

因村施策，拓宽村集体经济发展路径。海北州刚察县坚持把发展集体经济作为乡村治理的重要抓手，注重因村施策、精准发力，完善增收方案，拓宽村集体经济发展路径，不断发展壮大村级集体经济产业。深入推进村党组织领办专业合作社，全县 19 个村党组织负责人兼任村级专业合作社负责人。截止 2020 年年底，全县村集体经济总投入达到 5420 万元，90%的村集体经济达到 20 万元以上，总收入达到 2080 万元。

持续壮大集体经济，激活乡村治理因子。近年来，海北州门源县东川镇寺尔沟村始终将发展村集体经济作为发展的首要任务。村集体投资成立 1 家养殖专业合作社，先后投资共计 27.972 万元，村集体年收入 16 万元，探索出传统养殖业向现代规模化养殖发展的新路子。2021 年，凭借乡村振兴示范村建设的东风，实施村企养殖专业合作社扩建项目，落实项目资金 450 万元；投资 160 万元至门源县城投公司，年分红达 12.8 万元；投资 134.4 万元至门源县富源光伏扶贫电站，年分红达 15 万元。村集体收入年均达到 43.2 万元。寺尔沟村每年将村集体收入的 40%用于村内基础设施建设、扶贫济弱等社会公益事业，乡村治理能力稳步提升。

（三）加大金融支持力度是增强乡村治理能力的重要保障

积极争取财政资金，助力农村经济发展。刚察县哈尔盖镇将巩固脱贫攻坚成果同实施乡村振兴相衔接，积极争取省、州、县等上级部门支农资源，持续推动镇域经济健康发展。2021 年落实改扩建和新建发展项目 8 项，投资总额达 9145.46 万元。投资 42 万元实施环仓秀麻村合作社院内新建硬化项目，新建合作社院内硬化 2400 平方米；投资 75.5 万元实施果洛藏秀麻村财政“一事一议”项目，新建 10 眼机井，13 户农牧民受益；投资 90 万元新建暖棚 20 幢，其中，山东援建60万元，群众自筹30万元；各投资1000万用于两个乡村振兴示范村贡公麻村和塘渠村的特色优质产业发展；投资60万元为果洛藏秀麻村购置饲料加工设备；投资400万元用于切察村合作社扩建。上述一系列项目的精准落实，不仅确保了脱贫户不返贫、边缘户不致贫，也为乡村振兴奠定了坚实的物质基础。

创新推出"兴农保"，为农牧区经济发展注入金融活水。为做实金融服务乡村振兴工作，切实提高金融助力地方产业结构优化升级、支持农牧业高质量发展的能力，海北州积极引导辖内金融机构创新金融产品，提升服务水平，为乡村振兴提供了强大动力。由州县财政出资2.25亿元资本金，注册组建了海北州北润国有融资担保有限责任公司，通过发挥财政杠杆对金融及社会资本的撬动作用，进一步缓解中小微企业和农牧户"融资难、担保难"的问题。2021年年初，北润国有融资担保公司立足州情实际，创新推出"兴农保"担保业务，对有实体种植、养殖或其他与农业农村相关的经营主体，经营状况较好的农牧户，担保贷款50万元以下（含）原则上取消反担保措施，依托合作银行调查结论进行批量信用担保，并一律免收担保费。该项业务自实施以来，全州已有290家农牧户申请了"兴农保"担保业务，金额达5373万元，解决了农牧户贷款难的瓶颈问题，促进了农牧户持续增产增收，为乡村实体经济发展起到了助推作用。

（四）提升农牧业信息化水平是促进乡村治理现代化的有效抓手

持续提升农牧业信息化服务水平。海北州海晏县作为国家级电子商务进农村综合示范县，在农村电商三级服务体系建设、物流配送体系建设、电子商务培训等领域持续发力，取得了阶段性实效。一是建成并运营县级综合服务中心、公共仓储物流中心、村级物流集配站、电商工厂。二是优化农村电商综合服务站点，配备电脑、冰箱等基础设备，并制定完善服务流程、服务制度。三是加快品牌培育，选定"河清海晏 "为区域主品牌，"西海郡城""海晏牦牛"为子品牌。四是创新发展"电商+旅游""电商+扶贫"等多个新业态模式，同步开展农村电商普及性培训。

强化品牌培育，提升农畜产品市场竞争力。海北州门源县以"三品一标"认证为依托，切实提升农畜产品品牌影响力和市场竞争力。全县拥有农产品地理标志2个、"三品一标"5个，绿色食品认证面积达26.6万亩，绿色作物种植面积比重达59.87%，小菜籽油等2个产品获得绿色认证，绿色有机食品1家、有机农牧业产业协会1家。培育了"雪灵"菜籽油、"大美亹源"青稞油菜产品、"皇城老牧人""青源2882""门源香菇"等"农字号"品牌，门源本土农畜产品市场竞争力持续提升。

三、推进乡村经济高质量发展的对策建议

"十三五"时期，海北州乡村经济建设取得了不俗成绩，积累了较丰富的经验，走出了一条符合州情实际的乡村治理之路，但在实践中也遇到不少困难和问题，工作中还存在一些弱项和短板，如基层基础夯得不实、产业链条不够完整、农牧业投入比例偏低、农牧业科技服务水平有待提升等问题，需要引起重视，持续加以解决。

（一）持续优化产业结构

加快传统行业转型升级改造，鼓励农牧业企业着力提高产品技术、工艺装备、能效环保等水平，引导企业注入新技术、新管理、新模式，加快产业链延伸和产业融合，创造传统特色产业竞争新优势。发挥产业园区要素资源集聚优势，加大招商引资力度，做大做强农畜产品加工产业，加快构建全产业链条，实现高效、循环、可持续发展目标。坚定不移构建现代化产业体系，紧紧围绕"人、草、畜、产、加、销"一体化、全产业链发展思路，重点扶持壮大藏羊、牦牛特色产业。发展以"龙头企业+合作社+专业大户+家庭牧场"为主的绿色有机农畜产品精深加工产业，全面提升农牧业供给体系的整体质量和效益。加大现代化绿色工业体系建设。坚持工业绿色发展理念，大力扶持中小企业孵化，加大对"专精特新"企业支持力度，引导企业积极开展农畜产品、文旅产品、生物科技、特色产品加工等商品研发，打造特色文旅产品研发产业区。深化巩固全国电子商务进农村示范县成果，建设完善产供销一体的农畜产品网上营销平台、电子商务综合服务平台和第三方电子商务交易平台，加快电商发展步伐。

（二）做强做大村集体经济

乡村经济是乡村社会治理的重要物质基础。要结合巩固拓展脱贫攻坚成果与乡村振兴相衔接的制度安排，发展壮大村集体经济，建立完善股份制经济合作社管理运营、收益分配机制，维护村集体利益。盘活村集体资产资源，整合多方力量，多措并举做大做强村集体经济"蛋糕"，积极引导发展乡村旅游、休闲农牧业等新产业新业态，着力打造生产好产业强、生态好环境优、生活好家园美的高原美丽乡村升级版。把生态旅游业作为海北州经济社会高质量发展的战略性支柱产业，在巩固拓展国家全域旅游示范区创建成果的基础上，进一步规范旅游市场秩序，提升旅游服务质量，打造全域旅游品牌，积极争创全省生态旅游示范区。突出"旅游+""+旅游"融合发展方向，拓宽延伸红色旅游、乡村旅游、体验旅游、冬季旅游等产业链，真正实现全域全季全时旅游目标。以北京成功举办"冬奥会"为契机，充分利用海北州冬季较长、交通便利、冰雪资源丰沛的优势，大力发展冰雪运动、冰雪旅游，争创全域全季全时生态旅游示范区。

（三）完善农牧区流通体系建设

加快推进农畜产品冷链物流、农业生产资料流通、农牧区商品配送体系建设，加大基础设施建设投入力度，培育引进物流企业，大力发展现代物流业，畅通"从外向内"和"从内到外"的双向流通渠道，实现日常消费品进得来、送得到，县域内冷鲜产品、农副土特产走得出、无阻碍。深化巩固拓展全国电子商务进农村示范成果，建设完善产供销一体化的农畜产品网上营销平台、电子商务综合服务平台和第三方电子商务交易平台，加快农村牧区电子商务发展步伐。聚焦农产品上行，举办农特产品网上展销，拓宽网销渠道。优化农村生活服务供给，鼓励城镇市场主体到乡村设点，直接向农牧民提供服务，缩小城乡居民消费差距。深入实施农村消费帮扶，鼓励龙头企业带销、商场超市直销、电子商务营销、旅游带动促销等方式，拓宽农产品流通渠道。加强乡村产销精准对接，借助举办展览会、交易会、洽谈会等活动，开展农产品洽谈对接、推介宣传。打造海北州绿色有机农畜产品输出地，支持农产品市场升级改造，发展数字化市场。

（四）持续增加农牧业资金投入

积极争取上级财政支农专项资金，加大地方财政对农牧业投入，逐年提高支农专项资金占比，强化财政监督职能，提高财政资金使用效率。切实提高金融支持农牧业高质量发展的能力，积极引导金融机构创新金融产品，提升服务水平，为乡村振兴提供强大动力。发挥财政杠杆对金融及社会资本的撬动作用，通过取消反担保措施、依据银行调查结论进行批量信用担保、免收担保费等方式，进一步缓解农牧业中小微企业和农牧户“融资难、担保难”的问题。注重发挥资金“保障力”，在不改变资金使用方向和专款专用的基础上，整合中央财政扶持资金、扶贫专项资金、对口援建村集体经济扶持资金等各类涉农项目资金，有效增强乡村集体经济发展后劲。注重发挥监督考评“约束力”，规范村集体经济资金监管，全面推行村级财务第三方代理记账，建立健全乡镇常态监管和县级考评督查机制。健全防止返贫致贫动态监测和帮扶机制，加强扶贫项目资产管理和监督，持续巩固“两不愁三保障”成果，坚决防止返贫和新致贫。

（五）增强农牧业科技支撑能力

积极发展智慧农牧业，健全农畜产品质量安全追溯体系，加强“两品一标”认证和保护，加快“名优特”农畜产品品牌培育，打造一批在全省乃至全国叫得响的商标品牌。建设和完善产供销一体化的农畜产品网上营销平台、电子商务综合服务平台和第三方电子商务交易平台，加快电商发展步伐。建立自下而上的交流平台，由州县农牧部门负责建立生态农业、生态畜牧业合作社等微信群，锁定政策引导、科学技术推广和信息交流等内容，线上解决合作社生产难题，切实为合作社发展提供方便高效的交流平台。农牧等相关部门要主动举办以农牧业专业合作社管理干部、生产经营负责人为主要对象，以农牧业先进技术、生产经营理念和管理知识为主要内容的培训班，尽快提升人员素质。要与对口援助省市主动衔接，利用好内地发达地区的人力、资金、技术等优势资源，请进来、走出去，学人之长、补己之短，大力提升海北州生态农牧业发展质量。

作者简介：高永宏，青海省社会科学院政治和法学研究所研究员。

六盘水市基层社会治理现代化创新机制研究

冯香芬

摘　要：深入推进基层社会治理改革，构建富有活力和效率的新型基层社会治理体系，是加快推进社会治理现代化，建设更高水平幸福六盘水的应有之义。当前，六盘水市基层高效治理的理想和现实状态还存在一定的差距，我们要学习借鉴浙江地区的治理经验，查找六盘水市基层治理亟须创新及突破的一些瓶颈问题，学习借鉴新时代"枫桥经验"，健全党组织领导、村（居）委会主导、人民群众为主体的新型基层社会治理框架，为幸福六盘水建设提供决策咨询建议。

关键词：基层社会治理；共建共治共享；幸福六盘水

2021年4月28日，《中共中央国务院关于加强基层治理体系和治理能力现代化建设的意见》中指出，"坚持共建共治共享，建设人人有责、人人尽责、人人享有的基层治理共同体"。2020年9月，以市域治理现代化试点为契机，六盘水市已制定《六盘水创新"一中心一张网十联户"治理机制加快构建基层社会治理新格局实施方案》，以"一中心一张网十联户"为载体，旨在从根本上提升防范化解矛盾风险的能力，构建上下联动、左右协调的基层社会治理共建共治共享新格局。

一、浙江地区基层社会治理经验

作为党和国家公共政策执行落实的"最后一公里"和服务人民群众的前端窗口，基层治理是维护社会稳定的重要基石。从"枫桥经验"到"桐乡经验"再到"丽水机关内部最多跑一次改革"，浙江地区40年乡村治理现代化转型的过程具有相对明确的目标方向和执行效率，充分贯彻了党和国家对于乡村发展的战略路径规划，具有全国性的引领价值。

（一）“枫桥经验”

20世纪60年代，经过毛泽东的肯定性批示，浙江省诸暨市枫桥镇干部群众创造的勇于化解基层社会矛盾的“枫桥经验”诞生，从中央到地方，从官方到学界都对“枫桥经验”开展了系列的研究阐述。中共浙江省委党校马克思主义研究院胡承槐院长揭示了“枫桥经验”55年历史演变所蕴含的历史逻辑，他指出“枫桥经验”具有极强的历史适应性、历史创造性，它应时代变革的需要而产生，又应时代发展的需要而不断地转型、丰富和发展。[①] 中共浙江省委党校陈立旭教授指出，从最早的“发动和依靠群众，坚持矛盾不上交，就地解决，实现捕人少，治安好”，到“党政动手，依靠群众，立足预防，化解矛盾，维护稳定，促进发展”，再到“以人为本，依靠群众；抓早抓小，就地化解；维护稳定，建设小康”；再到今天群防群治向共建共治共享、从单一调解向多元化解、从条块分割管理向综合治理、从传统手段向现代信息方式等多方面全方位的转型升级，“枫桥经验”内涵伴随历史变迁而不断创新。[②] 浙江传媒学院王国勤教授将“枫桥经验”划分为四个阶段，即20世纪60年代初至70年代末改造“四类分子”，用于解决阶级矛盾；20世纪80年代初至21世纪初社会治安综合治理，用于解决社会治安矛盾；21世纪初至2013年社会管理经验，用于解决社会发展中的矛盾；2013年至今社会治理经验，用于解决新时代的社会矛盾。[③] 四川大学法学院李振贤博士指出，“枫桥经验”蕴含的基层治理实质内涵是在基层场域中构建和调整国家与社会成员的关系，优化实施中央政策，把复杂的社会需求及个别化的社会行为妥帖地整合到国家的总体秩序安排之中，既通过强化国家基础性能力，以保证国家对基层的辐射力、组织力、动员力、控制力、矫正力及濡化力；又通过激活与培育基层秩序的自生能力，以保

① 胡承槐：《“枫桥经验”55年历史演变所蕴含的历史逻辑》，载《中共浙江省委党校学报》2018年第5期。

② 陈立旭：《现代治理与传统的创新性发展》，载《中共浙江省委党校学报》2018年第5期。

③ 王国勤：《“枫桥经验”的话语实践与治理图景》，载《江西师范大学学报》（哲学社会科学版）2020年第3期。

持和发挥社会成员在基层治理中的创造性、自主性、互助性及自律性。[①]"枫桥经验"作为基层社会中依法治理的源起典范，引领着全国的基层社会治理改革。

（二）"桐乡经验"

自2013年起，浙江省桐乡市秉承"红船精神"，于高桥街道先行试点开展自治、法治、德治"三治融合"的基层社会治理探索实践，桐乡"三治融合"探索于2017年写入党的十九大报告。原中共桐乡市委副书记、政法委书记潘川弟指出，"三治融合"是指在党委、政府领导下，城乡基层以自治为基础，以法治、德治为手段，实现民意、法律和道德相辅相成，形成政府治理和社会调节、居民自治良性互动的基层社会治理模式。[②] 近年来，桐乡始终坚持以问题为导向、以理论为支撑、以领跑为追求，努力将"三治融合"发源地打造成为基层社会治理示范地，桐乡的万人成讼率、刑事警情发案率等指标持续降低，取得了"平安桐乡"十五连冠、勇夺一星平安金鼎。[③]

（三）丽水机关内部"最多跑一次"改革

机关内部"最多跑一次"改革是发端于浙江丽水的一项改革措施，是浙江的一张"金名片"，2019年在全省复制推广，并在中国改革年会上被评为年度十大改革案例。丽水机关内部"最多跑一次"改革从提出到实践，再到完善和升级，始终聚焦聚力打破机关部门间协同办事壁垒，以政府提速促进发展提速，首要就是破解部门间办事程序多、多头跑、环节多、签字烦、时间长以及个别部门存在的中梗阻、不作为、慢作为等机关效能问题，从四个方面着重突破：清单化定责、场景化改造、数字化协同、效能可量化。[④] 中央经济体制改革研究会提出，"最多跑一次"改革触动全局，推动了全局，一句话后面是大量的探索和创新实践，涉及政府治理、基层治理最根本、最核心的一些问题；

---

① 李振贤：《"枫桥经验"与当代中国基层治理模式》，载《云南社会科学》2019年第2期。

② 潘川弟：《深化三治融合"桐乡经验"的实践与思考》，载《政策瞭望》2018年第11期。

③ 盛勇军：《"三治融合"桐乡经验持续创新》，载《政策瞭望》2020年第10期。

④ 丽水市委改革办：《机关内部"最多跑一次"改革的丽水实践》，载《丽水日报》，2020年3月29日。

涉及彻底冲破传统思想观念的束缚；破除旧的部门利益羁绊和藩篱；能够重塑在市场经济条件下政府部门的治理模式；重塑政府各个部门的设置结构和相互的关系；也重塑我们政府各部门的工作机制。①

二、六盘水市基层社会治理现状

2021年7-9月，六盘水市社会科学院组成专题调研组，围绕六盘水市基层社会治理情况到各市（特区、区）部分乡镇开展调研。此次调研分别选择了六盘水四个市（特区、区）的9个乡镇（社区、街道办），召开10场不同层次的座谈会，18个村（居）70名同志（包括各乡镇党政领导、村两委负责同志、综治办负责人、政务服务中心工作人员等）参加了座谈会。参会人员分别围绕“一中心一张网十联户”基本情况、政务服务工作、平安凉都建设、基层社会治理中存在的困难等发言，讨论了提升基层社会治理水平的经验做法，对遇到的困难和问题探讨了对策建议，进一步理清工作思路，明确工作方向。

为做好基层工作，把各类矛盾纠纷化解在萌芽状态，2020年9月，六盘水市启动了“一中心一张网十联户”基层社会治理工作，大力推进县乡村综治中心实体化运行，打造基层社会治理“指挥部”；大力推进城乡网格服务管理，筑牢社会治理基本单元；大力推进群众联防守望、抱团发展，激活社会治理神经末梢。

截至目前，六盘水市推进综治中心标准化规范化建设，全市92个乡镇（街道）、1145个村居全部建立综治中心，配套建成“雪亮工程”等公共安全视频监控，实现所有村居全覆盖；大力推行网格化服务管理工作，全市科学划分网格11958个，全部配备专兼职网格员，筑牢社会治理基本单元；着力推广“十联户”联防守望、抱团发展模式，建成“十联户”约9.37万组、113.2万户，推选联户长9.37万名，其中党员9700人、在职干部职工3787人、退休干部3474人，推动党的领导和村民自治互动衔接、紧密协同，努力实现了基层基础工作全面夯实，服务管理能力全面提高，做到小事不出联户、不出网格，大事不出镇，难事不出县，矛盾不上交。服务不缺位，平安不出事，打造更高

① 彭森：《深入贯彻落实十九届四中全会精神，加快地方治理现代化进程》，载《改革内参》2020年第38期。

水平的平安凉都，为把贵州建设成为全国最平安的省份之一作出了六盘水的积极贡献。

在看到积极贡献的同时，我们也认识到还存在一定的差距和不足，主要表现在：治理机制方面，政策制定、方案引导和经济社会实际发展匹配度不高；群防群治不够精准，涉及土地纠纷、矿产资源、早婚早育、新型犯罪、滥办酒席、乡风治理等还存在一定差距；基层自主思考和选择空间不够，上级决策过急过早，并不是群众自主选择的结果，自治的积极性并不高；部分基层党组织软弱涣散，凝聚力不强，青壮年劳动力大量外出，留守人员村级公共事务参与率低，有效组织群众率低，政策宣传率低。队伍建设方面，综治中心功能发挥不够充分，有公共服务权限，无行政执法权限，隐形工作压力较大，人员老化现象严重，工作任务会随着工作重点随时更换调整；工作人员和网格员工资待遇不高，工作任务繁重，工作动力不足，以至于工作成效不明显；部分联户长无经费支撑便无责任心，只是挂名，不产生实际作用，年轻人员工作经验不足，老一辈人员有地方威信，但是无法参与到实际工作中。工作推进方面，部分单位组织保障不到位。工作推动零散化、碎片化，长效工作机制不健全；部分政务服务事项界定不清，大部分项目在县级中心办理，能够实际开展的项目不多，对群众的实际需求掌握不够；基层群众电子产品使用率不高，跨省通办事务实际较少，为完成任务指标，部分工作人员重复办公，既要为民办事，又要录入办件系统，实在完成不了的任务指标，也会采取虚假数据以应付考核。经验总结方面，部分乡镇有创新的经验做法，比如"三个招呼制度"、推选"最美婆婆""最孝儿媳"、挂牌明示"和谐示范户"、党建联建（党委联创）等，各地都进行了有效探索，在经验典型总结上还有待提升。

三、六盘水市基层社会治理现代化创新机制

浙江地区农村作为引领全国基层现代化转型的"先行者"，当地已掌握了现代化转型的一定规律和道路雏形，总结了大量的经验教训，深入学习借鉴浙江地区的基层社会治理经验，以探索六盘水市基层社会治理的现代化创新机制具有丰富的现实意义。

（一）坚持党建引领，强化基层社会治理政治保证

党的领导既是基层社会治理的定盘星，又是基层社会治理的最大优势。从调查研究来看，部分地方基层治理中暴露出来的问题，往往与基层党组织软弱涣散有关。比如，凝聚力不强、有效组织群众参与率低、工作推动零散化碎片化等问题。“枫桥经验”在不同的历史时期，都把党政主导放在首位，在新的历史时期更是高度重视党建的引领作用，丽水的平台、区域、服务、力量、责任“五个统筹”也在一定程度上创造了一套行之有效的治理经验。我们要继续发挥基层党建工作领导小组及其办公室的工作机制，持续深化“五联五共”党建联建机制，深化党建引领高质量发展“七个专项行动”，持续开展“凉都先锋”党建品牌创建，坚持大抓基层的鲜明导向，优化基层党组织设置，持续扩大党组织在薄弱环节、薄弱领域的有效覆盖，按照应建尽建的原则，加大社会组织和党组织组建力度。不断增强党的领导力和组织力，实现治理力量的实体化，统筹协调各方资源，共同发力解决基层社会治理中的难点堵点问题，把党的领导贯穿基层社会治理全过程、各方面，把党的声音、党的力量和党的主张及时高效地传递到“神经末梢”。

（二）坚持人民至上，夯实基层社会治理自治基础

居民群众是基层社会治理的力量源泉，地方政府的包办式治理和施舍式治理抑制了基层社会治理的内生动力，同时也增加了治理成本。在党建引领下，要着眼于人民对于幸福生活的动态感受，让居民群众自己组织起来满足自己的需求，从而实现社会自治。一是突出问题导向，聚焦群众关心的民生实事和重要事项，拓宽群众反映意见和建议的渠道，创建“民主议事厅”“议事会”“恳谈会”等平台，吸纳居民群众和社会组织积极参与，促进政府与人民、市场和社会组织的互动。二是培育公益性社会组织，引导其承担志愿服务、救助帮扶、化解矛盾和预防犯罪的社会职能，如浙江诸暨市的群众性组织发达，数量多、覆盖广且具有活力，充分发挥了基层社会治理的补充作用。三是变管理为服务，激发群众自治能力，规范基层公共服务和代办政务服务事项，加强网格化管理服务，加强机关单位和基层社区的结对共建，经常性开展入户走访，增强村（社区）的组织动员能力，推动居民群众积极参与到公共服务、环境整

治、文明创建、治安维护中来，夯实群众自治基础。

（三）坚持法律优先，完善基层矛盾纠纷化解体系

事实证明，坚持民事法律优先是推进基层社会治理的前提基础和根本保证。这一方面，“枫桥经验”运用法治思维和法治方式，成立“枫桥镇联合调解中心”，充分发挥人民法院的作用，进一步联结调解、信访、执法、司法，整合化解矛盾的所有资源，形成贯通的矛盾化解体系。桐乡市和丽水市亦是如此，在这方面创造了很好的工作经验。一是树立民法优先理念。近年来，基层社会的多数矛盾主要是由于经济运行和发展中的利益冲突导致的，而且多为民事性质的矛盾纠纷，因此对于基层干部来说，学好用好民法典就成为做好基层治理工作的基本功。二是建设“矛盾调解中心”，统筹吸纳乡镇司法所、派出所、人民法院、检察室等力量，组成调解中心，并开展调解志愿者培训，让群众感受到非诉讼带来的社会公平正义。三是加大法治队伍建设，全面推行“一村（居）一警”，一村一个法治副主任，一校一个法治副校长，加强法治队伍保障力度，从各个领域切实维护群众的合法利益。

（四）坚持以德为本，打造基层社会治理道德高地

法安天下，德治人心，要充分发挥德治在基层社会治理中“成风化人，润物无声”的作用。一是充分发挥“新时代农民讲习所”的阵地作用，打造优秀的各层级宣讲队伍，培育践行社会主义核心价值观，推动习近平新时代中国特色社会主义思想和党的方针政策进社区、进学校、进院坝、进家庭。二是巩固深化创建全国文明城市的成果，传递文明风尚，培育文明乡风，开展身边好人、道德模范、家风家教、卫生防疫、应急知识和诚信宣传教育。三是打造新时代人文道德高地，充分发挥电视台、广播电台、报纸杂志、公交媒体、新媒体等平台，加强社会公德、职业道德、家庭美德、个人品德宣传，塑造良好的道德修养和文明素质。四是充分发挥村规民约的积极作用，立足于移风易俗，立足于环境卫生整治，推广“励志积分兑换超市+村规民约”，充分调动村民参与治理的积极性，积出荣誉感、兑出新风尚，可利用上级帮扶资源和集体资产扩大收益范围，衔接乡村振兴、提升人居环境和推进群众融入共管共治。

（五）坚持智治支撑，推动基层社会治理攻坚破难

运用“互联网+”的思维，发挥大数据、云服务、网格化作用，通过智能化破解基层社会治理的诸多难题。“枫桥经验”以其高效且人性化的公共服务为其行政管理提供了坚实的依托，设置行政审批服务中心，整合审批和服务力量，推进“最多跑一次”改革，采取“一窗受理、内部流转”的方式，寓行政审批、管理于公共服务过程之中。丽水市在基层治理“四平台”、雪亮工程、智慧法院等智能建设上取得了明显成效。深化枫桥式系列创建，要充分发挥综治中心在基层社会治理中的平台支撑作用，一门受理、一网统揽，最多跑一次，构建一站式基层矛盾纠纷化解新机制。要打通部门壁垒，打破信息孤岛，把事关城市运行和群众利益的各类数据、系统集成到指挥调度平台上来，推动形成跨部门、跨层级、跨区域的协同运行体系，实现“一个屏幕看全区，一个网络管全市”打造高效便捷、全面覆盖的智慧治理体系。

作者简介：冯香芬，贵州省六盘水市社会科学院综合科科长、副研究员。

大数据推动贵州乡村治理提质升级研究

杨志章

摘 要：乡村治理是国家治理的基石。必须把夯实基层基础作为固本之策，坚持自治、法治、德治相结合，加强农村基层党组织建设，深化村民自治实践，建设法治乡村和平安乡村，提升乡村德治水平，以党的领导统揽全局，以法治“定纷止争”，以德治“春风化雨”，以自治“消化矛盾”，确保乡村社会充满活力、和谐有序。

关键词：大数据；推动乡村治理；提质升级

新国发2号文件把巩固拓展脱贫攻坚成果样板区作为第二项战略定位、第二项重点任务。要求推动巩固拓展脱贫攻坚成果同乡村振兴有效衔接，全面推进乡村产业、人才、文化、生态、组织振兴，加快农业农村现代化，走具有贵州特色的乡村振兴之路。乡村治理是国家治理的基石。必须把夯实基层基础作为固本之策，坚持自治、法治、德治相结合，加强农村基层党组织建设，深化村民自治实践，建设法治乡村和平安乡村，提升乡村德治水平，以党的领导统揽全局，以法治“定纷止争”，以德治“春风化雨”，以自治“消化矛盾”，确保乡村社会充满活力、和谐有序。实施乡村振兴战略，是以习近平同志为核心的党中央从党和国家事业全局出发、着眼于实现“两个一百年”奋斗目标、顺应亿万农民对美好生活向往作出的重大决策，在大数据下贵州省协同推进乡村振兴与乡村治理必须坚持问题导向、目标导向，聚焦短板弱项，完善制度机制，推动形成部门协同联动、乡村内外联动、村民自治法治德治相结合的乡村治理格局。

一、大数据推动贵州乡村治理提质升级是新时代贵州发展的战略选择

大数据推动贵州乡村治理提质升级是落实习近平总书记重要指示的根本要求，是新时代贵州发展的战略选择，是有效治理乡村振兴的重要保障，推进乡村治理是顺应新时代人民群众美好生活向往需要，促进脱贫攻坚与乡村振兴有机衔接的必然选择。

（一）大数据推动贵州乡村治理是贯彻落实党中央重大决策部署和习近平总书记对贵州殷殷嘱托的政治要求

中国特色社会主义进入了新时代，社会主要矛盾、农业主要矛盾都发生了很大的变化，广大农民群众有更高的期盼，对农业农村发展提出了新的更高的要求。推进乡村治理体系和治理能力现代化，必须强化基层基础工作，高度关注基层组织发展变化的特点，加强对各类基层组织的指导和管理，使各类组织按需设置、按职履职、有人办事、有章理事，特别要防止和纠正各类组织之间出现推诿扯皮现象，防止和纠正政策落地在“最后一公里”发生梗阻问题。在乡村振兴背景下，必须协同推进乡村治理，全面深入贯彻落实好习近平总书记对贵州工作重要指示精神，牢牢守好发展和生态两条底线。

（二）大数据推动贵州乡村治理是推动脱贫攻坚与乡村振兴有机衔接的必然选择

实施乡村振兴战略是一项长期的历史性任务，必须科学规划、注重质量、从容建设，不能片面追求速度，更不能搞脱离实际的“刮风”运动。推进乡村治理体系和治理能力现代化是实施乡村振兴战略的根本路径，必须全面系统贯彻习近平总书记关于巩固拓展脱贫攻坚成果、推进乡村振兴的系列重要指示精神。开创百姓富、生态美的多彩贵州新未来，必须加强乡村治理体系和治理能力建设，注重激发村民主体意识，巩固提升脱贫攻坚成果，持续补齐乡村建设发展短板和乡村治理弱项，更好地满足人民群众对美好生活向往需求。

（三）大数据推动贵州乡村治理是落实高质量发展要求、构建现代化经济体系的重要基础

农业强不强、农村美不美、农民富不富，决定着亿万农民的获得感和幸福感，决定着我国全面小康社会的成色和社会主义现代化的质量。乡村振兴是包括产业振兴、人才振兴、文化振兴、生态振兴、组织振兴的全面振兴，是推进高质量发展的必然要求。推进乡村全面振兴、促进高质量发展，必须健全完善乡村治理的体制机制，全面贯彻习近平总书记关于推进乡村产业发展重要指示要求，着力提升乡村资源配置效率，培育农村发展新动能，有效激发乡村发展动力活力。

（四）大数据推动贵州乡村治理是贯彻新发展理念、建设美丽贵州的关键举措

生态宜居是乡村振兴的内在要求，从“村容整洁”到“生态宜居”反映了农村生态文明建设质的提升，体现了广大人民群众对建设美好家园的追求。乡村是生态涵养的主体，生态宜居是乡村振兴的关键。作为国家生态文明试验区，贵州在推进乡村振兴实践中，必须全面贯彻习近平生态文明思想，大力推进绿色发展，协同推进乡村治理，全面贯彻新发展理念，不断改善农村人居环境，健全完善生态文明建设体制机制，着力推进乡村绿色发展和美丽乡村建设，加快构建城乡协调、人与自然和谐共生的美丽乡村发展新格局。

（五）大数据推动贵州乡村治理是增强文化自信、传承优秀传统文化、焕发乡风文明的有效途径

乡风文明是乡村振兴的紧迫任务，重点是弘扬社会主义核心价值观，保护和传承农村优秀传统文化，加强农村公共文化建设，开展移风易俗，改善农民精神风貌，提高乡村社会文明程度。乡风文明是乡村振兴的保障，也是乡村治理的重要内容。在乡村振兴背景下必须协同推进乡村治理，必须全面贯彻习近平总书记关于乡风文明建设系列重要指示精神，深化中国特色社会主义和中国梦宣传教育，注重发挥典型示范引领作用，深入挖掘、继承和创新乡村文化蕴含的优秀思想、人文精神，激发农民创新创造热情，使好习俗、好习惯、好风

尚、好家风在乡村蔚然成风。

（六）大数据推动贵州乡村治理是夯实农村基层基础、健全乡村治理体系、构建现代社会治理格局的固本之策

推进乡村治理能力和治理水平现代化，让农村既充满活力又和谐有序，是推进乡村振兴的重要内容和根本保障。社会治理的基础在基层，薄弱环节在乡村。在大数据背景下推进乡村治理，必须全面贯彻习近平总书记关于乡村治理体系和治理能力建设的重要指示精神，进一步加强和改进党对农业农村工作的领导，夯实乡村基层党组织建设基础，发挥乡村基层党组织在乡村治理中的领导作用和党员的示范带动作用。

二、大数据推动贵州乡村治理的探索实践

（一）引领乡村治理的产业基础不断夯实

坚持农村产业革命与农业供给侧结构性改革一体化部署、统筹实施，创造性提出“五步工作法”、农村产业革命“八要素”，为提升乡村治理能力搭建了平台。省委十二届五次、六次、七次全会对推进农村产业革命进行部署，省领导领衔推进12个农业特色优势产业，强基础、抓项目、兴主体、创品牌，特色优势产业不断做大做强做优，影响和带动了乡村治理。以“六个转变”为导向，以强化“五个二”为抓手，培育了一批在市场叫得响、有竞争力的特色优势农产品品牌，食用菌产业裂变式发展，辣椒、猕猴桃、火龙果、刺梨等产业名列全国前茅，百香果从无到有、规模挤进全国前三，太子参产量占全国需求量40%。

（二）乡村治理协同性不断增强

始终坚持把农业农村改革摆在重要位置，探索实践现代农业经营、集体经济管理方式，有序推进乡村要素资源配置市场化改革，有效激发乡村发展活力。纵深推进农村“三变”改革，建立完善股权合作、资金整合、产业带动等机制，农村“三变”改革经验得到中央肯定并在全国推广。

（三）乡村环境治理长效机制不断健全

坚持以绿色发展理念引领乡村经济社会发展，强力推进大生态战略行动，精准施策、重拳出击打好污染防治攻坚战，扎实推进国家生态文明试验区建设。谋划实施“五场战役”“双十工程”，扎实推进草海、乌江、清水江等水环境综合治理，出境断面水质优良率为100%。持续推进农村人居环境综合整治，组织开展农村厕所革命、农村生活垃圾治理、农村生活污水治理、村庄清洁“四个专项行动”，探索完善农村垃圾处理模式机制，农村生活垃圾收运设施覆盖1.12万个行政村。持续推进乡村生态修复，探索推行河长制、林长制。强力推进农业面源污染综合防治，全省化学农药使用量实现零增长，畜禽粪污综合利用率、农作物秸秆综合利用率分别达到71.2%和81.5%。

（四）大力推进乡村基本公共服务体系建设，百姓获得感幸福感安全感不断提升

始终坚持教育优先发展，不断优化城乡教育资源配置，大力推动民办教育发展，乡村教育服务保障水平不断提升，上学难、上不起学问题得到有效解决。持续推进医疗卫生体制改革，大力推动优质医疗服务资源进农村，扎实推进行政村卫生室标准化建设，乡村医疗服务水平服务保障能力不断增强，乡村看病难、看病贵问题得到较好解决，2019年远程医疗服务总量突破60万例次。加快完善乡村文化服务体系，规划建设了一大批文化体育设施。加强乡村社会治安综合治理，探索推进社会治理方式、体制机制创新，强化乡村安全监测管理，精准实施风险隐患防控，人民群众获得感、幸福感、安全感不断提升。

三、大数据推动贵州乡村治理提质升级需要关注和解决的问题

（一）乡村治理的领导机制还需完善

村两委优胜劣汰考核奖惩机制不完善，乡村治理绩效管理指标体系和制度机制不健全。村级组织依法决策、民主决策的制度机制有待完善。物质文明、精神文明

和生态文明建设不协调、不同步，有的地方注重经济发展，忽视乡风文明、法制教育、人文关怀和生态环境建设。有的地方基层党组织软弱涣散，组织建设跟不上时代要求，党内法规、制度落实不到位，党员示范引领作用不明显。部分村组干部乡村治理观念滞后、治理权力泛化异化、治理素质能力水平较低。

（二）乡村治理的协调联动机制还需完善

有的地方乡村治理职能职责不明确，有的领域管理缺位、力量分散，法治、德治、自治协同推进的制度机制不健全。有的村组自我管理能力差，村民主体作用发挥不充分，有的职能部门服务管理力量下沉不够，慢作为、乱作为现象时有发生，村级组织、村民、家庭、社会组织协同联动的乡村治理格局尚未真正形成。乡村治理缺乏统一有效的监管、调度平台。城乡联动协调发展、引领资源要素向乡村合理有序流动的制度机制不健全。

（三）乡村治理的基础支撑体系还需健全完善

乡村公共服务体系不健全、欠账多。乡村治理信息化、智能化和精准度、有效性有待提升。乡村法治服务体系不完善，法制教育、治安管理、法律服务有待加强。产业发展与乡村治理不协调，有的地方利益联结、产销衔接机制不规范不完善，缺乏农业新型经营主体支撑，村集体经济经营方式单一，达不到助农增收预期。

（四）乡村矛盾纠纷调处化解机制还需完善

乡村社会矛盾预防化解责任体系不完善，依法管理、综合治理、源头治理的制度机制不健全，突发事件应急响应、处置能力较差，协同联动机制不完善，小事不愿管、大事管不好、矛盾易上交。乡村道德模范、榜样力量的示范引领长效机制不健全，社会主义核心价值观教育缺乏有效载体。有的乡村干部政策水平低、矛盾纠纷调处能力弱，依法办事能力差。

（五）城乡联动发展的体制机制不完善

村庄空心化、老龄化现象严重，乡村老人、留守儿童关爱帮扶不到位，网格化帮扶联系制度机制不健全。县、乡、村三级综治中心建设力度不够，立体化的乡村社会治安防控体系尚未真正形成。引导各种优质资源要素向乡村集聚的体制机制还不健全、政策制度不配套，乡村建设管理人才缺乏。农村房屋空置现象严重，有的村集体经济组织有名无实、运营能力较差。

（六）公共服务保障体系不健全

推进教育、医疗、文化、法律服务等优质公共服务资源向乡村流动的制度机制不完善。有的村组医疗条件差、服务能力弱，缺乏公共文化服务平台、载体，村民看病难、子女就学难、文化活动单一的问题仍较突出。乡村便民服务体系不健全，公共管理服务不规范、不透明，资源整合利用不充分，管理服务力量跟不上，慢作为、乱作为现象时有发生。

四、大数据推动贵州乡村治理提质升级的对策建议

（一）建立完善乡村基层党组织领导推动乡村治理的制度机制

健全完善村两委乡村治理绩效评价考核机制。健全完善以基层党组织为领导、村民自治组织和村务监督组织为基础、集体经济组织和农民合作组织为纽带、其他经济社会组织为补充的村级组织体系。依法推进村民委员会民主选举、民主决策、民主管理、民主监督，建立完善村务监督机制和各项管理制度。有序推动村两委班子成员交叉任职。加强乡村基层党组织规范化标准化建设，全面落实村两委换届候选人县级联审机制。建立完善乡镇党政领导班子包村联户制度机制。

（二）建立乡村治理的组织领导机制和责任体系

成立推进乡村治理工作领导小组，统筹研究、决定乡村振兴、乡村治理重大规划、重大政策、重大举措、重大改革和重要事项，领导小组下设办公室。建立完善协同推动乡村治理的目标责任体系和绩效管理制度，推动构建党政合力、部门协同、上下联动、齐抓共管的工作格局。统筹推进乡村综治中心规范化建设，以村组为单元实施乡村治理网格管理服务。完善农村产业发展利益联结机制、产销衔接机制、集体经济经营管理机制，由县统筹、乡镇主抓、村为

单元，统筹规划、管理产业发展和集体经济，由财政按每个村 100 万元给予补助，专项用于扶持集体经济发展。健全完善乡村振兴重大决策社会稳定风险评估工作机制，健全重大决策终身责任追究制度和责任倒查机制。

（三）建立健全村民自治自律机制

探索创新乡村群众自治的有效实现形式，赋予村级组织自治管理权力，保障村民对公共事务实现共商共建共享。搭建村民参与村级公共事务管理平台，充分发挥村民委员会和治保会等群防群治力量在公共事务、公益事业办理、民间纠纷调解、治安维护协助、社情民意通达等方面的作用。健全村级组织议事协商制度，构建民事民议、民事民办、民事民管的多层次基层协商格局。探索创新村组协商议事形式和活动载体，完善村民会议、村民代表会议、村民议事会、村民理事会、村民监事会运行管理制度机制。规划建设村组事务“阳光公开”监管平台，建立“村民微信群”“乡村公众号”。建立完善乡村干部薪酬管理制度机制，以上年度经济增速为标准稳步提高乡村干部薪酬待遇，与乡村治理目标绩效挂钩。建立完善农村集体经济组织审计监督、村干部任期和离任经济责任审计等制度机制。

（四）完善乡村文化传承保护与振兴的制度机制

省级财政安排专项资金，统筹推进乡村非物质文化遗产的保护、利用和挖掘。完善农耕文化保护利用机制和政策，推动职业技术院校建立农训体验基地。划定乡村历史文化保护红线，建立完善乡村文化建设管理制度规范，重点保护、有序利用好历史文化名镇名村及农村文物古迹、传统村落、民族村寨、传统建筑、农业遗迹、灌溉工程遗产。加强农村文化保护利用法制建设，完善乡村公共文化服务体系，有序推动文化下乡。

（五）完善体现时代特征的文明乡风淳朴民风培育制度机制

健全完善村民社会主义核心价值观常态化教育培养机制，构建社会、学校、家庭“三位一体”德育网络体系。探索创新村民教育形式、方法和载体，打造新时代文明实践中心、农民讲习所、农民夜校等平台。与时俱进制定乡村文明公约、村规民约、家规家训，推动社会主义核心价值观落细落小落实。完善乡村社会信用体系建设、文明乡风淳朴民风培育制度机制，强化村民以德治村、共建共荣的主体意识。发挥道德模范引领示范作用。教育、引导农民把务工收入更多用于在城镇安家落户和子女教育投资，不把“活钱”变成“死资产”。

（六）健全乡村矛盾纠纷多元化调处化解制度机制

建立乡村矛盾纠纷网格化管理工作机制和乡村干部包保制度，探索通过政府购买社会服务引入第三方力量参与化解乡村矛盾纠纷，推进县乡领导进村入组接访下访制度化机制化。规划搭建乡村矛盾纠纷动态监测、快速处置、规范管理平台和信息互通、联动调处机制，探索建立“互联网+网格管理”服务管理模式。有序推动公检法服务向乡村延伸，提高响应群众诉求和为民服务能力水平。健全完善乡村人民调解员队伍建设管理制度机制，推动构建调解、仲裁、行政裁决、行政复议、诉讼等有机衔接、相互协调的多元化纠纷解决工作格局。健全法律进村入户宣传机制、乡村不文明行为惩戒制度机制。推动村民委员会建立公共法律服务工作室，鼓励引导律师、基层法律服务工作者提供乡村公共法律服务。推动落实乡村平安建设领导责任制，推动构建乡村社会治安齐抓共管、联防联控工作格局。

（七）建立完善推进城乡基本公共服务均等化制度机制

完善乡村公共服务体系建设投入稳定增长机制。建立完善村组老人、留守儿童、智障、残疾等特殊人群精准关爱救助制度和长效帮扶机制。探索完善城乡公共服务资源均衡配置的制度机制，把机关事业单位人员服务乡村质效纳入职务晋升、职称晋级管理的重要内容。提升乡村教育、医疗、文化等公共服务能力，完善乡村教师、医疗卫生服务人员绩效管理制度，稳步提高乡村教师和村医待遇，确保乡村教师、医生待遇不低于当地公务员平均工资水平。为确保乡村公共服务有效覆盖，建议行政村面积控制在30平方千米以内。

参考文献

［1］贵州省发改办：《贵州省乡村振兴背景下协同推进乡村治理模式机制研究》，载《贵州改革》，2020年3月19日。

作者简介：杨志章，中共镇远县委党校高级讲师。

完善党建引领下“三治”结合的乡村治理体系研究

——基于江西寻乌县调查

刘月平

摘　要： 探索基层党建引领，“三治”结合乡村治理体系是实现乡村善治的必由之路。当前，由于城市对乡村人才的虹吸作用、基层党员干部队伍建设不够、党建“行政化”倾向明显等不利因素的影响，乡村党组织的组织和治理能力相对较弱。自治、法治、德治呈现不平衡的发展状态。党建引领与“三治”结合的政策机制、统筹工作衔接还不够通畅。因此，需要建强基层党组织，选优基层党组织带头人，发挥自治、法治、德治各自治理优势和功能，强化党建在“三治”结合政治领导、组织引领、能力引领、机制引领作用，推进形成党建引领下“三治”结合的共建共治共享的乡村善治格局。

关键词： 乡村治理；“三治”；基层党建

乡村治理是一项复杂的系统性工程，是推进国家治理体系和治理能力现代化的基础工程。党的十九届四中全会提出构建社会治理新格局的新目标，明确要求“健全党组织领导的自治、法治、德治相结合的城乡基层治理体系”。中共中央、国务院出台的《关于加强基层治理体系和治理能力现代化建设的意见》也提出，“建立起党组织统一领导、政府依法履责、各类组织积极协同、群众广泛参与，自治、法治、德治相结合的基层治理体系”。因此，把党领导的政治优势转化为乡村治理效能，推进自治、法治、德治（以下简称“三治”）三者有机结合，是健全乡村治理体系的重要内容和发展方向。结合江西省寻乌县的调查，总结寻乌县在推进党建引领下“三治”结合的乡村治理体系过程中的一些经验和做法，并分析党建引领下的“三治”结合的乡村治理面临的主要困境，最后，探索将基层党建与“三治”有效结合的可行路径。

一、党建引领下“三治”结合推进乡村治理的实践和探索

寻乌县位于江西省东南部，居赣、闽、粤三省交界处，地貌以山地丘陵为主。全县总人口33万。寻乌县是中央苏区全红县、客家聚居地，文化资源丰富独特，拥有底蕴深厚的客家文化资源、光辉灿烂的红色文化资源。党十九大以来，寻乌县继承和发扬“寻乌调查”唯实求真精神，结合寻乌实际，坚持党建引领，注重群众参与，实行联村共治，积极探索和实践自治、法治、德治相结合乡村治理之路，努力构建现代乡村治理体系，助力脱贫攻坚和乡村振兴。寻乌县连续四年被评为全国信访工作“三无”县，连续13年被评为全省信访工作“三无”县。“联村共治、法润乡风”的“寻乌经验”在全国法院推广，并写入中共江西省委办公厅、江西省人民政府办公厅印发的《关于加强和改进乡村治理的实施意见》文件中，向全省推广。

（一）坚持党建引领，筑牢乡村治理“桥头堡”

一是建强配优基层党组织。寻乌县深入推进农村党员“1893”培养机制①和村级后备力量“333”培养机制②，强化村级党组织后备力量建设。严把选人用人关口，选优配强村（居）党组织书记。补充调整村支部第一书记，确保184个村（居）全覆盖。按照“一村一策”的要求，通过县领导带头抓、镇村书记直接抓、扶贫驻村工作队协同抓的办法，压实各级领导管党治党责任，抓实软弱涣散村党组织整顿，不断提高农村党组织的组织力和领导力，使其成为服务群众、凝聚人心、化解矛盾、促进和谐的坚强战斗堡垒。二是提升基层党

① 每个行政村原则上每年至少推选18名优秀中青年作为入党积极分子后备人选，从中优选培养9名入党积极分子，再从中优选确定3名发展对象，从中优先发展1名新党员。

② 以退伍军人、外出创业返乡人员、高考毕业留村青年等3类人群作为主要培养对象，以强化培训、实岗锻炼、考核管理为3个主要培养模式，以发展成为新党员、培养成为村级公益事业岗位人员和村两委班子后备人选为3个主要培养方向。

组织治理能力。制定《寻乌县农村基层党建保障三年行动计划（2018—2020年)》，逐年提高村组干部薪酬待遇，每年从优秀村（社区）干部中公开选拔（聘）乡镇领导干部和事业编制人员，大力支持村集体经济发展壮大，从而树立人、财、物向基层倾斜的鲜明导向，确保村党组织有动力、有能力为群众服务。同时，建立村党组织干部和农村党员常态轮训制度，增强党员干部群众工作本领、化解矛盾风险本领。三是强化作风建设。寻乌县对作风问题采取“零容忍”态度，聚焦“怕、慢、假、庸、散”五个方面突出问题，开展党建、乡村振兴领域作风问题专项整治，持续加强乡村干部和农村党员队伍作风建设，以党风带政风促民风。

（二）注重自治为基，激发群众治理“新活力”

一是鼓励村民参与村级事务讨论。寻乌县在各村（居）普遍建立了具有寻乌特色的“一站一点二堂四会”(新时代文明实践站，百姓说事点，道德讲堂，法律讲堂、村民议事会、道德评议会、红白理事会、禁毒禁赌会)，鼓励村民参与民主议事决策。对项目建设、贫困户低保户评定、集体山林承包合同、村干部实绩考核、村庄规划等涉及村民切身利益的重要事项必议，促进村民对于村级事务的深度参与。通过“百姓说事点”、户长会、屋场会、外出乡贤会等多种形式，充分保证村民的“话语权”。

二是加强和规范村务监督。寻乌县利用村务公开微信群、微信公众号、公示栏等多种形式，对贫困户评议、低保评议、临时救助等有公示期要求的评议事项，进行即时公示。实行村级项目、资金、政策的全面公开，将群众关注度高、敏感性强的低保评定、项目实施、惠民政策资金、村集体资产处置等事项，以村为单位，统一编印《公开手册》，发放到各村每一户农户。同时，开展“党务、村务、财务”不公开或选择性公开、公开不彻底等问题专项整治，保障群众知情权和监督权。

三是创新自治载体。寻乌县通过推荐、考察等方式，在群众中遴选网格员，加大教育培训力度，实行绩效考评，落实每人每月200元工作补助，每年评选50名优秀网格员并给予物质奖励。建立“五老”人员和原籍干部数据库，吸纳村“五老”人员和原籍干部充实调解队伍，成立了以全国模范基层司法所所长廖建强名字命名的“廖建强工作室”，进一步壮大人民调解力量。以基干民兵为主体，组建乡（镇）专职、村（居）义务两支治安巡防队伍，配齐防暴头盔、袖章、警棍等装备，结合民兵点验整训定期开展体能素质训练和法律知识培训。寻乌县各村根据实际，建立了党员志愿者、巾帼志愿者、平安志愿者、"五老"志愿者、文艺志愿者等形式多样的志愿者队伍，发挥他们在收集社情民意、化解社会矛盾、维护社会治安等方面的重要作用。

（三）注重依法治理，夯实乡村稳定"压舱石"

一是持续推进"法律明白人"工程。制定了《寻乌县农村"法律明白人"培养工程实施方案》，每家每户培养1名"法律明白人"。充分利用"法律明白人"人熟、地熟、事熟的优势，引导群众办事依法、遇事找法、化解矛盾靠法。

二是创建"联村共治、法润乡风"的基层法治品牌。寻乌县在县境内南北分别设置2个中心法庭和在全县187个村（社区）设立法官联系点，注重加强与基层自治组织力量联动，协同自治组织、民间组织、"五老"人员、乡贤等共同化解矛盾纠纷。以"网格+警格"等基层社会治理新模式，组织政法干警实名加入各村（社区）村务公开群，实时掌握社情民意，在线收集群众诉求，实现在线"百姓说事、法官说法"。主动将法律服务送到村社区，着力提升基层干部群众法律意识和法治观念。创新假日法庭、圩日法庭、节日法庭，推行田头办案、屋场办案、祠堂办案等巡回办案形式，拉近了司法与群众的距离，实现止争、止讼、止访效果。

三是常态化开展扫黑除恶斗争。直击人民群众痛恨的"黑"与"恶"，对农村黑恶势力保持高压的打击态势，重拳整治"黄赌毒""盗抢骗"等违法犯罪向农村蔓延，杜绝"村霸"、宗族恶势力等对基层政权的侵蚀。深挖农村黑恶势力背后的"关系网""保护伞"，严肃整治群众身边的腐败问题。

（四）注重道德涵育，树立乡村文明"风向标"

一是建立激励机制。寻乌县按照县财政配套50%、乡（镇）配套30%、村（社区）自筹20%的方式筹集资金，按5000元标准建设积分超市。制定积分认定办法，将有德者的行为转化为可量化的积分，为激励措施的精准投放提供依据。出台积分兑换办法，实行每月一兑换，并公开积分统计、兑换台账。积分情况还可作为优先入党、参军、信贷、公益性岗位的重要参考指标，从而让“无形之德”转化为“有形之德”，激励群众崇德向善。

二是建立价值机制。通过设立“红黑榜”，表彰先进、曝光落后，积极开展“清洁家园、夫妻和睦、孝敬老人、厚养薄葬、婚事俭办、科学教子、勤劳致富、勤俭持家、团结邻里、热心公益”10个方面内容的宣传、评比和表彰活动，弘扬正确的价值导向，营造浓厚的崇德向善氛围。

三是以规促德。村规民约是村民进行自我管理、自我服务、自我教育、自我监督的行为规范，是引导基层群众践行社会主义核心价值观的有效途径，是健全和创新党组织领导下自治、法治、德治相结合的现代基层社会治理机制的重要形式。寻乌县鼓励各村吸收村内各姓氏祖训家规精华，结合各村革命建设形成的优良传统和风俗习惯，围绕城乡人居环境整治、村风民俗、婚姻家庭、邻里关系等内容，制定符合当地实际、接地气的村规民约，实行一村一约。村规民约的出台需要经过征求村民意见、法律顾问参与审核把关、村民大会表决通过、报送乡镇备案后公布实施等程序，使其真正成为全体村民自觉遵守的行为规范。

二、党建引领下“三治”结合推进乡村治理面临的困境

随着乡村振兴战略的不断推进，乡村治理的理念思路、制度建设、方式手段等不断发展创新，乡村治理体系不断优化完善。同时，在乡村治理主体日趋多元、治理内容日趋复杂、社会结构日趋多样、社会矛盾风险累积叠加的背景下，乡村治理面临着更加复杂的形势和环境。因此，在乡村治理实践中，乡村治理本身许多问题逐渐暴露，基层党建和“三治”结合在各自实践时也面临着诸多困境，党建引领与“三治”结合的衔接机制还有待完善。

（一）乡村党组织治理能力弱化

乡村党组织治理能力主要体现在党组织自身队伍建设、治理方式、组织能力等方面。当前村级党组织干部年龄普遍偏大，老龄化严重，农村党员基数偏少，再加上随着工业化、城市化的发展，许多农村党员进入城市生活，农村内部“空心化”导致许多农村地区出现党组织人员青黄不接的问题。如寻乌县共

有农村党员5000多人，占农村总人口不到2%，平均年龄50岁左右，有的村连支部书记都没有合适人选。在治理方式方面，当发生社会矛盾纠纷时，村级党组织干部仍然会停留在原有的管控观念和思维模式中①，习惯根据原有的经验和办法去解决矛盾、处理问题，学习和掌握新观念、新办法、新技术的能力有待提升，容易陷入“新办法不会用，老办法不管用，硬办法不敢用，软办法不顶用”的尴尬情况。如寻乌县有些村党组织干部文化程度较低，在日常治理工作中主要依靠自己的个人经验，治理能力现代化、科学化程度不够。在组织力方面，村级党组织在组织群众、凝聚群众、服务群众和整合各类治理资源等方面的能力不足，党组织拥有的治理资源主要依赖上级支持。村级党组织引领乡村治理现代化呈现悬浮状态。党组织活动存在管理空白、弱化现象。基层党组织的功能发挥处于勉强支撑乡村基本公共服务和公共秩序的维持状态。② 如寻乌县很多村开展党建的人财物资源不足，再加上山地丘陵较多，党员难集中、活动难开展、工作难参与，久而久之，党员的服务意识逐渐淡化，党组织的组织力、凝聚力不足，基层党建存在“弱化”“虚化”“边缘化”问题。③

（二）自治、法治和德治在实践中出现不平衡、不充分的发展状态

一是自治主体缺失，自治水平偏低。要实现党建引领下“三治”结合的乡村治理体系，就需要发挥乡村自治主体的主体性作用。就乡村实地考察，农村精英人才外流的现象普遍，留在村里的主要是儿童、妇女、中老年人等群体，他们参加村庄事务决策和管理的能力与积极性不足。基层政府往往借助行政权力和绩效考核的大棒④，以行政命令的方式要求村“两委”承担有关行政性事务，有时甚至干预村民自治组织自治范围内的事务，这压缩了乡村自治空间⑤，对自治活力产生了抑制作用。另外，农村服务性、公益性、互助性等社会组织（如乡贤理事会、道德评议会等）和经济合作组织（如农民合作社、家庭农场

---

① 高其才：《健全“三治”结合的乡村治理体系：发展历程、价值目标、现实挑战、制度完善》，载《扬州大学学报》（人文社会科学版）2020年第3期。

② 胡小君：《从维持型动作到振兴型建设：乡村振兴战略下农村党组织转型提升研究》，载《河南社会科学》2020年第1期。

③ 杨正喜：《基层党组织适应性：党建引领嵌入乡村治理逻辑分析》，载《社会科学家》2022年第1期。

④ 任群委、黄小勇：《新时代背景下行政化治理与村民自治耦合的路径优化》，载《中国延安干部学院学报》2019年第2期。

⑤ 郑会霞：《如何突破乡村治理面临的四重困境》，载《人民论坛》2020年6月。

等）等内生性主体参与乡村治理的活力没有完全激发出来。这些因素导致村民及其自治组织自治能力弱化，自治主体性得不到充分体现。

二是乡村治理法治机制不完善，法治文化氛围不浓厚。法治是乡村有效治理的坚强保障。乡村干部法治观念淡薄，学法、用法、守法的意识不强，依法解决社会矛盾纠纷的能力较差。村民处理社会矛盾时也存在靠人不靠法、信访不信法的现象。如寻乌县是典型的客家山区县，交通不便、居住分散，千百年来形成了守望相助、亲宗睦族的传统文化，这种人情社会、熟人社会的形态催生了“讲人情而不讲法律、讲关系而不讲法律”的固有思维，学法、守法、遵法、用法的氛围不浓，极个别群众甚至暴力抗法。少数基层干部依法行政意识不强，工作方法简单粗暴。另外，乡镇公检法司力量和行政执行力量不足，基层公共法律服务标准化规范化体系有待进一步完善。

三是道德规范约束弱化，乡村社会风气退化。家风家训、村规民约、族规祖训等非正式的道德规范对村民的行为规范具有约束作用。随着市场经济发展和移动互联网在农村的普及，乡村社会利益关系日益复杂，受个人私欲膨胀和日益功利化的负面影响[①]，原有的乡土文化体系和价值观念受到冲击，传统的家风家训、宗法观念、乡土民风等维系的乡风文明逐渐失去对村民的约束力量。浪费攀比、孝道缺失、高价彩礼、黄赌毒等社会不良风气在农村蔓延。因此，德治作为一种“软约束”手段，在社会转型时期，农村生产生活发生巨大变化的背景下，其在乡村有效治理中发挥作用面临着困境。

（三）党建引领下“三治”衔接和协同机制有待完善

一方面，就乡村实地考察，“三治”结合的思路和举措不多，没有形成合力，缺乏综合协调部门对党建引领下“三治”结合推进乡村有效治理工作进行统筹指导，导致“三治”相关工作分散在多个职能部门。如组织部门主抓“党建”工作，民政部门主抓“自治”，政法部门负责“法治”，教育和宣传部门牵头“德治”，还有一些职能碎片化地分散在发改委、财政、社保等部门，出台的政策措施系统性、整体性和协调性不够[②]，存在“九龙治水”的问题。

① 吴理财：《乡村文化“公共性消解”加剧》，载《人民论坛》2012 年第 4 期。

② 李诚：《健全党建引领下的“三治”结合的基层治理体系》，龚维斌主编：《大国基石：推进基层治理现代化》，北京：国家行政管理出版社，2022 年，第 117 页。

"三治"结合的乡村治理体系还没有真正在面上推开。另一方面，乡村党建往往侧重单一治理方式的使用，缺乏对"三治"结合的统筹推进，难以真正建立相互融合的"三治"结合体系。基层党建对"三治"的责任权限未能清晰界定，对"三治"的领导权掌握不够，未能在组织力提升方面促进"三治"间的有机衔接，致使"三治"结合的整体协同效应难以充分显现。① 另外，基层党建也没有在"三治"之间的内部张力调处方面发挥积极作用，"三治"结合内部呈现出功能接续中断的状况。

三、加强和完善"党建引领+三治结合"乡村治理体系的路径

健全党建引领下"三治"结合乡村治理机制，要主动适应乡村社会结构变迁和农民价值观念、利益诉求多元的新形势，按照基层社会治理有效、充满活力、和谐有序，基层治理体系和治理能力基本实现现代化的总体目标，坚持以基层党组织建设为核心，以人民为中心的基本理念，发挥"三治"各自优势和功能，探索党建引领下以自治为中轴、法治和德治为两翼②的"三治"有效衔接机制，推动形成共建共治共享的乡村善治格局。

（一）强化基层党建的政治功能、组织引领和社会基础

一是建齐配强基层党组织，明确领导核心职能。发挥党在"三治"结合的统领作用，不断巩固基层党组织的领导核心地位，首先，按照横向要到边、纵向到底原则，在农村、乡镇企业、社会组织、经济组织等各领域、各区域、各方面延伸党的组织体系。其次，实施推广基层党组织带头人"党员人才回乡计划"和"育苗工程"，从乡村能人、致富带头人、返乡大学毕业生、退役军人等群体中吸纳政治素质好、带富能力强、文化水平高的农村青年加入农村党组织，选优配强基层党组织"领头雁"。建立和完善村党组织干部绩效考核、晋升激励机制，为有能力、有担当、有成效的村党组织和干部提供更多的晋升机

① 张明皓、豆书龙：《党建引领"三治"结合：机制构建、内在张力与优化向度》，载《南京农业大学学报》（社会科学版）2021年第1期。

② 何显明：《"三治合一"探索的意蕴及深化路径》，载《党政视野》2016年第7期。

会和稳定的报酬奖励。加强对农村普通党员的教育培训，不断提高农村党员的政治素质，提高农村党员服务群众工作的能力，提高农村党员致富带富的本领。

二是提升党组织的组织力，筑牢战斗堡垒。基层党组织的组织力强弱直接关系到党的凝聚力、战斗力和领导力、号召力。充分发挥党引领导向、资源协调的组织优势和总揽全局、协调各方的政治优势，对乡村治理进行组织引领，通过党的组织体系领导和协调其他各类治理主体，把不同阶层、不同领域、不同群体的群众动员和组织起来，以组织引领推动制度创新和资源协调，将党的组织优势转化为治理优势。

三是发挥党员先锋模范作用。组织开展党员联系农户、党员户挂牌、承诺践诺、设岗定责、志愿服务等活动①，设立党员示范岗、党员责任区，开展设岗定责、承诺践诺等，推动党员在乡村治理中带头示范，带动群众全面参与，密切党员与群众的联系，了解群众思想状况，帮助解决贫困人口、低保对象、留守儿童和妇女等农村弱势群体的实际困难，带头遵守社会规范，发挥在乡风文明方面的示范作用。建立党员积分激励机制，加强对党员进行积分量化考评，让基层党员干部学有榜样、做有方向、评有标准。

（二）健全和完善“三治”结合的有效治理机制

一是以自治为核心，激发群众活力。建立乡村自治组织工作事项准入机制，明确依法履行职能事项和协助政府工作事项，从而为乡村自治组织提供自治空间。通过政府购买服务的方式，积极培育扶持公益类、互助类、服务类社会组织，对社会组织提供场地、资金、政策等方面的支持。搭建基层群众参与重大决策、公共事务的平台，为老百姓反映利益诉求、了解党和国家政策方针、民主协商构筑开放空间。发展壮大群防群治力量，充分发挥村民委员会、群防群治力量、群团组织在民间纠纷调解、治安维护协助、社情民意通达等方面的作用。

二是以法治为保障，维护社会秩序。健全和完善乡村治理领域的地方性法规、规章，为基层群众自治提供规范指南。整合凝聚法治力量下乡，通过形式多样、群众易于接受的宣传方式，让基层群众懂法、学法、用法。完善基层法

① 曹海军、曹志立：《新时代村级党建引领乡村治理的实践逻辑》，载《探索》2020年第1期。

律公共服务体系，把矛盾化解、法律援助等职能延伸到乡村，引导基层群众用法治思维和法治方式解决问题，化解矛盾。

三是以德治为基础，弘扬社会价值。通过完善村规民约、家规家训，建立道德积分机制和道德红黑榜，形成多样化的基层德治制度体系，提高基层德治含金量，以道德约束、核心价值引领、公序良俗、社会贤达，敦化民风社风，弘扬正气，引领风尚，形成见贤思齐、向善向美的价值取向，让道德规范内化于心、外化于行，成为基层群众的行为准则。

（三）构建党建引领与“三治”结合的有机衔接机制

党建引领着基层“三治”结合的方向、组织、制度、效能。因此，构建党建引领与“三治”结合之间有效衔接的制度机制是当前乡村治理的核心任务和关键环节。首先，强化基层党组织在乡村治理的领导核心地位，发挥党的政治优势和统筹协调优势，建立基层党组织在自治、法治、德治等各领域的引领机制。如通过党建的领导力和组织力激活乡村民主和合作的公共精神，以规则引领为乡村自治确立良好秩序；基层党组织可以凭借其组织优势，将法治资源与群众法治需求对接，提高法治下乡的效率；基层党组织可以建立道德评判机制，为群众树立行为规范，将乡村道德权威吸纳到党的组织体系中，发挥其政治引领作用。其次，构建党建引领“三治”结合的互动贯通、共融共生机制。目前，乡村自治、法治、德治处于发展不平衡的状态，基层党建可以弥补乡村治理弱项，从而实现结构完整、力量均衡的乡村自治、法治和德治①，如基层党组织可以制定自治原则，充实自治内容；挖掘乡村道德资源，推进德治扬正气；让法治资源下沉，弥补法治在乡村的缺位。基层党建要发挥组织引领作用，对乡村自治、法治、德治统一领导，建立整合机制，统筹“三治”协调运行，缓解“三治”结合的内在张力，明确自治、法治、德治的角色定位，发挥“三治”结合的功能聚集和协同效应，从而实现“三治”结合集成倍增的治理效应。

作者简介：刘月平，江西省社会科学院社会学研究所助理研究员。

---

① 张明皓、豆书龙：《党建引领“三治”结合：机制构建、内在张力与优化向度》，载《南京农业大学学报》（社会科学版）2021 年第 1 期。

“新时代西部大开发闯新路”全国学术研讨会暨第十届中国·贵州“后发赶超”论坛在贵州铜仁举行

陈其荣

为深入学习贯彻习近平总书记视察贵州重要讲话精神，深入研究阐释新国发2号文件精神，7月24日，以“新时代西部大开发闯新路　东中西部携手谱新篇”为主题的“新时代西部大开发闯新路”全国学术研讨会暨第十届中国·贵州“后发赶超”论坛在贵州省铜仁市举行。贵州省人大常委会副主任、省总工会主席桑维亮出席会议并讲话，中国社会科学院科研局副局长（正局级）王子豪，中共贵州省委宣传部副部长、省电影局局长王芳，贵州省社会科学院党委书记吴大华，中共铜仁市委书记李作勋出席会议并在开幕式致辞，贵州省社会科学院院长张学立，中共铜仁市委常委、市委秘书长、市直机关工委书记杨华祥出席会议。铜仁市委常委、市委组织部部长、市委党校校长赵继红主持开幕式。

本次会议由中国社会科学院科研局、贵州省社会科学院、中共铜仁市委、铜仁市人民政府主办，中国社会科学院国情调研贵州基地、中共铜仁市委党校（铜仁行政学院）、贵州省社会科学院铜仁分院、贵州省国家治理现代化地方实践高端智库承办。来自全国的社会科学院、高校、党校、社会科学界联合会等相关领域的专家学者150余人以线上线下相结合的形式参会。

桑维亮在讲话中指出，党的十八大以来，在以习近平同志为核心的党中央坚强领导下，中央加大东西部协作和定点帮扶力度，使东西部协作在西部大开发上和脱贫攻坚中发挥了巨大作用，推动了西部地区经济社会发展取得历史性成就。今年1月，在习近平总书记和党中央关心关怀下，国务院出台了《关于支持贵州在新时代西部大开发上闯新路的意见》，文件擘画了"四区一高地"新的战略蓝图，以一揽子、全面性的政策支持贵州在新时代西部大开发上闯新路，这是新时代西部大开发的一件大事，也是深化新时代东西部协作和定点帮扶的一件大事。他强调，深化新一轮东西部协作，要深入学习贯彻习近平总书记关于东西部协作和定点帮扶工作的重要指示精神，推动东西部协作向更高水平、更深层次、更宽领域发展；要以互利共赢为目标，进一步深化拓展"东部企业+贵州资源""东部市场+贵州产品""东部总部+贵州基地""东部研发+贵州制造"等模式，推动组团发展、协同发展、共同发展；要发挥企业主体作用，加快推动优质项目落地见效，尊重市场规律，发挥各自产业优势，强化产业对接，强化市场合作，构建长效合作机制，吸引优秀企业参与东西部协作和对口帮扶，推进产业转移承接。他指出，本届论坛以"新时代西部大开发闯新路　东中西部携手谱新篇"为主题，正契合发展重要时机，会议主题鲜明、时机重要、形式较好，希望专家学者借助本次会议论坛平台，相互交流、碰撞思想、凝聚智慧合力、荟萃各方智慧，为创新东西部协作和定点帮扶发展献计出力，为贵州闯新路开新局抢新机出新绩、奋力谱写多彩贵州现代化建设新篇章贡献力量。

王子豪在致辞中指出，中国·贵州"后发赶超"论坛经过十年的发展，论坛的机制、内容、形式基本成型，论坛征文的学术质量、学术规范不断提高，充分发挥了学术理论研究服务中央决策、服务地方实践的平台作用，也为理论工作者提供了汲取贵州"黄金十年"的实践源泉。他认为，历届论坛的成功举办，得益于精准定位，每年结合理论和实践热点确定"后发赶超"研讨主题；得益于贵州经济社会十年跨越式发展的宝贵实践；得益于广大理论工作者的使命担当和鼎力支持；得益于主办单位、承办单位的敬业坚守。他强调，新国发2号文件赋能贵州高质量发展的战略定位，面对新形势新机遇新任务，希望广大理论工作者结合自身科研、教学和实际工作，乘势而上、积极作为，在更深的思想维度、更广的历史坐标、更大的发展格局中深入思考、深化研究，积极为党和人民述学立论、建言献策，为贵州再创下一个"黄金十年"、为新时代的西部大开发继续贡献智慧。他指出，要明确新时代的发展定位，加强东中西部区域协调发展战略的有效对接；要把握"闯新路"的内在要求，充分发挥贵州的特色和优势，处理好西部地区间的同质竞争；要保持科技创新的战略定力，坚持以科技创新为引领，不断推动经济增长点的迭代升级。

王芳在致辞中说，“在新时代西部大开发上闯新路”是习近平总书记赋予贵州的光荣使命，也是当前和今后一段时期社会科学理论界尤其是贵州社会科学理论界的重点课题，本届论坛的召开是社会科学理论界积极主动担负起创新理论、指导实践、咨政建言职责的体现，希望全国的专家学者在观点碰撞和思想交流中将西部大开发闯新路具体化，希望全省社会科学工作者在述学立论、咨政建言上取得更大成绩。

吴大华在致辞中说，西部大开发以来的 20 多年，是贵州经济社会发展最快、城乡面貌变化最大、人民群众得到实惠最多的时期。党的十八大以来，习近平总书记高度重视西部地区经济社会持续健康发展，为新时代西部大开发把脉定向。本届论坛的主要目的，是贯彻落实习近平总书记关于西部大开发的重要论述，汇聚全国相关领域专家学者为新时代西部大开发形成新格局贡献智慧。

李作勋在致辞中表示，本届研讨会聚焦“新时代西部大开发闯新路”主题，意义重大，是贯彻落实习近平总书记赋予贵州重大使命的理论研讨、政策解读，为贵州闯新路提供了重要的路径指引和方法指导。铜仁市将以本次论坛为契机，学习好新理念，消化好新观点，运用好研讨成果及对策建议，真正闯出一条符合铜仁实际的特色发展新路。

主旨发言分别由贵州省社会科学院院长张学立教授，中共铜仁市委党校（铜仁行政学院）党委书记、常务副校（院）长安平主持。

全国人大常委、社会建设委员会副主任委员，中国社会科学院学部委员、社会政法学部主任李培林，以《赓续后发赶超精神　勇闯西部大开发新路》为题作视频发言。他认为，本届研讨会的主题内容覆盖面广，归结起来就是推动区域协调发展和高质量发展，“后发赶超”饱含习近平总书记对贵州的殷殷嘱托，是贵州赶超进位的宝贵精神。他指出，贵州在西部大开发上勇闯新路要强化“闯”的意识，提高“闯”的本领，鼓足“闯”的劲头，抓住用好重大历史机遇，集中力量大抓产业，不断增强经济增长动能；全面推进乡村振兴，加快推动农业农村现代化；大力培育市场主体，夯实经济社会发展根基；持续改善生态环境，大力推进绿色低碳发展，在构建西部大开发新格局中“闯”出一条高质量发展的新路。

中国社会科学院学部委员、北京工业大学生态文明研究院院长潘家华研究员作视频发言。他指出，贵州生态文明建设从“后发赶超”到“先行引领”，面对全球碳达峰碳中和的大战略，贵州在能源转型中节能减排、降低化石能源使用方面作出了积极贡献和先行探索。

中国社会科学院人口与劳动经济研究所原党委书记、中国社会科学院应对老龄化研究中心主任钱伟研究员以“以人才汇聚推进贵州后发赶超”为题，中国社会科学院数量经济与技术经济研究所副所长张友国研究员以“按经济规律做大做强做优磷酸锰铁锂电池产业”为题，河南社会科学院党委书记阮金泉以“巩固拓展脱贫攻坚成果同乡村振兴有效衔接的思考与建议”为题，山西社会科学院党组书记、院长张峻以“以更高水平开放合作推动山西融入新发展格局”为题，海南省社会科学界联合会党组书记、主席、海南省社会科学院院长王慧平以“共享农庄是海南实现乡村振兴有力抓手”为题，广东省社会科学院院长王廷惠教授以“后发赶超：贵州黄金十年及下一个十年”为题，江西省社会科学院院长肖洪波副教授以“赣南苏区振兴发展十年的历史成就、基本经验及高质量发展路径”为题，江苏省社会科学院副院长李杨以“夯实乡村全面振兴的‘家底’——江苏巩固拓展脱贫攻坚成果的若干启示”为题，广西社会科学院副院长谢林城以“百年‘运河梦’——世纪工程平陆运河”为题，吉林省社会科学院副院长郭连强以“推进东北地区粮食安全产业带建设的战略思考”为题，内蒙古自治区社会科学院副院长刘满贵以“坚持以新发展理念为统领，谱写西部大开发新篇章”为题，贵州省人民政府发展研究中心原主任王礼全研究员以“贵州粮食安全与农业现代化”为题，西南大学新闻与传媒学院院长虞吉教授以“梵天净土：‘后发赶超’的文化名片”为题，中共贵州省委党校发展研究院院长刘旭友教授以“推动铜仁新型功能材料产业集群绿色发展”为题作主旨发言。

下午，分别围绕“新时代西部大开发背景下新型工业化的铜仁实践与展望”“深入实施乡村振兴战略”“新时代西部大开发的理论与实践”主题开设三个分论坛，进一步深入研讨，30 多名专家作了精彩发言。

闭幕式由安平主持，三个分论坛分别对研讨情况作了汇报，贵州省社会科学院副院长黄勇研究员作了会议总结。

作者简介：陈其荣，贵州省社会科学院城市经济所助理研究员。

后　记

为深入学习贯彻习近平总书记视察贵州重要讲话精神，深入研究阐释新国发2号文件精神，2022年7月24日，以“新时代西部大开发闯新路　东中西部携手谱新篇”为主题的“新时代西部大开发闯新路”全国学术研讨会暨第十届中国·贵州“后发赶超”论坛在贵州省铜仁市举行。

本次会议由中国社会科学院科研局、贵州省社会科学院、中共铜仁市委、铜仁市人民政府主办，中国社会科学院国情调研贵州基地、中共铜仁市委党校（铜仁行政学院）、贵州省社会科学院铜仁分院、贵州省国家治理现代化地方实践高端智库承办。贵州省人大常委会副主任、省总工会主席桑维亮出席会议并讲话，中国社会科学院科研局副局长（正局级）王子豪，中共贵州省委宣传部副部长、省电影局局长王芳，贵州省社会科学院党委书记吴大华，中共铜仁市委书记李作勋出席会议并在开幕式致辞。来自中国社会科学院、各省（自治区、直辖市）社会科学院、高校、党校等相关领域的专家学者150余人以线上线下相结合的形式参会。

本书共收录优秀论文53篇。在本书编委会的领导下，贵州省社会科学院科研处处长谢忠文、副处长杨雪梅，张松等同志具体承担了本书的编辑工作，科研处实习生杨雁麟同志负责本书的英文目录翻译工作。中央民族大学出版社及本书责任编辑为本书的出版费心尽力，各位作者配合文稿修改工作，在此一并表衷心的感谢。

由于成书仓促，如有不当之处，敬请作者和读者批评指正。

编　者

2023年2月